山东省社科理论重点研究基地
齐文化研究基地重点项目

齐文化精粹撷珍

王志民　主编
巩曰国　张灿贤　副主编

姜太公

耿芳朝　邱文山　著

山东文艺出版社

图书在版编目（CIP）数据

姜太公 / 王志民主编；巩曰国，张灿贤副主编；耿芳朝，邱文山著. -- 济南：山东文艺出版社，2025.5. --（齐文化精粹撷珍）. -- ISBN 978-7-5329-7354-5

Ⅰ. K827=24

中国国家版本馆CIP数据核字第2025E0P881号

齐文化精粹撷珍
QIWENHUA JINGCUI XIEZHEN

王志民　主编　　巩曰国　张灿贤　副主编

主管单位	山东出版传媒股份有限公司
出版发行	山东文艺出版社
社　　址	山东省济南市英雄山路189号
邮　　编	250002
网　　址	www.sdwypress.com
读者服务	0531-82098776（总编室） 0531-82098775（市场营销部）
电子邮箱	sdwy@sdpress.com.cn
印　　刷	肥城源盛印刷有限公司
开　　本	880毫米×1230毫米　1／32
印　　张	30.5
字　　数	570千
版　　次	2025年5月第1版
印　　次	2025年5月第1次印刷
书　　号	ISBN 978-7-5329-7354-5
定　　价	198.00元（全五册）

版权专有，侵权必究。如有图书质量问题，请与出版社联系调换。

《齐文化精粹撷珍》编委会

主　编　王志民
副主编　巩曰国　张灿贤
成　员（按姓氏笔画排序）
　　　　　白　奚　邱文山　战化军　贺志红
　　　　　耿芳朝　耿振东　阎盛国

《齐文化精粹撷珍》序

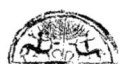

齐文化精粹撷珍·姜太公

在源远流长、辉煌灿烂的中华优秀传统文化中，齐文化有着独特的价值内涵和历史贡献。为深入贯彻中共中央办公厅、国务院办公厅《关于实施中华优秀传统文化传承发展工程的意见》等文件精神，立足齐文化，做好对优秀传统文化的创造性转化、创新性发展，近几年来，山东理工大学齐文化研究院在上级有关部门和学校鼎力支持下，开展了齐文化系列研究项目，《稷下学宫与柏拉图学园比较研究论集》《齐文化大辞典》《诸子百家普及丛书》《文化淄博丛书》以及大型文献著作集成《齐书》等相继完成并出版发行，旨在通过系列项目，对齐文化的丰富内涵和当代价值进行深入挖掘和系统阐释，充分理解、把握齐文化精髓，更好地传承、弘扬中华优秀传统文化。《齐文化精粹撷珍》作为系列项目之一，集学术性与通俗性于一体，自2020年论证设计，

2021年正式启动，历时三年，几易其稿，即将与读者见面。

齐文化内容丰富，一套丛书难以包罗万象，《齐文化精粹撷珍》精选了能集中反映齐文化核心内容，又适宜于普及传播的五个重点选题，分别是姜太公、管仲、晏婴、齐兵学、稷下学宫，每题一册，每册十万字左右，以学术价值高、可读性强、让广大群众"喜闻乐读"为目标。姜太公为齐国开国君主，也是齐文化的奠基人，是中国历史上一位被神化的、家喻户晓的人物，集政治家、军事家、思想家于一身。《史记·齐太公世家》："太公至国，修政，因其俗，简其礼，通商工之业，便鱼盐之利。而人民多归齐，齐为大国。"齐国后来的强大离不开姜太公的开国立策之功。被梁启超誉为"中国之最大政治家"的齐国名相管仲，辅佐春秋首霸齐桓公"九合诸侯，一匡天下"。孔子说："微管仲，吾其被发左衽矣。"国强民富，尊王攘夷，管仲之功也。齐国另一位著名政治家晏婴也是中国历史上贤相的代表，与管仲齐名，世称"管晏"。晏婴提出"和而不同""以民为本"的思想，且具备直言极谏、勤俭节约、关心民生疾苦等官德善行，成为后世的榜样，司马迁在《史记·管晏列传》中说："假令晏子而在，余虽为之执鞭，所忻慕焉。"兵学理论家、实践家汇集，兵学著作闻名天下的齐兵学，是齐文化宝库中的重要部分。姜太公、司马穰苴、孙武、孙膑等兵学大家，演绎出齐人非凡的军事智慧；《六韬》《司马法》《孙子兵法》《孙膑兵法》等兵学著作，对后世军事、经济、文化等都产生了深远的影响，《孙子兵法》至今

仍是享誉世界的军事哲学名著。稷下学宫作为存在时间最长、规模最大的战国诸子百家争鸣的学术中心,既是当时师生众多、大师云集的高等学府,也是齐国议政的高级咨询机构,兼有学术性、政治性,对后世产生了深远的影响。郭沫若认为,稷下学宫的设置在中国文化史上具有划时代的意义。

本套丛书由齐文化研究院名誉院长、教育部重大攻关招标项目"稷下学派文献整理与数据库建设研究"首席专家王志民教授担任主编,负责整体规划、组织编写及统稿、定稿等工作;巩曰国、张灿贤两位副主编自始至终参与组织了丛书的各项工作。《稷下学宫》由首都师范大学资深教授白奚先生执笔完成,《齐兵学》由山东师范大学齐鲁文化研究院阎盛国教授完成,《晏婴》由山东理工大学战化军教授完成,《管仲》由《管子学刊》主编耿振东教授完成,《姜太公》由山东理工大学齐文化研究院耿芳朝副教授、邱文山教授完成。丛书统一编写体例和撰写要求,召开专题研讨会十余次,全体编委会人员通力合作,对编写提纲、书稿等进行了深入详尽的讨论修改。山东文艺出版社对丛书的编写、统稿、定稿、出版给予了积极支持与帮助,俾丛书得以顺利出版。我们衷心希望丛书能发挥其价值,对传播中华优秀传统文化起到应有的作用。

编者

2024 年 12 月

目 录

齐文化精粹撷珍·姜太公

| 《齐文化精粹撷珍》序 | 001 |

| 导言 | 001 |

第一章　家世和早年经历　　005
　　一　家世族裔　　007
　　二　早年游历　　011
　　三　"灌坛令"逸事　　016

第二章　协助文王，强周兴邦　　027
　　一　蛰伏择主　　029
　　二　智救文王　　034
　　三　初振周邦　　041

第三章　辅佐武王，翦商安邦　051
　　一　备战伐商　053
　　二　牧野之战　062
　　三　安抚旧民和定邦　073
　　四　辅佐周公东征平叛　084

第四章　封齐立国和齐文化初创　093
　　一　齐国初立　095
　　二　因俗创制　104
　　三　改革简政和富国　112
　　四　奠基齐文化思想主脉　121

第五章　威名德业和传世《六韬》　129
　　一　得封"武圣"　131
　　二　《六韬》兵法传天下　143

第六章　后世形象的摹写和变迁　155
　　一　《封神演义》中的形象释论　157
　　二　历史形象变迁及其文化动因　166

第七章　历史影响和时代价值　177
　　一　历史中的思想回声　179
　　二　新时代的价值永续　185

导　言

齐文化精粹撷珍·姜太公

　　姜太公，名尚，字牙（又作子牙），因周文王姬昌曾对他说"吾太公望子久矣"，故又号太公望。他是中国历史上一位家喻户晓的人物。姜太公是炎帝的后裔，其先祖曾做过尧之"四岳"，因辅佐大禹治水有功，受封于吕地（今河南省南阳市附近），于是以封地为氏，故又称吕尚、吕望、吕子牙、吕太公等。三国时期，刘劭撰述的《人物志》是一部辨析、评论人物的专著，书中认为自夏商之际到汉代约两千年间，"三材皆备"者仅有两人，姜太公就位列其中。所谓"三材"，即德、法、术："其德足以厉风俗，其法足以正天下，其术足以谋庙胜。"

　　姜太公生逢乱世，也曾做过殷商的小官，然"仕不遇主"，可谓进不能施展雄才，退难以保全性命。早年的他经历过客居他乡、官场失意等诸多困顿。经多年漂泊后，姜太公断然弃官而选择到各地游说诸侯,但终无所遇,最后决意归隐东海。姜太公回到故乡——东海之滨隐忍了一段时间后,闻周兴于西岐(今陕西省宝鸡市岐山县),于是他再一次离开故乡,西进达于秦岭。渭水之滨有一座古钓鱼台,台下是深约两米的潭水,台上有一巨石,相传姜太公就在此隐居垂竿。

传说,周西伯昌(即周文王姬昌)在一次出猎的途中见到了姜太公,他们谈论天下大势、治国经邦、礼乐征伐,相谈甚欢。当时的姬昌正在联络各地诸侯,准备推翻殷纣王的统治,急需一批文臣武将共谋大事。他听了姜太公的一番高谈阔论后,认为此人乃旷世奇才。于是,姬昌即请姜太公坐车同归,遂拜为师。姜太公辅佐姬昌修德理政,治军抚民,交善伐暴,联络各地诸侯和西南各族,结成反殷联盟,为灭商大业奠定了坚实的基础。对此,司马迁在《史记·齐太公世家》中说:"天下三分,其二归周者,太公之谋计居多。"然而,姬昌没能完成灭商大业,带着遗憾离世。其子姬发即位,是为周武王,尊姜太公为"师尚父"。在姜太公等人的忠心辅助下,周武王励精图治,准备了九年后,挥师东进,兵至孟津,得到八百诸侯的积极响应。后经充分准备,在三年后的正月甲子日,正式发动了伐纣灭商的"牧野之战"。意气风发的周武王与深谋远虑的姜太公率领兵车三百乘、虎贲三千人、甲士四万五千人,并会合了许多诸侯,向商军发起进攻。姜太公老当益壮、勇武无比,亲自指挥并冲锋陷阵。商军临阵倒戈,周军士气高昂,一举攻克朝歌,翦商之战大获全胜!后世形容这次气吞山河的军事行动曰:"牧野鹰扬。"

西周建立后,为了维护中央政权,巩固其统治地位,周人开始封邦建国,以藩屏周。姜太公以首功被封于东方的齐地,都治营丘。在封齐、治齐的历只过程中,姜太公于齐文化有开创之功:树立了尊贤尚功的政治文化理念,构筑了农工商并重的经济文化模式,助推了崇力尚武、重兵权奇计的军事文化特色,巩固了注重赏罚的法制文化观念,开创了"因俗简礼"的文化发展模式,奠定了兼容并包的思想文化格调。齐文化是姜太公对齐地原有文化进行理性选择后,进一步重建、融合与创新的结果;此举夯实了齐地思想文化的主脉,丰富了中华优秀传统文化的元素,开一代思想文化新风!

第一章

齐文化精粹撷珍·姜太公

家世和早年经历

因姜太公生活的年代距今较久远,有关他生平事迹的记载多散见于古今文史资料中。然而,这些文献资料不仅繁杂无序,而且其中不乏逸闻、神话、传说等不可确考者。兹结合文献记载,尝试梳理出姜太公的身世、生平事迹等相关资料,力争为读者还原出一个既符合文献史料记载,又相对清晰、丰满的人物形象。

一　家世族裔

据文献记载，姜太公生年不详，卒年约为公元前 1015 年。史书文献中关于姜太公的族裔与家世等信息资料较为琐碎，甚至有些说法还带有一定的神话传说或历史演义的成分，为其身世问题增添了不少神秘主义色彩。

（一）炎帝之裔，伯夷之后

司马贞《史记索隐》援引谯周之语说："姓姜，名牙。炎帝之裔，伯夷之后，掌四岳有功，封之于吕，子孙从其封姓，尚其后也。"姜太公的祖先曾经担任"四岳"之职，辅佐大禹治水有功，在虞舜、夏禹的时候被封在了吕邑。因此，其族人又以封邑"吕"为姓，姜尚也叫吕尚。

上古时代（夏朝以前）处在原始社会时期，当时的社会组织形态为氏族部落。炎帝，又号神农，是姜姓部落的首领。姜姓的来源与该部落最早的活动区域——姜水流域有密切的关系。姜姓部落活动区域的相关文献记载,佐证了上面的说法。如《水经注》载,岐水向东流经姜氏城南,被称为姜水。根据今人考证,姜水系渭水的某一支流,位于今陕西宝鸡。还有一种说法是,姜姓为羌人的一支,后来向东迁居至渭水一带,这也印证了姜姓源于姜水的记载。

据神话传说,姜姓部落的首领由于懂得使用火而得到部落群体的尊崇,所以被称为炎帝。❶火的应用和推广对先民意义重大——它让远古人类不再依赖天然火取得火种,结束了茹毛饮血的历史,从而开创了华夏民族的火文明。姜姓部落首领被后世称为"炎帝",可能跟他大力推广火的应用有一定的关系。

炎帝被视为中华民族始祖之一,他不仅教会华夏先民垦荒和种植粮食,而且领导人们制造了早期陶器,极大地促进了中华早期文明的进步和发展。不过,因姜太公与炎帝生活的年代相距实在太过久远,加之世系传承错综复杂,就世系关系而言,称姜太公为炎帝远裔或许更为合适。

谯周说姜太公为伯夷后裔,该说法怎么理解呢?原始社会,人类尚处在文明的初期,人们往往把自然力或自然物当作有生命

---

❶ 在大众的常识中,燧人氏因发明了人工取火技术而被誉为中华民族的"火祖"。不仅如此,在增补"三皇五帝"的序列中,燧人氏甚至被尊奉为"天皇",尊称"燧皇",且位居三皇之首(见《尚书大传》等文献资料)。

力的神灵或神祇加以膜拜,并赋予它们相应的形体和名字,如雨神、雷公、云神,还有山神、河神、土地神等。先民认为高大的山脉上接云天,因此将山岳加以神化,并认为借助山神可以沟通天神,以此消灾免难或获得福祉。这也是炎帝之裔崇拜天神的主要原因。在他们眼中,华山为第一高峰,可通天神,因此把华山称为太岳。相应地,因祭祀天神而产生了专门的官职——"太岳",第一任"太岳"即伯夷。随着炎帝世系的传承及其后裔活动范围的扩大,他们开始祭祀以华山为中心的东西南北四个方位的最高峰,并设置了分管祭祀四座高峰的祭祀官——"四岳",他们都是伯夷的子孙。

此外需要加以点明的是,历史上有两个名为"伯夷"的人物:一个是尧舜时代的吕国伯夷,另一个是商末周初的孤竹国伯夷。后者就是"叩马谏伐、耻食周粟"的伯夷,他与姜太公大致生活在同一时代,有关他的故事见《史记·伯夷列传》。谯周所提到的"伯夷"指的是尧舜时代的吕国伯夷,即炎帝第十四代孙,生活在公元前2300年左右。姜太公正是吕国伯夷的后裔。

(二)籍贯和身世

关于姜太公的籍贯,司马迁虽然说姜太公是"东海上人",但并未提供具体的籍贯信息。就常识而言,古人所谓"东海",大致相当于现在的山东、江苏一带的沿海地区。另外,南朝宋裴骃《史记集解》中引《吕氏春秋》说,"东海"指的是"东夷之土"。东夷大致包括山东全境及其毗邻的河南东部、江苏北部、安徽东北部、河北南部及辽东半岛等广大地区。因此,很难通过司马迁的记载考究姜太公的籍贯和出生地。《后汉书·郡国志》有"西海",刘昭注引西晋张华《博物志》曰:"西海乃太公吕望所出,今有东吕乡。"可见,《博物志》将姜太公的出生地进一步具体到东吕乡。《齐乘》中的记载更具体:莒州东一百六十里的东吕乡为姜太公的出生地。综合相关信息,大致可以说,姜太公的出生地位于今日照市东港区秦楼街道冯家沟村一带。

姜太公虽为伯夷后裔,出身于贵族世家,其先祖为国之"太岳",而且享有封国待遇,但在他出生的时候,姜姓家族已中落破败,不再是财力雄厚、势力深广的大家世族,也早已失去了昔日的辉煌。姜太公出身于这样的普通家庭,贵族胄裔的优越感无疑已荡然无存。家族的没落和经济的困顿带给他艰苦的生活经历。当然,早年历尽人间疾苦,或许也是他后来生起变革社会、慈悲济世之心的缘由之一。此外,作为有着贵族血统的"东夷之士",姜太公从小就受到了"君子之国"文化习俗的熏陶、浸染,他不仅养成了良好的教养,而且还保留着大家世族子弟的气质、格局,以及不安于现状的雄心壮志。

相传,为了生计,姜太公不仅做过毫无家庭地位的"上门女婿",也曾从事相当低贱的苦力杂役、商贩等工作。这样的生活状态大概持续了数十年之久。甚至可以说,姜太公前半生几乎都过着穷困凄苦的生活。

  关于姜太公的身世,有不少神话传说。在《封神演义》中,姜子牙三十二岁上昆仑山,在玉虚宫元始天尊座下修行了四十年。因天数命格所定,他难以得道成仙,只有人间的福分。恰逢商朝气数将尽,周王室将兴,善观天上地下、祸福寿夭的天尊劝姜子牙辅助贤明的君王。姜子牙于是下山。文学对姜太公身世的演义,为我们提供了一个被神化后的新的人物形象。

二　早年游历

  姜太公在青壮年时期,一直过着没落世家子弟的穷困生活,社会地位与庶人无异,其生活经历甚至可以用"悲惨"一词来形容。但不甘平庸的姜太公没有自怨自艾,开始了背井离乡、游历四方的流浪生活。

(一)入赘齐地

  对落魄的姜太公来说,祖上的荣光并不能给他带来实质的帮助,他首先要解决的是个人的生存问题。不知道出于何种因缘,姜太公流落到了齐地(姜太公后来建齐国于此,才真正有

"齐"的称谓,此处称"齐地"仅为行文方便),做了"上门女婿"。当时齐地有个马姓的兴旺大族,姜太公便是入赘到了马家。然而,姜太公的地位没有因为入赘马家而有所改善,反而更加低下。他过着穷困的生活,几乎相当于马家的奴仆。

据史料记载,姜太公"田不足以偿种,渔不足以偿网"。也就是说,姜太公在谋生养家的事务上毫无"天分"可言——无论是农田事务,还是渔业捕捞,他皆无所成就。这在世俗之人看来可谓一无是处、一无所成。当然,从姜太公后来在政治和军事方面的成就来看,我们宁愿相信他只是不愿意将才智、精力浪费在个人谋生的小道之上,而是早就寄情于保民靖国的大道。除了姜太公,历史上有所成就者多具这种抓大放小的特质,比如相马技术高超的九方皋。

相传,相马大师伯乐年迈,秦穆公询问道,您年纪大了,谁能继承您的事业,为我继续寻找千里马呢?伯乐回答说,有一个名叫九方皋的人,他的相马技术不在我之下,请大王召见他吧。于是秦穆公便召见了九方皋,命他到各地去寻找千里马。三个月后,九方皋回来复命说已经在沙丘找到千里马了。秦穆公问,那是什么样的马呢?九方皋回答道,一匹黄色的母马。

等到下人将千里马牵来,大家却发现是一匹黑色的公马。这时候,秦穆公有些不高兴,把伯乐叫来,对他说,哎呀!您看看您推荐的人,连马的毛色与公母都分辨不出来,怎么指望他认出千里马呢?伯乐长叹一声,说道,九方皋相马竟然达到了这样的境界！他真是高出我千万倍。九方皋看到的是马的天赋和内在素质，而忘记了它的外表。九方皋只看见所需要看见的，看不见他所不需要看见的；只观察他所需要观察的，而遗漏了他所不需要观察的。九方皋相马的价值，远远高于千里马的价值！秦穆公听后，把寻回之马找人一试，果然是天下少有的千里马！

姜太公志存高远而无心于世俗的生活、生产，或许唯其如此，才能更加专注于伟大的事业而终有所成。

然而，姜太公"重本轻末"的代价是巨大的。作为"上门女婿"，他本就地位不高，而长期经营不善、生计窘迫，更加重了世人对他的非议与指责。相传，如此过了十多年，连他的妻子也无法忍受贫寒的生活和没有富足希望的日子，决然选择与姜太公和离。姜太公将一瓢水倾覆于地，水很快渗进地里，他指着地上残留的水渍说，夫人你看，咱们如果就此和离，那就如同这覆水难收了。奈何妻子已然对姜太公失去了信心和耐心，毫无挽留之意。姜太公最终被逐出马氏家门，再次过上了漂泊无定的生活。

姜太公在马家蹉跎十多年，转眼已入中年。赘婿的经历让他体味到了人情冷暖、世态炎凉，如今重新回到了赤贫的状态。但姜太公并未被困境击倒，他依然志存高远，且对未来抱有希望。他离开齐地，一路向西，先后到了棘津、孟津，开始了新的人生阶段。

（二）穷困度日

姜太公在棘津继续从事商贩、杂役的活计，勉强度日。据考证，棘津在今天河南省延津县东北，依傍黄河渡口。当时的棘津不仅是一座繁华的城市，也是商王朝的军事重镇。姜太公自离开齐地，便将目光放得更为长远，希望在繁华之地站稳脚跟。但此时的他毫无优势或资源，不得不从底层工作干起。他先是在街上卖饭，无奈买卖并不景气，不但生活依然难以为继，甚至连租金也无法按时缴纳，赊赁户主最终让他停业了。姜太公走投无路，不得已卖身为佣，以充杂役小工为生，过着被雇主呵责的穷困生活。姜太公在棘津，整日为基本的生存而疲于奔命，不仅难以奢谈自身才能的施展和个人抱负的实现，就连安定的生活也难有着落。他于是离开棘津再度西行，最终来到了孟津（在今河南省孟津县）。

相比于棘津，孟津的自然条件和政治环境颇为优越。孟津地势平坦，土地肥沃，农耕发达，自古便是人烟稠密之地。黄河由此穿过，水流逐渐平缓，是河南地区横渡黄河的绝佳渡口，因此成为联通东西的交通枢纽之地，商贸繁荣。商王朝自开国之主成汤在山东地区发迹开始，便逐渐向西（河南地区）发展迁徙；到商王武丁时，将国都迁徙到朝歌（今河南省鹤壁市南部地区）。商王朝以朝歌为中心，建立了由商王直接管理的领地，号为京畿，是整个商王朝最核心的部分。孟津即被划归在殷商京畿地区的范围内,为商王直接管理,可谓"天子脚下"。总的来说,孟津的农业基础、地理位置和政治地位都非常突出,是一个人众物庶、风貌繁华之地。对心系天下的姜太公来说,孟津是理想的立身创业之地。

姜太公在孟津开了一个小小的饭馆,他不求营利,只为以此为依托结交四方来客,考察风俗民情,了解时事政治。由于慷慨疏阔的性情和急人所急的行事风格,姜太公不久就结交了一批草莽豪杰,在民间逐渐有了名气。而姜太公主动向京畿基层沉淀,也使得他亲身感受到了商王朝统治之下民众的真实生存状态,内心更加坚定了救济天下的使命感。通过孟津的经历,姜太公对商王朝的政治生态有了更多的了解。他决定步入政坛,努力实现化导官民、美化风俗的政治愿望。不久,他便毅然决然地离开了孟津,前往都城朝歌。

这里需要说明一下,从后来姜太公辅佐周武王会盟诸侯于孟津,并从孟津盟誓渡河伐商的故事看,姜太公中年在孟津的经历,应该有助于他了解孟津的内外虚实,并使其看到了孟津在军事上的重要战略意义。夸张一点讲,在孟津的经商经历直接影响到姜太公后来的一系列战略构想。

《孙子兵法·用间篇》中说,殷商兴起之际,伊挚曾在夏当间谍;周族兴起之时,姜太公曾在殷搜集情报。所以,明君贤将若能用极有智谋的人做间谍,就必定能成就大功。孙子据此说明派遣间谍搜集情报的重要性,以及对军事行动成败的决定性意义。孙武这是在用兵家的权谋思想解读姜太公在孟津经营食肆的经历,他认为姜太公此时已经投靠了周国,被派遣潜伏于军事要冲孟津,从事伐商的前期信息收集或地理勘察等活动。孙武的"用间"说在军事上不可谓不深刻,但如果以此说明姜太公的早年经历,则难免有过度解读的嫌疑。姜太公出身东海,早年生活穷困潦倒,贤名不显,且与处于渭水边的周国相隔万里。且不说周国君臣能否遇到此时正蹉跎于底层的姜太公,即便能够偶然遇到,恐怕也难以重用这样一个来自异国的"小人物",更不必说将如此重要的间谍工作交予他。

回望姜太公的早期经历,其才能和名望并非天授,也不是骤然担当大任,而是经历了一个逐渐成长和长期积累的过程。因此,有理由将姜太公在孟津的生活经历看作他走向成功的重要铺垫,也是他今后一系列精彩政治和军事表现的实践源泉之一。

三 "灌坛令"逸事

姜太公在孟津开阔了视野,也逐步燃起了从政的热情。随后,他启程前往都城朝歌。但是,踌躇满志的姜太公没有想到,初入政坛的他却接触到了令人难以忍受的官场内幕,令他毅然弃官而逃，再度踏上了游历四方的旅程。

（一）位卑官小

相传，来到朝歌时，姜太公已经五十一岁了。以当时的生活环境和医疗水平，一个人年过半百已是人生暮年，时日无多。但心存大志的姜太公不畏"高龄"，依然斗志昂扬，开始了在朝歌的新生活。

当然，如何在朝歌生存下去依然是他首先要操心的难题。他在朝歌街头做起了屠夫，每日以杀牛卖肉为生。据说姜太公在暑天杀牛，但他又不善于在街头大声吆喝兜售牛肉，所以常常因为天气炎热而导致牛肉很快腐烂变质，以至于最终赔得"血本无归"。因此，与其之前"创业"的结局一样，姜太公又一次在屠夫这个行当里"折戟沉沙"了。沮丧之时，姜太公拿起屠牛之刀，在案头摆弄敲击，发出金石之声。伴着这鼓刀之声，迎着满街人流，姜太公放声啸歌，抒发自己怀才不遇、明珠暗投的愁绪。这时，周国国君姬昌（也就是后来的周文王）正巧路过街市，听到姜太公鼓刀高歌，感到非常惊奇，于是上前打听其中因由。姬昌从旁人口中得知，原来是一个屠夫因卖肉生意经营不善，正在大发牢骚。于是姬昌就皱眉问姜太公道，你一个屠夫，干不好本职工作，还有什么资格发牢骚呢？姜太公此时也不知姬昌真实身份，傲然回答道："下屠屠牛，上屠屠国！"姬昌顿时觉知此人格局了得、气魄惊人，绝非一般人物，想必是高人隐士。姬昌随即敛容作揖，想邀请姜太公过府详谈，但此时姜太公发峥嵘之语，颇有傲气，不愿攀附权贵，当下便拒绝了。姬昌没有恼怒，也不强求，慷慨赠予姜太公丰厚金银后离去。姜太公从容地接受了姬昌所馈赠的金银，也记住了这个礼贤下士的贵族。这也为今后姜太公投奔姬昌埋下了伏笔。❶得到了姬昌的资助，姜太公后来在朝歌的生计稍稍从容了。

殊不知，彼时街头的人群中还有一位商朝的贤臣——当朝君主商纣王的亲叔比干。他恰巧看到了姜太公独唱悲歌，以及姜太公与姬昌的结识过程。比干对姜太公亦欣赏有加，于是他暗暗记下姜太公的姓名和样貌，并把他推荐给了纣王。比干一心惦念朝政，也不失时机地推荐人才充盈商朝政坛，但无奈商纣王是个昏庸无德之主。此时的纣王虽然还比较倚重比干，但对姜太公这个市井出身的小人物实在没有兴趣，因此只给安排了一个"灌坛令"的职位，也就是京畿附近灌坛县的县令。或许比干也有意通过"灌坛令"这个小官考察姜太公，便同意了纣王的任命。当商朝的使者找到姜太公并宣旨任命时，姜太公心中虽有疑惑，但君命不可违，加上自己也早有进身用世的渴求，便也不以官小位卑

---

❶ 关于姜太公与姬昌的首次相遇有不同的版本，被引用或讨论最多的版本是"渭水遇贤"（后文也会讨论）。但是需要清楚的是，无论哪个版本，都不乏后人加工演义的色彩。

而推辞。

"灌坛"一地名称的由来,与古代宗教祭祀有关。古代祭祀礼节繁杂,其中有一种仪式叫作"灌礼",也就是斟酒浇地,飨食于神明,期望获得神明的赐福护佑。而用于"灌礼"的法坛就被叫作"灌坛"。灌坛县即由此而得名。因为和国家祭祀相关,灌坛县的"支柱产业"便是每年祭祀典礼所需要的礼器、香烛、客店等相关产业。但是,纣王自登基后,骄傲自大,怠慢神灵,很少举行国祭。因此灌坛县的地位逐年下降,围绕祭祀而产生的各类相关产业也逐渐荒废,县内民生大受影响。总之,初到灌坛县任职的姜太公面对的是一个"烂摊子",否则灌坛令之职也不会长期空缺,被安排给了初来乍到、不熟"县情"的姜太公。由于史料缺失,姜太公在灌坛县的治理之道我们不得而知,但是相传,"太公为灌坛令,期年,风不鸣条"。就是说,姜太公在灌坛县令任上一年,将灌坛县治理得和风轻拂,树枝都不发出声响。该记载意在说明姜太公上任灌坛县后,当地风调雨顺,社会安定,有大治之气象。

比干、姬昌等人一直关注着姜太公,听闻世人对灌坛"风不鸣条"的描述,非常惊奇。《博物志·异闻》载,周文王梦见一位妇人夜间在路上啼哭,便问她什么原因。妇人回答说,我是泰山神的女儿,嫁给东海神的儿子。现在灌坛令当政,使我不能过去。我一走动,必然有狂风暴雨,而太公是很有政德的,我不敢挟带着狂风暴雨经过灌坛。第二天,文王召见了太公。

此后的三天三夜，果然有狂风暴雨从灌坛外经过。正是因为姜太公在灌坛县令任上的政德，后人以"灌坛"代指有德行的地方官吏。

"灌坛令"考绩上等，比干更加认定姜太公是国家贤才，堪当大用。于是，他再次极力向纣王推荐姜太公。姜太公在灌坛令任上证明了自己，又被王室重臣比干赏识推荐，可算是多年贫贱挫折后迎来的第一个"高光时刻"。无奈的是，姜太公所侍奉的主君是一代昏君商纣王。残酷的现实很快便让姜太公从在殷商朝廷出将入相、治国安民的迷梦中清醒了过来。

（二）目睹暴政

商纣王名"辛"，依照殷商帝王的官方称谓，应该称"帝辛"。"纣"是民间对帝辛的贬称。据古代的谥法，"残义损善曰纣"。帝辛为人残暴不仁，因此被民众称为"纣王"。其实，纣王即位之初，曾承担着殷商朝野内外的厚望，众人以为纣王必是中兴之主、千古明君。因为纣王年轻时不仅天资聪颖、心思敏捷、机变无双，体魄也健壮过人，能够空手与猛兽格斗。相传，纣王的父亲帝乙出猎，途中遇到猛虎，情形非常危急。勇敢的纣王挡在父亲面前，亲手杀死了猛虎，保护了父亲。帝乙才能平庸，在位之时殷商国势日衰，王室此时出现纣王这样一位才智卓绝的王子，不能不让忧心国家前途命运的忠臣良将有所期盼。

但讽刺的是,纣王登基之后,不仅没有将自己的才能用在富强国家、造福民众上,反而用在了与大臣斗智斗勇、矫饰自身的功绩之上。为此,司马迁给予了极为辛辣的评价:面对大臣谏言,纣王能够用自己的聪明才智规避过去;面对自己的过错,纣王能够用自己的机变口才掩饰起来。纣王认为大臣们都不如自己,因此对臣子极为傲慢;喜欢故作惊人之语,炫耀自己的才能和聪明高人一等。

毫无疑问,这样一个将才智用在邪路上的帝王,比一个昏庸无能的帝王对国家的伤害更大。慢慢地,纣王开始骄傲自大,故步自封,并且逐渐乾纲独断,肆意妄为,耽于享乐。为了维护自己不容侵犯的权威和至高无上的地位,他变得越来越残忍好杀,四处讨伐看不顺眼的诸侯,随意剥夺大臣和诸侯的生命。这还不够!他甚至发明了历史上臭名昭著的"炮烙"❶酷刑。据传,纣王使用过的酷刑还有很多,诸如腰斩、车裂、枭首、戮、坑、磔、抽胁、镬烹、醢剸、斩足、笞杀、夷三族(父母、兄弟、妻子)等,名目繁多,不一而足。为了彰显和标榜自己的"丰功伟绩",也为了满足自己的欲望和虚荣,纣王大肆搜刮民脂民膏修建豪华

---

❶ 关于"炮烙之刑",有两种说法:一是在铜柱上涂油,下加火烧热,令罪犯在铜柱上行走,最终罪犯会因酷热难耐而坠入炭火中烧死。另一种说法是做一个青铜柱子,然后把犯人牢牢地锁在柱子上,有的是背靠青铜柱,有的是环抱青铜柱;然后点火烘烤青铜柱,犯人将会承受残忍的煎烤折磨。无论怎样,用"残酷至极"形容纣王发明的"炮烙之刑"一点都不过分。

的殿宇，号为鹿台。

据传，纣王的鹿台建设工期长达七年之久，工程之大、靡费之多不言而喻。近年学者对殷墟的考古发掘可以证实，商末的宫殿建筑确实称得上富丽堂皇了。❶ 不仅如此，纣王还以珍宝美器装饰鹿台内外，以金银美食填满房间，以舞乐美人环绕庭院。靡靡之声昼夜不息，美食香气飘过宫墙，宫殿灯火通明，十里外依稀可见。此外，纣王嗜酒好淫，专宠奸妃妲己，唯妲己之言是从。妲己也仗着这种宠爱纵情享乐，任性妄为，干预朝政，打击异己。毫无疑问，在这样一位主君的朝堂上，难以有正直敢言、勇于任事之士的立足之地。殷商的政治环境正是在纣王的不断堕落和奢靡享乐中，逐渐变得乌烟瘴气、一塌糊涂。

比干把姜太公推荐给了纣王，但此时的纣王已经无心政事，也很少打理朝政，根本无法体会比干为国荐才的苦心。于是他随意敕封姜太公为下大夫，也就是最低一级的京官，具体职务也没有明确任命。不过从世俗眼光来看，相较于之前，姜太公毕竟算是"升官"了。他摩拳擦掌，跃跃欲试，准备在新的职位上一展身手，实现自己的政治抱负。但姜太公还是低估了殷商朝堂的黑暗和复杂。当他走进朝歌朝堂，亲眼看到纣王每日在华美的宫殿中沉迷于享乐，看到忠心直言的大臣在炮烙酷刑下痛苦地哀号，看到人民税赋逐渐加重国库却日渐枯竭，看到比干等贤臣遭小人

---

❶ 参见王玉哲《中华远古史》，上海人民出版社2019年版，第499页。

多方排挤攻击朝不保夕……姜太公终于开始反思，自己出仕殷商是不是对的？自己能否从根本上改变殷商当前的朝局？自己想要造福天下民众的心愿是否能在纣王身上实现？

姜太公依然葆有忠君为民的风骨、气节。他在冷眼旁观许久之后，忍不住劝谏纣王，希望纣王悬崖勒马、迷途知返。姜太公接受了之前谏臣直斥纣王之过而惨遭酷刑的教训，采取了迂回的斗争策略——他将矛头转向妲己等一干奸佞小人，条陈他们的丑恶行径，揭露他们祸国殃民的奸邪嘴脸和阴险言行，有理有据，正气凛然。可惜的是，妲己干涉朝政，先行一步扣下了姜太公的谏词。妲己又惊又怒，在迅速销毁劝谏书文的同时，开始谋划如何除掉姜太公。姜太公也迎来了人生中最险恶的一次危机。

（三）弃官而去

当然，姜太公才能出众、老成持重，加上比干的支持与维护，妲己一众小人在公事上很难加以发难。妲己眼见在明面上没有打击姜太公的机会，便心生阴谋毒计。她蛊惑纣王说，鹿台地方狭小，不足以提供伟大帝王的娱乐之需，应该在沙丘上建宫苑，充以珍兽名禽，用以行猎游玩。又提出"创意"说，可以注酒为池，悬肉为林，命男女裸体在其中嬉戏取乐。天子富有四海，本就该享用无穷富贵。此酒池肉林，非天子之尊不得享用！早被迷惑心窍的纣王听闻此言大喜，马上就想找人修造。妲己见纣王被挑起兴致，顺水推舟地推荐道，下大夫姜尚素有营建之能，且老成持重，可担当此大任。纣王马上下旨，让姜太公监造沙丘宫苑，限期建成，逾期斩首。

姜太公上本谏言，本就抱了破釜沉舟之心，但宫内迟迟没有回音。姜太公感觉到有些不对头，于是暗暗提防。一天，姜太公心有所感，知道将有祸事发生。果然，纣王命姜太公监造沙丘宫苑的旨意到达。姜太公震惊之余，明白是奸妃妲己的阴谋，想要借此害他。姜太公本就看不惯纣王的奢靡淫乐，又怎么会帮助纣王建造酒池肉林这种靡费巨大、荒唐至极的宫苑呢？而姜太公自负经天纬地之才，不被纣王看重也就罢了，还被纣王派去帮他修造玩乐的宫苑，干这种祸国殃民之事，这无异于贬低和折辱。此时，愤恨且无奈的姜太公终于熄灭了对纣王仅剩的幻想，毅然决定弃官而去。姜太公先假意接下旨意，然后假借出城考察之名，逃离朝歌，远遁江湖。

姜太公临走前给比干留了一封长信，说明自己弃官而去的苦衷，劝说比干看清纣王的真面目，要有所警惕，关键时刻要明哲保身。比干当然明白姜太公的苦衷，也理解姜太公的劝告，但自己身为殷商王室重臣，怎么可能如姜太公一样置身事外、一走了之呢？为了国家百姓，他只能勉力维持内外局面，并努力劝谏纣王，希望他有所悔改。然而，这也为比干日后被剖心的悲惨结局埋下了伏笔。比干看完姜太公留下的书信，不禁更加痛惜纣王有眼无珠、错失栋梁，心知姜太公必将成为殷商大患，却终究只能摇头叹息,眉间忧思更重。

姜太公有心从政,希望通过自己的努力化寻民众、开启善政美俗。无奈纣王统治暴虐,殷商朝廷污浊不堪,实在没有一展拳脚的舞台。常言道:"冰冻三尺,非一日之寒。"不单是商纣王本人统治混乱、治理无方,实际上当时的商朝阶级矛盾早已激化,特别是武丁之后,统治集团奢靡腐化,商三朝逐步走上下坡路。据《尚书·周书·无逸》记载:"自时厥后立王,生则逸。生则逸,不知稼穑之艰难,不闻小人之劳,惟耽乐之从。"就是说,商末的诸王侯都是一些游手好闲、不知稼穑、不谙世事艰辛的纨绔子弟,他们不事生产,只知道整日坐享安逸。姜太公从政心切,亦有心在政坛做一番事业,但早已腐化的统治阶层和政治现实,令他难以看到政俗彻底更化的希望。他无法继续与这样的统治阶层为伍,便毅然决然地逃跑了。纣王得知姜太公逃跑后,勃然大怒,便马上下令追缉。但姜太公多年来声名日隆,多方结交,朋友众多,加上他巧妙安排出奔路线,因此有惊无险地逃出了殷商京畿。

在那之后,姜太公一边躲避纣王的追捕,一边游学天下,开阔眼界。姜太公从此不再对殷商抱有幻想。他依旧颠沛流离,不过相较于青年时期,这时的他目标更加明确,信念更加坚定,思路更加清晰。随着阅历的增加,他炙热的心中已经有了令人震撼的宏图大计——立志灭商,救民于水火,解众庶之倒悬。

第二章

齐文化精粹撷珍·姜太公

协助文王,强周兴邦

姜太公自从对殷商政坛完全失望并有志灭商后,便再次游历天下,以求充实自身,观政四方,结交贤才,做长期准备。十多年后,姜太公定居于东海,蛰伏待时,观察大势,最终决心投奔西伯姬昌。但是,姬昌此时正面临羑里之困,亟待援救;周国偏处西北,力小助寡,若想与商朝争锋,非从长计议不可。对姜太公来讲,一场场严峻的考验正等待着他……

一　蛰伏择主

在对商朝政治绝望的同时，姜太公选定了新的人生方向——在隐居中默默积累实力，在等待中寻找施展抱负的时机。世人常论"英雄与时势"，暂且不论姜太公个人的胆识如何、谋略怎样，彼时的现实情况也不允许他立即行动，默默地积蓄实力虽是不得已之举，但无疑也是最好的选择。

（一）名动四方

离开商朝京畿后，姜太公又过上了颠沛流离的生活。传说，姜太公游走四方，若遇老农则躬身下问农事，学着辨别天候农时；若遇士子则恳谈礼乐教化，虚心学习旧闻新知；若遇官吏则请教法令条例，学习政事经验；若遇商贾则询问天下财货流通状况、各地物产情况。每到一地，姜太公必先观察山川形势、考察民情、寻访高士、结交友人；每有暂居，姜太公必要化民导俗，劝善励勤，努力造福当地民众。

转眼十多年过去，姜太公足迹遍及南北，不仅积累下极为丰富的阅历，更结交到一批志同道合的朋友，具有了人人称赞敬仰的口碑。根据《孟子》的记载，姜太公此时已经有了"天下之大老"（天下最值得尊重的老人）的美名。此时的姜太公已有七十多岁了。

当然，弃官游历的姜太公并没有多么从容。尤其在前期，追捕紧急，姜太公常常昼伏夜出，风餐露宿。他历尽艰辛，辗转多地，十多年后才回到家乡。此时，朝廷追捕已逐渐放松，加上齐地偏远，且有不满纣王虐政的地方官吏的庇护，姜太公安然在家乡住下。很多人慕名来投，姜太公也不藏私，大方地传道授业。其中，有三个优秀学生不得不提，他们是散宜生、闳夭和南宫适。散宜生复姓散宜，散宜氏是传承千年的大族，早在唐尧时期就是举足轻重的部落，随着族人的繁衍而遍布天下，多是各地的世宦人家。散宜生便是散宜氏中极为出色的子弟，为士卿贵族出身。闳夭大概是小贵族出身，闳氏是地方上的望族。而南宫适则是平民子弟出身，南宫这一姓氏也是自南宫适起才闻名史书的。《尚书大传》记载，这三人相继投奔姜太公，"相与学讼于太公"，用现在的话说就是他们三人跟姜太公学习做"律师"。在长期的讲学论道过程中，四人亦师亦友，志同道合。最重要的是，四人皆对纣王不满，遂盟誓共进共退，力争推翻暴政，廓清天下。姜太公就此达成了人生中第一个"政治同盟"。

后来，散宜生、闳夭和南宫适相约投奔西伯姬昌，成为姬昌手下最得力的助手，与后来投奔的太颠共称"文王四友"，成为历史上的一段佳话。散宜生、闳夭和南宫适这三人代表了三个阶层，加上姜太公这个落魄贵族，可见当时贤才在野，也可见殷商失去了这四个重要阶层的认可。

（二）择主有术

《庄子·秋水》中说："夫鹓鶵发于南海，而飞于北海；非梧桐不止，非练实不食，非醴泉不饮。"姜太公何尝不是一只高翔天际、择木待栖的凤凰呢？姜太公在半生潦倒和漂泊中最终树立了灭商的大志，并在蛰伏期间结识了志同道合的"三友"，达成了第一个"政治同盟"，迈出了政治生涯的重要一步。但姜太公若想最终实现抱负，最重要的一步是选择明主。这无疑是事业成功的关键之一。姜太公是历史上少有的智者，当然有自己择主的原则和方法，定会仔细考察，谨慎选取。他的择主之术，在今天看来依然值得学习。

殷商末年，放眼天下，大小诸侯方国过千，其中不乏实力强大、雄踞一方者。但姜太公对人君的品评，却不是很看重外在实力的考量。他更注重抓取内在的、综合性的和全局性的因素。自十多年前朝歌一晤后，文王贤名逐渐盛传海内。姜太公当年便对那位虚心求教的贵族印象颇为深刻，经过这十多年的观察，终于有所决断。《史记·齐太公世家》中记载了姜太公对文王的著名评价："吾闻西伯贤，又善养老，盍往焉。"姜太公为何以"善养老"为由，投靠文王呢？这里实际上蕴含着他高超的识人择主之术。

姜太公洞察了"善养老"背后所彰显的文王的个人品性、政治理想和治理智慧。判断一个君主贤明与否、能力强弱，一方面要看他的个人品质，另一方面要看他的施政措施。文王"善养老"的理念，首先表现在对父亲季历的孝养上。《礼记·文王世子》记载，周文王还是世子（即储君）时，每日早晚到父亲寝宫门外问安。如果得到"今日安"的回复，则面有喜色；如果得到"不安"的消息，则满面忧容。有美食必先进献父亲，父亲有疾病必先亲尝药汤。"善养老"可谓文王孝顺仁爱的个人品性的突出体现。

当然，一个人可能是品德高尚的君子，却不一定是能开创伟业的领袖。姜太公判断文王的贤明与否，要上升到政治的层面去理解。"善养老"透露了文王的政治理念，更代表着文王所构想和推行的政治制度。前者是文王的眼界、格局和胸怀的体现，后者是对文王执政能力、手段和心性的考验。

据《礼记》记载，首先，文王通过开拓创制，使周国形成了相对完善的养老制度。如："大夫七十而致事。若不得谢，则必赐之几杖，行役以妇人，适四方，乘安车。""致事"即退休。如果官员到了七十岁还不能退休离职，就一定赐给他几和杖，出差时要派妇人照顾,出使四方时乘坐安车。再如:"五十不从力政,六十不与服戎。"即五十岁以上的老年人不用服劳役,六十岁以后不用服兵役。这些已成体例的养老退休制度,成为文王治理理念和治理能力的极好注脚。其次,文王创设了"学中养老"制度,将有丰富人生智慧的老人礼聘、供养于学校中,令其教育范导国民。文王"凡视学,必遂养老",即巡视学校时,必先尊老敬贤。此外,他还亲自为老人烹调,美味佳肴先让老人享用。可见文王垂范,率先推行养老之礼,劝励民众尊老、敬老、养老。最后,文王建立了社会福利保障制度。"少而无父者谓之孤,老而无子者谓之独,老而无妻者谓之鳏,老而无夫者谓之寡。此四者,天民之穷而无告者也,皆有常饩。"(《礼记·王制》)国家对这些老年人给以物质上的救济,为他们提供生活保障。中国早有"天下大同"的政治理想,其核心内容之一即是"鳏寡孤独废疾者皆有所养",文王的做法契合了中国先民对美好社会生活的朴素追求。

在那个时代,这样的君王怎能不让人心悦诚服呢?辅佐文王这样的君主,还有什么可犹豫的呢?由此可见,"吾闻西伯贤,又善养老,盍往焉"这句简短的评语,蕴含了姜太公的识人之法和价值追求,值得今人细细品味。

正当姜太公准备投靠并效力文王之时,"三友"不期而至。原来文王此时正被纣王囚禁于商都朝歌,危在旦夕,急需营救。于是姜太公毫不迟疑,马上与"三友"动身前往朝歌,展开营救文王的行动。

二　智救文王

对心怀天下、坚韧不拔的人来说，穷困潦倒或许只是一种考验和磨砺，而他们与成功的距离，可能只差一个时机或者一个舞台。年过半百的姜太公虽蛰伏于东海，但一直在审视着天下大势，并潜心寻找能够改变时代的英雄人物，捕捉趁势而起、荡涤天下的契机。姬昌与姜太公这对君臣的组合，最终书写了一个周、商相争的壮阔时代，改变了当时的历史进程。

（一）计救文王

姜太公决定投效文王之时，正是文王一生中最困厄的时候。当时，文王被纣王囚禁在羑里，原因非常荒诞。据《史记·殷本纪》记载，文王与九侯（一作鬼侯）、鄂侯贵为商朝三公，地位尊贵。九侯为讨好纣王，进献了自己的女儿，但因九侯的女儿"不喜淫"，触怒纣王而被杀，九侯也被波及，遭受醢刑（一种酷刑，把人剁成肉酱）。鄂侯看不过去，打抱不平，为九侯力争，没想到反而被纣王处以脯刑（一种酷刑，把人杀死并晾成肉干）。文王听到此事，无奈地叹息了一声。奸臣崇侯虎趁机恶语中伤，纣王便下令将文王囚禁在了羑里。

文王与纣王之间好像并没有发生直接的冲突,纣王也仅仅是将文王囚禁。但实际上,以纣王暴虐好杀的性格,加上崇侯虎等奸佞小人的谗言,文王已处于命悬一线、朝不保夕的境况。而姜太公此时毅然投效文王,首先就表现出了令人赞叹的勇气、决心和忠义!

《史记·齐太公世家》记载:"三人者为西伯求美女奇物,献之于纣,以赎西伯。西伯得以出,反国。"司马迁短短几语,今天读来也能感受到其中的危机、权衡、决断和智谋。面对好大喜功、喜怒无常的暴君纣王,姜太公在营救文王过程中所起的决定性作用,以及所冒的巨大风险,都需要重新认识。所幸的是,当今的诸多文献研究和考古发现,为还原和解释姜太公"计救文王"的谋划过程提供了重要的依据。

据司马迁记载,姜太公等人向纣王进献美女奇物,西伯侯才得以归国。当然,真实的历史并非如此简单。尤其是国与国之间的交往,利益的考量通常多过情感的互动。纣王之所以赦免文王,有其深刻的内外因由。

第一,"美女奇物"之外,周国应该对商进行了大量的政治投献。《史记·殷本纪》中记载,文王后来进献洛西之地,请求纣王废除炮烙酷刑。所谓为废除炮烙酷刑而献地,可能是后人一种美化的说法。文王献地的根本原因,应是为了取悦纣王。而文王归国后,依然如同之前臣事纣王那样恭顺,早晚朝拜不失其时,进献贡物一定合宜,祭祀一定诚敬(见《吕氏春秋·季秋纪》)。而文王在遭受冤枉侮慢时,依然保持恭顺的态度,或许正是为了获取纣王的欢心。《吕氏春秋》中的这段描述,表现的何尝不是一种臣服、亲近纣王的政治姿态?

第二,纣王好大喜功,多次用兵东夷,需要一个稳定的西方。殷墟出土的甲骨表明,商纣王至少两次亲征位于东南的人方,并大规模用兵位于东北的孟方。既然商的战略中心在东面,那么西面的稳定便成为纣王所必须考虑的。周作为与商关系紧密且较为强大的西部方国,自然成为商安定西方的首选。因此,纣王最终选择放归文王,并"赐弓矢斧钺,使得征伐,为西伯",让文王做了西方诸侯之长。文王经过羑里事件的考验后,获得了纣王极大的信任并被赋予了很大的权力。

第三,商、周贵族之间本就存在紧密的亲缘关系和交流活动。20世纪70年代出土的周原甲骨中有大量周人的甲骨卜辞,有趣的是,周人敬告的天上神主主要是商王成汤、太甲、武丁和帝乙,而不是周人自己的先王。周人祭祀商的先王,一方面可推证周接受了商的统治,因此祭祀宗主国的历史名君;另一方面也能看出,两国在宗教占卜、祭祀等思想文化层面存在深刻的交流,也深受彼此文化的影响。而且据记载,文王之母为商王之女(一说为商贵族之女),《诗经·大雅·大明》中还有一段记述文王迎娶商女故事的文字:"文王初载,天作之合。在洽之阳,在渭之涘。文王嘉止,大邦有子。大邦有子,俔天之妹。文定厥祥,亲迎于渭。造舟为梁,不显其光。有命自天,命此文王，于周于京，缵女维莘。""大邦有子"，"大邦"指的就是商。著名学者顾颉刚认为这即是《周易》卦爻辞中"帝乙归妹"的故事，帝乙是纣王的父亲。如前文所述，周人卜辞中有祭祀商先王帝乙，寻求其保佑的记载，则至迟在帝乙时期，商、周就有密切的联系。文王母、妻均来自商室，商、周贵族之间的直接交流与互动应长期存在且非常频繁，那么文王通过贵族亲缘和长期积累的政治资源来获得纣王的谅解与信任，可以说是顺理成章了。

第四，文王长子伯邑考很可能作为质子留商。伯邑考是一个在后世记载中存在争议的人物。关于伯邑考，今人比较熟知的有两个版本，一是伯邑考虽为长子，却不如二弟姬发贤德，因此"文王舍伯邑考"，废长子而立次子；二是伯邑考被纣王烹杀，并做成肉羹给文王吃。第二个版本最早见于《帝王世纪》，应是后人根据被纣王烹杀做成肉羹的梅伯的故事演义出来的。而第一个版本重心明显指向立嫡立贤的问题，也不大可信。当然，这两个版本之所以出现，都有一个共同的历史原因，即伯邑考作为文王长子，却在周克商的整个过程中几乎消失不见，毫无痕迹。《史记·管蔡世家》载："伯邑考，其后不知所封。"武王同母兄弟九人，除伯邑考之外，人人皆有封地，甚至连勾结武庚叛乱、犯下重大过错的蔡叔度，其子胡在"率德驯善"之后，厉公"复封胡于蔡，以奉蔡叔之祀"。昆仲之中，唯独伯邑考后嗣没有记载，这不能不令人感到奇怪。当然，伯邑考早夭是最简单的解释，而后世学者甚至联想到上古流行的"食长子"风俗，认为伯邑考作为长子，被文王依从风俗杀掉了。不过，笔者推测，伯邑考可能在文王被放归周时，作为人质留在了商都。质子制度古已有之，是邦国之间建立信赖关系的惯常手段。而文王正在危急时刻，为了取信于纣王，将长子留在纣王身边为最直接且有效的方法。文王虽然终身"服事"纣王，但贵为商朝三公的九侯和鄂侯尚且被杀掉，伯邑考身处敌国，恐怕很难在喜怒无常的纣王身侧保全自身，当然也很难保存子嗣。因此，伯邑考在整个殷周变革中几乎无事迹可查证，后世也只能各凭推测而演义。

诚然，文王被释首先取决于文王本人的全面妥协和极力配合，但对文王的劝服、整体的谋划以及外界一切重大事件的总揽与操控，多有赖姜太公。在营救过程中，姜太公展现出了一个政治家和谋略家对殷商王朝政局走向的准确把握、对周国外交策略的及时调控和对人心利害的透彻解读。我们甚至可以合理地想象一些精彩的情节，如姜太公如何痛陈利害，说服文王做暂时的隐忍与妥协；又如何纵横捭阖、因势利导，令殷商君臣放归文王。姜太公在出山后的初次亮相中就一鸣惊人，完成了救援文王归周这一具有转折意义的历史大事件，为今后的商周鼎革奠定了基础。文王也因此完全信赖姜太公。对姜太公来说，周国这个陌生又充满活力与机遇的地方正向他招手。

（二）文王拜师

当然，历史往往没有想象的那么简单。姜太公虽然救援文王有功，并得到文王的支持入周主政，但姜太公本人由他国"空降"而来，想要得到周国庞大本土势力的理解和支持，真正参与国家的治理，还需要一个长期而复杂的过程。所谓周国的本土势力，主要是指周国的宗族势力。在生产力并不发达的早期阶段，个人的力量非常有限，先民无时无刻不在为生存而与大自然做斗争，族群或宗族成为天然的庇护和主要依靠。殷周之际，中国尚处在奴隶制社会，周的统治架构基本建立在以血缘亲疏为衡量标准的贵族等级之上，宗族力量的强弱决定了权力分配的大小，君王本身也必须受其限制，与之妥协。

姜太公入周后，虽然早与南宫适等"三支"结成政治同盟，但自身无强大家族作为支撑，仅靠文王的信重和南宫适等外臣的拥护很难积累足够的政治资望。因此，文王作为一代贤王，既然认定了姜太公的治国之才并要重用之，首先便要使国内诸贵族信服姜太公，为姜太公大展拳脚清除障碍。为此，文王采取了两个行动：

第一个行动是拜师太公。所谓"拜师"，象征意义当然大过实际意义。文王的个人品格和政治才能早在姜太公投效前即已天下皆知，而文王本人以演周易六十四卦闻名后世，这说明文王对人事变更、吉凶祸福早有深刻洞见。文王能"屈尊"拜师姜太公，一方面是敬佩姜太公的才智；另一方面是为了抬高姜太公的政治地位，为其尽快施政内外提供支持。文王拜师太公的经历有多个版本，如传说文王为了给姜太公造势，上演了一场"渭水遇贤"的故事。结合《尚书大传》的记载，可以梳理出如下的情节：文王假托父亲季历的遗命，说上天必将赐给周国一个圣人，可以为帝王师，兴旺周国。文王经过占卜后得知，贤人正在渭水之阳，也就是渭水的北岸。文王随即携群臣沿渭河寻访。到了磻溪（在今陕西省宝鸡市）这个地方，终于见到了白衣皓首、垂钓水畔的姜太公。文王上前拜会，几问几答之间，众人已为姜太公的风姿仪容、清越谈吐所折服。姜太公最后拿出一块玉璜对文王和众人说，我在鱼腹中得一玉璜，上面刻字："周受命，吕佐检，德合于今昌来提。"传于群臣，大家无不信服。文王当场拜姜太公为师，令他主理周政，并同乘御驾而归。

第二个行动是结亲姜太公，让儿子（即后来的周武王姬发）娶了姜太公的女儿邑姜。皇甫谧《帝王世纪》记载："武王妃（一作纳）太公之女，曰邑姜。修教于内，生太子诵。"如此，姜太公以外戚身份获得相应的封地和人口，跻身周贵族之列，方便其主导以姬姓公族为主体的周国统治阶层。

贤君与良臣相得的传说历代有之，文王之前有商汤与伊尹、武丁与傅说，文王之后有刘邦与张良、刘备与诸葛亮等，但都止于君臣之间的惺惺相惜、相得益彰，文王却真正做到了放开君臣界限、礼贤下士。根据《尸子》记载，文王问计于姜太公，常常"一日五反"，也就是一天要往返去见姜太公多次，可见对姜太公的器重与欣赏。当然，姜太公也没有辜负文王的期望。《史记》记载，自文王从羑里归国后，姜太公帮助他制定了以灭商为核心的一系列方针政策。周因此国势日兴，渐渐拥有了与商抗衡的实力。

三　初振周邦

大国争锋，从根本上讲是综合国力的对抗。如何增强周的综合国力，成为姜太公要解决的根本问题。那么，姜太公刚入周时，面临的是怎样的内外情况呢？从内来看，不管从领土、武备还是生产力等多方面看，周完全不具备与商直接对抗的实力；从外来讲，在从周到商的数千里土地上，不臣服于周甚至敌对于周的诸侯无数，使得周更无强力盟友外援可言。面对这样一个较低的起点，周想要达成克商宏志，只有一条路可走——制定更加高超精细的内外战略。姜太公的智慧谋断在此时便显得意义非凡。作为国政的总设计师，他在入周之后，取得了一系列的辉煌成果。

（一）周为小邦，以服事殷

周族为姬姓，是黄帝的后代，起初只是陕西西北部一个比较小的部族。传至古公亶父时，他们开始向东迁徙到渭水流域，终于扎下根基，进入快速发展的阶段。相传，古公亶父之所以带领部族迁徙，是因为他们受到了少数民族戎的入侵和压迫。当然，这场迁徙也客观上促成了小部族周向当时先进中原文明的靠近，同时也激发了周族进取中原的野心，即所谓"居岐之阳，实始翦商"。亶父作为周兴的开创性人物，也因此被称为"太王"。

从古公亶父、季历到姬昌（文王），经过三代明君的励精图治、休养生息，周终于成长为西方大国。但是对灭商这一终极目标而言，周与商之间依然存在着不可忽视的国力差距。在农业方面，根据对张家坡遗址的考古发现，周人的农具依然以蚌壳、兽骨和青铜制品为主，相比于同时期在商人聚集区出土的农具，并不具有生产力优势；在军事方面，根据出土的商、周武器、战车和甲胄对比来看，虽未能发现证据证明二者存在巨大的差距，但从实际控制地域上看，根据《孟子·公孙丑篇》所说"王不待大，汤以七十里，文王以百里"，可知文王时期，周的领地不过百里。而且从现代考古发现来看，殷商实际控制的区域北达山西南部，西抵渭河，南达江汉，东部更有徐、淮、奄等附属方国。相比于商，周人领地面积较小，《尚书·周书·多士》中周公（武王之弟，武王死后摄政监国）自称"我小国"，这是实际情况。总体来说，周的生产水平和控制地域都不如殷商。

文王被纣王放还回周时,周国并不具备兴兵伐纣的实力,而营救文王时付出的大量政治投献,又使国力受到损伤,需要时间恢复。对文王和姜太公来说,最明智的选择就是休养生息,积蓄力量。那么,首要的问题就是如何处理与宗主国商的关系。对此,姜太公继续贯彻解羑里之困时的策略——臣服于商,保持与商的良好关系,谋求纣王的信任与支持。历史记载,文王终身"以服事殷",甚为虔敬。纣王投桃报李,封其为"西伯侯",替殷商主掌西方诸侯,赋予其征伐不臣的权力。现代考古发现,甲骨文中有殷商官方向天神占卜、祈祝周国本年风调雨顺的记载,也间接证明文王时期商、周两国之间极为亲善。姜太公的策略大获成功,不仅为周争取了宝贵的休养、发展时间,积蓄了国力,同时借助商在西方的政治影响,合法地展开了一系列外交征伐,为兴兵伐商进行了战略准备。

(二)结盟诸侯,用兵四方

姜太公入周的第一年,发生了一起重大外交事件——位于周西北方的虞(在今山西省平陆县北)、芮(在今陕西省大荔县朝邑镇南)两国发生了纷争。虞国由文王的两位伯父太伯和仲雍建立,而芮国也属姬姓,因此两国与周之间有天然的政治亲缘关系。当时,虞、芮两国因国土划分和灌溉水源的问题大打出手,最后向第三方周请求调停。姜太公详细调查了虞、芮纷争的来龙去脉，巧妙地选取了彼此间长期深厚的亲缘关系为破题点。相传，姜太公在虞、芮两国特使入周后，特意安排其从周农业发达的地区经过。两位特使目睹了周田园村落之中兄弟朋友之间彼此谦让、相互协作、欣欣向荣的和谐画面，再想到彼此同属于姬姓兄弟之国，却为了利益之争搞得国家百姓不宁，大感惭愧。姜太公趁此机会动之以情、晓之以理，劝服两国冰释前嫌，握手言和。而虞、芮两国也见识了周的道义与强盛，心悦诚服地尊奉周为本区域的领袖。

姜太公如此用心收服虞、芮，不仅有外交意义，更有深层的战略考量。因为，虞、芮两国是周向山西南部发展、挺进的重要前哨基地。而山西南部之所以为周所重点关注，一方面，由虞、芮两国出发，在军事上可以完成对商西北方向的战略包围；另一方面，晋南地区是商最重要的经济资源产地之一。据后世学者考古研究，这一地区至少分布有十三座铜矿、六座锡矿，分别占已知商京畿地区（今河南安阳周边）铜矿的近一半和锡矿的三分之一。而晋南更是传说中第一个成熟的青铜文明王朝——夏的起源地。因此，有理由认为，此地的采矿冶金水平在当时应该处于发达之列。此外，山西南部坐落着一个重要的产盐中心——芦村盐池（今山西运城西南），这是一个有着四千年开采历史，至今依然有丰富食盐产出的地方。由于商都安阳附近的河南、河北、安徽、湖北等省都没有如此规模的盐类储备（盐矿和盐水），芦村盐池也就成为西部地区距安阳最近的产盐区。

假设商王朝以晋南地区为铜、锡和盐的重要产业基地，那么首先即可以解释文王之父季历为何被商王文丁（纣王祖父）杀死。史载，季历因征伐戎狄有功，获商王文丁赐封为"牧师"。"牧师"即诸侯之长，地位尊崇。而季历同时迎娶了商王文丁之女太任（一说太任为商贵族挚任氏的二女儿），周、商关系明显进入"甜蜜期"。但随着季历将周的拓土征伐范围扩展到山西地区，商王文丁马上感到了巨大的威胁，翻脸将季历囚杀。由此可见，晋南地区作为商的重要资源输入区，在商与西方、北方各方国的关系中扮演着重要角色。可以说，商代晚期太行山以西（如山西南部）诸国的叛服是决定商、周兴衰的关键。

姜太公曾用半生的时间游历天下，自然能够洞悉晋南地区的重大战略作用。因此文王归国第一年，他即以处理虞、芮两国之争作为外交战略的第一步，开启了周的对外经略之路——伐密须、征黎、攻邘。

密须位于周境西南（在今甘肃省灵台县百五十里的百里镇），是少数民族戎狄的一支，实力较为强大，不仅多次入侵相邻小国，对周也向来不甚恭顺，两国经常爆发战争。为解决周向东进军中原的后顾之忧，姜太公进言征伐密须。史载，文王问计于朝野诸臣，我欲用兵，密须氏可首先征伐吗？管叔等一批贵族大臣跳出来反对说，密须氏的君主很贤明，攻伐他们是不道义的。可见，当时周国朝堂依然存在保守畏战的风气。但姜太公不为所动，陈析利害道，古代先王明君没有不靠征伐获取天下的！选取征伐的对象，则是对我们不恭顺友好的、强大不易战胜的和地理上较为靠近的。姜太公的分析，将征伐密须的必要性非常直观地揭示了出来。文王听了大声称赞，力排众议进攻密须。与密须这样较为强大的邦国作战，艰苦自不必说，不过最终周国得胜。《诗经·大雅·皇矣》赞美文王伐密须的壮举道："陟我高冈，无矢我陵。我陵我阿，无饮我泉，我泉我池。"得胜之后，登上山冈眺望，再没人敢占领周的山陵，高山沟陵苍苍莽莽；再没人敢争饮周的泉水，清泉绿池水流涓涓。姜太公辅佐文王击败强邻，使得周在整个西部地区建立了霸主地位，为进一步向中原用兵奠定了坚实的基础。

伐密须之战后，周将目光转向东方。有虞、芮两国作为前哨基地，加上经过充分历练，周军在晋南方向已经具备了巨大的战争优势。几年后的一天，姜太公命周军突然进攻晋南地区，周军势如破竹，一路挺进晋南腹地。首先被周征服的重要国家是黎（在今山西省长治市）。传说黎都被攻克，引起了殷贵族中有识之士祖伊的警惕。他惶恐哭告纣王，认为殷商的天命将要终止了，并不是祖先不保佑后代，而是纣王胡作非为而自绝于天，而且人民几乎没有不希望殷王朝灭亡的。文王灭黎之所以让祖伊感到殷朝快要灭亡了，是因为周的锋刃快要插入殷的心脏地带了。果然，文王在征服黎国之后，继续进攻邘。邘（在今河南省沁阳市西北）距离殷商的京畿地区不过二百里，是历代商王经常出游狩猎之地。

至此，周完成了对商王朝极为重要的晋南地区的渗透和占领。在随后的十几年里，周在晋南地区源源不断的支援之下，综合国力有了长足的进步。在此消彼长的演进中，周、商的实力对比已经开始转换。周军蚕食、攻略殷商的脚步进一步加快。

（三）两伐崇城，迁都丰邑

从地理上讲，周进攻商，有两条行军路径可选。第一条路是从被征服的晋南地区的黎、邘等地，由偏西北方向向殷商发起进攻。这条路线看似距离殷商京畿地区更近，但对周来说反而不现实。因为，晋南地区不仅距离周渭水河畔的大本营太过遥远，还处在黄河北岸，需要提前绕路横渡黄河天险，无疑会给周军的行军后勤造成较大困难。第二条路是从渭水河畔的大本营沿着黄河南岸行军，由西向东，通过黄河南岸的崇国（在今河南省开封市附近），就可以从天然渡口孟津较为轻松地渡过黄河天险到达黄河北岸，然后便可直捣殷商京畿。姜太公与文王最终商定，选取第二条路线行军。因此，崇国成为周向中原进军、直捣殷商京畿路上面临的最后阻碍。而崇国是周的宿敌、商的东部屏障和忠实拥趸。上文提到，崇侯虎的告密与陷害，正是文王羑里之困的直接诱因。

当时的崇是东方强国，背靠嵩山筑造了高大绵长的城墙，非常有利于防守。因此姜太公在发兵灭崇过程中，不得已进行了耗时的攻城战。但由于敌人占据地理位置的优势，周军首战失利。来年，姜太公整军再战，便采取了多种策略。一是召集盟友、组建联军，扩充自己的实力；二是大量打造临（高度超过城墙的战车）、冲（能够冲破城墙的战车）等专门用于攻城的精良武器装备；三是进行了盛大的祭祀祈祝仪式，并犒赏三军以振奋士气。这些策略都发挥了预想的作用。经过艰苦战斗，周最终攻破崇国都城，生擒崇侯。《诗经·大雅·皇矣》赞颂破崇之战说："临冲弗弗，崇墉仡仡；是伐是肆，是绝是忽！"就是说，临、冲等战车坚强有力，崇的城墙高大宽广也阻挡不住；通过征伐，取得了消灭敌人的战果！至此，周的战略意图完全展现出来了。文王也不再掩饰自己灭商的志向，将首都沿渭水迁徙到更靠东方的丰地（在今陕西省西安市长安区西南沣河以西），以巩固对渭河流域的控制，以便将来缩短远征行军的路程。总之，文王迁都到丰，不外乎两个原因：一是丰地地处渭水中游，无论是各方面的资源还是地理形势都更适合作为国都；二是周军便于从此处出发，团结方国，调集大军，讨伐商朝。

总之，姜太公投周后，主持了一系列外交与征伐工作，为周取得对商战略优势的同时，也提升了周在各诸侯国中的政治声望，使得一大批叛商小国和反商势力竞相来投，如《左传·襄公四年》载"文王帅殷之叛国以事纣"，《论语·泰伯》中说文王"三分天下有其二，以服事殷"。天下有三分之二的诸侯投靠周，这或许是一种夸张的说法，但无可否认的是，以周为中心形成了一股强大的反商势力。周与殷商的最终决战似乎马上就会来临！至此，军事上伐商的准备已经基本完成。换言之，姜太公全盘谋划，通过一系列军事、外交和民政措施，壮大了周的实力，削弱了强敌殷商，铺平了进军殷商都城朝歌的战斗路线。综合实力的提升，是周迈出的定鼎中原、走向全盛的坚实一步。但可惜的是，文王在克崇迁都一年之后便去世，未能进一步推进和完成克商大计。一代明主周文王在位五十年，中兴周国，声望隆高，他的离世无疑为灭商大业蒙上了一层阴影。

第三章

齐文化精粹撷珍·姜太公

辅佐武王,翦商安邦

伐商大计并未因文王的突然离世而中止。文王之子姬发继位,号为武王。姜太公奉命继续辅政。姬发骤担大任,人心浮动,内外不稳,局势难明。周国这辆目标明确、直指殷商的战车曾轰隆奔驰,如今换了新的驭手,到底会到达何地呢?可能只有立志翦商的姜太公——这位在数十年的潦倒落魄中养成坚毅刚劲性格的军政大家、兴旺周国的辅弼重臣,才有能力破开笼罩在未来的层层迷雾,向天下人回答这个问题。

一　备战伐商

武王姬发早在姜太公入周之时，便跟随他学习治国带兵。在姜太公的潜心教育和影响之下，姬发立下了远大志向，希望完成伐商易代的历史伟业。但是，身为践位新君的武王不可避免地对自身能力，以及国家的前景产生迷茫、怀疑。而新君执政信心的动摇，难免会影响整个国家的稳定态势和未来的走势。这时，姜太公作为两朝重臣，起到了定海神针、稳定大局的作用。

（一）团结诸侯

《大戴礼记·武王践阼》中记载，武王刚刚登基，便向姜太公求教：黄帝、颛顼这样的上古贤王，他们的治理之道还能见到吗？武王之问，意在向姜太公表明志向，欲以黄帝、颛顼这样的明君为榜样，同时也暗含了对姜太公的期待，希望在一统天下的道路上获得姜太公的指导和辅佐。当然，武王的语气中同样带有迫切和犹疑，他其实从心底怀疑这种帝王功业是否能够实现。而帝王之道这种大而空泛的问题，也是一位新君在毫无经验的情况下，最容易提出的问题。即位伊始，武王便以治国大计相询，也足见姜太公在武王心目中的地位。

姜太公当然能听出武王的忧虑和期待，随即敛容严肃回答道，有神鸟朱雀衔瑞书而来，记载了帝王之道。但您若想看的话，必须先斋戒三日以示郑重。姜太公之所以做出如此"神秘"的回答，实际上是巧妙地假托神话中的朱雀，试图对略显浮躁的武王进行劝谏。武王闻言欣然应允，斋戒三日后穿着最正式的礼服，接受了姜太公进献的瑞书。姜太公趁机解释说，心存敬畏而戒怠慢者无往不利，反之则灭！追求道义而节制欲望者万众拥戴，反之则亡！做大事时，不能坚决勇进、心存敬畏则会失败。失败者注定会被消灭，成功者才能流芳万世！姜太公的解释，明显是一种激励和告诫。他所谓的"大事"，无疑就是灭商易代。因此，他劝勉武王做大事时要勇于进取，绝不能犹豫不决。武王闻言大声称善，当即下定决心起兵攻商，并尊奉姜太公为"师尚父"，请他总揽灭商大计。古人所谓"师"者，不仅含有统帅、参谋之职能义，也包括老师、师父等尊称的意思；"尚父"，《毛诗》解释为"可尚可父"，意为可尊敬的父辈。所谓"师尚父"，即"可师、可尚的长辈"，地位可算是极尊崇了。总的来说，武王即位后最关键、最正确的政治举措，或许就是全面继承了文王在位时的灭商政策，以及继续倚重文王所看重的贤臣。依靠姜太公的全力辅弼,文王去世、武王践位的政治动荡完全平复下去。至此内无忧患,周可以安心将目光着眼于盟友的团结,以便共同对抗最终的对手——商王朝。

文王在位五十年,初步巩固了国力,同时也促成了庞大的反商联盟。而今,继任者武王是否有能力带领诸侯继续高举反商大旗?他的大政方针如何?反商诸侯也在拭目以待。为了取得盟友的进一步信服和归顺,武王于继位后的第二年(约前1068),在姜太公的陪同下,邀集各地诸侯会集于孟津。正是因为此次会盟,孟津也被称为盟津。❶ 相传,前来会盟的各路诸侯和部落首领多达八百家之众,他们希望通过此次会盟做出判断,以制订下一步的计划。

武王首先为文王举行了极为隆重肃穆的祭祀大典,随后载文王灵牌于中军,以此向与会诸侯表明继承文王灭商遗志的决心。面对众多的支持者,武王愈发斗志昂扬。他一跃登上了观兵台,面向大家慷慨陈词道,我们的祖先对上天是功德无量的,因此上天命先王灭掉残暴的殷商,拯救万民。不幸的是,先王

---

❶ 另有一说:"盟津"是武王伐纣时盟誓后渡河的一个渡口(位于新乡市获嘉县),离武王盟誓的地方只有十里左右,所以司马迁记载为"盟津";而"孟津"在洛阳市孟津县,二者虽然一字之差,距离却达百里之遥。持此说者通常以"同盟山"(位于获嘉县东三里,北距卫河渡口十里左右)为论据。该山即武王与诸侯设坛盟誓之地——成丘,后人将此丘称为"同盟山",并在山上修建武王庙,以示纪念。姑备此一说。

早逝。现在上天把这个重任托付给了我，我虽然无知又无才，但不敢有丝毫懈怠。我希望大家齐心协力，共同完成祖先的功业。为进一步宣扬武力，增强天下诸侯对周的信心，姜太公以"师尚父"之尊，高坐点将台，左手持黄钺，右手握白旄，高声号令三军说，整顿好你们的队伍随我前进，集结齐你们的船只随我渡河，迟疑落后者，定斩不饶！与会诸侯无不自觉接受号令，表示心悦诚服。随着武王号令的下达，船只如万箭齐发，你争我抢，奋勇当先，冲向对岸。霎时间，几十米宽的河面上白浪掀天，呐喊声震天动地。

当武王一行乘船至江心，一条银白色的大鱼突然跃出水面，掉到武王面前。武王弯下腰拾起，捧在手里，若有所思。由于殷人尚白，武王趁势宣称，白鱼犹如殷商天下，将落入我手，这是天命将亡商兴周啊！盟军闻言，士气大振。会盟大军顺利渡河后，诸侯皆高呼："纣可伐也！"这无疑表明，他们认同了武王的领导和姜太公的指挥，再也不持观望犹疑的态度。因为此时兴师伐商的时机尚不成熟，此次集会的主要目的为观兵演武与会盟诸侯。班师回朝前，武王和姜太公与诸侯立誓约期，等待良机再渡河伐商。

回头来看孟津会盟，武王"东观兵至于孟津"目的大略有两个：一是提前熟悉路程和地形，并预先做好一定的布置，以便此后大军渡河伐商；二是与诸侯约定日期，日后在此会合誓师，共同渡河伐商。❶ 通过此次会盟，武王看到了人心向背，证实了周国的实力和号召力，同时也考验了追随周人的各诸侯国的忠诚度。周武王在大会上举行的誓师仪式，就是历史上有名的"孟津之誓"。这次盟誓大会，不仅是一次"诸侯所由用命"的重要会盟，也是昭示商王统治根基动摇、武王地位愈加牢固的明证。从此，众多的诸侯都主动听从武王的指挥，灭商大事多了几分把握。

（二）进军朝歌

姜太公所谓的时机，其实是在等待商纣王继续败坏殷商的国力，将殷商拖进衰落的深渊。《史记·殷本纪》记载，纣王此时已经腐化荒淫到了极致，专宠妲妃妲己，整天沉迷于酒乐女色之中，广造宫室园林，豢养飞禽走兽。为了满足私欲，他大肆搜刮民脂民膏，建造鹿台，以酒为池，悬肉为林，命令男女裸体在其中追逐嬉戏，而这个暴君就在池边通宵达旦地饮酒作乐。这样的统治方式给国人带来极大的灾难，也给国运带来极大的危害。正如《左传·隐公元年》所说"多行不义，必自毙"，纣王每在位一天，殷商便衰弱一分，周便强盛一分。

---

❶ 参见杨宽《西周史》，上海人民出版社2016年版，第94页。

1. 静待时机，誓师伐商

周对商的威胁，在武王继位之后表现得越发明显、紧迫。殷商贵族中的有识之士终于忍无可忍，甘冒风险出来强谏纣王。他们言辞激烈，希望纣王警醒振作，重振国威，应对强敌。但纣王长期耽于享乐，生活糜烂，身边又围绕着一群以费仲、恶来为首的嫉贤妒能、构陷忠良的小人。结果，纣王非但没有听取忠言，反倒恼羞成怒，以至于贤臣比干被剖心而死，箕子被囚，微子等人出奔至周。

据《尚书·微子》载，看到殷商将亡，微子曾忧心忡忡地向殷上层官僚太师（类似后世的宰相）、少师（主管国家仪礼）询问对殷商未来的看法。微子诉曰，殷商统治阶层荒淫无度、奢靡享乐、不守法度、作奸犯科，又放纵罪犯而不惩罚……太师接着指出，殷商法度形同虚设，有人偷吃祭祀天地鬼神的祭品也不受处罚，贵族又加重赋敛……微子见商朝国运江河日下而彻底绝望，不禁喟叹道，商朝是真的要亡了啊！就像跌入了万丈深渊，万劫不复啊！总之，三人各抒己见，谈及民众和诸侯的反商态度、殷商上层的腐化堕落和天地鬼神不再庇佑等问题，最后竟不约而同得出商必沦亡的结论！因而，他们力劝微子出走，并说自己也准备走。比干等人的下场，对商朝其他大臣的影响无疑是巨大的。比干、箕子是纣王的叔叔，微子是纣王庶兄，而这些人身为殷商贵族，最终却落得如此下场，有的甚至被逼叛商投周！这一方面说明纣王已经肆意妄为、残忍自负到无所顾忌的程度，另一方面也说明殷商贵族内部已经分崩离析、人心涣散了。换言之，殷商统治阶层内部已经土崩瓦解，纣王已然陷于众叛亲离的境地。

这一局面，对周国来说，却意味着时机已经成熟！武王闻知殷商朝堂的乱象，急忙请教姜太公的意见。太公说，谗邪虚伪之臣压过了忠贞良善之臣，君王必有暴乱之祸；贤臣被逼出走，君王必有国破之灾；百姓敢怒不敢言，君王必有刑杀之殃。纣王已然走到绝路，发兵正在此时！于是，武王在即位后第四年，决定统领大军，英勇伐纣！

周军从丰邑出发，行至孟津时，归服的诸侯已在此云集待命，武王于是在此陈师鞠旅。先秦古书上将这次誓师之辞称为《大誓》或《太誓》，意在表明誓师规模很大。此次誓师，武王任命姜太公为伐商联军总指挥。当然，联军总指挥不仅代表着显赫的地位与极大的权力，更意味着巨大的责任与压力。对姜太公来说，他不仅要负责统一调度数量庞大、人员构成复杂的伐商联军，还要应对长途行军、异地作战中可能出现的各种问题，更要承担料敌先机、克敌制胜的作战指挥任务。在那个技术管理都不发达的时代，这对太公个人的意志、威望、谋划、机变、用人和用兵等方面的能力，提出了重大的挑战。姜太公的大智大勇，也因此在武王伐商的整个过程中表现得淋漓尽致。武王和太公等一行人，率戎车三百乘，虎贲三千人，甲士四万五千人，踏上了伐商之路，气势汹汹地向商朝都城朝歌奔去。

2. 人祸天灾，无畏前行

众所周知，早期先民对周遭事物发展的规律缺乏足够的认识和把握，因而往往选择借由自然界的相关征兆来指示行动。但自然征兆并不常见和易于把握，因此通常以人为的方式进行操作，以占卜为代表的预测方法便应运而生，且成为最常见的手段之一。现在来看，古代的占卜活动通常是在重大行动前，由于没有把握而借助某些器具或现象来寻求信息或解答的方法，由此满足心理需求。其内在的理论根据是，由外界事物的动向和变化向非人的灵体探寻想要知道的事物。此外，它和预言不同的地方在于，通常会出现模棱两可的答案，让占卜者自行寻求合理的解释。占卜的现象在古代非常常见，小到外出狩猎、采集行动，大到国家祭祀、外交等活动，古代先民大都会诉诸占卜。在商周之际，古人还是非常迷信占卜的，尤其在战争和祭祀这类国家大事上，对占卜极为热衷和虔信。武王率领大军伐商时也是如此。

武王渡河伐纣之时，同样按照惯例命巫者用蓍草、龟甲进行了占卜。但是在占卜后，伐商联军首先就面临着一个严峻的考验——占卜结果竟显示此次行动不吉利。碰巧此时狂风四起、暴雨骤至，整个盟军队伍被风雨吹淋得狼狈不堪。一时间诸侯哗然，群臣尽惧，不少人认为这是上天示警，有的诸侯甚至偷偷脱离队伍逃走。武王之弟周公平时也很敬畏占卜结果，加上当时天气突变，他也认为这是不祥的征兆，便向武王建言退兵还师，此建议也得到了很多人的响应。武王听到谏言后，面露犹豫之色，一时不知如何是好。这时,姜太公为了稳定大局及时站了出来,他向群臣疾声高呼,纣王失德,鱼肉百姓,残害忠良,任用奸佞,已然到了天怒人怨、众叛亲离的程度。我周国此举实是吊民伐罪的正义战争,不用占卜也知道伐之必胜!还有什么可犹疑的呢?姜太公一番话大义凛然,清除了众人的畏惧犹疑情绪,但还有人纠结于占卜结果。于是,姜太公又喊出了在那个时代振聋发聩的一句话:"枯草朽骨安可知乎!"即是说,占卜用的蓍草和龟甲都是死物,怎么可能通过它们知道正义之战的结果呢?于是他果断下令焚毁占卜用具,亲自持槌击鼓,身先士卒渡河东进。要知道,在那个充斥着神秘主义巫筮习俗的年代,姜太公能有这样充满理性主义光辉的见识,并敢于直言不讳,坚定地表达出对占筮结果的否定,实在是太难能可贵了。众将士彻底打消了疑虑,伐商队伍继续浩荡前进,伐纣行动得以进行下去。

　　如果说开始的占卜结果不吉利算是"人祸"的话,那么伐商联军随后遭遇的最大考验无疑就是一连串的"天灾"。在后来行军路上,武王的军队又遇到了一系列自然灾害带来的考验和磨难。伐商联军东渡之后三天,不幸遭遇汜水洪泛;众人无奈绕道怀山后,武王所乘御驾又突然损坏;等大军走到共头山下时,又遭遇山崩落石……不出所料,又有不少人联想到神秘主义的上天示警,于是军中又一次出现了动摇和犹疑的声音。就连武王的同母弟霍叔也产生了疑惑,他偷偷地询问姜太公说,这是否是上天有意阻挠我们伐商呢?为了打消其疑虑,姜太公义正辞严地反问道，天命如果阻挠吊民伐罪的正义战争，那还能叫作天命吗？霍叔听后便惭愧而退。或许是伟大的事业注定要经历重重考验和磨难，伐商联军在之后行进中又遇到天雷、地震和流星等罕见的自然灾害和异常天象，但军中的异论杂声都被姜太公凭借其个人威望压制下去了。

虽然历经波折，但伐商联军最终还是到达殷商京畿地区。与此同时，商朝也已得到了武王率领诸侯前来讨伐的消息。纣王虽然耽于玩乐，但也绝非不理世事，更不愿束手就擒。他在得到武王率领大军前来的消息后，匆忙召集军队，并在军事大本营牧野（在今河南省淇县以南）整肃军队、严阵以待。一场决定商、周两国命运，乃至整个中华文明命运的大决战即将在牧野展开，史称"牧野之战"。

二　牧野之战

先说纣王应对武王联军所做的准备。客观上讲，纣王虽然昏庸无道，但殷商作为天下之主，实力还是相当雄厚的。但是，纣王得知伐商联军距离国都仅有咫尺之遥时，便惊慌失措。他不甘心坐以待毙，便紧急征发整个京畿的民力，强拉平民、奴隶和战俘做壮丁，东拼西凑，最终组建了一支七十万的"军队"！

（一）伐商告捷

这里需要说明的是，纣王之所以要征发民力，是因为商王朝的正规军队此时有很大一部分正在遥远的东夷（今山东地区）、淮夷（今淮河流域）作战驻守。"东夷""淮夷"是对当时东方少数民族的总体称谓，他们作为与中原文明平行发展起来的人类文明形态，殷商末期已相当强盛，而且开始向中原地区渗透与侵袭。殷商为了抵御东夷、淮夷等少数民族的入侵，早就与之展开了绵延多年的战争。纣王当政时期，因其好大喜功，更加勤兵于讨夷战争，仅明确记载的纣王亲征东夷、淮夷就有两次。❶ 纣王在多年征讨东方中投入了过多的兵力，也因此消耗了巨大的国力，致使商王朝元气大伤。因此，当西方周国的军队出其不意兵临城下时，由于朝歌城内并无精兵强将，也缺少足够的战车，纣王只能用盲目扩充军队人数的方式来为自己"壮胆"。历史多次证明，人数多寡并不是战争胜负的决定因素，此次商、周之战就是很好的例子。

关于牧野之战，史书上流传着诸多版本，但各个版本都有一个共同点——牧野之战仅一天就分出胜负！不少学者对此表示质

---

❶ 另说，商王朝周围散布着很多部族，如鬼方、土方、虎方、羌方、夷方，和周等数十个方国。他们与商王朝关系颇不稳定——有时和平共处，有时互相侵犯、掠夺。而在商末时，各部族和诸方国与商王朝矛盾尖锐，纷纷举起了背叛的大旗。这也是商王朝屡征夷方的原因。

疑。迨至1976年，陕西临潼零口镇发现了一件西周早期青铜器"利簋"（现收藏于中国国家博物馆），学者据利簋上面的铭文确定：牧野之战一天决胜负是真实的。据利簋铭文记载："武王征商，唯甲子朝，岁鼎，克昏夙有商。辛未，王在阑师，赐有事利金，用作檀公宝尊彝。"上述铭文大意是说：武王伐纣，甲子日黎明，岁星当空，问卜伐商成败，兆象大吉。当日克商。辛未日（甲子日后第七天），武王驻军在阑（地名），赏赐有事（官名）利（人名）以金（铜），利铸成铜簋宝器作纪念。考古学家等结合文献记载、星象推演等多种方式综合研究后发现，利簋铭文中提到的"甲子日"，正是牧野之战的时间。这一点也可以在《逸周书·世俘解》《尚书·牧誓》《史记·殷本纪》等古代文献的相关记载中得到印证。另有一说："其实甲子，是周武王'接于商，则咸刘商王纣'，纣拒周师，应在甲子以前；而其环玉自焚也，绝非甲子日，这从帝辛的庙号可以论定的。按照商代先王庙号的通例，死于甲日者谓之某甲，死于乙日者谓之某乙，纣号帝辛，当然是辛日自焚的。《周易·蛊卦》：'元亨，利涉大川。先甲三日，后甲三日。'假定甲即甲子日，则'先甲三日'为辛酉，纣之兵败自焚，或在此日。"❶但此说证据不多，亦难服众。可以确定的是，伐商联军以摧枯拉朽之势迅速灭商。另外，通过对天文的推算，历史学家可以确认武王克商在公元前1046年。

---

❶ 丁山《商周史料考证》，中华书局1988年版，第194页。

然而引起大家疑惑的是，这场决定中华文明未来走向的大战，为何仅仅持续了一天就宣告完结？我们认为，在诸多的决定因素中，除了"仁者无敌""民心所向"等政治原因，战略战术的运用同样是重中之重。据相关历史文献记载，尝试复盘牧野之战，大概能总结出以下几点原因：

第一，武王军队组织严密，纪律严明，准备充分。史载，伐商联军的各级军事结构系统非常成熟，从基层士兵组织到中层指挥官设有百夫长、千夫长、师氏、亚旅等职位，统帅级别的高级军事长官设有司马、统帅师等职位。还专门派遣政务官随军出征，以有效协助军务，保障后勤供应。伐商联军军事纪律也很严格，例如在宣布进军时明确军纪——"后至者斩"，即进军攻击时迟到者要被杀头；在兵刃相接、激烈交战时，所有参战士兵要始终保持阵形整齐不乱；明令"不御克奔，以役西土……尔所不勉，其于尔躬有戮"，即是说怕死投降的人要处斩。武王还指斥商纣王的昏庸暴虐，并郑重向大家申明："今予发维共行天之罚。"即是说，此战是替天行道的正义之战。这无疑是向军队进行思想动员。多方因素影响下，伐商联军特别勇敢，战斗力极强。

在此之前，尤其是自文王归国后，周国军队连年征战，早就积累了丰富的作战经验，造就了一批天下少有的勇猛无畏的精兵强将。相比之下，殷商虽有七十万大军，但核心主力不过是京畿地区承平日久、少经战火的卫戍部队。真正有战力的精锐部分，大多消耗在了商朝长期镇压内乱、远征夷人的战争中，或者分驻各地还没有来得及召集。商、周双方军队的综合军事素质高低对比一目了然。

第二，姜太公战术精妙，身先士卒，指挥得力。无论如何，相较于伐商联军的四万五千人，商朝军队拥有体量庞大的七十万人，有巨大的优势！商军依然是不可小觑的军事力量。《孙子兵法》云"为将者未虑胜，先虑败"，就是强调军队首领在战前的准备、谋划等作战素养之于战争的重要性。武王与姜太公在战前根据敌我双方的实际情况，谨慎制定了契合实际且颇具可操作性的战略战术。姜太公非常清楚己方的最大优势是兵将精锐、士气正盛，最大劣势是人数较少、客场作战。因此，本次战争绝不能陷入拉锯战、消耗战或阵地战，而是应该集中发挥精兵优势，采用灵活机动、主动进攻的策略，直击敌方要害，力求一战制胜。为此，姜太公制定了以下战略：一是利用己方人数较少、方便机动的特点，抢占先机先行进入战场，以便提前摆开军阵，占据有利地势；二是利用勇猛强劲的精锐将士，一开战就直接冲击敌阵，以最大限度、最快速度挫敌方之士气，并寻找决定战争走向的有利战机。

是日，伐商联军凌晨时分即拔营开赴战场，天色微明时便已经选好有利地形，早早摆好阵势（另说，伐商联军赶到牧野后，连夜布置好阵势）。据历史记载，当时战争的主流作战方式是车战，就是敌我双方士兵驾驶战车在战场上来回冲突，并使用弓矢射杀敌人。为了提高作战能力和打击力度,参战双方往往采取方阵战术,将战车结成一个巨大的整体,以统一前进的方式来实施攻击。毫无疑问,这种作战方式受地形地势条件制约很大,对战车军阵和士兵作战技巧等方面要求非常高。因此,作战双方一般将战场选择在适宜大量战车集结的开阔平原地带,这样更有利于双方充分摆开阵势、行军激战。所以,周军在武王和姜太公的率领下早先一步占据优势地理位置,提前摆好作战阵势,不仅有助于周军将长途行军转变为以逸待劳,还可以提高军队调度的灵活性,以便随时出击迎敌。果然,周军此番安排使其获得先机。虽然商军将士有七十万人之众,但缺乏必要的战前训练,调度起来困难百倍;而且前军已开始列阵,后军还在赶赴战场的路上……和全军将士肃然待战的周军相比,商军的战略战术和实际表现可说是漏洞百出。

姜太公作为一流的军事家,见第一个战略已经生效,自然不会坐等商军从容列阵,白白浪费大好的攻击时机。他向武王慨然请命,史载:"武王使师尚父与百夫致师,以大卒驰帝纣师。"所谓"致师",是古代的一种战法,即以少量精锐兵将先行冲锋作战,不仅可以显示己方的勇气和必胜的决心,还有试探敌方虚实的作用。姜太公亲自率领几百精锐敢战之士,以必死的决心冲击商军师旅。周军将士见自家尚父如此勇猛,大受鼓舞,个个奋勇争先,视死如归。一时间,阵前旌旗摇动,杀声四起!姜太公深入敌阵,沉着指挥,带领精兵猛将避实就虚,左冲右突,当者披靡。众所共知，在以冷兵器为主的作战年代，军队很看重将领血气勇武的作战气势。姜太公率众冲锋，不仅打乱了商军排兵布阵的节奏，而且狠狠挫伤了商军本就不高的士气。此举使得战争胜利的天平更加向周军倾斜。

当然，姜太公并非盲目蛮干，在突入敌阵的过程中，他留心观察，进一步探明了商军各部的虚实。原来，多年的酒色享乐早就腐蚀了纣王的胆气，他不仅自己贪生怕死躲在后阵，而且将手下最精锐的部队紧紧布防在身边保护自己的安全，反而让普通民众和奴隶拼凑成的军队顶在前面，以消耗周军的有生力量。纣王虽打得如意算盘，却将前军的弱点暴露无遗。战至下午时分，商军整体上已经有些懈怠，士气进一步下滑。姜太公当机立断，拔出宝剑大声下令，成败在此一举，随我攻击！后退者斩！他指挥全军压上，做雷霆一击。仿佛天地相助，阵前突然刮起狂风，卷起沙暴直袭商军。周军还未冲到跟前，商军阵脚已经被狂风沙暴打乱，更是毫无抵御能力。前阵士兵一心盼望纣王倒台，本就战意不浓，见周军势不可当，便纷纷倒戈向后。可怜纣王主力还未来得及接战，便被己方前阵的败兵冲散，七十万大军一溃千里，一败涂地。姜太公趁机指挥周军尾随追杀，越战越勇，傍晚时分便攻入商都朝歌。纣王见大势已去，不愿被捉受辱，便身穿华贵的衣服，自焚于鹿台而死。殷商政权自此土崩瓦解。

牧野一战，武王统帅的精锐部队在一天内就取得了胜利，但是在京畿的其他地方，激烈的战斗仍在继续。最终，伐商联军成功消灭了殷商驻扎在别处的军队及某些方国的抵抗力量，取得了伐商之战的全面胜利！

（二）周兴代商

伐商联军仅用一天便打败了商朝七十万大军，取得了期待已久的胜利！真可谓古代战争史上的奇迹！灭商易代的伟业，至此被姜太公一战而定！姜太公在牧野之战中的突出表现，被后人用充满深情的诗歌传唱："牧野洋洋，檀车煌煌，驷騵彭彭。维师尚父，时维鹰扬。凉彼武王，肆伐大商，会朝清明。"（《诗经·大雅·大明》）诗歌大意为：牧野之地广阔无垠，檀木战车光彩鲜明，驾车驷马健壮雄骏。还有太师尚父姜太公，就好像是雄鹰展翅飞。他辅佐着伟大的武王，袭击殷商讨伐帝辛，一到黎明就天下清平。这首诗歌赞扬姜太公在战场上像雄鹰一样勇猛捷疾！

周军之所以能够通过牧野一战而成功翦商，并非偶然或奇迹，实则有着相当复杂的主客因素和内外原因。据当代学者分析，周灭商之速之顺利，得益于领导集团同心同德，西方诸侯通力合作，选定了有利于克商的好时机，制定了切实有效的战略方针，再加上军队动员有力、作战英勇。而商朝军队的全面溃败也并非偶然：首先是由于殷商贵族生活奢侈腐化，长期沉迷于酒色，政治严重腐败，重用小人，对待人民十分暴虐，国内矛盾尖锐，以致军队在战场上倒戈；其次是由于殷商长期掠夺四方夷戎部族，致使积怨日深，不仅导致西方八个诸侯国参与伐商联军，还使西北戎狄和东方夷族进据中原，使得殷朝统治地盘缩小很多，军事力量也在长期战争中大为削弱。此外，殷朝和周围方国之间也存在严重矛盾，殷朝不仅成为不少方国有罪贵族的避罪之地，还成为逃亡奴隶的汇集之所。因此，这些方国在周的有力动员下，群起响应，共同讨伐殷商王朝。

相传，牧野之战的第二天清晨，武王手持大白旗指挥诸侯，诸侯们拜手致敬，武王也拱手还礼。武王在姜太公的迎奉下进入朝歌城。朝歌民众自发组织欢迎仪式，道路两旁人头攒动，欢呼声经久不息。武王派大臣向原来的殷商百姓宣告，上天赐福给大家，战争已经结束，大家安心生活。老百姓们拜手稽首两次，武王遥遥还礼。武王随后来到鹿台废墟，下令清理出纣王尸体，亲手用宝剑"轻吕"斩击其身躯，用黄钺（黄色的斧头）砍掉其头颅，又入宫找到妲己，用玄钺（黑色的斧头）斩掉其头颅。最后命人将纣王头颅悬挂于大白旗之上，妲己头颅悬挂于小白旗之上，以示为祖父季历、父亲文王和兄长伯邑考复仇。两日后，武王举行祭天大典，由一百名士兵扛着"罕旗"走在前面，武王的弟弟曹叔振铎护卫仪仗车开道，周公旦手执大钺，毕公高手执小钺，分列武王两侧，寓意辅佐。散宜生、太颠、闳夭手握宝剑，环卫武王。

牧野之战后，周人占有京畿之地，推翻了殷人的统治，但是还没有取得平定全境的最终胜利。因为，"在京畿以北和以东还有殷贵族的兵力需要消灭，特别是在黄河以南的南国，殷在这里经过六百年经营，有根深蒂固的势力，分布有许多方国，有些地方驻有重兵，因此继牧野之战以后，向南国诸侯的进攻，就成为当时战斗的重点"❶。文献记载，武王攻克商都以后，即命姜太公追击殷将方来；同时，兵分四路南下进军，进一步打击南国诸侯。经过一系列的艰苦战斗，逐步消灭了黄河以南的商属诸侯，克商的目的最终达到。

　　历史记载，殷、周贵族十分重视祭祀，正如《左传·成公十三年》记载："国之大事，在祀与戎。"祭祀和战争是一个国家最大的事情。武王克商后，周人举行了相当于"立国大典"意义上的，不同规格、不同目的的多场次祭祀活动：其一，在牧野举行了接连五天的"告捷礼"，即向天地神明和祖先献祭并宣告克商大获全胜；其二，在殷都举行了"社祭"，即祭祀土地神；其三，在周庙举行了"献俘礼"，即杀死战俘而用其首级献祭。值得一提的是，在殷都举行的"社祭"虽然在礼制层面是一场以神为祭奉对象的祭祀仪式，却含有丰富的政治意味。

　　此次在殷都举行的"社祭"，基本仪式和主要内容如下。毛叔郑端着铜镜接的露水（称"明水"），卫康叔封铺上祭祀用的草席，召公奭手捧彩帛，姜太公牵着祭祀用的牲畜。尹佚朗读竹简上的祭文说，殷的末代子孙纣王，废弃先王的美德，蔑视神

---

❶ 杨宽《西周史》，上海人民出版社2016年版，第105页。

明，昏乱暴虐，这些皇天都已知道得清清楚楚。于是武王拜手稽首两次，说："膺更大命，革殷，受天明命。"姑不论祭天大典仪式多么庄严肃穆、声势浩大，其主题则不言而喻：就是明确告诉殷人贵族，周"革殷"（克商）乃出于天命。《逸周书·商誓解》则记载了周人在"社祭"上对殷商贵族等群体的告诫内容：其一，商纣王昏庸无道、贪婪骄横、残害百姓，严重背弃了商汤旧典及上帝和商朝先哲之命，周人是蒙上帝恩赐，奉天命来讨伐纣王而非僭越法度作乱；其二，除了商纣王及其追随者，商朝百姓和贵族都无罪而且将会获得新生，听命于周人的百姓、贵族将会得到保护而安居，执意作乱者将会受到讨伐。❶另据记载，姜太公在主持牺牲献俘仪式时，还当场杀掉了一批助纣为虐、负隅顽抗的殷商贵族俘虏，用以宣扬战功，震慑群小。很显然，无论是"献俘礼"还是"社祭"，其目标和意旨显而易见，且异曲同工。

通过一系列隆重的祭祀活动，周王朝正式昭告天下：周人秉承天命，周兴代商！武王完成大典后随即出城。至此，商朝覆灭，周朝新生。周的历史、中国的历史掀开新的一页！在此之后，周

---

❶ 参见黄怀信、张懋镕、田旭东《逸周书汇校集注》（全二册），上海古籍出版社1995年版，第482—494页。《逸周书》是中国古代重要的历史文献汇编，又名《周书》，隋唐以后亦称《汲冢周书》。该书主要记载从周文王到周景王年间的时事。旧说《逸周书》是孔子删定《尚书》后所剩，是为"周书"的逸篇，故得名。今人多以为此书主要篇章出自战国人之手，可能还经汉代人改易或增附。因此，为严谨起见，《商誓解》所载内容可视为辅助文献。

人为了新兴政权的组建和巩固进行了卓有成效的努力，特别是宗法制度和礼乐文明的创立、推广，极大地影响了中国古代的政治制度和精神文化。

三　安抚旧民和定邦

周人凭借西方小邦的几万兵力，完成了推翻强大殷商的壮举，着实令人振奋。但客观上来看，此时的周不管是人口、兵力、土地、人才和生产力等硬实力，还是文明程度、政治威望等软实力，都不如旧日的天下共主殷商。同时，纣王拥有如此强大的实力却一朝败亡、身死国灭，实在不能不让人引以为鉴，深思国家兴衰之理、王朝统治之道。因此，如何以殷商灭亡为前鉴，在新的征服地区建立有效的统治，并将周的权威和影响推广至天下，成为当时的首要任务。虽然周朝已立，但有效的统治、治理和管辖尚未真正建立。换言之，周虽然有天下共主之名，却还不具备统治天下之实。面对战败后的殷商王朝，如何合理安顿殷朝平民、贵族、诸侯和伐商功臣等各方人员，是武王和姜太公等人急需解决的难题。而中原地区的安定问题，也迫在眉睫。在姜太公等人的辅佐下，为了解决上述问题，一系列的政策逐步施行。

（一）施行怀柔，安抚殷民

首先，纣王被处死后，该如何处理原殷商京畿地区的统治问题呢？此时的周人挟牧野大胜之威，当然可以直接管理这一地区，暂时性地压制一切不安定因素。但是周军毕竟是西方客军，且军队人数不多，不可能长期重兵驻守此地。京畿地区绝大多数是殷商遗民，未来影响地区安定的决定力量无疑也是这部分人。因此，能否处理好殷商遗民的问题，就意味着能否实现对原殷商京畿地区的有效管理。

殷商遗民大略可分为普通百姓和旧臣贵族两类，他们对伐商联军的到来和所取得的胜利存在不同的看法，对他们的安置自然有所区别。广大百姓刚从纣王的暴政中解放出来，他们多是发自内心地欢迎伐商联军的到来；而武王为了凝聚民心，将纣王多年搜刮的民脂民膏发还给平民百姓，因而进一步得到了百姓的支持和拥护。因此，普通百姓较好地实现了安顿。不难想象，殷商一众旧臣贵族最难处理。不管是从政治立场，还是从现实利益方面考虑，这一群体都难以与周之间建立完全的政治互信。因为，周作为征服者和革命者，在利益诉求上是与殷商旧臣贵族群体根本对立的。但对周来说，这些旧臣贵族世世代代在此繁衍生息，地方势力关系盘根错节，对京畿地区有广泛而深刻的影响，根本不可能在短期内将之肃清铲除。因此，需要综合考量，妥善安排他们。

姜太公年轻时在殷商之地生活多年，较为了解当地的风土人情。为了此地统治的稳定，姜太公认为应该采用较为缓和的政策。他谏言武王说，殷商立国日久，朝歌民众多有怀念殷商历代先王恩德的，而殷商贵族大臣中也有贤人智者，不宜采用粗暴蛮横的方式对待他们。应采用怀柔安抚的措施笼络人心，使之归顺服从。武王从善如流，下令只诛首恶，绝不株连他人。同时，周军兵分多路，四面出击，追杀恶来等臭名昭著的顽固分子。武王又以宗主国的身份赐封纣王之子禄父为殷商之主，号曰"武庚"，以此延续商国的国祚，并命令禄父施行商朝历史上有名的贤君盘庚的治理政策。对于投周的微子启，恢复其原有的封地（在今山东省梁山县），并加封更多土地（主要是殷商京畿故地东南方的二地），以示嘉奖。此外，还释放了被纣王囚禁的箕子，安排高位令其辅政；❶ 安排人重修了比干墓，以供后人祭祀。姜太公怀柔为主、区别对待、分化瓦解的一系列举措，

---

❶ 另有一说，在商、周交易之际，箕子趁乱逃往箕山（今山西东南部晋城市陵川县棋子山），在山上过起了隐居生活。武王灭商建周后，找到了箕子，恳切请教治国之道。箕子于是便将夏禹传下来的《洪范九畴》讲述给武王听，史称"箕子明夷"。武王听后十分钦佩，想请箕子出山治理国事。但箕子早对微子说过："商其沦丧，我罔为臣仆。"意即殷商如果灭亡了，他不会做新王朝（即周）的臣仆或顺民，也不肯出山辅政。武王无奈而归。因怕武王再次来请，箕子在武王走后便迅速率领弟子和一批殷商遗老故旧，匆匆离开箕山向东方而去。从此，陵川便留下了"箕子履迹"的传说。姑备一说。

在很大程度上稳定了当时的动乱局面，也安抚住了人心。随着政策的落地实施，殷商京畿故地的旧臣贵族们逐渐放下心来；其他地方也不断有人放弃抵抗，六路大军中的一路军队甚至三天就传回捷报……慢慢地，整个殷商故地开始走向安定，周人的统治秩序初步建立了起来。

当然，姜太公和武王并没有放松对殷商旧贵族的警惕，并非全然听之任之。为了便于分割统治和防止联合反周，他们把殷商京畿故地一分为三，分别为邶、鄘和卫。对于武庚，只让他统治位于殷商京畿故地北部的邶地。其他两块地区（鄘地和卫地），则分封给其他殷商贵族（如微子）和武王的亲族、功臣们。对于整个殷商京畿故地，武王又派遣弟弟管叔、蔡叔、霍叔加以监管，史称"三监"。❶此举旨在通过分割商朝京畿故地，以达成对原有的殷人统治势力的分割、安抚和监督。此外，武王还把象征天子权力的九鼎运回周地。当然，同时也向周人属地输送了大量殷商京畿故地的财富和人口，用以削弱殷商原有资源，增强自己的综合实力。

---

❶ 另有文献记载，武王克商后，把原来商朝直接统治的地方分成三部分（邶、鄘和卫）：邶由纣王之子武庚掌管，鄘由管叔鲜掌管，卫由蔡叔度掌管，史称"三监"。今人杨宽认为，关于武王设置"三监"的说法有四种之多。可见关于"三监"，存在较大争议。（参见杨宽《西周史》，上海人民出版社2016年版，第137—143页）

（二）分封诸侯，秩序初建

牧野之战后，周人虽然占领了殷商京畿地区，但是除了周人原有的西方领土以外，只占有今河南的北部和中部、河北东南、山西南部以及山东东南部分地域。这是因为殷商末期，由于国力日渐衰落，少数民族纷纷内迁，比如西北的戎狄进扰中原，东方的夷族"分迁淮岱，渐居中土"，殷人的直属领地已然缩小很多。此消彼长之下，四周的少数民族部族和地方邦国势力（如西方的周）大有扩展之势，使得殷商属地日渐萎缩，综合实力日益削弱，这也是导致殷商灭亡的原因之一。因此，在周克殷以后，周人对东方和北方的奄、徐等颇具实力且一直臣服殷商的地方势力，以及东夷、淮夷等少数民族地区，尚未形成军事干预的能力。这时，周人最主要的手段是派遣使者前往其封地宣谕王命，以此获得地方诸侯名义上的臣服。不难想象，这种在表面上的"收编"或"统一"无疑存在巨大的隐患，而这些诸侯在几年后也不出所料地发动了声势浩大的叛乱，由之带来的动荡几乎葬送了新建立起来的周朝。下文将会细表。

武王接受姜太公等人的建议，在周人直接占据、控制的新区域，采取分封诸侯的方式来巩固自己的统治。在此种思路指导下，按照血缘亲疏关系远近和翦商兴周功勋大小，将诸侯分封于内域或外域要地。其分封的主要对象有三类：一是先代君王后裔，二是异姓功臣，三是同姓宗亲。

史载，武王所封的先代君王的后代叫作"三恪"。后人对此有两种解释：一说，"三"是虚数，意指数量很多，并不一定是三个。武王是为了对先代君王表示尊敬，特意分封其后代。另一说，周朝新立，封前代三朝的子孙并赐以王侯名号，称"三恪"，以示敬重。❶不仅如此，武王在分封先代王朝子孙后代时，用意明确，思谋周全。所封"三恪"中，比较出名的是虞舜后裔虞阏父之子满。史载，虞阏父服事武王，是周的陶正，负责管理陶器生产。武王为嘉奖阏父制器得力，又因其是"神明"虞舜后裔，因此不仅将自己的长女嫁给满，而且将满封到陈地（今河南省周口市淮阳区城关一带），号为胡公。此外，武王还封黄帝之后于蓟地，封炎帝之后于焦地，封帝尧之后于祝地，封夏禹之后于杞地。武王如此分封先代君王之后为诸侯，其根本用意是以此团结殷商以外有势力、有名望的异姓贵族，从而巩固周朝的统治基础。此类的工作总结起来，就是《论语·尧曰》

❶ 文献记载，关于周封三朝，说法有二。一说，封虞、夏、商之后于陈、杞、宋。如《左传·襄公二十五年》载："昔虞阏父为周陶正，以服事我先王。我先王赖其利器用也，与其神明之后也，庸以元女大姬配胡公，而封诸陈，以备三恪。"另有杜预注："周得天下，封夏、殷二王后，又封舜后，谓之恪。并二王后为三国。其礼转降，示敬而已，故曰三恪。"另一说，封黄帝、尧、舜之后于蓟、祝、陈。如《诗经·陈风》孔颖达疏曰："案《乐记》云：'武王未及下车，封黄帝之后于蓟，封帝尧之后于祝，封帝舜之后于陈。下车乃封夏后氏之后于杞，投殷之后于宋。'则陈与蓟、祝共为三恪，杞、宋别为二王之后矣。"

所说的:"兴灭国,继绝世,举逸民,天下之民归心焉。"恢复被灭亡的国家,承续已断绝的后代,提拔被遗落的人才,天下的百姓就都会心悦诚服了。

　　武王同时分封了考多功臣,但相比于先王之后的分封,其中有比较深刻的内政考量。比如在周担任太史、司寇的苏公,他原本主管历史文教和司法刑狱,所主导的工作都属于关乎国家长治久安的关键领域,干系重大。苏公深受武王信重,伐纣功成后被封于黄河中游的北岸,其封地有十三个邑之多,在今河南济源、孟州、温县、沁阳、武陟、修武和获嘉一带。苏公的封地,正是原商代京畿的西南部分,是从孟津通往原商都朝歌的必经之地,具有十分重要的战略地位。武王之臣檀伯达的封邑也在这个地区、靠近黄河。可见,武王分封功臣不仅是为了赏赐功劳,更是要以关系紧密的功勋老臣作为巩固四方统治的基石,实现"屏蕃周室",以形成有效的统治系统。

　　在众多伐商功臣之中排名第一位的,毫无疑问是姜太公。但姜太公的封地一开始并非后世所熟知的齐地,因为此时的齐地还处于遥远的东方,是尚未被周人控制的区域。而且,以姜太公在文王、武王两代国君当政以来的特殊地位,及其在整个克商代殷伟业中的功勋,武王不可能对他许诺一张"空头支票"。他被委以重任,继续坐镇周朝政坛,以便进一步稳定初生的政权,不宜被封往偏远地区。此外,考虑到当时周人所占据地域的战略性,姜太公的首封之地,不外乎周的丰邑附近,或者联通东西的河南西北部平原地区。有学者认为，姜太公首封之地是位于河南南阳的吕地。但因缺乏足够的证据，姜太公首封之地尚难以确考。可以确定的是，在武王去世、东方掀起反叛浪潮时，姜太公才临危受命，被转封于齐地。他在那里创造了新的丰功伟绩，被视为齐国的缔造者、齐文化的创始人。后文对此将有详论。

不过，武王最信任的还是同姓宗亲，依照血缘亲疏分封姬姓宗亲是周朝分封制的核心内容。《史记·管蔡世家》记载，武王一母同胞的兄弟共有九人，除了长兄伯邑考早死以外，其余八人都是武王的弟弟，行辈次序是：管叔鲜、周公旦、蔡叔度、曹叔振铎、成叔武、霍叔处、康叔封、冉季载。武王克商之时，康叔封和冉季载尚年幼，因此本次实际上只分封了其他六个兄弟。管叔、蔡叔和霍叔被封在殷商京畿故地，以监视殷商遗民；曹叔、成叔被封在山东西南部的曹国和郕国——这两地是古代控扼整个山东和河南进出通道的战略要地，传说商汤灭夏的决战就发生在此地；周公因才高德重被武王留在身边辅政，被封在丰邑西北的周邑。除了亲兄弟，武王还有异母兄弟八人，分别被分封在毛、郜、雍、滕、毕、原、酆、郇。此外，还有召公（姬奭）、毛叔郑（姬郑）等诸多姬姓宗亲，也分别得以受封。总的说来，武王分封姬姓宗亲，主要是希望通过血缘宗法秩序来进一步保证周朝的政治管理秩序。

无可否认，分封制下的周朝实质上类似于一种松散的邦联，周天子并非不想管辖诸侯国,而是无力管辖。❶但是周朝的诸侯国,尤其是那些与少数民族毗邻的诸侯国,于开疆辟土是有功的。无论新开辟的土地是否属于周王,反正当时在法理上,这些都是周王的土地。正如《诗经·小雅·北山》所说:"溥天之下,莫非王土。率土之滨,莫非王臣。"不可否认,西周初年的分封制对于中国历史的进程起到了重要的推动作用,它不仅巩固了西周的统治,也拓展了西周的疆域。无论如何,分封制在西周初年起到了积极的作用,周朝初期整体上实现了天下归心向周的局面。但遗憾的是,周朝建立之初所实行的分封制度,很多政策并不完善,埋下了巨大的隐患。随着政治环境的改变,分封制的弊端愈益显露,并深深地影响着当时的政局。

---

❶ 需要说明的是,分封制的产生和发展经历了一个漫长的过程,确切的起源时间已经难以考证。具体来说,西周时的分封制与嫡长子世袭的宗法制紧密结合。卿、大夫在各自封地里又是同姓宗族的大宗,其封爵仍由其嫡长子世袭继承,其余庶子作为小宗分封为士。这样,根据宗法制和分封制,西周便形成天子、诸侯、卿大夫、士等各级宗族贵族组成的金字塔式等级制机构。各个等级之间的相互关系,既是大、小宗关系,也是上、下级关系。西周分封制下,土地和劳动者名义上都归周王所有,下一级须对上一级承担缴纳贡物、服刀役、军事保卫和述职等义务。东周以后,该制度逐渐为郡县制所取代。

（三）营建宗周，镇抚中原

经过一年多的治理，武王与姜太公等班师回到丰邑。但丰邑距离东方太远了，他们在殷商京畿故地等中原地区的一系列布置，并不能使武王完全安下心来。他不止一次忧心忡忡地向姜太公、周公等心腹重臣表达对统治天下的忧虑恐惧，并坦言自己常常为此食不甘味、夜不能寐。姜太公为君分忧，进献两策：一是继续加强政治宣传工作，包括但不限于定时召集诸侯参与祭祀、群狩等，强化周作为天下共主的合法性与权威性；二是向东迁都，在洛邑，也就是今天的河南洛阳地区，营建新的都城。❶姜太公所献的第一策主要是利用了当时人们迷信天命的特点，也是对武王本人的一种心理安慰。比较而言，此策的象征意义大过实际意义。因为，迁都洛阳才是从根本上进一步巩固周人统治的重要战略部署，具有重大的现实意义。

从地理位置上看，洛阳地处"天下之中"，是连接东西方的重要地理枢纽，陆路交通四通八达，可以全面辐射西方关中地区和东方新占领区。无论东西方哪里有变，都能以此作为中心基地

---

❶ 关于周初的国都及其迁变，还有另一种说法：周朝建立后，在姜太公的建议下，周武王将国都定在了原都城——丰镐。这是一个稳定周朝统治的做法，因为只有守住了关中，周朝的根基才能稳固。在此基础上，周公旦为了加强对关东地区的统治，在伊洛地区建立了东都——洛邑。姑备一说。

快速做出反应,及时采取行动加以应对。从地势地貌上看,洛阳地区东高西低,山川纵横,西依秦岭,东临嵩岳,北靠太行山且有黄河之险,南望伏牛,直接连通富饶的江汉平原。选择在此定都,无疑符合古代国家战略守御和政治统治等方面的现实需要。古之纵横家评价洛阳时说道:"河山拱戴,形势甲于天下。"在此营建新都,是能够有效解决统治问题的战略性手段,足以奠定周朝长治久安的基业。事实也确实如此,自周开始,洛阳被中国历史上九个王朝定为首都,备受历代有识之士的青睐。

武王听了姜太公的计策大为高兴,马上指派周公依计施为。但营建新都工程浩大、事涉多方,非短期之功。为此,武王先在丰邑以东二十五里处(今沣河中游东岸,北到洛水村,南到斗门镇,东至昆明池故址,西至郿水故道)营建了新都镐京,号为宗周,将此地作为周的临时都城。宗周内规划建设了规模庞大的辟雍(即周人举行祭祀、集体行礼、宣布政令以及宴会、练武、奏乐的地方),外围环以浩渺的水泊;中心建有恢宏的明堂(即周人用于朝会诸侯、发布政令、秋季大享祭天的地方),可以用来展示国力、提升威仪,寓意四方都服从周朝统治。可惜的是,武王在归周一年后就病逝了,那时洛邑新都的建设才刚刚动土。他在临死前念念不忘,嘱托周公等人一定要早日建成新都。洛邑新都后来被称为"成周"。

总之,姜太公辅佐武王,借鉴前朝,审时度势,制定了一系列政策方针,开展了广泛而深刻的政治建设、制度创新和管理改革等行动。从文献记载来看，周取代商以后，政治、经济和社会各方面整体上实现了平稳过渡，无疑得益于姜太公等人所主张实施的一系列重要措施。

四　辅佐周公东征平叛

周武王的突然病逝，为刚刚建立的政权带来了巨大的挑战。如何尽快稳定朝野上下，巩固新生政权，成为当时最迫切的问题。然而，王位继承问题解决后没过多久，又发生了"三监之乱"。姜太公和周公共同参与和主导解决了这一系列政权统治危机，为周初王朝的安定做出了巨大贡献。

（一）扶保幼主，稳定朝堂

天下局势依然严峻，武王的病逝使朝堂内外仿佛失掉了主心骨一般，陷入了极大的彷徨与迷惘中。据武王遗愿，当由他和姜太公之女邑姜所生的儿子姬诵继位。但此时的姬诵不过十三四岁，在这样一个权力交接的特殊时刻，他根本无法担当起朝野内外的期望。而另一种较为可行的方案则是采用"兄终弟及"的继承方式❶，即从武王那些正值壮年的弟弟们中间选择合适的继承人担当大任。这一方案不仅是那个时代通行的王位继承制度之一，也明显更符合当时周朝的内外形势和整体利益。因此，在武王死后，围绕王位继承的问题，周朝内部发生了纷争。

若据常理，姜太公作为姬诵的外祖父，本该是姬诵作为王位继承人最坚定的支持者之一。但他深知，周人刚刚建立政权，仅仅是在形式上初步建立起对天下的统治，稍有不慎即有倾覆之危。在这个关键时刻，朝堂和天下最需要的不是一个少年天子，而是一位具有强大号召力和统领能力的壮年明君。因此，以"兄终弟及"的继承方式挑选出的王位继承者，才可能有足够的能力和威望团结朝堂、号令天下，应对未来可能出现的诸多困难与突发挑战。今天的我们可以想见，姜太公在何人继位的问题上是多么无奈与痛苦。一边是自己的至亲外孙，有血脉亲情，还有武王遗命；另一边是自己为之奋斗一生的安邦定国的政治理想。此时，非壮年君主不能统领这个国家。姜太公作为辅弼重臣，在此关键时刻，一言一行都可能决定周朝的未来。他不能不思之又思，慎之又慎。

因继承人的选择问题而忧惧周朝未来命运的并非只有姜太公

---

❶ "兄终弟及"是商代王位继承制度之一。商代王位的继承是传弟与传子并用的制度。殷商中丁以后，商朝经常发生王位纠纷事件，"兄终弟及"的继承制度遭到破坏，传嫡子为王制渐渐流行，但"兄终弟及"的继承制度仍偶见于后世。

一人。在武王数位弟弟中，周公深知周王朝大局稳定的重要性，不忍心看到初建的政权分裂、内外不宁。他坚定地表态，唯愿遵奉武王遗命，力推姬诵为王。姜太公大受启发，趁机建言，姬诵尚年幼，周公可以以摄政王的身份代理国政。众人也觉得这是最好的解决方案。最终，在姜太公的大力斡旋下，朝堂众人对王位继承问题奇迹般地达成了一致。在姜太公等人的劝说下，周公推托不过，也只好答应称王摄政，等姬诵成年后再交还大政。如此，皆大欢喜。周朝内部的纷乱在姜太公等人的努力下暂时得到了解决。姬诵在众人的簇拥下顺利继承王位，号为成王。

但是，权力更迭风波尚未完全平息。作为"三监"之一的管叔身在殷商故地监视殷国。然而，管叔是个有政治野心的人，武王病逝之初他内心窃喜，自以为是武王最年长的弟弟，最有资格继承王位。当成王在镐京继位的消息传来时，他的继位幻想破灭了。他怒从中来，大发雷霆，拒不承认成王和周公的地位。此外，隐忍多年的纣王之子武庚也早有反周复国之心，听闻此事后，顿觉机不可失。他假意款待管叔，又在席间多番试探，说了很多奉承的话，并有意无意挑拨管叔与镐京统治阶层的矛盾。早被权力欲望冲昏头脑的管叔，时而心花怒放，时而怒发冲冠。武庚见状，心中大喜，终于图穷匕见，大力蛊惑管叔起兵反周、自立门户，并承诺事成之后必尊奉管叔为天子。管叔正在兴头上，与武庚一拍即合，竟然真的打算联合起来一起叛周。管叔也并非毫无头脑，他先是对外散布谣言宣称：周公以摄政之名控制朝堂上下，行窃位之实,软禁成王,意图篡位自立,其心可诛。继而,管叔打着"清君侧"这一冠冕堂皇的旗号,骗取了一批不明真相的亲周势力的归附跟随。另外,蔡叔和霍叔也被管叔的话术所蒙蔽,便一同响应管叔号召,起兵反叛。至此,殷商京畿故地反叛之声高涨,武王伐纣的最大成果眼看要全部葬送!

武庚自知实力不足,便利用自己殷商之主的政治号召力,派遣使者前往东方徐、奄、熊、盈等地游说地方诸侯。很多地方诸侯对周人本来就是表面臣服,于是趁此时机,纷纷打着兴复商朝的旗号起兵响应。随着东方诸侯的加入,这场叛乱的性质已经从周王族的内乱,转变为殷商遗民的复辟反攻,局势愈发严峻。而更远的东夷、淮夷诸部听闻此事,觉得中原必定大乱,正是大举进攻的好时机,便也趁火打劫般起兵西侵,边疆地区瞬间战火纷飞。镐京君臣刚刚顺利完成最高权力的交替,转过头看看天下局势,竟然早已风云突变、面目全非——内有"三监"图谋作乱,外有殷商遗民妄图复辟,同时还有实力强大的地方诸侯造反和少数民族入侵。情势之危急,仿佛国家的崩乱只在顷刻之间。

(二)随军东征,拯救危亡

管叔污蔑周公夺权篡位,打起了"清君侧"的旗号。这种污蔑性的谣言使周公有苦难言,不知如何辩解。周公诚恳地向姜太公和另一位宗室重臣召公剖白心迹说,周朝能有今天的规模,是经我们祖先太王、王季、文王几代人艰苦创业而来的。如果周朝在我们这些不肖子孙手里失地或亡国，我们又有什么脸面见先王于九泉之下呢？现在，武王过早地离开了我们，成王年纪尚幼，天下人心不服。我甘愿冒着篡国的嫌疑，暂时代替年幼的君主统理国政，还不是为了能保住我们周朝的江山社稷吗？姜太公当即表示，完全理解周公的无奈处境和磊落用心，一定会全力支持他平定叛乱、安定周邦。

在得到姜太公等人的理解与支持后，周公才信心重振，准备东征平叛。他命人将文王时期留存下来的珍贵龟骨拿出来，当着群臣的面进行占卜。占卜结果显示，此番平叛定会"大吉"。但讽刺的是，周朝内部有一批持反对意见的贵族。至于坚决反对的原因，可能是他们在伐殷得胜后安于享乐，失掉了再次征伐的勇气；也可能是他们对平定叛乱的形势判断太过悲观；或者是因为不想与管叔等旧日亲朋好友刀兵相见。总之，他们对东征平叛的决定提出异议，竭力否定占卜结果，试图阻止周公出兵。

凭借姜太公等人的鼎力支持，周公未理睬这类短视之臣的聒噪。他坚定地说，有明哲之臣辅佐我，我定能完成文王和武王未竟的事业！随后号召将士誓师东征。毫无疑问，周公所谓明哲之臣，就是指姜太公等人。而周公东征，自然还要仰仗姜太公运筹帷幄，奇谋妙算。

具体的平叛过程，今天已经无法详知。《尚书大传》记载，周公"一年救乱，二年克殷，三年践奄"。姜太公辅佐周公用了一年的时间平定了"三监"的内乱。依罪行的大小,管叔被杀,蔡叔被囚,霍叔被削爵。第二年,平定了殷商旧贵族的复辟造反。殷侯武庚被周公击败后逃往北地,最后还是被抓住杀掉。跟随武庚叛乱的殷商遗民,被周公强制迁徙到了新都成周。这是一个釜底抽薪的策略,殷商遗民远离故土,又被安置在周朝首都,受中央直接监管,也就再没有力量发动叛乱了。同时,周公将没有参加叛乱的殷商贵族微子启封在了宋地,继承殷商国祚,以示赏罚公允。"三年践奄"❶是说,第三年,周公继续东进,征伐遥远东方的叛乱诸侯和东夷、淮夷等少数民族。奄地在今天山东曲阜,相传殷商中期的国都就是奄城,后来商王盘庚迁都到朝歌。因此,奄地保留了大量的殷商子民,也是东方诸多邦国部落中比较有代表性的亲殷商势力。总体来讲,奄地历史悠久,实力强大且政治立场较为明确。除了奄地之外,当时的山东和江淮地区还分布着很多殷商王朝的同姓诸侯国和臣属于商王朝的诸侯国,主要有大彭氏、蒲姑氏、豕韦氏、挚、奚、薛等,都是周军的东征目标。

在第三年的战争中,成王年纪稍长,在姜太公和周公的辅佐之下,率师亲征。周的这场远征战役打得很艰苦,《诗经·豳风·破斧》以士兵的口吻述说了当时的艰难之状:

---

❶ "践"通"翦",消灭的意思。"践奄"即是消灭奄地的叛乱之人。

既破我斧，又缺我斨。

周公东征，四国是皇。

哀我人斯，亦孔之将。

既破我斧，又缺我锜。

周公东征，四国是吪。

哀我人斯，亦孔之嘉。

既破我斧，又缺我銶。

周公东征，四国是遒。

哀我人斯，亦孔之休。

全诗大意如下：

　　激烈征伐中，椭圆形斧砍坏了，方形斧也缺残。英武的周公率领我们东征，匡正四方之国，平息了叛乱。可怜我们这些战后余生人，也是非常命大，亏苍天有眼！

　　激烈征伐中，椭圆形斧砍坏了，齐刃凿也缺残。英武的周公率领我们东征，教化四方之国秩序井然。可怜我们这些九死一生人，幸亏得苍天佑护结局还不坏！

　　激烈征伐中，椭圆形斧砍坏了，独头斧也缺残。英武的周公率领我们东征，四方之国边疆巩固又安全。可怜我们这些劫后余生人，也算是吉庆有余福禄无边！

值得注意的是，不同于周军常使用的矛、戈等武器，诗中出现的斧、斨、锜、銶都属于粗钝的兵器，更适合丛林作战的需要。可见，周人为了此次东征做了非常充分的准备。诗中说这些兵器在激烈的征伐战争中都破损缺残，可见战况之激烈。此外，史书记载，周朝军队在讨伐战争中大规模开辟原野，驱赶了大量的虎、豹、犀、象等野兽。此举或许与追敌拓土、修路建城等军事行动相关，也可见战争环境的艰苦。最终，周公率军消灭大小邦国、部落五十多个，迁徙许多原住民到成周和南方等地。

虽然周朝借用武力完成了对重要地区的征伐，但由于东夷、淮夷人口众多，依然占据着东方大部分的土地。因此，不仅是新占领的地区需要留人驻守，广大蛮荒地区也仍待开拓。而且，周朝统治阶层逐渐意识到，东方的稳定与繁荣直接关系到整个政权的安定与巩固。因而，为这些地区选任合适的驻守和"拓荒"人员，无疑是摆在周朝统治阶层面前的重要议题。姜太公能力出类拔萃，加之出身于东夷地区，故成为最合适的人选。众望所归，姜太公获封今山东北部及胶东半岛地区，建立齐国。从此，东部原来东夷的居住地区被纳入周的直辖领地。自此以后，姜太公凭借高超的治理能力和智慧，在齐地开启了另一段颇富传奇色彩的人生历程。

第四章

齐文化精粹撷珍·姜太公

封齐立国和齐文化初创

从潦倒赘婿到辅政重臣，再到齐国开国君主，姜太公开始了他传奇人生的第三段精彩旅程。与当年入周治国不同，姜太公将在一个全新国度独挑大梁，自由挥洒。不过，姜太公将要面对的不仅是恶劣而陌生的地理环境，还有充满敌意且时刻虎视眈眈的夷人诸部。因此，这是一个"摸着石头过河"的艰辛创业历程。而对当时的姜太公来说，无论多大的困难都无法阻止他打造一个凝聚自己独特智慧和治国理念的姜氏齐国。月夜潜行破莱夷、铁腕治国诛二隐士、简礼从俗五月定齐地……姜太公在立国过程中留下了无数脍炙人口的传奇故事，今天依然值得细细品味。历史或许业已证明，深深打上姜太公治理理念和文化价值烙印的齐国，迸发了长久而又璀璨的光芒，影响至深。

一　齐国初立

姜太公身负朝野内外的期望留守东夷地区，着力建立一方侯国。经过实地考察和审慎权衡，他最终选择了东夷薄姑氏的旧领地作为自己的立国之地，正式定都营丘，号为齐国，其疆域范围不过方圆百里。夷地较为恶劣的地理环境和人文环境，为姜太公的立国之路设置了巨大的阻碍，其艰难程度远远超过了姜太公的前期预测，实际情况令他颇感棘手。

（一）定都立国

对任何一个新生国家来说，确定首都和国名都是首要任务。那么，姜太公为什么要选择薄姑氏旧领地中的营丘定都，又为何以"齐"为国名呢？这与当时的地理、文化和政治形势密切相关。

关于营丘的具体地理位置，存在诸多争议。其中具有代表性的说法有三：山东省昌乐县马宋乡古营陵遗址说，山东省寿光市呙宋台遗址说和山东省淄博市临淄故城遗址说。主流意见倾向于第三种：营丘位于山东临淄故城的大城东北角遗址。首先，考古显示，那里地势较高且出土文物较为丰富；其次，此地出土的文物所处时代较早。综合多重因素，学者认为临淄故城的大城东北角一带最有可能是姜太公定都之地。

基于历史记载推测，营丘应该处在薄姑氏的旧封地中。因为，薄姑氏不仅是成王东征时期灭掉的国家之一，也是在那之后被转封给了姜太公。而姜太公之所以选择此地作为立国之地，也有着非常深刻的战略考量。一是易与周朝的整个东方战略相互配合。当时成王东征获胜后，为了稳定东部疆土，一口气将朝堂内地位最高的三位重臣姜太公、周公和召公分别封在齐、鲁、燕三地。燕国国都蓟在今北京市一带，经略北方诸国和戎狄；鲁国的国都在今山东曲阜周边，监控江淮流域的淮夷；齐国国都营丘在今山东临淄附近，把控东夷诸部西进中原的通道。因而，燕、齐、鲁从北至南构成一个相互呼应的守御网络。二是营丘所在之地原属于济水流域的大国薄姑氏的统治中心区，本就有较好的基础设施和配套工程，为尽快建都提供了现成的条件。鉴于后来姜太公"简礼从俗"的治理策略，他应该会倾向于直接在薄姑氏旧领地宣谕王命，以便有序组织社会力量，集中教化当地民众。此时还有一座名叫薄姑的城市，应该是原薄姑氏的都城，距离营丘不远。历史上明确记载，姜齐的第六任君主齐胡公从营丘迁都薄姑，后继任者齐献公又因遭遇叛乱迁都临淄。据此推测，三城应该在同一区域，且相距不远。因此，姜太公选择定都营丘，大概也有就近监控薄姑氏遗民的政治考量。

再说国名。齐国之名的由来有如下几种说法：一，传说齐国国都营丘南郊附近有"天齐泉"，号称五泉并出，与常见泉眼迥异。当地人认为这是天之"腹齐（脐）"；另有传说，齐地还有"天齐渊"，受到当地人的世代祭祀。齐国因此而得名。二，根据汉代文字学家许慎在《说文解字》中所说"齐，禾麦吐穗，上平也"，有学者认为，齐国地势低平，土质肥沃，宜于农稼，适种小麦，故称"齐"。但此说较为牵强，毕竟古代中国适合种植小麦的地区众多，为何又此一地被世人称为"齐"？三，甲骨文中的"齐"字呈三枚箭镞形，大概与箭一类的远射兵器有关。此外，东夷之"夷"字有弯弓、射箭之意。故，有人认为以"齐"为名，可能源于齐地先民的尚武、尚箭之风。但此说似乎也有些牵强。四，作为"四岳"之后的"有吕氏"在夏代封土称王，《尚书》中收录了吕王所作的《吕刑》，《吕刑》中有"天齐于民"之语。"齐"有教化、整顿之义。"天齐于民"即是以法成德、整顿臣民的意思。姜太公作为吕王的后裔，很可能继承了先人的治国理念，因此以"齐"为国名。

除此之外，还有一种说法认为，"齐"之得名或许与济水有关。古代的部族或国家，常以所处之地为名，甚至以地名为姓。如周人部族因其长期生活和活动在陕西周原一带而得名，殷商王朝也因商族曾居住在商丘和殷地而得名。姜姓部族则因生活在姜水流域，故以姜为姓。因此依照这种传统，姜太公获封济水流域，以"齐"（济）为国家名也是顺理成章的事。笔者认为，这种说法最为可信。

（二）偏僻落后

国都、国名既已定下，接下来的任务就是考察整个齐地的情况了。那么，齐地实际上是什么样的情形呢？总体来说，非常糟糕。在姜太公立国之初，齐地地理环境可谓恶劣，自然条件较差。根据《盐铁论·轻重》记载："昔太公封于营丘，辟草莱而居焉。地薄人少……"即是说，姜太公最初获封于营丘时，当地可供人类生存的土地并不多，且土地贫瘠，人烟稀少，以至于姜太公需要亲自率领民众拓荒。

齐地发展落后、开发程度较低，不仅有历史和政治原因，还因为先天条件不足——"地薄"。齐地整体地势低洼，且靠近东海，容易积水形成沼泽地、盐碱地。就其地名而言，"丘"是自然形成的小土山，也指高地、高台，"营丘"则是人工营建的高地。当地人之所以营建高地，在高处定居，就是因为高地比低洼地带干燥、安全，不仅可以获得更多的日照，而且有利于防洪。我国很多带"丘"字的地名，命名原因多与营丘类似，如沈丘、商丘、封丘、内丘、宛丘、灵丘等。总之，"营丘"之名也可以从侧面证明齐地当时的自然条件并不理想。

不难想象，当时齐地土地贫瘠、物产不丰，显然难以养活大量的人口。特别是在生产力低下的冷兵器时代，人口是一个国家和地区的核心竞争力，更是社会的基本构成要素之一。尤其是人口所能提供的劳动力，是一个国家和地区重要的生产要素，在根本上决定了一个国家的强弱，甚至是存亡。然而，当时的人口增长途径无外乎自然繁衍、自发迁徙融合和对外掠夺三种，每一种都与一个国家的内政外交密切相关。因此，姜太公想要在齐国一展抱负，就必须处理好人口问题，因地制宜制定与此相关的内政外交政策。

（三）形势严峻

所以，姜太公面临的最大困难并非恶劣的自然地理环境。因为，通过因地制宜、因势利导地整合各项资源，可以逐步改变自然地理环境的不足。而复杂的部族关系和恶劣的人文社会环境，才在根本上影响着齐国的未来命运。

姜太公用以建国的齐地，本来属于东夷薄姑氏的领地。历史上，薄姑氏与殷商素来亲善，殷商甚至曾经帮助薄姑氏筑城。因此，齐地的民心人情更加倾向于旧国殷商，这在短期内很难扭转。而放眼齐国周边，广袤的山东地区分布着数量极多的东夷邦国、部落，其中有的邦国、部落和薄姑氏一样倾向于殷商。同时，亦有大量部族在情感和文化上非常排外，对包括殷商和周在内的中原王朝向来充满敌意。殷商末期的几代君主曾与这些东夷部族展开过长达百年的对峙和战争。前文曾提到，正是由于商纣王调集了太多精锐部队进攻东夷，才造成国都守卫空虚，给了伐商联军以可乘之机，最终导致了商朝的灭亡。周成王东征行动虽然灭掉了一些夷族邦国、部落，但也如同前朝殷商一样，并没有从根本上解决夷族的问题。山东地区依然夷夏杂处，既相互交融，又彼此对抗。尤其是那些地处偏远的夷族邦国和部落，周人同样没有实现有效的干预和改造。史料中有明确记载且被当今考古验证的夷族邦国就有郯（今山东省郯城县西南二十里有郯国故城）、邳（今江苏省邳州市邳城镇）、徐（今安徽省泗县西北四十五里处）、薛（今江苏省徐州市南四十里处）、莒（在今山东省莒县一带）、夷（今山东省青岛市即墨区西六十一里的壮武古城）、邾（今山东省邹城市东南约十公里处）、莱（初活动于山东中部，即今临淄一带，后逐渐迁到山东半岛东北部的大海边）等。因此，姜太公立国之初，周边的夷族势力依然十分强大，他们对新生的齐国充满敌意，在一旁虎视眈眈。

《史记》记载，当时姜太公刚从成王那里接受任命奔赴齐地，途中住宿在路边客店中。一个神秘的同住客人突然大笑不止，对姜太公说道，我听说时机容易失去却很难获得呀。您不紧不慢地安然住店，实在不是一个会把握时机的开国之君呀！姜太公听到这番话，不仅没有追究这个神秘住客的不敬之罪，反而连夜启程，天刚蒙蒙亮就来到了营丘。当日，山东半岛的莱夷便大兵压境，云集城外，意图突袭占领营丘。原来，莱夷认为周朝东征大军退走，正是进攻的大好时机，因此偷偷派兵前来争夺薄姑氏旧领地。幸好姜太公早一步赶到了国都，得以从容应对，周密布置，最终成功击败了莱夷大军，化解了危机。

这个故事当然有后人演义的成分，揭示了齐国立国之初外部环境之恶劣，显然远远超出了姜太公的预料。彼时齐国初创，实力较弱，不仅尚未具备自保自立的国力，还遭到夷族部落的突然袭击。对姜太公来说，要想摆脱这种局面，就必须对齐地进行大刀阔斧的改革和切实有效的治理。特别是周遭复杂而危险的环境，需要刻不容缓地加以改善和治理。

（四）东夷余论

在此，有必要对东夷与中原地区的历史关系进行简要的介绍。东夷诸民族的诞生时间并不比中原地区的华夏民族晚。据中国历史传说，在华夏民族的"五帝"（即黄帝、颛顼、帝喾、尧、舜）时代，已经有东夷民族的活动痕迹。考古发现的大汶口文化遗址、龙山文化遗址，也表明夷人已经发展出了与当时中原地区华夏民族并驾齐驱的灿烂文明。

传说，蚩尤、太皞、少皞都是东夷的部族首领，他们甚至可以与当时中原地区的黄帝、颛顼等强大的部落相抗衡。只不过，他们都在抗衡中失败了。因而，华夏民族最终成为中国文明发展的主流。有文献记载,"五帝"之一的舜出生于夷地,他带领夷人垦荒渔牧,深受人民爱戴,声名远扬。舜最后被尧看中,被从夷地简拔出来作为接班人……进入夏、商时代以来,东夷与中原王朝的交流与斗争愈发频繁。夏朝前期,东夷部族中出现了善于射箭的英雄后羿,即后世耳熟能详的"后羿射日"故事主人公的原型。据记载,后羿能征善战,东征西讨,吞并了猰貐、凿齿、九婴、大风、封豨、修蛇等东夷部落,称霸东夷地区。当时中原夏朝的君主是夏启长子太康,他终日沉迷玩乐而不理朝政,五个儿子为了争权夺位大打出手,搞得朝堂内外一片混乱。后羿趁此机会进军中原,杀掉了太康,自立为王,短暂地统治了中国,史称"太康失国"。❶ 可惜后羿即位后也开始腐化堕落,终日游猎宴饮,任用奸佞小人。后羿政权最终被夏朝贵族少康带兵推翻,夏朝得以复国。后羿短暂代夏的事件表明,夏朝时东夷部族依然是决定天下大势的重要力量之一,不容小觑。商朝中后期,东夷族更加强盛,开始更大范围地入侵中原地区。东夷与商人的战争旷日持久,严重损耗了商朝的国力,大大加速了商的灭亡,历史文献中有"纣克东夷而陨其身"(《左传·昭公十一年》)的说法。

至于齐地,最早的拥有者也不是薄姑氏(亦作"蒲姑氏"),齐国春秋时代的名臣晏子说过:"昔爽鸠氏始居此地,季荝因之,

---

❶ 关于"太康失国",另有一说:太康死后,其弟仲康继位。仲康势弱,成了傀儡。仲康死后,其子相继位。后羿把相赶走,自己当了国王。

有逢伯陵因之，蒲姑氏因之，而后太公因之。"（《左传·昭公二十年》）也就是说，齐地曾多次易主：薄姑氏之前，这片土地属于逢公伯陵。逢的方国可以追溯到商王朝的开创者汤的时期，逢公伯陵曾追随汤进攻夏朝。相传，逢公伯陵也是炎帝的后裔，属姜姓，与姜太公同源。逢公伯陵之前，齐地则属于季荝氏，季荝氏是夏王朝时期的东夷部族。季荝氏之前，则属于爽鸠氏。爽鸠氏的首领曾经出任东夷首领少皞的司寇，且追随少皞与颛顼有过交战，但因被颛顼打败而遭驱逐。

《后汉书·东夷列传》载："《王制》云：'东方曰夷。'夷者，柢也，言仁而好生，万物柢地而出。故天性柔顺，易以道御，至有君子、不死之国焉。夷有九种，曰畎夷，于夷，方夷，黄夷，白夷，赤夷，玄夷，风夷，阳夷。故孔子欲居九夷也。"即是说，在不断的发展过程中，东方夷族逐渐形成了"言仁而好生"的文化传统。而"易以道御，垄有君子、不死之国"这样极高的评价，更是将夷地独特的文化风貌描述了出来。孔子在天下无道的春秋时期，曾感慨想要居住于夷地，这也可以说明：至少在孔子所生活的春秋末期，东夷依然是一个具有独立文化传承的群体，并与中原文化圈有非常丰富的交流。

总体来讲，东夷部族长期活跃于历史舞台，直接或间接地左右着天下大势。所以，包括姜太公在内的周朝君臣，对东夷部族都十分地警惕。成王曾下达指令给姜太公说："东至海，西至河，南至穆陵，北至无棣，五侯九伯，实得征之。"（《史记·齐太公世家》）即是说，东到大海，西到黄河，南至穆棱，西至无棣，所有侯伯方国部落，姜太公都可以全权征伐。姜太公实际上成为周朝整个东部国土的最高战略负责人。在理应"礼乐征伐自天子出"（《论语·季氏》）的宗法分封时代，姜太公得到"征伐特权"，固然是稳定东方的客观需要，也反映了周王室对姜太公的信任与倚重。

二　因俗创制

面对恶劣的地理环境和严峻的内外局势，姜太公发挥了超绝的智慧——以民为本，因地制宜，文武并用，开展了大刀阔斧的治理和改革工作。在姜太公的努力之下，齐国终于扭转了不利的内外局面，稳固了国家根基，并逐渐形成了独具特色的政治、经济和文化传统，为后来齐国的霸业和诸多历史成就奠定了坚实的基础。

（一）铁腕治齐

作为周朝东方地区的主要负责人，姜太公身担重任，一举一动都决定着新生齐国乃至整个周朝的安定与发展。姜太公并非残忍好杀之人，但他同样也不是一个头脑幼稚、不切实际的政治"小白"。面对开国初期的诸种不利形势，他决定采取铁腕政策，充分运用自己的杀伐大权，以雷霆手段扫平一切不安定因素，力争彻底稳定齐国的内外局势。

在惊险中平定了莱夷之乱后，姜太公决心推行强硬政策，但首先遭到了朝堂内部保守派的阻挠与反对。《春秋繁露·五行相胜》中记载，姜太公召见齐国的司寇（主管刑狱纠察的最高官员）营荡，并向他询问治国的方略。营荡自信满满地回答说，只要实行仁义就行了！姜太公追问说，怎样做才是实行仁义呢？营荡回答说，"仁"就是要爱人，"义"就是要尊敬老人。姜太公继续追问道，怎么做是爱人？如何做是尊敬老人呢？营荡更加得意地回答说，爱人，就如同父母不依靠子女赡养而自食其力；尊老，就如同妻子年长，丈夫对她行叩拜礼。营荡的仁义理论不仅有失中正，以偏概全，而且有违伦理的根本原则。营荡身为司寇，主掌刑律，本应该依法行事，维护公正，却以"爱人""尊老"的歪理邪说混淆视听。这样的人高居司寇之位，难以指望其恪尽职守，贯彻法治理念，对国家和人民可谓贻害无穷。孔子也曾在鲁国担任过司寇，他虽然也倡导仁义，但在司寇之职上却能做到据义执法，据法听讼，断狱情理兼备，达到"死者不恨、生者不怨"的工作效果。如此看来，营荡与孔子的差距，不可以道里计。姜太公听完营荡所言，冷笑道，我如果用了你所谓的"仁义"来治理齐国，那就是祸乱齐国了！看来我只有杀了你，才能安定国家！姜太公借机整肃朝堂，清除了不良风气，使得君臣一心、一致对外。

此外，《韩非子·外储说右上》记载，齐国封地内有两个贤名在外的隐士兄弟，名叫狂矞、华士。姜太公到营丘不久，便派使者招二人前来，但两人拒不出山，反而对使者说，我们不臣服于天子，也不亲善诸侯，宁愿亲自耕作掘井来养活自己，也不愿意有求于人。在我们眼里，没有高高在上的天子，更没有高官厚禄，因此不愿意出仕。姜太公毫不犹豫地把他们视为首先要惩办的对象，派官吏捉拿并杀掉二人。周公听闻姜太公杀了狂矞和华士，便急忙派信使询问此事道，这两人都是有名的贤者，您刚刚上任就杀当地贤人，这是为什么呀？姜太公从容回信说，这两个人不愿做天子之臣，我就不能够驱使他们；他们宁愿亲自耕作掘井养活自己，我就不能够赏罚劝禁他们。就算有智谋，不能为我所用；就算贤德，不能为我建功。这两个人，不出仕就无法控制他们，不任事就不能效忠于齐国。先王之所以能够统治国家，不外乎名位、禄赏、刑杀、惩罚四种方法。如今这四种方法都不能用于狂矞和华士二人，我还怎么管理他们？如果有更多的人效仿他们沽名钓誉，我还怎么当这个君主呢？为了国家的长治久安，我才杀掉他们。

周公派人询问姜太公诛杀狂矞和华士一事，无疑符合当时尊重人才的时代风尚。但是姜太公果断诛杀二位隐者，也是基于对时势的判断与考量。狂矞和华士拒不出仕，就算确是因为二人志在山野，但姜太公若不能正确应对的话，这件事也容易被有心人利用，做出不利于齐国的政治性解读。比如，那些对新生齐国政权充满敌意的分子，可能会受到"鼓舞"而效仿狂矞和华士，采取不合作的态度与政府对抗到底；而那些中立观望的人士，可能会误认为齐国的统治者不得人心或太公求贤不得，以致最终动摇他们对齐国政权的信心。总之，在刚刚立国而内外不稳的齐国，狂矞和华士一心归隐、拒绝合作的行为，很可能会引发一系列的负面影响。姜太公对此有深刻的认知，所以才诛杀了他们。

当然，姜太公的铁腕政策也与其法治观念密切相关。姜太公曾说："一家害百家，百家害诸侯，诸侯害天下，王法禁之。"（《盐铁论·禁耕》）也就是说，姜太公力求防微杜渐，以法律为准绳，不允许法外之人存在。因为，一旦出现一个不受法律约束的人，就代表着法律不公正，公正是法律权威性的基石，基石不保便会出现无数个不受法律约束的人。像狂矞和华士这样的法外之人，极不利于国家法治理念的推广和法治实践的展开。当然，时移世易，对姜太公这一做法，究竟该如何定性或评价，后人各有分说。不过，姜太公所秉持的一视同仁的法治观念，为后来齐法家所继承，并发展出重要的法治思想，如《管子·禁藏》倡导严格秉公执法："不为亲戚故贵易其法。"

总之，姜太公审时度势，从当时国家治理的现实需要出发，采用了强硬的行政手段，甚至不惜杀一儆百，表明自己铁腕治齐、依法治齐的决心。在姜太公的铁腕政策之下，许多不安定因素得以消解、排除，越来越多的贤才被发掘出来。新生齐国的国家凝聚力和民众向心力得到了明显的提升，综合国力也显著增强。

（二）规划国制

如果说暂时的强硬行政手段是治乱救急的良方，那么成熟稳定的国制规划才是立国的根本。面对齐国内部华夷对立、多民族杂居、文化迥异的复杂社会局面，姜太公在制定制度时反而较为柔和。其主要原则就是"因其俗，简其礼"。

齐国刚刚立国，缺乏可资仿效、参照的先例。选择何种制度，从根本上决定着齐国未来的兴衰存亡。其实，在当时的历史情境下，姜太公的选择无外乎两种：一是照搬周朝相对成熟的制度，在齐国完全复刻、嫁接一个缩小版的周朝，比邻的鲁国就是如此做的，且取得了不错的成效；二是在周朝政治治理方式之外另辟蹊径，灵活地设计适合齐国国情的新国制，但需要重新探索实践。第一种选择虽为鲁国所施行，但对齐国来说并不现实。历史记载，鲁国建国之初被赐予了众多中原人口，这些人口合称"殷民六族"，鲁国可以"帅其宗氏，辑其分族，将其类丑"（《左传·定公四年》）。这即是说，殷朝旧贵族中的六个大的宗族连同其分支和下属的奴隶，整体上从中原迁移到鲁国去了。这些人远徙千里，来到这个人生地不熟的方国，自然只能团结在鲁公伯禽周围，同心协力建设新国家。而鲁国有了这样一批文化同源、人口众多的拥趸，自然也有了条件和实力大力推行中原文化，继而移风易俗，传播中原先进的农业文明，促进本地区的开发。相比之下，姜太公封齐时的情况则是"有分土，无分民"，即没有被赐予中原人口。姜太公仅带领着有限的留守军队，在夷人众多的济水流域安家立国。因此，如果完全采用周制约束占据国家人口大多数的夷人，而不考虑当地风俗民情和接受程度，不仅可能事倍功半，影响国家正常运转，甚至可能激化社会矛盾，导致亡国之危。因此，姜太公只能选择第二条路——灵活规划国制。

　　姜太公在齐国采用了灵活简化的治理思路，这和鲁国形成了鲜明的对比。周公当时正以摄政王身份坐镇周朝中央政府，派遣其长子伯禽代替他治理封地鲁国。伯禽大约用时三年才回到朝廷向周公述职。周公问他怎么这么晚才回来报告，伯禽回答说，我完全按照周朝的制度变更风俗、革新礼制。周制规定服丧须满三年，我必须监督当地人守丧三年，确保丧礼变革成功。因此来迟了。姜太公被封齐国后，五个月就稳固了统治，回朝廷述职。周公问道，怎么这么早就回来报告？姜太公回答说，我简化了周朝的君臣礼制，依从了当地风俗，所以回来得早。周公感慨地说，哎呀！鲁国乃至后世，必然会臣服于齐国！国制如果不简易便利，民众不会发自内心地遵守，只有像齐国一样平易近人的制度，才能获得民众的拥戴呀！也就是说，周公也认为齐国的政策更为简易实用，且更为有效。

　　姜太公的国制策略可以总结为"因其俗，简其礼"，即是对齐国存在的东夷土著和殷商遗民，在整体政策上允许其保留原有的传统及习俗，只在一定程度上推行简化版的周制，使得政令简易近民，而不是像鲁国那样强力全盘推行。

姜太公说自己简化了周朝的君臣之礼，这证明他完全抓住了周制的精髓和简化周制的要点。周朝自古公亶父开始，历经季历、文王、武王传到成王，不仅完成了克商建周的伟大事业，更是开创了独特而成熟的政治文明体系。其中最重要的就是姜太公所言的君臣之礼。君臣之礼之所以重要，是因为它直接决定了周的整个统治秩序。周朝的君臣之礼也就是君臣之制，它建基于宗法制之上。所谓宗法制，即是以血缘关系来区分尊卑长幼，进而形成一种层级结构和主次关系。由此可以确定宗族权力与财产的继承和分配，便于对宗族成员进行管理。为了维护宗法制形成的政治秩序，又细化出大宗小宗制度（用来划分直系和旁系的制度）、嫡庶制度（用来划分嫡子、庶子的制度）、庙祧制度（设置祖庙的制度）、祭祀制度（安排祭祀的制度）、昭穆制度（区别辈分的制度）、家臣制度（管理族内事务的制度）等相配套的制度。宗法制体现在国家政治制度上，就是周初以来的分封制，即：天子封邦建立诸侯国，诸侯建立卿大夫的采邑，卿设置同宗兄弟为侧室官，大夫又有宗室子弟为贰宗官，士有仆隶子弟，庶人、工、商各有亲疏。由此形成周天子—诸侯—卿大夫—士—庶人的层级结构，各依照宗法制度建立属于本阶层的等级秩序。比如周天子分封的诸侯方国，一半以上是姬姓之国,这些诸侯国与周天子之间不只是单纯的上下级关系,而且依照宗法制,须根据亲疏关系对周天子担负各种复杂的责任和义务。而诸侯在本国内同样依照宗法制分封卿大夫和士,互相之间同样承担超越一般上下级关系的责任与义务。在宗法制层层套嵌之下,周朝从朝堂到民间形成了极为复杂的上下礼仪关系。

对姜太公来说,周朝的这些制度虽然已被证明是行之有效的,但在齐国立国之初人口不多、外患频仍的情况下,并没有全面铺开的理论可能和现实基础。因此,姜太公因时而动,因地制宜,有取舍地推行周制。比如依照周制君臣之礼,君主死后都要拟定谥号。鲁国严格按照周制,自鲁公伯禽开始,先后传二十五世,三十四位君主,历代君主如鲁考公、鲁炀公、鲁幽公等皆有谥号。但齐国自姜太公开始,第二任丁公姜伋、第三任乙公姜得,第四任癸公姜兹母(一作癸公姜慈母),都无谥号,而是以天干来命名。这明显是沿用殷商王朝的制度,无疑也是齐国"因其俗"的重要表现。❶

---

❶ 需要说明的是,到了第五任齐君姜不辰之时,上述情况已有所改变。当时纪国君主向周天子诬告齐君姜不辰有不臣之心。周天子听信谗言,把姜不辰扔进大鼎之中活活烹杀!姜不辰枉死,谥号"哀",称齐哀公。《逸周书·谥法解》中说"恭仁短折曰哀",以"哀"谥姜不辰是恰当的。但为什么姜不辰突然有了谥号?有可能的是,在周天子的直接或间接干预之下,齐国经历了一次较为深刻的国制改革。齐哀公后,齐国君主便都有谥号了。

由此可见，自姜太公以降，齐国实行的制度与周朝之间存在重大差别。这种"简其礼"的为政方式，也确实如周公盛赞的那样："平易近民，民必归之。"姜太公治齐五月，便得以返回周朝述职。这无疑说明，姜太公的这一为政方式在治理齐国过程中产生了非常好的效果，新生的齐国政权得到了民众的认同。

三　改革简政和富国

在"因其俗，简其礼"的基本国制获得成功后，齐国的政治秩序和统治架构得以建立起来，但这并没有改变齐国贫弱这一根本性的社会问题。为了使国家富强、人口增加，姜太公从经济、政治和文化三个方面，实行了一系列的改革措施，为齐文化的形成奠定了坚实的基础。

（一）通渔盐，劝女工，改币制

姜太公早年生活落魄，曾经深入市井，做过商贩、屠夫等营生，因此非常了解商业和手工业的价值。姜太公的富国裕民之策，正是从商业和手工业入手的。

齐地靠近东海，土地贫瘠且多盐碱地，虽然不利于农业耕作,却有着天然的商贸优势产业——渔业和盐业。齐国当地居民对渔业和盐业不仅不陌生,还有着悠久的从业传统和丰富的操作经验。姜太公引进了中原的先进技术,大力开发这两个产业,可谓事半功倍,齐国的渔盐产业很快就取得了长足的发展。当然,大力振兴渔盐产业并非单纯出于国家财富积累的考虑,更深层的原因在于:渔业能为居民提供丰富的食物资源,可以养活更多的人口;食盐则是居民生活的必需品。抓住这两个行业,对内则相当于抓住了齐国的民生大计,人民生活便有了基本的保障;对外则相当于抓住了周边夷人的生存命脉,他们必须走出藏身的密林、深山和沼泽,才能获得足够的食物与盐以维持自身的生存。渔盐贸易这种平和的、长期的、主动的商品交易,不仅非常有利于夷夏民族之间的同化和融合,也有利于为齐国消除不稳定因素和安全隐患。同时,在这个过程中,齐国的影响力逐步深入地方,甚至能够直接吸引夷人进入齐国,实现增加人口、提升国力的目的。正如《史记·齐太公世家》记载,姜太公"通商工之业,便鱼盐之利,而人民多归齐,齐为大国"。齐国周边民众纷纷前来投靠归顺,齐国社会也逐步进入良性循环,国家实力逐渐壮大。

除了商业,姜太公还奖劝手工纺织业。《盐铁论·轻重》记载,姜太公"通利末之道,极女工之巧"。衣服是国民的生活必需品,纺织业不仅有无限的商业潜力,也吸纳了大量的女性劳动力。此外,服饰的款式样貌直接与风俗习惯、文化形态挂钩,比如左衽还是右衽（即衣服前襟向左掩还是向右掩）的差异，在当时人的眼里是蛮夷和华夏的重要区别之一。❶姜太公通过控制纺织业，便能直接干预服饰的款式和文化的发展走向，有利于在潜移默化中起到移风易俗、融合夷夏的目的。不难想象，当夷人都热衷于穿着中原样式的衣服时，也是夷人在文化层面接受和认同齐国这个国家之日。在姜太公的大力扶持之下，齐国的纺织业获得了较大的发展。一直到几百年后的汉朝，齐地依然以规模庞大、技艺精湛的手工纺织业闻名天下。

此外，有理由推测，为了保证商业和手工业的发展，姜太公也在齐国推行了币制改革。据《汉书·食货志》记载，姜太公曾为周王朝创制了"九府圜法"。所谓"九府"，指的是当时主管国家财政税收的九个政府机构，分别是大府、王府、内府、外府、泉府、天府、职内、职金、职币。所谓"圜法"，即"钱法"，指货币使用之法。在此之前，"九府"收取使用的货币各不相同，有金玉、布帛、钱币、土产等，不一而足。这为国家财政管理、民间商业流通带来了极大的阻碍。姜太公便采用金和帛作为本位货币，分别规定规格，以此作为公认的价值尺度用于商业流通。比如，规定金（古代所谓"金"主要是指铜）每块一寸见方，重一斤。以这种统一规格的金作为币材铸成钱币，并以"铢"为单

---

❶ 孔子曾感慨地说："微管仲，吾其被发左衽矣。"即是说，如果没有管仲主持"尊王攘夷"的事业，华夏民族就要如同夷人那样披发左衽了。

位来衡量商品的重量、价值。布帛则以二尺二寸宽为一幅,四丈长为一匹,对纺织物的幅宽、幅长做了统一规定。姜太公的"九府圜法"是中国早期的官造货币制度,大概率也会在齐国继续推行,这无疑有利于齐国商品交易的发展。

(二)尊贤上功

姜太公在政治上的政策同样独树一帜。《吕氏春秋·仲冬纪》记载,姜太公和周公分别就封于齐、鲁二地。他们关系较好,互相问询对方的治国之策。姜太公说要"尊贤上功",即尊重贤才,崇尚功利;周公说要"亲亲尚恩",即亲爱亲族,崇尚恩义。从这个故事可以看出,二者在治国之策上有根本的差异。与周公的治理理念不同,姜太公所提倡的"尊贤上功"以政治上的实用主义为原则,又以人才的选拔为手段。

千万不要小看"尊贤上功"这四个字。西周初年的中国尚处于奴隶制社会,占据极少数人口的贵族阶层凭借天生的身份优势直接垄断政治资源,轻而易举地跻身高位,决定国家大政。但是,数量更多的落魄贵族、大夫、士和奴隶阶层中也有贤才能士。可以想见的是,当这些身处下层的人才因为身份低微而没有晋升通道,甚至无法参与国家建设的时候,整个社会进步的活力就会逐渐被窒息。曾经的姜太公就是落魄贵族中报国无门的典型——商纣王未能重用他,后来被周文王在草莽中发掘并重用,才得以在兴周克商大业中施展才华。毋庸置疑,人才是一个国家成败与否的决定性因素,而通畅的取才用才渠道更是一个国家兴旺发达的根本保障。回望自己过往的经历和奋斗历程,姜太公无疑会倾向于大力发掘下层人才。所以,"尊贤上功"的核心意义在于大胆打破了对个人出身的限制,而以个人才能和功绩作为晋升或封赏的标准。这一策略不仅为齐国营造了一个整体上包容宽松、务实高效的政治环境,使齐国得以加速发展,也开启了齐国不拘一格纳人才的政治风气。虽然姜太公时代发掘的人才已经不可考,但齐国历史上出现了诸多出身低微但获重用的名臣良将,如管仲、晏婴、孙膑、邹忌等,或许在一定程度上受惠于姜太公"尊贤上功"政策的遗泽。也正是在这些不断涌现的贤才辅佐下,齐国才长期强盛不衰,历经八百余载。

相比之下,周公的"亲亲尚恩"政策,其实质则是以宗亲团体为依托、以恩义礼法为约束的治国之术。宗亲团体之所以能够作为立国的倚仗,原因在于当时的贵族阶层具有教育背景的优势,贤才辈出。比如武王伐纣之时,曾在誓师中炫耀自己有贤才十人。这十个人分别是周公旦、召公奭、太公望、毕公、荣公、太颠、闳夭、散宜生、南宫适和邑姜。其中,周公旦、召公奭、毕公和荣公都是姬姓宗亲,太公望和邑姜是武王的丈人和妻子,也属于亲属范围。严格意义上的臣子只有太颠、闳夭、散宜生和南宫适。贤才十人,其中有六人属于宗亲群体,宗亲的力量可见一斑。周公推崇以"亲亲尚恩"的原则治鲁,在贯彻周朝宗法制度的同时,最大限度地团结宗室贵族势力,也不失为那个时代网罗人才以达到高效治理国家的有效手段。

上文提到,伯禽治鲁,移风易俗、推行周制就用了三年,但此举确实保证了鲁国的国家稳定。鲁国先后传承二十五世、三十四位君主,至公元前249年被楚国所灭,同样历时八百年左右。不过,鲁国相比于齐国却没有多少值得称道的政治成就,更不用说像齐国那样获得过可以左右天下局势的霸主地位。战国以来,鲁国更是逐步走向衰弱、萎缩,综合实力在一众诸侯国中实属堪忧。鲁国后期的国运走向,大概可以在开国之君周公所倡导的"亲亲尚恩"政策中得到一定程度的解释。因为在这一政策之下,鲁国国力的兴衰与鲁国贵族宗亲阶层的隆替捆绑在了一起,或许可谓"成也萧何,败也萧何"。在春秋末年,孔夫子以"有教无类"的气魄,开中国学术下移风气之先。贵族阶层的教育垄断地位在一定意义上被打破,下层人民得到了更多的受教育机会,涌现出更多人才,广为天下各国所用。我们熟知的商鞅、李悝、张仪、苏秦等历史名人,都是从底层崛起的才智之士。但与此同时,鲁国还是遵循"亲亲尚恩"的国策,顽固地以贵族宗亲出身的人才作为治理国家的主体,难免阻碍不少人才进入国家治理阶层发挥作用,以至于逐步落后于他国。比如出生于鲁国小官僚家庭的孔子德能双全,有志于为自己的母国贡献力量,身边聚集了三千弟子,可谓一时之选。当时的鲁国已露衰败之相,时任君主鲁哀公有心振兴鲁国,遂任命孔子为司寇,总揽国政。但是当时鲁国政坛为鲁国公族"三桓"（先代鲁国君主的三个兄弟季孙、孟孙、叔孙）家族所把持，他们出于私心而处处掣肘，使得孔子无法展开拳脚推行改革。最后，他们甚至联合外敌齐国里应外合，变相地逼迫孔子远走他乡……孔子后来周游列国十余年，何尝不是另外一种意义上的"被迫流浪"。可以说，鲁国贵族宗亲的腐败堕落、专权擅势，很大程度上导致了鲁国的衰败。

通过齐、鲁两国开国的基本政策，以及后来历史命运的对比，可以看到姜太公的高超政治智慧及其对齐国乃至传统中国政治的深远影响。正是在姜太公"尊贤上功"用人思想指导下，齐国逐步成为人才汇聚之地。加之姜太公大力扶持发展手工业、渔盐业，当地生活环境得到改善，因而人们都来归附，拖家带口像辐条一样向这里集中："人物归之，繦至而辐凑（辏）。故齐冠带衣履天下，海岱之间敛袂而往朝焉。"（《史记·货殖列传》）

（三）因其俗，修道术

在社会风俗文化方面，姜太公采取"因其俗"的政策。特别值得注意的是，该文化政策表现出极强的开放性。一方面表现为对东夷文化的吸收和保存，另一方面表现为对外来新思想的接受和包容。

姜太公提倡"因其俗"的文化政策，含有尊重当地民众的传统文化心理和生活习惯的用意。这不仅有利于团结当地人、巩固政权,也从根本上保证了齐国文化政策对东夷文化的"开放性"。姜太公出身东夷,不仅在心理上熟谙和亲近东夷地方文化,也看重东夷文化中值得借鉴的特色和优势。《后汉书·东夷列传》说:"《王制》云:'东方曰夷。'夷者,柢也,言仁而好生,万物柢地而出。故天性柔顺,易以道御,至有君子、不死之国焉。"夷族的文化可以追溯到"五帝"之前,在与中原文化几乎平行发展的漫长岁月里,夷族形成了言仁好生的传统,勤而乐思,尤其是对于"道"和"八卦"的思考,对后来植根于齐鲁大地的儒家文化和黄老道家思想的产生,也起到了重要的促进作用。根据当代的考古发现,东夷手工艺、建筑工艺自有其瑰丽大胆的审美意趣,其中最有代表性的是"龙山黑陶"——该种陶坯薄如蛋壳、釉如珠玉、黑如漆墨,还饰以精细花纹图案,堪称精美绝伦的陶瓷艺术品。此外,根据史料记载,东夷乐舞独树一帜。早在夏朝少康时期,东夷就曾献乐舞于中原王朝。孔子之时,莱夷乐舞还是齐国宫廷宴饮礼仪中的重要组成部分,为一生恪守周礼的孔子所不喜。东夷文化中有独特的鸟图腾崇拜传统,向往自由,充满活力。后羿射日、精卫填海等神话传说,都在这片具有浪漫主义气息的土地上产生。东夷文化的开放、浪漫品格为齐人所继承,故齐地多仙话故事。在先秦神仙传说中,天下的四大著名仙境(蓬莱、瀛洲、泰山和昆仑),其中两处(蓬莱和泰山)都在山东境内,这绝不是偶然。毫无疑问,仙境的传说概得益于齐地人民超拔丰富的想象力。尤其是在齐地流传的关于海上仙山和修道长生的仙话,更是打动了后来的秦始皇嬴政和汉武帝刘彻,二人甚至派遣方士出海寻访仙山、仙药,留下了颇多令人神往的传说。

姜太公文化政策的开放性,还体现于"修道术"的主张:"初太公治齐,修道术,尊贤智,赏有功,故至今其土多好经术,矜功名,舒缓阔达而足智。"(《汉书·地理志》)"修道术"成为姜太公治国的基本文化政策之一,有其深刻的文化内涵,对后世政治治理思想产生了深远的影响。据贾谊《新书》载,武王曾向姜太公请教政治治理之术,姜太公回答道,天下辽阔,一个人享有它;人民众多,一个人管理他们。天下并不是一家的天下,而属于掌握正道的人。所以,天下只能由掌握正道的人来治理,只能由掌握正道的人来统治,也只有掌握正道的人才能长久享有。所以,天下难以得到而容易丧失,难以长久拥有而容易灭亡。不掌握正道就不能得到天下,即使得到也不能长久。所以,"道"是世世代代的珍宝。姜太公这段话的核心观点就是天下非得道者不能有。通俗来说,"得道"就是找到通往某个目标的正确手段和方法;抽象一点理解,就是找到"道理""理由""规律"或"规则"。因此,姜太公治齐的"道术"不限于具体的治理手段或政策,其治理活动抓住了统治国家的要害,依照一套行之有效的道理或规则行事。而把握治国中的道理和规则,必须对诸如君臣、人民、人性、时势、天命和美好生活等内容有深刻的理解。因此姜太公的"修道术",实质上不仅是对国家治理理论和能力的追求和应用,也在某种层面上涉及政治哲学、宇宙论、人性论、伦理学等方方面面的思考、探索。

四 奠基齐文化思想主脉

如前文所论,为了维护中央政权,巩固统治,西周开始了封邦建国,以藩屏周。姜太公被封于东方的齐地,为当地文化的发展带来了新的契机。姜太公在整合原有东夷文化、夏文化、商文化的基础上,使齐地文化获得进一步发展。从一定层面上说,齐文化是姜太公对齐地原有文化进行理性选择后,进一步重建、融合与创新的结果,也是齐地文化合乎规律的发展。概括而言,姜太公初步奠定了如下内涵的齐文化思想:

其一,尊贤尚功的政治文化理念。姜太公被封时,只获得了齐地的封土和齐地的百姓,随同他一起来到齐国的大概只有高、国二卿。但是,要把一个新成立的封国治理好,需要大量的人才。那么,人才从何而来呢?若按照周人"尊尊亲亲"的宗法传统,人才要从姜姓宗族中产生。这种做法不仅潜含着贤愚掺杂的政治风险和不肖者居上位的用人隐患,而且不利于齐地百姓对新兴政权产生归属感和认同感。何况,在姜太公看来,天下(国家)并不为一个人所独有,而是为天下人所共有。基于这种认识,他调整传统从宗族中选用官吏的做法。只有打破传统宗法制度在用人方面的影响，广泛吸收和团结齐地各类人才共同参与治理，上下之间的矛盾、民族之间的冲突才会减少、缓和，国家才能兴旺发达。因此，姜太公没有遵从以往的用人政策，而是提倡"尊贤上功"。这一政策基本被齐国国君世代遵守执行，并深入人们的思想和行动之中。姜太公以后，齐桓公不计前嫌，任用射杀自己未果的管仲为相，任用卫国的牛贩子宁戚为大田；齐景公任用其貌不扬的晏婴为相，任用身为平民的田穰苴为将；齐威王任用平民邹忌为相，任用遭受刖刑的孙膑为军师……这些都是历史上值得称道的用人唯贤的著名事例。这种以是否贤德和有无功劳决定去留的用人策略，形成了优良的传统，最终成为齐文化鲜明的特点之一。

其二，农工商并重的经济文化模式。西周以农立国，是一个典型的以农业为主体的社会，关于周人致力于农事的描述见诸《诗经》相关篇章。按说，姜太公应该把周人发达的农业文明带到齐国才对，然而事实并非如此。姜太公封齐之初，齐地僻居东海一隅，多沼泽，土壤碱化，不宜农作物生长。诚如《汉书·地理志》所载："齐地负海潟卤，少五谷，而人民寡。"当时的齐国农业生产环境很差，甚至可以说并不具备发展农业生产的基本条件。不过，齐国有许多发展工商经济的有利因素。首先，齐国的北部和东部濒海，浩瀚的大海、漫长的海岸线和众多的港湾提供了丰富的鱼盐资源。其次，齐地多低山丘陵，其中也夹杂着平原，山丘宜植桑，平原宜种麻。再次，齐地的水陆交通方便，西近中原各国，南达东南沿海各地，东通胶东半岛及沿海，隔海与辽东半岛、朝鲜半岛，乃至日本相望，可谓四通八达。最后，齐地拥有发达的手工业文明，制陶业、冶炼业、纺织业、酿造业等产业大多走在时代的前列。姜太公根据齐地的客观环境和上述有利条件，因时因地整合各种资源，避开不利因素，充分发挥土著居民的特长，制定符合齐国国情的经济发展方针，重点发展丝麻纺织等手工业，大力开展鱼盐交易等商贸活动。另外，姜太公延续并发展了东夷文化中的开放性传统。自立国之日起，齐国就不以不足百里的齐地为限，而是把齐国以外的广大地区都视为齐国发展经济的有利因素，确立了农工商并重的经济发展模式。

其三，崇力尚武、重兵权奇计的军事文化特色。东夷人向有尚武之风，上古时期著名部落首领蚩尤就是东夷人尚武精神的化身。史载，蚩尤用铜制造兵器，从而改进了兵器，提高了杀伤力，是划时代的进步之举。蚩尤死后，被东夷人神化，成为齐地"八神"之一的"兵主"。据此，可见东夷人尚武风气之一斑。如果说"兵主"蚩尤还属于神话传说的范畴，那么姜太公则称得上是先秦兵学乃至整个中国古代军事文化实实在在的奠基者。[1]唐人李靖说："陈师牧野，太公以百夫制师，以成武功，以四万五千人胜纣七十万众。"（《唐太宗李卫公问对》）在后人看来，灭商

---

[1] 参见黄朴民《齐鲁兵学的文化特征与历史地位》一文。

兴周的战争实践充分彰显了姜太公的军事才能。封于齐地之后，姜太公在继承和发扬东夷人尚武传统的基础上，结合自己的军事思想和军事实践进行了一定的创新、升华，从而形成了以兵权奇计为特点的齐国军事文化。

其四，注重赏罚的法治文化观念。《六韬》在汉代以前就流传于世，尽管无法确定其是否真正为姜太公所作，但其中的观点无疑体现了姜太公的法治思想，也是那个时代包括姜太公在内的官员士人对公共事务的集体思考和主要主张。姜太公认为，治国施政的头等要务在于贯彻法令、实行法治；法令推行可以实现公平正义，保护民众最基本的权益（即"大利"）；百姓"大利"得到保障，安居乐业，则可以彰显君主天下为公的大道、大德。在立法上，姜太公主张尊崇天地大道而不受制于流俗："君不法天地，而随世俗之所善以为法，故令出必乱，乱则复更为法，是以法令数变，则群邪成俗，而君沈于世，是以国不免危亡矣！"法律如果朝令夕改，必然失去权威性。姜太公强调，有法必依，身为国君而不带头遵守法令，不依法办事，不愿意受到法律的约束和限制，就会引起一系列严重后果——出现有功不赏、有罪不罚、大臣作乱等乱象。由此，姜太公主张将国君纳入法治体系之中，用法权限制君权；同时，要求官员公平执法，并提出"吏忠正守法者，尊其位"，即要及时擢升奉公守法的官员。只有官员公正执法，法律才能发挥其保障社会公平的作用。总之，姜太公主张以法治国，但法不可滥用且须避免频繁更易，又倡导在以德为本的前提下，应该明法而慎罚。如此，姜太公初步构建了齐国的法治文化精神，其后的管仲被誉为齐法家的代表、法家的先驱，与此不无关系。

其五，重俗轻礼的文化传统。习俗是人们在长期共同生活劳作中逐渐形成的，人们普遍遵守且对生产生活有持久约束力的行为规范，包括饮食、服饰、婚丧、起居、信仰、娱乐等方方面面。习俗不是短期内形成的文化现象，但一旦形成就会牢固地存在于人们的思想观念中，构成判断是非、决定取舍的价值标准。人们在这种文化氛围中生产生活，无疑会感到轻松自然、舒适方便。姜太公初治齐地，便提出"因其俗"的政策方针，明确主张尊重东夷人的风俗习惯，让人们按照自己习惯的生活方式生活，无须改变。此举赢得了当地人的拥护，缓解了社会矛盾，使新生政权得到进一步的巩固。姜太公行此策略，只用了五个月就收到了社会稳定的治理效果。从文化的角度说，姜太公"因其俗，简其礼"的策略，不仅是对传统齐地文化的继承和延续，也包括对既有文化的批判和重建。这一策略的施行，其短期效应是得到民众的拥护，有利于齐国社会的稳定和经济的发展；其长远效应则是使不少东夷习俗得以保留下来，流传后世。

其六，混合的宗教文化形态。宗教的历史与人类文化史一样久远。东夷人同样产生了多种多样的宗教崇拜，他们认为万物皆有灵性，因此崇拜太阳、月亮和星辰，敬奉山石、河川和大地，他们还把鸟、蛇等动物当作部落的图腾，也将祖先视为自己的守护神。进入部族方国时期,东夷人产生了"八神"崇拜:"八神:一曰天主,祠天齐。天齐渊水,居临菑南郊山下者。二曰地主,祠泰山梁父。盖天好阴,祠之必于高山之下,小山之上,命曰'畤'。地贵阳,祭之必于泽中圜丘云。三曰兵主,祠蚩尤。蚩尤在东平陆监乡,齐之西境也。四曰阴主,祠三山。五曰阳主,词之罘。六曰月主,祠之莱山。皆在齐北,并勃海。七曰日主,祠成山。成山斗入海,最居齐东北隅,以迎日出云。八曰四时主,祠琅邪。琅邪在齐东方,盖岁之所始。"(《史记·封禅书》)姜太公在治理齐国的过程中,接受了"八神"崇拜,还对"八神"崇拜的相关礼节、规制或仪式进行了一定的改进,从祭祀的形式、祭祀的品级和规定入手,分别做了调整。这种灵活的宗教政策,既达到了安抚东夷人的目的,也使齐国形成了混合的宗教文化形态。

其七,兼容并包的思想理念。《汉书·地理志》载:"初太公治齐,修道术,尊贤智,赏有功。""修道术"就是将"道"与"术"有机地结合在一起,相辅相成。姜太公以之作为治理齐国的指导思想:"故夫天下者,唯有道者理之,唯有道者纪之,唯有道者使之,唯有道者宜处而久之。故夫天下者,难得而宜失也,难常而宜亡也。故守天下者,非以道则弗得而长也。故夫道者,万世之宝也。'"(《新书》)另外,姜太公将"仁"和"德"融合在一起,成为治齐的重要思想。东夷人尚"仁",这一思想被姜太公继承下来,并融入"道"中,成为其治理理念:"以仁得之,以仁守之,其量百世;以不仁得之,以仁守之,其量十世;以不仁得之,以不仁守之,必及其世。"(《大戴礼记》)如果说姜太公"仁"的思想来自东夷的话,那么"德"的思想则取于周人。西周的文献和考古材料表明,周人尚"德":"皇天无亲,惟德是辅。"(《尚书·周书》)姜太公又进一步发展了周人的德治思想,《史记·齐太公世家》就有"周西伯昌之脱羑里归,与吕尚阴谋修德以倾商政"的记载。此外,《说苑·政理》载:"武王问于太公曰:'治国之道若何?'太公对曰:'治国之道,爱民而已。'曰:'爱民若何?'曰:'利之而勿害,成之勿败,生之勿杀,与之勿夺,乐之勿苦,喜之勿怒,此治国之道,使民之谊也,爱之而已矣。……故善为国者,遇民如父母之爱子,兄之爱弟,闻其饥寒为之哀,见其劳苦为之悲。'"

齐文化从建构之初,就是东夷文化、姜炎文化、商文化、周文化的融合体,先天具有的兼容并包的文化基因。在其发展过程中,又通过各种方式、途径,大量吸收其他地域文化的优秀因子融入其中。而稷下学宫则是齐文化兼容并包理念的成果之一,各种学说、各种流派在这里竞相登场,百花齐放,百家争鸣,为后世留下了宝贵的思想遗产。

第五章

齐文化精粹撷珍·姜太公

威名德业和传世《六韬》

姜太公的一生极富传奇色彩。他虽然出身名门,早年却落魄潦倒;青年时期亦尝尽世态炎凉;中年时期虽出仕商朝,却又备受冷落;人生半百之后,有幸投效明主,参与治国整军,协助完成克商易代的惊世伟业;年逾古稀,又立国于夷地,筚路蓝缕,开创了一个国运长达八百年之久的强大封国。当然,这样传奇的人生也导致后世对姜太公经历、功业的渲染、美化,甚至不乏夸大性的加工、改造,这使得姜太公的形象随着历史的发展而呈现出多元的样貌。姜太公其人其事的不断演化,不仅是一个十分值得分析和研讨的有趣的历史文化现象,更是我们今天重新理解姜太公的有效路径。

一　得封"武圣"

姜太公时代并无翔实信史传世，因此后世对他的了解和研究，往往只能借助史籍文献中的只言片语、口耳相传的掌故传说、考古发现等，自侧面加以连缀和展开。综合多种材料，方可相对完整地勾勒其身世和经历。显然，通过这些只鳞片爪的材料，难以完整呈现姜太公波澜壮阔的一生。然而，这不免使姜太公形象多了几分神秘色彩，也为后人提供了更为广阔的想象空间。

（一）后世加封

随着后人的不断加工，姜太公的故事不仅越来越丰富和详尽，而且呈现出更多的神话传奇色彩。

1. 后人演义与传奇经历

提起姜太公,大家可能首先会想到那句脍炙人口的熟语:"姜太公钓鱼——愿者上钩。"实际上,对于姜太公与文王的相遇场景,不同的历史典籍有极为不同的描述。在太史公司马迁写作《史记》的西汉时期,世间流传的姜太公与文王君臣相遇的版本已有三种之多。司马迁本人也无法分辨哪个版本是真实的,为了严谨,他全部记录在《史记》里。

第一个版本是:"吕尚盖尝穷困,年老矣,以渔钓奸周西伯。西伯将出猎,卜之,曰'所获非龙非螭,非虎非罴;所获霸王之辅'。于是周西伯猎,果遇太公于渭之阳,与语大说,曰:'自吾先君太公曰"当有圣人适周,周以兴"。于真是邪?吾太公望子久矣。'故号之曰'太公望',载与俱归,立为师。"(《史记·齐太公世家》)这个版本最具传奇色彩,说的是姜太公垂钓水边以待文王的经历。起初,文王似有所感,卜卦而得到一句谶语:出猎将有所获得,非龙非螭,非虎非罴,但能辅佐文王建立王霸伟业。文王依照卦辞指示,果然在渭水北岸遇见姜太公,与之交谈几句便断定大贤当面。文王高兴地说,我的父亲季历曾说将有圣人入周辅政,周将因他兴旺。看来就是您了!我的父亲盼望您实在太久了!他因此称呼姜太公为"太公望","太公"即文王的父亲季历。文王请姜太公坐上自己的车,一回到周国便立其为太师。这个版本传奇色彩颇重,不仅加入了卜卦、先王预言等神秘元素,更有谶语渲染,将姜太公与周文王的相遇描绘成一场预定的神秘安排，明显带有神化姜太公的倾向。需要说明的是，谶语中"霸王之辅"这样的词语，春秋之后才出现和流行开来，根本不可能出现于殷周之际的卜辞中。总的来说，这个版本的可信度不高，很可能是后人编造出来的。但该版本更为符合大众对姜太公形象的美好想象，因此为民间所接受，流传也最为广泛。

第二个版本是："太公博闻，尝事纣。纣无道，去之。游说诸侯，无所遇，而卒西归周西伯。"（《史记·齐太公世家》）该版本的大意是姜太公曾事纣王，但无法忍受纣王的荒淫无道，转而游历天下、游说诸侯，希望获得重用。最终，姜太公在周文王那里得到赏识，便留在周国。这个版本中的姜太公周游天下、游说诸侯、合则仕不合则离，明显带有春秋战国时期的游士风气。这应该也是后人虚构出来的版本，不可采信。

第三个版本是："吕尚处士，隐海滨。周西伯拘羑里，散宜生、闳夭素知而招吕尚。吕尚亦曰：'吾闻西伯贤，又善养老，盍往焉。'三人者为西伯求美女奇物，献之于纣，以赎西伯。西伯得以出，反国。"（《史记·齐太公世家》）该版本的大意是说，姜太公本来隐居东海，周文王被囚禁羑里时，散宜生等人请姜太公出山，营救文王。姜太公早就听闻周文王"善养老"的贤名，欣然应允，继而发生了后续的故事。相较之下，这个版本最具合

理性，因此本书即取该版本为底本。❶

除了君臣相遇之事，关于姜太公的年龄问题同样记载各异。战国时期，《尉缭子·武议》里说："太公望年七十屠牛朝歌，卖食盟津，过七十余而主不听，人人谓之狂夫也。及遇文王，则提三万之众，一战而天下定。"这里是说，姜太公从商纣王那里脱身转而投靠周文王时已经是七十多岁的高龄了。而到了汉代，《孔丛子》里则记载道："太公勤身苦志，八十而遇文王。"也就是说，姜太公遇到周文王时已经八十岁！而同为汉代著作的《韩诗外传》更为夸张，说姜太公"年七十屠于朝歌，九十乃为天子师，则遇文王也"。也就是说，韩婴认为姜太公遇到周文王时已有九十岁！

此外，关于姜太公的卒年，《古本竹书纪年》明确记载道："康王六年，齐太公望卒。"即姜太公卒于公元前1015年。如果采用姜太公七十多岁遇周文王的观点，那么姜太公约在一百二十岁高龄去世；而姜太公一生经历了商朝武乙、文丁、帝乙、帝辛（纣王），以及周朝武王、成王、康王七位君主执政时期，这是古今罕有的。

---

❶ 值得注意的是，孟子也采用了这一版本，详见《孟子·离娄上》："孟子曰：'伯夷辟纣，居北海之滨，闻文王作，兴曰："盍归乎来！吾闻西伯善养老者。"太公辟纣，居东海之滨，闻文王作，兴曰："盍归乎来！吾闻西伯善养老者。"二老者，天下之大老也，而归之，是天下之父归之也。天下之父归之，其子焉往？诸侯有行文王之政者，七年之内，必为政于天下矣。'"

2. 百变身份与由人而神

在早期文献中，姜太公的形象为勇将。《诗经·大雅·大明》中描绘了姜太公在牧野之战中的英勇形象："牧野洋洋，檀车煌煌，驷騵彭彭。维师尚父，时维鹰扬。"大意是说姜太公冲锋陷阵时英勇无比，仿佛雄鹰振翅，敌莫敢当。《诗经·大雅》收录的是西周时期的诗歌，所以该诗大概是距离姜太公年代最近的文字记录作品之一。然而不可否认的是，《诗经》毕竟更倾向于文学性而非纪实性，所以对姜太公作战时形象的描绘应是一种惯用的文学手法。

春秋时期，随着齐国国力的逐步增强，或许是为了满足争霸天下的宣传需要，美化甚至神化开国之君姜太公成为发展趋势；战国时期，齐国稷下学官成为天下文化交流的中心，汇集了天下贤士，拥有不同学术背景的人加入了对姜太公的研究与"形象再造工作"之中。因此，姜太公形象从春秋时期开始发生了巨大的转变。

有人把姜太公描绘成著名的军事谋略家。这一时期涌现出很多兵书，其中托名姜太公之作的有很多，最著名的就是"太公三书"。本章第二节将详述。

有人则把姜太公描述为得道高士。战国中晚期，黄老道家在齐国盛行。作为"周师齐祖"和有名望的先贤智士，姜太公被黄老道家"改造"为得道高人，由此开始以善养生者的形象出现。这大概与姜太公所倡导的"修道术"之说分不开。"道术"一词在文献中较为常见，本义指国家治理方法或帝王统御之术，但黄老道家则用它指修行养生之道。由此，姜太公被宣传为精通天地阴阳、四时五行之学，在心性修养方面也有所成就的黄老道家的先驱。

汉代以后，神仙之说流行，方士群体活跃于朝堂与民间。这个群体在齐地尤其活跃，传说天下方士都争相前往齐地学习、取经。姜太公作为齐地的著名人物，慢慢地被方士们奉为鼻祖。姜太公的形象又一经转变而有了方士的特点。《后汉书·方术列传》记载："太公对武王曰：'主将有阴符，有大胜得敌之符，符长一尺；有破军禽敌之符，符长九寸；有降城得邑之符，符长八寸；有却敌执远之符，符长七寸；有交兵惊中坚守之符，符长六寸；有请粮食益兵之符，符长五寸；有败军亡将之符，符长四寸；有失亡吏卒之符，符长三寸。诸奉使行符稽留，若符事闻，闻符所告者皆诛。'"这段话实际上是对方士符箓之术的记录，只是假借姜太公之口说出，以增加符箓之术的权威性和说服力。也正因为方士群体对姜太公的宣传，使其开始具有趋吉避凶、役神驱鬼等神异能力。而与之相关的神奇故事也在民间传播开来。传说周武王伐纣路上，气温骤低，天降大雪深达三米，大军被困营地，饥寒交加，寸步难行。这时，不知道哪里来了五位客人乘五车从两骑，飘然来到营地辕门外。周武王听到下人禀报，心知有神异，便派人请姜太公出营接待。姜太公早凭借纳甲卜算预先知晓了对方的身份和来意，命人盛粥送了出去，并分别唱明对方的身份。大家方才明白，原来这七位来者是四海之神与河伯、雨师、风伯。仙人都很惊奇，对姜太公叹服不已。在姜太公的请求下，仙人们施法清退了大雪,周军最终得以顺利前进。

可以看到,至少在汉代,姜太公的形象已经开始了由人而神的转变。不难想象,那些为人们所熟知的关于姜子牙的一系列神异故事,早在汉代的时候就已经有了部分情节的铺垫。

(二)"武圣"之名

春秋战国时期,姜太公还被定位为军事谋略家,而军事著作"太公三书"的流行,则从传世文献的角度进一步刻画了姜太公神武勇略的形象。

1. 得封"武圣"与军民崇信

有关姜太公的传说一直流传不绝,最终在唐代开始得到官方的重视,并着重表现在国家祭祀活动中。"国之大事,在祀与戎。"中国古代王朝尤其注重祭祀活动,不仅要祭祀皇家故去的先祖,也要祭祀历代古圣先贤,借此表明自己尊重传统以及行道治民的正统性和权威性。在隋末唐初,姜太公还只是作为周文王、周武王的臣子陪祀,在国家层面没有专门的庙宇对他进行供奉。到了盛唐时期,唐太宗李世民下旨,将姜太公移出先王祠庙,以国家名义在磻溪(相传是姜太公垂钓遇周文王处,在今陕西省宝鸡市)建姜太公庙进行国祭。唐太宗此举,一方面顺应了朝野内外对姜太公的崇敬追慕之情;另一方面也向天下昭示自己正像周文王那样求贤若渴，有重用如姜太公那样的贤臣良将的帝王心胸。

自唐太宗立姜太公庙后，姜太公的神武勇略之名愈发响亮。据《唐会要》记载，开元十九年（731），唐玄宗李隆基下令东西两京及天下诸州各建置一所太公庙，同时配以专门设计的隆重祭祀礼仪，并以"汉初三杰"之一的张良入庙共享祭祀。诸州武举人、准明经进士按规定都要参与太公庙的祭祀活动。天宝六年（747），唐玄宗又下令，乡贡武举人赴省应试时，要先拜太公庙。此外，国家有重大军事活动时，如拜将、出征和凯旋等，也须遣使往太公庙祈告、庆祝。至此，有关姜太公的祭祀活动与国家军事活动直接挂钩，体现了姜太公对唐代军事系统的重要影响，以及他在将帅士兵心目中的崇高地位。唐上元元年（760），唐肃宗李亨遵循孔子被封"文宣王"❶的先例，追封姜太公为"武成王"，并挑选历代名将白起等人陪祀左右❷，太公庙因此又称"武王庙"或者"武庙"。至此，姜太公成为国家信仰系统中军事领域的最高神明，被视为唐代尚武精神信仰和军事礼仪传统的象征。由此，姜太公成为与"文圣"孔子地位对等的"武圣"。

至宋元时期，姜太公依然是中国人心中的"武圣"。北宋大

---

❶ 唐开元二十七年（739），唐玄宗李隆基尊封孔子为"文宣王"。

❷ 在当时，武王庙陪祀者有白起、韩信、诸葛亮、李靖、李勣、张良、田穰苴、孙武、吴起、乐毅共十人，被称为"武庙十哲"或"亚圣十哲"。

中祥符元年（1008），宋真宗赵恒颁发诏书，加封姜太公为"昭烈武成王"，并在青州建庙祭祀。按照规制，武成王姜太公庙的规模、格局与文宣王孔子庙一样。

到了宋仁宗时期，太公庙不仅承担祭祀任务，还成为开展武学教育的官方学校。宋仁宗朝名臣富弼于景祐元年（1034）上书说：

> 宜于太公庙建置武学，许文武官与白身岁得入补。聚自古兵书置于学中，纵其讨习，勿复禁止。朝观夕览，无一日离乎兵战之业，虽曰不果，臣不信也。夫习武者，读太公、孙吴、穰苴之术，亦犹儒者治五经，舍之则大本去矣。（《宋朝诸臣奏议》）

富弼奏请宋仁宗，建议在太公庙设立武学，选拔人才习读《太公兵法》等兵书，认为长此以往，必能增强国家军事人才的储备，进而提高整体军事实力。富弼提出这一建议是有其历史背景的：当时，宋仁宗朝面对契丹、西夏等游牧势力的入侵，军事上遭遇了一系列重大失败——破城失土，损兵折将。在战争最艰难的时候，大臣们甚至已经在讨论迁都逃跑的可行性了。朝堂内外谈武色变，大多处在极度的畏战情绪中。为此，富弼试图通过在太公庙建立武学的方式，借姜太公这一传统信仰中的"武圣"神明，力争提振整个国家军民的士气，以凝聚必胜的信心和勇气。富弼的建议得到了朝廷的肯定。迨至庆历三年（1043），仁宗"诏置武学于武成王庙，以太常垂阮逸为教授"，宣告了太公庙武学的正式建立。或许是受此鼓舞，北宋军民同仇敌忾、一致对外，最终打退外敌，稳定了局势。从中也可见姜太公"武圣"形象深入人心，在国家危难之时，在某种意义上发挥着安定人心的重要作用。

南宋时期，北方的金国对宋朝威胁更大，姜太公越发为时人所崇信。而太公庙祭祀礼仪在更为规范的同时，也日渐繁缛。而且，关于太公的信仰和祭祀礼仪在元代也得到了较好的继承。据《元史》记载，当时的武成王庙设立在主掌国家武事的最高机构——枢密院的西侧，以方便瞻仰、祭拜。此外，元代人甘复在为临川某先生的《太公钓图》作序时说道："呜呼！今去周余二千百年，虽庸夫贱隶、童稚妇女传诵之而不绝其间。"（《山窗余稿》）可见，民间太公信仰影响之广泛与深远。

2. 礼教改革与关羽代之

不少读者难免会有疑惑：人们所熟知的"武圣"，应该是关羽才对呀！其实，至少在明代以前，中国官方与民间共同信仰的"武圣"一直是姜太公。明代之后，关羽逐渐取代姜太公，成为新的"武圣"，其中有较为深刻的历史和文化原因。

明朝开国皇帝朱元璋称帝后，反思元代统治中国时期遗留的诸多问题，认为统一思想、重塑信仰和重建礼教等举措是国家治理的关键。因此，在明洪武三年（1370），朱元璋对国家祭祀礼制进行了改革，颁布"改神号"和"禁淫祠"条令，规定古代先贤"凡后世溢美之称皆革去"，用以"厘正祀典"，以严格等级制度。在重建礼教等系列举措中，君臣纲常尤为被推崇，因此，作为周朝臣子的姜太公却享受帝王规格的祭祀是不合礼制的。姜太公"武成王"封号最终被褫夺，重新被移至先代帝王庙中作为臣属陪祀；一同被废除的还有以往盛大的太公庙祭祀。姜太公被降封，意味着姜太公作为"武成王"被尊崇已不符合明朝的正统礼仪和等级观念，他在明代皇帝眼中只是周的臣子，不再是国家最高武功的象征和价值体系的榜样，不应享受超王侯式的祭祀待遇。

相比之下，关羽的勇武、忠义形象，不仅合乎朝堂对武臣道德品行的要求，也极为符合礼教的观念，故为古代统治者所看重。实际上，自宋以后，中国整体的文化气质一改先秦汉唐时期的朴浑、阳刚，开始走向内敛、理性，政治上"扬文抑武"成为基本国策。那么，在文官逐步"驾驭和改造"武官的历史大背景下，以忠勇闻名的武将关羽逐渐取代由事纣转而伐纣的姜太公，就是顺理成章的事了。此外，在民间信仰和相关传说中，关羽不仅被视为佛教和道教的守护神❶，也是广受民众青睐的具有祛

---

❶ 在隋代，佛教天台宗开山祖师智者大师曾亲自将关羽列为佛教护法伽蓝神。迨至宋代，关羽被宋徽宗册封为"崇宁真君"，又成为道教的护法神明。

邪恶、除病患、保财源的正神。在官方与民间的共同作用下，关羽在明代末期正式补上姜太公的空位，成为中国传统社会信仰体系中的新"武圣"。到了清代，满族统治者更为推崇关羽，通过神化关羽形象来维护封建礼教。因此，自清军入关开始，历代清朝帝王对关羽不断加封，直到光绪皇帝最后为关羽复加美谥"宣德"。至此，关羽成功获得长达二十六个字的封号——"忠义神武灵佑仁勇威显护国保民精诚绥靖翊赞宣德关圣大帝"，可谓极尽溢美之词。

虽然明太祖朱元璋在官方层面剥夺了姜太公"武成王"的封号，也取消了其单独立庙受祀的资格。但是，百姓对姜太公依然保留了相当程度的尊敬与崇拜，而且，民间奉祀作为一种传承多年的信仰被不同程度延续了下来。有明一代，社会上依然流传着有关姜太公的传说，也存在诸多为姜太公立庙、祭祀的传统民间信仰现象。一个显著的表现是，各地区多建有姜太公的庙宇，有学者统计，明代河南地区有八处，北直隶有六处，陕西有四处，南直隶三处，山东和浙江各两处，山西、四川和湖广各有一处。❶当然，因为传统"武圣"信仰对象的转变，此时祭祀姜太公的庙宇不再称"武庙"或者"武王庙"，而是称"太公庙"或"姜太公庙"。除了庙宇，各地还涌现出诸多纪念性质的地方景观，比

---

❶ 参见任雅萱《民间的"正统"：明清时期姜太公风物传说的时空结构》，《民俗研究》2020年第1期，第37—48页。

如"太公钓鱼台""钓台""姜太公钓鱼处""太公墓""太公旧居""太公石室""卖浆台""太公池"等。仅河南汲县就有"太公泉""太公台"和"太公旧居"三处。可见,对姜太公的怀念与崇信在民间依然自发地进行着。不过,这类怀念和崇信多是以地方风物与精神信仰相结合的方式来表达的,这一现象体现了国人对中国传统精神世界、历史文化和先贤精神信仰的传承,以及对美好生活的真挚向往。

每代人都有其独特的精神世界和信仰,对所信仰对象的描述或刻画也会随着时代的转变而不同。然而,不管历代统治者出于何种政治目的或考量,如何加封或者贬抑姜太公,都难以掩盖太公光耀史册的德行和功绩,也无法损伤太公在民间信仰中的光辉伟岸形象和人们对他的尊崇敬爱。

二 《六韬》兵法传天下

我们常常听到这样一个成语——"文韬武略",用以形容一个人文武双全、大智大勇。而人们通常会将"文韬"与《六韬》关联起来。由此书来的疑问是,为什么掌握《六韬》这本书便能被视为拥有大智慧的人呢?这是因为,《六韬》是一部包罗万象、意味深长的兵家奇书,可供后人不断学习、揣摩其中的兵法智慧。在中国古代，有志于沙场建功的学子、勇士，皆以《六韬》为必读书目。

（一）《六韬》其书

相传，《六韬》为姜太公所作，是古代兵法谋算的开山之作。诚然，姜太公本人是极为出色的军事家，但从学术视角来看，《六韬》这样的鸿篇巨制是否为姜太公所撰是一个值得谨慎考究的问题。按照西周初年的书写条件，以及当时和后世的文献留存、传播能力而论，难以断定《六韬》的作者是姜太公。经过历代学者考镜源流式的工作，学界通常认为《六韬》是在春秋战国时期才完成编纂工作的。春秋战国时期，中华大地上各大小诸侯国之间展开了长期的争霸兼并战争，为当时军事思想的集中涌现提供了土壤，客观上促进了军事理论的产生、进步乃至飞跃。《六韬》即是在该时期出现的重要军事著作。

随着齐国在春秋之后的强势崛起，作为齐国开国之君的姜太公在军事领域的功绩也为时人所敬仰、看重。彼时，对于有志于钻研兵法的人士来说，姜太公是不可多得的、可供深入探索研究的经典军事人物。兵法爱好者通过深入学习和研究先代军事家姜太公流传在世的言行谋略和经典战例，获得启发，其中的杰出人物通过这一研究过程，总结出丰富、系统的军事理论，继而著书立说。他们不愿意据为己功，因而假托姜太公的名号，不仅借此表达对姜太公的崇敬、宣扬姜太公的威名，也意在借助姜太公及其思想的影响力和号召力传播自己的军事思想。《六韬》大约就是这样诞生的。先秦时期，学者著书立说而假称是古圣先贤之作，这是当时的一种风尚。受此时代风气影响，假托姜太公之名的兵书著作越来越多。据中国第一部系统全面的图书文献目录《汉书·艺文志》载："'太公'二百三十七篇。……《谋》八十一篇，《言》七十一篇，《兵》八十五篇。""太公"是对所有标明作者为姜太公的书籍的总称，一共二百三十七篇。其中，《谋》（又称《太公阴谋》或《太公阴符经》）有八十一篇，《言》（又称《太公金匮》）有七十一篇，《兵》（又称《太公兵法》或者《六韬》）有八十五篇。后世将《太公阴谋》《太公金匮》和《太公兵法》（即《六韬》）合称为"太公三书"。

可惜的是，"太公三书"逐渐散失亡佚。《隋书·经籍志》记载，传世的"太公三书"仅剩下《六韬》五卷。当然，在由汉至隋唐的历史演进过程中，也出现了其他吸收"太公三书"思想而进一步改编、补充和发挥的军事著作，如《太公杂兵书》《太公伏符阴阳谋》《太公三宫兵法》《太一三宫兵法立成图》《太公书禁忌立成集》《太公枕中记》等，可惜的是，它们在后世流传过程中也都逐渐亡佚了。到宋代，官方组织编纂《武经七书》，将传世的《六韬》进行删订后编入其中。自此以后，《六韬》的内容基本确定下来，即今人所看到的版本。

（二）《六韬》思想

《六韬》由六卷六十篇组成，每卷各以《文韬》《武韬》《龙韬》《虎韬》《豹韬》《犬韬》命名。全书以姜太公与周文王、周武王对话的形式展开。总体而言，《六韬》规模宏阔，本末并包，其体系之完整、内容之丰富，在中国古代兵书中极为少见。《六韬》不只为中国历代军事研究者所推崇，还被外国学者称赞为"像一本军事百科全书"❶。《六韬》在军事思想、政治思想和哲学思想等许多方面都有不少创见，可以从以下几个方面加以了解：

1. 战争与人民

大凡名垂青史的军事著作，一般都对战争本身有高屋建瓴的认知，比如通常对战争的性质和目的有较为深刻的解读。《六韬》当然也不例外，在这一方面甚至可谓独树一帜。《六韬》认为，用兵作战是国家的大事，关乎国家存亡。这是从国家存亡的高度理解战争的意义和重要性。当然，国家存亡不能简单地理解为取决于战争的胜负。《六韬》认为，天下不是一个人的天下，是天下人的天下。能够与天下人共享天下之利，就可得到天下；若

---

❶ ［美］凯德尔·史密斯《如何读〈六韬〉》，载黄朴民编《孙子探胜——第三届孙子兵法国际研讨会论文精选》，军事科学出版社1992年版。

独占天下人的利益,那么就会失掉天下。可见,《六韬》明确了"民"对于国家、天下的重要性,天下并非某个人的私产,而是为天下人所共有、共享。任何一个国家政权都不可能长盛不衰。因此,国家会消亡更替,统治者会死亡湮灭,但天下还是天下,人民还是人民。这种"天下人之天下"的思想,无疑为所有的统治者敲响了警钟:对统治者来说,战争只是政治的外延或一种手段,民众才是政治的根本。基于民众的利益、取得民众拥护的战争,才是真正的正义的战争。谁为人民争取利益,谁就赢得了最大的战果——民心;谁剥削鱼肉民众,谁就失掉了最大的政治资本——民意。因此,政权的存续、江山的巩固在于惠民、爱民,在于使百姓最大限度地得到实利。为此,《六韬》提出了爱民的六条措施:

> 利而勿害,成而勿败,生而勿杀,与而勿夺,乐而勿苦,喜而勿怒。

"利而勿害",确保人民获益而非受损,即确保百姓有职业可以谋生;若使百姓失去本职工作,便损害了他们的利益。"成而勿败",促使人民取得成就而非导致他们失败,即确保农耕不误时机以促进生产;若使农民错过农时,便是破坏了生产。"生而勿杀",保障人民的生存权利而非剥夺他们的生命,即不惩罚无辜之人;若惩罚无辜之人,便是虐待百姓。"与而勿夺",给予人民权益而非任意夺取，即减轻赋税，藏富于民；若加重赋税，便是掠夺百姓的财富。"乐而勿苦"，使人民享受幸福而不是忍受苦难，即减少宫室楼台的建造，使百姓安居乐业；若过度建造宫室楼台，便会让百姓疲惫且痛苦。"喜而勿怒"，让人民心情愉悦而不是激起他们的愤怒，即确保官吏廉洁无私、不扰民，则百姓自然愉悦；若官吏腐败苛刻，必然会激怒百姓。

因此，《六韬》认为，善于治理国家的人，对待百姓犹如父母爱护子女，兄长对待弟妹；关心饥寒交迫的人，同情劳累辛苦的人。奖惩百姓，如同奖惩自己一样；征收百姓的赋税，如同索取自己的财物一样。这便是爱民之道。

也就是说，民众是国家的根本，统治者必须保证就业、促进农业生产、削减刑罚、减轻税收，而且自身要拒绝奢靡享乐，并使官吏廉洁且不扰民。如果上述这些要求有一项不满足，便不能保证百姓的福祉。当统治者真的以人民的利益作为根本出发点，战争的意义和目的也会随之发生改变。

此外，《六韬》主张"禁暴乱，止奢侈"，即为民、利民、保民的战争有其道义上的合理性，是解决现实社会、政治、经济矛盾，乃至多方面改善社会现状的必要手段。由此可以看出，《六韬》并非一味聚焦战争本身的胜负成败，而是将战争作为政治治理的一部分或统治的手段，使得战争为"爱民""保民"等更高的政治目标的实现提供保证。这不仅是对战争价值本身的一种探讨，也是对中国传统民本思想的继承和推进。

2. 战争与将帅

《六韬》对"将帅"提出了很高的要求。《六韬·龙韬·论将》中说,将领的选拔是决定战争成败的先决条件,必须得到重视。因为主将是士兵生命的主宰者,主将英明,则全军上下整饬;主将昏庸,则全军上下混乱不堪。得到贤良的主将,军队就强大,国家就昌盛;得不到贤良的主将,军队就衰弱,国家就会面临灭亡。将帅与军队的关系相当于头脑之于身体,将帅的贤愚很大程度上决定了军队的强弱;而军队的强弱,又直接决定国家的兴衰存亡。

从历史经验看,军事行动的成败,往往直接或间接取决于将帅本身能力的大小或指挥水平的高低。《六韬》把将帅之贤愚与国家兴亡联系在一起,可见对将帅这一群体的重视程度,为先秦兵书所仅见。那么,什么样的将领是合格的呢?针对将帅选用的标准,《六韬》中提出了"五材",即五种品德:勇、智、仁、信、忠。具备了勇敢,就不可被战胜;具备了智慧,就不会被惑乱;具备了仁德,就会爱护他人;具备了诚信,就不会被欺骗;具备了忠诚,就不会对君主有二心。《六韬》提出的"五材"与《孙子兵法》中的为将"五德"基本相同,强调对将帅人才的选拔务必严格,不容丝毫的伪饰或将就,要求德才兼备、智勇双全。

在选拔将领的过程中,不仅要从能力、品行等方面充分考察其领导能力,同时还要重视其统领意识和垂范作用。《六韬》

指出，兵士没有坐下，将领就不能坐下；兵士没有饮食，将领不能先饮食；无论寒暑，将领都要与兵士同甘共苦。只有这样，兵士们才能拼死作战。此外，主将冬季不穿裘皮大衣，夏季不拿扇子，下雨天不用伞遮雨。行军至狭窄险要的地段，或泥泞的区域，主将必须先下车马徒步而行……换言之，为将者只有亲身体验士卒的饥饱、冷暖和劳苦，才能把握军士的体能、心理等情况，同时也能获得士卒的敬爱与信任，最终达到指挥三军如臂使指。《六韬》中描写了在这种情况下士兵用命的场景："闻鼓声则喜，闻金声则怒。高城深池，矢石繁下，士争先登；白刃始合，士争先赴。"试问，这样一支上下齐心的军队，怎能不战无不胜、攻无不克呢？最后，《六韬》强调，将帅一旦得到任命，统治者要做到任人不疑："国不可从外治，军不可从中御。""军中之事，不闻君命，皆由将出。"这样，将帅在行军作战期间不会受到外界干扰和制约，能够因时处事、因地制宜，灵活机动地指挥作战，从而取得战争的最终胜利。

3. 军纪与赏罚

军队的纪律是一支军队战斗力的重要制度保证，而赏罚机制则是保持纪律运转的重要手段。《六韬》十分重视军纪之于军队的赏罚作用，以及运用赏罚的根本目标。功有所赏、罪有所罚是维持军队纪律和风气、保证士气的重要手段，而施行赏罚的基本原则是"信"与"理"。《六韬》指出，颁布奖赏必须为大家所信服，不可无功而赏；施用刑罚也必须有充分的理由，不能无故惩罚。如果能做到这般，军纪就能在军中起到激励奖劝或者惩前毖后的作用。

在赏罚力度上，《六韬》认为需要做到"厚"与"重"。所谓"赏如高山，罚如深溪"，即是说赏则必以厚，罚则必以重。只有严格执行这种奖惩制度，才能真正发挥军纪的劝惩作用。当然，厚赏与重罚虽然作用明显，但绝不能过度使用，超过一定的程度同样也会产生负面效应。那么，如何把握这个"度"呢？《六韬》给出了两个具有重要参考价值的标准：一是公正，"不以私善害公法，赏赐不加于无功，刑罚不施于无罪。不因喜以赏，不因怒以诛"（《六韬·逸文》），在具体的赏罚过程中，如果秉承大公无私的态度，那么便不会损伤赏罚的根本用意；二是适量，即赏罚不可太繁、太多，如果赏罚成为一种常态化的管理方式，那么会使其效果大打折扣，甚至产生负面的效果。施行赏罚的理想状态则是人人各守其分、各尽其责，使整个军队和社会平稳运转，最终使赏罚都无可用之处。

4. 战争与计谋

对战争本身来说，胜负依然是最重要的。其中，计谋又是克敌制胜策略中不可或缺的因素之一。提到计谋，读者可能会首先想到"兵不厌诈""将计就计""借刀杀人"等词汇，但《六韬》认为，最高的取胜智谋是"文伐"。所谓"文伐"，就是不以武力相攻，而是通过非军事的方式取得最终的胜利。《孙子兵法》中"不战而屈人之兵"的思想与之不谋而合。《六韬》认为"圣王号兵为凶器，不得已而用之"，但"善胜敌者，胜于无形，上战无与战"，即善用兵者，能以最小的代价换取最大的胜利，甚至不经交战就达到取胜的目的。《六韬》提出了"文伐十二策"，是以骄敌、收买、迷惑、离间、外交和军事等手段，达到"全胜不斗，大兵无创"的效果。

如果最终还是走向兵戎相见，那么对军伍的有效训练、对后勤的战备保障、对战机的把握，乃至对各种接战之计策的运用，也同样需要重视。《六韬》对此有深刻的洞见，整部书对前期的教兵训练之法、中期的后勤运转之方，乃至决战之时的各种突发状况和战法运用等，都做了详尽的论述。例如，以不同战争环境而讨论城战、野战、山地战、林战、水战和夜战等，以不同战争目的而探索伏击战、遭遇战、攻坚战、歼灭战和突围战等，以不同兵种而论骑战、车战、步战和阵战等。难怪当代学者评价《六韬》说："其篇幅之大，分析之细，范围之广，在前人的兵书中是绝无仅有的。"❶很多论述不仅有较高的理论价值，更有实用价值与极强的可操作性。

《六韬》是我国第一部比较系统的军事理论著作，早在宋代就被作为武学教本，列入《武经七书》，成为武将们必读的兵书。

---

❶ 吴如嵩《论〈六韬〉的军事思想》，载《兵家史苑》（第1辑），军事科学出版社1988年版。

总的来说,《六韬》阐述了以爱民为基础的战争观;提出了以"文伐"为核心、"不战而屈人之兵"的全胜战略思想;对优秀将帅应具备的五种素质(勇、智、仁、信、忠)做了界定;强调战前准确了解敌情,选择合适的战机,创造良好的战机,并适时、适度地把握好战机;高度重视军事后勤工作,如人员配备、物资供给等;主张士兵训练要根据战场的需要和士兵的自身条件。纵观《六韬》,既着眼于战争的根本性质,又细致地讨论了各种具体环境、具体条件之下的战争方略,鲜明地体现了综合而全面的战争观。

第六章

齐文化精粹撷珍·姜太公

后世形象的摹写和变迁

随着时代的发展,姜太公本人或许也未曾想到,经过后世的不断加工和美化,他从文武双全、建立丰功伟绩的历史名臣,逐渐变为役神驱邪、保境安民的神明。在这一转变过程中,有一部奇书不能不提,那就是家喻户晓的《封神演义》(俗称《封神榜》,又名《商周列国全传》《武王伐纣外史》《封神传》等)。这本成书于明代的文学作品,汇集了明代之前各类关于姜太公的传说,经过作者的润色、贯通和整合❶,最终形成了一部以姜太公为人物原型和故事中心,集军事、谋略、神怪、宗教等诸多要素于一体的古典文学名著。

---

❶ 关于《封神演义》作者,至今仍有争议:一说《封神演义》作者为明代作家许仲琳(或曰陈仲琳,生卒年不详);一说为明代道士陆西星,持此说者有孙楷第、张政烺、柳存仁等。今流行本(如人民文学出版社 2020 年版)即持前一种说法,题为"许仲琳编"。

一 《封神演义》中的形象释论

今天一提到姜太公,很多人首先浮现在脑海中的是一个身骑四不像、手拿封神榜、充满智慧的老臣形象。其实,后世对于姜太公形象的认知,大多源于《封神演义》的影响。当然,《封神演义》中的姜太公,与当代接触较多的影视作品中的姜太公不甚相同,很多有趣的文化现象就体现在这些不同之中。而且,这些文化现象并非个人所造就,而是导源或内在于民族心理和文化意识深处。

(一)由神而人

现存最早的《封神演义》版本是日本内阁文库藏舒载阳刻本(二十卷),相传该版本为明代乡贤许仲琳编纂。他参考了各地不同特色的姜太公故事,并以江南地区的民间传说为主体加以补充、扩展,为读者展现了元素更加丰富、情节更具传奇色彩、故事更加通俗的系列故事。除了一连串玄妙的故事，《封神演义》中最值得回味的，大概就是姜太公"由神而人"的世俗化过程。直白地讲，就是《封神演义》中的姜太公更像一个"人"了，即一个有七情六欲、有缺点且会犯错的普通人。

首先，作为一个修道之人，《封神演义》中的姜子牙可谓"失败者"的典型。在一众修仙者中，姜子牙修炼四十年却无大成，不仅法力普通，甚至不具备自保的能力。更为难堪的是，姜子牙又因为一心修道而退化了世俗生活的能力——此事颇有"邯郸学步"的讽刺意味。姜子牙的师父元始天尊说他"生来命薄，仙道难成，只可受人间之福"。事实也确实如此，姜子牙拜师修道四十年，从挑水、浇松、种桃、烧火、扇炉、炼丹等一众苦役杂活干起，其道行法力到头来却还是个"入门水平"。姜子牙在与诸多神仙斗法单挑时，少有胜绩。而最凶险的一次，对手姚天君摆下落魂阵，一日三拜，差点消散了姜子牙的三魂七魄。若非运气好，姜子牙也就稀里糊涂地死了。

其次，作为一个世俗之人，《封神演义》中的姜子牙又有很多缺点：他会畏惧失败，会推卸责任，会贪生怕死，会自满懈怠……总之，书中所刻画的姜太公颇有几分普通人的习气和毛病。比如，他以出家修道之人自居，本不应该吃荤喝酒，怎料在义兄宋异人的撺掇下，他就破了戒。此外，姜子牙出门做生意，通常都是空手而归，几乎事事不成，他却毫无负疚感，还总是迁怒于夫人马氏。众所周知，统帅为三军之胆，在战争中起着至关重要的作用,姜子牙也会心志动摇,比如目睹敌将吕岳现出青面獠牙的真形时,他"心下十分惧怕";甚至会见势不妙,单骑逃跑,比如在对阵九龙岛四圣时,姜子牙被李兴霸用劈地珠打伤,大惊失色,扔下军队转身便逃,竟一口气要逃到北海去。伐纣之路上强敌无数,姜子牙遇到挫折便会感慨自身道行不深,大发牢骚,同时又会习惯性地求助师门,直逼得元始天尊不耐烦,说道:"凡间之事,我贫道怎管得你的尽!"对于师门交代的办法、策略,姜子牙又常常不严格执行而招致更大的祸患。比如有一次,元始天尊百般叮嘱姜子牙,不能回应任何对他的呼唤,否则将有劫难。然而,姜子牙临事便将此言抛诸脑后,最后果然中了申公豹的算计。此类情节无疑给人们展现了一个颇具人间烟火气的姜太公形象,与常见的神魔小说主人公着实不同。

读者可能会问,为什么身负封神重任的"天选"之人,全身都充满了凡人的习气?其实,书中如此刻画姜太公的形象,恰好体现了明代的某些时代观念和思想特征,为今天的我们提供了极有意义的反思空间。这部小说对姜太公形象进行了新的塑造,其最大特点之一就是将其世俗化。这在当时的政治大环境下,隐隐符合明代统治者褫夺姜太公封号、削弱姜太公神格的官方政策。或许是受此背景影响,姜太公形象的塑造由以往的偏"神圣化",转为世俗化、"人化"。

文学艺术是时代的产物,反映了当时社会生活的状态和人们的精神世界。有明一代,自明太祖开始便尊朱重儒,大力强化礼法之治。在理学的笼罩下,"述朱""遵朱"的社会风气大行其道,程朱理学获得了绝对的统治地位。由此造成的后果是人们不敢越雷池一步,思想受到了严重的束缚,社会逐渐变得因循守旧、创新乏力,整个社会生活和思想文化呈现出一副死气沉沉的样子。由之,理学陈腐僵化和虚浮空疏的一面充分暴露了出来。传统儒学讲究实学,强调务实,关心国计民生,程朱理学却强调道德礼教,对人性形成了压制。在自然欲求难以抑制,外在道德规范又不可突破的双重力量压迫下,明代整体社会风气不可避免地走向虚伪与造作。在满口仁义道德的风尚熏染之下,人们往往选择隐藏或克制自己的真实欲求。此类"伪君子"的行径,不仅失掉了传统儒家重利轻义、安贫乐道的崇高品格以及"内圣外王"的价值追求,也逐步导致了整个社会风气的败坏和良善价值观的沉沦。❶因此,具有批判性的文学作品开始出现,它们的矛头指向那些高高在上、看似完美圣洁的形象,试图"扒开"他们的伪装,亮出他们隐藏起来的属于"人"的一面。

所以,明代文学中的姜太公形象开始从"神"转变成"人"。同时,一个真实的、活生生的姜太公被他们当成激烈批判和辛辣

---

❶ 也有学者认为,儒学精神的没落并非始于明代。早在儒家地位独尊的汉代,儒生在人格上业已庸俗化:"博士制度成为利禄之途。"(王青《扬雄评传》,南京大学出版社2011年版,第37页)韦政通先生也曾说:"儒家真精神早已陷入七折八扣的局面。"(韦政通《中国思想史》,上海书店出版社2003年版,第315页)。

讽刺的对象。《封神演义》似乎满篇都在"不留情面"地展现姜太公的不神圣、不完美，那么读者不免会心生疑问：连名垂青史的姜太公都是一个普通人，他的身上也有无数的缺点和问题，但也不妨碍他老而弥坚，建立丰功伟业，那些道貌岸然的伪君子们还要继续装下去吗？那些鼓吹"饿死事小，失节事大"的道学先生们还要站在道德高地继续指手画脚吗？这或许也是《封神演义》的创作初衷之一。

对中国人来说，姜太公已经不是一个单纯的历史人物，他已然超越了商末周初的历史背景，成为参与后世历史进程的某种文化符号和精神力量。人们不只研究、借鉴他的治理思想和军事智慧，也学习、弘扬他的意志和精神，由此产生一股精神力量，激励和推动中华民族不断抗争、奋勇前行。这或许是姜太公至今仍然为中华民族所崇敬的原因之一。

（二）册封诸神

《封神演义》的高潮部分，姜子牙手持封神榜，在封神台上册封诸神。实际上，姜子牙封神的故事可以追溯到元代。由于特殊的历史原因，大量知识分子没有出仕之路，除了少数依附于元朝统治者的官僚外，大多与下层民众一样社会地位低下。在元代统治者的社会阶层排序中，有所谓"九儒十丐"之说，可见当时知识分子命运之悲惨。在此时代背景下，不少文人便投身于杂剧剧本的创作。因为杂剧直接面向普通民众，为了提高对民众的吸引力，剧本尤其以"尚奇"为特色。姜太公的故事就这样被重新拣选并演义了出来。

杂剧作品《十样锦》讲的是北宋年间的故事。李昉与张齐贤二人奉朝廷之命督建武成庙，选十三位历史上的名将入庙奉祀。姜子牙首先出场，陈述了自己的出身和功绩后，表示自己奉玉帝敕令为其余十二位将领论定功绩和位次。❶ 历史上，姜太公一直被尊奉为武将之首，元代武成庙中的主神也依然是他。因而，杂剧设定由姜太公奉命给众名将排位次是顺理成章的事儿，又为明代《封神演义》中姜子牙手持封神榜主持封神埋下了伏笔。《封神演义》以武王伐纣为背景，引出阐教与截教相争的主线。阐教诸仙轮番上场，帮助武王在一场又一场恶战中斩杀诸多支持纣王的截教弟子。最终，灭商易代大业完成，姜子牙手持封神榜，在封神台上册封诸神，将整个封神故事推向高潮。以今天的眼光来看，姜太公封神的故事其实还有很多值得分析与研究的内容，特别是其中浓缩的中国传统文化的观念，需要细细品味。

"封神"大戏中，最突出的问题就是周、殷两方人物的处置问题。读者可能会疑惑，为何诸多为虎作伥、坏事做尽的恶人能够封神？比如申公豹，可谓书中第一号的邪恶人物。他口蜜腹

---

❶ 参见中国戏剧出版社编辑部编《孤本元明杂剧》（第二十二册），中国戏剧出版社1958年版，第2—3页。

剑、背信弃义、残忍奸邪,双手沾满了忠臣义士的鲜血,最后却获封"分水将军","特敕封尔执掌东海,朝观日出,暮转天河,夏散冬凝,周而复始"。再比如商纣王,建鹿台搜刮民脂民膏,施炮烙之刑迫害无辜子民,罪恶滔天,最后也获封"天喜星",主掌人间婚丧嫁娶。其他如获封"瘟癀昊天大帝"的吕岳、"金龙如意正一龙虎玄坛真君"的赵公明等人,都曾是助纣为虐、阻挠西岐正义战争的人物。其实,如果能够读懂姜子牙封神故事内在的文化意识,或许才能明白姜太公形象在世人心中的意义。"善有善报,恶有恶报"是传统中国人最朴素的道德观念,《周易·易传》中就有"积善之家必有余庆,积不善之家必有余殃"的说法,《尚书》中也有"天道福善祸淫"的训诫。在《封神演义》中,善恶报应的体现也非常明显。比如商纣王的奸臣飞廉和恶来惑君乱政,陷害忠良,断送成汤社稷,罪盈恶满,二人最终被姜子牙推出辕门斩首。而妲己等三位妖妃最终也落得身首异处的悲惨下场。那么,为什么申公豹和商纣王等恶人非但能逃脱惩罚,还得以封神呢?

其实,在中国传统文化理念中,惩恶并不是最终的目的,惩恶以扬善才是传统善恶观的最高价值追求。同时,中国传统文化观念非但不讳言过错,而且对能够认识错误、勇于承认错误并积极加以改正的人,也持肯定的态度。孔子本人曾明确表示:"丘也幸,苟有过,人必知之。"(《论语·述而》)由此出发,中国人衍生出"耻"的观念,通常表现为对恶行恶念的自觉反省:"人不可以无耻,无耻之耻,无耻矣。"(《孟子·尽心上》)知耻、明耻是对自己所犯的错误进行反省、改正的前提,是值得尊重的。申公豹、商纣王都因为他们的错误受到了惩罚,身死道消,国灭家亡。纣王选择以自焚的方式结束生命,即是因为他生发出了"有何面目见先王于泉壤"的羞耻之心。而申公豹被塞在北海眼里,受尽折磨。在此之前,面对元始天尊义正词严的质问,他低首无言,表示甘心受罚。这种羞耻感的产生,使得二人最终获得了谅解。申公豹、商纣王成神之后,也尽忠职守,安于本分,再没有害人的行径。由此可见中国传统观念中宽柔厚德的一面。

此外,《封神演义》中闻太师贵为商朝元老,多次率军与姜子牙的正义之师对抗,但他尽忠职守,为人正直,也赢得尊敬,最终被封神。再如三霄娘娘这类清心寡欲、修行勤勉,却因一时冲动而最终殒身的人物,也被念及修行中的功德,同在敕封之列。这说明,在中国传统思想中,哪怕在不同的阵营,只要有良善的道德品性和勤勉踏实的品格,也能得到世人的尊重和认可。人之善恶或行为之优劣,不能简单地以所属阵营来区分。中国传统价值体系或道德评价中,往往蕴含着圆融的中庸思想。此外,通览《封神演义》可知:中国人极少抛却人、事、物的具体情境,去对善与恶、对与错、正与邪等做绝对的分析。

姜子牙在封神台上所发出的封神之命,其实也是对中国传统文化观念的一次变相的深刻实践和生动展现。随着《封神演义》

的流行和传播，姜太公的形象不仅在民间逐步固定了下来，而且得到更多中国民众的认可和喜爱。同时，也因为对殷周时期姜太公形象的构造、演义和传播，使得《封神演义》呈现出早期民族史诗的某种特征。正如今人所言，《封神演义》将"武王伐纣"这一重大历史事件予以神话性叙述，借此重塑上古诸神的形象，以便于恢复古代神话英雄的威名，再造古人神祇谱系世界，使历来杂乱无章的神仙道有了一个相对完整的神话体系——上层为仙道，中层为神道，下层为人道。可以这么说，《封神演义》是一部在文化反刍的背景下诞生于人类成年期的神话史。

　　总的说来，经过漫长的流传、演义和艺术加工，姜太公形象反复变换：不仅经历了由人至神的"神化"过程——从一代贤臣变成了民间信仰中的威严"武圣"；也经历了从神返人的"人化"过程——重新被赋予更为真实丰富的情感和人性，终以"封神"之使命，成为中国传统文化观念的重要代言人之一。经历上述转变历程，姜太公其人其事家喻户晓，他的形象也日渐深入人心。姜太公逐渐由一个历史人物变成了传统文化符号或民间信仰的代表，提起他的名字常常能给中国人民带来丰富的联想。此外，围绕姜太公所形成的诸多神话传说、文学作品、故址遗迹等，也早已成为一股强大的文化力量，渗透到中国人的日常生活、民间信仰、民风习俗及社会文化中，并潜移默化地影响着民众的价值理念和精神世界。

二　历史形象变迁及其文化动因

在人们的心中，姜太公的形象是一个复杂的"综合体"，他既是周文王和周武王的辅臣、创立齐国的杰出政治家，也是民间信仰的"武成王""武圣"，还是玉虚宫元始天尊门下负责封神的"人中仙"。总之，姜太公生前文治武功兼备，殁后兼具民间"武神"和道教"神仙"两种人格神形象。正如苏轼在《祷雨磻溪文》里所说："夫生而为上公，没而为神人，非公其谁当之！"其实，历史上的姜太公形象经历了复杂的神化与还原的历程，可谓丰富多彩。

（一）西周至秦汉时期的姜太公形象——史册伟人

作为西周的缔造者之一，姜太公以其赫赫功绩被时人和后人所称颂。虽然姜太公在正式加入伐商团队和施行翦商时已是高龄，但经典记载中的姜太公丝毫看不出年老体衰的迹象，反倒被描述为一位雄赳赳、气昂昂的军事统帅。先秦两汉诸子文集中提到姜太公的内容不胜枚举，其形象多是英武足智的，为长者、贤者、尊者，也未超出人的范围。

两汉时期，今文经学"天人感应"说的流行，加上河图洛书传说及阴阳五行学说的"加持",在西汉末年到东汉初期造成了一股学术上的迷信、妖妄气氛,谶纬之说泛滥,许多历史人物和事件被视作"有受命之符,天人之应"的例证。姜太公也不例外,其形象在不知不觉中被世人神化了。如《尚书中候》载姜太公曾钓得玉璜,刻曰:"姬受命,吕佐旌,德合昌,来提撰,尔雒钤,报在齐。"《说苑·轶文辑补》亦载姜太公曾钓得鲤鱼,剖其腹得书曰:"吕望封于齐。"对武王伐纣之事,当时人亦添油加醋地进行了神话渲染,王充《论衡》中记述:"传书或称武王伐纣,太公阴谋食小儿以丹,令身纯赤,长大,教言殷亡。殷民见儿身赤,以为天神,及言殷亡,皆谓商灭。"不难看出,这是汉儒为美化武王兵不血刃制造出来的神话,然而这类神话的最终目的不是颂扬姜太公之智,而是突出文、武二王之圣。尽管如此,这一历史时期对姜太公形象的描绘整体上保留了世间凡人的特征。

同时,在这个时期,姜太公的事迹也常出现于文学作品中。如《孔北海集》中保留下来的寥寥数首古诗中,便有两三首提到太公;一些乐府歌曲的曲辞中也可见太公事迹,如晋代鼓吹曲辞《玄云》曰:"周文猎渭滨,遂载吕望归。符合如影响,先天天不违。"《钓竿》曰:"太公宝此术,乃在灵秘篇。机变随物移,精妙贯未然。"

总之,西周至秦汉时期,或因去古未远,尽管姜太公的事迹被传得多少有些离奇,但世人对其形象的勾勒仍然属人而非神。

（二）魏晋至唐宋时期的姜太公形象——超凡入圣

魏晋隋唐时期是中国古代宗教发展和壮大的历史时期，儒、释、道鼎足而立，在互相辩难诘疑之时，又互相取长补短；它们之间的关系错综复杂，竞争激烈。在这期间发端的姜太公神话，主要得力于两种势力的着意栽培，即道教和政治。

随着道教团体的发展壮大和道教神仙信仰体系的完善，有关姜太公的神话传说丰富了起来。姜太公形象之所以与道教关联较多，大概源于民间传说中的姜太公形象与道家观念及道教信仰相契合❶：传说中的姜太公长寿，契合道教的神仙长生说；姜太公磻溪垂钓所秉承的"直钩钓鱼，愿者上钩"理念，体现了修道人"自然无为"的思想；此外，姜太公擅长兵术权谋，故被民间尊

---

❶ 道家与道教既有区别，又有联系。一般认为，春秋时期的老子创立了道家并提出了"道"的概念，初步构建了道家的理论；后经杨朱等人研究和创新，形成了许多不同的学派。西汉末年，张道陵据道家"道"的理论创立了道教。道家黄老学派和神仙派结合后，转入了对养生术的研究，逐渐形成了内、外丹生命学，把道家的理念具体地用于养生和修炼。总之，道教与道家关系密切：在宗教名称上，道教以"道"为教名；在宗教思想上，道教以道家的哲学思想为依据，构建了道教信仰体系；在代表人物方面，道教将道家学派的创始人老子视为教主，尊称其为"太上老君"，道家的另外几个代表人物庄子、列子、文子、亢桑子分别被尊奉为道教的南华真人、冲虚真人、通玄真人和洞灵真人。

为兵家谋略鼻祖,而道教经典中亦提倡"富国安民之法,强兵战胜之术"等;姜太公年轻时没有可称道的成就,直到晚年才大有作为,亦可印证道家"大器晚成"或"无为而无不为"的辩证法则。

此外,坊间又沉出了一本道教经典——《阴符经》,把姜太公与道教紧密联系起来。《阴符经》相传为黄帝所撰,唐代李筌得之于嵩山石室,书内题曰:"大魏真君二年七月七日,道士寇谦之藏之名山,用传同好。"此书在后世流传的版本为《黄帝阴符经集注》,汇集了伊尹、姜太公、范蠡、鬼谷子、诸葛亮、张良、李筌之注,称"七贤注"。此书一出,便为诸学者所讥疑,纷纷认为是伪书,如朱熹在《阴符经考异》中曾说:"《阴符经》恐是李筌所为,是他着意去做,学他古文。何故只因他说起,便行于世?"还有学者把它与《周书阴符》《太公阴符》联系起来,认为此书宗旨与《道德经》相类,其内容包含养身修心之道、富国安民之法、强兵胜战之术,及明哲处世之方。尽管学者对该书的认识与界定各异,但它最终还是被列在了《道藏·洞真部》里。此书在文献和学理上进一步强化了姜太公与道教的关系。在这样的历史背景中,姜太公的形象难免被道教文化神化。

如果说对姜太公形象的刻画是民间信仰或民间行为使然的话,那么唐宋以来朝堂对姜太公的加封、立庙等,则是严肃的官方行为。其中,与之密切相关的是老子封号的变迁、提升。唐王朝统治者以老子为李姓而视为同宗，也因此对道教大加提倡崇奉。唐高宗李治于乾封元年（666）追尊老子为"太上玄元皇帝"，唐玄宗于天宝二年（743）加封号为"大圣祖玄元皇帝"。道教于是得政治之扶持优宠而大兴。凭借与道教密切的关系，姜太公神话也因此得以"登峰造极"。唐开元十九年（731）四月十八日，唐玄宗下令，东西两京及天下诸州各置姜太公庙一所，以张良配享。而且，诸州宾贡武举人、准明经、进士，及出兵打仗、将士任命之日等均需到姜太公庙拜谒进礼，唐天宝六年（747）又颁布类似诏敕。❶ 而唐肃宗于上元元年（760）闰四月十九日复颁布敕文曰："太公望可追封为武成王，有司依文宣王置庙。"（《唐会要》）至此，姜太公达到了与文宣王孔子并驾齐驱的地位，成为执掌兵学武事的圣人。宋王朝亦崇奉道教，所以姜太公在北宋时的武圣地位不曾动摇，武成王庙内还设置了武学。❷

在道教和政治势力的双重"加持"下，姜太公越来越为民

---

❶ 《唐会要》："诸州宾贡武举人、准明经、进士，行乡饮酒礼。每出师命将，辞讫，发日，便就庙引辞。……乡贡武举人上省，先令谒太公庙，每拜大将，及行师克捷，亦宜告捷。"

❷ 据《事物纪原》载，宋真宗大中祥符元年（1008）诏曰："维师尚父实赞隆周，宜加谥昭烈武成王，仍于青州建祠庙。""熙宁中，兴学以上舍养士，始就武成王庙侧建武学，如太学仪……仁宗庆历三年五月，置武学于武成王庙。"

间所信仰和官方所认可。特别是唐代的数次加封，使姜太公成为执掌兵学武事的圣人，与文宣王孔圣人的地位不相上下，而且享受圣人的祭祀待遇。总之，姜太公的形象在该时期逐渐被神化和圣化了。

（三）南宋以来的姜太公形象——复归人性

南宋以降，历经元、明，姜太公"武圣"的尊位被另外一名历史人物——三国时的关公取代。关公形象的升格始于宋哲宗朝，奠基于宋徽宗大观二年（1108）——关公被封为"武安王"，宣和五年（1123）又被加封为"义勇武安王"。虽然此时的关公是"从祀武成王庙"，但其地位上升的势头已然可见。迨至元、明、清，关公屡受敕封，明代万历以后更晋爵为帝君，崇之以武庙。而在同时，武成王姜太公则不见了踪影，其中原因何在呢？

有学者认为，这是民族矛盾冲突的结果。该时期，北方少数民族如党项、契丹、女真、蒙古次第崛起，边事日益吃紧，此时正是民族向心力急需凝聚的时期。传说祥符七年（1014），解州盐池干涸枯竭，奉宋真宗之命至解州城隍庙祈祷的使者夜梦蚩尤欲毁轩辕殿，关公奉张天师之命剿灭了妖鬼。这个传说虽然荒诞不经，却透露出一种信息：民族矛盾的弦绷得如此之紧，以至于勾连起远古的神话传说。在远古部落时期，先民皆溯祖于炎、黄两系，后因黄帝轩辕系的胜利，历代统治者皆遵循"五德终始"传统，同时宣称自家的谱系出自黄族以示正统，连入主的少数民族政权亦是如此。因此，古代姓氏泰半皆入轩辕谱系。而姜姓是炎帝神农之后，姜太公因此被"卷入"上述矛盾对立之中。故在"非我族类，其心必异"的传统夷夏之辨思想支配下，曾忠心辅佐汉室的关公被挑选了出来，以代替姜太公。虽然这听起来荒谬绝伦，但它真实地反映了当时民族主义近乎病态的狭隘心理。姜太公被当时的人们从宝座上请了下来。然而，虽然姜太公在官方层面的信仰逐渐熄灭，但有关他的民间神话却日趋繁盛，这种情况的发生与该时期民间文学、文艺的发展紧密相关。宋元时期，随着城市经济和印刷业的发展，话本小说逐渐成为民间大众喜闻乐见的娱乐消遣品，其中以历史演义为题材的作品占相当大的比例。元代至治年间刊行的《全相平话五种》，首部便是《武王伐纣平话》，这部话本小说也为《封神演义》的创作奠定了基础。

从某种意义上说，《封神演义》是姜太公神话的集大成之作，也是其神化形象的"终结"之篇。现存《封神演义》一百回。作者以宋元话本为基础，广采民间神话传说，加以虚构润色，最终创作成这部长篇小说。姜太公便是其中的主要人物。在《封神演义》中，姜太公辅佐周室伐灭殷商，手握封神大权，衡定神鬼生死荣辱，成为沟通天人的关键性人物。然而如果仔细品味全书就会发现，姜太公在书中的形象相较于民间传说，缺损了不少超凡的神性，陡然增加了不少世俗的人性。首先，《封神演义》中的姜太公被取消了"仙籍"。在第十三回,作者借元始天尊之口说:"你生来命薄,仙道难成,只可受人间之福。成汤数尽,周室将兴。你与我代劳,封神下山,扶助明主,身为将相,也不枉你上山修行四十年之功。"尽管南极仙翁安慰他道:"待你功成之时,自有上山之日。"然而,最终至封神、封列国,姜太公也未返回仙山。由此可以看出姜太公形象由神向人的回归。其次,姜太公在唐宋时期被敕封的"武成王"之号,也被赋予一个虚构人物——黄飞虎。有学者认为,黄飞虎这一人物形象的来源与姜太公不无关联:"黄"姓大约来自"黄帝""黄老""黄石公"等,而"飞虎"则可能来自姜太公的别号"飞熊"。关于姜太公为何又号飞熊,学者认为,这是因为民间把文王卜辞中的"非虎非罴"(罴,熊的一种)传成了"飞虎飞熊"。❶

丧失了仙籍、圣位的姜太公,在《封神演义》中反倒增添了不少人的底色,亦被赋予了更多人生的坎坷挫折:经历过被马氏所弃的不幸婚姻,做过赔本生意,摆过算命小摊,经历过磻溪独钓的寂寞。即便是身为西岐丞相或周师三军主帅,也遭遇厄难

---

❶ 关于"飞熊",《武王伐纣平话》曰:西伯侯夜梦一虎胁生双翼,来至殿下,周公解梦谓"虎生双翼为飞熊",必得贤人。后来西伯侯果然在渭水之滨得遇姜太公。《封神演义》中,文王梦见"一只白额猛虎,胁生双翼,向帐中扑来",散宜生解梦说:"今主公梦虎生双翼者,乃熊也。"在这两部书中,解梦之人分别为周公旦和散宜生,他们不仅都以长有双翼的老虎为"飞熊",而且都将"飞熊"作为君主得贤的征兆。姜太公号"飞熊"或许源于此。

无数,亦不乏常人在超自然力面前的脆弱性。姜太公由神向人的回归,反映出太公神话的"没落"或太公形象的"祛魅",这未必不是一件好事。自清朝及至近世,借由《封神演义》和其他文艺形式的传播,太公神话故事几乎家喻户晓,经过长期的文化积淀,慢慢从最初的封建迷信向民间民俗转化。从姜太公形象沉浮的历史轨迹中,可以看出历史史实与神话传说间的格格不入。陡然掉入漩涡之中的太公形象及神话,便是如此回旋了约三千年之久,最终在《封神演义》里向生动活泼、有血有肉的"人"的形象还原。

在《封神演义》中,姜子牙一生多灾多难,但总能得到神仙帮助,逢凶化吉。他三次魂游昆仑起死回生,连破十绝阵、黄河阵、万仙阵等常人难以想象的恶阵,收服了哪吒、雷震子、杨戬等,克服了重重困难,排除了层层阻碍,终于推翻了殷商政权,完成了大业。之后,他张榜封神,为国牺牲者、与仙有缘者皆榜上有名,各得其所。唯有他自己一心向仙,最终却未能如愿,人们便同情地送他个"神上神"的虚名。

(四)反思回望

《封神演义》中的姜子牙尽管位居国师,掌封神大权,驱百万之师,又能号令诸神,但并没有人们想象中的那样神奇莫测和勇武高大,并没有因为是众神之长而被赋予无边的法力,没有过关斩将、所向披靡的神力。相反,小说中的姜太公仅仅是一位德高望重的军事首领,不仅对诸多旁门左道之术无能为力,而且几次险些丧命。可以说,如果没有众神的帮助,其东进目的绝难实现。由此可见,这仍然是一个活生生的人物形象,只不过与普通人相比,他在关键时候总能得到诸神的帮助,并能将神意传达给众人,成为沟通天人的关键人物。

除《封神演义》外,《诗经》、楚辞、汉赋、唐诗、宋词、元曲,及其他明清小说等不少文学作品都曾涉猎过姜太公这一题材,部分成语典故、俗语、歇后语及民间楹联也涉及姜太公之事。而且,当代电影、电视和动画片中也出现过姜太公的形象。姜太公直钩钓鱼的韬晦之智和列肆卖肉的隐逸风范,皆被赋予传奇色彩,深深地印刻在人们的心中。

回望来看,姜太公历史形象的神化、还原及其地位之迁变,整体上与道教在历史上的兴衰有较大的联系。尽管道教是中华大地上土生土长的宗教,具有很多天然优势,然而终归起步较晚,其宗教体系远不如佛教那么完备,也不如儒学的道统谱系那么清楚。于是,除了把老、庄的道家哲学拿来充实外,其教统、教义整体上呈现为按需拼凑、临时搭台的特征。而包括姜太公在内的与道教文化关系较密切的相关人物,也被迫随着道教地位的起伏而起落。

在科学技术不发达的古代,人们往往迷信不可捉摸的神秘力量,而姜太公在佐周灭商大计中常常利用自己的天文、地理、气象等方面的知识解难答疑，从而稳定了周人的军心、民心，也间接动摇了商军的凝聚力、向心力，这实际上可归为一种心理战和舆论战。但一些不了解内情真相的人便把他当成超越常人的异人。再加上后世的辗转创作和艺术加工，姜太公就变成了人们顶礼膜拜的"神"。于是，姜太公一分为三：历史文献中的姜太公被隐藏到了故纸堆中，文学艺术中的姜太公被搬上了荧屏和舞台，而民间信仰中的姜太公则被推上了令人肃然起敬的神坛。

第七章

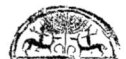

齐文化精粹撷珍·姜太公

历史影响和时代价值

姜太公生活于商末周初,对殷周之际的历史进程和时代变革产生了重要的影响,也是中国古代影响深远的杰出韬略家和军事家。后世对姜太公有"韬略鼻祖""兵家之宗""百代宗师"等赞誉,其军事思想影响深远,具有重要的时代价值。

一　历史中的思想回声

军事是推动历史发展和社会变革的重要动力之一。司马迁在论述周文王和姜太公合谋伐商之计时曾写道："周西伯昌之脱羑里归，与吕尚阴谋修德以倾商政，其事多兵权与奇计，故后世之言兵及周之阴权皆宗太公为本谋。"(《史记·齐太公世家》)此论不仅将姜太公视为伐商大业的总策划人，更是对姜太公在后世军事领域地位的极大肯定，视姜太公思想为先秦军事思想之渊薮。

（一）韬略传世

先秦时代，社会上弥漫着一种尚武进取的精神，兵家著述较多，留存至今的主要有《六韬》《三略》《孙子兵法》《司马法》《孙膑兵法》《吴子》《尉缭子》等，其中集大成者首推《孙子兵法》，但就战争权谋和军事思想的深广程度而言，非太公《六韬》莫属。可以说，包括《孙子兵法》在内的历代兵书，无不受其影响。在战国时期,《六韬》已经被当时的人们所推崇:"徐无鬼出,女商曰:'先生独何以说吾君乎?吾所以说吾君者,横说之则以《诗》《书》《礼》《乐》,从说则以《金板六弢》,奉事而大有功者不可为数,而吾君未尝启齿。今先生何以说吾君?使吾君说若此乎?'"(《庄子·徐无鬼》)文中所谓《金版六弢》,就是指《六韬》。可见早在先秦时期,《六韬》的学说和思想已被用来谏喻君王。当然,战国之后,人们所熟知的太公谋略思想,多出于"太公三书"。

　　历史上,直接受益于太公兵法并将之发扬光大的众多人物中,有大名鼎鼎的苏秦和张良。"头悬梁,锥刺股"的故事为大家所熟知,其中"锥刺股"的主人公就是苏秦。但大家可能不知道,他苦读的书籍就是"太公三书"之一的《太公阴符》。据《战国策》记载,苏秦少年离家,师从鬼谷子学习纵横术,学成后意气风发,把游说目标定为当时战国七雄中最强大的国家——秦国。苏秦本以为凭借自己的三寸不烂之舌,可以得到秦王的赏识,一展抱负。然而苏秦没想到,他初出茅庐,锋芒太露,过于激进,终因触怒秦国君臣,受尽折辱嘲弄,几乎丧命秦地。苏秦深受打击,但仍未心灰意冷,他立志奋发苦读,研学《太公阴符》,终于融会贯通。他再次出山后,凭借从《太公阴符》中学到的智谋,一鸣惊人,并成立了合纵反秦联盟,最终成就了佩挂六国相印的荣耀!后世评价道:"苏秦、张仪,智足以强国,勇足以威敌,一怒而诸侯惧,安居而天下息。万乘之主,莫不屈体卑辞,重币请交,此所谓天下名士也"(《盐铁论·褒贤》)从某种意义上说,假若没有《太公阴符》,或许就没有苏秦后来的辉煌成就。张良是"汉初三杰"之一,《史记·留侯世家》记载,张良遇圯上无名老人授其书,旦夕诵之,终成"帝师"。没错,张良所受之书正是《太公兵法》!张良出身豪门世家,是韩国国相张平的儿子。秦灭韩后,他曾试图刺杀秦始皇,然而计划不幸失败,被通缉追捕。❶他逃到江苏下邳(今江苏省睢宁县西北),隐居生活,伺机报仇。一日,张良在氾水边散步,遇到一位无名老者,得受奇书。据载,老者赠书时对张良说,读通此书,必成帝王之师,十年后必成大事。十三年后,你将在济北见到我,谷城山下的黄石就是我。张良打开一看,卷首赫然写着"太公兵法"四字。后来,张良学成出山,"运筹帷幄之中,决胜千里之外",不仅策划了"鸿门宴智救沛公""明修栈道,暗度陈仓"等精彩历史事件,还帮助刘邦建立了一个大一统的中央集权朝代——汉。此外,值得一提的是,在姜太公获封武成王之后,张良也因与《太公兵法》的上述渊源而有幸陪祀太公庙中,共享香火供奉和世人瞻仰。

  两千多年以来,以《六韬》为主的太公学说对后世军事思想产生了重大影响。宋代,《六韬》被列为《武经七书》之一,成为武将必读的兵书。《六韬》在中国军事学术史上具有较高地

---

❶ 秦始皇二十九年(前218),秦始皇东巡,巡游车队即将到达阳武县(今原阳县的东半部)。张良指挥大力士携带重一百二十斤的大铁椎,埋伏在秦始皇的必经之地——博浪沙。然而,大力士击中的只是副车,秦始皇幸免于难。秦始皇十分恼怒,下令全国缉捕刺客。古博浪沙因张良刺秦而闻名遐迩。

位，宋、明、清时期对《六韬》注释、校勘、集释、汇解和阐扬者不乏其人。据不完全统计，唐以来，这类著述有近百种之多，仅明代就达四十多种。《六韬》不仅直接影响了中国军事思想发展的历程，同时也流传到日本、朝鲜和越南等地，成为中华文明辐射影响异国文化的重要文献和典型学说之一。另据载，清乾隆三十七年（1772），法国神父约瑟夫·埃米欧（Père Joseph Amiot）挑选了几部中国兵法名著翻译成法文在巴黎迪多出版社出版，并取名曰《中国军事艺术》，其中就包括《六韬》，这是目前所知《六韬》传入欧洲的最早文字记录。自那以后，巴黎开始盛传来自东方的神奇兵法，足见《六韬》影响之深远广泛。

（二）泽被当代

对中国传统军事思想感兴趣的人们，可能会发现这样一个现象：从古代流传至今的兵家、兵学、兵略、兵法、兵书，大都有着"齐国"的印记。相传，《六韬》是姜太公所作，《司马法》的作者是齐国大将田穰苴，《孙子兵法》的作者孙武是齐国人，《孙膑兵法》的作者孙膑出仕于齐威王时期的齐国。再如，与齐国有不同程度关联的《晏子春秋》《管子》和《荀子》等书❶，

---

❶ 《晏子春秋》记载了齐国政治家晏婴的言行；《管子》是齐国稷下道家推尊管仲之作的集结；《荀子》由荀子及其弟子撰写或整理而成，荀子曾在齐国稷下游学，是稷下学宫的学术领袖，曾主持稷下学宫的学术活动。

皆有精彩的军事论述。齐国为何能够凝结出如此灿烂的军事文化成果？这当然不是得益于天意的眷顾，而是可以追溯到齐国始祖姜太公的精深谋略、辉煌战绩，以及他在齐国惠及后世的政治治理思路。一般而言，军事思想的发展和建构，需要务实进取的思想文化观念为土壤。可以说，正是在姜太公人格魅力和智慧谋略的双重影响下，才产生了崇尚实学、追求革新的齐文化，进而促进了齐国军事思想的不断发展。这也是姜太公在传统思想领域的巨大影响。

当代出土文献中也有太公兵法的踪迹。1972年，山东临沂银雀山发现了两座汉墓，从墓中出土了西汉文帝、景帝至武帝初期的《六韬》竹简。次年，河北定州西汉墓中又出土了一批被称为《太公》的竹简，其篇目均有编序，内容有的同今本《六韬》一致，有的则不见于今本，应属于逸文。经分析，银雀山竹简字体为早期隶书，不避汉帝之讳，如汉高祖刘邦的"邦"字、汉文帝刘恒的"恒"字等，因此其抄写年代应早于墓葬年代。定州八角廊40号汉墓，墓主人为中山怀王刘修。刘修死于公元前55年，那么定州简《六韬》的成书年代肯定早于此时；而且，定州简《六韬》不避汉文帝刘恒的"恒"字，也证明成书年代在汉文帝之前。这些新的出土文献资料，不仅为把握《六韬》在先秦两汉时期的传播提供了重要的参考，而且进一步推动了当代学术思想的发展和进步。

《六韬》广泛涉及政治、军事、战略、战术，以及队伍、人员、组织和装备建设等方面，内容全面、丰富、深刻，堪称先秦时期的"军事百科全书"。可以想见，以《六韬》为代表的太公思想，不仅为周初王室的安定与建设，以及齐国政权的缔造与强盛奠定了坚实的理论基础，而且对周代仁政德治的治理方略或许也有重要启迪意义。可以说，如果没有周公的文韬和姜太公的武略，作为"小邦"的周国是很难战胜"大国殷"的；即使有幸战胜了，也难以长治久安，更不要说创造出八百余年的政治和文明。此外，《六韬》所反映的太公思想不仅在中国古代军事思想史上具有开创意义，也为后世治理者和军事实践者提供了重要的理论参照和实践案例，其治理经验和军事思想至今仍发挥着重要的影响，是中国传统文化的重要组成部分。

姜太公军事思想的高明之处不仅在于奇计和谋略，而且在于其中所蕴含的政治理念、治国策略等。换言之，姜太公思想的整体理念并非就军事而谈军事，而是巧妙地将带兵与治国、政治与军事关联起来，以高瞻远瞩的政治家而非单纯的军事家的眼光来论述各领域之间的关系。比如，他将经国与治军作为一个整体加以看待，而且认为安民强国宜施行仁道、重教化，充分彰显了其思想理论的高明之处。

总之，《六韬》的内容博大精深，逻辑缜密严谨，在先秦乃至中国军事思想史上具有独特且突出的地位，是中华民族众多典籍中不可多得的宝贵思想遗产，值得新时代的人们加以研读并继承、创新。

二　新时代的价值永续

当前,伴随着传统文化复兴的浪潮,国人逐渐意识到中华优秀传统文化不仅是"中华民族的基因""民族文化血脉"和"中华民族的精神命脉",更是民族精神的源头。特别是那些根植于中华优秀传统文化中的价值观念,不仅为世界上所有华人提供了精神家园和价值寓所,使之找到了自己的文化渊源所在,也有力地增强了民族自信心、民族自豪感和民族凝聚力。

姜太公治齐,大大开拓了齐文化的广度,强化了齐文化的深度,也不断地激励着齐国人民追求智慧和真理。由此开始,齐国人民对先进的思想理念始终保持着求知热情和开放态度,一种"尚智尚贤"的传统在齐文化中逐渐确立了起来,对齐国后来的政治、经济、文化等方面产生了深刻的影响。

而战国时期齐国的稷下学宫充分体现了这种思想和精神。田齐桓公继承姜太公所倡导的尊贤遗风,在国都临淄城(今山东省淄博市临淄区)的稷门附近建起一座面向天下士子的学宫,凡有才学有建树者,皆可入宫讲论,一展风采。优异者由齐国官方出资聘任为卿席,并鼓励他们"不治而议论"(《史记·田完世家》)、"不任职而论国事"(《盐铁论·论儒》),以学者身份参与议论国家政治得失。尤为可贵的是,稷下学宫以完全自由开放的态度,欢迎具有不同学派背景、政治立场和思想观点的学人发表意见,不问国别、年龄、资历,只以学问分高下。这样一个开放、多元和自由的学术圣地,吸引了如孟子(孟轲)、淳于髡、驺子(驺衍)、田骈、慎子(慎到)、申子(申不害)、接子(曹姓,接氏,真名失考,"接子"是世人对他的尊称)、季真、涓子(环渊)、彭蒙、尹文子(尹文)、田巴、鲁连子(鲁仲连)、驺奭、荀子(荀况)等一大批先秦思想大家来此游学、讲论。特别是在战国中后期,稷下学宫可谓整个中国的思想文化交流中心,将先秦时代的"百家争鸣"推向高潮,在中国文化发展史上树起了一座学派林立、智慧激荡的时代丰碑。或许也只有齐国这种胸襟博大的文化传统,才能孕育出百川汇聚的稷下学风。

文化的开放和多元,为齐国带来了无限的发展潜力和机遇。进入春秋战国时期以后,周天子大权旁落,各诸侯国都可以根据自己的现实情况推行各自的政策。齐国在继承原有的自由、开放传统的基础上,更注重寒门士人在思想文化发展中的作用。与此同时,大力推广和扶持煮盐业、垦田种植等生产经营活动,经济实力逐步壮大。特别是从齐桓公称霸以来,齐国成为濒临大海、雄屹于东方的大国。

围绕姜太公其人其事所形成的太公文化,也印刻在中华优秀传统文化之中,助力了齐鲁文化的产生和发展。继承姜太公思想,传诵姜太公故事,弘扬姜太公文化,应该成为提升中华优秀传统文化事业的重要组成部分！从更深远的意义来看，由姜太公和齐文化入手，无疑有助于探索殷周之际中华传统文化转变的动因，亦有利于探索中华传统文化早期基因密码。此外，今天讲齐鲁文化、兵家文化，对认识中国古代军事理论及中华优秀传统文化具有重要的启示意义，同时也能唤醒人们精忠报国的尚武精神，强调爱国精神与国防意识，有很强的现实意义。在当代"实现中华优秀传统文化的创造性转化和创新性发展"的号召下，基于姜太公军事、政治、经济和人才管理等方面的治理理念或管理思想，日渐受到人们的重视，也充分展现了其光辉的思想价值和不朽的理论生命力。当前，继续传承、弘扬姜太公的优秀思想，挖掘其思想的宏旨奥义，吸取其思想的精华，对推动当代国防建设、社会治理和法治建设具有重要的借鉴意义。

新时代，中国式现代化赋予了文化"两创"新的重大责任、使命。在不少人看来，作为中华文明的重要发祥地之一，山东历史文化底蕴深厚，革命文化波澜壮阔，社会主义先进文化精彩纷呈，齐鲁文脉的赓续与中华文脉的形成、发展始终紧密相连、同向前行。山东是人文沃土，历史文脉源远流长，学术思想根深叶茂，圣贤名哲人才辈出，古籍典藏丰富厚重，遗存遗址广泛众多，红色文化资源富集，民俗文化丰富多彩，文化标识鲜明突出，道德积淀引领新风，海外人文覆盖广泛。脚踏这方人文沃土，"如何在推进中国式现代化中谱写文化山东的新篇章"是一个必须做好的重大时代课题。近年来，山东聚焦打造文化"两创"新标杆，在中华优秀传统文化研究阐释、交流互鉴、空间展示、涵育时代新人、赋能文化发展、全方位传播、人才引育等方面聚力突破，推动文化"两创"全面起势。如今，我们重新检视姜太公思想，即是对上述时代课题的回应与探索之一。沿着这一思路继续前进，不断累积成势，为铸就新时代文化辉煌贡献山东力量！这对于继承中华优秀传统文化，实现其创造性转化和创新性发展当大有裨益，这也是本书写作的初心所在！

山东省社科理论重点研究基地
齐文化研究基地重点项目

齐文化精粹撷珍

王志民 主编
巩曰国 张灿贤 副主编

管仲

耿振东 著

山东文艺出版社

图书在版编目（CIP）数据

管仲 / 王志民主编 ; 巩曰国, 张灿贤副主编 ; 耿振东著. -- 济南 : 山东文艺出版社, 2025. 5. -- (齐文化精粹撷珍). -- ISBN 978-7-5329-7354-5

Ⅰ. D092.25

中国国家版本馆CIP数据核字第20250D1X92号

《齐文化精粹撷珍》编委会

主　编　王志民

副主编　巩曰国　张灿贤

成　员（按姓氏笔画排序）

　　　　　白　奚　邱文山　战化军　贺志红

　　　　　耿芳朝　耿振东　阎盛国

《齐文化精粹撷珍》序

在源远流长、辉煌灿烂的中华优秀传统文化中，齐文化有着独特的价值内涵和历史贡献。为深入贯彻中共中央办公厅、国务院办公厅《关于实施中华优秀传统文化传承发展工程的意见》等文件精神，立足齐文化，做好对优秀传统文化的创造性转化、创新性发展，近几年来，山东理工大学齐文化研究院在上级有关部门和学校鼎力支持下，开展了齐文化系列研究项目，《稷下学宫与柏拉图学园比较研究论集》《齐文化大辞典》《诸子百家普及丛书》《文化淄博丛书》以及大型文献著作集成《齐书》等相继完成并出版发行，旨在通过系列项目，对齐文化的丰富内涵和当代价值进行深入挖掘和系统阐释，充分理解、把握齐文化精髓，更好地传承、弘扬中华优秀传统文化。《齐文化精粹撷珍》作为系列项目之一，集学术性与通俗性于一体，自2020年论证设计，

2021年正式启动，历时三年，几易其稿，即将与读者见面。

齐文化内容丰富，一套丛书难以包罗万象，《齐文化精粹撷珍》精选了能集中反映齐文化核心内容，又适宜于普及传播的五个重点选题，分别是姜太公、管仲、晏婴、齐兵学、稷下学宫，每题一册，每册十万字左右，以学术价值高、可读性强、让广大群众"喜闻乐读"为目标。姜太公为齐国开国君主，也是齐文化的奠基人，是中国历史上一位被神化的、家喻户晓的人物，集政治家、军事家、思想家于一身。《史记·齐太公世家》："太公至国，修政，因其俗，简其礼，通商工之业，便鱼盐之利。而人民多归齐，齐为大国。"齐国后来的强大离不开姜太公的开国立策之功。被梁启超誉为"中国之最大政治家"的齐国名相管仲，辅佐春秋首霸齐桓公"九合诸侯，一匡天下"。孔子说："微管仲，吾其被发左衽矣。"国强民富，尊王攘夷，管仲之功也。齐国另一位著名政治家晏婴也是中国历史上贤相的代表，与管仲齐名，世称"管晏"。晏婴提出"和而不同""以民为本"的思想，且具备直言极谏、勤俭节约、关心民生疾苦等官德善行，成为后世的榜样，司马迁在《史记·管晏列传》中说："假令晏子而在，余虽为之执鞭，所忻慕焉。"兵学理论家、实践家汇集，兵学著作闻名天下的齐兵学，是齐文化宝库中的重要部分。姜太公、司马穰苴、孙武、孙膑等兵学大家，演绎出齐人非凡的军事智慧；《六韬》《司马法》《孙子兵法》《孙膑兵法》等兵学著作，对后世军事、经济、文化等都产生了深远的影响，《孙子兵法》至今

仍是享誉世界的军事哲学名著。稷下学宫作为存在时间最长、规模最大的战国诸子百家争鸣的学术中心，既是当时师生众多、大师云集的高等学府，也是齐国议政的高级咨询机构，兼有学术性、政治性，对后世产生了深远的影响。郭沫若认为，稷下学宫的设置在中国文化史上具有划时代的意义。

本套丛书由齐文化研究院名誉院长、教育部重大攻关招标项目"稷下学派文献整理与数据库建设研究"首席专家王志民教授担任主编，负责整体规划、组织编写及统稿、定稿等工作；巩曰国、张灿贤两位副主编自始至终参与组织了丛书的各项工作。《稷下学宫》由首都师范大学资深教授白奚先生扶笔完成，《齐兵学》由山东师范大学齐鲁文化研究院阎盛国教授完成，《晏婴》由山东理工大学战化军教授完成，《管仲》由《管子学刊》主编耿振东教授完成，《姜太公》由山东理工大学齐文化研究院耿芳朝副教授、邱文山教授完成。丛书统一编写体例和撰写要求，召开专题研讨会十余次，全体编委会人员通力合作，对编写提纲、书稿等进行了深入详尽的讨论修改。山东文艺出版社对丛书的编写、统稿、定稿、出版给予了积极支持与帮助，使丛书得以顺利出版。我们衷心希望丛书能发挥其价值，对传播中华优秀传统文化起到应有的作用。

编者
2024 年 12 月

目 录

齐文化精粹撷珍·管仲

| 《齐文化精粹撷珍》序 | 001 |

| 导言 | 001 |

第一章 时代背景	005
一 春秋形势	007
二 齐国形势	013

第二章 管仲生平	017
一 家族背景	019
二 贵族身份	021
三 早年经历	022
四 箭射小白	025
五 从囚徒到拜相	031

第三章	**成就霸业（上）**	039
	一　内政外交改革	041
	二　称霸诸侯	052
第四章	**成就霸业（中）**	069
	一　攘逐四夷，守护霸业	071
	二　立德尊王，霸业巅峰	084
第五章	**成就霸业（下）**	093
	一　晚年平戎	095
	二　辞上卿之礼	097
	三　管仲、齐桓之死	098
	四　五公子争位	100
	五　霸业影响	102
第六章	**琐闻趣事**	107
	一　宽容、劝谏	109
	二　"专权"、荐贤	113
	三　谦虚请教，为政自责	116
	四　百姓是天，社鼠是患	120
	五　博闻多识	121
	六　足智多谋	124

第七章 管仲与《管子》 129
    一 《管子》作者 131
    二 《管子》流传 133
    三 哲学思想 137
    四 政法思想 140
    五 军事思想 143
    六 消费思想 145
    七 财政思想 147

第八章 历代评价 165
    一 秦以前 167
    二 汉至唐 171
    三 宋代 173
    四 元明时期 177
    五 清及民国 182

第九章 时代价值 185
    一 改革、爱国与民族守护 187
    二 礼、义、廉、耻四维论 191

导　言

齐文化精粹撷珍·**管仲**

管仲是两千多年前华夏文明的捍卫者，倡导中华大一统思想的先驱；是中国古代成就卓著的改革家，被梁启超誉为"中国之最大政治家"；是法家思想的奠基者，开创了我国以法治国的历史传统。

明代著名文学家王世贞曾作《白字会》歌颂管仲，说他带领"东方千骑""雷奔电击"，"斧钺行边，楼船横海"，九次会合春秋诸侯，帮助周天子扶危室、肃纲纪，是世间的一位"真男子"。这位"真男子"，被孔子称为具有仁爱之心的人："桓公九合诸侯，不以兵车，管仲之力也。如其仁！如其仁！"

管仲审时度势，奋力改革。他"不慕古，不留今，与时变，与俗化"，不仅使齐国国强民富，还使齐桓公成就霸业。内政方面，尊贤尚德，整顿朝政，三国五鄙，寓兵于农；礼法并用，敬民守时，均地分力，发展工商；总揽盐铁，统营铸币，以工代赈，利出一孔。外交方面，尊周室，攘夷狄，一文一武，服近攻远；亲邻国，致诚信，迁邢安卫，公心天下。在诸侯林立的春秋时期，他辅佐齐桓公"大国小之，曲国正之，强国弱之，重国轻之"，成为那个时代的灵魂人物。

战国时期的韩非子认为管仲使国家安定富强，是一位难得的"忠臣"。西汉司马迁赞誉管仲"令顺民心"，深谙为政之道。北宋苏轼肯定管仲出色的政治业绩，称赞其德礼外交为"盛德之事"。南宋叶适感叹唐虞三代之道久已不传，却意外保留在管仲成就功业的经世思想之中。至清代，何纶锦把孔子修《春秋》的原因与管仲联系起来，认为尊周室、诛伐乱臣贼子的管仲为历史提供了正面榜样，设若没有管仲，则孔子必不撰述《春秋》。

尤其值得注意的是，管仲还成为后人建功立业的偶像。三国时期的诸葛亮一心匡复汉室，于是把自己比作管仲。东晋时，王导有治世之才，桓彝、温峤也把他比作管仲。两宋时期，金兵入青城而北宋亡，元兵至皋亭而南宋亡，遂有人慨叹："嗟乎，使汴宋之末有管子，则无青城之辱；理、度之朝有管子，必无皋亭之祸！"到了明代，土木堡丧师，英宗被俘；庚戌之变，朝臣畏敌坐守京城，以致鞑靼军在城外烧杀掳掠。于是，王世贞盼望管仲再现于当世："今安得起仲而将相其才，使之南治岛，北却敌。"19世纪中叶以后，西方列强采用经济、文化、军事侵略的方式，妄图把中国变为殖民地。中国士大夫再一次把中华崛起的愿望寄托在管仲身上:"今之天下,邪说流行之天下也。安有管子之才出,横扫斯世,荡清宇内,卧榻之侧,不容他人鼾睡。将使天下一家,中国一人,四夷宾服,重泽来朝。于是,孔孟之道尊,而尧舜三代之隆不难再见于今日矣。"

管仲代表的不仅仅是一段辉煌的历史记忆,更能给予我们自强不息、拼搏进取的内在动力。两千六百年前的他,已经凝化为中华民族的精神标识之一。

让我们走近管仲,认识管仲。

第一章

齐文化精粹撷珍·管仲

时代背景

一 春秋形势

西周政权经常受到西北边境戎狄族的威胁与入侵。周宣王时，戎狄对周室的入侵更加频繁。西周政权虽积极筑城备战，却仅能阻止对方深入，并没有能力完全击退戎狄。在多次战争中，双方互有胜败，而周王室处于下风。

周宣王之子幽王宠爱第二任王后褒姒，想把原太子宜臼杀掉，立褒姒的儿子为太子。这令宜臼的母亲非常不满。公元前771年，宜臼的母亲借助父亲申侯的力量勾结犬戎人，让犬戎人进攻周王室，最终把幽王杀死在骊山之下。西周王朝世代积累的财物宝器，多被犬戎抢走，西周灭亡。太子宜臼倚靠申、郑、秦、晋等诸侯的援助，迁都洛邑，于公元前770年建立东周王朝。太子宜臼就是历史上的周平王。东周王朝虽然建立，但其综合实力骤然下降，无法与西周相比，仅相当于一个中等的诸侯国。

平王东迁，是中国历史上的一个重大事件。从此，王室衰微，诸侯坐大。封建的领主制开始崩溃，封建的地主制逐渐建立，"礼乐征伐自天子出"让位于"礼乐征伐自诸侯出",列国纷争、竞相争霸的时代开始了。

(一)王室内乱不已

平王即位,申侯立了很大的功劳,这引起虢公的嫉妒与不满。虢公又立王子余臣为王,是为周携王。这样,周王室出现了平王、携王二王并立的局面,王室政权一分为二,人心不齐,号令不一。公元前750年,晋侯杀携王,周政权归于统一。公元前694年,周公黑肩谋杀周庄王,想拥立王子克为王,不料,被大夫辛伯告发。庄王杀死周公黑肩,王子克逃往燕国避难。公元前675年,周王室又发生内乱。边伯等五大夫欲立王子颓为王,并讨伐周惠王,结果失败。他们又调用卫师、南燕师征伐惠王,迫使惠王出奔,并在王城拥立王子颓为王。郑厉公出面调解王室纠纷,没有成功,于是逮捕了南燕国君,并将惠王迎到了郑国。在郑国的帮助下,惠王不但平息内乱,复国复位,还杀死王子颓及作乱的五大夫。

周王室内乱远未结束。公元前520年,周景王去世后,大夫单旗等执掌朝廷大权,立景王长子猛为王。景王庶子王子朝心有不满,于是率众作乱,与长子猛争位。长子猛失败后,虽逃出都城,但终为王子朝所杀。此时,晋国率军攻击王子朝,并拥立王子匄,这便是周敬王。敬王在晋国的帮助下,一度击败王子朝,可是王子朝卷土重来，又入居王城。敬王无奈，只好居于王城之东的狄泉，人称东王；王子朝居于王城，人称西王。周王室政权的分裂局面又一次出现。最后，敬王在晋国的帮助下，讨伐王子朝并取得成功。王子朝失败后，带着周王室的典籍逃亡到楚国，敬王重又入居都城洛邑。不过，此时的朝政大权落入单、刘二公手中。刘氏亡后，单氏取周，号令天下。

（二）王室版图缩小

内乱不已，只是周王室衰微的一个表现。周王室衰微的另一个表现，是王室版图日益缩小。平王东迁时，秦襄公曾出兵护送平王，并征战戎狄。因襄公勤王有功，被平王列为诸侯。于是，岐以西的广大地带和周室余民尽归秦所有。此外，周王还把原周室拥有的虎牢以东的大片土地赐给郑武公，后又将温原等十二邑赐给晋文公。东周初期，周王室直接管辖的土地约有方圆六百里，还可以稍体面地在诸侯中占有一定的地位。但在屡次分封功臣后，所辖土地接二连三地拱手让给他人，加上周边的戎夷族不时侵扰，周室版图越来越萎缩，以至从大小上看，仅仅相当于一个中下等的诸侯国：向东达不到虎牢之地，向西达不到崤山与函谷关，向北仅至黄河，向南仅抵伊、汝二水，其管辖面积不过方圆一二百里的样子。土地狭小，人口自然也锐减，财政赋税来源也失去了保障，周王室之困窘可想而知。

（三）王室地位降低

周王室衰微还有一个表现，那就是天子已经没有了西周时期至上至尊的威严和信誉，在诸侯面前的地位明显降低，有损于天下共主颜面的事件频频发生。

公元前743年，郑庄公即位，他联合齐、鲁攻打不听从天子指挥的宋、卫，打败戎狄，在稳定东周政权的过程中起到重要作用，但也因此飞扬跋扈，桀骜不驯，经常不在朝中任职理政。周平王对此非常不满，打算把庄公的权力分出一些给虢公，以此压制郑庄公。郑庄公很不高兴，就当面质问平王，显然没把平王放在眼里。平王惧怕庄公，担心他在朝中闹事，于是极力否认此事。庄公咄咄逼人，引起平王恐惧。无奈之下，平王只得与郑国互换双方太子作为人质以取信庄公，史称"周郑交质"。公元前719年，周桓王即位后，因郑庄公在王朝内势力颇大，桓王仍然打算让虢公分庄公之权。这次，庄公恼羞成怒，派祭仲带领军队将周王室温邑的小麦割去，又将洛阳之禾割走。公元前718年，晋国小宗曲沃庄伯在周王室的支持下讨伐晋国大宗翼侯，取得胜利后竟反叛周王室。公元前714年，宋殇公故意不朝觐周王，不上缴贡品，也不把国内发生的大事上报周王，表现出对周王极不尊重的态度。周王室被迫出师讨伐。公元前711年，郑庄公与鲁桓公未经周桓王批准，擅自交换郑国、鲁国的祊田与许田。公元前707年，周桓王免去郑庄公左卿士之职，郑庄公便不再入朝拜见。

同年秋天，周桓王亲自率领王室军队并联合蔡、卫、陈三国讨伐郑国。结果，郑庄公大败周室联军，郑国将领祝聃还用弓箭射中了周桓王的肩膀。经过这一场周室联军和郑国之间的战争，周天子天下共主的地位丧失殆尽，各诸侯再也不把周王放在眼里，而郑庄公也因此在春秋初期小霸于诸侯。

（四）诸侯相互征伐

周王室衰落，给各诸侯国之间的团结和睦带来负面影响。当周天子是公认的天下共主时，各诸侯国以周天子为核心，在共同拥戴周天子中相互认可、相互友好。随着周王室式微，各诸侯国之间越来越缺少凝聚力，国与国之间的关系也越来越趋于敌对而不是友好。因此，彼此之间互动干戈成为常态。他们以大犯小，以强凌弱，拉开诸侯间征伐兼并的帷幕。据史料记载，春秋初期至少有一百四十多个诸侯国，但到了春秋中期，已有五十二个诸侯国在战争中灭亡，因各种原因出逃而仅保全性命的诸侯更是不计其数。还有一种说法，当时的齐国吞并了三十五个国家；晋国吞并了十七个国家，征服了三十八个国家；楚国吞并了二十六个国家，拓展了三千里的疆域；秦国吞并了十二个国家，拓展了一千里的疆域。这样，最后只剩下了鲁、齐、晋、秦、楚、宋、鲁、卫、陈、蔡、曹、郑、燕、吴、越等十几个实力较强的诸侯国。而此时的周王室更是失去了昔日的荣耀与地位，在困窘之中经常向其他诸侯国求赙（丧葬的财物）、求金、求车，并且还被迫像其他小诸侯国一样应召入盟。

（五）戎狄入侵不止

王室衰微，诸侯间攻伐不已，给四边的夷戎蛮狄以可乘之机。犬戎灭西周后，曾经是政治经济中心的都城镐京渐趋荒凉破败。平王东迁建都洛邑后，戎狄趁机向东南扩张。他们以陕西、山西为根据地，一度将势力扩张到河南、河北、山东等地。他们不停地骚扰并入侵华夏各诸侯国。公元前714年，北戎侵郑。公元前706年，北戎伐齐。公元前676年，戎族侵鲁。公元前664年，山戎侵燕。鲁闵公、鲁僖公之世，狄族灭温、入卫、伐邢、伐齐、伐鲁、伐郑、伐晋。南方的楚国在这个时候也扬扬自得地说，中原各诸侯国现在各自为政，相互侵伐，正是地处蛮夷之地的楚国大显身手的时候，表现出对各诸侯国的蔑视态度和随时入侵的心态。

经过七八十年的诸侯争战，小国或灭或亡，剩下的十几个活跃的诸侯国，没有哪一个可以号令其他各国，也没有团结合作、共同抵御四边夷狄戎蛮入侵的意愿。此时的周王室虽然还在，但已经没有能力号召大家，失去向心力与凝聚力的中原诸侯各自为政，一盘散沙。这对于各诸侯国的政治安全、社会进步、经济发展、文化交流，都是极为不利的。

以上历史背景,被《说苑·尊贤》如实地描述:"春秋之时,天子微弱,诸侯力政,皆叛不朝。众暴寡,强劫弱,南夷与北狄交侵,中国之不绝若线。"

二 齐国形势

(一)庄、僖小霸

西周、春秋之交,齐国的疆域大约是东到海,南到穆陵关与泰山,西到古黄河及今运河之西,北到冀鲁交界一带,绵延三五百里。与其他诸侯国相比,除了略小于楚国和晋国外,比当时的秦、燕、鲁、卫、郑都大一点。

春秋初期,齐国的第一位君主是齐庄公。齐庄公在西周宣王时即位,至东周平王四十年去世,在位时间长达六十四年。这六十多年里,他延续姜太公的治国方针,人民休养生息,国内安定。

庄公去世后,齐僖公即位。当时,齐国是一个比较活跃的国家,外交政策也极为灵活。齐僖公主动结交郑庄公,并与郑国结成盟国关系。两国结盟,对齐国很有帮助。齐僖公看清形势,主动出面,不但化解了郑国与宋国、卫国过去的矛盾,还撮合他们订立友好盟约。这使郑庄公很感动。公元前715年,郑庄公带着齐僖公朝觐了周桓王。这年冬天,齐僖公派人向鲁国报告宋、卫、郑三国弃怨修好这件事,鲁隐公说,使三个国家放弃旧怨,给他们的百姓带去福祉,这是您的功德啊!

由于宋、卫、许三国不遵奉王命,齐、鲁、郑共同出兵征伐。战后,齐僖公主动把许国的土地让给鲁国,但被鲁隐公推辞了。齐僖公又准备把许国的土地转让给郑国,但郑庄公看到许国国君承认过错,便赦免了许国,没有把许国土地据为己有。齐僖公的想法虽然最终没有实现,但在此期间,他出尽风头。

公元前707年,郑国在繻葛之战中大败周王室联军,各诸侯对王室的态度更加傲慢无礼。公元前705年,郑国鼓动齐僖公、卫宣公共同讨伐倒向周王室的盟、向二城邑,最后迫使周王室把盟、向之地的人民迁到郑。公元前701年,郑国与卫、宋二国产生纠纷,齐国再次出面调停,并与这三个国家会盟。会盟期间,还针对诸侯间政治秩序进行了磋商。

齐庄公、齐僖公是春秋时期齐国历史上两位出色的国君,史书上称:"齐庄、僖于是乎小伯。"

(二)齐襄公乱政

公元前698年,齐僖公卒,齐襄公即位。齐襄公穷兵黩武,四面树敌。史载,襄公六年(前692),齐攻取纪国邢、鄑、郚三邑,七年伐卫,八年灭纪,九年又伐卫,十二年灭郱。尽管襄公主政下的齐国在外交舞台上突然活跃起来,似乎显示出齐国"大国""强国"的地位,但仅仅依靠武力,不得人心,以致民怨沸腾。《国语·齐语》说,襄公修筑高台以显示自己无比尊荣,成天打猎游乐,根本不处理国家政事。他藐视圣贤,侮辱文士,只重女色。宫中有九妃六嫔、姬妾数百。他吃饭一定是精米鱼肉,穿着一定是彩衣绣服。将士们物资不足,整天挨冻受饿。游玩的车子破损后才用作军车,侍妾吃剩下的粮食才发给士兵。他亲近那些唱歌逗乐的倡优,却把贤德的人才抛在一边。齐襄公在位十二年,最后死于宫廷政变。之后,策划政变的公孙无知即位。无知为人残暴,即位后不久,就被渠丘大夫雍廪杀死。齐国没有了君主,国内乱作一团。

梁启超在《管子评传》中不无感慨地说:"呜呼,时势造英雄,岂不然哉?夫之为一世产大人物,往往产之于最腐败之时代,最危乱之国土。盖非是则不足以磨练其人格,而发表其光芒也。当是时也,齐国之去亡仅一发,虽然,非是安足以见管子?"❶ 正是这样的天下情势与齐国形势,才孕育出伟大的政治家——管仲。

---

❶ 梁启超《饮冰室合集》(专集之二十八),中华书局1989年版,第6页。

第二章

齐文化精粹撷珍·管仲

管仲生平

一　家族背景

（一）管仲"姬"姓

在现代人看来，管仲应该姓"管"。实际上，管仲姓"姬"，"管"是他的先祖姬鲜的封地名。周武王推翻商王朝的统治后，把他的弟弟姬鲜分封到了管。管，在今天的河南管城附近。姬鲜在管地立国后，就以"管"为氏，于是，姬鲜也叫管鲜，也就是史书上的管叔鲜。"叔"，表明他排行第三。在中国的姓氏文化中，姓和氏是两个不同的概念。一般认为，"姓"可以追溯到母系氏族社会。人们按母系血缘分成若干氏族，每个氏族都以图腾或居住地形成互相区别的族号，这个族号就是"姓"。"氏"的产生要晚一些。随着人口逐渐增多，同一母系血统的氏族子孙，又分为若干支族，迁往不同的地方生活。每个支族都有一个区别于其他支族的称号，这就是"氏"。有多少个支族，就有多少个氏。姓代表母系血统，氏代表氏族分支。姓是不变的，氏是可以

变化的。姓用来区别血统,氏用来区别子孙。大约从秦汉时起,姓、氏不再严格区分,并且同一个姓氏一般会延续下去。❶

(二)族人叛乱迁徙

管叔鲜在管地建立管国后,他的族人本应该在这里长期生存繁衍下去。可他在建国后不久,伙同他人起兵反抗周公姬旦的统治。结果,兵败后被周公杀死。管国从此销声匿迹。管叔鲜的族人迫于严峻的政治形势,害怕受到牵连,于是向其他地方迁徙。

管叔鲜的族人迁徙到的地方,就是管仲的祖辈们世代生活的地方,也可以说是管仲的故里。司马迁《史记》记载,这个地方叫作"颍上"。西汉王朝建立后,曾在全国各地设立"县"这个地域管理的行政单位,但没有"颍上"这个名字。"颍上"成为县一级的地域名称,是隋代的事情。所以,司马迁说的"颍上",是秦或秦之前存在的某个地方的名字。我们结合《左传》等古代典籍推测,"颍上"大致在今河南禹州、临颍之间颍水流经的区域。

后来,管仲的先人又从颍上来到了齐国,此后一直在齐国生活。

---

❶ 参见程裕祯《中国文化要略》(第3版),外语教学与研究出版社2011年版,第56—57页。

二　贵族身份

管仲的先祖管叔鲜因反叛被诛杀，他的族人虽四处流浪，但仍然延续着祖辈留传下来的贵族头衔，享用着一般人没有的贵族名号。在西周至春秋时期，有无贵族名号，不仅决定着能否接受国家的教育，也决定着是否有资格踏上仕途，甚至决定着是否有资格成为一名兵士。而管仲此时家族虽已衰落，却依然拥有实现这些特权的身份、地位。

周代的国家教育只对贵族阶层开放，当时的学校是培养教育贵胄子弟的地方。学校的教学内容称"六艺"。其中，礼是各种典章制度及各种交往的礼仪；乐是音乐，包括乐器演奏、演唱、音乐欣赏等；射是弓箭使用技能；御是兵车驾驭技术；书是文献典籍；数是算术计算。这些都是管仲熟知并运用自如的。

当时有一个叫管至父的人，是齐国的大夫，曾被齐襄公指派去戍守边境。可以推知，管氏族人在齐国拥有一定的地位。但管仲和管至父之间似乎并无交往，可知管氏家族从颍上来到齐国定居已经有很长的时间。而管仲这一氏族支系已经是相当衰败了。

管仲出生于哪一年，文献中没有记载。公元前698年，齐僖公把公子纠托付给管仲，让管仲保护他、教育他。显然，当时的管仲已经跻身统治者阶层，并在各方面表现成熟，赢得了僖公的信任。一般来讲，到这个阶段，年龄至少在二十五岁至三十岁之间。可以推算，管仲大概出生于公元前728年到公元前723年之间。关于卒年，文献中虽有记载，但相互抵牾。根据相关资料推算，他大约卒于公元前645年。这样，管仲大约活了八十岁。

三　早年经历

（一）经商

战国末年，秦国的谋士姚贾在谈到管仲时，说他是"鄙人之贾人""南阳之弊幽"。西汉末年的学者刘向说管仲曾"负贩于南阳"。从这些零星的资料可以推知，管仲年轻时是一个小商贩。"贾"就是经商的意思。又因为他经常"负贩"，即常常背着货物四处游走，可知作为商人的管仲，每次交易的货物不多，全扛在自己的肩膀和后背上。也就是说，管仲仅仅是做了一些小生意。那么，他在哪里做生意呢？在南阳。姚贾说管仲做生意常和"鄙人"打交道。"鄙人"，就是乡下人、村里人。看来，管仲是一个游走于社会底层的商人。可以想象，在做生意的这段时间，他对底层民众的生活和生存状态是十分熟悉的。姚贾又说管仲是"弊幽"。"弊"，就是困顿、拮据；"幽"，就是不显赫。所以，管仲做生意实际上没赚到多少钱，商业上不怎么成功，默默无闻。此外，刘向还提到管仲做生意曾"三辱于市"。"辱"，就是遭受到了别人的欺负、侮辱。管仲多次受到别人的欺辱，可是他从不据理力争，表现得非常胆小怯懦。

（二）从军

据《史记》记载，管仲曾多次上战场，但每逢两军展开激烈的争斗时，他很少冲锋在前。相反，他经常躲在军队的后面，避开和敌人正面交战，甚至有好几次无心应战，一走了之。这样的作风，不被上级问责并加以惩罚已经很幸运了。至于赏赐、提拔、重用，就不用妄想了。或许因为他在战场上表现不佳，后来被派去喂养战马。这个差事，他可能干得不错。他在谈到如何修筑马栈时，说自己总是挑选笔直的木头，一根根捆绑起来，把马栈修得既坚固又漂亮。

（三）初仕

孔子的学生子路在谈到管仲时，说他曾游说过齐襄公。可根据其他典籍的记载，齐襄公在位的时候，管仲已经和齐襄公的弟弟公子纠逃到鲁国去了，这时候似乎不可能再去游说襄公。所以，我们推断管仲游说襄公，可能是在襄公即位之前。大概一个偶然的机会,管仲遇到了做太子时的齐襄公,他抓住这个机会试图接近襄公。可惜的是,"说襄公,襄公不悦",他不但没有成功,还惹得襄公不高兴。但管仲不甘心失败。《史记》记载,管仲曾辗转各地,多次游说各国的诸侯,一心想借发表政见的方式,谋取从政的机会。可是,他"三仕三见逐于君",多次尝试却多次遭受诸侯的冷落,以至被驱逐。

管仲的这三段人生经历,走向一个共同的失败的结局。史书记载,管仲的家境一天不比一天。

(四)磨炼与等待

穷愁、落拓,是管仲早年生活的真实描述。在当时的人们看来,他是可有可无的小人物。战国时期,齐国邹衍在谈到早年的管仲时,说他是"成阴之狗盗也,天下之庸夫也"。"狗盗"这个词用在这里,大概是说管仲没有大的本领,只是有些微不足道的小技能,并没有表现出过人的才干。因而,他只是一个标准的常人、庸人。

想到政治家管仲的光鲜、荣耀,他早年的落魄,让我们有一些惊诧和困惑。这前后的差距真是太大了。冷静下来作一番思索,又觉得这一切未尝不在情理之中。事实上,不管历史,还是人生,它的展开都不是那么单纯和顺畅的。光鲜的前面有黯淡,荣耀的背后是阴霾。此外,我们也必须看到,这些记载只是非常表层的直白罗列，管仲深邃隐忍的内在心理、他的情意心志，还没有探究。管仲强大的心理、坚忍的意志、深远的思虑，在他早年的坎坷经历中没有获得表现的机会，众多的优良品质暂时处于受压抑的状态。

四　箭射小白

（一）说"傅"

《左传》记载，公元前686年，由于齐襄公荒淫残虐，齐国出现动乱，于是管仲奉公子纠投奔鲁国。"奉"，就是扶助、跟随、侍奉的意思。《史记·齐太公世家》的说法与《左传》大同小异：齐襄公荒淫无道，杀死鲁桓公，欺凌臣民。襄公弟公子纠担心殃及自己，于是投奔鲁国，管仲"傅之"。"傅"，就是辅助、教导的意思。此外，《史记·管晏列传》中也提到"管仲事公子纠"。"事"是侍奉的意思。看来管仲跟随、侍奉公子纠，在某种意义上也担当着教导公子纠的师长的角色。但史书都没有记载管仲入仕的确切时间。至于他通过什么方式结识公子纠或者齐僖公，或者其他要员，并成为公子纠的家傅，更无从知晓了。

（二）管仲、鲍叔、召忽三人为"傅"

齐僖公有三子。太子继承齐侯之位，即齐襄公；次子及幼子分别是公子纠和公子小白。根据《管子》的记载，齐僖公生前已确定了次子和幼子的家傅人选：管仲、召忽二人傅公子纠，鲍叔牙傅公子小白。僖公这样做，主要是为了齐国政权的安全。万一齐襄公在位有什么不测，为了延续齐国政权，次子和幼子在家傅的帮助下，随时可以执政。

本来，受到僖公亲自委任，是一件令人鼓舞兴奋的事情。鲍叔牙却想借口身体原因，委婉拒绝僖公的重托。他对管仲和召忽说，公子小白年龄最小。有机会继承齐国国君之位的，先是长子，再次子，最后才能轮到小白。君主让我傅小白，这不是认为我没有能力吗？召忽说，你如果不想做小白的家傅，就躲在家里。我在国君面前说，鲍叔牙快要病死了，这样一定能免去这份差事。管仲听了不以为然，说，我们既受国君委任，就应该受命不辞。况且，将来继位的还不知是哪位公子呢？现在，太子虽是首位候选人，但他行为卑劣，不见得能坐稳国君之位。次子纠的母亲在国内名声不好，纠受到牵连，形势对他不利。幼子小白很早就失去母亲，大家都觉得他可怜。他虽然性格急躁，但却从不耍小聪明，为人坦诚且深谋远虑。所以，你一定不能退缩！能够使齐国安定的，除了小白和你，又会是什么人呢？

历史刚刚给管仲一个试镜的机会，舞台上便有了不同于他人的鲜活形象：识大义，顾大体，洞察局势。

召忽也是一位值得敬仰的忠贞之士，他慷慨陈词：国君把公子纠托付给我，我就要努力完成自己的使命。公子纠是最有希望登上齐国君主之位的人，一旦我们当朝的国君驾崩，就是公子纠登上君位之日。如果被别人夺走公子纠的君位，那就是我的过错啊！受命却没有成命，我不会在他人的政权下苟活下去。受令不改，傅君不废，这是我们义不容辞的职责。

但管仲的格局显然要宽广得多，他对召忽说，你说的固然有道理，可我认为，作为臣子，从君主那里接受重任与嘱托，与其说旨在效命于国君一人，倒不如说是为了整个国家的安定与发展、万千民众的生息繁衍。在我眼里，只有在国家沦陷、宗庙灭绝以致无人祭祀先人这种情况下，才值得付出生命。如果不是这三种情况，我就要坚强地活下去。活下去的目的，是为了找机会让齐国复生。只有活着，才可能为国家做点事情。若是死了，想为齐国做贡献又如何可能呢？

在一旁的鲍叔牙听了管仲的话，顿时精神振奋，仿佛看到了新的希望，问道，照你这么说，我应该怎么办呢？管仲说，你应该接受国君的任命，同时尽心竭力地保护、拥戴、教导公子小白。你这样做了，公子小白就会信任你；否则，你说话就没有分量。那样的话，国家恐怕就很难安定了！鲍叔牙照管仲的话去做了。

上面这个故事见于《管子》，发生于僖公生前，管仲、召忽、鲍叔牙的家傅身份是由僖公指定的。战国末期《吕氏春秋》的记载与此不同。书中说，鲍叔牙、管仲、召忽三人是好朋友。襄公继位后，齐国动乱不堪。三人打算携手合作，通过扶持新的国君，使齐国恢复政治稳定。他们对自身的能力都很有信心，但在投奔次子公子纠门下还是幼子公子小白门下这个问题上，意见不一。召忽说，我们三个人对于齐国来说，就好像是巨鼎的三足，去掉任何一足，鼎就站立不稳。在我看来，公子小白成为国君的可能性很小。所以，我们三个人不妨投奔到公子纠门下，共同辅佐公子纠。管仲说，那可不一定。齐国民众憎恶公子纠的母亲，可能会殃及公子纠。公子小白从小失去母亲，反而使齐国民众对他有怜悯之情。所以，究竟谁会成为新的国君，现在很难预料。既然大势难料，不如我们其中一个人辅佐公子小白，另外两个人辅佐公子纠。现在的国君在位时间不会长久，能够使齐国重新走向振兴的，必定是公子纠和公子小白中的一个。最终，鲍叔牙去了公子小白那里，管仲和召忽去了公子纠那里。

果然不出管仲的预料，在位的襄公不但没有治理国家的能力，更不知关爱国民、体恤臣僚，终于引起国内叛乱并被杀。篡位的新任国君不比襄公好多少，他重蹈覆辙，第二年就落得个和襄公同样的下场。

（三）二公子争位

此时的齐国，国君宝座空荡荡的。在既定的君位继承制下，继位人应该是襄公之子。但文献中似乎没有提及襄公拥有子嗣。在这种情况下,最有资格的君位继承人应该是僖公的次子公子纠。

正是在这种情况下,齐国大夫们打算拥立公子纠为新任国君。前面提到,襄公在位时荒淫暴虐,公子纠逃亡到了鲁国,那是因为纠的母亲是鲁国人。现在,齐国国君之位空缺,鲁国当然也愿意扶持公子纠。不仅如此,当下鲁国的国君庄公还是纠的外甥——鲁庄公的母亲正是公子纠的姐姐文姜。齐国与鲁国决定先在蔇(在今山东枣庄以东)这个地方举行盟会,表示正式拥立公子纠为新任齐国国君。可会盟结束后,鲁庄公没有在预定的时间内,及时送公子纠回国。

齐国大夫高傒是公子小白的好朋友,自幼关系密切。在齐国大夫们商议拥立公子纠的时候,他说服另一位齐国大夫国氏,暗地里向小白通风报信,让小白快速回国,他们在国内接应,帮助他夺取齐国国君之位。

(四)箭射公子小白

鲁庄公尽管行动稍微迟缓了一点,但还是为公子纠继位做了准备。他得知公子小白躲在莒国,担心他回国和公子纠争夺君位,就派管仲带领一部分军队埋伏在路上拦截小白。小白和鲍叔牙连同护送他们的兵士行走在莒国通往齐国的路上时,突然遭到鲁国军队的伏击,两支军队厮杀起来。管仲手持弓箭,瞄准车上的公子小白，使足了力气一箭射去，射中小白的前胸。他远远地看到小白手捂前胸，一脸痛苦不堪的样子，不一会儿就倒在车内。小白身边的人惊恐地大叫一声，扬鞭催马，带领兵士避开拦截，从侧路迅速逃离。

管仲的这一箭是用足力气的，箭法之准也令自己感到满意。他料想，公子小白挨了这一箭后，不会有生还的希望了。他把这一喜讯告诉了鲁庄公。鲁庄公认为大局已定，公子纠回国继位这件事已没有任何悬念。于是，鲁国军队护送公子纠回国的速度就迟缓了些。

然而，令管仲和鲁庄公意想不到的是，管仲这一箭虽然又准又狠，但公子小白没有死。箭射到的不是小白的血肉之躯，而是胸前的带钩。带钩是古代达官贵人随身佩戴的一种具有装饰作用的器物，位于左胸前，用于连接左右两边的衣服，其造型各式各样，既实用又美观。正是这一装饰物，救了小白的性命。

可是，箭射向小白后，小白为什么应箭而倒呢？前面我们提到，公子小白这个人平常不喜欢耍小计谋，但遇到重要事情、在关键时刻却有大智慧。当管仲在路上拦截他，阻碍他返回齐国时，他一直在盘算怎样逃脱管仲的视线，让对方放松警惕，造成自己对于公子纠继承君位没有任何威胁的假象。管仲朝他射了一箭，正好给了他迷惑管仲、借机溜走的机会。鲍叔牙似乎也看出了其中的玄机。小白中箭后，他一面捶胸顿足、大哭大叫，一面指挥随从兵士溜之大吉。两人的表演真是惟妙惟肖，骗过了所有人。

事件的结果,大家或许都能猜得出。公子小白早于公子纠返回了齐国,捷足先登,登上了齐国国君的宝座。而公子纠六天后才到达齐国。这对于争夺君位而言,实在是太迟了。

五　从囚徒到拜相

(一)齐、鲁乾时之战

公子小白就是后来赫赫有名的齐桓公。他即位后,对支持公子纠与他争夺君位的鲁国极为不满,对差点一箭把他射死的管仲更是充满仇恨。鲁国支持公子纠和小白争位是在夏天。小白稍做整顿,秋天便率领军队攻打鲁国。齐、鲁两国在乾时(今山东博兴)交战,鲁国惨败。混乱中,鲁庄公丢弃战车,坐上一辆小巧的车子逃回鲁国。鲁庄公手下的秦子和梁子两个人,举着庄公的旗子在小路上诱骗齐国军队,这才使庄公免于一难。

深得齐桓公信任的鲍叔牙派遣使者到鲁国,并告知鲁庄公,公子纠理应处死。但公子纠是国君的亲兄弟,若押回齐国处死,我们国君心有不忍。请你们把公子纠杀死。管仲、召忽帮助公子纠争夺国君之位,是我们的仇人,请把他们交给我们。否则,我们齐国军队就围攻鲁国。鲁国刚刚大败而回,担心惹怒齐国对自己不利，于是就照齐国使者的话做了。

鲍叔牙要求鲁国杀死公子纠，而将管仲、召忽押送回齐国，由桓公亲自处死，这样分别处理，真的有必要吗？齐桓公、鲍叔牙难道不担心押送管仲、召忽的途中节外生枝吗？赶紧让鲁国把管仲杀掉，不是更能解心中之恨吗？这一情况，实质是齐、鲁两国暗中角逐、内部矛盾复杂激烈的表现。

（二）施伯评价战事

对于鲁国来讲，拥立公子纠为齐国国君，本来是稳操胜券的事情。但由于鲁庄公办事磨蹭了点，公子小白又以佯死骗过了所有人，致使事情变得一塌糊涂。乾时一战，鲁国又吃了败仗。可是，鲁国内部没有因此失去冷静和理智。

鲁庄公手下有一个人叫施伯。他对鲁庄公说，管仲是一个有治国才干的人，能够应对各种突发事件。上次他箭射公子小白没有成功，使小白佯死逃脱，这完全是意料之外的事情。您不妨把管仲留在鲁国，把政事托付给他，借助他的力量壮大鲁国，削弱齐国。如果他不接受，就把他杀掉以取悦齐国。鲁庄公认为施伯说的有道理。可他们还没来得及游说管仲，齐国的使者已经到了。鲁庄公措手不及，问施伯该怎么办。施伯的谋划虽然完美，却经不起突然一击。他对鲁庄公说，情况发生了变化，您就把管仲交给齐国吧。我听说齐国国君性情急躁、傲气凌人，即使得到管仲这样的贤才，也不一定任用。况且，管仲是他的仇人。可是，如果齐国国君不计前嫌任用管仲，那管仲就能在齐国成就一番事业。管仲若回到齐国执政，用不了多长时间，就会使天下之民归顺齐国。到那时候，岂止是鲁国要依附于齐国！可是，您如果把他杀掉，恐怕对我们鲁国不利。齐国的鲍叔牙和管仲交情深厚，杀死了管仲，鲍叔牙肯定不会答应。他将借口我们没有按齐国的要求处置管仲而攻打鲁国。事情真要闹到那一步，对我们鲁国实在一点好处都没有。鲁庄公听了，赶紧把管仲捆绑起来，交付给了齐国。

施伯的分析基本上符合实际，且大部分被历史所验证。只是有一个细节，他误判了，即齐桓公的性情。我们在前面说过，公子小白这个人没有小聪明，却有大智慧。他虽然性情急躁，但不是那种刚愎自用的人。《管子》中称他为"惕而有大虑"。

（三）鲍叔推荐管仲

登上君位的齐桓公先要稳定齐国内部的局势。抢夺本该属于其兄公子纠的国君宝座，必然会引起国人非议，所以他需要安抚一下躁动的人心。基本妥当后，又在乾时和鲁国打了一仗，大败鲁国。

齐桓公询问鲍叔牙怎样才能把国家治理好，并提出让鲍叔牙做宰相帮助他治理齐国的要求。鲍叔牙一听，即刻推辞说：

和您一起在莒国避难，又和您一起赶回齐国夺得君位，这是我的荣幸。您现在居国君之位，我却无法给您带来更大的荣耀。现在您让我任宰相，和您一起治理国家，我可没有那个能力呀。我知道您治国心切，就给您推荐两个人吧！鲍叔牙告诉齐桓公，得到管仲和召忽这两个人，让他们身居要职，齐国就能安定富强。桓公一听，气急败坏地说，管仲和召忽是我的仇人，我恨不能立即杀死他们，怎么可能让他们身居要职出现在我的眼前呢？鲍叔牙知道，不把这件事的原委说清楚，齐桓公不会退步。于是，就把之前自己和管仲、召忽三个人相与谋议，为使齐国社稷薪火相传，分傅公子纠和公子小白的事情，原原本本地说了一遍。桓公频频点头，但神色之中仍有一些狐疑，说，管仲亲手射了我一箭，那一箭又准又狠。万幸的是，箭射入了带钩里。要不然，我早就没命了。既然你们都商量好了，那他为什么会这样狠心呢？鲍叔牙说，他是为了自己所辅佐的人，才有这样的举动。如果您原谅了他，把他从鲁国接回来，委以重任，他也会对您忠心的。

齐桓公还是有些顾虑：管仲和你相比，有什么特别的才干吗？鲍叔牙说，我有五个方面比不上管仲。宽惠爱民，我比不上。治国不失权柄，我比不上。忠信结交诸侯，我比不上。制定礼仪示范四方，我比不上。军营之中披甲击鼓使将士英勇，我比不上。管仲这个人，就像是人民的父母。您治理人民，不可不任用他们的父母啊。您现在就派遣使者去鲁国，让鲁国杀死公子纠，并把管仲、召忽押送回来。

桓公认可了鲍叔牙的建议，但又对鲁国是否会答应自己的要求没有把握，说，我听说鲁国施伯是一个极有头脑的谋士。如果他看穿了我们的计划，知道我将任用管仲，一定不会轻易放人的。鲍叔牙说，您让使者以您的口气说：我有两个不忠的臣子在贵国，其中一个曾经用箭射中我。我一定要在群臣面前亲手杀死他们。鲁国国君一定会答应。停了一会儿，鲍叔牙又说，当然，施伯了解管仲的才能，一定会想办法留住管仲，让他在鲁国执政。管仲如果接受，鲁国用不了多久，就会强大于齐国。管仲如果不接受，施伯就会猜到管仲可能会返回齐国执政，这样的话，管仲可就危险了。齐桓公问，管仲会答应鲁国的要求吗？鲍叔牙斩钉截铁地回答，不会。管仲侍奉君主无二心。桓公还是有点不相信：管仲对我也没有二心吗？鲍叔牙道，是的。管仲是为了齐国的先祖祭祀不绝，为了齐国的社稷永保安宁啊！您如果想安抚百姓，富国强兵，就赶快行动吧！不然，就来不及了。

于是，齐国赶紧派遣使者去鲁国索取管仲。

（四）召忽殉节

齐、鲁两国之间明争暗斗，最终实力稍强的齐国占据上风，鲁国被迫屈从于齐国。鲁国杀死公子纠，把管仲、召忽交付给齐国使者。在返回齐国的路上，管仲问召忽，我们拥立公子纠失败，公子小白即国君之位。他把我们押送回齐国，你害怕吗？召忽回答，我没什么可怕的。公子小白迫使鲁国把公子纠杀死，却留下我们两个人。回国之后，他会让你任左相，让我任右相。杀掉我侍奉的主人，这是对我的侮辱。给我留条活命，却让我侍奉仇人，这是对我的再次侮辱。你做生臣，我做死臣。我甘愿为公子纠而死，如此公子纠也算有了可以为他殉节的忠臣。你活下去，使齐国富强起来，公子纠也就有了为他而顽强生存下去的忠臣。死去的人，成就他的德行；活下去的人，实现他的功名。你努力吧！

当押送他们的囚车离开鲁境进入齐地，召忽就自刎而死。

（五）囚徒拜相

当囚车到达齐国堂阜（在今蒙阴县）的时候，鲍叔牙为管仲举行除灾仪式，并让管仲沐浴了三次。齐桓公亲自到郊外迎接管仲。管仲看到齐桓公，赶紧把帽缨收起，把衣襟挽起，还让人拿着斧头站在他的身后。他用这种方式向齐桓公谢罪。桓公见状，对管仲说，垂下你的帽缨，放下你的衣襟，再来见我。管仲向桓公行稽首礼，并说，管仲蒙受您的恩惠，就是被杀死，也会不朽的。桓公按照鲍叔牙的建议，任命管仲为宰相。

桓公迫不及待地想知道管仲对治理国家有什么高见。管仲道，如果国君有称霸诸侯之心，我们的国家就能够繁荣安定。如果您没有那样的想法，我们的国家就很难有发展啊。桓公吃了一惊，他可从来没有称霸诸侯的野心啊！他关心的，仅仅是把齐国治理好。管仲说，我们国家是否安定、能否发展，和各诸侯国密切相关。如果您不能称霸诸侯，不能稳定、掌控国际关系，那么齐国的安定发展就会受到限制。您一定要记住，天下、国家一体，天下不定，国家难安。您如果没有称霸诸侯的打算，我看国家的安定发展也没有希望。您让我执政齐国，我也不敢接受！

　　说完，管仲向桓公告辞，还没走到门口，就被桓公召回。只见桓公脸颊上流下冷汗，说，你这样坚持，那我就努力追求霸业吧。管仲赶紧向桓公叩拜，说，您允诺追求霸业，我就可以心安理得地坐在宰相这个位子上了。

第三章

齐文化精粹撷珍·管仲

成就霸业(上)

一　内政外交改革

管仲上任，便着手对齐国的内政外交进行全方位改革。他的改革思想主要保存在《国语·齐语》和《左传》中。下面我们联系当时的历史背景，先说一下对齐国内政的改革。

（一）往昔土地制度溃败

周王朝对天下土地实施与政治上的分封制、宗法制紧密结合的管理制度。周天子将天下土地分成三份：一份是周王是自己享用的，称作王田；一份是分给在朝供职的官员的，称作禄田；一份是分给京都之外的公、侯、伯、子、男五个等级的功臣贵戚的，为诸侯封地。诸侯的封地也按照类似的方法划分，诸侯留下一部分土地供自己享用，其余的土地分别赐给卿大夫和士。无论通过哪一种方式分封到土地，土地所有人都要向授予自己土地的人纳税，并定时服力役和服兵役。最高政治权力的拥有者是周天子，全国土地的实际拥有者也是周天子。各诸侯卿大夫表面上分得了土地，但仅仅享有土地的使用权，并不拥有对土地进行自由转让、自由买卖的权利。这样的规定，被称作"田里不鬻"。"鬻"，就是卖。可是，随着周王室逐渐衰微，各地诸侯的实力越来越强大，周天子对土地的拥有权受到挑衅，实际上诸侯已可自己处置土地。

周王朝实行井田制。无论是周天子、诸侯还是卿大夫，他们的领地均分为公田和私田两部分。公田由执政的贵族留下来自己享用，并依靠农民为他们耕耘收割。私田是由贵族临时租借给农民，以维持他们基本生活的土地。农民的生存离不开土地，因而私田的存在，事实上使农民对各级贵族存在人身依附关系。土地的耕作，遵循先公田后私田的原则。农民在公田中为贵族耕作，称助耕。助耕的实质，是农民通过为贵族管理经营土地租用贵族土地，并借以维持生存。从经济学角度讲，助耕公田是一种劳役地租。

井田制这一土地制度的实施，有一个标志性的仪式，叫籍礼。周天子留给自己享用的公田中有一片千亩的土地，叫籍田。籍田位于都城的南郊，这片土地上收获的农作物专门用于祭祀。每年春耕开始的时候，周天子都要把大量农民集中到籍田，同时率领公卿百官在籍田中举行象征性的春耕开犁典礼，以此表示朝廷对农业生产活动的重视，并借这样的机会劝导、鼓励农民辛勤劳作。在籍礼中，周天子只是在众人面前做出劳作的样子，实际耕种的依旧是平民百姓。在西周末年的周夷王时期,籍田礼还如期举行。大概从周厉王时起,籍田礼遭到破坏。到了周宣王时期,籍田礼被废除了。籍田礼的废除,是一个具有历史转折意义的信号。表面上看,是周天子失去了号召广大农民聚集于籍田之上参加开犁仪式的能力;在深层意义上说,这是井田制开始衰落,即将退出历史舞台的前奏。

在西周王朝的前期、中期及中后期,由于生产工具相对落后,生产效率不高,加上当时农民的赋税、劳役负担相对较轻,井田制自然适应当时社会的发展。西周末期以至春秋初期,铁质农具出现并被广泛使用,新式的牛耕代替传统的人耕,再加上人口增长的速度加快,各级贵族强迫农民在公田劳作之外开垦大量荒地,并据为己有。这样,伴随农业生产力提高,贵族的农产品收入相应增加。但农民生活并没有因为荒地的开垦得到改善。因为贵族土地、财产的增加,是建立在农民赋税、劳役负担成倍增加的基础上的。井田制正常执行时期,有"公事毕,然后敢治私事"的说法,但在井田制即将解体的西周末、春秋初,出现了农民"不肯尽力于公田"的现象。这无疑是下层民众以消极怠工来反抗贵族剥削压迫的表现。

在公田消极怠工,是被压迫、被剥削的农民对于贵族的一种较为温和的反抗形式,较激烈的反抗形式表现为大量农民集体逃亡事件的发生。《诗经·魏风·硕鼠》中那句有名的诗句"逝将去汝,适彼乐土",就是对农民集体逃亡事件真实的记录。

(二)按土地等级征收赋税

在这种社会形势下,一些具有前瞻性眼光的政治家主动顺应历史发展,对古老的井田制做出改革。尽管各诸侯国改革时间有先后,改革的表现形式有不同,但他们都是围绕着同一个改革核心,遵循着同样的改革原则,即取消公田、私田的区别,放弃公田助耕的劳役地租,把所有土地出租给农民,只向农民征收一定比例的农产品,也就是经济学上的实物地租。在春秋时期这一股土地改革的历史浪潮中,率先实施改革,为各国改革树立了榜样、做出了示范的,是齐国的政治家管仲。

针对井田制度衰败期出现的种种社会现象,管仲在齐国重新丈量土地,根据不同类型的土地及土地具体生产量确定不同赋税标准。首先,区分不同类型的土地。根据《国语·齐语》的记载,管仲将土地划分为七种类型:陆、阜、陵、墐、井、田、畴。陆,高平之地;阜,土山之地;陵,山上之地;墐,黏土之地;井,之前的井田;田,已经耕种过的土地;畴,适宜种麻的土地。他以是否适宜耕作为标准,对土地进行分配,努力做到让人民平均占有土地。他认为,在土地分配问题上做到合情合理,人民才会没有怨言,安心生产。其次,根据土地实际情况采取不同的赋税标准。管仲认为,土地类型不同,则适宜耕作的农作物不同;土地质量有差别,则收成有高低;土地面积大小不同,则其缴纳赋税应有多少之别。管仲把这一改革措施称为"相地而衰征",就是根据土地的实际状况分等次地征收租税。管仲认为,借助这种土地分配管理和租税赋役制度,可以解决人民四处流亡及消极怠工的问题。管仲对井田制的改革,提高了国家财政收入,调动了人民生产劳作积极性,清查了国家土地资源,是极为有益的。

(三)士、农、工、商四民分业

为了充分发挥社会成员各自的职业技能,管仲按照类别和各类别的人数比例,分别把他们安置到固定的生活区域,以此使人民安居乐业。他把齐国民众划分为士、农、工、商四个类别,每个类别都承担一定的社会义务。"士"这个类别的社会成员,祖先都是上层贵族,现在却已远离统治中心,多数已经成为自食其力的自耕农,也有人雇用他人进行生产劳作。他们接受过教育,有一定的文化素养,熟悉礼、乐、射、御、书、数等知识技能,不仅是组成国家军队的骨干,也有能力发表一些治国言论。管仲把这类人安排在条件相对优越的都邑或城郊。"农"这个类别的社会成员,专门在乡村从事农业耕种,为其他各阶层提供基本生活保障。管仲把他们安排在离都邑稍远的鄙野乡下。"工"指那些专门从事各类工具器械制作的工匠。管仲把他们安排在官府附近,并要求他们按照官府的生产计划进行劳作。"商"指从事贸易活动的商人。大概因为齐国的商业较为发达,官府已不能完全掌控他们的贸易活动，管仲仅要求他们生活在商品交易的集散地。士、农、工、商四类社会成员各自生活在国家规定的区域，一般情况下不能转行从事其他职业，相互之间也不能混杂居住。这种四民分业定居的社会政策对于齐国的发展意义重大。一，四民分业定居，避免了社会各阶层无秩序的自由流动，稳定了社会结构。社会结构稳定了，则农业生产有保证，商业、手工业也能按国家计划顺利开展，士兵的招募也能获得充分保障。二，四民分业定居，对于培养社会各阶层的敬业精神、提高各阶层的职业技能，有很大的促进作用。比如，商人聚集在一起，彼此之间耳濡目染，能够更迅速地了解不同季节的需求，熟悉各地的货源、交通，掌握市场行情。商人们在了解市场的情况下，或背，或挑，或用牛马驾车，把货物运往四方，用自己有的东西来换取自己没有的东西，在低价买进、高价卖出中获得收入。商人的子弟们从小接受这种商业熏陶，长大以后就不会见异思迁。在父兄的言传身教下，子弟们无须费力学习，就能掌握经商之道。他们代代相传，在经商之道上将会精益求精。

（四）三国五鄙

在四民分业定居的基础上，管仲把居住在国都及近郊的士、工、商三类人，按比例进行人员编制。其中，士分为十五个乡，工分为三乡，商分为三乡。十五个士乡中，由齐桓公、上卿国氏、上卿高氏各管理五个乡。五家为轨,十轨为里,四里为连,十连为乡。管仲把士乡这样的行政管理体制称为"三其国"。他又把居住在广大农村的农民分为五个属。三十家一邑,十邑一卒,十卒一乡,三乡一县,十县一属。管仲把农属这样的行政管理体制称为"五其鄙"。

(五)作内政寄军令

"三其国"的士乡行政管理体系,其内部还隐藏着军事功能。事实上,行政功能与军事功能二者合一,是管仲这一改革的特别之处。也就是说,他把日常的行政管理和以备战争的军旅建设巧妙地融合在了一起。表面上是生活化的管理组织,内在却是一个进行着军事训练的秘密军营。管仲把这一改革措施称为"作内政而寄军令"。

管仲认为,一个国家的军旅建设必须暗中进行,不能让别的国家学习效仿,更不能让他国知道实力和部署。因此,必须采取隐蔽的方式。五家为轨,每一家出兵一人,五个人组成军旅中的一伍,由轨长统领。十轨为里,一里出兵五十人,组成军旅中的一戎,由司长统领。四里为连,一连出兵二百人,组成军旅中的一卒,由连长统领。十连为乡,一乡出兵两千人,组成军旅中的一旅,由乡良人统领。可以看出,行政管理中的轨、里、连、乡,分别对应着军旅中的伍、戎、卒、旅。这样,行政机构就和军旅组织融合为一。齐桓公、国氏、高氏各领五乡。一个士乡有两千户，一户出士兵一人，五个士乡可以出战士一万人。一万人，是一军的数量。这样，齐国即拥有了三军（即三万人）的兵源。这三万人在一起生产生活，既是邻里，又是战友。大家彼此熟悉，在夜间作战，能辨别出彼此的声音；在白天作战，能辨别彼此的容貌形体，有利于相互协调、拼死互助。管仲认为，这样的军队，防守则坚固，进攻则坚强，可以维护天下的政治秩序，为齐国赢得和平发展的保障。

（六）三选用人制度

西周及西周以前，政府的选人用人制度经历了两个阶段。在五帝时期，各部落首领和要员均是当时的贤能之士。他们凭借自己的技能与品行被大家推选，并受到拥护、爱戴。孔子用"选贤与能"概括这一时期的用人制度。自夏、商至于西周，选人用人由之前的"选贤与能"转为凭借血缘关系和宗法关系传承官位。处在官位上的人，不一定是有道德修养的贤者和有才华的能者。

这种官位世袭的选人用人制度，在春秋时期发生了一些变化。由于周王室日益衰落，一些有知识、有才华的人逐渐退出王室，走向诸侯国。这是一个"贤与能"四处奔走、四方定居的时代，也是一个才智之士频出、知识四处散播的时代。管仲敏锐地察觉到这一历史发展态势，在传统官位世袭的选人用人制度之外，果断地制定并推行三选用人制度。可以说，管仲的三选用人制度使久已废弃的选贤任能，凭借国家内政改革重登历史舞台。

所谓"三选"，简单地说，是从士这类人群中间，选拔有德行、有智慧、有勇力的人担任官吏的选人用人制度。"三选"的"三"，指选人、用人须经三个步骤。第一个步骤，乡长推荐来自底层的杰出人才，并向国君汇报。国君亲自接见，并把他们安排到一些空缺的基层岗位上进行试用。第二个步骤，被荐举人员试用一年后，由主管官员向国君做出书面汇报，再一次荐举那些政绩突出的试用人员。国君确定人选后，让他们正式在空缺岗位上任职。第三个步骤，国君召集那些正式任职的官员，当面加以考察衡量，比如提出一些亟待解决的难题，看他们是否有迅速应对的能力，能否提出切实可行的方案。然后，对其在乡里的从政情况进行核实验证。最后，把表现优异的官员提拔为上卿的助手，直接进入国家政治权力中心。三选制改革措施的出台，发现并选拔了不少优秀人才，提升了齐国官吏队伍的执政能力。

（七）"六柄"与赏赐刑罚

管仲的治国思想中，出现了以法治国的内容。《国语·齐语》记载，管仲曾劝诫齐桓公谨慎使用"六柄"，须"劝之以赏赐，纠之以刑罚"。"六柄"，根据三国时期韦昭的注解，为生、杀、贫、富、贵、贱。"劝之以赏赐，纠之以刑罚"，与战国末期韩非子提出的"刑德二柄"大同小异。这说明管仲的改革理论具有以法治国的思想倾向。

（八）扩大商业贸易

齐国自古有重视商业的传统。史书记载，太公时期的治国方针就包括搞活商业、手工业，使人民通过鱼、盐等商品贸易，方便生活，获取经济收益。当时的商业活动是否跨越诸侯国国界，我们不太清楚。但毫无疑问的是，到了管仲时期，齐国工商业活动已经具有了跨诸侯国贸易的性质。《国语·齐语》说，管仲曾与齐国东面的东莱开展鱼、盐等商业贸易，说明在管仲之前，齐国的商业活动是封闭型的，局限于本国内部。管仲的这次内政改革，使齐国的商业活动范围极大地扩展。不仅如此，管仲还免除国外商人关卡集市的各种税务，为通商活动提供优惠政策。可想而知，跨国商贸的开展及一系列优惠政策，对于开拓齐国人的视野、繁荣齐国经济、提高齐国的国际影响力，会有很大的帮助。

（九）多途径开展外交

除了内政方面的改革，管仲还实行了一系列的外交策略。管仲的外交改革策略体现出三个特征：一是高扬道义，推崇礼仪；二是抗击四边的夷狄戎蛮，保护中原各诸侯国；三是捍卫周天子的地位和尊严。这里面值得一提的，首先是亲邻国。管仲意识到，与邻国搞好关系，可使齐国在陷入危难的时候有所依靠。如果左邻右舍皆是外患，当自己的国家需要派遣大军远征作战时，难免有后顾之忧，不能心无旁骛地完成远征讨伐的重任。针对前任齐国国君齐襄公穷兵黩武造成的与邻国关系紧张的局面，管仲采取了以下改革措施：把侵占的他国土地全部归还，承认邻国疆界的合法性，不占邻国的便宜；在与邻国的交往中，慷慨地赠予邻国礼物，时常派使者去邻国友好访问。管仲认为，如此，邻国也会以友好的态度亲近齐国。

其次是派出间谍侦察他国。管仲意识到，要想完成霸业，必须选择诸侯国中行为不正、内政混乱的国家先行讨伐。为此，管仲派遣多名擅长游说的外交人员汇报，让他们带好车马衣裘和足够多的钱财，笼络、招纳其他诸侯国的贤能之士，让他们观察朝野上下的政风民风，并向外交人员，以此确定讨伐的对象。

再次，多途径树立齐国威信。管仲主要采取了以利益为诱饵、以诚信相交结、以武力作后盾的外交策略。比如，派遣上卿高氏去鲁国平息内乱，扶立新的国君鲁僖公；当狄族人入侵邢国、卫国的时候，派遣军队赶走狄族人，并帮助邢国、卫国重建国都。

总的来说，管仲的内政改革，目标是富国强兵；外交改革，目标是保卫华夏，抵御戎狄，统领各诸侯国，礼遇周天子。成功的内政外交改革,使齐国在诸侯国舞台上立稳了脚跟。齐桓公因此开春秋霸业之先,成为春秋五霸之首。

二 称霸诸侯

在管仲看来,要想使齐国社稷长存、宗庙祭祀不绝、人民安居乐业,就必须创立霸业。安国是争霸的基础,但安国必须以霸业为依托。只有在诸侯国之间赢得信誉、认可、支持,形成以齐国为中心的政治局面,争取到和平发展的国际环境,改革成果才能真正得到深层次的夯实。齐国国富兵强与齐国争创霸业,是互为前提、相互促进的关系。

(一)释"霸"

"霸",即伯、长。争霸,就是争伯,争做诸侯长,即诸侯联盟的盟主。

当时,作为天下共主的周天子尚在,难道还需要再产生一位霸主吗?这个问题,回答起来并不困难。我们在前面曾有提及,平王东迁以后,王室政治影响力逐渐降低,周天子对各诸侯的号召力与威慑力已不能与昔日相提并论。不仅周天子已无力领导天下诸侯，天下诸侯也常有对天子不恭不敬的行为。曾经的兄弟之国，也常因为彼此不团结而兵戈相见。而在四边夷狄戎蛮的进攻侵略下，中原诸侯国被夺财、夺物、夺人，遭受凌辱。因此，这个时候需要一个有实力、有威信的诸侯国，消弭各诸侯国之间的纷争，联合各诸侯国尊奉周天子、共御外侮，担负起道义不济、伦常紊乱、民族危难之际时代赋予的重整华夏、尊王攘夷的历史重任。这一历史重任的主动承担者，就是齐国。而推动齐国国君齐桓公走上这一历史舞台的，是政治家管仲。

提起齐桓争霸，我们会联想到春秋霸主，由春秋霸主又会想到春秋五霸。众所周知，春秋霸主，齐桓公为先。那么春秋五霸除齐桓公外，还有哪四位呢？对于这个问题，有不同的答案。五霸中，除了齐桓公和晋文公两位没有争议外，其余三位就众说不一了。秦穆公、宋襄公、楚庄王、吴王阖闾、越王勾践，都是剩下的三位霸主的可选项。由此，我们可以思考一个问题，春秋时期"霸"或"伯"的历史内涵究竟是什么？看一下齐桓公、晋文公的霸业，其共同特点是致力消弭华夏诸国的内乱，同时尊周王、攘夷狄。而其他几位有争议的春秋霸主，其霸业便不具有上述的历史内涵。

（二）长勺之战与郎之战

提起齐桓争霸，我们会想到《论语》中孔子的评论："桓公九合诸侯，不以兵车，管仲之力也。""管仲相桓公，霸诸侯，一匡天下。"

管仲在对齐国内政外交的改革中，当然遇到了来自社会各方的阻力。改革，绝大多数时候不可能一帆风顺。虽然没有太多历史资料说明当时的改革有多么艰难，但仅有的零星记载亦足以引发我们无限的遐想。《韩非子·南面》说："管仲始治也，桓公有武车，戒民之备也。"管仲刚开始治理齐国的时候，齐桓公为他配备了全副武装的战车，以防备民众闹事。由此可见，齐国的改革肯定掀起了巨大风浪，尖锐的利益纠葛频频引向社会暴乱。改革的曲折与艰辛可想而知。

同样道理，齐桓公九合诸侯、一匡天下的背后，也是一个繁复而曲折的历程。

公元前685年是齐桓公登上国君之位的第一年。这一年，齐、鲁两国战于乾时，鲁国溃败。第二年春天，桓公又一次进攻鲁国，想再次压制鲁国。两国军队在长勺这个地方交战。对于这次作战，管仲并不看好。他对桓公说，您忙于战争，这不是治理国家的办法。可性急的桓公并没有把这话放在心上。鲁国派曹刿领军出战。颇有作战经验的曹刿小施计谋，在齐国军队连续击鼓三次之后才列阵迎战，有效地拖垮了齐军的作战状态；在齐军锐气削减、士气殆尽时发动进攻，一举取得战场优势。当齐军败逃时，曹刿又等待对方阵势混乱以后才下令追击，结果大败齐国的军队。

长勺之战令齐桓公很恼火。这一年夏天,桓公在鲁国西南一个叫郎的地方和宋国会师,打算联手挑战鲁国。鲁庄公刚打了胜仗,斗志正高,立刻率领大军前往迎战。公子偃对鲁庄公说,宋国的士兵军容不整齐,可以先进攻宋军。宋军败了,齐军必然撤退。于是,公子偃悄悄从雩门这个地方出兵,并给马匹蒙上虎皮,采用疑兵之计进攻宋军。鲁庄公领兵紧跟在后面。鲁军把宋军打得大败,齐军见状,只好收兵回国。

与鲁国两次作战,均以失败告终。在这期间,管仲的作用体现在哪里呢?其实,在管仲初拜相时,齐桓公与管仲之间存在着心理与情感的隔阂,管仲的诸多建议没被桓公采纳。管仲知道,要使桓公克服任性、使气、焦躁的性格缺陷,具备冷静、理性、远虑、深谋的霸者智慧,作为助手固然要顺势诱导,但让桓公经历失败,在失败中一次次反省自己,也是必要的。所以,齐国两次战场失利,是管仲无奈之下以宽容的心态让桓公进行的争霸历练。

(三)伐灭遂、谭与北杏之会

不过,以"非夷吾(夷吾,管仲自称)莫容小白"自许的管仲,其宽容的态度并非只体现在让桓公体验失败上,他也会找机会让桓公体验成功,以此保持其心态平衡。这展示出管仲在处理统治阶层关系上游刃有余的才能。

之前，公子小白为避内乱逃亡在外，曾路过谭国。谭国对小白没有以礼相待。后来，小白回国做了国君，其他各国诸侯都来祝贺，唯独谭国没有派使者前来。按当时的外交礼仪，诸侯即位，他国致贺是应尽的义务。谭国未至，是失礼的行为，理应受到责难。管仲抓住这个机会，向桓公建议挥师谭国，兴兵问罪。谭国是一个非常小的国家，军事力量有限，自然抵挡不了齐国的军队。齐军没费多大气力，就把它灭掉了。齐国疆域因此向西拓展了不少，同时也向鲁国逼近了一些。

管仲知道，要想争霸诸侯，不能仅靠武力，还要凭借道义的行为，获取他国认同。宋国因在郎之战中被鲁国击败，就在齐桓公三年（前683）对鲁宣战。结果，宋军还没摆好阵势，就被鲁军又一次击败。宋国因之发生内乱。齐桓公四年（前682），乱党杀死宋闵公，另立新君。宋国的贵族联合起来讨伐乱党，又杀死新君，并改立闵公的弟弟（即宋桓公）。宋国的这场内乱折腾了大半年，依旧没有平息。管仲认为这是一个绝好的时机。齐桓公五年（前681）的春天，齐桓公邀请列国诸侯，在齐国西南一个叫北杏的地方集会。此次集会，目的是商讨共同平息宋国因弑君而引起的动乱。这是齐桓公第一次号召诸侯，且完全站在了正义的一方。

这次集会诸侯，也显示出一些不足。首先，齐国在诸侯国间的地位、威望还不算高，号召力还不强。参加集会的，只有较近的宋国、陈国、蔡国和邾国。其次，召集诸侯集会，要得到周天子的任命，桓公擅自组织集会，这是有违礼制的。

不过，此次集会毕竟是齐桓公初次在"国际舞台"上亮相，其正面的影响还是要多一些。但令桓公感到美中不足的是，位于鲁国北面、接近齐国疆界处的遂国，国小力弱，距北杏又最近，竟然没有派人来参加集会。于是，管仲和桓公商量，举兵讨伐遂国。遂国落得和谭国同样的下场。灭遂之后，齐国的西南疆域扩大了不少，且与鲁国接壤。桓公派兵驻守，直接对鲁国形成威胁。

（四）柯之盟

同年冬天，齐国攻打鲁国，鲁国被击败。鲁庄公割让自己的土地，献给齐国，表示愿意在齐国境内的柯邑与齐国结盟，双方化敌为友。古代的结盟，是外交工作中非常隆重的仪式。参与盟会的国家选择一个地点，筑起一座盟坛，各方随从人员列队站在台下，参与结盟国家的君主仅带一名副手登坛。登坛就位后，书写盟书，当众宣读。大家将牲畜的血用手指涂在嘴唇上，以此表示信守誓言。然后在坛下挖一个深坑，把盟书埋在里面，盟会礼仪结束。

在盟会前，鲁国人说，两国结盟，缔结友好，希望双方都不带兵器。如果带剑结盟，就相当于告诉天下诸侯双方仍在交战。桓公觉得有道理，管仲不以为然，说，不行。现在鲁国对您仍有恨意，盟会怎么能不带武器呢？我听说鲁国的曹刿将参加盟会。这个人虑远计深，做事狠毒。我们一定要谨慎小心！桓公不听。鲁庄公带着曹刿，齐桓公带着管仲，相继登上盟坛。

　　双方在盟坛上举行结盟仪式。仪式结束，双方即将离坛而下时，曹刿突然向前一步，左手一把将桓公抓住，右手迅速从怀中抽出一把短剑，指向手无寸铁的桓公。管仲冷静地注视着眼前的一幕。管仲知道，曹刿一定是早有预谋且心有所求，这个时候不能激化矛盾，更不能使场面失控。他示意桓公镇定。曹刿对齐桓公说，贵国向敝国步步紧逼，敝国只能割地求和。我们国君为此忧心忡忡，因为我们不知道这种态势什么时候结束！今天，既然两国结盟以示友好，那就先请贵国返还侵占的鲁国土地！此时的桓公早已吓得不知所措，只好随口答应曹刿的请求。曹刿放开齐桓公，随手把剑一扔，走向他原来的位置，面不改色，镇定自若。桓公如梦方醒，后悔答应曹刿。他禁不住大怒，想收回自己的许诺。一旁的管仲赶紧拉住桓公，低声说，背弃信义，自食其言，不是处理诸侯关系的正确做法。贪图逞一时之快却失信于人，将来不会得到诸侯国的信任与支援。您一定要信守承诺！

　　我们在前面反复说，齐桓公"惕而有大虑"，性子急但能听人劝说，做出长远的谋划。果然，齐桓公做出了英明的抉择。他不但放过了无礼的曹刿，还把之前侵占的土地全部归还给鲁国。

齐桓公的大度、诚信，令鲁国人既惊喜又感动。怀必死之心非礼劫持得来的允诺，竟真的化为现实，这实在是鲁国人未曾料想到的。鲁国人由此佩服齐桓公。他们在心理上、精神上，已经无形中屈服于齐国了。

柯之盟中齐桓公出色的表现，为他赢得了其他诸侯国的赞誉。

（五）挟天子之威以伐宋

正如前面说过的，争霸，就是争伯，就是争做诸侯领袖。齐国虽然日渐强盛，但毕竟只是一个封国。作为封国，没有对其他国家发号施令、集会结盟的权利。以武力胁迫其他国家更是愚蠢的做法，因为天下诸侯林立，齐国远未强大到那种地步。鉴于以上现实，管仲认为，必须依托周王室。周王室衰落，但周天子依然是天下诸侯共主，依然是众心所向。讲求道义，遵循礼仪行事，在诸侯外交中依然占据主流，依然能得到大家的认可和支持。

宋国和鲁国的关系一向不和谐，加之两年前齐、宋联军侵鲁，宋军被鲁军打得大败，更加深了两国之间的矛盾。由齐国邀集陈、蔡等国平息宋国内乱可知，齐国与宋国之间的关系是较亲密的。现在，一向与自己友好的齐国却与自己的敌国——鲁国友好结盟，归还对方的土地，这在宋国看来，是不能容忍的事情。于是，宋国在齐、鲁柯地结盟后，宣布不再承认北杏之会。此时的齐桓公正踌躇满志地想做诸侯霸主,对宋国的表现非常气愤。他召集陈国和宋国西北方向的曹国,打算三国联合讨伐宋国。与上次北杏之会不同的是,齐桓公一方面召集陈、曹二国,另一方面派使者前往周王室都城洛邑,把宋国背弃信义、齐国兴兵问罪的原委一一向周僖王汇报,并请求获得许可,同时请求周王室也派出军队一同前往。

自周平王东迁,王室拥有的土地面积缩小,人员流失严重,不仅军事实力大不如前,政治影响力也严重削弱,以致遭受诸侯侮辱的事件频繁发生。可以说,往日"溥天之下,莫非王土;率土之滨,莫非王臣"的周王室,今日已是偏居一隅的小朝廷。尽管这样,西周开国以来以"尊尊、亲亲"为纲纪的伦理道德依然发挥着作用,周礼依然维系着社会的运作。这一切是以周王室为中心,向四围诸侯国辐射、扩散的。周王室、周天子依然是各诸侯国的核心,依然具有不可替代的权威性。

周僖王对于目前的尴尬境况,并非没有深刻的认知。东迁之后八十年来,往日众心所向、众国参拜的盛况已不复存在,他在孤单冷落中时时盼望有人前来朝拜觐见,以此重温祖辈尊严。当看到齐国使者不远千里前来朝拜并汇报东方战事,请求王室派兵时,他极为振奋、惊喜与感动。受宠若惊的周僖王随即答应了齐桓公的请求,并派大臣单伯率领军队前往。

齐国在春天去洛邑汇报战事,周天子派出的军队直到夏天才赶到宋国。此时,宋国已屈服于齐、陈、曹三国。虽然有点迟,但周王室终究在天下诸侯面前,堂堂正正地证实了自己处置诸侯纠纷的能力,同时再一次宣示,只有请周天子出面才是化解诸侯纠纷的正规渠道。不但天子的地位、尊严在此次征伐中得以重塑,齐桓公召集陈、曹两国联合伐宋也获得了合法性。桓公争霸从此便踏上捷径,因为只要有周天子在,只要获得周天子的支持,就可以名正言顺地号令诸侯,做到名义上"礼乐征伐自天子出",实质上自齐国出了。

(六)两次鄄之盟使齐国"始霸"

就在齐桓公请求周天子派兵征讨宋国的时候,郑国发生了一件对他争霸有利的事情。因内乱逃亡在外的郑厉公率兵打回郑国,重新登上国君宝座。为了巩固自己的政治地位,他需要寻求强国作为外援以备不测。郑国在偏西的位置,东方较大的国家有齐、鲁、宋三国。而此时鲁国、宋国已经向齐国低头,齐国是名副其实的东方强国。于是,齐国就成了郑国有意攀附的对象,而郑国北面的卫国此时也表现出想与齐国交好之意。

管仲敏锐地观察到郑、卫两国的动向,当机立断向桓公建议,再组织一次诸侯集会。于是,就在讨伐宋国这一年的冬天,齐桓公邀请宋、卫、郑三国在卫国的鄄地集会,同时邀请周天子派人参加。集会的主题也颇为严肃正当:周天子平息宋国内乱,宋国改正自己非礼的行为,并臣服于周王室的威严,此事有必要向天下诸侯宣而告之。齐桓公主持下的这次集会，可谓"一举三得"。一，齐国尊王，天子主盟，巩固了周天子天下共主的地位；二，齐国与郑国、卫国密切接触，满足了郑、卫两国结交齐国的愿望；三，齐桓公借这次集会，抬升了自己的地位，获取了又一笔政治资本。

我们回顾一下：北杏之会，宋、陈、蔡、邾四国接受齐国的邀请参加集会；柯之盟，鲁国事实上已屈服于齐国；齐国伐宋时，陈、曹两国给予支持；随后，齐国又赢得周天子的信任；鄄之会，又满足了郑、卫两国攀附齐国的愿望。至此，华夏东方及中部的国家几乎都默认了齐国在诸侯间举足轻重的地位，及在集会和结盟中的组织者身份。

管仲意识到，齐国称霸诸侯的时刻即将来临，齐桓公成长为诸侯长，做一名真正的霸主，已是指日可待。就在鄄之会的第二年，也就是齐桓公七年（前679），管仲再次建议齐桓公在鄄地集会诸侯。这次集会，宋国、陈国、卫国、郑国都做出积极回应，可以说是自觉、无异议地认可了齐桓公诸侯之伯的地位。集会非常圆满，不仅与会各国融洽、和谐，齐桓公作为诸侯之长在沟通各国情感、消弭隔阂、增进友谊与共识中的作用也突显了出来。

正是第二次鄄之会，齐桓公成为真正的诸侯霸主。《左传》明确记载："（鲁庄公）十五年春（前679），复会焉，齐始霸也。"

（七）服郯、伐郑与幽地之盟

霸主的地位来之不易，霸主身份的维护更是充满曲折艰辛。等待齐桓公与管仲的，是更大的历史考验。

既然是诸侯之长，那么兄弟国之间有什么纠纷，发生了什么不合礼法、道义的事情，当然不能不管。这不是插手别国事务，而是作为霸主应尽的责任、义务。大家都希望者侯长出面平息争端、解决矛盾，使损失最小化。所以，霸主需要具备领导能力、协调能力，须以理服人、公正客观，既能考虑眼前利益，又要保证长远利益。

郯国是春秋时某附属于宋国的弹丸小国。本来，附属国和宗主国之间一直相安无事。可就在第二次鄄之会那年的秋天，郯国突然背叛了宋国——似乎也没有什么正当的理由。郯国的行为是对以周天子为代表的宗法秩序的冒犯。刚刚成为霸主的齐桓公不会坐视不管。而且，这是他成为霸主之后首次合理、合法解决争端的机会，他当然会倾尽心力。于是，齐桓公率领齐国军队，联合宋国，并召集了郯国的一些人马，共同讨伐郯国。小小的郯国自知不堪一击，在大军压境之际，主动屈服、认错，并向宋国致歉。

令齐桓公意想不到的是，此波既平，新的争端又现。原来，宋、郑两国向来不合。前一段时间的鄄之会，为了给足齐桓公面子，两国之间倒也和气。可这样的表面文章不会做得长久。就在齐、宋联军讨伐郳国之际，郑国却趁宋国国内军事力量空虚，率兵偷袭宋国。这件事令刚刚成为诸侯霸主的齐桓公很难堪。为了维护霸主的尊严，也为了惩治郑国破坏诸侯国和平秩序的不义之举，公元前678年的夏天，齐桓公召集宋国、卫国，联合伐郑。郑国自知理亏，又招架不住三国大军，只得低头认罪。

敏于捕捉政治机遇的管仲，自然不会放过有可能提升齐桓公霸主地位的有利时机。就在郑国低头认罪的当年冬天，管仲建议齐桓公抓紧时间召集各国，举行一次结盟大会。盟会地点在宋国的幽地。这次盟会很壮观，应召参会的，除了郑厉公外，还有宋、陈、卫、许、曹、滑、滕七国君主。此外，鲁国也派了代表参加。加上主盟国齐国，共有十国参盟。那时候，黄河上游的秦、晋等国还没有参与中原各国的国际政治中来，所以可以说，齐国的政治影响力实际上已经基本覆盖了包括周王室在内的中原地区。

（八）郑厉公勤王与齐桓公错失良机

就在齐国上下欢腾的时候，一个威胁齐桓公霸主地位的历史事件发生了。周惠王继位两年后，有人起兵叛乱，联合卫国和南燕赶走周惠王，并拥立惠王的叔父颓为王。周惠王只得逃亡郑国避难。

齐桓公作为诸侯之长，当然不可以坐视不管。但不知为什么，齐国境内异常平静，似乎没有人注意这件事，桓公、管仲也没有任何举措。这是一个历史的谜团。

周惠王逃亡到郑国之后，给了郑厉公一个绝佳的表现机会。他殷勤地招待惠王，并主动出面与颓谈判，但颓坚决不退让。周惠王四年（前673），郑国联合虢国，一起兴兵讨伐乱党，不仅杀死了颓，还把拥立颓的一伙人绳之以法。周惠王又一次登上天子的宝座。

在这次勤王事件中，郑厉公的表现非常出色。郑国历代国君在周王朝的地位原本就很高，他们是世袭的王朝卿士，在列国外交事务中具有较大的政治影响力。郑厉公虽不及前面提到的郑庄公，但也是一个争强好胜、善于谋算的国君，并没有真正把齐桓公放在眼里。此外，郑国和周王室相邻，具有地缘优势，而且周惠王即位不久，与齐桓公并没有实际的来往。所以，在勤王事件中表现极佳的郑厉公如果趁机依托周惠王，召集各国与齐桓公对峙，郑国就有可能出尽风头，组成另外一个联盟集团，甚至从齐桓公盟友中争夺结盟力量。

然而，天佑齐桓。夏天，郑厉公平定了王朝叛乱；还没有进入秋天，他就去世了。可是，话又说回来，齐国近几年在国际舞台上没有多少表现，这令管仲有些不安。郑厉公所为给管仲敲响了警钟。身为诸侯公认的霸主，肩上的担子很重，没有作为，就会被人淡忘；劳而无功，就会被新的霸主取代。

（九）齐鲁联姻与扈地结盟

鲁国距离齐国最近，但鲁国与齐国似乎只是貌合神离。前几年齐国召集的幽地之盟，好多国家的国君都亲自参加，鲁国却只派了代表参加。管仲认为，鲁国在东方诸侯中举足轻重，必须搞好关系，取得支持。郑厉公去世的第二年（前672），齐国主动派遣大夫高傒去鲁国，同鲁庄公在防地结盟，并决定两国联姻，把齐国公族之女哀姜嫁给鲁庄公。当年的冬天，鲁庄公亲自去齐国馈赠订婚的聘礼。第二年夏天，鲁庄公又去齐国观看祭祀社神的仪式。没过多久，鲁庄公便主动邀请齐桓公在穀（今山东东阿）会面。年底，两国国君又在郑国的扈地结盟。第二年，鲁庄公去齐国迎亲，娶回哀姜。自此以后，鲁国一心追随齐国，成为齐桓霸业的支持者。

（十）幽之盟

鲁国的问题解决了，管仲又瞄准郑国和陈国。从地理位置上看，郑国与齐国距离稍远，两国关系若即若离。郑国前一段时间在勤王事件中出尽风头，最近又与南方的楚国关系暧昧。与郑国毗邻的陈国，近来也出现与齐国关系破裂的趋势。齐桓公十四年（前672），陈国内部发生政变，太子被杀。与太子一向亲密的公子完逃到齐国避难。齐桓公不但收留了公子完，还委以重任，让他担任管理百工的官员。陈宣公对齐桓公所为非常不满意，两国关系恶化。

为了拉回往日的盟友，管仲大概运用了一系列外交手段。不过，史书对此没有具体的交代。我们只知道，据《春秋》的记载，齐桓公十九年（前667），鲁庄公、齐桓公、宋桓公、陈宣公、郑文公"同盟于幽"，在宋国幽地举行盟会。"同"的意思是说，会盟的几个诸侯国不仅要相互友好，还要共同尊奉周王室。这次盟会由齐桓公发起，五个较大的诸侯国又重新走到了一起。

（十一）周惠王封"伯"与齐桓公伐卫

齐桓公八年（前678），在齐国的主持下，十个诸侯国盟会于宋国的幽地。自此之后的十余年间，齐桓公霸业不显，霸主地位几乎被人遗忘。其间，郑厉公大有掩盖齐桓公之势。齐桓公十九年（前667），黯淡了十余年的齐国一方面认真总结、反思，一方面加强外交周旋，重又成为列国会盟的组织者。这一年的冬天，周惠王派遣大臣召伯廖前往齐国，宣读天子诏书，正式赐封齐桓公为"伯"。"伯"，就是长官、首长的意思。谁的长官、首长呢？当然是列国诸侯。也就是说，齐桓公这一次为"伯"、为"霸"，已经不只是列国认可，而是周天子亲自赐封。

召伯廖还传达了惠王的另一条诏令：命令齐桓公马上讨伐卫国，惩治其驱逐惠王、助颓篡位的罪行。奉天子诏令讨伐不敬的卫国，对齐桓公来说是一个神圣的使命。这一次，他是作为名副其实的诸侯之伯，去履行霸主的职责！

  齐桓公没有怠慢，稍事休整，待到来年初春，就率领齐国军队征讨卫国。卫国虽说有一定实力，但在齐国面前就显得弱小了。这场齐、卫之战没花多长时间，就以卫国惨败、认罪、道歉而终结。齐桓公以周天子的名义，责备训斥卫懿公，并取走了许多财物以示惩治。这次行动，一方面是对惠王被逐事件中齐桓公没有勤王行为的弥补，另一方面昭示着齐国的东山再起，齐桓公的霸业此后趋于稳定。

第四章

齐文化精粹撷珍·管仲

成就霸业（中）

一　攘逐四夷，守护霸业

（一）击退楚国，救援郑国

楚国盘踞在华夏诸侯的南面，地域辽阔，实力不容小觑。楚国的先祖熊绎也曾和当年鲁国的周公、齐国的太公一样，任职于周王朝，侍奉过成王，并接受过成王的赐封（"封以子男之田"）。由于远离华夏文化中心，楚国人把自己视为蛮夷，华夏诸侯也以蛮夷视之。楚国和周王室关系不亲密。周桓王十四年（前706），楚国的国君向天子请求加封爵位，未获许可，就自立为武王。自楚武王至楚文王、楚成王，楚国开始侵伐与其相邻的小国，如遂国、申国、邓国。《史记》记载："楚强，陵江汉间小国，小国皆畏之。""陵"就是欺凌的意思。"江汉"，长江汉水流域。公元前684年，楚国入侵蔡国，攻陷了蔡国都城，活捉了蔡哀侯，并将其押回楚国。过了一段时间，又将哀侯遣回蔡国。齐桓公五年（前681），当齐国召集北杏之会的时侯，蔡国也参加了。可自从南方邻国息国被楚国灭掉后，蔡国再也不敢参加北方华夏诸侯的结盟与集会。公元前666年，楚国侵伐实力颇强大的郑国，一直进攻到郑国的都城。幸亏齐、鲁、宋三国的援军及时赶到，才击退了楚国的军队。

（二）征伐戎狄，救援燕国

华夏诸侯国的北面，生活着一些游牧民族——戎狄。他们利用居无定所、行动迅捷的优势，经常侵袭北方各国，抢夺财物。

齐桓公十年（前676），戎人侵袭鲁国。之后几年，又侵袭曹国，并和鲁国交锋。齐桓公二十二年（前664）年，山戎侵袭燕国，燕国抵挡不住山戎的攻击，向齐国求助。作为诸侯之伯，齐桓公有责任去救助燕国。于是，齐桓公和鲁庄公商量，打算齐、鲁联合远征山戎，但鲁国只是口头应允，没有实际行动。结果，讨伐山戎的重任完全落到了齐国的肩上。齐桓公二十三年春（前663），齐军与山戎交战，山戎无力抵抗，只得退回深山并沿路溃散。齐军一路紧追，一直追到孤竹国才返回。对于齐国的此次救助，燕庄公十分感动。当齐军班师回朝时，燕庄公一路相送，不知不觉进入了齐国国境。按当时的礼仪制度，只有周天子送客才能走出国境，诸侯是没有这个权利的。齐桓公对燕庄公说，诸侯相送不出境。您现在已踏上齐国的土地，这片土地就应属于燕国。于是，就把燕庄公进入齐国之后所走过的地方割让给燕国，用这种方式保护燕庄公。齐桓公还抓住这个机会告诫燕庄公，要学习燕国开国君主召公治理国家的方法，要定时向周王室纳贡，谨守礼仪。

齐桓公伐戎救诸侯，割地训燕君，彰显出深明大义、光明磊落、顾全大局、舍己为人的霸者风范，比十几年前柯之盟中的表现成熟多了。对此，《史记》记载："诸侯闻之，皆从齐。""从"，跟从、追随。各诸侯国主动跟随齐国，自觉接受齐国的领导。由之可见，在驱逐戎狄、护卫华夏的政治与军事实践中，齐桓公的霸业得到进一步巩固、发展。

（三）伐戎之后，训导鲁国

本来，讨伐山戎是齐、鲁两国共同出征的，可是鲁国食言了。齐桓公认为，这是对霸主权威的挑战。盛怒之下的桓公想攻打鲁国以维护自己的尊严。管仲阻止桓公，说，鲁国的行为确实不正确，但如果我们现在对鲁国用兵，不仅不能巩固齐国霸主的地位，还有损于齐国仁爱宽厚的大国形象。我们为什么不把从山戎那里俘获的战俘和一些战利品运至鲁国，作为礼物赠送给他们呢？鲁国人看到战俘和财物，一定会害怕，这就等于向鲁国示威，表达我们的不满了。以后，鲁国人就不会再这样做了。齐桓公随即把一些山戎战俘和战利品作为礼物送给鲁国。鲁国国君见到，想起自己未履行诺言，心中既害怕又内疚。

对此，鲁国的史官在《春秋》中这样记载："齐人伐山戎……六月，齐侯来献戎捷。"其中深意，《春秋穀梁传》这样解释："齐人"指的就是齐桓公。为什么用"齐人"来称呼桓公呢？这是为了尊重身处战场之中的齐桓公。齐桓公身处讨伐山戎的战场前线，没有其他可以依靠的诸侯力量。在战场外围，也没有其他诸侯接应。他就这样义无反顾地独自率领军队跋涉千里，去北方讨伐山戎。"齐人伐山戎"一句，充满了赞扬之情。按规矩，诸侯讨伐四方戎狄，要奉献给周天子，周天子用来警示四方戎狄，诸侯之间不能互相赠送战俘。但现在，齐桓公献捷于鲁国，鲁国史官也如实记载，说明鲁国人把齐桓公当成了自己人。"献戎捷"是什么意思呢？"捷"是军队获得的战利品。"戎"，是出产于戎地的大豆。按《春秋穀梁传》的解释，齐桓公献捷后，鲁国进行了深刻的反思。鲁国人对齐桓公已经不仅仅是害怕和内疚了，而是产生了无比崇敬之情！第二年的春天，鲁国派人到齐国帮助管仲修筑私人封邑小穀城，多少有点借此举向齐国道歉的意思。

（四）驱逐狄人，迁邢安卫

齐桓公二十五年（前661），居住在太行山一带的狄人侵袭邢国。管仲对齐桓公说，不管是山戎还是北狄，他们的性情都像豺狼一样贪得无厌，没有满足的时候。华夏各国彼此亲近，是一家人。一个国家有危难，其他国家不能坐视不管。只关心自己，不关心他人,这种思想万万要不得。《诗经》中说:"岂不怀归,畏此简书。"难道不想回家享受安逸的生活吗?当然想。但现在不能这样做,因为简书上有出征的军令。我们的简书上也有军令,那就是我们华夏各国同仇敌忾、患难与共。所以,您一定要遵从简书的指示,去救援邢国。听了管仲的话,齐桓公马上派兵伐狄援邢。当齐国军队赶到邢国时,北狄人已经带着抢劫的财物返回深山里去了。桓公这次讨伐北狄,并没有太多收获,虽然暂时缓解了邢国的紧张局势,但北狄依然气焰嚣张。

一年之后,北狄卷土重来。不过,这次的侵夺对象是黄河北岸的卫国,此时卫国的国君是懿公。卫懿公是个荒唐无能的君主,他喜欢鹤,给鹤配上专用的漂亮车子,就好像鹤也享有爵位一样。而那些尽职尽责的大臣、将士及百姓,却得不到他的关心。时间久了,大家都厌恶懿公。当北狄攻击卫国时,卫懿公下令将士们出城迎战,没想到将士们生气地说,让你的爱鹤们去吧!它们享有官禄爵位,待遇超过了我们,我们哪里有能力去作战呢?尽管懿公最终说服将士们去迎战,但卫国军队无精打采、士气消沉。

卫国在这次战争中惨败。卫懿公对战事无知,身陷重围之中,仍然不拔掉战车上的旗子,结果被狄人发现,死在乱军之中。残兵败将逃回城中,对大家说,狄人可能会来攻城。城里的居民一起弃城向南奔逃。狄人攻占都城后,继续追击卫国的军民,一直追到黄河岸边。无奈之下,卫国军民只得转身迎战。正在这个时候，宋国派来的救兵赶到，才从狄人的虎口之下救出七百三十人。卫国人选出了新的国君，暂时居住在一个叫曹的地方。

卫国人现在虽有避难之所，但两手空空，正常的生存难以保障。正在一筹莫展的时候，齐桓公派公子无亏带了三百乘战车、三千名甲士赶到曹地。齐桓公想得非常周到，他料知此时的卫国军民缺衣少食，特意让无亏随军带去驾车的马四匹、祭服五套、牛羊猪鸡各三百，还有建筑房舍用的木材。国君的夫人也得到一辆用鱼皮装饰的车子和三十匹丝织品。幸亏有了这一批接济物资，新的卫国才算勉强运转起来。

北狄攻占卫国都城，把卫国人打得几近亡国。他们烧房屋，抢财物，掳平民，为所欲为。就在侵卫的第二年，狄人又开始攻击邢国。邢国在今河北邢台市，距离太行山不远，所以容易遭到躲藏在深山里的狄人的攻击。敌人居无定所，抢了财物就跑，很难对付。因此，邢国人民对北狄人非常恐惧。齐桓公立刻联合宋、曹两国，急速前往救援。狄人携带着抢劫的财物，又躲藏到山里去了。此时的邢国首都已经败乱不堪，不适宜居住。邢国人也被折磨得元气大伤，个个如惊弓之鸟，提到狄人就惊恐万分，更不用说与狄人交战了。他们再也不敢居留在原地。齐桓公和管仲商量，联军离开后，狄人定会卷土重来，所以必须想出一个解救邢国的长久之计。于是，他们决定把邢国迁移夷仪（今山东聊城附近）。夷仪离齐国不远，应该是比较安全的。联军收集了一些邢国人使用的器具和财物，完好无损地运到夷仪，如数归还。到了夷仪，他们还替邢国人修筑了城墙。一切安排好之后，才各自班师回国。对于齐国的这次救助，《左传》这样评价："凡侯伯救患分灾讨罪，礼也。"作为诸侯领袖，救济患难，分担灾害，讨伐敌人，是完全合乎当时的礼仪制度的。

邢国安置好了，卫国也需要重新整顿一下。就在帮助邢国迁都的第二年，齐桓公邀集了几个诸侯国，在曹地附近的楚丘（今河南滑县附近），修建了一座新城，作为卫国的国都。

现在，无论是邢国，还是卫国，都可以重新安居乐业了。两国人民都非常高兴。史书上说："邢迁如归，卫国忘亡。"邢国人迁到新的都城，好像回到家一样；卫国人迁到新的都城，忘记了亡国的悲愁。

（五）南驱强楚，救郑伐陈

公元前666年，楚国侵伐郑国，齐、鲁、宋联军击溃楚军。公元前662年，齐桓公邀集诸侯商讨伐楚事宜。由于北狄侵邢、侵卫，齐桓公忙于对付狄人，伐楚这件事被暂时搁置。

楚国一直对北方诸国虎视眈眈。公元前659年，楚国人又一次侵伐郑国。他们给出的理由是郑国与齐匿亲近，故意疏远楚国。齐桓公召集鲁僖公、宋桓公、曹昭公、郑文公及邾国国君，在宋国的柽地谋划救助郑国。不久，楚国退兵。公元前658年秋天，齐桓公、宋桓公决定，与靠近楚国的江、黄两国国君在宋国的贯地（今山东曹县附近）举行一次会谈。会谈中，江、黄两国表示不再依附楚国。于是，他们在贯地结盟。

到了冬天，楚国再次攻打郑国。战斗中，楚大夫斗章囚禁了郑国的聃伯。管仲意识到，楚国接二连三地攻打郑国，说明楚国的军事实力越来越强大，越来越不把北方诸侯放在眼里。郑国作为与楚国距离较近的北方国家，在连续受到楚国的威胁与攻击下，仍坚持站在北方诸侯一边，但齐桓公并没有组织诸侯联军对楚国进行打击和遏制。在北方华夏集团和南方楚国的对峙中，利益直接受到损害的是夹在二者中间的国家，包括郑国，还有江、黄等小国。这种局面持续下去，北方华夏联盟必然遭到破坏，楚国也会向北逐渐蚕食。所以，怎样有效地阻止楚国北侵，就成为当下亟待解决的事情。

但楚国似乎铁了心要使郑国屈服。他又一次伐郑，这正是管仲所担心的。楚国步步紧逼，有可能动摇与楚国邻近的诸侯国对于华夏集团的向心力。就在楚国集结兵力准备伐郑的时候，郑国开始犹豫不决：是坚定地跟随以齐桓公为首的华夏联盟，还是倒向已吞并了众多小国的南方强国——楚国。现实利益迫使郑国投向楚国的怀抱。郑文公打算屈服于楚国，向楚国求和。这时，一个叫孔叔的人说，齐国正为我们国家奔波忙碌。您现在弃齐亲楚，是以怨报德，不会有好的结果。郑文公觉得有道理，思忖了很长时间，重又把希望寄托在齐桓公身上。齐桓公二十九年（前657），齐桓公邀请宋、江、黄三国国君在齐国的阳穀会谈，商量如何抗击楚国。之后，鲁国也如约去齐国参加盟会。齐桓公三十年（前656）春天，齐国召集鲁、宋、陈、卫、郑、许和曹七个诸侯国，组成联军，由齐桓公指挥，浩浩荡荡远征楚国。

虽然剑指楚国，但齐桓公首先要攻打亲楚的蔡国。原来，蔡国自楚国入侵后，一直追随楚国，早已和华夏各国貌合神离。所以，齐桓公要借这次南征强楚的时机，教训蔡国。蔡国本来就不大，加之自知理亏，在联军的攻势下，没用多长时间就全线崩溃。齐桓公没有灭掉蔡国的打算，还下令不能抢劫蔡国民众的财物，因为他知道这个时候各国需要团结起来，一致对抗强楚。

楚国这几年扩张的步伐很快，周边很多小国已经成为楚国的领土。令楚国意想不到的是，此次伐郑遇到了麻烦，自己的军队还没来得及陈兵于外，甚至连自己的家门口都没有迈出，对方的援军就已经赶到，且是多国联军，声势颇为浩大。

楚成王毕竟经历过多次战事，预感到这次伐郑不仅不会顺利，稍有不慎，还有可能被华夏联军击溃。这一仗是打还是不打？如果打，怎样应对？不打，又怎样周旋？狡猾的楚成王思前想后，决定让使者到联军阵营拜谒齐桓公，打探军情。

楚国使者来到联军阵营拜谒齐桓公，并传达楚成王的话，你们住在北方，我们住在南方，即使是牛马狂奔，也不能到达彼此的疆域，没想到你们却长途跋涉到我们国家。请问，你们来这里做什么呢？楚国使者的这套外交辞令很有水平。言语中，楚国把自己打扮成安分守己的样子，而把侵略他国的罪名加给了齐国。

管仲在一旁听后,代替桓公回答,以前周朝建立的时候,天子对我们齐国的开国君主太公说,天下的诸侯,无论是哪一个犯有过失,齐国都可以进行惩罚。同时指定了太公的征伐范围:东边到大海,西边到黄河,南边到穆陵,北边到无棣。现在,再说一下你们楚国吧。王室沥酒用的包茅,你们不按时进贡,导致天子祭祀物品缺乏。此外,当年周昭王南巡,来到你们这里,却始终没有返回,这究竟是怎么一回事呢?我们今天一定要问个清楚。管仲这番话义正辞言,诘难对方,变被动为主动。楚国使者丝毫不示弱,说,楚国多年没有按照规矩进贡包茅,确实是我们的过错,我们必将改正。不过,昭王南巡没有返回,是因为他自己掉到汉水里了,不是我们的责任。如果你们想要问个究竟,那就到汉水边去打听吧。楚国使者的话绵里藏针,很难对付。管仲知道,楚国一向蛮横无理,不会轻易向联军低头,于是就和齐桓公商量,继续向南进军。

联军进入楚国疆域,驻扎在一个叫作陉的地方。看到联军竟然闯进自己的地盘,楚成王十分气恼,但理性使他不敢轻举妄动。他从来没有见过这么大的阵势。他下令楚军严密防守,不要贸然迎战。双方相持不下,转眼间春去夏来。联军没有丝毫退兵的样子,他们的意志非常坚定,似乎不和楚国打上一仗分出胜败就绝不退兵。这次,楚成王真的有点紧张了。尽管楚国在南方纵横几十年,攻则克,战则胜,但面对的毕竟是众多弱小的国家,像这么众志成城、同仇敌忾的联军,还是第一次遇见。老谋深算的楚成王最终决定,派手下的大臣屈完前往联军阵营谈判。

既然楚成王传达出和解的信号,说明他意识到侵伐郑国的行为已经引起华夏诸侯的强烈不满。这次联军南下,就是要警告楚国,华夏诸侯是一个整体,容不得楚国蚕食。换句话说,楚国可以扩大自己的疆域,但不能侵吞华夏土地。此次南征,目的并不是仅仅制止楚国此次北侵,更重要的是把楚国真正震慑住,杜绝其北侵的念头。所以,管仲建议,在与楚国谈判的同时,展示一下军威,继续给对方施压。

齐桓公命令联军退至召陵,按两军交战的阵势列队迎接。战士操演,车马疾驰,忽进忽退,或分或合。将士动作齐整,队列变化无穷。桓公自豪地指着联军队伍,对屈完说,这样的将士,什么人可以抵挡?这样的阵势,任凭对方怎样坚守,都会攻无不破!屈完看在眼里,暗自庆幸已做出避免交战、主动和解的正确选择。但作为谈判一方,当然还要故作矜持。于是,屈完答道,您如果以德来安抚天下诸侯,哪一个会不顺服?如果您只是炫耀武力,哪个诸侯会心服呢?纵然我们楚国慑于您的威力不敢对抗,但我们以方城山为城墙,以汉水为护城河,您的军队虽然将士众多,恐怕也没有用武之地!屈完的态度虽然强硬,但话中已透露出希望双方放弃武力,建立外交关系的愿望。而这正是齐桓公希望看到的。齐桓公趁机话锋一转,说,我们联军南征,实在不是为了齐国的私利。齐、楚的先祖曾经建立过友好的关系,我们两国重修旧好怎么样?屈完马上回答,您惠临敝国,是为了我们共同的利益啊!承蒙您对敝国的关照,这也正是我们楚国的愿望。

于是,齐国和楚国就在召陵这个地方订立盟约。这扭转了几十年来北方诸侯对楚国隐忍退让的外交局面,是一次重大胜利。

可是,天下事似乎从来不会圆满。就在联军准备班师回国的时候,发生了一件令人不愉快的事情。按照惯例,联军返回,一路上的粮草供给由所经过的国家提供。陈、郑两国是必经之地。陈国大夫辕涛涂就和郑国大夫申侯商量,建议齐桓公率联军改走东边的路线,顺便向东方的夷族人炫耀军威。申侯答应了。

就在辕涛涂向齐桓公汇报,齐桓公认为有道理且要马上执行的时候,申侯却把辕涛涂的真实意图告知了齐桓公,说,联军南征已非常劳累,如果沿东路回师,遇到敌人,打起仗来,未必有必胜的把握。到那时候,整个南征就会前功尽弃。桓公非常恼怒,知道陈国专为自己打算,全然不顾联军的安危,就下令把辕涛涂囚禁起来。为了惩戒陈国,这年秋天,齐国又一次出征,联合江、黄两国攻打陈国;到了冬天,又联合鲁、宋、卫、郑、许、曹等国讨伐陈国。陈国只得低头认罪,请求和解。

经历这次事件,我们看到,各诸侯国虽然表面上结成联盟,但彼此之间又存在利益纠葛。正是利益纠葛影响着盟军的团结,也直接造成在特殊情境下个别诸侯国脱离盟军的可能。陈国是一个小国,征讨它本不用兴师动众,可齐桓公硬要拉上众诸侯一同前往,说明他正有意识地强化大家的集体责任感。因为只有联合起来,才有力量,才能做大事情!

(六)成周室,攘四夷,尽显霸主风范

说到这里,齐桓公的南征北伐,似乎可以暂圈句号了。但我们必须知道,南征北伐只是齐桓霸业的一部分,属于驱攘四夷的内容。而且,仅是驱攘四夷的一部分内容。尽管这一部分因影响较大被历史详记,但剩下的那部分不能因记载简单而被忽略。唯有完整展现整个历程,齐桓霸业的艰辛曲折,才会被我们所知并记忆。

楚国被联军挫败并订立召陵之盟一年之后,利欲之心又蠢蠢欲动。齐桓公三十一年,楚国派兵灭了弦国。弦国是一个十分弱小的诸侯国,在楚国东北方向,与黄国、江国、息国、英国、蒋国、道国、柏国等小国距离很近。其中,江、黄、道、柏四国与齐国关系不错,且与弦国有婚姻关系。弦国倚仗这个特殊背景,没有及时亲附楚国,所以遭到楚国的报复。齐桓公三十二年,楚军又包围了许国,齐桓公率领齐、鲁、宋、陈、卫、曹诸侯联军解救许国。齐桓公三十七年,黄国由于不给邻近的楚国献供品,招致楚国进攻。第二年的夏天,被楚国所灭。在灭亡之前,黄国作为华夏联盟的一员,坚信楚国不敢对自己轻举妄动。但当楚军兵临城下,诸侯援军却不能及时赶到。齐桓公二十八年,近楚的江、黄二小国由依附楚国转而依附以齐国为首的华夏联盟。当时,具有政治远见的管仲就曾对齐桓公说,江、黄两个小国远离齐国,靠近楚国。如果楚国攻打二

国，而齐国不能及时救援，他们就会被楚国消灭。现在管仲的话得到验证，而齐国作为诸侯长，没能保护黄国这一忠诚的盟友，不能不说是极大的遗憾。齐桓公三十九年夏天，南方的淮夷侵扰杞国，齐桓公召集鲁国、宋国、陈国、卫国、郑国、许国、曹国国君，在卫国的咸这个地方举行盟会，商量救助杞国。秋天，北方的戎人制造事端，齐桓公召集诸侯商量戍守周王室，并派齐国大夫仲孙湫领兵前往。随着华夏诸侯联盟的影响越来越大，之前没有亲近联盟的一些小国，如在宋国和陈国东南的徐国，也开始依附齐桓公。这无疑会激怒楚国。齐桓公四十一年，徐国因靠拢华夏诸国遭到楚国进攻。于是，齐桓公又一次召集鲁国、宋国、卫国、陈国、郑国、许国、曹国在牡丘会盟，援救徐国。齐桓公四十二年，戎人又制造事端，周王室告急。齐桓公再次召集诸侯，并派兵戍守周王室。

以上内容，是齐桓霸业驱攘四夷的前后过程。

二　立德尊王，霸业巅峰

（一）在尊王中纠正周王过失

周惠王立长子郑为太子。太子郑的母亲去世后，惠王的庶妻生下王子带。由于惠王喜欢这位庶妻，自然就喜欢王子带，于是想废黜郑，另立王子带为太子。这件事有违于当时的王位继承制度，严重影响了周王室的声誉。作为霸主的齐桓公不能袖手旁观。齐桓公三十一年，齐国召集宋、陈、卫、郑、许、曹、鲁在卫国的首止集会，并邀请太子郑参加，商讨如何使周惠王改变主意，按礼仪规定办事。齐桓公也想用这种方式，对周惠王施加压力。因为诸侯集会并邀请太子参加，实质上是向周惠王表明诸侯的态度，即他们承认太子郑的合法地位，不愿随意变更。可想而知，周惠王对齐桓公此举非常恼火。

　　在这次集会中，陈国的辕涛涂和郑国的申侯也参加了。辕涛涂憎恨申侯。原来，召陵之盟结束后，因为不想让联军途经陈国，辕涛涂曾建议齐桓公改走东边路线，不料被申侯出卖并被齐桓公囚禁了好长时间。而申侯因此受到齐桓公的奖赏——齐桓公与郑文公商量后，把虎牢这个地方赐予了申侯，作为他的采邑。现在，辕涛涂要趁机报复申侯。遇见申侯时，辕涛涂做故友重逢状，假装不知道申侯出卖自己一事。他故意劝说申侯在自己的封邑内修筑城墙，并在齐桓公面前积极提议这件事，得到允许。他又私下里会见郑文公，说申侯要修筑他的私人封邑，并已向齐桓公汇报。他提醒郑文公，申侯不怀好意，要对他多加防范。郑文公听了非常不高兴，心想申侯本是郑国的臣属，却处处巴结齐桓公，明显没把自己放在眼里。

　　这一年的秋天，诸侯们又一次举行会盟，周惠王也参加了。前面提到，惠王对齐桓公意见很大。他知道郑国和齐国的关系若即若离，时常发生矛盾，就想借助郑国发泄自己的不满，同时借助另立联盟来孤立、打压齐国。于是，他派人召见郑文公，提议郑国与楚国亲近，然后向西北的晋国寻求帮助。楚、晋、郑三国联合起来，共同抵抗齐国。他说，这样，郑国既可以摆脱齐国的制约，还可以避免楚国的侵犯。郑文公听了，既感到窃喜，又不敢背叛齐桓公。左思右想之下，郑文公决定不参加会盟，溜回了郑国。

这使诸侯霸主的脸面无处安放。第二年夏天，齐桓公联合鲁、宋、陈、卫、曹五国讨伐郑国。这个时候，已经同郑国沆瀣一气的楚国开始进攻郑国附近的许国。诸侯联军为了保护盟友许国，转而发兵救许。当赶到许国的时候，楚军早已离开。这次联军远征无功而返。

齐桓公三十三年，齐国军队单独讨伐郑国。郑国觉得终究不能得罪齐国，于是就派人请求和解，把郑国与齐国产生矛盾的原委一一向齐桓公讲解清楚。郑文公觉得，齐、郑两国之间之所以闹到今天这种地步，完全是因为两个小人——辕涛涂和申侯——从中作祟。于是，郑文公杀死申侯向齐桓公谢罪。看到郑文公已经低头认错，齐桓公也就不再追究此事。

（二）在宁母之盟中坚守正义

公元前653年的秋天，诸侯联军在宁母结盟。显然，此次盟会是针对郑国采取的行动，以此考验郑国是否真的忠诚。但郑文公并没有亲自赴盟，只是派了太子华前往。

为了稳定联盟、聚结人心，管仲向齐桓公建议，要想领导别人，自己的言行举止必须符合"礼"；要想让别人靠拢在自己身边，必须注重"德"。在这两个方面做得出色，就能巩固霸主地位。桓公觉得很有道理，于是对所有参盟的诸侯依照外交礼节对待，还为他们准备了丰厚的礼品，作为参盟的赏赐。大家非常高兴，纷纷称赞齐桓公的霸主风范。

太子华与郑国贵族泄氏、孔氏、子人氏不合，三家势力强大，对他构成威胁。于是，太子华想借这个机会讨好齐桓公，借齐桓公的力量铲除他们。他悄悄对齐桓公说，郑文公不亲自参加盟会，全都是泄氏、孔氏、子人氏出的主意。如果齐国能以此为借口，逼迫郑国除去三家势力，将来自己继承国君之位，执掌郑国大权，一定会竭力追随齐国，永不变心。太子华的这番话，其潜在的意思是让齐国尽快逼迫郑文公离位。

齐桓公对郑文公没有好感，听了太子华的话，认为不失为制服郑国的办法。但管仲不以为然。他对齐桓公说，作为诸侯之长，一定要注意自己的言行，一定要为诸侯树立遵礼、明信的榜样。做儿子的不能违背父亲的意愿，做臣子的要完成君主的命令。如果在这两方面故意违犯，便是最大的邪恶。如果答应太子华的请求，就是在诸侯面前违背礼义诚信、褒奖邪恶！最终，几十年的霸业将落得个有始无终。丢掉的不仅是霸业、名誉，还有整个社会的礼仪纲纪和齐国的安定与前途。齐桓公说，现在不正是教训郑国、警示天下的机会吗？管仲回答说，您用道德来安抚天下诸侯，外加教育训导。如果郑国不接受，就率领诸侯征讨。这个时候，郑国一心挽救自己的危亡，哪能不害怕、不虚心接受、不认真改正呢？如果伙同郑国的罪人兴兵攻打，郑国就有十足的理由拒不接受，且会团结起来对抗，他们还会畏惧吗？会盟诸侯，就是为了彰明您的德行。伙同太子华，助他登上国君之位而不顾道义，怎能起到向他人、向后世示范的作用呢？诸侯聚会，大家的德行、刑罚、礼仪、道义，乃至一举一动，各国都会进行记载。如果记载了帮助奸邪之人登上君位这样的事，您的会盟盟约就很难履行了。您一定不要答应太子华的要求。如果您一身正气，践行德、义、礼、信，郑国终将接受您的邀请来参加会盟。太子华想借助大国来削弱自己的国家，行不义之事，一定不能免于祸患。郑国有叔詹、堵叔、师叔三位贤明的人执政，太子华恐怕没有机会作乱！齐桓公于是拒绝了太子华的请求。

很快，这件事就在郑国君臣之间传开了，子华因此成了郑国的罪人。郑文公被齐桓公始终秉持道德礼义的霸者风范感动了。同年冬天，他主动去找齐桓公，请求与齐国结盟。

（三）在洮地之盟中拥立太子郑

就在这个时候，周惠王死了。太子郑担心弟弟王子带争夺王位，就对惠王去世这件事秘而不宣，暗地里派人迅速前往齐国，向齐桓公汇报。大概因为当时正是年终岁尾，齐桓公没有立即行动。来年初春，齐桓公邀请鲁、宋、卫、许、曹、陈几个国家，在曹国的洮地会盟，郑文公也赶到并请求参盟。周王室的代表也参加了盟会。八个诸侯国的国君共同拥戴太子郑继承王位。周王室代表回到京城，向臣民传达了诸侯盟会的意见。王子带及其同党听后，暂时打消了争夺王位的念头。太子郑听后，心中的石头落地，终于登上天子之位。这就是周襄王。之后，周襄王处理了惠王的丧事。

可以说，在这次继位事件中，齐桓公起到了决定性作用。整个过程没有大的波折与动乱，得到了稳妥的处理。这是齐桓公霸业历程光辉的一页。

（四）在葵丘会盟中力尊周王

齐桓公看到太子郑已继承天子之位，各国彼此团结、相互支持，觉得志满意得。他想召集诸侯，重温过去的誓词，聊叙往日的友谊，同时也好好地总结一下。齐桓公三十五年的夏天，在齐国的邀请下，周王室代表宰孔、鲁僖公、宋襄公、卫文公、郑文公、许僖公、曹共公在宋国的葵丘举行盟会。可以说，这是一次颇为宏大、庄重，使齐桓公出尽霸主风头的盛会。

周襄王为了感谢齐桓公对自己的支持、帮助，特意让宰孔带去了祭祀周文王、周武王用的胙肉，并赐予齐桓公。这是一种极高的礼遇。齐桓公正要行跪拜礼，过去接受胙肉，宰孔挡住了他，说，天子说，您年纪大了，又功劳卓著，不用下拜。不让桓公下拜，乃是周襄王有意抬高齐桓公的身份，以嘉奖他作为诸侯之长的功绩。齐桓公听了之后非常兴奋，一边的管仲急忙对他说，万万不可，请您一切依礼而行。齐桓公顿时醒悟过来，对宰孔说，天子威严不曾离开过我，就在我咫尺之间。不下拜，将给天子带去羞辱，我不敢不拜。齐桓公恭恭敬敬行跪拜礼之后才登上台阶，接受胙肉。齐桓公的表现，博得了在场诸侯的一致称赞。

（五）在会盟中巩固周王室

齐桓公觉得意犹未尽。同年秋天，他又一次召集诸侯，在葵丘举行会盟。周天子依然让宰孔参加。盟会约定，凡参加结盟的人，盟誓之后言归于好。《春秋》中如是记载："九月戊辰，诸侯盟于葵丘。"《春秋穀梁传》说，由齐桓公主持召集的诸侯盟会，《春秋》通常不记载具体日期，这次却记载了日期"九月戊辰"，这是为了赞美齐桓公在葵丘之盟中强调了周王的禁令。原来，这次葵丘会盟中，齐桓公陈列了供奉先人的牲畜，宣读的盟书就放在牲畜身上，阐明周天子的禁令。禁令中规定：不得壅塞通向别国的水流，不得囤积粮食以阻止别国购买、救灾，不得随意取消嫡子的君位继承权，不得将侍妾立为正妻，不得让妇人参与国家大事。

为什么禁令中有这五条规定呢？我们不妨对此略做解释。

关于禁止壅塞水流。古代社会的农田灌溉，除了自然降雨外，主要依靠河水。北方水流不多，且通常是一条河道穿越多个国家。如果上游的国家壅塞水流，则下游国家无法灌溉农田。如果大家都私心太重，彼此互不相让，势必发生政治冲突。当时诸侯国之间经常发生战争，壅塞水流便是其中的一个原因。这个时候，迫切需要一个主持公道的裁判人。霸主是诸侯之长，当然有责任、有义务调解此类争端。所以齐桓公以天子的名义特别强调了这一禁令。

关于禁止囤积粮食。古代经济上自给自足的生产状态，决定了粮食生产主要是供自家食用。当时的生产水平低，余粮不多，有余粮也主要是自家囤积起来，以备天灾饥荒。各地天时不一，地利不一，经常出现这一国家丰产、另一国家歉收的现象。在这种情况下，各国需要互相沟通，彼此扶持。如果诸侯国各自为政，势必造成一方农粮有余，一方仓尽粮空、忍饥挨饿的状态，必然引起国内动乱，并引发诸侯国之间的战争。

关于其他三条禁令。西周、东周的礼法制度是建立在家族关系基础之上的。当时的社会实行一夫多妻制。正妻之外还有许多庶妻，即姬妾。正妻所生的长子称嫡长子，为王位或诸侯、大夫之位的合法继承人，一般情况下不能变更。如果正妻没有生育，王位继承人才有可能轮到庶妻所生之子。不过，众多妇人争宠，有可能出现正妻被冷落的现象。也有可能出现正妻早逝，嫡长子的继承权被庶妻之子夺走的现象。废嫡立庶这样的事，在当时经常发生。前面我们谈到的周惠王想废太子郑而立王子带就是一例。废嫡立庶经常导致宫廷政变与流血事件。又因为诸侯之间经常有联姻关系，废嫡立庶引起的宫廷政变与流血事件又会引发国与国之间的矛盾与争端。所以，在这次会盟中，齐桓公把"毋易树子，毋以妾为妻，毋使妇人与国事"提出来，既是庄重严肃地再次捍卫了周襄王的合法地位，也是在各诸侯面前重申不可废嫡立庶的礼法规定。

第五章

齐文化精粹撷珍·管仲

成就霸业(下)

一　晚年平戎

葵丘之盟标志着齐桓霸业走向巅峰。从参盟各方所涉及的地域看，主要集中于黄河下游，而位于周天子都城洛邑以西、黄河上游的两个大国——晋和秦还没有融入以齐桓公为首的诸夏联盟。

但不能说齐桓霸业对他们没有影响。齐桓公霸业的事迹，在西方诸侯国已有传播。葵丘会盟时，晋献公就曾打算前往。只不过，他还没有赶到葵丘，会盟已经结束了。

葵丘之会结束后的第一年，即齐桓公三十六年（前650），晋献公去世，国内因君位继承发生动乱。齐桓公作为霸主，有责任去平定内乱。于是，他召集诸侯联军一路西征，到达晋国的高梁，待晋惠公即位后，班师回国。这是齐、晋两国第一次正式发生外交关系，也是齐桓霸业中最后一次平定诸侯国内部的动乱。

前面提到，周襄王登天子位，是在以齐桓公为首的各国诸侯的支持下实现的。与他争夺王位的王子带，看到诸侯一致拥戴太子郑（即周襄王），只能暂且偃旗息鼓，但内心并不服输。齐桓公三十七年的夏天，王子带暗地联络洛邑以西的山戎，唆使他们进攻王室都城。结果，都城的外郭被戎人破坏，都城的东门也被戎人烧毁。按常理而言，作为霸主的齐桓公应该及时救援，保护王室安全，但史书中没有记载齐国的任何行动，倒是秦国、晋国派兵攻打山戎，救援王室。秋天，晋惠公在山戎、周天子之间交涉，以求双方和解。

周襄王知道，此次山戎进攻洛邑，完全是异母弟王子带暗中作祟。一年之后，即公元前648年，襄王以王子带勾结山戎进攻王室为罪名，征讨王子带。王子带逃往齐国。由于山戎和王子带关系密切，王子带被襄王逼走齐国，又重新加剧了山戎与周王室之间的紧张气氛。山戎态度强硬，实力也不弱，对从中调解的晋国非常不满。所以，整个西方地带，由于强势的山戎而相互间剑拔弩张。如何和缓、平息这一局势？《左传》记载："冬，齐侯使管夷吾平戎于王，使隰朋平戎于晋。"这一年冬天，齐桓公派遣管仲在周王室与戎人之间调解，派遣隰朋在晋国和戎人之间调解，平定了这场风波。

为什么当时出现的是"平戎"事件，而不是"征戎""讨戎""伐戎"呢？这或许是因为西戎势力过于强大，征伐起来不容易，所以只能采取媾和的方法。虽然平戎事件最终进展顺利，取得了一定的安抚边境的效果，但也无法否认，以齐桓公为首的诸夏联盟在征讨四夷方面，出现了由盛而衰的迹象。

二　辞上卿之礼

尽管这样，对于齐国平戎的功绩，周襄王依然非常满意。整个齐桓霸业的策划者——管仲，无疑应受到特别的褒奖。平戎结束后，周襄王想用上卿之礼款待管仲。我们暂且不讨论襄王此举是否合于礼仪，因为襄王仅仅是想以这样的方式表达他对管仲的敬重和自己的喜悦。我们在前面谈到，齐国的上卿国氏、高氏的爵位是由周武王赐封的，也只有天子才有赐封上卿的权利。而管仲是由齐桓公任命的，仅是下卿，即一般的大夫官职。尽管齐桓公打破常规，赐予管仲高于上卿的实际权力，但管仲在名分上仍是下卿。面对周天子所设的上卿之礼，管仲当然不能接受。管仲谦逊谨慎地对襄王说，陪臣虽然执掌齐国政事，但名位很低。齐国的上卿是国氏、高氏。如果我接受了上卿的礼遇，以后高氏、国氏来朝拜王室，您又该以什么样的礼仪来接见他们呢？陪臣不敢因为自己一个人扰乱了王朝的纲纪！"陪臣"，是诸侯的臣属在周天子面前的自称。虽然周天子极力优待管仲，但管仲始终不肯僭越，展现了霸主之佐极高的政治素养。最后，管仲以下卿之礼接受襄王的宴飨。

三　管仲、齐桓之死

尽管平戎暂时取得成功，但不能保证日后戎人不挑起事端。为了保证周王室的安全，管仲与齐桓公商量，再次发动诸侯，组成联军戍守王室。

齐桓公四十年（前646），为了保护杞国免遭淮夷的侵扰，齐桓公号召诸侯在缘陵为杞国修筑都城，把杞国迁了过去。

齐桓公四十一年（前645），齐桓霸业的策划者、齐桓公忠诚的助手、齐国史上伟大的政治家——管仲病逝。

就在这一年，齐桓公组织诸侯讨伐楚国的同党厉国，以援救华夏集团的徐国。第二年夏天，齐国攻打厉国，没有获胜，援救徐国后返回。秋天，狄人攻打晋国，占领了许多地方，晋国没有能力与之对抗。同时，戎人又对周王室洛邑肆意侵扰，齐桓公调集诸侯军队去洛邑戍守。冬天，齐桓公召集鲁、宋、陈、卫、郑、许、邢、曹等诸侯联军在淮水流域聚集，准备讨伐居住在这里的夷人，同时救援被侵犯的鄫国。诸侯联军为鄫国修筑城墙。大家感到苦累，有人夜间登上小山头大喊齐国发生了动乱。结果，诸侯联军没等筑完城墙，就各自回国了。

公元前643年春天，齐国与徐国联合攻打英氏，这是因为英氏作为楚国的属国，曾帮助楚国打败徐国。夏天，鲁国灭项国。冬天,为华夏诸侯的团结、发展鞠躬尽瘁,在抵抗、驱逐四夷中站在前线,为维护周王朝纲纪做出贡献的春秋第一位诸侯霸主——齐桓公去世。

在管仲病逝前,桓公曾向他询问谁适合接管国政。管仲说,鲍叔牙为人正直,但嫉恶如仇,过于明察,不适合为政;其他如宾胥无、甯戚、曹孙宿,虽有才干,却都有缺陷。他认为隰朋目光远大,事君无二心、公私兼顾,仁爱且为人兼让,可将国政托付给他。桓公接受了管仲的建议。然而,管仲却长叹一声,说,老天生下隰朋,是配合我完成霸业使命的。隰朋与我的关系就像舌头和身体,我死了,舌头也起不到作用了。

管仲不放心国政。他考虑到桓公身边有四个奸佞,对齐国的政权稳定形成威胁,就对桓公说,希望您远离易牙、竖刁、堂巫和公子开方。您没有吃过婴儿的肉,易牙就把自己的儿子蒸了给您吃;您好色且嫉妒,竖刁就阉割自己给您管理内宫;公子开方侍奉您,十五年不回家。易牙连自己的儿子都不爱护,能爱护您吗?竖刁连自己的身体都不珍爱,能珍爱您吗?公子开方连自己的父母都不亲爱,能亲爱您吗?这几个人对您的忠诚,都是装出来的!这种伪装不会长久的!桓公答应道,听从您的教诲。

管仲去世十个月后,隰朋也去世了。桓公觉得管仲的话有道理,就废掉了易牙等四人的官职。可是,他赶走了易牙,却感到吃什么东西也不对味;赶走了竖刁,内宫就乱作一团;赶走了堂巫,就生起了怪病;赶走了公子开方,临朝听政就没有了条理。

于是，桓公重新起用这四个人。

一年之后，易牙等四人作乱，把桓公围困在室内，不许外出。桓公被活活饿死，尸体在宫内停放了六十七日，以至蛆虫爬出户外。最后，被人们匆匆收殓下葬。

四　五公子争位

齐桓公的三位夫人没有为桓公留下后代，六位宠妾生下六个儿子，分别是公子无诡、公子昭、公子潘、公子商人、公子元、公子雍。除公子雍之外的五位公子均参与了齐国君位的争夺。

桓公和管仲在世的时候，曾商量将公子昭立为太子，并告知宋襄公，请他协助公子昭登上君位。可是，桓公手下有一个叫雍巫的人，他和公子无诡的母亲长卫姬关系暧昧，又通过宦官竖刁向桓公进献厚礼，桓公于是私下答应将公子无诡立为太子。管仲去世后，五位公子争着要当国君。等到桓公去世后，雍巫、竖刁等人合伙杀死朝中很多大臣，硬把公子无诡立为国君。公子昭为了自身安全，逃往宋国。

宋襄公因为齐桓公、管仲生前的嘱托，答应公子昭要保他成为新一任国君，于是就联合其他诸侯国率兵讨伐齐国。齐国人害怕宋襄公，杀死了无诡，打算立公子昭为国君。齐桓公的其他几位公子组织叛党攻击公子昭，被宋襄公打败。公子昭如愿以偿，登上齐国君位，这就是齐孝公。公子无诡因为在位仅三个月，没有谥号。

齐孝公在位十年。他去世后，公子潘借助卫公子开方的力量杀死孝公的后代，自立为齐国国君。这就是齐昭公。

齐昭公在位十九年。去世后，他的儿子（名舍）继承君位。因为舍的母亲在昭公生前不被宠爱，所以齐国人瞧不起他。齐昭公的弟弟公子商人，之前参与过五公子争位，但没有成功。这次，他瞅准机会，做好夺位的准备。他暗地里结交贤能的人，爱抚百姓。齐国人很拥护公子商人。齐昭公去世仅几个月，公子商人就把势单力薄的齐君（舍）杀死在昭公墓前，并自立为国君。这就是齐懿公。

但齐懿公即位后骄奢淫逸，齐国人民不拥护他。他身为公子的时候，曾经与人一起打猎，因为发生争执处于下风，心中懊恼。如今他成为齐国国君，就任性而为，把那个人的一只脚砍掉，并让他的儿子丙戎做了自己的仆人。有一个叫庸职的人，妻子相貌姣好。齐懿公就把他的妻子抢走并纳之于后宫，还强迫庸职为他驾车。继位后的第四年五月，齐懿公在申池中洗浴，恰巧被庸职和丙戎看到。庸职对丙戎说，这就是把你父亲的脚砍掉并让你做仆人的那个人！丙戎对庸职说，这就是把你的妻子抢走并强迫你做马夫的那个人！两个人越想越愤怒。于是，他们合谋把齐懿公骗到竹林中游玩，把他杀死于车上，丢弃在竹林中，逃走了。

齐懿公死后，齐国人夺走他儿子继承君位的权利，从卫国迎回公子元，让他做了齐国的国君。这就是齐惠公。

齐孝公二年（前641），陈穆公主动联合诸侯在齐国举行会盟，以纪念齐桓公、管仲在做诸侯霸主期间对各国的恩德。

齐昭公元年（前632），晋文公在城濮之战中大败楚军，于是大会诸侯。他朝觐周天子，被周天子封为霸主。至此，齐桓公称霸的时代结束，晋文公称霸的时代开始。

五　霸业影响

春秋前期，管仲辅助齐桓公对齐国的内政、外交进行改革，使齐国国富兵强，成为当时最有影响力和号召力的国家，齐桓公也因之成为诸侯之长、诸侯之伯、诸侯之霸。管仲提出桓公称霸诸侯的目标，其初衷仅是安定齐国社稷，进而使齐国国富兵强。但桓公的霸业，其历史意义并不局限于齐国一国。在对齐桓霸业的历史进程做简略叙述后，我们有必要着眼于当时的文明进程，对其历史意义做一交代。

关于齐桓霸业的历史意义，童书业先生认为，春秋时代中原各诸侯国不致沦丧，周天子能保持其虚位至数百年之久，的确是齐桓公的功劳。倘使没有齐桓公称霸，中原没有大国支撑，周王室虽然未必灭亡，但是中原全境一定会被蛮族践踏。孔子说，管仲辅相齐桓公做了诸侯霸主，一匡天下。要是没有管仲，我们都要披头散发，衣襟开向左边，为蛮族所统治了。这是极公正的评价。可见，齐桓公与管仲两人对于保存中原文化和种族做出了伟大功绩。

顾颉刚先生认为，春秋初期，周平王势弱，郑庄公强暴，中原诸国像是一盘散沙，而楚人势力强盛，戎狄又近于猖狂。夏商周以来，累积了千余年的华夏文化真的动摇了。齐桓公处于如此艰难的时刻，创造出"霸"的新政治，来维持诸夏的组织和文化传承，使得各国人民在团结互助中慢慢地发展壮大、扩充智慧、融合情感，文化也得到了快速进步。战国时代灿烂的文化，便孕育在那时。

如果以当代人的理解认识，我们可以将齐桓霸业的历史意义总结为四点。这里参考齐鲁文化研究专家王志民先生的观点，略述如下。

（一）齐国地位提升，经济文化繁荣

齐桓霸业之前，齐国内乱迭起，外敌常侵，在诸侯间没有威信可言。自齐桓创立霸业以来，齐国一跃成为诸侯之长，改变了自身的国际形象，凸显了自身的国际地位。齐桓霸业中以征伐、会盟为中心的国际交流，使齐国的文化变得丰富多彩，形成了融合西周礼乐文化、四夷文化于一体的亦礼、亦法、亦道的多元文化。齐桓称霸带给齐国长时期的政治稳定，促进了生产发展和经济繁荣。

（二）改变鲁强齐弱，共创最高文化区

齐、鲁建国之初，无论从地理环境上讲，还是从文化积淀、统治难易程度上讲，鲁国都优于齐国。齐桓公即位前后的几年间，鲁国在与邻国争斗中接连获胜，俨然是一个诸侯小霸主。可以说，鲁、齐相较，鲁强齐弱，齐为鲁掩，是无可争议的。这种局面到了齐桓公成为诸侯霸主后，有了彻底改观。自管仲在齐国实施改革，至霸业创建的几十年间，齐国在政治、经济、教育、军事乃至城市建设方面均有较快的发展。徐中舒先生说，秦汉以前，齐、鲁是中国文化最高区域。齐国得以与鲁国共同成为春秋至战国时期中国最高文化区，其历史基础是齐桓称霸时期奠定的。

（三）促成华夏联盟，保护中原文明

齐桓霸业促成了华夏联盟，保护了中原文明。由齐桓、管仲联手缔造的霸政，成为春秋时期国际政治的根本准则。有了这样的国际政治制度，原先松散的诸夏各国才得以产生核心，形成强

大的向心力和凝聚力。诸夏各国坚定地团结起来，一致对外，避免了内部分裂和争斗。诸夏各国创造的高度物质文明和精神文明，才得以免遭破坏和摧残，并被继承、发扬。

（四）推动相互交流，促进社会发展

齐桓霸业使华夏各国之间的联系更紧密了，交流更方便了。各国文化得以在相互切磋中共同提升。各具特色的政治组织模式、经济生产方式、人员管理制度都可以凭借集会、会盟的时机，为对方提供可借鉴的经验。

第六章

齐文化精粹撷珍·管仲

琐闻趣事

一　宽容、劝谏

（一）桓公三邪

管仲拜相后不几天，桓公就找到他，说，你接受了宰相之任，我很高兴，可我还是不放心。我担心我的缺点太多，妨碍你处理政务。到时候，国家还能治理好吗？管仲回答说，您讲一下吧，我还没有听过。桓公说，我这个人，生活中有三个不好的爱好。我非常喜欢外出打猎，不但白天狩猎，晚上也常常跑到野禽栖息的地方袭击猎捐，举起火把追逐，直到视线中看不到它们，才意犹未尽地返回。这样，可能会错过诸侯使节对其国消息的汇报。估计本国百官见到我的机会也少，他们想向我汇报工作也难啊。管仲听了，淡淡地说，这当然不是好的爱好，但不是太要紧。桓公又说，我非常喜欢喝酒，白天喝，晚上也喝。估计会耽误很多国家大事啊。管仲听了，还是淡淡地说，这当然也不是什么好的爱好，可也不是太要紧。桓公继续说，我这个人，行为上不太检点。说白了,我好色啊,以致我的表姐、表妹、堂姐、堂妹们,嫁不出去的大有人在!管仲听了,依然淡淡地说,这个爱好真是不好。不过,对于您的霸业也不会有大的影响。

桓公顿时坐立不安,这三者您都能容忍,都认为无伤霸业,那天下还有什么样的国君您不能容忍呢?还有什么样的国君在您的辅助下不能成就霸业呢?管仲严肃地说,当然有我不能容忍的。国君缺点再多,也不能做事优柔寡断,也不能不奋发图强!优柔寡断的人无能,得不到大家的拥护。没有奋发图强精神的人,经不起挫折的考验,不能成就任何事业。

桓公如释重负,兴奋地说,我受教了!

(二)霸业五碍

耽于玩乐,沉湎酒色,桓公看似集历史上不成功君王的劣习于一身。管仲却似早已识透且胸有成竹。据《管子》,当齐僖公让管仲、召忽、鲍叔牙分傅公子纠、公子小白的时候,管仲就对公子小白发表过议论,说,小白为人,没有小聪明,却有大智慧。也就是"无小智""有大虑"。还说:"非夷吾(夷吾,管仲的字)莫容小白。"管仲自信只有他才能容忍小白的诸多不足,并且能够对他加以因势利导,充分利用其"有大虑"的性格特点,成就一番大事业。按通常的逻辑推论,如果桓公没有上述恶习,称霸之路肯定会更顺畅。可不幸的是,对方恰恰有这些恶习缠身,这不更加反衬出管仲过硬的政治能力吗?

　　管仲不仅容忍桓公的诸多不足,还适时地引导他知贤、用贤、信贤。刘向《说苑》记载,齐桓公沉迷酒宴,对管仲说,我喜欢喝酒,喜欢吃肉。爵里装满了酒,以至变酸;鼎里装满肉,以至腐烂。像我这样饱食终日、无所用心的人,是不是难以成就霸业呢?管仲说,对于霸业倒也不会有太大的影响。桓公问,到底什么行为才有害于霸业呢?管仲回答,没有识别贤才的能力,有害霸业。识别贤才却不想用,有害霸业。想用贤才却不能把他安排到适宜的岗位,有害霸业。把他安排到了适宜的岗位,却不能充分信任,有害霸业。对他信任却又安排无德的人与他共事,使他不能心无旁骛地处理政事,有害霸业。

(三)难得信任

　　管仲以霸业为重,认为只要齐桓公处事果断,自强奋进,知贤、任贤、用贤,便可尽心辅之。由此可见管仲对桓公之忠、对齐国社稷之忠。同样,从桓公的角度来说,那么多的恶习都被管仲视为小疾而忽略不计,那么自己还有什么理由不放手让管仲大胆去做呢?于是,就有了刘向《新序》中讲的这则故事:有官员有政事向桓公请示。桓公说,告诉管仲,让他去安排。又有官员有政事向桓公请示,桓公又说,告诉管仲,让他安排。这样的对话,一天之内重复了好多次。终于,桓公身边的人看不下去了,对桓公说，您一而再、再而三地交给管仲安排。如果都像您这样，那做国君可真是太简单了。桓公说，我如果没有得到管仲，做国君确实很难；得到管仲，我把政务交给他处理就行了。有什么理由还要自己操劳于政务呢？桓公这番话，是不是"无小智"却"有大虑"的表现呢？如果说管仲对桓公表现出极度的宽容，那么，桓公也表现出对管仲极大的信任！

（四）遇鹿门稷

有一天，齐桓公穿上平民的衣服，把自己的国君身份隐藏起来，到乡间视察民情。他碰到一个叫鹿门稷的人，已经七十岁了，还没有妻子。齐桓公回来之后，就把这件事告诉了管仲。管仲对桓公说，我听说过这样的古训：国家有积滞的财物，平民就有穷困挨饿的。后宫中有年长守空房的宫女，民间就有年老而没有妻子的男子。桓公听后，说，你讲得太好了。于是，他下令将宫中那些没有和国君共寝过的年纪较大的宫女，嫁了出去。同时，向民众发布婚嫁规定：成年男子二十岁娶妻，女子十五岁必须出嫁。

（五）言传身教

桓公对管仲言听计从的故事，还有不少。正是在管仲的直言劝谏下，桓公不但弥补了自己的行为缺陷，提升了自己的人格素养，也使整个齐国欣欣向荣。

有一次，齐桓公不无担忧地对管仲说，我们国家的面积不算大，物产不算多，但是百官们穿的衣服、乘坐的车马过于奢侈。我想下令禁止他们这样做，你觉得可以吗？管仲回答，我听说，国君尝一点点某种食物，百官就会把这种食物吃个够。国君喜欢穿的服饰、喜欢摆弄的玩物，百官会疯狂地购买、制作，并在各种场合炫耀、把玩。现在，国君您喝的是桂浆，穿的是紫衣狐裘。臣僚百官看到您的生活这么奢侈，哪能不亦步亦趋地仿效呢？古诗说："不躬不亲，庶民不信。"不亲自去做，百姓就不会相信。您如果想禁止他们奢侈的行为，为什么不从自己做起呢？桓公说，好吧。他按照管仲的建议，重新安排自己的衣、食、住、行，力求简单、经济、素朴。这样过了一年，整个齐国的风气都变得俭朴起来。

二 "专权"、荐贤

虽然桓公把齐国政务委任于管仲一人而毫无顾忌，但有人却替桓公担忧。事实上，仅有桓公信任，还不足以形成强硬的政治执行力，因为管仲面临的执政困境很多。他虽居相位，却不能一手遮天。也可以这样说,那时候的相仅仅是桓公执政助手的角色,仅仅是桓公任命的一个下卿之职。齐国政坛,还有比管仲位高权重的上卿,即高氏、国氏,他们是由周天子亲自任命的,是齐国的重臣。上卿不但可以代表国君与其他诸侯会盟,可以在特殊时期暂执国政,还可以像国君那样统领齐国的部分军队。而且,高、国二氏与齐桓公同姓,具有较近的血缘关系,而管仲出自姬姓。此外,管仲年轻时虽经过商,却极不成功,因而家境不怎么富裕。按传统的观点,贫难以使富。管仲又将如何去面对众多的齐国要员呢?

(一)力争"三权"

既然桓公这样信任管仲,管仲当然会顺势争取更多的政治资源,以扫清执政道路上可能出现的各种障碍。《韩非子》记载了这样一件逸事。有一天,管仲对桓公说,宰相的职位是很高的,可我现在没有钱,家境贫困。齐桓公听了,说,那我给你三个城邑的收入,作为你的俸禄。有了三个城邑的收入,管仲逐渐富起来。一天,他又对桓公说,我富了,但我现在只是齐国的下卿,在我的上面还有两位上卿。齐桓公说,那我现在就下令,宰相的实际职位高于上卿,所有的卿大夫都听从宰相的吩咐。管仲的职位高了,权力大了。一天,他又对桓公说,我现在地位高了,权力大了,但我和您的私人关系有点远。桓公听了,说,为了表示我对你的尊重，我就把你当成长辈，称呼你仲父吧。管仲的三个要求均得到满足。"工欲善其事，必先利其器。'在关系错综复杂、利益纠缠的统治阶层，初上任的管仲以超前、超人的智慧，为自己搭建好了平坦宽广、可以驰骋才华的政治舞台。

  管仲是不是太不收敛了呢？肯定有人这么认为，比如孔子。针对管仲的行为，孔子曾以批评的语气说，管仲的奢侈放纵威胁到了国君。但事实上，管仲三度向桓公提出要求，是为自己顺利执政提供保障，未必是出于贪欲。这是政治家异于常人的政治谋略，是未雨绸缪。

  事实上，管仲的确不是专权、弄权、贪权的人。相反，他利用自己的特权，适时地向桓公推荐那些具备治国才干的人，并让桓公委以重任。《管子》《吕氏春秋》《新序》均记载了管仲向桓公推荐五官的故事。

（二）荐举五官

  管仲当宰相三个月了，重要的职位大行、大司田、大司马、大司理、大谏这五官还没有合适的人选。一天，管仲对桓公说，我想谈一下对五官之职的看法。桓公说，好。管仲说，大行主管外交。隰朋熟悉安外礼节，举止讲求规范，进退有度，说话刚柔相济。在这方面，我比不上他，请任命他为大行之官。大司田主管农业生产。宁戚擅长变荒地为城邑来聚集民众、增加人口，擅长开垦土地、广积农粮以尽地利。在这方面，我比不上他，请任命他为大司田之官。大司马主管军事战争。王子城父是难得的将帅之才。在双方作战的时候，他能使战车稳而不乱，战士进而不退，鼓声响起，士兵个个视死如归。在这方面，我比不上他，请任命他为大司马之官。大司理主管司法治狱。宾胥无能够做到判案公正，不妄杀无辜的人，不冤枉无罪的人。在这方面，我比不上他，请任命他为大司理之官。大谏主管匡正国君过失。东郭牙敢于冒犯君主。在向君主提意见的时候，他不顾生死，不慕富贵，有过必谏，谏则必忠。在这方面，我比不上他，请任命他为大谏。以上五个人，都各有长处，有他们各司其职，齐国国治兵强没有问题。齐桓公按管仲的意见，擢升五人为齐国的五官。

由此可知，管仲之所以上任伊始就向桓公力争"三权"，是出于选贤、任贤、用贤的实际需要，是为了让齐国的政治运作进入自己预设的轨道！

三　谦虚请教，为政自责

管仲并没有被显赫的地位冲昏头脑。作为一位成功的政治家，他不但不蔽他人之美，还谦虚地向他人求教，对自己在执政中存在的不足，更是勇敢地承认并主动补正。

（一）妾婧为师

宁戚想拜见齐桓公，但苦于没有人引见，于是就躲在桓公经常出入的东城城门那里。一天，桓公因事外出，路过东门。宁戚就用手扣击牛角，唱起一首非常悲凉的歌曲。桓公很诧异，认为唱歌的不是一般人，就让管仲前去打探。宁戚看到管仲后，说了一句"浩浩乎白水"。管仲不明白什么意思。一连五天，不得其解，脸上现出忧虑的神情。

有一个名叫婧的小妾，看到管仲满脸愁容，说，您已经连续五天没有上朝议政了，且面有忧色，请问是有国家大事让您放心不下吗？管仲说，这不是你能明白的事。婧说，我听说，不要鄙视年老的人，不要鄙视卑贱的人，不要以为年轻人无知，不要认为弱者无能。太公望七十岁杀牛卖牛，八十岁做了周天子的太师，九十岁被分封并建立齐国。伊尹年轻时是一个陪嫁的奴隶，后来却成为商汤王朝的宰相，位列三公，使天下太平。可见，卑贱的人未必无用。管仲觉得小妾说得对，就从席上站起来，向小妾道歉并说明了自己闷闷不乐的原因。小妾婧笑了笑，说道，宁戚已经告诉您了，您还不知道吗？古人有《白水》之诗："浩浩白水，鯈鯈之鱼。君来召我，我将安居。国家未定，从我焉如。"浩浩荡荡的白水之中，游着活泼自如的鱼儿。国君来召我,我将如何应答?国家尚在求贤、发展之中,您能顺从我的意愿吗?甯戚这是在自荐,想在朝中任职为官啊。

管仲听了之后,非常高兴,即刻向桓公做了汇报。桓公专门设立一个岗位,留给甯戚。

(二)管仲自省

齐桓公外出打猎,因追赶一只野鹿走进一座山谷。他遇到一位老人,请教山谷的名字。老人回答,这儿叫愚公谷。桓公不解地问,为什么叫这个名字?老人说是用自己的名字来命名的。桓公说,看你的样子,并不像愚蠢的人。为什么给自己起这个名字?老人说,我以前养了一头母牛,母牛生了头小牛。小牛长大了,我到集市上卖掉小牛,买了匹小马。有一个少年看见了,说,牛不能生马,就把小马牵走了。邻居们知道后,都认为我愚蠢。于是我把山谷叫作愚公谷。桓公叹了口气,说,你实在太愚蠢了!为什么要把小马驹给他呢?

第二天,桓公上朝时,把这件事告诉了管仲。管仲表情严肃。他整理了一下自己的衣服,向桓公行礼,说,这是我的过失。假如尧做国君,皋陶负责司法,怎么会出现有人把别人的小马驹牵走这样的事情呢?即使有人想牵走,也一定不会得逞。那位老人一定是因为知道我们国家司狱不公正,才让他牵走的。

我们一定要认真反省，修明政治。

孟简子曾做过梁国、卫国的宰相，却因获罪逃亡到齐国。管仲亲自迎接，并问他，你做宰相的时候，门下客人有多少？他回答有三千多人。管仲又问，那现在同你一起出逃的有多少人？他回答说，只有三个人。有个人跟随我，是因为他的父亲死后没有钱埋葬，我替他埋葬了。另一个跟随我，是因为他的母亲死后没有钱埋葬，我也替他埋葬了。还有一个跟随我，是因为他的兄长有讼案，我为他开脱了罪责。管仲听了，大为感慨。一个人在拥有富贵荣华的时候，可能有数以千百计的追捧者。这些人的追随与拥护，未必出自真心，只是为了名利。当这个人穷愁潦倒之时，他们多数会不辞而别。留下来的，是那些获取过真正帮助的人。

孟简子的遭遇促使管仲反思、自省：自己身居相位，是否成就了光辉的人格？是否具有了亲和力、凝聚力？当登车返回的时候，他感叹道："嗟兹乎！我穷必矣！吾不能以春风风人，吾不能以夏雨雨人，吾穷必矣！"唉，我将来穷困是必然的。我不能像春风那样温暖每一个人，我不能像夏雨那样滋润每一个人，将来穷困是必然的。管仲已经做得足够好了，可他仍担心政有不足、治有不济，担心恩德不能遍及众庶民萌。这是伟大政治家心境的体现。

四　百姓是天，社鼠是患

　　管仲不仅向桓公举荐贤才，还利用各种机会向桓公讲解治国理政的道理。有一次，齐桓公问管仲，对于一国之君来说，最重要的是什么呢？管仲回答，是天。桓公赶紧仰头看天。管仲见状，向桓公解释说，我说的天可不是我们头顶那个苍苍莽莽的天啊。我说的天，是百姓。一国之君要以百姓为天，要把服务百姓当作治理国家最重要的内容。桓公不解其意。管仲说，一国之君如果能得到老百姓的称赞，国家就会和平安定；如果能得到老百姓的支持，国家就会昌盛强大。反之，如果对国君老百姓只有厌恶之情，那国家就会有潜在的危机。如果一国之君得不到老百姓的支持，甚至让老百姓产生远走他乡、逃离故土的念头，那国家就要灭亡了。"人而无良，相怨一方。"老百姓对国君心生怨恨，这样的国家怎能不灭亡？

　　齐桓公又问管仲，治理国家最可怕的是什么？管仲回答，最可怕的是养了一群社鼠。桓公不解地问，什么是社鼠？管仲回答说，我们祭祀土地神的台子是用很多树木捆扎起来，外面涂上烂泥做成的。这招引许多老鼠躲藏在里面。如果我们用烟火去熏老鼠，就会担心把捆扎起来的树木烧坏。如果不用烟火熏，而用灌水的方法驱赶老鼠，又担心把涂在外面的泥巴冲刷掉。于是，我们眼睁睁地看着老鼠们为所欲为，束手无策。我们的国家也有社鼠。围绕在国君左右的那些佞人就是啊。他们对内遮蔽君王的耳目，使君王分不清善恶；对外弄权，影响君王的声誉。不对这些佞人施以刑罚，他们就会日益放肆以至犯上作乱；想将他们绳之以法，可国君又庇护他们。一个国家出现了这样的社鼠，这是最可怕的事情！除了社鼠，凶猛的狗同样可怕。有个卖酒的人，酒器洗得很干净，门口挂的酒幌子也很显眼，来来往往的人都能看得见，可家里的酒就是卖不出去，以至于酸腐变质。卖酒的人就问邻居其中的原因。邻居们说，这是因为你家的狗太凶了。那条狗动辄龇牙咧嘴地咬人，谁还敢到你家买酒呢？那些居心叵测的当权者就是这样的狗啊！有才能的人想要告诉国君一些治理国家的方法、措施，当权者就上前搞破坏。国君左右的佞人、居心叵测的当权者，前者像社鼠，后者像凶猛的狗。有这两类人在，国君声誉受损，有才华的人得不到重用，这是最令人担心的事情。

五　博闻多识

（一）老马识途

管仲、隰朋跟随齐桓公去攻打孤竹国。他们是春天出发的，秋天返回时，军队迷路了。管仲说，老马是非常聪明的，可以让老马帮我们找到正确的路。于是，他让老马走在前面，大家跟随其后，竟然真的找到了返回的道路。军队行走在山中，没水喝了。隰朋说，蚂蚁冬天住在山的南面，夏天住在山的北面。蚂蚁洞口的土堆高一寸，下面七尺深的地方就有水。于是，大家找到蚂蚁洞，果然挖到了水。韩非子说，管仲和隰朋这样聪明的人，都会向老马和蚂蚁学习生存的智慧，现在的人那么愚蠢，却不肯学习圣人的智慧，不是很荒谬吗？

（二）驳食虎豹

桓公骑马外出，奇怪的是，老虎看到后竟然躲藏起来。返回后，桓公不解地问，今天我骑马外出，老虎看到后，竟然不敢在我面前出现，躲藏了起来。这是什么原因呢？管仲回答说，我想，今天您骑的马肯定是一匹毛色杂糅的马，并且马一直盘旋着迎着太阳跑去。桓公说，您说得太对了！管仲说，您的这匹马展示出来的是驳的形象。驳是吃虎豹的，所以老虎看到后就躲藏了起来。

（三）君子之德

桓公外出春游，来到一片田野上。他问，什么东西可以与君子之德相比呢？隰朋回答说，粟粒。它生长在甲胄（谷皮）的里面,中间有圈城(外壳)维护,外面有尖锐的兵刃(谷芒),但却不自恃强大,谦虚地自称为粟(微粒)。这大概可以与君子之德相比吧!管仲说,禾苗。它刚长出来的时候,柔顺得像个孺子;等到它长大时,庄重得像个军人;成熟时,却谦和得垂下头,多像个君子啊!天下有了它就安定,没有它就危险,所以叫作禾(和)。这可以同君子之德相比。

(四)登山之神

桓公北伐孤竹国,在离卑耳溪十里的地方,突然停下来。他惊视前方,挽弓搭箭,但引而未发。过了一会儿,他对身边的人说,你们发现前面有人吗?身边的人说没有发现。桓公说,这大概是不吉利的事情吧。我真是疑惑不解。刚才我看到一个人,身长一尺,五官齐全。他戴着帽子,右手撩衣,跑得非常快,从我的马前一闪而过。我们这次北伐,是不是不会成功?管仲听后,回答说,我听说有个叫俞儿的登山之神,身长一尺,长着人的面目。当霸王之君将要兴起时,登山之神就会出现。他在马前很快跑过,表示前面有道路;撩衣,表示前面有水;右手撩衣,表示可以从右面渡过。

到了卑耳溪,引导渡水的人说,从左边渡水,其深没顶;从右边渡水,其深至膝。若从右边过,完全可以成功。桓公立刻向管仲弯身而拜,说,没想到您的圣明达到了这种程度!我之前不知道，实在是有愧于您啊。管仲回答说，我听说，圣人预知事物于无形，我是等到事物出现了才知道。因此，我还算不上圣明。我只不过善于接受圣人的教导罢了。

（五）傅马栈最难

桓公检查马厩的修建工作。他问养马的官员，修建马厩，什么事情是最难做的？养马的官员还没来得及回答，管仲说，我以前养过马，我觉得围筑马栈最难做。如果先找来弯曲的木头立在地上，那么接下去就必须继续找弯曲的木头，才能相互搭配编排在一起。一旦开始时用了弯曲的木头，那些笔直的木头就没什么用处了。可是，如果一开始就用笔直的木头，那么接下去也必须用笔直的木头，才能相互搭配。一旦使用了直木，曲木就没有用处了。

六 足智多谋

（一）三不归

桓公说，五方的民众大都衣服破旧，鞋子破烂。我想使布帛丝絮的价格下降，您有办法吗？管仲说，请下令把路边的树枝剪去，使路上没有一点树荫。桓公说行。实行这一命令不到一年的时间，五方的人民大都穿上了帛衣，鞋子也完好无损。

桓公召见管仲，问道，这里面有什么奥秘吗？管仲回答说，路边的树枝没有剪去的时候，那些相好的男女，在集市结束后往往相会于树下，整天闲谈而不归；壮年男子推着车子，相会于树荫下，游戏跳跃，终日不归；父老兄弟则相聚于树下聊天，也终日不归。因此，田地不能及时开垦，五谷不能及时养育，桑麻不能及时种植，蚕丝不能及时整理。布帛丝絮的价钱怎能不贵呢？大家又怎么能穿上好衣服、好鞋子呢？

（二）阴里之谋

桓公说，我想西行朝见周天子，但贺献的礼钱不足，您有什么办法吗？管仲回答说，请下令在阴里建一座城，使该城有三层城墙、九道城门。您秘密地召玉匠进城，雕刻石璧等。一尺石璧的定价为一万钱，七寸石璧的定价为七千钱，八寸石璧的定价为八千钱。石圭的定价为四千钱，石瑗的定价为五百钱。

雕刻完成后，管仲就西行觐见周天子，说，敝国的国君想要率领诸侯朝拜先王宗庙，参观周室。请您下令，天下诸侯凡来朝拜先王宗庙并参观周室的，都必须携带彤弓和石璧。不带彤弓和石璧的，不准入朝。周天子向天下各诸侯国发出号令。天下诸侯都载着黄金、珠玉、粮食、布帛到齐国收购石璧。从此，石璧流行于天下，而天下的财物都流入齐国。齐国八年没有征税。

（三）东粮西补

桓公说，齐国西部出现水灾，人民闹饥荒。齐国东部粮食丰收，粮价低廉。我想用东部的粮食来救济西部的百姓。您有什么办法吗？管仲回答说，如今齐国西部的粮食，每釜一百钱。齐国东部的粮食，每釜十钱。请下令每人交税三十钱，要求用粮食缴纳。这样，齐国西部每人缴纳三斗粮食就够了，齐国东部则每人要缴纳三十斗粮食。齐国东部大量的低价粮食就会流入国库。有了这批粮食，西部的百姓就能饥者得食。东部和西部互补，远近各地的物资也可以得到调节。

（四）制服鲁国

齐桓公对管仲说，我想打败鲁国，怎么办才好呢？管仲说，鲁国民间喜欢制作绨这种丝织品。您带头穿上绨做成的衣服，并且让官员、百姓也穿这种衣服。接着，您下令齐国的百姓不允许制作绨，全部从鲁国进口。于是，齐桓公带领全国的人穿上用绨做成的衣服。这个时候，管仲告诉鲁国的商人，齐国需要大量的绨，建议他们赶紧将鲁国的绨运输到齐国出售。鲁国人卖绨，赚了很多的钱。于是，鲁国国君下令，百姓放下手中的农活，都去制作绨。鲁国因为与齐国进行绨的贸易，赚了很多钱，以至于不需要向人民征收农业税。一年之后，管仲派人到鲁国侦察，发现鲁国的农业全部荒废了，没有人在田地里耕作。大家都热火朝天地从事织绨业。管仲对齐桓公说，您现在不要再穿绨制作的衣服，也命令齐国百姓不要再穿。同时，停止与鲁国的往来。齐桓公照办了。十个月之后，管仲又派人到鲁国。此时的鲁国，人民一个个处于饥饿困顿的状态。鲁国国君想让鲁国人拾起农业生产，但已经来不及了。因为粮食生产可不是今天播种，明天就会有收获的事情。鲁国人用手中的钱购买齐国的粮食，但齐国人卖给鲁国的粮价是一石一千钱，而齐国的价格是一石十钱。两年后，鲁国人投奔齐国的占了十分之六。三年后，鲁国的国君主动请求归顺齐国。

　　这个故事的实质，是用商战代替军事战争，用商业贸易理论制服其他国家的生动实例。

第七章

齐文化精粹撷珍·管仲

管仲与《管子》

一 《管子》作者

《管子》是托名管仲的一部著作。它的作者是管仲学派的学者。管仲学派是战国时期活动于齐国稷下学宫、志在继承和发展管仲思想一个学术团体。

管仲学派的发端可追溯到管仲时代。当时，管仲的思想言论、治国方略，被齐国民众熟知、议论。齐国民众无形中扮演了保存、传播管仲思想的角色。这里的齐国民众不仅指普通平民，也包括官僚阶层的行政人员和齐国史官。春秋末期，对管仲思想的传承依然绵延不断，如齐景公鼓励晏婴向管仲学习，希望晏婴继承管仲的功业，外创武功，内修文德；而晏婴也经常以桓公、管仲的事迹劝谏景公勤政爱民、振兴齐国。这些传承管仲思想的人，成为管仲学派的前驱。

田齐桓公时期，为招揽天下才能之士，为开疆拓土提供智囊咨询，同时也为了培养后备人才，齐国修建了稷下学宫，作为学者讲学议政、官方咨政问策的机构。一时间，齐国内外饱学智慧之士云集稷下。他们定期在稷下聚会，不仅授徒讲学，还相互辩论争鸣。他们各自著书立说，不仅玄思宇宙人生，更注重探讨救时方案，议论如何富国强兵。

稷下学官的学者，有很多来自齐国本土。他们熟悉管仲思想，谈论起管仲的执政策略、言行事迹，如数家珍。此前，他们不自觉地以口耳相传的方式，传承着这份珍贵的文化遗产。现在，随着稷下学官的建立，官方提倡讲学议政、著书立说，这无疑为记载并发展、演绎管仲思想创造了有利条件。在这样的历史背景下，以齐国本土学者为主的管仲学派出现了。他们成为《管子》篇章的实际执笔人。稷下学官在齐国延续了一百多年，管仲学派对管仲思想的继承、发展、演绎也持续了一百多年。这期间，管仲学派中的师徒传授经历了数代，其撰写的篇章明显存在原本与讲解本的区别，不同文本也形成了不同的思想特征。这些出自管仲学派的作品，当时并没有结集成书，它们多以一篇或数篇的方式在学者手中或民间自发流传，有的被保存在官方的专门机构。到了西汉末年，刘向搜集、整理、校对众多篇章，在删除重复的基础上把它们集中在一起，就成了我们今天见到的《管子》。

《管子》一书具有以下特征：一，一流的学术品质。《管子》文章见解独到，思想精神足以代表战国思想家的学术水准。二，积极的从政意识。《管子》高谈阔论、玄虚思辨的内容少，掷地有声、明了实用的为政方策多，是一部实实在在的治世宝典。三，博大的文化内涵。正如稷下学官是一个百家聚集的场所，《管子》

以一书荟萃九流十家，浓缩了战国时期的思想文化。四，不凡的理财之术。《管子》中政府如何掌控经济、增收财政的轻重理论，为历朝历代调节贫富差距、解决财政危机提供了借鉴。

二　《管子》流传

《管子》这本书，班固《汉书·艺文志》中著录八十六篇，但现在我们只能看到七十六篇，另有十篇仅存篇名，正文则早已亡佚了。八十六篇的《管子》分为八组，即经言九篇、外言八篇、内言九篇、短语十八篇、区言五篇、杂篇十三篇、管子解五篇、轻重十九篇。多数学者认为，这种分组是西汉刘向所为。

南朝梁代学者阮孝绪的《七录》著录《管子》时，说它有十八卷。这与《汉书·艺文志》中著录的八十六篇是不一致的。那么，由《汉书·艺文志》的八十六篇到《七录》的十八卷，这由篇到卷的变化，是谁完成的呢？又是在什么时候呢？在汉代，除了汉成帝时刘向主持的那次大型图书整理活动，见于记载的还有两次。一次是东汉安帝时，另一次是东汉顺帝时。之后，一直到南朝梁阮孝绪生活的年代，其间没有大型的图书整理工作。据此推断，《管子》由八十六篇到十八卷的变化，或许源自东汉的那两次校书活动。此后，《隋书·经籍志》又著录《管子》为十九卷。十八卷与十九卷虽有一卷之差，但并不表明前后有两种不同的分卷方式，这仅仅是后者将目录一卷计算在内，而前者把目录一卷排除在外的缘故。

司马迁《史记·管晏列传》曾提到《管子》的《轻重》《九府》。唐代司马贞《史记索引》认为，它们都是管仲的著述，并说九府是藏钱的地方，《轻重》篇讨论的是所铸造货币的轻重问题。这说明，在司马贞的时代，《九府》篇可能仍在《管子》书中，但现存《管子》并没有《九府》篇。司马贞又说，《管子》中有讨论货币轻重问题的文章七篇，还有讨论如何捕鱼、如何煮盐的文章。现在的《管子》书中有"轻重"一组文章，且是十九篇，与司马贞说的七篇不一致。至于其他篇章，都已经看不到了。

《管子》在唐代有了注释本，且从十九卷增至三十卷。十九卷白文本的《管子》，先后在《旧唐书·经籍志》《崇文总目》《新唐书·艺文志》《通志》中有著录，此后便从目录书中消失了。较早提到三十卷《管子》注本的是唐吴兢《吴氏西斋书目》。书中说，《管子》本来三十卷，现在只有十九卷，自《形势解》篇之后的十一卷已经亡佚。《崇文总目》和《旧唐书》说，唐代的尹知章注释了《管子》。但是一百年后，唐代杜佑的《管氏指略》却说，《管子注》的作者署名是"房玄龄"。杜佑认为，以房玄龄的学术水准，应该把《管子》注释得更好，但《管子注》这本书水平却很差，所以恐怕不是房玄龄所注，而是尹知章所注。而且，史书及当时的目录书也没有房玄龄注解《管子》的记载。凡此均说明《管子》注本署名"房玄龄",名不符实。同时也说明,尹知章注释《管子》不久,其署名已被后人篡改成房玄龄。杜佑《管氏指略》今已亡佚,书中记载的这一信息,多亏了晁公武《郡斋读书志》才得以保留下来。值得注意的是,晁公武引用这一信息时,说"《管子》二十四卷",且是全本。此外,陈骙《中兴馆阁书目》、陈振孙《直斋书录解题》、马端临《文献通考》著录的《管子》注本均为二十四卷本。

南宋郑樵《通志》在提到《管子》注本时,将尹注与房注并列。他说,《管子》十九卷,唐尹知章注,旧有三十卷;又有二十四卷本,唐房玄龄撰。这番话容易给人造成一种错觉,似乎当时有尹注《管子》十九卷残本和房注《管子》二十四卷全本两种不同的注本。其实不然。他的记载乃是转录前人之说,他本人并未见到实物。所以,当时的《管子》注本其实只有一个署名"房玄龄"的注本,事实上就是尹知章的注本。

尹注《管子》不久,就因亡佚成为十九卷残本,此后《管子》注本以房注本的面目出现,且由十九卷变为二十四卷。尹注本《管子》中亡佚的十一卷,是《形势解》以下的二十三篇,在房注本中相当于最后五卷。现在的问题是,尹注本十一卷既然已经亡佚,那么,房注本的后五卷及其注解又从何而来呢?当时,十九卷的《管子》白文本依然流传,房注本的后五卷,正文应该来自白文本,注释则是时人传抄的当时保留下来的尹知章的相关注释。于是,署名"房玄龄"的二十四卷本《管子》就出现了。

目前，我们所能见到的较早《管子》版本是署名"房玄龄"的二十四卷南宋刻本。该刻本前有北宋杨忱《〈管子〉序》，后有南宋张嵲《读〈管子〉》，称杨忱本。《汉书·艺文志》载《管子》八十六篇，但此时的南宋刻本仅有七十六篇，十篇有目无文。尽管南宋刻本是现存较早的刻本，但它并非《管子》的初刻本。《管子》的首次刊刻，是在北宋仁宗庆历四年。由于这个本子讹误太多，张嵲曾对其进行校勘，其后书坊据张氏校勘手稿对北宋本进行翻刻，成为现在我们看到的杨忱本。该刻本经辗转收藏，至清嘉庆年间流落于书肆。此时，第六卷已有抄补、伪刻之页。黄丕烈花重金购得后，依影宋钞本（即墨宝堂本）订正并重新装帧。光绪年间，张瑛据之影印。之后，辑入《四部丛刊》。

与南宋杨忱刻本同时，又有蔡潜道墨宝堂本，它们均出于张嵲《管子》校勘手稿。黄丕烈见到这个本子时，第十三卷至第十九卷已缺佚，就以陆勅先校宋本将之补全。可惜的是，墨宝堂本在民国时期已失传。幸陈奂于道光九年曾临抄此本，可借此探其概貌。

明代重要的《管子》版本是刘绩《〈管子〉补注》本。该本是在房注本基础上，加以补充注释而成。刘绩是弘治庚戌进士，此书的刊刻当在其成为进士之后。此后，又有以刘绩本为祖本的安正书堂《管子》无注本。这个本子前后无序跋，书后有"太岁癸巳孟春安正书堂重刊本"木牌墨记。安正书堂是明刘宗器书坊的堂名，其刻书事业前后有一百多年。墨记中"癸巳"前面没有年号，其刊刻时间或为嘉靖十二年，或为万历二十一年，不能确定。安正书堂既然说"重刊"，则之前已有刊刻。郭沫若《〈管子〉集校》"叙录四"提到自己曾得一无注本，以之对照安正书堂本，二者几近相同。

明万历十年，赵用贤《管韩合刻》问世，其中《管子》二十四卷依杨忱本校刻而成。赵用贤刊刻的《管子》，是明代刘绩本之后较重要的本子，也是此后坊间最通行的刻本。

三　哲学思想

齐国稷下学宫聚集了各地的学者，成为战国时代文化创造与文化传播的中心。郭沫若先生高度评价稷下学宫的历史地位："齐国在威、宣两代，还承继着春秋末年养士的风习，曾成为一时学者荟萃的中心，周秦诸子的盛况是在这儿（指齐稷下学宫）形成了一个最高峰的。"据钱穆先生考证，战国时期的儒家、墨家、道家、法家、名家、杂家、阴阳家、纵横家等各派学者，都曾寄居于稷下。这样一个百家交汇的文化环境，无疑会影响并改变管仲学派原有的政治主张，使他们不被既有的管仲治国理念所束缚、所局限，从而超越二百余年传承下来的既定思想体系，与百家文化相交融，形成融汇诸子百家的独特面貌。

哲学是认识世界、把握世界的智慧之思。哲学给予我们的,不是分门别类的学科式的知识,而是对于包括人在内的整个世界的整体认知。它探讨世界的本源、世界的生成、世界的运行规律、认识论、价值观等问题。《管子》这本书有丰富的哲学思想。

　　《管子》认为,世界万物得以生成或据以生成的东西,是道。这个道是什么样子呢?它没有根,没有茎,没有叶,没有四季的荣枯,我们看不见它,也听不到它。这样说来,道似乎是一种虚无。但它似乎又是一个实体,因为它有时候周密坚固,有时候宽松疏朗。它似乎很大,大到没有边际;它又似乎很小,小到没有内核。这个道无处不在,既遍流万物,又守候我们生活的每个时段、每一角落。我们遵循道的规定生活。道为一人所用,看不出有剩余;为天下人所用,看不出有不足。

　　大概是道太过于抽象的缘故吧,《管子》在道的基础上又提出气和精气的概念。气和精气具有相同的内涵,都是万物化生的根据。有气则万物生,无气则万物亡。万事万物都是精气变化所致,而且不管怎样变化,都不改变它们的精气本质。可以看出,道和气构成了世界的本源。世界,在本质上就是道,或者说就是气的存在表现。世界万物色彩纷呈,千姿百态,都是精气变化的结果。

　　《管子》哲学的另一个内容是独到的认识论。书中说,人们都想主动获得一些知识或了解一些事情,却不去探究之所以能够获得知识、之所以能够了解事情的原因与条件。实际上,获得的知识、了解的事情,是彼;之所以能够获得知识、了解事情背后的原因和条件,是此。不对"此"加以了解认识,又怎么能真正认识、获得"彼"呢?在这里,作者区分了认识产生的两个基本条件或构成因素。认识对象(客体)即"彼",认识主体即"此"。《管子》认为,要想真正认识客观世界,认识主体必须加强主观修养。怎样加强主观修养呢?关键在于治心。耳、目、鼻、口等感官是认识世界的工具,心是思维的器官,它主宰、支配者感官。要使耳、目等感官服从于心的指挥,不能让心被动地服从于耳、目等感官的欲望、嗜好。怎样治心或修心呢?《管子》认为,要让心始终保持虚和静。要让心处于虚无的状态,心中没有过往的偏见和嗜欲,这样就不会被纷繁的万物困惑、引诱,从而容易认清事物的真相。静,就是不烦不躁。要以静制动,静观其变,让事物先动起来,认识主体保持不动。这样才能发现事物的本质和运行规律,进而掌握事物。

　　《管子》对矛盾转化也有精彩的论说。书中认为,世间万物都是相对存在的,不存在绝对的事物。比如,卑贱者固然应当为高贵者服务,不肖者固然应当为贤者服务,但高贵者之所以高贵,是因为甘于为卑贱者服务,贤者之所以有贤名,是因为能为不肖者服务。因而,把卑下简单地看成卑下,得不到卑下的真正内涵;把尊贵简单地看成尊贵,得不到尊贵的真正内涵。

　　《管子》还看到矛盾的双方均有向对立面转化的可能。"爱者,憎之始也;德者,怨之本也。"爱是恨的开始,恩德是怨恨的本源。而恶是美的过度表现转化而来，卑是尊的过度表现转化而来，贱是贵的过度表现转化而来。作者在对矛盾转化的论述中，还时常与社会生活相关联。书中说，极盛的国家，不可以跑去做官；极盛的家族，不可以与之结亲；骄傲暴虐的人，不可以结为朋友。儿子侍奉父母很有孝心，但娶妻生子后，孝心就减少了；臣子侍奉君主很忠诚，但有了名位、家业后，德行就衰退了。盛极必衰，只兴盛不衰落是从来没有的事情。这些对于我们理解现实人生有很大的帮助。

四　政法思想

《管子》中的政法思想，简单地说，就是管理人民，以此安定国家政权的方法，书中称之为"牧民"。书中认为，统治者须指导、提醒人民不错过四时节令，按时耕作，才能使五谷茂盛。农粮丰收了，人民的生活就会富裕；生活富裕了，就会招引其他国家的民众来到自己的国家；劳动力增加了，大量偏远的土地就会得到开垦。这样，国家的物力、人力就会得到增强，国家就会安定。"治国之道，必先富民。"人民富裕了，会更加注意自己的言行举止，更容易懂得礼义、荣辱的重要性，进而践行礼义、辨识荣辱。这就是《管子》的名言："仓廪实则知礼节，衣食足则知荣辱。"所以，在人民富裕的基础上，应该及时对人民进行礼义教化，即礼治。

要管理人民，仅让人民丰衣足食、讲求礼义、辨识荣辱是不够的，还需要对人民申之以法。《管子》认为，法的作用是保证国家的政令顺利执行，是使暴乱之徒恐惧从而安分守己，是制止纠纷、争端从而保护人民的利益。法可以建立朝廷的权威，可以驱使人民为国家出力，可以用来选拔有才能的人，可以决定人民的生死。一句话，借助法，可以使政府最终实现"牧民"的目的。

书中强调治国以礼，又强调治国以法，亦礼亦法是《管子》政治思想的特色。对于这种牧民之术，《管子》非常自信。书中说，付出厚爱和厚利，就可以使人民亲近；彰明知识和礼义，就可以使人民受到教育。统治者遵循礼义的要求，在人民面前示范引导，审定典章制度对人民加以规范，设置乡官对人民加以指导，然后用法律政令加以约束，用奖赏加以鼓励，用刑罚加以威慑，老百姓就会遵礼守法，就会乐于做好事。这样，暴乱行为就不会发生了。

《管子》中出现了浓厚的民本意识，表现为对人民这一历史主体的尊重。书中说，政令通行的原因，在于顺应民心；政令废弛的原因，在于违背民心。人民厌恶忧劳，就想办法使他们安乐；人民害怕贫贱，就想办法使他们富贵；人民害怕危难，就想办法使他们安定；人民担心灭绝后代，就想办法使他们生育繁殖。人民安居乐业了，就会为国家承受忧劳；人民富贵了，就会为国家承受贫贱；人民安全了，就会为国家承受危难；人民家丁兴旺了，就会为国家做出牺牲。所以，仅仅靠严刑峻法，不足以使人民真正畏惧；仅仅靠杀害屠戮，不足以使人民真心顺服。如果刑罚繁重了，人民就不会再有敬畏之心，法令也就无法推行。刑罚重，杀戮多，民心不服，统治者就危险了。因此，顺从人民上述四种愿望，之前疏远的人也会主动来亲近；反其道而行之，现在亲近你的人也会离你而去。这是"予之为取"的处事原则，也是统治者牧民、治国的法宝。

《管子》认为，远古时期没有君臣的分别，没有夫妇意义上的男女婚配。那时候的人，像野兽一样过着群居的生活，相互之间没有共同的行为规则，完全靠暴力、强力维持自己的生存。聪明的人欺骗愚笨的人，强悍的人欺凌体弱的人，上上下下不得安宁，难定其居。这时候，有圣人出现了。他借助众人的力量禁止强暴、平息动乱，使人们的生活趋于安定。从此，社会有了秩序，民生有了保证，村落都邑也建立起来。之后，国家成立，圣人成为国君。而圣人之所以能成为国君，靠的是赏罚，赏罚就是法。

既然法最初用来保障国君的地位、名分，那么法的产生当然源自最高统治者——国君，是国君意志的体现。尽管最高统治者掌握着出台法规的权力，但制定法规却不是任意的，必须能够经受住实践的考验。法要反映社会生活的必然性，要得到民众的认可，要体现出公平性。《管子》认为国家实施法治，治理起来就像举手投足一样简单。"以法治国，则举措而已。"在中国历史上,《管子》第一个明确提出"以法治国"的政治理念。

制定出来的法,怎样在政治生活中落实呢?《管子》认为,首先要让民众知晓、熟悉法令。法令既已颁布,君民上下就应该共同遵守法令的规定。在贯彻法令的过程中,擅自删减法令的人,要严惩;擅自增加法令的人,要严惩;不执行法令的人,要严惩;扣留法令的人,要严惩;不服从法令的人,要严惩。五种情况,绝不姑息。在执行法令的过程中,要做到公正客观、无私无偏。《管子》特别强调,国君虽是法律的制定者,但不能逍遥于法令约束之外;相反,要以身示范,做人民的守法表率。

五　军事思想

《管子》中还有丰富的军事思想,包括两个内容,一是军队理论,一是战术理论。军队理论中,首先是对军队功能的认识。作者认为,军队是使统治者尊贵、使国家安定的关键保障。征伐敌国并稳定秩序,需要军队;镇压国内叛乱,需要军队。针对当时儒家学者、墨家学者反对战争的言论,书中强烈呼吁在任何时候都不能废除军队。

使统治者尊贵,使国家安定,是军队的基本职能。除此之外,军队还可以帮助统治者成就王霸之业。创建王霸之业,是每一个统治者的政治理想。

在军队建设方面,《管子》提出五个方面的建议。一是对人民施以厚利。人民是军队的主力,对人民施以厚利,战士就会视死如归,就会像对待父母一样对待统治者,与统治者同忧患。二是建立军政合一的一体化机制。这在前文有介绍。三是选练士卒,严明军纪。招引天下的豪杰入伍参军,春秋两季对他们严格训练,让他们熟悉军队的制度,对各种装备设施、作战方案、战场上的行动信号与指示了如指掌。四是加强武器装备。作者认为武器装备不精良,甲盾不坚实,就等于把将士推上战场白白地送死。武器要选用上乘的原材料,交给能工巧匠制作。要对武器装备做定期检查,并严把入库这一关,不合格的严禁采用。五是须君主明、宰相智、将帅能。军队战斗力的核心,是实际作战能力和上下统一协调能力。君主明,战争的命令下达后,人民才能无异议;宰相智,战略物资的供给才能有条不紊,军队论功行赏才能公正合理;将帅能,在战场上才能审时度势、灵活自如,才能保证军队天下无敌。

在战略战术方面,《管子》提出了知己知彼、有备无患、择机行军、以强攻弱等多项兵法原则。要重视战前对天下大势、对敌方军队的了解,对敌方做到了如指掌,才能在交战时游刃有余、无往不胜。要做好战前的人员物资准备,抓住时机,主动出击,在双方交锋中,注意避实击虚、以强攻弱。两军对峙,不能让对方识破自己的行军与阵营部署。要用假象迷惑对方,要使对方不知道自己的真实力量、真实意图,让对方不知所措、无所适从,这是用兵的最高境界。

六　消费思想

《管子》重视国家对财富的积累。国家有没有经济实力、是否富裕,与农业兴旺与否息息相关。粮食,是国家财富的根本。农业兴旺了,粮食就会多起来。粮食多起来,国家就富裕了。当然,对农业而言,除了粟米的生产,桑麻种植、六畜圈养和田畴开垦也很重要,都被《管子》视为决定国家贫富的因素。

发展农业是国家富裕的根本。农民手中的粮食多了,就会思乡恋家、安土重迁,国家才能安定。但是《管子》又认识到,农粮生产不是国家富裕的最终决定因素。《管子》看到了土地、人民与统治者之间存在不可调和的矛盾。人民的种植能力是有限的,力气也有用完的时候。可是,统治者的贪婪欲望却没有穷尽。用有限的土地、民力去供养无限贪婪的统治者,而后者又没有财政收支上的合理规划,只知道榨取人民的劳动成果。这种状况持续下去,必然激化统治者与被统治者之间的对立,加深劳动人民对统治者阶层的怨恨情绪。如果这样,国家就危险了。

基于以上分析,《管子》提出统治者要尚俭的消费思想。书中说，英明的君主建造宗庙，能举行祭祀就行了，不需要讲求美观；修筑宫室楼台，能防燥湿、避寒暑就行了，不需要讲求广大；雕刻花样图案，能以此分辨贵贱就行了，不需要讲求漂亮。统治者提倡节俭，保证农民不耽误农时，工匠不妨碍生产，商人不白白浪费精力，这才是治理国家的正道。统治者能否做到节俭，不仅关系到国家财富的有无，还会影响社会风气。统治者奢侈浪费，人民就会贫穷；人民贫穷，就会出现邪恶的行为。邪恶源自贫穷，贫穷源自奢侈，奢侈源自没有节制。所以，统治者要制定标准，节约衣服，节省财用，禁止奢侈，这是治国的当务之急。

如果单纯提倡节俭，《管子》的消费思想便没有什么特别之处。事实上，《管子》不是一味尚俭，也提出一种侈靡理论。什么是侈靡呢？就是生活铺张、过度消费。铺张到什么程度呢？《管子·侈靡》中说："雕卵然后瀹之，雕橑然后爨之。"把蛋的外壳雕刻涂画了，然后再煮着吃；把木头雕琢了，然后再用作柴火烧火做饭。《管子》提倡节俭，为什么又倡导侈靡呢？原来侈靡理论是在特殊情况下的一种调剂贫富、解决下层生计的经济杠杆思想。

在《管子》看来，当富人拥有大量财富而穷人生活艰难的时候，就可以考虑应用侈靡的消费理论了。如果富人举办丧礼，就设法使丧期时间延长，以此消磨他们的时间；让他们把葬礼办得隆重烦琐，以此耗费他们的钱财。这样做的目的，是"富者靡之，贫者为之",即富人侈靡消费,穷人从中获利。比如,为富人挖掘巨大的坟墓,穷人便有事可做;为富人装饰华美的墓地,绘者便有事可做;为富人制造巨大的棺椁,木匠便有事可做;为富人制作随葬的衣被,女工便有事可做。此外,还要鼓励富人多准备各种祭奠品、殉葬物,用各种仪仗队,使更多的人受到雇用。由此可见,侈靡理论的目的,是通过引导富人侈靡消费,增加穷人的就业机会。

书中还认为,侈靡消费可以满足一部分人的生活欲望,使他们更好地为统治者服务。因为贪图享乐是人的共性,满足他们这方面的要求,他们就愿意为统治者服务。如果强迫他们穿兽皮、吃野草、喝凉水,而剥夺了他们享乐的机会,谁还愿意为统治者效劳呢?所以,侈靡和尚俭的消费理论虽表现不同,但都指向了维护统治者利益的政治目的。

七 财政思想

财政对于国家政府部门的正常运转至关重要。那么,国家获取财政收入应遵循什么原则?有什么特点?有哪些渠道?其最终目的是什么?这些问题,两千多年前的《管子》已为我们做出解答。

（一）前提和原则

货币起源于物品交换，最初形态是实物货币，后来发展为铸币。关于铸币的最初制造者，经济史学家李剑农认为是民间商人。铸币是商人为获取更多经营利润而私下铸造的交易媒介。

最初，商人私铸货币以谋利，并没有引起官方重视。自春秋末期始，社会上出现了许多因货殖（即经商）而扬名的大商人，如"十九年之中三致千金"的陶朱公，与诸侯国国君分庭抗礼的子贡，与王者等富的猗顿。至战国，列国间频繁争斗，财政入不敷出，而商人获利却依然不减。于是，一些富有经济头脑的官员开始研究商人的经商之术，并想办法把货币的铸造权收归国家所有。于是，《管子》提出了垄断货币铸造的理论，即宣布铜矿国有，禁止私人开采，由国家垄断货币的铸造与发行。这成为《管子》财政思想产生的理论前提。

中国自古以农业立国，农田税收是封建国家主要的财政来源。随着社会生产力的提高，经济活动日益活跃，商品交换渐趋频繁，各种工商税、关税也成为财政的来源。一般情况下，国家是依据法律规定强迫人民纳税以取得财政收入的。但这种方式存在很大不足，因为它违背了人生而好利的根本特性，容易引发官民矛盾。所以，《管子》认为懂得治国之道的人，应该只向人民展示国家乐善好施的一面，而不让人民觉察到国家存在攘夺的一面。如果强硬地让人民缴税，很容易激发人民的反抗情绪，最终偷税漏税。例如,对人民征以房屋税,人民就会毁掉房屋;征以树木税,人民就会砍伐树木;征以畜牧税,人民就会杀掉牲畜;征以人口税,人民就会隐瞒人口。因而,国家应该避免强制性税收,采用让人民在不知不觉中完成纳税任务的隐蔽方式。如果能做到这一点,人民就乐于服从,社会就容易治理。《管子》把这种隐蔽方式称为"见予之形,不见夺之理",即只见赐予不见侵夺。这是《管子》财政思想实施的原则。

(二)财政收入获取的方式

1. 垄断盐铁资源

原则定下来,接下来是如何贯彻落实的问题。《管子》提出的第一种财政收入获取方式是政府垄断盐铁资源,实施官方专卖。国家首先控制产盐产铁的山海资源,并宣布不准私人冶盐冶铁的禁令;然后招募一批劳动力组成浩浩荡荡的盐铁大军。待人民生产出食盐、铁器后,国家如数回收并统一销售。垄断盐铁资源、实施官方专卖的效果怎么样呢?我们以盐业资源垄断为例。《管子》为我们算了一笔账。书中说,一升盐的价格增加一钱,一釜盐可以多卖一百钱;增加两钱,一釜盐可以多卖两百钱,一钟盐可以多卖两千钱,十钟盐可以多卖两万钱,一百钟可以多卖二十万钱,一千钟可以多卖两百万钱。一个万乘的大国,一天可以多卖两百万钱,十天可以多卖两千万钱,一个月可以多卖六千万钱。而一个万乘大国，假设有百万人口，如果一个人一个月缴纳三十钱的人头税，一个月下来可以收入三千万钱。而现在实行盐业官营政策，不再向人民征收人头税，人民非常高兴，国家的实际收入也一点都没有减少，反而增加了一倍。也就是说，单卖盐一项的收入，就相当于两个万乘大国的人头税收入。

2. 敛轻散重

《管子》提出的第二种财政收入获取方式是敛轻散重。国家扮演商人角色，直接介入经济活动，通过对物品的贱买贵卖获取收入。书中指出了影响物价的两个因素：一是年岁丰歉。在以农业为主的封建社会，集市上物品供应的多与少，与是否风调雨顺密切相关。丰年，人们手中的物品多，引起集市上物价下跌。歉岁，人们手中的物品少，引起集市上物价上涨。二是时令。同样的东西，在一年四季中有不同的价格。拿粮食来说，秋天收获季节，粮价肯定低；春夏之交缺粮的时候，粮价肯定高。富商大贾就会借机贱买贵卖，垄断市场资源。针对这种情况，《管子》提出政府介入市场，通过敛轻散重的方式，平衡市场，保护人民的利益，并获取经济利益。应该指出的是，政府敛轻散重并不完全以获利为目的，相对于商贾来说，政府获取的利润要少得多。

3. 组织放贷

《管子》提出的第三种财政收入获取方式是国家组织放贷。

在《管子》写作的年代，民间高利贷商人以贷款、贷物为名，对人民进行敲骨吸髓式的剥削。许多平民家庭因为无力偿付高额的利息，生活极端窘困。高利贷已成为人民正常生产生活的重大障碍，严重影响到国家对社会经济的宏观调控。于是，《管子》提出由国家组织成立借贷机构的方法。政府要求大大小小的城邑准备充足的粮食、器具和货币，作为向人民借贷的资本。春夏两季，人民如果需要种子、粮食或农具、货币，可以随时从国家那里获得供给，偿还时只需缴纳一点利息。国家组织放贷，遏制了高利贷势力对人民的盘剥，人民既可以安定地生产生活，国家也可以获得收入。

4. 垄断货币铸造与发行

《管子》提出的第四种财政收入获取方式是国家垄断货币的铸造与发行，这也是保证以上三种方式顺利实施的前提。书中建议国家占有产铜之山，并宣布私人不得开采。国家建立专门场所，准备两年的粮食，雇用人民开采铜矿、冶铸货币。书中认为，货币既是财富的代表，又是财物流通的媒介；垄断了货币的铸造与发行，就能有效控制包括人民的命根子——粮食在内的所有物品，为掌控财富奠定基础。

5. 财政收入获取的特征与目的

《管子》主张的财政收入获取方式体现出三个特点。一是垄断性,比如国家对盐铁资源的开采与销售,对铜矿的开采与对货币的铸造,均具有垄断的性质。二是强制性,国家可凭借行政特权,对违反规定的人施以惩罚。例如国家宣布山海资源国有后,那些违犯禁令开采的人,被施以砍断左右脚的刑罚。三是抑商性,一方面表现为国家通过剑轻散重与商人争夺经济利益,另一方面表现为国家垄断货币的铸造与发行。据学者考证,货币最初是由商人制造的,他们通过发明货币并自己铸造货币来获取更多经济利益。现在国家垄断了货币,把货币铸造权从商人手中夺过来,其抑商的特征是不言而喻的。

强调多方面获取财政收入,无非是想让国家成为经济活动的实际掌控者,并成为最大受益者。国家掌控经济的背后,隐藏着怎样的政治动机呢?原来,《管子》强调国家占有社会财富,是为了富国强兵,以此达到天下无敌、称王称霸的政治目的。《管子》充分研究了人的心理特征,说,国家掌控充足的社会财富,使人民手中有所缺乏,人民就会盼望通过一技之长得到君主的俸禄;国家掌控丰富的自然资源,使人民总觉得不够用,他们就会盼望为君主做些事情,得到君主给予的好处;国家用巨额的财富钳制、约束人民,人民就没有一个不依附于国家的;国家掌控粮食,拥有货币,并用货币调控粮食等万物,就可以随心所欲地统治人民、使用人民,让他们为国家政权服务了。

《管子》的财政思想对历代政府的财政管理影响巨大。可以说,从西汉到清朝末年,到民国,一直到当下,《管子》的财政思想无处不在。下面，我们选择其中三个阶段略做说明。

（三）汉武帝时期的实践

西汉政权建立后，统治者实行与民休养生息、清静无为的黄老治国之术。黄老治国之术的实施，造就了历史上有名的文景之治。

文景之治是怎样的一种盛世景象呢？据《史记·平准书》，当时国家平安无事，人民自给自足，不管是露天的粮仓还是封闭的粮仓都装满了粮食。官府里的钱币和货物多得用不完，最后竟然连穿钱的绳子都烂掉了。新米和旧米堆积在一起，年年有剩余，因长期堆积，大量粮食最后只能腐烂掉。这就是武帝继位之前国家繁荣富裕的景象。

到了武帝在位的中后期，情况陡然逆转。短短数年间，国库里什么东西都没有了。汉武帝好大喜功，文景之治遗留下来的盛世遗产，都在他的"文治武功"中用光了。

刚开始的时候，武帝为了扭转财政上入不敷出的被动局面，加紧对人民征税。但向人民征税有一定的限度，还是填补不了国家财政上的空缺。可是，当时的富商大贾还像往常一样垄断市场，囤积居奇。就连地方上的长官都得向他们低头弯腰地索求供给。这些富商大贾临海煮盐，就山冶铁，家财万贯，却"不佐国家之急"，不肯拿出钱来帮助国家渡过财政难关。

鉴于这些富商大贾在国家经济困难之际的表现，为了解决国家财政危机，武帝毅然决然地实施了盐铁官营政策。《史记·平准书》记载了当时盐铁官营的情况：煮盐的盐户由国家统一招募，煮盐过程中的生活费用由盐户自己承担，国家负责提供煮盐用的器具；煮成的盐，由政府按盆支付给盐户一定的报酬并统一收购，国家负责统一销售。国家在产铁的地方设置铁官，并且派专职人员管理。盐铁官营之后，私人不能再煮盐冶铁。违令者左脚戴上六斤重的铁索，以示惩罚。可以看出，汉武帝实施的盐铁官营，是对《管子》财政思想的实践。

盐铁官营实施之后，又出现了一个问题：各地盐铁的供给不平衡，有的地方供不应求，有的地方却供过于求。当时负责财经工作的官员桑弘羊就在各县设置了均输官，负责调剂各地盐铁供给：这里供不应求了，盐铁的价格上涨，导致人们买不起，就把其他地方的低价盐铁运过来。那里供过于求了，价格太低，就把这些低价的盐铁运往供不应求的地方。均输法的实质是通过调剂各地余缺来平衡全国盐铁价格，是对《管子》敛轻散重财政思想的借鉴和运用。

除了盐铁官营和均输法之外，武帝还采取了一种叫"平准法"的财政措施：在京城设置一个平准机构来囤积各种各样的货物，根据市场行情，"贵即卖之，贱则买之"。当市场上物价攀升的时候，官方就把自己储藏的东西以较低的价格抛向市场卖给人民；当市场上的物价低落的时候，官方就把这些便宜东西回收过来。这样做的目的，一方面是不让富商大贾们操控市场盘剥人民，另一方面，国家在平衡市场物价中也可获取利润。"平准法"也源自《管子》的财政思想。

汉武帝还有一个很关键的策略，就是国家垄断铸币。汉武帝要想调控市场，不垄断铸币是办不到的。西汉政权刚刚建立的时候，官方允许民间私铸货币。受利益的驱使，全国各地都在私铸货币，于是市场上出现了一些不足值的货币，导致市场上的通货膨胀现象。据史书记载，当时一石米（约六十斤）最高卖到一万钱。有经济学家分析，当时一石米的正常价格应当在一百钱左右。高后时期，国家看到这种现象不利于经济稳定，于是就禁止私人铸造货币。汉文帝时期又解除禁令。所以，武帝继位后的一段时期是允许私铸货币的，后来才下令禁止。但禁令下发了好几年，市场上不足值的、纯度不够的货币依旧泛滥。于是武帝下令让各地方诸侯国、各地方官把所在区域内的铸币统统销毁，并把铜上缴国家三官，由三官统一铸造货币。三官是钟官、辨铜、均输。不过，这里的"均输"和刚才谈到的均输官不一样，大概是负责铸币工艺的官员。此后，市场交易一律使用国家三官铸造的钱，其他货币不得通行。由于三官钱制作精良、工艺复杂，民间一般仿造不了。这个时候，武帝政府才真正垄断了货币铸造权。

综上所述，无论是盐铁官营、平准法、均输法，还是国家垄断铸币，武帝时候的诸多政策，其理论来源都是《管子》的财政思想。

汉武帝实施的这一系列财政政策，有没有取得实效呢？《史记·平准书》记载："民不益赋而天下用饶。"就是说，武帝借鉴《管子》的财政思想制定各项政策后，没有加重赋税，国家财政却充裕了。

（四）宋神宗时期的实践

北宋神宗上台之后，由于国库入不敷出，于是首抓财政工作。当时，北宋政权的官僚队伍极其庞大，这从下面的数据可以看出。宋太祖在位时，每次科举考试录取的官员一般在10至30人之间。宋太宗在位时，每次科举取士的人数在140至1300人之间。太宗在位二十二年，共举行了八次科举考试，总计录取了5800人。真宗时，政府官僚队伍的总人数达57万。自太宗时起，北宋在与辽国、大夏国的军事冲突中败多胜少。北宋政府除每年向辽、大夏输送大量的白银、丝绸以换取边境的安宁外，还大量扩充军队。宋太祖建国时，有军队22万人，至仁宗庆历年间，增至125万。冗官、冗兵必然出现冗费，加之对外战事接连失利，靠向对方输绢输银以苟且求和，致使北宋政权陷入积贫积弱的困境。宋神宗即位后，王安石被提升为参知政事，辅佐神宗实施变法。变法的内容很多，但财政改革是其关键所在。王安石实施的均输法、青苗法、市易法，均可溯源至《管子》的财政思想。

北宋朝廷在京城设发运使，专门负责皇帝及京城官员、军队的日常开支，每年向全国各地征收各类军用及民用物资。但发运使经常不顾及各地物资的实际供求状况，只知道机械地奉命行事。而地方政府也不了解京城的实际需求，只知道如期上缴。结果，地方上千里迢迢运送来的物资，不但在京城中到处都有售卖，且价格更低廉。这无疑造成人力、物力、财力的极大浪费。针对这一弊端，王安石实施了均输法：政府给予足够的货币、粮食作为本钱，根据京城对各种物资的实际需求，以就近、就贱为原则进行征收、购买。发运使也可以就地收购并储存价格低廉的地方物资，然后根据各地物资的实际情况做一些平衡市场、调剂余缺的工作，以此实现政府对京城所需物资的统一协调管理。

西汉宣帝的时候，政府官员耿寿昌曾借鉴《管子》财政思想，创常平仓制度。其基本运作方式是：粮价便宜的时候，国家及时买进并储藏起来；粮价高涨的时候，国家及时卖出，以此防止居心叵测的商人故意压低价格收粮或抬高价格售粮。这既保证了农民利益不受侵害，打击了非法商户，又使国家在低价买进、高价卖出中获得一些收益。北宋前期一度沿用这项制度。后来，常平仓制度发挥的作用越来越有限。一方面，民间缺粮，常平仓散发粮食以接济民众，受惠的只是附近一些游手好闲之人，广大人民并没有享受到常平仓的好处。另一方面，由于管理不善，国家在低价买进、高价卖出中并没有获得多大的收益。于是，王安石在常平仓基础上创制了青苗法。

青苗法确立了政府与人民之间的借贷关系。政府是放贷方，其放贷资本是常平仓原有的钱谷；民众则为借贷方。每年青黄不接的时候，民户可自愿向官府借贷，并在缴纳夏秋两税时偿还官府二分的利息。青苗法有力遏制了富商巨贾利用放贷对人民大肆盘剥。最初，青苗法收取二分利息，后来将利息调至三分，以致遭受反对者的攻击。由此看出，青苗法有利民的一面，但也有为国家谋取财政收入的一面。

北宋京城开封市场上百货堆积。有一些富商大贾凭借手中的巨额资本垄断市场，导致商品没有固定的价格，完全被人为操纵。在一贵一贱之中，投机商赚取了数倍的商业利润。他们掌握着市场上物品的定价权，肆意妄为。结果，外地商人赚不到钱，只能从京城市场中退出。于是，有人向朝廷建议，国家拨付一定的货币资本，设置常平市易司，选择德才兼备的人负责管理，同时让善于经营的商人做助手。外地的商贩货物如有剩余，可与常平市易司的官员协商，由官方付钱购买。京城内的商贩也可以用金钱或地产作抵押，向常平市易司赊购货物进行售卖，半年或一年内偿付利息。商贩手中的货物，在京城内并不是急需品，但可以储藏起来等待时机转手倒卖的，常平市易司也可以购入并随时价出售。商贩也可以将手中货物折合成常平市易司的其他物品进行贩卖。由此可见，常平市易司是直接进入商业贸易领域，平衡市场、打击富商大贾并借此获取丰厚利润的官办商业机构。这完全体现了《管子》的财政思想。

在对《管子》财政思想的借鉴与实践下,不但北宋政府的财政收入大有增加,农民也减轻不少赋税负担,最终出现了《宋史》描述的繁荣局面:"熙宁、元丰之间,中外府库,无不充衍,小邑所积钱米,亦不减二十万。"

(五)新中国成立后的实践

新中国成立前夕,具有临时宪法性质的《中国人民政治协商会议共同纲领》明确规定,新中国的货币发行权属于国家;禁止外币在国内流通;外币和金、银的买卖应由国家银行经营。1951年,中国人民银行制定全国信用贷款业务计划。这种由中国人民银行直接办理货币发行业务、对所有经济实体实施信贷业务的制度,被称为一元式中央银行制度。

1962年,中共中央、国务院出台《关于切实加强银行工作的集中统一、严格控制货币发行的决定》,提出"把货币发行权真正集中于中央,把国家的票子管紧,而且在一个时期内,要比1950年统一财经时管得更严更紧"的货币政策。1983年,国务院发布《关于中国人民银行专门行使中央银行职能的决定》,规定工商信贷等业务交由建设银行与工商银行等其他银行负责,中国人民银行不再受理此项业务,以便集中力量行使中央银行职能,更好地做好货币发行、信贷规模控制和外汇市场管理等工作。至此,中华人民共和国终于建立了以中国人民银行为中央银行，以中国工商银行、中国人民建设银行、中国农业银行、中国银行四大专业银行为骨干的银行体系，并为今后走向新的社会主义市场经济奠定了基础。国家垄断货币的铸造与发行，为全方位的财政改革做好了准备。

国民党政府统治时期，通货膨胀极为严重。在恶性通货膨胀中发展起来的金融和商业投机资本家，于新中国成立前后，继续投机倒把，囤积居奇，哄抬物价，谋取暴利。自1949年4月至1950年2月，他们先后掀起四次全国性的物价大波动，使市场秩序紊乱，正常经济活动几近瘫痪。

当时市场上有两种重要物品，一是粮食，一是纱布。1947年7月，国家成立统一的内外贸专业公司，以备统一掌握与调运物资，并加强国家在市场上的竞争力量。1949年10月，全国出现第三次物价大波动，投机资本极为猖獗。在陈云同志的主持下，国家集中金融、贸易、财政等各部门力量与当时的投机资本家展开较量。投机资本家故意抬高粮食、纱布的收购价格，妄图以高价吸引人们，借机捞空市场资本，再以更高的价格出卖以攫取暴力。人民政府领导的各大贸易公司在投机资本家故意抬高价格的同时，也抬高这些物资的价格进行购买，并保持与黑市价格持平。投机资本家继续抬高价格，与此同时不惜高利息借贷货币继续疯狂抢购，国家贸易公司随即也抬高价格争夺市场。等到市场上粮食、纱布的价格涨到顶峰，资本家手里的钱用得差不多了，政府下令紧缩银根，银行一律停止贷款，并按合同收回贷款。经过政府和投机资本家的明争暗斗，投机资本家黔驴技穷，最后只好把之前收购的物资倾吐出来。这时，各贸易公司也抛售物资，并一直压低价格，直到物价跌到政府预期的水平，并借机购进投机资本家倾吐出来的全部物资。经过这一次国家对经济领域的干涉、介入，投机资本家受到毁灭性打击。1950年，各地物资价格基本趋于稳定，人民政府取得了市场支配的主动权。相应，政府的财政管理与财政收支也有了相当的保障。在这一过程中，政府平抑物价采用的措施，与《管子》敛轻散重的财政思想有许多共通之处。

  1992年以前，我国处于计划经济时代。计划经济是对商品生产、资源分配及产品消费等一切经济活动均做出严密规划的经济体制。它强调设计国民经济发展的总目标，制定具体的执行措施，事事按部就班，其统筹计划性是非常明显的。新中国的国家性质决定了一切以人民为中心，所有计划都以解决人民温饱、提高人民生活水平为指归。国家获取利润是有一定限度和规定的，以此保障人民利益不受损害。试举一例。新中国成立伊始，农村粮食生产虽有提高，且农民不急于出售，导致商品化程度极低，粮食供应困难。当时负责财经工作的陈云同志提出计划收购、计划供应的统购统销政策。这一政策既可以解决全国粮食平衡供给的问题，又可以把投机商人排除在供给链条之外，使其无法操纵粮食市场。粮食统购统销，取得令人满意的实效：不但粮食收购量上升，销售量也开始激增。国家储粮增加，保证了各大城市、矿区、军队的粮食供应。特别是在灾荒的年景，统购统销更显示出经济统筹规划下的政策优势。"一九五四年，全国许多地方发生水灾，特别是长江流域发生百年未有的大水灾，国家运到灾区的粮食就将近一百亿斤，并用最快的办法送到灾民手里。灾区人民说是'百年来未有的大水灾，千年来未有的好政府'。"❶《管子》财政思想强调敛轻散重、稳定物价、平衡供给，这正是新中国上述经济政策的理论来源。

据《中国财政年鉴》，1951年国家财政收入为124.96亿元，1977年为874.46亿元。1951年，各项税收收入为81.13亿元，企业收入仅为30.54亿元。至1971年，各项税收收入为312.56亿元，企业收入达428.4亿元。1973年，各项税收收入为348.95亿元，企业收入达457.02亿元。在国家财政状况逐年好转的情况下，政府加大了对文教、科学、卫生及国防建设的支持力度。1951年，国家对文、教、卫建设的财政支出为5.02亿元；1978年，相应的财政支出达112.66亿元。1950年，国家对国防建设的财政支出为28.01亿元；1978年，相应的财政支出达167.84亿元。❷

改革开放以来，中国逐步实施以市场经济为导向的经济发展

---

❶ 商业部商业经济研究所《新中国商业史稿》，中国财政经济出版社1984年版，第58页。

❷ 刘蓉、李建军、郭佩霞等《新中国财政税收制度变迁》，西南财经大学出版社2020年版，第17、21、25页。

模式，《管子》的财政思想依然有不可忽视的实用价值。首先，国家要始终垄断铸币权。《管子》认为，只有国家垄断铸币，才能平衡市场，保护人民利益，才能更好地调控经济。对于今天而言，就是要坚决制止私造假钞的行为。货币是经济运行的血液，只有控制住货币的制造与发行，才能保证经济生活有秩序地运行。其次，国有企业不可缺，《管子》财政思想中的国家产销盐铁，实际上就是古代的国有企业。《管子》认为国家产销与人民生活息息相关的重要物资，可以稳定市场、稳定民生，同时也可以增加国家财政收入。在当今社会，国有企业举足轻重的作用有目共睹。尽管国有企业的经营范围、国有企业的存在意义，远远超出了古代的盐铁官营，但盐铁官营的基本理论依然适用于当代国有企业。最后，要保证国家财政充裕。《管子》认为，只有国家掌控经济活动，才能尽民力，使国家强大无敌。今天，只有国家财政充裕，政府才能更有效地调控社会经济，才能更好地从事文化教育、社会保障和国防等多方面的建设。这样不但能增加人民福利，提高人民的物质文化水平，还能为社会主义建设赢得安全的国际环境。

第八章

齐文化精粹撷珍·**管仲**

历代评价

管仲在齐国实施改革,对内富国强兵,对外尊王攘夷,建立了赫赫功业。他辅助齐桓公多次会盟诸侯,号召各国团结协作,安定了天下局势,繁荣了华夏文化。他因此被梁启超誉为"中国之最大政治家"。

如果我们梳理两千多年间人们对管仲的相关评论,会发现并不是所有人都对管仲持肯定意见。这本来无可厚非,大家秉持的评价标准不一致,仁者见仁,智者见智。但有一些人所持标准荒唐可笑,导致对管仲的评价有失公允。在此,我们把这些评价一并拈出,并加以分析。

一 秦以前

历史上对管仲其人及其功业的第一次讨论,发生在春秋末年的孔门师徒之间。有一次,孔子的学生子路说,齐桓公杀了他的兄长公子纠,公子纠的家傅召忽自刎而死。管仲同为公子纠的家傅，却选择活下来。管仲的行为大概称不上仁义吧？孔子听了不以为然，说，齐桓公在管仲的帮助下，多次主持诸侯间的盟会，用这种方式平息了许多战争。这些都要算作管仲的功劳啊！这难道不是仁义的表现吗？又有一次，子贡说，管仲算不上仁义之士。齐桓公杀掉了公子纠，管仲不但不像召忽那样以死效忠，还跑到齐桓公那里，做了他的辅相。孔子听了，对子贡说，管仲辅相桓公，称霸诸侯，使天下得到匡正，一切走向正轨，人民到现在还沾他的光，享用着他带来的好处。假若没有管仲，那些东夷、西戎、南蛮、北狄之人，将烧毁我们的房屋，掳掠我们的父老乡亲。我们将和他们一样，披散着头发，衣襟统统向左掩，沦落为野蛮落后的民族了。像管仲这样的人，岂能要求他像普通老百姓那样死守小节、小忠、小义，公子纠一死，也慌忙自杀了事呢？子路、子贡因为管仲没有为公子纠殉难而死，质疑和否定管仲的人格。孔子则超越狭隘的忠义观念，把赐福天下众生作为仁爱道义的体现，其视野、胸襟明显高于他的学生。

战国中期，孟子对管仲的评价与孔子截然不同。有一次，孟子的学生公孙丑说，如果您在齐国执掌政务，可以重现管仲那样的功业吗？孟子听了很不高兴，说，你真是一个齐国人，只知道管仲。以前，有人问孔子的学生曾西，你和子路相比谁更强？曾西紧张地说，子路这个人，连我的父亲都敬畏他，我哪里有资格和他相比呢？那人又问，那么，你和管仲相比，谁更强？听了这话，曾西很不高兴，说，你为什么拿我跟管仲相比？齐桓公对管仲非常信赖，让他执政齐国那么长时间，可他的功业是那样不起眼。你不应该拿管仲跟我相比较啊。连曾西都不愿意和管仲一较高下，你以为我愿意跟在他的后面，向他学习吗？公孙丑说，管仲辅相桓公，称霸天下，难道不值得我们学习吗？孟子说，以齐国的实力，就是统一天下也易如反掌。何况仅仅是称霸呢？公孙丑越听越糊涂。孟子解释道，管仲辅相齐桓公，称霸诸侯，靠的是霸道，不是王道。霸道是什么呢？是打着仁义的幌子，用武力征服别人。但仅靠武力，只能让人口服！所以，管仲充其量是借仁义之名，使用武力来谋取私利。而王道就不同了，像历史上的尧、舜、商汤、周武王，他们建立功业，靠的是仁爱。他们以德服人，让人心悦诚服。人民真心地拥护他们，爱戴他们。行霸道，施霸政，只能结盟诸侯，成为霸主；行王道，施仁政，却能一统天下，成为王者！

  在孟子看来，理想的为政之道是仁政，是没有私心的；功业的最高境界是王业，是一统天下。孟子是仁政的积极提倡者。颇为自负的他，想象在齐国这样一个经济繁荣、军事强大、人口众多、土地广阔的国家，若由自己执掌政务，施行仁政，建立一统天下的王者功业是一件很容易的事情。其实，孟子的想象未免天真，他用了一种前后矛盾的逻辑来评价管仲。首先，霸政和仁政并非彼此对立，互不相容。霸政中有仁政，仁政中有霸政，没有霸政的仁政是幻想，没有现实的基础。如果仁政是为政的终极追求，霸政则是走向仁政的必不可少的阶段。其次，正如孟子引用的那句齐国俗语,"虽有智慧,不如乘势;虽有镃基,不如待时",霸政与仁政对历史环境有不同的要求。春秋前期,周王朝的礼仪纲纪仍是维护朝野秩序、稳定世道人心的基石。在这种情况下,纵有统一天下的能力,难道真的可以废除周天子而自立为王吗?当然不可以。最后,孟子所处的战国时期,七雄并峙,相互间攻城略地,此时追求统一无可争议。但孟子天真地认为,在这样一个混乱的年代,仅靠施仁政就能驱除邪恶、制止暴力、拯救大众,使天下回归统一和谐的王道局面,这简直是童真的幻想。当时诸侯国的国君认为孟子的言谈"迂远而阔于事情",正是针对孟子思想的缺陷说出的中肯之语。

战国后期,同样继承了孔子思想的荀子显然比孟子现实得多、理性得多。两人虽然都把王道看作最高的政治理想,但在怎样看待王道与霸道之间的关系上却有不同。孟子认为,霸道与王道对立,从而完全否定前者的存在意义和现实价值。荀子却认为,霸道虽比不上王道,但亦是成功的政治实践,霸政也是政治功业的一种表现方式。在实现王道的道路上,可以先建立霸政、确立霸道,然后再实施礼治,进行道德教化,实现由霸政、霸道走向王政、王道的完美转换。因而从总体上讲,荀子对管仲的评价是肯定的。

韩非是战国末期的思想家,倡导以法治国的为政之术。这使他对具有法治思想萌芽的管仲颇有认同感。子路、子贡认为管仲背叛公子纠,违背了忠臣的道德规范,算不得忠义之士。韩非却认为管仲是一位难得的忠臣。因为在韩非看来，能否称得上忠臣，不在于是否固执地追随某一个人，而在于有没有能力抵御他国的入侵，保护自己的国家；在于有没有能力驱逐乱臣贼子，使自己的国家平稳安定。而管仲都做到了。由此可见，韩非与孔子虽然为政之术有很大不同，但对为政的理解却有相通之处。

二　汉至唐

西汉司马迁也对管仲做出过评论。其史学著作《史记》中有管仲的传记，从人生经历、为政方略、大国外交等几个方面，全面介绍了管仲。文中充溢着对管仲的赞美之情。他认为，齐桓公建立九合诸侯、一匡天下的霸业，靠的是管仲的谋略；管仲去世后，齐国沿用他的治国之道，依然是诸侯强国。在为政方略的分析中，司马迁重点强调了通货积财的经济改革、顺应民心的牧民之法；大国外交中，总结了因祸为福、转败为功、予而后取的策略方针。总之，司马迁全面、客观、深入地评判了管仲，体现出优秀史学家的学识和素养。

三国时期，蜀相诸葛亮对管仲是常怀敬仰之情的。年轻时的他把自己比作管仲，把管仲当作从政道路上的偶像。他立志成就管仲那样的功业，在汉末军阀混战中兴微继绝，辅佐刘备建立蜀汉。管、诸葛二人同居相位，更使后者有了与前者进行隔空对话的可能。在诸葛亮治理蜀国的政治实践中，有许多手段、方法都可看作对管仲思想的继承、发展，如重视农业生产，加强与他国的丝绸贸易，设立盐官管理全国食盐，注重人才选拔等。晚年的诸葛亮还为刘禅抄写《管子》，以备后主阅读，期望他通过对《管子》的学习，提升自己的为政素养。虽然诸葛亮没有直接评论过管仲，但从史书记载的这些细节，完全可以看出管仲在他心中的重要地位。

西晋傅玄认为，《管子》的一些篇章渗透着对人民利益的侵夺，体现不出任何安民、爱民的思想，是鄙俗的好事者杜撰后附益到书中去的，并不代表管仲的思想。这从侧面说明，傅玄对管仲政治功业的评价是积极肯定的。以民为本，是管仲政术的一大特征。

东晋初建，朝廷上下都为重整河山的艰巨任务焦虑忧愁。温峤曾与朝廷重臣王导促膝而谈，他对这位在建立、稳定东晋政权中发挥了关键作用的将军赞叹不已。不仅如此，温峤还把挥戈北进、统一南北政权的希望寄托在王导身上，激动地说："江左自有管夷吾，吾复何虑！"他把王导比作管仲，认为有他在，收复故土就不必忧虑。这也可见当时人们对管仲的崇拜、仰慕。

十六国时期，氐族人苻坚创建前秦王朝，他勤政贤明，任用王猛辅政，励精图治，开创了一个堪称"治世"的强盛时代，史称"关陇清晏，百姓丰乐"。时人赞美王猛治国，犹如管仲治齐；

苻坚任用王猛，犹如齐桓公任用管仲，也同样表达了对管仲及其功业的肯定和嘉许。

其他如《旧唐书》把善于谋略、敢于直谏的宰相房玄龄比作管仲，《新唐书》把唐代宗时期的经济改革家、理财家刘晏比作管仲，都体现了对管仲及其功业的充分肯定。

三　宋代

北宋苏轼一方面肯定管仲功业，把管仲辅相桓公争霸中的德礼外交赞许为"盛德之事"；另一方面，对管仲止于霸功而未能进入王业表示遗憾。这样的观点是受了战国时期孟子思想的影响。苏轼的评论，最有价值的部分是从军事思想角度对管仲霸术的解读。在《管仲论》这篇文章中，苏轼对王者之兵与霸者之兵分别进行了诠释。王者之兵不求必胜，只求不败；霸者之兵志在必胜，不胜则没有称霸的资格。王者之兵的军旅编制数为一万二千五百人，不是一个整数，才可以形成各种繁而曲、鱼丽鹅鹳之类的奇正相生、极尽变化的阵势，使敌人不易识破，从而不败。霸者之兵的军旅编制数为一万人，恰恰是一个整数，才可以形成简而直、法令划一、毫无隐蔽使兵士视死如归的速战速决的阵势。百人为行，百行为阵，无往而不胜。王者之兵，不得已而为之，故以守为主；霸者之兵，不胜无以定霸，故多为主动出击。苏轼的历史评论常翻出新意，但对管仲功业背后的原因作如上解读，似乎把一个繁杂的历史现象简单化了。武力的因素固然重要，但其他如政治、经济、民心、时机等亦不可忽视。对比之下，司马迁的评论更周密严谨一些。

苏轼的弟弟苏辙认为，司马迁《史记》没有传承并体现孔子倾注在《春秋》中的史书精神，于是，在《史记》基础上作《古史》。在《古史》中，苏辙重对管仲及其功业进行了评论。他说，齐桓公九合诸侯，一匡天下，完全靠管仲之谋。管仲为政，通货积财，富国强兵，刑赏得当，公而无私，对诸侯来之以礼、服之以义，不滥用武力，所以才使各国顺服，成就桓公霸业。苏辙对管仲的评价更加全面，并突出了管仲功业中以礼义、仁爱为中心的德政部分。这大概就是他传承孔子《春秋》修史之意的体现吧。

与苏轼、苏辙同时的北宋学者杨忱，针对尊王道不尊霸道的传统认识，提出不同的看法。在为《管子》写的序言中，他首先肯定了管仲的功业。他说，春秋时期，周王室已经衰微没落，之所以幸免于灭亡，完全依靠了齐桓公的力量。而齐桓公之所以取得霸业的胜利，则完全依赖管仲。管仲在辅相桓公争霸过程中实施尊王攘夷的政策，是极有远见的。他还借用荀子的话，认为管仲在齐国严明赏罚、关注民意、重视农业积蓄，这些都是合于王道的。有鉴于此，杨忱批判了诋毁管仲功业的观点，并认为，王道与霸道、王业与霸业没有本质的区别。霸者之业所实施的政令措施，同样适用于王者之业。王、霸的区别，完全是历史环境造成的。周天子在，围绕尊崇天子、驱除四夷的功业，包括诸侯会盟、平息内乱，均被视为霸者所为。周天子不在，霸者所为，则会被视为王者之功。这是"春秋尊王不尊霸"的内涵及症结所在。杨忱的解读是深刻且独具慧眼的。

可以看出，宋代学者对霸业、王业这两个概念的内涵产生了更加理性的认识，也看到了管仲功业所渗透的以礼义、仁爱为内涵的德政特质。

南宋学者叶适认为，由尧、舜、禹三代奠定的华夏民族的人生与社会政治理想，体现为礼治与仁义道德的结合。叶适将之称为唐虞三代之道。唐虞三代之道，经由商汤、伊尹、周文王、周公传至孔子，此后一直未能接续，即便是后世受人尊崇的子思、孟子也未能传承。而汉高祖、唐太宗与争抢攫夺的盗寇没有什么区别，更无缘三代之道。自三代至南宋，成功的政治家、杰出的思想家层出不穷，却都没有获得叶适的认可。可是，对于春秋时期的管仲，叶适虽不认为他是三代之道的传承者，却给出了极高的评价。他认为，唐虞三代之道"唯管仲知之"。他说，管仲辅相齐桓公，成就匡正诸侯、拯济天下的功业，其所作所为与唐虞三代的王道没有什么区别。原来，叶适说的唐虞三代之道，正是前人经常提及的王道。由此可见，他对管仲的评价是极高的。

管仲的思想与《管子》的思想不宜等同。《管子》思想驳杂，法家的权术欺诈、阴阳家的诡异、纵横家的夸夸其谈、道家的玄虚思辨都不同程度地体现在书中。因而,一旦将《管子》思想等同于管仲的思想,认为管仲功业建立在《管子》的治术之上,必然会对管仲做出不切实际的荒谬评价。

南宋末年的学者黄震正是这样。他肯定管仲尊王攘夷的功业,却认为管仲靠的是假仁义,而不是王道。管仲联盟诸侯尊奉王室,完全出于功利之心。此外,他还认为司马迁说管仲为政善于转败为攻、因祸为福,真正用意在于指出管仲以权谋成就霸业;苏辙称赞管仲为政来之以礼、服之以义、不滥用武力、不贪婪成性,是言过其实。在黄震看来,管仲是历史上推崇功利、崇尚权谋、靠暴力欺凌扰乱天下的始作俑者。历史上的功利之风,就是由管仲开启的。

与黄震持相近观点的,还有同时代学者高似孙。高似孙认为:古代理想的为政之术,表现为西周时期的政治制度,它是在唐、虞、夏、商基础上形成的。然而,数代人积累、沉淀而成的先王之治,竟然毁于管仲之手。管仲为政,见利忘义,贪婪狡诈,重军队建设却忘记以农为本。这种恶劣的思想,经由战国的商鞅、李斯,一直传至汉、唐。破坏三代之法、先王之治的,不是管仲又是谁呢?

如何看待黄震、高似孙的过激言辞?其实,他们对管仲及其功业的评论不符合历史事实。关于这一点,似乎不需要再做过多解释,前面已有答案。这里我们想着重指出的是,究竟是什么原因导致了黄、高二人错误的评判?说起来很简单,他们把《管子》思想误认作了管仲思想,把《管子》中的权谋、诡怪、嗜利、好战、暴力,简单地归咎于管仲。

南宋范浚对管仲功业极尽赞誉之能事。他说,管仲辅相桓公合诸侯、正天下、攘夷狄,功劳之大,可与周代始祖后稷教人耕种五谷、商代始祖契教人人伦礼义相比。为什么这么说呢?因为东周之所以幸存,有赖于齐桓公;齐桓公之所以成功,有赖于管仲。有人根据孔子所言"管仲之器小哉",指摘管仲不能使桓公称王而止于称霸。范浚认为这种观点有失妥当,因为若齐桓为王,周王室何处安放?管仲提倡尊王攘夷,又怎能废周王、立桓公?孔子批评的是管仲在个人生活方面不检点,有一些日常细节违背了当时的礼仪制度,不能把"器小"与霸而未王相联系。

四　元明时期

元代许衡认为,春秋二百余年人才辈出,比如齐国的鲍叔牙、管仲,晋国的舅犯、先轸,秦国的百里奚,郑国的子产,都是尊君护民、继绝兴亡的贤能之臣。但是,他又认为,管仲等人与唐尧、虞舜、夏禹三代的贤臣相比,还是稍逊一筹。

胡祗遹借用孟子"春秋无义战"的说法,含蓄批评了管仲为辅相桓公而组织的一些军事行动。但他又不得不承认,在当时的形势下，如果没有管仲会盟诸侯的军事行动，王室将得不到尊崇，不义将得不到诛惩。所以，管仲对于周王室的功劳是巨大且无可替代的。他还说，管仲性情沉练、雍容和缓，匡正齐桓公不动声色，凡事皆能把桓公导向正道，使天下像泰山那样安稳。这是对管仲辅相之才的高度赞誉。

当然，也有人认为管仲所为皆出于私心，比如元末明初的吴海。他说，春秋时期的人认为管仲是一代名臣，但审核其事迹，不过是联合诸侯相互攻伐，利用霸主地位谋窃私利。至于尊王攘夷，看似名正言顺，但终究遮掩不住其谋私的初衷。

明代的管仲评论颇为热闹，且多真知灼见。有些学者把管仲为政同战国法家专任刑罚的治国之术相联系，显然犯了把管仲思想等同于《管子》思想的错误。学者赵用贤虽也认为管仲治国有法可循，但这个"法"，不是法家之法，而是在周公以礼治国基础上发展演变而来的顺应时变之法。赵用贤说，王者之法完美地体现在周公治国之法中，善于变化周公之法的人，是管仲。管仲之法既得周公之法的精髓，又体现了新的时代特征。这个新的时代特征，体现为承前启后，即管仲之法既有王道之终的特点，又有霸道之始的特色。以王道之终、霸道之始总括管仲之法，无疑是精当之论。

稍后于赵用贤，朱长春从新的角度对管仲功业做出解读。他说，万物来源于道。道生成之后，又生成万物。古代帝王效仿、遵循道的化生万物的大仁精神，创建了威服天下却刑杀不用的至广至大的功业。帝王成就功业的秘诀是乘道,即遵循道。管仲虽也乘道,但选取的路径不够宽阔,只创建了不及帝王之业广大的霸业。朱长春认为,这是时代的原因。齐桓公处于由王而霸的过渡时期,使得管仲治术及其功业体现出道、法融合的时代特色。道,体现为刑杀不用的仁爱精神;法,体现为专任刑罚的特征。管仲之法,同时具备王、霸治术的特点,但又与王、霸治术不全同。王、霸之中,更接近于前者。

历史上有"春秋五霸"的说法,"五霸"究竟是哪五位,说法不一。杨慎认为,"五霸"说不准确,春秋只有"二霸",即齐桓公、晋文公。"霸"的产生,有特殊的时代背景,即四夷交侵。因而,只有攘四夷、卫华夏,才可称为"霸"。如果仅仅在诸侯国之间攻城略地,是不可以称"霸"的。所以,齐桓公是春秋真正的霸主,管仲是真正的霸主之佐。

王世贞把管仲的功业与大禹治水相比较,认为水的特性是往低下的地方流动,因而洪水泛滥时人们可以躲在高处避难;可是,春秋时期北有戎狄,南有楚蛮,蚕食华夏,践踏礼仪,这是一种无处躲藏、除奋击之外别无选择的危难之境。所以,他认为管仲驱四夷、卫华夏的功业远胜于大禹治水。除此之外,王世贞还认为管仲功业胜过姜太公。太公辅助的是周文王,文王是一位圣人,当时天下的三分之二已有归顺于周的意愿。即便没有太公,文王胜商纣也是定局。可辅助的桓公只具备中等之才,管仲的地位又在高、国二上卿之下。在这种形势下,管仲率领孱弱的诸侯之军南征北战。若非有过人之才，哪能与强悍的四夷对抗，使其畏惧不敢妄动呢？而且，太公是凭借武力辅助武王取得天下的，哪里比得上"九合诸侯，不以兵车"的管仲呢？此外，王世贞还作《百字令》，把管仲赞誉为世间的"真男子"。"真男子"的美誉，在历史上是空前绝后的。

不仅如此，王士贞还专门撰文，结合晚明时边境不安、政权岌岌可危的社会现实，批评那些贬斥管仲功业，一生只知高谈阔论，却不能解决实际问题的书斋学者。对管仲的敬慕之情，溢于言表。

明末梅士享把一心尊周、存周视为管仲功业之根本。他认为管仲有能力令诸侯归顺于周王室，也必然有能力使齐桓公成为天下之王。管仲没有这么做，根本原因在于其志在尊周、存周。因而，历史上管仲"功业不足说"的论断是不能成立的。针对孔子批评管仲"器小"之说，梅士享认为，真正的"大器"应该像伊尹那样，等待"王者"出现，辅佐他成就王者之业，而不应该像管仲那样迫不及待地选择了公子纠与公子小白。梅士享赞叹管仲尊王存王的历史功业，并慨叹管仲千年以来没有遇到知己。言外之意，他是管仲的唯一知己。

明末清初的顾炎武认为，管仲弃公子纠而从齐桓公，违背了君臣之礼，而孔子之所以称赞管仲，则是因为与他尊周室、存华夏的功绩相比，这个过失可以忽略不计。由此可以看出，孔子重视对华夏、四夷文化的区分，认为保护华夏文化的重要性要远高于君臣之礼。

稍后，何纶锦在顾炎武观点的基础上做进一步引申。他说，孔子作《春秋》，意在尊周、攘楚、诛伐乱臣贼子，而管仲辅相桓公的政治事迹，正与此相合。所以，春秋之世三百载，没有管仲，则孔子必不撰述《春秋》；孔子撰述《春秋》，正是因为有了管仲的政治事迹。最后，何纶锦得出孔子撰述《春秋》就是为了表彰管仲功绩的结论。

任启运认为，管仲为政采用的是霸术。此时，王道绝，霸道始，管仲的思想具有承前启后的特点。管仲的为政思想中，有一些是唐虞三代的遗法。管仲霸术不但不可尽弃，相反，如果恢复王道政治，一定是从管仲的霸术开始。任启运对管仲的评论，明显受到荀子、赵用贤、朱长春的影响。

石钧认为，管仲是世间少有的天才。管仲的缺陷，在于对自己死后齐国如何维持霸业没有做出安排，致使齐国最终衰落。这是孔子指摘管仲"器小"的根本原因所在。

上述评论基本上是肯定的，否定的声音也有。杨凤苞说，《管子》这本书多是为政的"诡辞"，多不合乎传统的王者之道。之所以多为"诡辞"，在于管仲行事多有不轨。人们津津乐道的管仲"九合一匡"之功，都是出于"诡道"。如果管仲所行真的是正道，真的取信于诸侯，又哪里用得着接二连三地采用盟会这一方式呢？杨凤苞还说，孔子赞誉管仲，那是《齐论语》的记载，产生于鲁国的《鲁论语》必然没有这样的记载。

五　清及民国

　　清末民初的梁启超是管仲人格及其功业、思想的极力鼓吹者。可以这么说，梁启超第一次以现代人的学术思维、政治观、人生观，对管仲及其功业、思想做出全面、系统、深刻的论述，也奠定了现当代管仲评论的学术基础。首先，梁启超认为管仲具有强烈的爱国心。管仲不以单纯的忠君为爱国，而以延续宗庙社稷、保护天下苍生为爱国，实在是"千古国民之模范"。其次，他认为管仲是中国最伟大的政治家。对齐桓公，他以纵为擒；对国民，他先教后劳；对同僚，他使人各尽其才。他为人极为自信，在治国方面，显示出"帝国主义"的魄力。他的"霸王"思想及其建立的功业，与英国扬威于海外、法国几乎成为世界共主没有什么不同。此外，他还认为管仲的思想见于《管子》，欲知管仲，必论《管子》。梁启超结合《管子》，依次从法治主义、经济思想、官僚政治结构、官制、内政、四民教育、外交、军政等多方面对管仲思想做出论说。以《管子》论述管仲的思想是否科学暂且不论，梁启超以《管子》论述管仲，说明《管子》一书是梁启超立宪改良主张的理论依据之一，这部诞生于两千多年前的古籍仍然具有现实应用的价值。梁启超对管仲的赞誉，不是出于思古之幽情，而是意识到挖掘管仲的人格精神及其思想理论的现实意义。

抗日战争胜利，极大地增强了中国人民的自信心：只要中国人民团结一致，任何强大的敌人都可以战胜。在这样的时代背景下，王毓瑚对管仲的霸政做出了全新的解读。他说，在诸夏各国受到四夷侵犯、岌岌可危的形势下，要想延续诸夏文化、抵抗四夷侵略，必须产生一个大家共同拥护的领袖。在领袖的领导之下，各国停止内战并团结起来。原先的周天子作为共主已失去领导力，在这种形势下，霸主、霸政的出现就成为历史的需要。他说："就在这种情势之下，才产生出来一种霸政的体制。这种体制，乃是由诸侯当中比较最强大的一个做霸主，作为事实上的诸夏领袖。名义上却仍旧拥戴周王为天下的共主，故意地加以尊崇，提高他的地位，这就是所谓的'尊王'。霸主打了天子的旗号，领导一般诸侯合力抵抗夷狄部族侵扰，这就是所谓的'攘夷'。攘夷是动机，尊王是手段。假借周王的名号来团结诸夏各国，凭借各国联合的力量去对抗夷狄的侵略，这就是霸政的本质。这种政治体制延续了差不多三百年之久。在这长时期里，虽然经了不少次的挫折，但综起来说，诸夏的文化集团确是借此抵住了夷狄们的攻击，并且大大地扩展了自己的势力范围。而创立这个体制的人，就是管仲。"王毓瑚的上述评论，是历史上有关管仲霸政的最权威、最精辟的解读。

此外，民国谢元量认为，管仲是一位"实行"的政治家。所谓"实行"，就是侧重于为政实践，很少坐而论道，讲些空洞的理论。新法家代表人物陈启天认为，管仲是战国法家的先驱。他们的评论简短，虽未展开，却是精审、确当之论。

第九章

齐文化精粹撷珍·管仲

时代价值

一　改革、爱国与民族守护

　　管仲是一位早期的法家。法家的特征是与时俱进。什么叫与时俱进？就是时刻想着改变不合时宜的东西，就是从里到外充满着改革的精神。所以，法家大多是改革家。而改革必然会产生矛盾，有矛盾就有斗争。当年子产在郑国实施改革，因为触犯了一部分人的利益，以致有人作歌谣称："取我衣冠而褚之，取我田畴而伍之。孰杀子产，吾其与之。"意思是说，夺走了我的田，抢走了我的衣。谁能够杀掉子产，我一定和他站在一起。商鞅变法时，为保护自己的人身安全，在出入的时候用铁殳（一种兵器）和层层的盾牌设立一道道防线。郭偃在晋国实施变法的时候，晋文公安排军队保护他。那么，大家以为管仲的改革很轻松吗？冯友兰在《论管仲》一文中高度肯定了管仲的改革功绩。他说，管仲实施按照土地质量来征收赋税的办法，那是用封建制生产关系代替奴隶制生产关系；管仲主张采用三选制度选拔各级官吏，那是在革奴隶制贵族世袭制度的命；管仲主张官员不能兼职,那是在向奴隶主的垄断特权开炮,以此扶持新兴地主阶级官僚集团。由此可知,管仲在当时还不知得罪了多少人呢!不知有多少人想暗算他,想杀死他呢!《韩非子·南面》说:"管仲始治也,桓公有武车,戒民之备也。"管仲刚开始治理齐国的时候,齐桓公外出时配备了全副武装的战车,以防备民众的不测之举。处境之艰难,可想而知。但管仲还是坚持实践了他的变法理想,确实是一位具有勇气、魄力的改革家。

在古代,多数人会把忠君和爱国等同起来:忠君就是爱国。管仲则将二者进行了区分。天下乃天下人之天下,非一人之天下;国家乃国民之国家,非帝王一人之国家。尽忠于一人而不为国民造福,大概不是爱国的表现。面对同僚以身殉主人之难,管仲选择先生存后建功。生存下来,绝不是惧死贪生的懦夫行为。生存背后是宏大的追求,这种追求已远远超出效忠于一主的狭隘君臣观念,是把国家、人民的利益放在首位。正如梁启超所论,管仲是"齐国之公人,非公子纠之私人也"。管仲有着强大的自信,认为己生则国家有兴盛的希望,己死则国家可能陷于泥淖无力自拔。他始终有一种兴国安邦的使命感。他说:"夷吾之为君臣也,将承君命,奉社稷以持宗庙,岂死一纠哉!夷吾之所死者,社稷破,宗庙灭,祭祀绝,则夷吾死之。非此三者,则夷吾生。"在管仲心中,国家、民族的利益始终高于个人的恩怨,为了人民的福祉可以放弃小礼、小义、小节、小信。管仲的这一爱国精神,在其后的晏婴那里得到很好的传承。这也是齐文化精神内涵的表征之一,值得我们继承、发扬。

管仲不仅是一位卓越的改革家、一位了不起的爱国志士,更是一位令无数人景仰的民族英雄。他始终维护周天子的政治权威,积极联合中原诸侯抗击四夷的侵略。东周以降,以周天子为首的华夏民族既有内忧又有外患。在忧患迭起的时刻,管仲自觉扛起"尊王攘夷"的大旗。王不尊,则华夏诸侯失去凝聚的中心;失去中心,则失去团结起来一致对外的能力。所以,尊王是攘夷的前提,而攘夷则直接关系着华夏文明能不能生存延续的问题。关于这一点,孔子看得非常清楚。他认为,如果没有管仲,恐怕华夏民族早已被其他民族征服。从这个意义上讲,攘夷的价值实在高于尊王。当然,就中华民族的历史发展看,春秋时的四夷在战国时期已被部分纳入民族大家庭,"民族"内涵是随着时代发展而变化的。但在当时,"攘夷"是适用的,管仲毫无疑问地成为中国历史上的英雄人物。

作为驱逐外侮的英雄,管仲成为民族危难之际士人收拾破碎山河理想的寄托。西晋王朝被匈奴所灭后,司马睿在江左称帝。王导颇具将相之才,在东晋王朝的建立和巩固中起到举足轻重的作用,很多人便把回戈匈奴、收复故土的希望寄托在王导身上。据《晋书》记载,桓彝过江之后,看到东晋王朝国力孱弱,曾长叹道:"寡弱如此,将何以济?"可是,他与王导交谈后,竟转忧为喜,说:"向见管夷吾,无复忧矣。"他把王导比作了管仲,认为王导有如此将相之才，无须为收复河山发愁了。这说明在当时人的心目中，管仲才是真正的抗击四夷的英雄。

自洪武、永乐后，明王朝对边境少数民族政权的威慑力迅速下降，边境冲突频繁发生。瓦剌、鞑靼威胁北方边境，倭患又导致南方边境不宁。土木堡丧师，英宗被俘；庚戌之变，明军畏敌，坐守京城，任鞑靼军在城外烧杀掳掠。这一切均说明，四夷的侵扰已严重威胁到明王朝的政治安全。怀抱家国之忧的王世贞大声疾呼："今安得起仲而将相其才？"今天怎样才能得到管仲那样的将相之才呢？他认为，如果有这样的能臣南击倭寇，北抗瓦剌、鞑靼，用不了多长时间，大明王朝就能够转危为安。

19世纪中叶以来，西方列强采用文化、经济、军事侵略的方式，妄图将中国变为其殖民地。中华民族不仅面临可能被西方列强吞噬的危机，夷不若华、华胜于夷的传统观念也受到前所未有的冲击。

在危急存亡的时刻，中国士大夫再一次把民族复兴的希望寄托于尊王攘夷的历史英雄。他们认为，只要管仲那样的英雄复出，定能攘夷狄，安四邻，重建儒家盛世的愿景就一定能实现。宋枏《读〈管子〉寄言》说："今之天下，邪说流行之天下也。安有管子之才出，横扫斯世，荡清宇内，卧榻之侧，不容他人鼾睡。将使天下一家，中国一人，四夷宾服，重泽来朝。于是，孔孟之道尊，而尧舜三代之隆不难再见于今日矣。"在他看来，管仲在，则中华安。管仲"以其明确的政教意味和主流文化书写，成为建立民族认同和文化自信的一个重要符号"❶,成为驱攘四夷、护卫华夏的一面旗帜、一个偶像。

二 礼、义、廉、耻四维论

"四维不张,国乃灭亡"出自《管子·牧民》。这里的"四维",指礼、义、廉、耻四种纲纪,是中国传统的行为规范与道德标准。在古人看来,人无德不立,国无德不兴,而礼、义、廉、耻能约束、规范人民以成谦谦君子,使社会安定、国治民安。

依《管子》的解释,礼是依据人的情性而制定的社会行为规范,其功能是使上下有别、贵贱有分、长幼有序、贫富有度。只要君民上下依礼而行,则为人君者中正无私,为人臣者忠信不党,为人父者慈惠以教,为人子者孝悌以肃,为人兄者宽裕以诲,为人弟者比顺以敬,为人夫者敦懞以固,为人妻者劝勉以贞,整个社会就会和谐有序。所以,《管子》说,人一定是先知道礼节,然后才能恭敬,然后才能尊让,然后才能有少长、贵贱不相逾越的意识,才能遵守规范,各守其职。

礼重外在的制度约束,而义、廉、耻则是国家倡导的三种道

---

❶ 张晨霞《帝尧创世神话图像谱系》,上海人民出版社2022年版,第1页。

德,侧重内在自觉意识的培养。依《管子》的解释,义就是杜绝奸诈之心,不钻营妄求;廉就是不包庇坏人,不心藏私欲;耻就是有羞愧之心,不同流合污。《管子》把礼义廉耻比作维系国家安危的四根绳子,认为一维绝则国倾,二维绝则国危,三维绝则国覆,四维绝则国灭。相反,守礼不逾节则上位安,行义不自进则民无巧诈,身廉不蔽恶则行自全,明耻不从枉则邪事不生。一个国家如果四维俱张,一定会兴盛。

国有四维,礼义廉耻,"四维不张,国乃灭亡",实际上是中国过去宣扬的一种社会价值观。它从国家、个人两个层面为历代政权提供治国安民的理论依据。西汉贾谊作《治安策》,向文帝表达自己对国家"四维犹未备"的忧虑:"犹度江河亡维楫,中流而遇风波,船必覆。"至北宋,蔡襄上疏英宗,指出,贪婪之人日益富裕,清正廉洁之士却忍饥受冻,正是因为四维不举。清康熙帝亲自作《四维解》,认为"言礼义而并言廉耻,可以警动天下,而兴起其为善去恶之心"。四维论作为传统社会的价值观,承载着人们的精神信仰,激励着中华民族走过数千年岁月。

纵观往昔,因历史境况不同,社会形势各异,后人在推行礼义廉耻价值观时往往有所侧重。唐代柳宗元认为四维中礼、义最重要,廉、耻从礼义中来,礼、义之维绝则廉耻之维亦绝。明末顾炎武认为四维中廉、耻最重要,一个人不廉,则无所不取；无耻，则为所欲为；不廉无耻之人，肯定会悖礼犯义。❶清康熙帝认为四维中廉最重要，因为身廉则有所不取，有所不取则有所不为，凡无礼、无义、无耻的事情都不会去做。新中国成立初期，毛泽东谈及国之四维，认为治国就是治吏，如果官吏一个个寡廉鲜耻，贪污无度，而国家没有办法治理他们，天下一定大乱。由重礼而重廉，说明随着社会发展，廉洁价值观丢失问题日益突出；由强调廉不蔽恶，到强调不能寡廉鲜耻、贪污无度，说明对廉的内涵理解发生变化；由强调四维作为君民共同遵守的价值观，到强调治国就是治吏，说明在社会价值观的理解方面增加了新的向度。

在今天的社会主义现代化建设中，有礼、有义、行廉、知耻的《管子》四维论依然有践行的价值。

---

❶ 参见张艳丽《管子治国思想的历史传承与发展研究》，吉林文史出版社 2022 年版，第 33 页。

齐文化精粹撷珍

姜 太 公

管　　仲

晏　　婴

齐 兵 学

稷 下 学 宫

责任编辑：李玉玲
装帧设计：徐　潇

管仲

齐文化精粹撷珍

管仲是中国古代成就卓著的改革家,被梁启超誉为"中国之最大政治家";是法家思想的奠基者,开创了我国以法治国的历史传统。他"不慕古,不留今,与时变,与俗化",不仅使齐国国强民富,还使齐桓公成就霸业。在诸侯林立的春秋时期,他辅佐齐桓公"大国小之,曲国正之,强国弱之,重国轻之",成为那个时代的灵魂人物。对后世而言,管仲代表的不仅仅是一段辉煌的历史记忆,更能给予我们自强不息、拼搏进取的内在动力。两千六百年前的他,已经凝化为中华民族的精神标识之一。

客至心常热,文艺有好书

山东省社科理论重点研究基地
齐文化研究基地重点项目

齐文化精粹撷珍

王志民 主编

巩曰国 张灿贤 副主编

晏婴

战化军 著

山东文艺出版社

图书在版编目（CIP）数据

晏婴 / 王志民主编；巩曰国，张灿贤副主编；战化军著. -- 济南：山东文艺出版社，2025.5. --（齐文化精粹撷珍）. -- ISBN 978-7-5329-7354-5

Ⅰ. B222.95

中国国家版本馆CIP数据核字第20250R7T72号

《齐文化精粹撷珍》编委会

主　编　王志民
副主编　巩曰国　张灿贤
成　员（按姓氏笔画排序）
　　　　　白　奚　邱文山　战化军　贺志红
　　　　　耿芳朝　耿振东　阎盛国

《齐文化精粹撷珍》序

齐文化精粹撷珍·晏婴

在源远流长、辉煌灿烂的中华优秀传统文化中，齐文化有着独特的价值内涵和历史贡献。为深入贯彻中共中央办公厅、国务院办公厅《关于实施中华优秀传统文化传承发展工程的意见》等文件精神，立足齐文化，做好对优秀传统文化的创造性转化、创新性发展，近几年来，山东理工大学齐文化研究院在上级有关部门和学校鼎力支持下，开展了齐文化系列研究项目，《稷下学宫与柏拉图学园比较研究论集》《齐文化大辞典》《诸子百家普及丛书》《文化淄博丛书》以及大型文献著作集成《齐书》等相继完成并出版发行，旨在通过系列项目，对齐文化的丰富内涵和当代价值进行深入挖掘和系统阐释，充分理解、把握齐文化精髓，更好地传承、弘扬中华优秀传统文化。《齐文化精粹撷珍》作为系列项目之一，集学术性与通俗性于一体，自2020年论证设计，

2021年正式启动，历时三年，几易其稿，即将与读者见面。

齐文化内容丰富，一套丛书难以包罗万象，《齐文化精粹撷珍》精选了能集中反映齐文化核心内容，又适宜于普及传播的五个重点选题，分别是姜太公、管仲、晏婴、齐兵学、稷下学宫，每题一册，每册十万字左右，以学术价值高、可读性强、让广大群众"喜闻乐读"为目标。姜太公为齐国开国君主，也是齐文化的奠基人，是中国历史上一位被神化的、家喻户晓的人物，集政治家、军事家、思想家于一身。《史记·齐太公世家》："太公至国，修政，因其俗，简其礼，通商工之业，便鱼盐之利。而人民多归齐，齐为大国。"齐国后来的强大离不开姜太公的开国立策之功。被梁启超誉为"中国之最大政治家"的齐国名相管仲，辅佐春秋首霸齐桓公"九合诸侯，一匡天下"。孔子说："微管仲，吾其被发左衽矣。"国强民富，尊王攘夷，管仲之功也。齐国另一位著名政治家晏婴也是中国历史上贤相的代表，与管仲齐名，世称"管晏"。晏婴提出"和而不同""以民为本"的思想，且具备直言极谏、勤俭节约、关心民生疾苦等官德善行，成为后世的榜样，司马迁在《史记·管晏列传》中说："假令晏子而在，余虽为之执鞭，所忻慕焉。"兵学理论家、实践家汇集，兵学著作闻名天下的齐兵学，是齐文化宝库中的重要部分。姜太公、司马穰苴、孙武、孙膑等兵学大家，演绎出齐人非凡的军事智慧；《六韬》《司马法》《孙子兵法》《孙膑兵法》等兵学著作，对后世军事、经济、文化等都产生了深远的影响，《孙子兵法》至今

仍是享誉世界的军事哲学名著。稷下学宫作为存在时间最长、规模最大的战国诸子百家争鸣的学术中心，既是当时师生众多、大师云集的高等学府，也是齐国议政的高级咨询机构，兼有学术性、政治性，对后世产生了深远的影响。郭沫若认为，稷下学宫的设置在中国文化史上具有划时代的意义。

本套丛书由齐文化研究院名誉院长、教育部重大攻关招标项目"稷下学派文献整理与数据库建设研究"首席专家王志民教授担任主编，负责整体规划、组织编写及统稿、定稿等工作；巩曰国、张灿贤两位副主编自始至终参与组织了丛书的各项工作。《稷下学宫》由首都师范大学资深教授白奚先生执笔完成，《齐兵学》由山东师范大学齐鲁文化研究院阎盛国教授完成，《晏婴》由山东理工大学战化军教授完成，《管仲》由《管子学刊》主编耿振东教授完成，《姜太公》由山东理工大学齐文化研究院耿芳朝副教授、邱文山教授完成。丛书统一编写体例和撰写要求，召开专题研讨会十余次，全体编委会人员通力合作，对编写提纲、书稿等进行了深入详尽的讨论修改。山东文艺出版社对丛书的编写、统稿、定稿、出版给予了积极支持与帮助，使丛书得以顺利出版。我们衷心希望丛书能发挥其价值，对传播中华优秀传统文化起到应有的作用。

编者

2024 年 12 月

目 录

齐文化精粹撷珍·晏婴

《齐文化精粹撷珍》序	001
导言	001
第一章　晏婴所处的时代	005
一　从争霸屡遭失败到齐国中兴	007
二　从大夫专权兼并到政局稳定	012
三　从丧失民心到关心民生	016
第二章　晏婴的家世及生平事迹	023
一　晏氏起源	025
二　晏氏在齐	029
三　晏婴入仕	034
四　晏婴仕齐	037

第三章　晏婴与《晏子春秋》　　053
一　《晏子春秋》的成书过程　　055
二　《晏子春秋》的内容及特点　　061

第四章　晏婴的思想主张　　069
一　天道不谄　　071
二　以民为本　　078
三　和而不同　　088
四　举贤官能　　100
五　廉为政本　　107
六　内安其政，外归其义　　113

第五章　晏婴的品行与才干　　123
一　刚直敢谏　　125
二　仁义之勇　　136
三　节俭力行　　140
四　礼贤下士　　148
五　机智善辩　　152

第六章　官德典范，光耀千秋　　161
一　孔子对晏婴的敬重　　163
二　中国贤相的代表　　172
三　当代价值与启迪　　179

导 言

春秋时期有两个最为著名的贤相，一个是管仲，另一个就是晏婴。

晏婴（？—前500），字仲，谥平仲，或说谥平，在我国历史上与管仲齐名，并称为"管晏"。

晏婴所处的时代正值春秋后期，各种社会矛盾尖锐突出。不仅周王室衰微、诸侯纷争的局面进一步加剧，而且在各诸侯国内部，公室日渐卑弱，出现了大夫专权、兼并日趋严重的现象。齐国也陷入了内忧外困之中：对外，在与晋国争霸过程中屡屡受挫；在内部，出现了崔杼杀高厚并兼其室，齐庄公被弑，崔杼、庆封专权，庆封兼并崔氏，公孙虿、公孙灶专权，田氏、鲍氏灭栾施、高彊等一系列政治事件，政治动荡二十余年。这期间，田氏注重收买人心，在大夫争夺中逐步胜出，已经显露出取代姜齐的趋势。

晏婴于公元前556年承袭父职，任齐国大夫，历仕灵公、庄公、景公三朝，从政时间长达五十六年。晏婴在齐灵公朝任职时间比较短，只有不到一年半的时间。此时晏婴刚刚步入仕途，史籍对这一阶段的事迹记载很少，可见晏婴对齐国政局发挥的作用尚不够明显。在齐庄公朝，他极力劝阻齐庄公伐晋，但不被采纳，愤而辞职，显示出了一个成熟的政治家的远见卓识。晏婴的政治业绩主要表现在齐景公朝。晏婴在齐景公朝任职长达四十八年，他极力维护姜齐公室，坚决反对大夫兼并；担任齐相之后更是尽力辅佐齐景公，主张以民为本，以礼德治国，关心民生疾苦，力行不辍。在此期间，姜齐政权相对稳定，齐国恢复了大国地位，史称齐国中兴。

晏婴是春秋后期著名的思想家，他首先提出了天道自然的观念，认为"天道不谄，不贰其命"，祝襐"为之无益，不为无损"，反对祝襐，强调修德；在治国理念上，主张以礼治国，以民为本；在君臣关系上，首次提出了和而不同的观点，明确提出了社稷之臣的理念，认为君与臣都是为了国家社稷而设，为臣应该首先忠于国家社稷，从而摆脱了愚忠观念；等等。

晏婴以其高尚的人格著称于世。晏婴与管仲二人齐名，同为名相，但其历史贡献的着重点不同。管仲主要以强国富民、尊王攘夷、首霸春秋的事功见长，而晏婴主要以完善的道德修养、完美的官德闻名。他践行和而不同的主张，坚持做社稷之臣，直言敢谏；坚持原则立场，不屈从权势，坚决不接受崔杼、庆封的盟约，忠于国君与齐国社稷，表现出坚守道义、不惧生死的仁者之勇；生活节俭，一件皮衣穿了三十年，上朝时乘坐"弊车驽马"，祭祀时祭品寒酸，"豚肩不掩豆"；礼贤下士，出使晋国时用左骖赎回了流落晋国为奴的越石父，还养士百人；尊重妇女，反对停妻再娶；等等。

晏婴赢得了后人的普遍敬重。在孔子所"严事"的数人之中就有晏婴，《孔子家语》载，孔子说对晏婴"以兄事之，而加爱敬"。司马迁则说："假令晏子而在，余虽为之执鞭，所忻慕焉。"后人辑录晏婴的言行，编成《晏子春秋》一书，是我国先秦时期的重要典籍。该书约成书于战国初期的稷下学宫，后来在流传过程中又不断增益，在汉初已经极为流行，司马迁称"世多有之"。《晏子春秋》反映了晏婴的生平经历、思想主张，是研究晏婴的重要资料。专门记录一个人的事迹而成书，在先秦时期唯有《晏子春秋》，由此可见晏婴影响之大。在篇章结构上，《晏子春秋》基本上是一事一章，有对话，有情节，语言生动，可读性强，被《四库全书总目提要》称为"传记之祖"。

第一章

齐文化精粹撷珍·晏婴

晏婴所处的时代

晏婴所处的时代正值春秋后期,各种社会矛盾尖锐突出。在晏婴走上政坛的时候,齐国正处于内忧外患之中:对外争霸接连失败。内部大夫专权,互相争夺,动乱不已;姜齐公室横征暴敛,而田氏笼络民心,田氏代齐已经初露端倪。晏婴辅佐齐景公励精图治,关心民生疾苦,稳定了齐国局势,并实现了齐国的中兴。

一 从争霸屡遭失败到齐国中兴

齐国一直是东方大国。姜太公首封齐国,在政治上,"因其俗,简其礼",尊贤而尚功;在经济上,因地制宜,"通商工之业,便鱼盐之利",大力发展工商业;在军事上,又有代天子征伐诸侯的权力。如此,齐国很快就成了东方强国。齐桓公在管仲的辅佐下,九合诸侯,一匡天下,成为春秋五霸之首。但是,齐桓公去世之后,诸公子争位,齐国国力削弱。君位继承关系的混乱导致了齐国政局不稳,在齐桓公"如夫人"的六位公子中,除公子雍外,有五位公子相继为国君,时间长达三十余年。这期间,先是宋襄公争霸,然后又是晋文公称霸,齐国霸业不再。

到齐顷公时,齐国的君位继承恢复正常化,政局稳定下来,国力开始恢复。齐顷公力图夺回已经失去的霸业,开始扩张势力范围,不断征伐。当时的盟主是晋国,齐顷公开始征伐弱小的诸侯,不断地挑战晋国的盟主地位。公元前596年,齐顷公伐莒,《左传》说:"莒恃晋而不事齐故也。"齐国征伐莒国,是因为莒国依仗晋国而不听从齐国的号令。显然，齐国是在与晋国争夺诸侯。

齐顷公十年（前589），齐顷公先伐鲁，又伐卫。鲁、卫战败，都向晋国请求救援。晋国出兵，与齐军交战，于是发生了齐晋鞌之战。齐国大败，齐顷公差点被俘。齐顷公只得派上卿国佐前去求和，晋国的主帅郤克提出了两个条件：一是让齐顷公的母亲萧同叔子到晋国做人质，这个条件极具侮辱性；二是将齐国境内的田垄都改成东西方向，这是为了方便晋国战车从西向东进攻。显然，这两个条件都非常苛刻。国佐据理力争，坚决不同意这两个条件，提出：如果愿意维持两国之间的友好关系，那么我国的宝器、土地任由挑选。如若不然，我们只有率领老弱病残，与你们在临淄城下决一死战。

鲁、卫两国害怕齐国日后报复，都劝说郤克同意讲和。于是，郤克与国佐订立盟约，齐国尊晋国为盟主，并将侵占的汶阳之田归还鲁国。

事后，齐顷公亲自到晋国朝见晋景公，态度极其恭敬，提出尊晋景公为王，被晋景公拒绝。回国后，齐顷公励精图治。鞌之战之后，齐顷公又在位七年。七年间，他不修园林，生活节俭，减轻赋税，赈济孤寡，将国库积蓄全部用来救济百姓，并以礼结交诸侯。因此，民众喜悦，诸侯不来侵犯。据说在七年当中，他"不饮酒，不食肉"，以至于晋景公感叹不已："奈何使人之君七年不饮酒、不食肉，请皆反（返）其所取侵地。"本来齐国战败之后将汶阳之田归还了鲁国,这时晋国又让鲁国把汶阳之田还给了齐国。

齐顷公去世后,其子公子环即位,是为齐灵公。公元前559年,齐灵公叛晋,开始谋求霸业。鲁国与齐国相邻,在当时具有一定的影响力,想要争霸必须首先收服鲁国,于是齐灵公接连伐鲁。从齐灵公二十四年至二十七年,他先后五次攻伐鲁国。齐灵公二十七年(前555),晋国率领十二国诸侯兴师伐齐,齐灵公率军在平阴抵抗。结果齐国一败涂地,晋军一直追到齐都临淄,焚烧四郭,侵掠齐地,向东至潍水,向南至沂水。齐灵公争霸比齐顷公输得更惨。

齐灵公去世后,其子公子光即位,是为齐庄公。齐庄公性格刚武,在即位之初迫于战败后的种种压力,不得不承认晋国的盟主地位;但他不甘心追随晋国,一直暗中谋划与晋国争霸。齐庄公专门设立了"勇爵",厚待武士。齐庄公二年(前552),晋国大夫栾盈出奔楚国,他的同党知起、中行喜、州绰、邢蒯等人出奔齐国,齐庄公视为座上宾。齐庄公三年(前551),栾盈又从楚国悄悄地来到齐国。齐庄公四年(前550),栾盈秘密返晋发动武装叛乱,齐庄公与他里应外合,举兵伐晋。齐庄公伐晋似乎大获全胜,但引发了晋国的报复。齐庄公五年(前549),晋国召集诸侯在夷仪会盟,打算联合伐齐,因为当时发生了水灾,未能兴师。齐庄公六年(前548)五月,崔杼弑齐庄公。晋国又召集诸侯在夷仪会盟,一起兴师伐齐,齐国献出了大量的财物向晋国求和，为伐晋付出了沉重的代价。

崔杼弑齐庄公后，立齐庄公的异母弟杵臼为国君，为齐景公。齐景公即位后，尊晋国为盟主。齐景公二年（前546），晋、楚、齐、秦等十四国在宋国举行弭兵之会，晋国与楚国在经过多年争斗之后，终于约定：跟随楚国的诸侯，除秦国外，都要朝见晋国；跟随晋国的诸侯，除齐国外，都要朝见楚国。晋、楚、齐、秦是相匹敌的大国，齐、秦不必参加结盟。

到齐景公十八年（前530）时，齐景公已有争霸之意。这一年晋昭公即位，齐景公与卫国、郑国的国君一同去朝见祝贺，在宴饮中投壶。投壶是当时宴会上的一种游戏，将箭投入壶中，投中为胜。投壶时要赋诗，齐景公举矢投壶时赋诗道："有酒如渑，有肉如陵。寡君中此，与君代兴。"渑，即渑水，是齐都临淄的一条河流；陵，是山陵。齐景公的诗用今天的话说，就是"有酒如渑水，有肉如山陵。寡人中此壶，代君而兴盛"。齐国大夫公孙傁听了，怕此言触怒晋昭公，赶紧拉着齐景公离去。齐景公酒后吐真言，"与君代兴"透露了想要取代晋国成为霸主的意愿。

当时，晋国诸大夫专权，公室衰微，国力削弱，作为盟主对盟国的控制力已经减弱。齐国趁机谋取霸业，并逐步占据了上风。

齐景公二十二年（前526），齐军攻打徐国，与徐、郯、莒盟于蒲隧。这实际上是无视晋国的盟主地位，与晋国争夺盟主。此时,晋国霸业已衰,无力阻拦齐国。齐景公二十五年(前523),因莒国不服从号令,齐景公派兵攻打莒国。莒共公逃奔到纪鄣,齐又继续追击,攻打纪鄣。莒共公逃出西门,齐军占领了纪鄣。齐景公二十七年(前521),宋国华氏、向氏发动叛乱,齐国与晋、曹、卫等国平定了宋乱。晋国虽然参加了这次平乱,但齐国所起作用最大,是实际的主导者。齐景公二十八年(前520),齐国攻打莒国,莒共公被迫求和。次年,莒共公又打算背叛齐国,被莒人赶出了莒国,逃往鲁国。于是,齐国送莒郊公回国即位。齐景公四十五年(前503),齐国与郑献公盟于咸,与卫灵公盟于琐,又攻打鲁国。次年,因为郑、卫叛晋从齐,晋国出兵攻打郑、卫。齐景公四十七年(前501),为报复晋国伐郑、卫,齐景公亲自率领齐军攻下了晋国的夷仪。齐景公四十八年(前500),齐国与鲁国盟于夹谷,鲁国也叛晋从齐。

齐景公五十一年(前497),晋国发生了内乱,先是范氏、中行氏攻打赵氏,后来知氏、韩氏、魏氏跟随国君攻打范氏、中行氏。齐景公五十二年(前496),齐景公与宋景公在洮地会见,两年后又与卫灵公在乾侯会见,商议救援范氏、中行氏。齐景公五十四年(前494),齐景公率领卫、鲁、鲜虞攻打晋国,夺取了晋国的棘蒲。齐景公五十七年(前491),齐景公派国夏率军攻打晋国,接连攻取了邢、任、栾、鄗、逆畤、阴人、盂、壶口等地。

综上所述，从齐顷公到齐灵公，再到齐庄公，齐国一直在寻找机会与晋国争夺霸主地位，但都输得很惨。直到齐景公中后期，在晏婴的辅佐下，国力有所增强，再加上晋国大夫秉政，发生内乱，齐国才不断获胜，出现了中兴的局面。

二　从大夫专权兼并到政局稳定

春秋初期，王室衰微，诸侯坐大。而到了春秋后期，公室衰微，大夫专权。国君无力控制权臣，权臣越来越强势，甚至凌驾于国君之上。大夫之间擅自攻杀，相互兼并。只不过有些诸侯国只任用同姓大夫，国君之位不至于落于异姓；而有的诸侯国任用异姓大夫，最终落得江山易姓，甚至被瓜分。前者以鲁国最为突出，后者以晋国、齐国最为典型。

先说鲁国。到了春秋后期，"三桓"（鲁桓公三个儿子的后人，即庆父之后孟氏、叔牙之后叔孙氏、季友之后季氏）渐强。鲁昭公二十五年（前517）九月，鲁昭公伐季氏，孟氏、叔孙氏救季氏，三家联合攻伐鲁昭公，鲁昭公被迫出奔齐国。次年春，齐景公伐鲁，攻取鲁国郓地，让鲁昭公居住。后来鲁昭公又到了晋国，居住在晋国的乾侯。鲁昭公三十二年（前510），鲁昭公卒于乾侯。一国之君竟然被权臣驱逐在外长达七年之久，有国难归，寄人篱下,最终死于异国他乡。

再说晋国。晋献公逐杀群公子,所以晋国与其他诸侯国不同,没有形成同姓公族。晋国重用异姓功臣,使晋国长盛不衰,维持霸业时间最长,但是异姓家族势力逐步形成。异姓家族势力不断增长,出现了"六卿专政",最终是"三家分晋"。晋成公以"六卿"为异姓公族,使世卿家族势力进一步得以巩固和增强。齐顷公七年(前592),晋国的郤克出使齐国,因腿跛受到齐国妇人耻笑。郤克大怒,回国请求晋景公出兵伐齐;晋景公不许,他竟请求以其"私属"(即其家族的武装)伐齐。齐为大国,郤克仅凭其"私属"兵力即可伐齐,也可见其势力之强大。《左传》记载,齐灵公七年(前575),鲁国的宣伯对晋国的郤犨说:"鲁之有季、孟,犹晋之有栾、范也,政令于是乎成。"鲁国有季氏、孟氏,就好像晋国有栾氏、范氏,政令都出自他们手中。这说明在晋厉公时,晋国的政令已经被权臣掌控。晋厉公不满于权臣弄权,杀郤锜、郤犨、郤至。晋厉公八年(前573),栾书、荀偃弑晋厉公,迎立晋悼公。齐景公九年(前539),晏婴出使晋国,叔向对晏婴说:"虽吾公室,今亦季世也……政在家门,民无所依……公室之卑,其何日之有?""六卿"各自为政,极大地削弱了晋国的整体实力。在这一背景下,齐景公才有机会与晋国争霸。

齐国也如其他诸侯国一样,大夫专权和权臣争夺的现象日益突出。

齐国大夫专权始于齐庄公时。齐灵公在去世前废太子光，改立公子牙为太子，以高厚为太傅。但崔杼趁齐灵公病危之机，暗中接回太子光，发动政变，重新立为太子。齐灵公去世后，太子光即位，为齐庄公。崔杼杀高厚，并"兼其室"。

高厚被杀，彻底打破了齐国长期以来由高氏、国氏作为世袭上卿辅助国君执政的政治格局，崔杼、庆封取代了高氏、国氏的执政地位。齐庄公六年（前548），崔杼弑齐庄公。齐庄公被弑的直接原因是与崔杼的妻子东郭姜私通，并将崔杼的帽子拿来送人，使崔杼难堪。但还有另外一个原因：崔杼因齐庄公伐晋，料知晋国必定会大举伐齐报复，于是"欲弑公以说于晋"。崔杼弑齐庄公不是一时冲动，而是蓄谋已久。

崔杼弑齐庄公后，立齐景公。齐景公是齐灵公之子、齐庄公同父异母弟，在位五十八年。崔杼立齐景公后，自立为相，使庆封为左相，从此二人专权。这标志着齐国大夫专权局面的形成。

当时，齐国除世袭上卿国氏、高氏外，势力较大的家族主要有崔氏、庆氏、栾氏、高氏（惠公之子公子高之后）、田氏、鲍氏。各家族之间展开了旷日持久的激烈争夺。

齐景公二年（前546），庆封灭崔氏。崔杼生子崔成与崔彊；其妻死后，又续娶东郭姜，生了崔明。东郭姜使其前夫的儿子棠无咎与其弟东郭偃为崔氏相。后来崔成有疾被废，改立崔明为世子。崔成请求到崔地养老，崔杼同意，而棠无咎、东郭偃以崔地是崔氏宗地为由，予以拒绝。崔成、崔彊大怒，欲杀棠无咎、东郭偃,去找庆封寻求支持。庆封犹豫不定,把此事告诉了嬖臣卢蒲嫳。卢蒲嫳劝说庆封趁崔氏家乱除掉崔氏,道:"崔之薄,庆之厚也。"崔氏的势力薄弱了,庆氏的势力便会更加雄厚。所以,当崔成、崔彊再次告诉庆封要杀棠无咎、东郭偃二人时,庆封给予他们鼓励,并说如有困难,他将给予帮助。于是,崔成、崔彊杀棠无咎、东郭偃,家人皆逃。崔杼大怒,去见庆封,寻求帮助。庆封虚情假意说,崔、庆犹如一人,请让我为您讨伐他们。庆封派卢蒲嫳率兵杀崔成、崔彊,东郭姜自缢,崔明奔鲁。此时崔杼已无家可归,也自缢而死。

庆封灭了崔氏,开始独自执掌国政。他极为专横跋扈,奢侈淫逸,引起了众大夫的不满,齐景公三年(前545),栾氏、高氏、田氏、鲍氏联合攻打庆氏,庆封出奔。

崔氏、庆氏接连被灭后,高止想执掌国政。齐惠公之孙公孙虿(即子尾,公子高之子,后人以高为氏,与高傒之后的高氏不同)、公孙灶(即子雅,公子栾之子,后人以栾为氏)与他争权并取得胜利,于齐景公四年(前544)将高止放逐到了北燕。

此后,公孙虿与公孙灶专权。齐景公八年(前540),晋平公夫人少姜卒。为了维持与晋国的关系,齐景公提出将先君的女儿嫁给晋平公。第二年,晋国来迎亲时,公孙虿自作主张,把自己的女儿嫁给了晋平公,让先君的女儿另嫁他人。由此可以看出公孙虿的特殊地位。

公孙灶、公孙虿相继去世后,公孙灶之子栾施与公孙虿之子高彊专权。二人嗜酒,树敌较多,与田氏、鲍氏尤为不和。齐景公十六年(前532),田氏、鲍氏联合攻打栾氏、高氏,栾施、高彊兵败出逃。

一开始,田氏、鲍氏欲瓜分栾氏、高氏家产,在晏婴的极力劝说下,田氏宗主田无宇将栾氏、高氏家产全部交给了齐景公,自己退老于莒。从此之后,齐国大夫专权暂告一段落,直到齐景公去世,四十余年间政局平稳。这与晏婴的努力不无关系,这也是齐国中兴的重要原因。

三 从丧失民心到关心民生

统治者追求生活奢华,这是当时的普遍现象,而齐国似乎更加突出。齐国自太公以来就重视发展商业,一直是商业活动最为活跃的地区。姜太公分封齐国时,因为当地多盐碱地,人口稀少,便因地制宜,采取了以工商兴国的经济政策,大力发展丝织、渔盐等工商业,很快实现了齐国的富庶和繁荣。生活奢华与商业活动有着密切的关系,商业活跃既能促进经济发展,也容易滋长好利享乐的风气。

到管仲为相时,齐国进行了一系列的改革,除改革农业政策、大力发展农业外,还采取了一系列措施促进工商业的发展,很快实现了民富国强。

中国传统文化历来强调节俭,反对奢侈。但是,齐国由于工商业的发展刺激了好利之风,出现了肯定"侈乐"合理性的思潮,如《管子·侈靡》说:"饮食者也,侈乐者也,民之所愿也。足其所欲,赡其所愿,则能用之耳。今使衣皮而冠角,食野草,饮野水,孰能用之?"饮食享乐是人们的生活愿望,尽量地满足这一愿望,才能得到人们的拥护和响应。如果人们衣食无着,谁还会听从政令?当然,这种肯定"侈乐"的思想,是建立在满足"民之所愿"的基础之上的,并不是肯定不顾民生的少数人的"侈乐"。正是因为这样的社会氛围和习俗,人们普遍认同对生活富足的追求。《史记·货殖列传》说管仲"富于列国之君",《史记·管晏列传》说管仲"富拟于公室,有三归、反坫,齐人不以为侈"。管仲实行强国富民政策,推动齐国经济飞速发展,使国民生活水平明显提升,这或许也是齐人"不以为侈"的原因。

但是,在漫长的历史长河中,"侈乐"更多时候是统治者的专利。尽管不乏关心民生疾苦的明君贤吏,但统治阶层肆意搜刮民脂民膏以供自己享乐,才是社会的常态。这势必导致权力的争夺和民心的丧失。到春秋中后期,这种状况在齐国已经十分突出。

大夫之间互相攻打,不仅是争夺政治权力,也是兼并资产。

齐灵公病危，崔杼发动政变，拥立齐庄公，杀大夫高厚，"而兼其室"。不但逐杀了异己，得到了执政地位，也满足了贪欲，获得了高厚的家产。后来，庆封灭崔氏，"而尽俘其家"，不仅实现了大权独揽，也掠夺了大量财富。

当时，统治阶层生活荒淫无度，最为典型的是庆封。庆封极为奢侈，灭崔氏后更加骄奢淫逸，嗜酒好猎。他虽然大权独揽，却不亲自为政，而把国政交给他的儿子庆舍，自己带着妻妾移居宠臣卢蒲嫳家，与卢蒲嫳交换妻妾，饮酒作乐。他过度讲排场，连其他诸侯国的大夫们也为之咋舌。《左传》载，庆封到鲁国出访时乘坐的车辆非常华美，以至于鲁国的孟孙赞叹道："庆季之车，不亦美乎！"

大夫如此，国君更是奢华。齐景公耽于饮酒，曾连续喝了七日七夜。有一次，大雨连下了十七天，无数人受灾，齐景公依然沉溺于饮酒，日夜相继。他衣着华美，鞋子上都装饰金玉。为了满足一己私欲，齐景公无视民众疾苦。有一次，齐景公使国人修筑大台，冬天天气寒冷，依然不让停工，工人们冻馁交加。修筑路寝之台，耗时三年，国人不得喘息；又为长庲之役，又是两年未得喘息；接着又修建通往邹地的官道。还有一次，齐景公喜爱的狗死了，齐景公想用人去世的礼仪埋葬它，下令用棺椁祭品，正如晏婴所说："孤老冻馁而死狗有祭，鳏寡不恤而死狗有棺。"

为了满足个人享乐，齐景公甚至不惜滥杀无辜。一次，他生病一年多不见好转,派史固与祝佗祭祀于山川宗庙也不见效,便欲杀二人以取悦于上帝。还有一次,齐景公喜爱的马突然死了,他一怒之下,便下令肢解给他养马的圉人。对官吏尚且如此,对平民更是残暴。齐景公到野外射鸟时,有人无意中把鸟给吓跑了,他很生气,便下令把这个人杀死。齐景公非常喜欢一棵槐树,命令官吏小心地看护它,在旁边竖上一根木柱,上面悬挂牌子,写着齐景公的命令:"犯槐者刑,伤槐者死。"有个人喝醉了酒,碰到了槐树。齐景公便派人把他抓起来,准备治他的罪。正如晏婴所说,齐景公是"从(纵)欲而轻诛"。

齐景公为了满足享乐,还加重了赋税,人民一旦完不成赋税,就要领受责罚,正如晏婴所说:"今齐国丈夫耕,女子织,夜以接日,不足以奉上。"重敛之下,民不聊生,势必引起人们的怨恨、不满,正如《晏子春秋》所载:"景公藉重而狱多,拘者满圄,怨者满朝。"

另外,顷公、灵公、庄公三代与晋国争夺霸主地位,战事不断;特别是惨败之后,士卒伤亡众多,财物耗费巨大。如鞌之战,齐国大败,晋国与卫、鲁军队攻入齐国,齐国被迫求和,贡献财物,割让土地,损失惨重。遭受重创之后,齐顷公吊死视疾,七年间不饮酒,不食肉,与百姓共渡难关,以稳定民心。再如平阴之战,齐国一败涂地,晋国率领诸侯一直攻到都城临淄,攻打城门,焚烧四郭,然后大肆入侵抢掠。从十一月一直到第二年的春天,他们在齐国掠夺长达数月之久。齐庄公时,晋国为了报复,兴兵伐齐。当时，崔杼刚刚弑杀齐庄公，将伐晋的责任全部推给齐庄公，委曲求全，并贡献财宝，请求讲和。庆封亲自到晋军中贿赂财宝，晋国从国君到百官均有所得，这才使晋国退兵。

战争必然造成人员的大量伤亡，给人们带来生离死别的巨大痛苦。齐庄公伐莒，杞梁、华周战死。杞梁妻迎于郊，齐庄公使人吊唁，杞梁妻不同意在郊外吊丧，而要求到家中行吊唁之礼。当时，杞梁妻非常悲痛，"向城而哭，隅为之崩，城为之阤"。（《说苑·善说》）这个故事后来演变成孟姜女哭长城的故事，成为中国古代四大传说之一。这一文化现象的出现不是偶然的，而是战争给民众带来深重灾难的典型化。

同时，战争必然耗费大量的物资，正如《管子·参患》所说："一期之师，十年之蓄积殚；一战之费，累代之功尽。"战事不断，势必造成沉重的经济负担。特别是战败后敌军入境，焚烧城郭，肆行掠夺，讲和时还要割让土地，献出大量的财宝，损失更加惨重。统治者势必要加重征敛，各种损失最终都要由民众来承受。民众不仅要承受战争带来的伤亡之痛，还要承受战争带来的经济重压。

由于统治者生活奢华，再加上鞌之战、平阴之战等战争惨败带来的重负，在齐景公早期，民众与公室的矛盾十分突出，公室已经失去了民心。而田氏乘机用恩惠笼络民心，田氏代齐的苗头已经开始显露。晏婴极力劝谏齐景公要关注民生，并当面提醒齐景公齐国恐将归于田氏。齐景公在晏婴的再三劝谏下，开始关注民生，与民众的矛盾有所缓和。《晏子春秋》记载，齐景公看到一个老年人背负干柴，面带饥色，心生同情，便下令让官府赡养这位老人。晏婴见了，称赞道："乐贤而哀不肖，守国之本也。今君爱老，而恩无所不逮，治国之本也。"齐景公听了，心中高兴，面有喜色。晏婴又趁机提议由官府赡养老弱鳏寡。齐景公同意了，"于是老弱有养，鳏寡有室"。

显然，社会矛盾缓和对于齐国中兴具有重要意义。

第二章

齐文化精粹撷珍·晏婴

晏婴的家世及生平事迹

晏氏应是出于齐国东边的某一部族，属于东莱之地。后来，晏氏族人归附齐国，成为"齐之世民"，并在春秋时期成为齐国的显族。齐灵公二十六年（前556）的冬天，晏婴的父亲晏弱去世，晏婴承袭父职，成为齐国大夫。从此之后，晏婴开始参与齐国的政治活动，历仕齐灵公、齐庄公、齐景公三朝，直到齐景公四十八年（前500）去世，历时五十六年。约在齐景公二十六年（前522），晏婴担任齐相，被赐为中卿，为齐国中兴做出了巨大贡献。

一　晏氏起源

《史记·管晏列传》记载，晏婴是"莱之夷维人"。莱之夷维，就是现在的山东潍坊高密。今高密市有晏王庙村，村北两百米处原来有晏子衣冠冢，冢前有碑，上刻"穹碑"二字，每字方二尺余。"晏冢穹碑"原来是高密的八景之一。冢的东边有晏王庙。冢、碑、庙均于"文革"期间被毁。

晏氏是一个古老的姓氏，关于其起源有许多种说法。其中影响最大的一种说法，是起源于齐国公族姜姓。这种说法最早见于唐代，颜师古在注释汉代人史游所作的《急就篇》时说，晏婴的父亲本是齐国公族，姓姜，号晏桓子，晏婴便以父亲的号为氏，称晏婴，其后人便为晏氏。宋代的欧阳修也认为晏氏出于姜姓，他在为晏殊撰写的《晏公神道碑铭》中说："有姜之裔，齐为晏氏。"明确说晏氏是姜姓后裔。我国古代的一些比较重要的姓氏书一般也认为晏氏出于姜姓，如唐代林宝《元和姓纂》、宋代邓名世《古今姓氏书辩证》、宋代郑樵《通志·氏族略》等。直到现在，也有人主张晏氏出于姜姓，如山东人民出版社2009年出版的《姜太公志》，附录有《姜太公裔族姓氏志略》，收录了太公裔族六十六氏，其中便有晏氏。

然而，人们对晏氏出于姜齐公族的说法颇有质疑。先秦典籍及其较早的注释中没有晏氏出于姜姓的记载，相反，晏氏不是出于姜姓公族，却在史籍中隐约可见。当时讲究同姓不通婚，如齐国崔杼在续娶东郭姜时，因为崔杼与东郭姜都是出于姜姓，东郭姜的弟弟东郭偃就以"男女辨姓"反对这桩婚事。《左传》惜墨如金，但还是对此事做了记载，可见"男女辨姓"是一件很严肃、很重要的事情。据记载，齐景公曾经想把女儿嫁给晏婴，晏婴极力推辞，理由是不能因为妻子老了丑了就另娶少妾，只字不提"男女辨姓"的话。可见他不是出于姜姓，无法用"男女辨姓"这个理由。

另一种说法是以封邑为氏，认为晏婴的封地在晏城，因而以邑名为氏。但是，一般认为，现今山东齐河的晏城是因当年是晏婴的采邑地才得名晏城或晏婴城。

还有一种说法是起源于神话人物晏龙。这种说法最早是《中国人名大辞典·附录·姓氏考略》提出来的。晏龙是《山海经》中的人物，是帝俊的儿子、尧的大臣，帝俊是一个在中国古代神话中偶有记述的祖神。如果晏龙真是晏氏的起源，那么，晏氏则是一个极为古老的姓氏。

另外，还有一种说法是起源于晏安。这种说法最早也是《中国人名大辞典·附录·姓氏考略》提出来的，依据是："《世本》：陆终第五子曰晏安。"《世本》是一部历史著作，据说是战国时赵国史官所著，记载从黄帝至春秋时期的帝王、诸侯、卿大夫世系等，为避唐太宗李世民讳，唐代改称《系本》或《代本》，唐宋时期散佚。清代人有数种辑本，商务印书馆汇印为《世本八种》。在记录陆终的六个儿子时，其他辑本都说他的第五个儿子叫"安"，只有清人张澍辑录的《世本》说"其五曰晏安"。显然，张澍所辑《世本》在此处衍一"晏"字，这在校勘记中已经说得明明白白。现今，晏氏起源于晏安的说法颇为流行，这是《中国人名大辞典》疏于考证所导致的以讹传讹。

近年来，人们还在不断地探讨晏氏的起源，其中，起源于商汤的说法比较有影响。这一说法的主要依据是叔夷钟铭文。铭文中有叔夷伐莱有功，受到灵公赏赐的记载。而据《左传》记载，齐灵公时灭莱的主将是晏婴的父亲晏弱，所以，有的学者认为铭文中的叔夷可能是晏弱。铭文中又记载叔夷是商汤的后人，因而有人进而推断晏氏起源于商汤。

齐国伐莱，史籍多有记载。莱是齐国东部大国，两国之间多有征伐。据记载，姜太公被分封到齐地，"莱侯来伐，与之争营丘"。就是说，从姜太公封齐开始，两国之争就开始了。齐国历史上曾多次对莱国用兵，并屡屡获得大胜，最终灭莱。在这一漫长的历史过程中，齐国君主当对立功的大臣多有赏赐，所以，叔夷并不一定就是晏弱。

实际上，考察各种记载，晏氏当是源于齐国东部的某一部族。

比较早的记载都说晏婴是东莱人或东夷人。如汉代司马迁《史记·管晏列传》记载晏婴是"莱之夷维人"，汉代刘向《晏子叙录》说晏婴是"莱人"，并进而解释说"莱者，今东莱地也"。《孔子家语·曲礼子夏问》说晏婴是"东夷之子，达于礼者也"。根据这些记载，我们可以得出以下结论：

其一，晏氏不可能出于姜姓公族，否则史籍不可能称晏婴为"莱人"或"东夷之子"。

其二，晏氏的祖籍之地不可能是姜齐所封。姜齐是周王朝封国，尽管不是姬姓之国，但也是周礼之邦。如果是齐国所封，即使封到莱国旧地，也不可能称"莱人"或是"东夷之子"。

其三，晏氏应是出于齐国东边的某一部族。齐国东边可称作东莱之地，本来有很多的方国，如莱、限、能、隹、安、淳于、兹、白等，在长期的争夺兼并过程中，大量方国逐步消亡。相传西周时期有一千八百多个诸侯国，到春秋时期兼并为一百多个。莱国是齐国东部仅次于齐的大国，在防御齐国东渐的同时，也在不断兼并周边小国。小国贵族只好迁徙他地或是归附大国。晏氏仕于齐，为齐国贵族，又被称为"莱人"或"东夷之子"，说明晏氏所在国可能早就被莱国所兼并，族人归附齐国。齐国东边本来有"安"国，而"安"与"晏"二字相通，如齐景公之子荼，《史记》称晏孺子，《左传》称安孺子。晏氏或是出于古安国。

晏氏应该是以地名为氏。据《国语》记载，齐国边塞有地名叫作"晏"，齐桓公曾经在这里修筑工事，以防御夷狄入侵，可知晏地是齐国与夷狄搭壤的边塞要地，地理位置十分重要。莱国是东夷大国，在其边塞修筑工事，以扼制其扩张，应该是理所当然的举措。晏地很可能是当时齐国东部邻近莱地的边塞之地。晏婴的家乡夷维，到汉代时改名叫夷安，"安"与"晏"通。或许正因为此地曾是古晏地，所以才改名为夷安。

二　晏氏在齐

晏氏归附齐国的时间不会晚于春秋初期。早在齐桓公即位之初，齐国就有"晏子"负责人才选拔工作。齐桓公即位于公元前685年，晏婴入仕于公元前556年，中间隔了近一百三十年。齐庄公时，担任齐国大夫的晏氏族人除了晏婴外，还有晏莱、晏父戎二人，说明晏氏族人众多，是齐国大族。当时实行世卿世禄制，父死子继，一个家族一般只有嫡长子继承禄位。当时，晏氏至少有三人同朝为大夫，这表明晏氏在齐国不仅族人众多，而且有多个分支。如果晏氏归附齐国的时间太晚，不会形成这样庞大的家族。

在《晏子春秋》中，晏婴自称"齐之世民"。这说明，晏婴早已是地地道道的齐国人。晏氏见于记载的，除晏婴外，还有晏子、晏弱、晏莱、晏父戎、晏圉等人。

（一）晏子

"晏子"是尊称，本名已失传。他在齐桓公时任齐国大夫，曾与鲍叔、高傒一起，负责人才选拔与管理工作。《管子·大匡》记载，齐桓公令鲍叔负责各级官吏的考核与选拔，令高傒负责从工商业者中选拔人才，而令晏子"识不仕与耕者之有善者"，又"令晏子进贵人之子"。即负责从"贵人之子""耕者"中考察、推举人才。"贵人之子"即是"不仕与耕者"中的"不仕"，就是还没有入仕的官宦子弟与士人；耕者是农民。

晏子不仅负责在他们中间选拔人才，还负责对不善者进行责罚。齐桓公要求晏子：贵人之子如果追求奢华，结交非人，好饮食，便有罪无赦；士人出入无常，不孝敬老人而追求自身富足，便有罪无赦；耕者出入不听从父兄教导，在农业生产上不出力，不尊重贤者，便有罪无赦。

与晏子一起负责人才选拔与管理工作的鲍叔、高傒都是齐桓公时的重臣。鲍叔在齐僖公时就奉命傅公子小白，在齐襄公时为了避乱，与公子小白出奔莒国。公孙无知被杀后，又辅佐公子小白返回齐国，与公子纠争位，使公子小白登上国君之位。就是说，鲍叔作为傅，早在齐桓公即位之前，就长期与他同甘苦、共患难，又是齐桓公即位的首功之臣，自然最受齐桓公信任。

高傒在齐国有着特殊的地位，他与国子是周天子所任命的齐国世袭监国上卿，是"天子之二守"。并且，高傒对齐桓公即位发挥了至关重要的作用。当年公子纠流亡鲁国，公子小白流亡莒国，公孙无知被杀后，他与国子暗中派人通知公子小白回国。小白抢先返回齐国，高傒拥立他为国君，是为齐桓公。

晏子与鲍叔、高傒一同受命，负责管理"不仕与耕者"，可以看出晏子地位非同一般，也是齐桓公的得力重臣。

据《管子·小匡》记载，齐桓公时有一个大夫名叫晏尚。齐桓公在任命五官的同时，为了交好诸侯，向各诸侯国派出使者，使"晏尚处燕"，即让晏尚常驻燕国。此晏尚可能与《管子·大匡》中的"晏子"是同一人。

（二）晏弱

晏弱为晏婴之父，生年不详，卒于齐灵公二十六年（前556），谥桓子，主要活动于齐顷公、齐灵公两朝。其事迹主要见于《左传》。从记载来看，他不仅是饱学多才、熟知礼仪的文臣，也是驰骋疆场、攻城略地的武将，还是不负使命、知难而进的外交使臣。他见识超群、满腹经纶而又刚正勇敢，在当时享有很高的声望，对晏婴有着重要影响。

晏弱见识过人。齐顷公四年（前595），鲁国的公孙归父在谷地会见齐顷公，见到了晏弱。公孙归父因为有宠于鲁宣公而扬扬自得，晏弱由此判断，公孙归父将在鲁国无法安身，恐怕就要出亡他国了。他有一段很有名的话："怀必贪，贪必谋人。谋人，人亦谋己。一国谋之，何以不亡？"公孙归父在鲁国争宠，争宠必定贪婪，贪婪必定会算计别人。算计别人，别人也会算计自己。一国之人都算计他，他怎么能不出亡呢？晏弱的判断非常准确，四年后，公孙归父果然出奔到了齐国。

晏弱忠于职守。齐顷公七年（前592），晋国的执政上卿郤克来到齐国，要求齐国参加晋国主持的会盟。郤克腿跛，齐顷公让妇人躲在帷幕之后观看。郤克登阶，走路一高一低，妇人看了，大笑不已。郤克大怒，发誓要报复齐国。齐顷公因为得罪了郤克，不敢亲自参加会盟，派高固、晏弱、蔡朝、南郭偃代表齐国参加。高固害怕郤克报复，中途而返。晏弱等三人明知前去有危险，但为了不负使命，毅然前往。结果晋国拒绝齐人参加会盟，并扣押了晏弱等人。晏弱为了完成使命，不顾个人安危，显示出以国事为重、勇于牺牲的精神。

晏弱是齐国灭莱的主将。齐灵公十一年（前571），鲁国夫人齐姜去世，齐灵公使诸姜、宗妇到鲁国送葬，同时召莱国国君到鲁国送葬，但莱君不至。为此，晏弱在东阳筑城以威逼莱国。齐灵公十五年（前567）四月，晏弱率领齐国军队大败莱师，莱共公逃奔到了棠。晏弱又挥师围棠，十一月灭棠。在灭莱的过程中，晏弱一直是主将，发挥了至关重要的作用。

晏弱熟知礼仪。齐灵公二十一年（前561），周灵王向齐国求娶王后，齐灵公不知道该怎么应答，问晏弱。晏弱说，按照先王之礼，天子向诸侯求娶王后，诸侯应当这样回答："夫妇所生若而人，妾妇之子若而人。"如果国君没有适嫁的女儿，而有姊妹及姑姊妹，则说："先守某公之遗女若而人。"齐灵公按晏弱所说回答周灵王，并答应了婚事。

（三）晏莱

晏莱，齐大夫。《国语》作晏莱，《左传》作晏氂。齐庄公四年（前550）伐晋，晏莱随军出征，被晋国俘虏。

关于晏莱的身份，《国语》韦昭注、《左传》杜预注都说他是"齐大夫"，没有注明与晏婴的关系，而杨伯峻《春秋左传注》则说是晏婴的长子。人们多据杨说，认为晏莱是晏婴长子。晏莱被俘在鲁襄公二十三年（前550），而晏婴卒于齐景公四十八年（前500），中间整整隔了五十年。以晏婴享年八十岁计，晏莱被俘时，晏婴也只有三十岁。晏莱被俘时为齐大夫，随齐庄公出征，已经具有了一定的阅历。从年龄上分析，二人不可能是父子关系。

（四）晏父戎

晏父戎，晏氏族人，齐大夫。齐庄公四年（前550）伐晋，晏父戎是齐庄公的车右。当时主要是车战，主帅的战车上共有三个人：主帅居中自掌旗鼓；御者在左；车右执干戈以御敌，如果遇上险阻则下车助推，所以车右都是勇力之士。这说明晏父戎勇猛过人，并且与齐庄公的关系比较亲近。

（五）晏圉

晏圉，齐大夫，晏婴之子。齐景公晚年，不顾众大夫的反对，坚持立幼子晏孺子。齐景公去世后，晏孺子即位，高张、国夏为相。晏孺子元年（前489），田乞挑拨离间高张、国夏与众大夫的关系。当年六月，田乞、鲍牧与众大夫率兵攻入晏孺子宫中，高张、国夏兵败，国夏奔莒，高张被杀。在这场政变中，晏圉出奔鲁国。

春秋末年，齐国田氏专权，逐步取代姜齐，晏氏也随着姜齐的衰微而被田氏所清除。据《史记》记载，齐平公五年（前476），田常"尽诛鲍、晏、监止及公族之强者"，晏氏从此退出了齐国的政治舞台。

三　晏婴入仕

公元前556年，晏婴的父亲晏弱去世，晏婴承袭父职，任齐国大夫。

有人依据《礼记·曲礼上》"四十曰强,而仕"的记载,推算晏婴仕齐是始于四十岁,并据此推断他生于公元前595年,或是596年。

《礼记·曲礼上》说:"人生十年曰幼,学。二十曰弱,冠。三十曰壮,有室。四十曰强,而仕。五十曰艾,服官政。六十曰耆,指使。七十曰老,而传。八十、九十曰耄,七年曰悼。悼与耄虽有罪,不加刑焉。百年曰期,颐。"这段话的大致意思是说,男子长到十岁叫作幼,这时候就该读书学习了;长到二十岁叫作弱,这时候就算成人了,该行加冠礼了;长到三十岁叫作壮,这时候就该有家室了;长到四十岁叫作强,这时候就该出去做官了;长到五十岁叫作艾,这时候就该参与国家的政事了;长到六十岁叫作耆,这时候就该指使、教导年轻人了;到了七十岁叫作老,这时候就该把家事传给儿孙掌管了;八九十岁的人叫作耄,七岁的孩子叫作悼。耄与悼即使有罪,也不应该对他们施加刑罚。百岁老人叫作期,儿孙要尽心加以供养。

以上所载并不是制度性的规定,除了二十岁加冠礼之外,其他的都是指每个年龄段的基本特点。如"三十曰壮,有室",并不是说非得到三十岁才能娶妻成家,而是指人在三十岁前后就应该建立家室,养育妻小。同样,"四十曰强,而仕"也不是说到了四十岁才能出仕,而是说四十岁前后正是做官干事业的好时候。这一点通过历史人物的生平经历可以得到证实,如《孔子家语·本姓解》说:"(孔子)至十九,娶于宋之丌官氏,一岁而生伯鱼。"孔子十九岁便已娶妻,第二年就生了儿子。另外,孔子二十岁时已经做了管理仓库的委吏,并得到了鲁昭公的赏识。他生了儿子,鲁昭公派人送来一条鲤鱼祝贺,孔子深感荣幸,因此给自己的儿子取名为鲤,字伯鱼。由此可见,孔子也不是四十而仕。孔子与晏婴基本同时而略晚,并且孔子最遵守礼制,如果当时有这样的规定,孔子绝对不会不遵守。事实上,当时齐国实行世卿世禄制,父死子继,一般没有什么年龄制约。晏婴为大夫,是继承父职,与年龄没有什么关系。

据史籍记载,晏婴身矮貌丑。《史记·管晏列传》说他"长不满六尺",刘向《晏子叙录》说"晏子盖短",《孔丛子·对魏王》说"晏子长不过三尺,面貌恶"。春秋时期,齐国每尺的长度是多少,说法不一。《晏子春秋》中,晏婴常以五尺形容童子,如"五尺童子,操寸之烟,天下不能足以薪",又如"今齐国五尺之童子力皆过婴"。晏婴的身高"不满六尺",仅略高于童子。而当时的人,个子高的能到九尺以上,如《史记》记载孔子的身高是"长九尺有六寸"。二人高矮悬殊,但是,他们均以高尚的人格品行和突出的社会贡献,赢得了世人的普遍崇敬,成为不折不扣的历史伟人。

晏婴的父亲去世时,晏婴穿着粗布丧衣,头上、腰间系着麻绳,手执竹杖,脚上穿着草鞋,只喝粥,住在草棚里,睡在草垫上,用草做枕头。他的家宰说这不符合大夫的礼仪,晏婴却不以为然,说"唯卿为大夫",只有卿才行大夯之礼,晏弱不是卿,治丧可以不按大夫的礼制。晏弱是齐国大夫,晏婴承袭父职。他担任齐卿,是后来的事了。

四　晏婴仕齐

晏婴入仕后,历齐灵公、齐庄公、齐景公三朝,卒于齐景公四十八年(前500),从政时间长达五十六年。晏婴在齐灵公朝从政时间很短,留下的记载很少。在齐庄公朝,他极力阻止伐晋,但并未得到庄公的重视。在齐景公朝,他逐步得到信赖,被任用为齐相,对齐国的稳定和发展发挥了重大作月。

(一)晏婴事齐灵公

晏婴从政经历了齐灵公、齐庄公、齐景公三朝,在齐灵公朝的时间最短。从齐灵公二十六年(前556)冬晏婴承袭父职,到齐灵公二十八年(前554)五月齐灵公去世,仅有约一年半的时间。由于刚刚入仕,时间又较为短暂,留下的记载不多。

晏婴参加了齐、晋平阴之战。当时,两军在平阴对峙,相持不下。此时晋国采用了攻心战术。晋国的范匄与齐国大夫析归父素有交情，范匄便故意对析归父说，鲁国、莒国都要求率领兵车千乘前来作战，晋国已经同意了他们的请求，他们马上就要赶到了。他们一到，齐国肯定失败，您要早做打算。析归父将此事转告给了齐灵公。齐灵公听了，心中害怕起来。晏婴判断说，我们的国君本来就无勇，听到这一消息，不会长久坚持下去了。事情果如晏婴所料，齐灵公登高远望，只见到处都是敌军。其实，那是晋国虚张声势，在没有人的地方插上旗帜，在战车的后面拴上树枝拖着四处跑，尘土飞扬，似乎有千军万马。齐灵公看了害怕，到了夜间便悄悄地逃走了。

当时，晏婴曾经试图劝阻齐灵公逃跑，但齐灵公不听。

平阴之战由于齐灵公不战而逃，齐国一败涂地。晋国兵围齐国都城临淄，东至潍水，南至沂水，侵掠齐地达数月之久。齐国数十年的争霸努力毁于一旦，遭受了前所未有的重创。当时可以战，可以和，但齐灵公不战不和，只知道逃。晏婴刚刚入仕，并不被齐灵公所倚重，说话没有多少分量，但是初步展现出卓有见解、敢于进谏的特质。

《晏子春秋》一书专门记载晏婴言行事迹，共有215篇，其中记述了晏婴劝谏齐灵公正人先要正己的故事。

齐灵公喜欢宫中的女子穿着男装，因此全齐国的女子都时兴穿男装。齐灵公制止，但无人听从，便让人强行禁止，看到穿男装的女子便撕裂她的衣服，剪断她的衣带。路上都是被裂衣断带的女子，但仍然制止不了。

齐灵公问晏婴，寡人如此严厉，为什么就是制止不了？

晏婴回答说，您使宫内女子穿男装，却禁止宫外的女子穿，就像是悬挂牛头于门外，而卖马肉于门内。

齐灵公采纳了晏婴的建议，命令宫内女子不再穿男装。一个月后，国内就再无女子穿男装了。

这个故事说明了一个道理：正外须先正内，正人须先正己。

晏婴在齐灵公朝已经具有了一定的声望，比较受人尊重，但还不是朝中重臣。晏婴曾经说："婴之于灵公也，尽复而不能立之政，所谓仅全其四支（肢）以从其君者也。"虽然他尽心竭力，但主张并不被采纳，仅是保全自身，未受到什么伤害而已。晏婴为人一贯低调、谦虚，话里有一定的自谦成分。但是，他当时的确还不是国君所倚重的大臣，并没有受到齐灵公的重视，还没有显示出他的政治才干。

（二）晏婴事齐庄公

齐庄公在位六年，他的突出特点是重勇士、尚武力。齐庄公即位之后，虽然在表面上承认晋国的盟主地位，但实际上一直积蓄武力，伺机报平阴战败之仇。他不顾众大夫的劝阻，一意孤行，坚持伐晋，品行又失于浍点，与崔杼的妻子东郭姜私通，触怒权臣，终于引来了杀身之祸。晏婴早已觉察祸端，极力劝谏。但是，有远见卓识之臣，却无兼听明理之君。劝谏不听，晏婴只得辞职居家。晏婴在这一段时间的经历，可以概括为以下几点：

一，劝谏齐庄公不要一味崇尚勇力，要推行礼义。

齐庄公二年（前552），齐庄公专门设立"勇爵"，崇尚勇士，给予"五乘之宾"的待遇。当时，一乘是一个军事组织单位，一般有一辆战车、四匹战马、三名甲士，另外还有步卒数十人。另外，"乘"也是土地单位，《管子·乘马》说："方六里，一乘之地也。"方圆六里是一乘之地。"五乘之宾"有可能是除了给予五乘兵车的人员装备外，还享有五乘之地的地租。当时的勇武之士都以得到"五乘之宾"的待遇为荣。

由于齐庄公崇尚勇力而不顾仁义，那些勇力之士恃勇逞强，毫无顾忌。为此，晏婴极力劝谏齐庄公要修德修政，重视礼义，用贤人、行仁义，不要一味地崇尚勇力。但齐庄公拒不采纳。

二，劝谏齐庄公不要收留晋国栾盈。

齐庄公二年（前552），晋国大夫栾盈出奔楚国后，晋国招集诸侯在商任会盟，要求各盟国都不要收容栾盈。齐庄公三年（前551）秋，栾盈从楚国悄悄地来到了齐国。齐庄公收容栾盈，与晋国对抗的意图显而易见。

晏婴反对齐庄公收容栾盈，劝谏齐庄公遵守商任之会的约定，不能失信。齐庄公不听。

晏婴劝阻不成，为此忧心忡忡，便将自己的看法告诉了大夫陈须无：君主坚守信用，臣下保持恭敬。君臣上下忠信笃敬，这是天之道。如今君主自弃天道，还能长久吗？

陈须无是当时齐国重臣,晏婴之所以对陈须无这样说,无非是想通过他继续劝阻,以消除隐患。

三,坚决反对齐庄公伐晋。

晏婴对齐庄公的劝谏没有起到任何作用。到了齐庄公三年冬天,栾盈还在齐国。晏婴敏锐地推断出齐庄公将要借助栾盈伐晋,便提醒人们:"祸将作矣!齐将伐晋,不可以不惧。"晏婴看出,伐晋已不可避免,并预测到伐晋会给齐国带来极为严重的后果。

事情果然不出晏婴所料,齐庄公秘密策划伐晋。晋国的公主将要嫁到吴国,按照当时的习俗,其他诸侯也要送去人和物作为陪嫁。齐庄公四年(前550)夏,齐庄公让析归父到晋国去送陪嫁,并暗中把栾盈送到晋国曲沃,作为内应。栾盈回到晋国后,纠结党徒,攻入都城绛。赵氏、韩氏、中行氏、范氏联合攻打栾盈。栾盈失败,逃回曲沃,又遭晋军围攻。

是年秋,齐庄公兴兵伐晋。他先攻伐卫国,然后挥师伐晋。晏婴坚决反对齐庄公伐晋,说:"君恃勇力以伐盟主,若不济,国之福也。不德而有功,忧必及君。"征伐盟主晋国,不能取胜还好,如果侥幸取胜,必然引起晋国的报复,势必对齐庄公不利。晏婴敏锐地预见到伐晋的严重后果,所以坚决反对,可惜齐庄公并不听从他的意见。

齐庄公执意伐晋,很快就引起了晋国的武力报复。齐庄公想与楚国联盟,借楚国的力量自保。但是,崔杼借机弑齐庄公以谢罪于晋国。齐庄公最终落了个身败名裂的可悲下场。这正如晏婴所说："不德而有功，忧必及君。"只凭勇力，不讲仁德，纵然成功，也只会激化矛盾，引火烧身。可惜齐庄公不明白其中道理，虽为一国君主，却莽撞得如同一介武夫。

四，辞职居家。

晏婴见齐庄公拒不采纳自己的主张，便辞职而去，退居于家中，闭门不出，以至于"堂下生蓼藿，门外生荆棘"。刘向《晏子叙录》称赞晏婴："不用则退耕于野，用则必不诎义，不可胁以邪。"晏婴用则尽心尽力，不用则请辞而去，显示出高洁的品格。

《晏子春秋》说他"遂徒行而东，耕于海滨。居数年，果有崔杼之难"，此当属小说家言。晏婴辞职退居时，当在齐庄公四年秋。从晏婴力谏齐庄公伐晋，到齐庄公被弑，其间总共有一年半左右的时间。当时，晏婴应该是退居于齐都临淄的家中，如此方能在得知齐庄公被弑的消息后，及时乘车赶到崔杼家中哭吊。

（三）晏婴事齐景公

崔杼弑齐庄公后，立齐庄公异母弟杵臼为国君，是为齐景公。齐景公于公元前548年即位，卒于公元前490年，在位五十八年。晏婴于齐景公四十八年（前500）去世，在齐景公朝从政长达四十八年之久。齐景公前期权臣专权，相互争夺，内部矛盾尖锐突出；后期矛盾相对缓和，国力跃升，逐步成为能够与晋国抗衡的东方盟主。齐景公能够取得如此成就，与任用晏婴为齐相是分不开的。

晏婴在齐景公朝经历了以下几个阶段：

一，独善其身。

晏婴在齐景公即位之初，尽管已经具有了很高的声望，但依然不是朝廷重臣。齐景公元年，晏婴随景公至晋国。当时，晋平公将卫献公囚禁在晋国。齐景公与郑简公来到晋国，为卫献公说情，请求晋平公将其释放。据《左传》记载，国弱使晏婴私下见晋大夫叔向，让叔向劝说晋平公。这说明晏婴熟知礼仪、长于言辞，具有外交才干，但仍受国弱指派，还不是齐景公身边的重臣。

在齐景公即位后的很长一段时间内，齐国大夫专权、兼并现象突出。晏婴不参与大夫之间的争夺，远离争端，洁身自好，同时自觉地维护公室利益。

崔杼立齐景公后，自己担任齐相，使庆封任左相。齐景公二年（前547），庆封灭了崔氏，独揽国政。庆封淫乱专横，他把国政交给儿子庆舍，自己却带着妻妾住到宠臣卢蒲嫳家。二人交换妻妾，饮酒为乐。

卿大夫在朝廷办公，按规定每天有两只鸡，管伙食的人偷偷地将鸡换成了鸭子。送饭的人知道了，又把肉都拿掉，只送来肉汤。子雅、子尾等人都很生气。

面对众大夫的不满,庆封想用武力镇压,于是派析归父去拉拢晏婴,被晏婴拒绝。

齐景公三年十月,庆封到莱地打猎。十一月初七日,在太公庙举行秋祭,庆舍主持祭祀。趁庆封在外打猎未归,栾氏、高氏、田氏、鲍氏联手发动突然袭击,杀了庆舍。庆封返回,率领士卒攻入城中,又攻打君主的内宫,没能攻下。庆封列阵于大街上,请求决战不成,于是逃亡到了鲁国。

庆封出逃后,齐景公赏赐大夫,赐给晏婴邶殿,晏婴没有接受。

为了避免被卷入争权斗争,晏婴曾经短暂辞职。庆封出亡之后,子雅、子尾与高止互相争夺。高止为高厚之子。高氏本来是齐国的世袭上卿,后被崔杼、庆封压制,高厚也被崔杼所杀。崔杼、庆封接连倒台后,高止便想重新当政。

齐景公四年(前545),吴公子季札出访齐国。季札欣赏晏婴的为人,与晏婴交往密切。季札提醒晏婴说,您赶紧把采邑和职务交还给国君,这样才能免于祸患。齐国的政权将会另有所属,现在尚不明朗,祸乱不会停止。晏婴听从了季札的建议,交还赏邑,辞去职务,以免在权臣争夺中被殃及。

齐景公四年秋,子雅、子尾在争夺中胜出,开始在齐国主政,并将高止放逐到北燕。

二,渐受重用。

齐景公八年四月,晋平公娶了齐国少姜,宠爱有加。但好景不长,当年冬,少姜就去世了。为了交好晋国,齐景公九年,晏婴出使晋国,请再嫁齐女为继室。晏婴代表齐国出使盟主之国,说明他在齐国的地位有所提升,已经是齐国的重臣。

在晏婴出使晋国期间,齐景公在晏婴旧宅的基础上,为他扩建了住宅。晏婴原来的住所狭窄,又靠近集市,低洼吵闹。齐景公早就想为晏婴另建新宅,但是晏婴坚决不同意,以得近市之利为由拒绝。当时齐景公与他开玩笑说,夫子的住所靠近市场,您知道物品的贵贱吗?晏婴回答说:"踊贵屦贱。"踊是受了刖刑的人穿的鞋子。当时,刑罚繁多,受刑的人太多,所以晏婴说踊比鞋子贵,借机讽谏齐景公要省刑爱民。齐景公听了,真的减少了刑罚,当时有人称赞晏婴:"仁人之言,其利博哉。晏子一言而齐侯省刑。"(《左传·昭公三年》)这话的意思是说:仁人说的话,给人们带来的利益真多啊!晏子一句话,齐侯就减少了刑罚。

晏婴从晋国归来时,住宅已经建成。晏婴竟恢复旧宅面貌,并请回扩建时被迁走的四邻。一开始,齐景公不同意。晏婴只得请田无宇出面,齐景公才答应。

从这件事可以看出,晏婴的才干此时得到显现,与齐景公的关系也比较亲近,他的治国理念开始影响到齐景公,政治声望越来越高。

三,开始辅佐国政。

子雅、子尾相继去世后,子雅之子栾施与子尾之子高彊专权。二人树敌较多,与田氏、鲍氏尤为不和。齐景公十六年(前532),田氏、鲍氏联合攻伐栾氏、高氏。栾施、高彊兵败,奔鲁。田氏、鲍氏要瓜分栾氏、高氏的家室财产,晏婴劝说田氏宗主田无宇,一定要将栾氏、高氏的家产交给公室。最终田无宇听从了晏婴的劝说,将栾、高家产全部交给了齐景公,然后"请老于莒"。

晏婴劝说田无宇取得成功,对稳定齐国的政治局势具有重要的意义。从此之后,在齐国延续了多年的大夫专权局面结束了。大约从此时起,齐景公开始亲自秉政,晏婴也受到重用,开始治理国政。

据说晏婴被委以国政,是在任东阿宰之后开始的。晏婴任东阿宰,干了三年,诋毁满朝,齐景公想要免他的职。晏婴请求再干三年,承诺到时候一定誉满天下,如果做不到,愿以死谢罪。又干了三年后,果然赞誉之声不绝于耳。齐景公奖赏他,他却坚决不接受。他说,我以前治阿,严格门闾管理,那些做坏事的人便憎恨我;选用节俭、勤劳、孝顺、友悌之人,惩罚苟且懈怠者,那些不务正业的人就憎恨我;判决狱讼不回避有权势的人,那些有权势的人就憎恨我;身边的人有所请求,合法的就给予,不合法的就不给,身边的人便憎恨我;按照礼节侍奉显贵,而无巴结讨好之举,那些显贵之人便憎恨我。所以,毁谤之言传到国君耳中。后来我放宽对门闾的管理,那些做坏事的人便高兴了;不选用勤俭孝悌之人,不惩罚苟且懈怠者,那些游手好闲的人便高兴了；判决狱讼阿私权贵，权贵之人便高兴了；身边人的请求全部应允，身边的人便高兴了；以超越礼制所规定的标准来侍奉显贵，显贵之人便高兴了。所以，称誉之声传到国君的耳中。他说完，请求辞职。

齐景公下席道歉说，请夫子继续治理东阿。东阿者，夫子之东阿也，寡人不再干预。

"景公知晏子贤，乃任以国政，三年而齐大兴。"（《晏子春秋·内篇杂上》）齐景公从此知道晏婴有治国之才，开始信赖晏婴，让他治理国政。

四，晏婴拜相。

齐景公二十六年（前522），晏婴开始担任齐相。一年前，齐景公得了疥疾和疟疾，不见好转。他派史固和祝佗巡祀山川宗庙，所用牺牲、美玉莫不完备，但仍不见效果。齐景公便想杀了史固和祝佗取悦上天，晏婴坚决反对。晏婴说：如果祷告有益处，那么诅咒就会有坏处。现在百姓怨恨君主，向上天诅咒您的人很多。一国的人诅咒，他们两个人即使再善于祝祷也不能占上风。况且，他们二人祝祷时若说实话，就是斥责您；若是隐藏您的过错，就是在欺骗上天。上天若灵验，就不会被欺骗；上天若不灵验，祝祷也没什么用处。希望国君明察，滥杀无辜正是夏桀、商纣灭亡的原因啊！

齐景公问应该怎么做，晏婴劝他修德。齐景公听从了晏婴的建议，"使有司宽政，毁关，去禁，薄敛，已责"。

齐景公说，晏婴解除了他的迷惑，于是拜晏婴为相。晏婴执政才一个月，齐景公的病就好了。

晏婴任齐相后，齐景公赐他为中卿。《晏子春秋·内篇杂下》载，田无宇对晏婴说："君赐之卿位以尊其身。"而晏婴答道，他接受卿的职位，不是为了个人显荣，而是为了"为君行令"。

五，以礼治国。

晏婴主张以礼治国，减轻刑罚，关心民生。晏婴任齐相后，曾跟随齐景公出猎，到了鲁郊，于是进入鲁国问礼。他们在鲁国见到了孔子。齐景公问孔子，过去秦穆公国土狭小，又地处偏僻，为什么能够成为霸主？孔子回答说，秦国国土虽小，但国君志向远大；虽说地方偏僻，但国君行事端正恰当。国君能够从罪犯当中起用百里奚，跟他交谈了三天，就把政权交给他管理。这样的贤明之君，完全可以成就王业。

百里奚是一个传奇式的人物。他原本是虞国的大夫，后来晋国灭虞，他作为晋献公之女穆姬（秦穆公夫人）的陪嫁奴隶到了秦国，又从秦国逃到楚国。秦穆公听说百里奚很有才能，便以索要陪嫁奴隶为名，用五张羊皮将他从楚国赎回。这时，百里奚已经七十多岁了。秦穆公与他交谈了三天，发现他是难得的人才，用他辅政，秦国很快发展壮大起来。秦穆公成为春秋五霸之一。

孔子称赞秦穆公不拘一格重用百里奚，是建议齐景公任用贤人。齐景公听了很高兴。

晏婴随齐景公至鲁国问礼,这或许是因为晏婴主张以礼治国,有意到鲁国考察礼制。这也反映了春秋后期齐、鲁两国的文化交流与融合。

在当时,田氏代齐的趋势已露端倪,晏婴曾提醒齐景公防备,并推行礼制来阻止田氏与国争民。《左传·昭公二十六年》载,晏婴强调说:"唯礼可以已之。在礼,家施不及国,民不迁,农不移,工贾不变,士不滥,官不滔,大夫不收公利。"大体意思是说,只有以礼治国才能够阻止田氏取代姜氏。按照礼制,大夫的施予不能超出家族的范围而扩大到国内,人民不迁移,农民不搬迁,工、商不改行,士人不失职,官员不怠慢,大夫不谋取公室的利益。晏婴的提醒引起了齐景公的重视,对改善齐国政治起到了重要作用。

晏婴所秉承的礼,是礼之质,即礼的内容,而不是礼之仪。对烦琐复杂的礼仪,他是持反对态度的。这一点在反对齐景公封孔子一事上表现得最为突出。

齐景公三十一年(前517),鲁昭公攻伐季氏,孟氏、叔孙氏、季氏三家联合起来,共同讨伐鲁昭公,鲁昭公被迫逃亡到了齐国。孔子也到了齐国,做了高张(昭子)的家臣。

齐景公向孔子问政,孔子说:"君君,臣臣,父父,子子。"齐景公听了说道,对极了!假如国君不像国君,臣子不像臣子,父亲不像父亲,儿子不像儿子,即使有再多的粮食,我也吃不着!

过了几天,齐景公又向孔子问政,孔子说:"政在节财。"

齐景公很欣赏孔子,想以尼溪田封孔子。晏婴进谏说,儒者能说会道,不受法的约束;高傲任性,自以为是,不能当下臣使用;重丧久哀,破产厚葬,不利于习俗;四处游说,乞求官禄,不能用来治国。自圣贤逝去,周室既衰,礼乐久缺。现在,孔子讲究仪容服饰,详定烦琐的礼节,这些繁文缛节,就是几代人也学不完。国君如果想重用他来改变齐国习俗,恐怕不是好办法。

齐景公听从了晏婴的意见。从此,齐景公只是敬重孔子,不再向他问礼。

晏婴主张礼治,但更重视礼之质,而不拘于礼之仪,这与孔子有很大差异。

六,晏婴辞世。

齐景公四十八年(前500),晏婴去世。晏婴在病重之时,妻子问他还有什么嘱咐,他说不要改变"家俗"。当时,他的儿子尚未成年。晏婴将遗书置于楹柱之内,嘱咐妻子,待儿子长大后交给他。后来,他的儿子在成年后打开遗书,只见上面写道:"布帛不可穷,穷不可饰。牛马不可穷,穷不可服。士不可穷,穷不可任。国不可穷,穷不可窃也。"(《晏子春秋·内篇杂下》)

晏婴去世时,齐景公正出游在外,听到他的死讯,急急忙忙地往回赶。他嫌乘车走得慢,下车而趋。跑了一阵后,发现不如乘车走得快,又上车。反反复复,四次下车而趋。

齐景公哭着到了晏婴家,伏尸而号,极为悲痛。

晏婴去世后,齐景公思念晏婴,常常感叹伤怀。有一次,齐景公和众大夫一起饮酒。齐景公射箭,箭偏离了靶子,堂上仍旧是一片叫好声,如出一口。景公一声长叹,丢下弓箭。他对大夫弦章说:自从我失去了晏子,再也没听到有人指出我的过错。

第三章

齐文化精粹撷珍·晏婴

晏婴与《晏子春秋》

《晏子春秋》又称《晏子》。先秦时期的诸子著作,除了《论语》《孟子》是用问答形式表达见解主张外,其他大多是论文集的形式。《晏子春秋》与众不同,既记言,又记事,是晏婴的言行事迹专辑。

一　《晏子春秋》的成书过程

（一）《晏子春秋》的作者与编著时间

关于《晏子春秋》的作者和编著时间，历来众说纷纭，莫衷一是。唐代之前，一般都认为是晏婴自著。到了唐代，柳宗元率先提出《晏子春秋》不是晏婴自著，而是齐国的墨家弟子所作。此说对后来的影响比较大，有人赞同，也有人反对，不一一尽述。

有人认为，《晏子春秋》的原本早已亡佚，如今流传的是后人的伪作（见《崇文总目》）。有人在伪书说的基础上，进一步探究作伪于何时，从而提出了六朝人所作的说法。不过，伪书说历来受到反对。1972年，山东临沂银雀山汉墓出土了大量的汉简，其中就有《晏子》，其内容散见于今本《晏子春秋》中，证明《晏子春秋》不是伪书，早在汉代就已经广为流传。鉴于《晏子春秋》在西汉初年已经十分流行的事实，成书于先秦时期已经成为共识。

近几十年来,对于《晏子春秋》的作者和成书时间,许多学者提出了比较具体的观点:董治安提出《晏子春秋》的编写者大约是稍晚于晏子的战国时人;高亨推测出于稷下先生之手;吴则虞则推断出于齐国人之手,而编写的时间大约在秦始皇统一六国后;还有人认为编写者是齐国的稷下先生淳于髡。

笔者认为,《晏子春秋》所记述的内容有许多重复、前后不一致甚至相矛盾的地方,可见不是一人一时之作;成书地点则可以断定为稷下学官。

稷下学官是齐国官办的集参政、议政、讲学于一体的学术机构,大概成立于战国的田齐桓公时期,而在齐威王、宣王时达到极盛。当时,受"上大夫"待遇的稷下先生多达七十六人,而稷下学士达"数百千人",可见其规模之大。他们"不治而议论",即不担任具体的官职,专门从事学术研究,讲学授徒,著书立说。

齐国招揽天下贤才,给予丰厚的待遇,其根本目的是为齐国政权服务。田齐历来自视为姜齐之正统,注意总结姜齐盛衰兴亡的历史经验和教训,因而,稷下先生们在阐述自身学说的同时,也要根据齐国统治者的需要,整理齐国先贤的治国言行,总结兴衰规律。如齐威王曾经让大夫追论古代的《司马兵法》,而将司马穰苴兵法附于其中,称作《司马穰苴兵法》。这些整理编辑《司马穰苴兵法》的大夫,应该就是那些受"上大夫"待遇的稷下先生。

春秋时期的齐国先贤名下多有作品传世,如姜太公有《六韬》,管仲有《管子》,晏婴有《晏子春秋》,司马穰苴有《司马穰苴兵法》,孙武有《孙子兵法》,孙膑有《孙膑兵法》。这一现象仅仅出现在齐国,绝对不是偶然的,而是与齐国的稷下学宫有着直接的关系。

晏婴作为齐国的贤相,其治国经验必定受到重视。稷下学士们整理晏婴的言行,记录、搜集晏婴的治国事迹,总结晏婴的治国经验,是顺理成章的事情。

(二)《晏子春秋》的主要材料来源

《晏子春秋》的主要材料应该来源于齐国历史档案、齐国的历史记载和民间传说。

当时,齐国的官府档案中应该保存着大量关于晏婴的内容。各诸侯国都设有史官,齐国的史官为太史、南史,他们最为重要的职责就是记录君臣的重要言行、典章政令以及各种大事件,并予以妥善管理。他们往往忠于职守。齐庄公被弑,齐太史如实记录"崔杼弑其君"。崔杼不愿留下弑君的恶名,就杀了太史。太史被杀后,他的弟弟继续如实记录,又被崔杼所杀。太史的另一个弟弟接着如实记录。崔杼见太史一家如此执着,宁死也要如实记录,只得作罢。南史听说太史被杀,拿着竹简前往，听说已经如实记录了才返回。齐太史的秉笔直书精神历来受人称道。晏婴是齐景公的重要辅臣，在齐国具有很高的威望，他的嘉言善行深受齐景公的重视。因此，他的大量言行被史官所记录，进入官府档案。《左传》记载，鲁国叔孙豹提出立德、立功、立言三不朽之说，并说："鲁有先大夫曰臧文仲，既没，其言立，其是之谓乎？"臧文仲的生活年代比晏婴早一百余年，其言能够传于世，以晏婴在齐国的重要地位，其言行被记录于齐国档案也不足为奇。

春秋时期，各诸侯国的史官还编辑、整理本国的历史。据《孟子》所载，晋国的史书叫"乘"，楚国的叫"梼杌"，鲁国的叫"春秋"。据此可知，齐国也有自己的史书，而晏婴的大量言行必然会被载入齐国史册。

另外，春秋时期，各国发生大事有互相通报的制度。《左传》曾经指出《春秋》记事的一个原则是"告则书，不告则否"，即来通报的便作记录，不来通报的便不予记载。齐国为大国，晏婴为齐相，其言行事迹当流传于各国诸侯之间。同时，晏婴作为齐国重臣，多次出访他国，其出访的言行事迹在他国也多有传播。因此，我们可以推断，晏婴的言行事迹在当时的流传是十分广泛的。

晏婴深受后人仰慕，其言行事迹势必成为士人所津津乐道的话题，在长期的流传过程中，必然会出现不同的版本。如"社鼠猛狗"的故事，在《韩非子》中是管仲谏说齐桓公，而在《晏子春秋》中则是晏婴谏说齐景公。很显然,这种现象是在长期流传过程中形成的。

到了战国时期,稷下先生们在齐国历史档案、齐国史书、民间传说的基础上,编辑形成了最初的《晏子春秋》。《晏子春秋》在成书之后,流传非常广泛,出现了许多的版本,并在流传过程中不断增添新的内容,从而出现了前后重复或者不一致的现象。

(三)《晏子春秋》成书后又有许多增益之作

从《晏子春秋》的内容来看,该书不是出于一人之手,也不是一时之作。这主要表现在重言重意过多,前后记载不一致,甚至前后矛盾。

《晏子春秋》的某些内容明显不是出于稷下学宫,如田无宇讥讽晏婴"隐君之赐"、家有老妻。田无宇是田氏先祖,是齐景公时重臣,与晏婴关系密切,不应如此讥讽晏婴。即使有此事,稷下学宫的编写者也应为田氏讳,不会如此直录。这一类内容可能是后来在流传过程中增补的。

这说明《晏子春秋》成书之后,在流传的过程中还有增益之作。这在先秦诸子著作中是常见的现象,如《孙子兵法》本为十三篇,因不断有人增益,最后竟然达到八十二篇,到曹操作注时才重新恢复了十三篇之数。像晏婴这样的人物,随着时间的推移,各种传闻肯定不少。人们继续采集补充,于是出现了大量的重言重意的记载，并且出现了多种不同版本。司马迁《史记·管晏列传》说："至其书，世多有之，是以不论，论其轶事。"说明《晏子春秋》在汉初极为流行。司马迁所论及的晏婴逸事共有两则，一是在出使晋国时赎回越石父，一是推荐其御者为大夫，都见于今本《晏子春秋》，也见于银雀山汉墓出土的汉简。而司马迁说是"轶事"，说明他所见到的《晏子春秋》中不包含这两篇。

（四）《晏子春秋》的最后编定

《晏子春秋》最后由汉代刘向编定。根据《晏子叙录》，当时刘向共搜集到《晏子春秋》830章，除去重复，共计215章，其中还有27章虽然重复，但"文辞颇异，不敢遗失"。重复的竟然多达六百余章，这应该是当时《晏子春秋》的版本较多造成的。尽管版本颇多，但其内容基本一致，这说明《晏子春秋》在战国初年成书之后，后来虽然多有增益，但未改变其基本面貌。

综上所述，《晏子春秋》最早成书于战国初期的稷下学宫，后来经过后学的不断增益，形成了篇章不同的多种版本；到汉初，刘向删除重复，重新编定，形成了流传至今的定本。

二　《晏子春秋》的内容及特点

（一）《晏子春秋》的基本内容

《晏子春秋》共八篇，其中"内篇"六篇，包括"谏上"二十五章、"谏下"二十五章，"问上"三十章、"问下"三十章，"杂上"三十章、"杂下"三十章；"外篇"两篇，包括"重而异者"二十七章、"不合经术者"十八章。

"谏上""谏下"五十章，记录了晏婴对齐国君主进行劝谏的言行，其中除了"谏上"的第一章是谏说齐庄公外，其余的四十九章全是谏说齐景公的内容。这与晏婴的生平经历相吻合。晏婴仕灵公、庄公、景公三朝，在齐灵公时刚刚入仕，资历尚浅，还不是近臣；在齐庄公时，晏婴反对齐庄公一味崇尚勇力不顾礼义，反对齐庄公伐晋，"谏上"第一章记载了晏婴的谏说内容；晏婴辅佐齐景公长达四十八年，逐步成为齐国重臣，所以书中谏说齐景公的内容最多。

"问上""问下"六十章，记录了晏婴解答他人问题的内容。晏婴为人贤明，见识远大，人们有不明白的事情会向他请教。其中以解答齐景公的问题最多。晏婴在当时已经有了很高的声誉，所以，齐国同僚、其他诸侯国的君主和大臣也会向他请教。"问下"中有"吴王问"二章、"鲁君问"和"鲁昭公问"三章、"晋平公问"二章、"叔向问"十一章、"曾子问"一章、"梁丘据问"及"柏常骞问"各一章。

"杂上""杂下"六十章,记录了晏婴的其他言行事迹,绝大部分发生在齐景公时。内容涉及方方面面,从多个角度反映了晏婴的思想和品行。

"重而异者"二十七章的内容虽然与"内篇"所记录的相重复,但因为"文辞颇异",且有可观之处,因此刘向在编辑《晏子春秋》时,出于慎重而予以保留。

"不合经术者"十八章的内容实际是"似非晏子言,疑后世辩士所为者"。就内容来说,该篇大致可分为三个部分,第一部分是前六章,都是批评孔子与儒家的文章,是典型的"不合经术者";第二部分为第七章至第十五章,或巧辩,或荒诞,或虚假,既与经义不合,也显然不是晏婴所言;第三部分为第十六章至第十八章,是对晏婴死后之事的记述。

刘向认为,"内篇"的六篇"皆忠谏其君,文章可观,义理可法,皆合六经之义"。这反映了当时的一般认识,所以史志一直将《晏子春秋》列为儒家著作。而到了唐代,柳宗元提出《晏子春秋》属于墨家。柳宗元《辩〈晏子春秋〉》认为:墨家尚俭,而晏子也以节俭闻名于世;《晏子春秋》中多有尚同、兼爱、非乐、节用、非厚葬久丧的思想主张,这些思想主张皆出于墨子;书中又批评孔子,好言鬼神之事,"非儒、明鬼又出墨子"。此说一出,响应者甚众,反对者也不少,成了一桩争执不休的公案。到清代,《四库全书》编纂者认为《晏子春秋》全书都是记述晏婴逸事,与一般的诸子著作差别很大,干脆不再列入子部,而改列于史部传记类。

其实,晏婴作为诸子之前的著名贤相,其治国言行不可能囿于后来的某一学派,对后来诸子的影响也十分广泛,不会限于某一个学派。《晏子春秋》的编写者,特别是后来的增益者,可视为尊崇晏婴的后学,他们共同整理、记录晏婴言行,并不局限于某一门派,从而在形成超越学派的晏子之学的同时,也形成了不同学派思想共存于一书的现象,其中也不乏借晏婴之名宣扬自己的学术主张的现象。因而,《晏子春秋》中呈现出不同学派的印迹是十分正常的。

(二)《晏子春秋》的文学价值

《晏子春秋》具有独特的文学价值,在中国古代文学研究中,应该引起足够的重视。

首先,《晏子春秋》具有独特的体裁特点,可以说在战国时期独成一体。记录一个人的言行而成书,这为《晏子春秋》所独有。并且,一章记录一事。它既不同于早期子书如《论语》《孟子》等重在记言的语录体,也不同于后来诸子著书立说的论文体。

司马迁《史记·管晏列传》中即有"晏子春秋"之称。冠以"春秋",说明人们将之视为史书。从史书角度看,它既不同于编年体的《左传》,也不同于国别体的《国语》,而以个人的言行成书,可谓个人史,丰富了史书的体裁。

《晏子春秋》有亦史亦子的特点,既是个人专门史,具有史书的特点;又记载治国之言,有系统完整的思想主张,具有子书的特征。所以,历代史志都将《晏子春秋》列入子书。但到了清代,《四库全书》编纂者称《晏子春秋》"虽无传记之名,实传记之祖",改列入史部传记类。

《晏子春秋》由一个个独立的小故事组成。这些小故事大都简短,但有对话,有情节,语言生动,结构完整。

> 崔杼既弑庄公而立景公,杼与庆封相之,劫诸将军、大夫及显士、庶人于太官之坎上,令无得不盟者。为坛三仞,坎其下,以甲千列环其内外。盟者皆脱剑而入,维晏子不肯,崔杼许之。有敢不盟者,戟拘其颈,剑承其心。令自盟曰:"不与崔、庆,而与公室者,受其不祥。"言不疾,指不至血者死,所杀七人,次及晏子。晏子奉杯血,仰天叹曰:"呜呼!崔子为无道,而弑其君。不与公室而与崔、庆者,受此不祥。"俯而饮血。
>
> 崔杼谓晏子曰:"子变子言,则齐国吾与子共之;子不变子言,戟既在脰,剑既在心,维子图之也!"

晏子曰："劫吾以刃而失其志，非勇也；回吾以利而倍其君，非义也。崔子，子独不为夫《诗》乎？《诗》云：'莫莫葛藟，施于条枚。恺悌君子，求福不回。'今婴且可以回而求福乎？曲刃钩之，直兵推之，婴不革矣！"

崔杼将杀之。或曰："不可。子以子之君无道而杀之，今其臣有道之士也，又从而杀之，不可以为教矣。"崔子遂舍之。

晏子曰："若大夫为大不仁，而为小仁，焉有中乎！"趋出，授绥而乘。其仆将驰，晏子抚其手曰："徐之。疾不必生，徐不必死。鹿生于野，命悬于厨。婴命有系矣。"按之成节，而后云。

《诗》云："彼己之子，舍命不渝。"晏子之谓也。

这是《晏子春秋》篇幅比较长的一章，也不过380余字。有事件背景交代，有环境描写，有气氛渲染，有激烈的矛盾冲突，用人物对话推进情节发展，跌宕起伏，扣人心弦，表现了晏婴忠于公室、宁死不屈的坚贞品行。所以有人从文学的角度，称《晏子春秋》为我国最早的短篇小说集，也有人称之为最早的人物传说故事集，还有人称之为接近历史小说的散文作品。

其次，《晏子春秋》记录晏婴的嘉言善行，思想深刻，见解精辟。有些内容长期以来受人关注，成为人们常用的成语和典故，如中流砥柱、二桃杀三士、临难铸兵、临噎掘井、千虑一失、千虑一得、悬牛首卖马肉、挥汗如雨、比肩继踵、南橘北枳、华而不实等，已经成为汉语的基本词汇。

《晏子春秋》思想精粹，见解精辟，语言精练，含意深刻，涉及广泛，诞生了许多名言警句。如论说君臣关系："君正臣从谓之顺，君僻臣从谓之逆。"如论说赏罚："诛不避贵，赏不遗贱。"如论说用人："任人之长，不强其短。任人之工，不强其拙。"如论说广泛听取意见："下无直辞，上有隐君。民多讳言，君有骄行。"如论说爱民："意莫高于爱民，行莫厚于乐民。"如论说廉洁、谦让："廉者政之本也，让者德之主也。"这些论说发人深省，至今仍具有启发意义。

另外，《晏子春秋》语言生动。首先，人物语言富有个性。晏婴出使吴国时，吴王听说他长于言辞、熟悉礼制，便想故意难为他。他让负责迎送宾客的官员"行人"对晏婴说："天子请见。"晏婴听后，流露出局促不安的神色。行人再次说："天子请见。"晏婴仍然局促不安。行人又说："天子请见。"晏婴还是局促不安，对行人说：我奉齐王之命出使吴国，却糊里糊涂地到了天子的宫廷。请问，吴王他在哪里？晏婴故意装糊涂，突显了吴国僭越行为的荒唐，吴王只好以诸侯之礼接见了他。

《晏子春秋》的叙述性语言也富有文学色彩，往往以精练的笔墨，抓住富有特征的细节，突出人物的典型特点，因而寥寥数笔即栩栩如生。崔杼弑齐庄公后，怕诸大夫不服，与诸大夫盟于太庙。晏婴誓死忠于公室，坚决不与崔杼、庆封盟誓。崔杼要杀晏婴，有人说情，崔杼放晏婴离去。为晏婴赶车的御者内心紧张，想驱车奔驰而去。此时，晏婴"抚其手"说，慢点，快了不一定能活着离开，慢点也不一定就死在这里。'抚其手"仅三个字，却生动地表现了晏婴既沉着又慈祥的仁勇形象。

总之，《晏子春秋》具有了一定的小说的表现手法，不仅塑造了一个栩栩如生的名相形象，也影响了后来的传记文学、笔记小说等。

第四章

齐文化精粹撷珍·晏婴

晏婴的思想主张

晏婴主张以礼治国,并根据社会的发展,赋予礼新的内容,丰富了我国的礼制文化。晏婴不仅是著名的思想家,还是伟大的政治家,其思想主张更多地体现在治国实践中。作为我国古代的著名贤相,其思想主张具有明显的历史进步意义,是优秀的历史文化遗产。

一 天道不谄

在春秋之前,人们普遍崇信天命,将天视作至高无上的主宰,并确立了君权神授的观念。至西周初年,鉴于朝代更替的社会现实,出现了以德配天的思想,将敬德与天命联系在一起,强调失德就会失去天命。而敬德的关键内容是保民。在以德配天的思想基础上,周代统治者强调敬天保民,并认为天命与民意是一致的。天命难明,但可以通过民意推知天命,可以通过不违民意做到顺应天命,即《尚书·周书·泰誓》所说:"民之所欲,天必从之。""天听自我民听。"

到了春秋时期,诸侯之间的争夺日益加剧,人心向背的力量越来越突出,统治者对"人事"也越来越重视。一些开明的政治家开始不去理睬所谓的天命,而专心关注人事,如《左传·昭公十八年》载郑国子产说:"天道远,人道迩,非所及也,何以知之?"这话的大体意思是说,天道远离人间,而人道就在身边,人道可以把握,但天道不是人所能及的,如何能够知道呢？子产的话反映了当时重人事、轻天命的进步观念。

晏婴并不否定天命鬼神，但是，他更加强调"人事"，已经具备了天道自然的观念，代表了当时对于天命鬼神的认识水平。

（一）反对祝禳，主张修德

在天道观上，晏婴提出了一个重要的观点，即《左传·昭公二十六年》所载："天道不谄，不贰其命。"晏婴认为天行有常，不会因为人们的贿赂和谄媚而有任何改变。因此，晏婴认为祝禳"为之无益，不为无损"，反对祝禳神灵而强调修德。

一天，齐景公正被群臣簇拥着坐在柏寝台上，突然看到有彗星出现，担心自己好景不长，为之感叹不已。侍奉的大臣一时皆为之而流涕，只有晏婴在一旁哂笑不已。齐景公见晏婴如此，非常不满，说："彗星出东北，当齐分野，寡人以为忧。"

彗星后面拖着长长的尾巴，又被称作扫帚星，在中国古代被认为是灾星。古人将天上星空区域与地域相对应，称作"分野"，并认为在某天域发生的天象预兆着所对应地域的吉凶。当时，彗星出现在与齐地相对应的天域，所以齐景公为之担忧。

晏婴对齐景公说，国君不停地修建高台深池，赋敛之重唯恐有搜刮不到的，刑罚之严唯恐有所遗漏。长此以往，茀星将出，彗星何惧乎？

茀星是彗星的一种，带来的灾难比彗星更为严重。

齐景公问晏婴,能否通过祈祷消除彗星之灾?晏婴回答说,假如神能够因祈祷而来,便也能够因祈祷而去。苦怨的老百姓数以万计,而您令一人祈祷,哪能胜过众口诅咒?

因此,晏婴认为祈福不如修德。

《左传·昭公二十年》记载,齐景公得了疥疾,接着又得了疟疾,过了一年都不好,各国诸侯派来探问病情的人聚集在齐国。使祝固、史嚚(《晏子春秋》作史固、祝佗)祭祀鬼神,没有任何作用。这时,齐景公的两个宠臣梁丘据与裔款建议杀祝固、史嚚,说道,我们祭祀鬼神的祭品非常丰厚,比先君时有所增加。现在您的病情加重,这是祝、史的罪过。诸侯不了解实情,还会认为我们对鬼神不敬。您为什么不杀了祝固、史嚚,以此来向诸侯解释?

齐景公认为他们说得对,又征求晏婴的意见。晏婴坚决反对,他说,如果是有德行的君王,内外政务不废,上下无怨,不做违背礼义的事,那么,祝、史的祷告是陈述实情,于心无愧,鬼神就会降福。但是,如果是淫逸的国君,祝、史祷告时陈述实情,就是向鬼神报告国君的罪过;但若掩盖国君的过失,无中生有地列举好事,就是虚伪欺诈。祝、史在左右为难之下,只能用含糊其辞的话来向鬼神讨好,因此鬼神才会不享用祭品而降下灾祸。齐景公听了,问晏婴应该怎么做。晏婴劝说齐景公不能归罪于祝、史,而应该"修德"。

晏婴的天命观中已经具有了初步的天道自然的观念。所谓

"可致者可去，不可致者不可去"，是说天道有常，人为的因素招致的灾异，可以通过补救的举措而去除；如果与人为因素无关，那么人力也就无法去除。

《晏子春秋·内篇杂下》记载了这样一个故事：齐景公建造了路寝之台，但在夜间有枭的叫声。枭，又写作鸮，即猫头鹰，在古代被认为是一种恶鸟。齐景公讨厌这种声音，所以不登路寝之台。于是，柏常骞夜间为齐景公禳枭。

明日，他问齐景公，夜间是否还能听到枭的叫声？齐景公说只听到一声就再也没听到。

齐景公派人察看，见枭已经在台下伏地而死。

齐景公觉得柏常骞有超能力，便问他能否增添人的寿命。柏常骞说能。齐景公问，能增加几年？柏常骞说，天子九年，诸侯七年，大夫五年，但人本来的寿命难以预知。齐景公便问，有什么征兆可以表明增加了寿命？柏常骞说，增加寿命后，将会地动。齐景公听后大喜，让柏常骞为他增寿。

柏常骞出宫，在路上遇到晏婴，对晏婴说起此事，并说他将要举行大祭，为齐景公请寿。晏婴当即戳穿柏常骞的谎言，说，夜间我观星象，地将自动，你是以此来骗人吧？柏常骞只得承认这是一场骗局。

地动属于"不可致者不可去"之类，是自然现象，但有人利用它进行迷信活动，并用来邀宠。晏婴戳穿了他的骗人把戏，还原了天道自然的本来面目。

正因为晏婴在某种程度上具有了天道自然的意识,所以他能够从自然的角度去看待鬼神,弱化鬼神的神秘色彩,将鬼神凡人化。《晏子春秋·内篇谏上》记载,齐国大旱,齐景公为了祈雨,要到灵山祭祀。晏婴却说,祭祀灵山没有任何用处,山上的那些石头就是灵山的身体,那些草木就是灵山的毛发。天长久不下雨,灵山的毛发将焦,身体热得难以忍受,难道灵山不愿意下雨吗?齐景公又欲祭祀河伯。晏婴又反对说,没有用。河水就是河伯的国家,鱼鳖就是他的子民。天长时间不下雨,河水日益减少,百川将要枯竭。这样下去,他的国家将会灭亡,子民将要灭绝,难道他不愿下雨吗?在晏婴眼中,灵山、河伯也如同凡人,毫无神圣可言。齐景公问晏婴应该如何祈雨。晏婴提议齐景公走出宫殿,暴露于烈日之下,以示君主与灵山、河伯共忧。齐景公听从晏婴的建议,暴露于野,三天后果然天降大雨。晏婴给齐景公出的祈雨主意很有新意,这实际上是主张君主与民众同甘苦、共患难,一起期盼甘雨降临。齐景公祈雨的故事很有些寓言的意味。

正因为晏婴具有天道自然的意识,所以能够正确地解释某些所谓的征兆。《晏子春秋·内篇谏下》记载,齐景公出猎,上山见虎,下泽见蛇,以为不祥。晏婴却说,国有三不祥,一是有贤而不知,二是知而不用,三是用而不信任。现今上山见虎,山上本来就是老虎居住的地方;下泽见蛇,草泽之中本来就是蛇做窝的地方。您进入老虎的家、蛇的洞穴而看见老虎和蛇,是再正常不过的事情,哪里有什么不吉祥?晏婴所说的不祥之兆是有贤能之人而不知道、不任用、不信任，全是"人事"，一点也不涉及鬼神之事。

（二）重人事，轻天命鬼神

在人事与天命鬼神的关系上，晏婴更为强调人事。晏婴明确反对"慢行而繁祭""轻身而恃巫""弃贤而用巫"，比较明显地表现出重人事、轻天命鬼神的思想。当齐景公提出祝禳时，晏婴总是持反对态度，并趁机劝导齐景公修德、修政。

正因为晏婴重人事、轻天命鬼神，所以能灵活地解释天命鬼神，并经常利用齐景公崇信天命鬼神的特点进行劝谏。

齐景公有一嬖妾，名叫婴子，已经死了三天，还没有入殓。齐景公守着她，三日不食，不管左右如何苦劝，一概不听。这时，晏婴对齐景公说，有一个术客，还有一个医生，他们都请求施展才能让婴子起死回生。齐景公在悲痛之中，听说婴子还能医治，非常高兴。晏婴将齐景公骗出去，然后将婴子入殓。事后，齐景公埋怨晏婴欺骗他，晏婴却说，难道君主不知道人死了不能复生吗？

还有一次，齐景公得了病，十几天卧床不起。一天夜里，他梦见自己和两个太阳打斗，最后被打败了。第二天，晏婴上朝，齐景公忧心忡忡地说，这是不是命不久长的预兆？

晏婴听了，想了想，便说，请召见占梦者，让他给您占卜吉凶。

说完，晏婴出宫，派人用车接来占梦人。占梦人见到晏婴，便问，国君为什么召见我呢？

晏婴说，国君夜里梦见与两个太阳打斗，最终被打败了。国君以为自己要死了，所以请您来占梦。

占梦人说，那我就反其意解释吧。

晏婴说，不要那样。国君所患的病属阴，梦里的太阳为阳。一阴不能战胜二阳，所以这梦是病将痊愈的预兆。你就这样回答。

占梦者进宫后，按照晏婴所说为齐景公占梦。齐景公听了，放下心来。

过了三天，齐景公的病果然全好了。

齐景公怕死，心理疾病胜过身体疾病。晏婴针对齐景公迷信鬼神的特点，灵活解梦。但他知道，同样的话出自占梦人之口，效果会更好。所以他让占梦人去说，从而彻底打消了齐景公的恐惧心理，借用鬼神之事给齐景公开了一剂良药。

在晏婴这里，梦可以根据需要灵活解释。这说明晏婴并不相信占梦，只不过是巧妙地利用占梦这种形式，来实现劝导齐景公的目的。

（三）认为生而有死是不可改变的自然规律

死是生命的终结，祈求长生从来都是人们的普遍心理。作为君主，更是因为留恋奢华生活，对死讳莫如深。齐景公也是如此。他期盼生而不死，企望鬼神垂青于他，能够延年益寿；而一想到将来不免于死，就感到忧伤。

晏婴认为，生之有死是自然规律，因此他对死的态度极为通达，并经常劝导齐景公。一次，齐景公出游于公阜，向北远远地望着齐国的都城，感叹道，假如自古以来人们不会死亡，那多好啊。晏婴却说，古时上帝认为人之有死是好事，好人因此而得到安息，坏人因此不再作恶。如果古代的人们没有死亡，那么丁公、太公永远是齐国的国君，桓公、襄公、文公、武公将会是他们的得力辅佐，而您只能头戴斗笠，身穿粗布短衣，拿着大锄头，蹲在田野之中辛苦劳作，哪里还有闲暇去担忧死亡？

晏婴认为，生而有死是不可改变的自然规律，不必为之悲伤："夫盛之有衰，生之有死，天之分也。物有必至，事有常然，古之道也，曷为可悲？"晏婴对死亡的认识和态度，显示出了他对自然规律的尊重和通达的心态。

二　以民为本

晏婴主张以礼、德治国，而他所强调的礼与德的核心是关注民生、以民为本。

以民为本的思想早已有之,《尚书·夏书·五子之歌》:"皇祖有训,民可近,不可下。民惟邦本,本固邦宁。"如歌中所说,"民惟邦本"是祖训,这说明民本思想在夏代就已经成为治国的传统思想。到了周代,统治者强调民意即是天意,《尚书·周书·泰誓》说"民之所欲,天必从之",因此在统治之术上强调仁与惠,"仁所以保民""惠所以和民"。

晏婴继承了传统的民本思想,明确地提出了"以民为本"的概念。《晏子春秋·内篇问下》载,晋国大夫叔向问晏婴,世道混乱,君上邪僻,如果秉承君意行事就会失去民心,如果不秉承君意行事又不符合忠君之道。该怎么办呢?晏婴回答说:"卑而不失尊,曲而不失正者,以民为本也。苟持民矣,安有遗道!苟遗民矣,安有正行焉!"意思是说,身份卑微而能不失于尊严,违背君主之意而能不失于道义,在于以民为本。如果得到了人民的拥护,哪会不符合道义?如果失去了民心,哪会有什么正行?

晏婴的民本思想绝不仅仅是一个抽象的概念,与之前相比,有着更为明确、具体的内容。《晏子春秋·内篇问上》记载,有一次,齐景公问晏婴,要做到谋必得,事必成,有办法吗?晏婴回答说:"谋度于义者必得,事因于民者必成。"这句话的意思是,谋划合乎道义,做事符合民意,就必定会成功。晏婴进而解释说:"义,谋之法也;民,事之本也。"如果谋划违反道义,行动违背民意,则难以长治久安。夏、商、周在兴盛之时"谋必度于义,事必因于民",到了衰落的时候则违反道义、伤害民众。

所以说,"度义因民"是谋必得、事必成的根本办法。

《晏子春秋·内篇问下》记载,晋大夫叔向曾问晏婴,在治理国家上,什么样的意愿最为高尚?什么样的行为最为伟大?晏婴回答说:"意莫高于爱民,行莫厚于乐民。"没有比爱民的意愿更为高尚的,也没有比使人民快乐的行为更加伟大的了。

根据《晏子春秋》的上述记载,晏婴的民本思想至少包括以下内容:

其一,顺应民心是施政的准绳。晏婴提出:"民,事之本也。"是否符合民意是从事一切事情的根本问题,施政必须顺应民心、符合民意。

其二,是否顺应民心是施政成败的决定因素。如晏婴所说"事因于民者必成",只要顺应民心民意,依靠民众,就没有做不成的事情。

其三,顺应民心是最为根本的治术。晏婴说"度义因民,谋事之术也",将民心与道义并列,符合道义、顺应民心是谋划政事的根本方法。

其四,顺应民心并得到民众的爱戴和拥护是施政的最高境界。晏婴提出"意莫高于爱民,行莫厚于乐民",即爱民、乐民是施政的最高境界。

晏婴作为我国古代的著名贤相,首先是一个卓越的政治家。他绝对不是坐而论道,而是将自己的思想付诸实践。因而,他与一般的先秦诸子有所不同,其思想主张贯穿在政治活动之中。

当时，齐国的统治已经流露出末世光景，具体说来，一是征敛过重，二是刑罚过多，三是公室过于奢侈，四是姜齐存在着被田氏取代的隐患。晏婴竭尽全力扭转这一现实，主张薄赋敛、省刑罚、重节俭、顺民心。他敏锐地觉察到田氏代齐的政权走向，表现出强烈的忧患意识。

（一）敏锐地觉察到了田氏代齐的发展趋势

晏婴得出田氏将要取代姜氏这一判断的基本依据是民心向背，即得民心者得天下，失民心者失天下。

齐景公八年（前540），齐国的少姜嫁给晋平公，很受宠爱，但不到一年就去世了。第二年，齐景公派晏婴出使晋国，请再嫁齐女为晋平公的继室。在确定婚约之后，晋国设宴款待晏婴，晋国大夫叔向陪宴。二人交谈，论及本国局势，都为自己的国家已是季世而忧心忡忡。

当时，齐国公室搜刮民财，民众不堪重负。"民参（三）其力，二入于公，而衣食其一。"民众的劳动收入，三分之二都交了赋税，而自己的吃穿用度只占三分之一。搜刮的粮食财物聚集在公室，以至于腐烂生虫，百姓却受冻挨饿："公聚朽蠹，而三老冻馁。""三老"，指上寿、中寿、下寿，都是八十岁以上的高寿者。"三老"本是应该受到社会照顾的人群，如今却不免于受冻挨饿。连"三老"都如此，其他人更是饥寒交迫。公室奢侈无度，百姓生活艰辛，二者形成了对立。这引起了民众的不满和反抗。而统治者为了稳固统治，加大了镇压力度，刑罚苛酷，出现了"国之诸市，屦贱踊贵"的现象。"踊"是特制的鞋子，当时人们受了刖刑，就要穿"踊"。受刖刑的人太多，所以"踊"的需求量大，价格比鞋子都要高，由此可见民众与公室之间矛盾的尖锐、突出。而在这一背景下，田氏"以家量贷，而以公量收之"。当时齐国的量器有四种，即豆、区、釜、钟。四升为一豆，四斗为一区，四区为一釜，十釜为一钟。而田氏的"家量"（即田氏的家用量器）要比"公量"（即公室的量器）大出许多。田氏所为顺应了民心，使民众归之如流水。晏婴正是由此判断出齐国将归于田氏。

田氏代齐不是一场突发性政变，而是经历了一个漫长的演变过程。据《左传》《史记》等史籍记载，在齐景公十六年（前532）田氏与鲍氏联合灭栾氏、高氏后，田氏才开始壮大；到齐晏孺子元年（前489），田乞联合鲍氏灭高氏、国氏后，立公子阳生为齐悼公，自己为国相，开始专权；到齐简公四年（前481），田常弑齐简公，立齐平公，任国相，独揽大权，把齐国安平（今山东省淄博市临淄区东）以东的土地全部割为田氏封邑，田氏代齐的局势已经明朗；到齐康公十四年（前391），田和把齐康公迁到海边，只留一城为食邑，用以奉祀齐先祖，田氏代齐已成定局；到齐康公十九年（前386），田和正式成为诸侯，列于周室，田氏终于完全取代了姜氏。从齐景公九年

(前539)晏婴出使晋国,到田乞任齐相,历时五十年;到田常弑齐简公,历时五十八年;到田和迁齐康公于海滨,历时达一百四十八年。晏婴出使晋国时,田氏宗主是田无宇(田桓子),当时只是齐国上大夫。而在晏婴使晋的上一年,齐国将少姜嫁给晋平公为夫人,派田无宇送少姜到晋国,晋平公还嫌弃田无宇不是卿,将他扣押在晋国的中都。晋国大夫叔向在劝说晋平公释放田无宇时,曾说"君使公族逆之,齐使上大夫送之",可见田无宇身份是齐国的上大夫,还未引起诸侯的重视。而晏婴此时就能够预见到田氏代齐,说明他具有非凡的判断力和政治敏锐性。

(二)告诫齐景公田氏将有齐国

晏婴维护公室,一有机会便提醒齐景公,强调以仁德治国,以民为本,防止田氏与公室争民。

《左传·昭公二十六年》记载,齐景公三十二年(前516)的一天,晏婴陪同齐景公坐在大殿上。齐景公望着四周的宫殿,突然感叹说,多么美丽的宫殿,不知以后谁将拥有这一切?晏婴并不直接回答,而是问齐景公:您认为呢?齐景公认为有德者居之:"吾以为在德。"晏婴便借机提醒齐景公,若有德者将拥有这一切,那齐国将归于田氏!

齐景公不以为然。

晏婴进一步阐述自己的看法，田氏虽然无大德，但有恩惠施于民众。豆、区、釜、钟四种量器，都是公量小，而田氏家量大。田氏用公量收取，用家量借贷，所以收取得少而借出得多。您征敛得多，而田氏施舍得多，因此百姓将归于田氏。后世稍有懈怠，田氏就会拥有齐国。

晏婴的话提醒了齐景公，齐景公急忙问应采取什么对策。晏婴开出的药方是"礼"，他说只有以礼治国才能够阻止田氏取代。如果以礼治国，大夫的施舍只能在大夫家内进行，不能扩大到国内而与国君争民；百姓不能随意迁移，农夫的身份不能随意变动，工人、商人不能随意改行；士不失职，官吏不怠慢，大夫不占取公家的利益。这样一来，就能稳定统治秩序。

齐景公听了恍然大悟，表示今后愿意以礼治国。

晏婴进一步强调说，以礼治国，由来已久，礼与天地并存。国君行事得宜，臣下奉行君令，父亲慈爱，儿子孝顺，哥哥友爱，弟弟恭敬，丈夫和蔼，妻子温柔，婆婆慈爱，媳妇顺从，这才是合于礼的。国君发令而不违背礼，臣下奉行而没有二心，父亲慈爱而教育儿子，儿子孝顺而规劝父亲，哥哥仁爱而友善，弟弟恭敬而顺服，丈夫和蔼而知义，妻子温柔而正直，婆婆慈爱而肯听从规劝，媳妇顺从而能委婉陈辞，这正是礼所倡导的。

晏婴的提醒引起了齐景公的重视，对改善齐国政治起到了重要作用。

（三）告诫齐景公"无得罪于民"

晏婴认为人民"无私与，维德之授"，即民众没有偏私之心，只拥戴那有德于民的人。因此，作为统治者，无德失民就是自掘坟墓。因而，晏婴极力劝谏齐景公以德治国，减刑罚，薄赋敛，"无得罪于民"。

有一天，晏婴陪同齐景公游于麦丘，遇到了一位老人。齐景公问他年龄多大了，老人说已经八十五岁了。当时人们认为老年人的祝福能给人带来吉祥，齐景公便让这耄寿之人送给他些祝福。

于是，麦丘老人祝福说，愿国君的寿命长于"胡"，享国长久。据《谥法》："保民耆艾曰胡。"古称六十岁为耆，五十岁为艾，因以"耆艾"指老年，"胡"有长寿之意，所以麦丘老人如此祝福。

齐景公说，好啊！你再祝福一次！

麦丘老人又祝福说，愿国君的子孙都像鄙人一样高寿。

齐景公说，好啊！你再祝福一次！

麦丘老人又祝福说，愿国君无得罪于民。

齐景公听了，很不理解，便问道，只有民众得罪于君，哪有国君得罪于民的道理？

晏婴听了，进谏道，国君错了！远臣犯罪，有近臣惩治他；卑贱者犯罪，有尊贵者惩治他；国君得罪于民，谁来惩治他呢？

敢问昏君桀、纣是被国君杀掉的,还是被民众杀掉的?

齐景公听了,恍然大悟,说道,寡人真是孤陋寡闻!

于是,齐景公将麦丘赏赐给老人作封邑。

得罪于民,将被民诛,民诛君是君民矛盾激化的必然结果,也是被历史经验所证明了的社会规律。晏婴清醒地认识到了这一规律,所以一直劝谏齐景公要以德治国,争取民心。

(四)强调"政必合乎民"

首先,晏婴强调统治者要"节欲""薄身"。所谓"节欲",指的是节制享乐欲望,"薄身"就是生活俭朴。晏婴认为,统治者无节制的奢侈欲望导致无限制地搜刮民财,而搜刮民财必然造成民怨,从而丧失民心。因而,晏婴提出"节欲则民富",君主"薄身厚民,故聚敛之人不得行"。相反,君主若"厚身养,薄视民",则"聚敛之人行"。如果统治阶级从上到下为满足"厚其养"而聚敛无度,那么势必会出现民不聊生的社会局面,从而造成与民众的对立,失去民心。

其次,晏婴强调要普遍地施惠于民。针对"公聚朽蠹,而三老冻馁"的社会状况,晏婴提出了"节取于民,而普施之"的施政主张。

晏婴认为征敛无度的结果只能是"菽粟藏深而怨积于百姓",因而反对"厚取于民而薄其施"的做法,而主张"节取于民,而普施之",从而使'上无朽蠹之藏,下无冻馁之民"。

晏婴辅佐齐景公,极力实施自己的主张。《晏子春秋》记载了很多关心民生的故事,如大雪赈灾。大雪接连下了三天,齐景公身穿狐白之裘,说:"怪哉!雨雪三日而天不寒。"晏婴说,我听说那些古代的贤君"饱而知人之饥,温而知人之寒,逸而知人之劳",看来您并不知道。齐景公听后,便下令官府拿出衣服粮食,赈济饥寒者。

再如暴雨救灾。连绵大雨十七日不停,百姓遭灾者众多。晏婴请求赈灾,接连请求了三次而不被批准。无奈之下,晏婴将自己家的粮食拿出来分发给灾民,将自己家的器具摆放在路边让灾民自行取用。然后他徒步入宫,面见齐景公,说,您让我为相,现在民众处于饥饿穷困之中却无处申诉,君主沉溺于享乐而不体恤百姓。失去民心,就失去了国家之本。我的罪过太大了,我不配做这齐相!说完,弃职而去。齐景公急忙追出来,一直追到晏婴家中也没有追上,只见晏婴家的粟米散发已尽,一些器具还摆放在路边。齐景公又追到大路上,总算追上了晏婴,同意立即赈灾,说,寡人请您将齐国的粟米财货散发给百姓,数量多少,任凭夫子做主。晏婴听了,立刻返回,命令官员散发粮食,提供柴薪,修葺房屋。齐景公回到宫中,减少饮食,琴瑟不张,钟鼓不陈,以表示与民众共患难。

再如出游救贫。齐景公出游之前,向晏婴询问古时先王如何出巡。晏婴说,春游时了解春耕情况,并补助耕种不足者;秋游时了解收成情况,以赈济饮食不给者。齐景公于是让官员根据存粮以及贫民数量,出粟三千钟,救济贫民。

有一次,齐景公游于寿宫,见到一个老人背负柴薪,面有饥色。齐景公吩咐官吏,由官府赡养老人。晏婴称赞齐景公说,我听说喜爱贤能而同情弱者,这是执掌国家的根本。如今君主怜惜老者,对百姓施惠,真是掌握住了治国的根本。齐景公很高兴,晏婴趁机请齐景公下令,由官府赡养全部老弱鳏寡。齐景公欣然应允,"于是老弱有养,鳏寡有室"。

还有一次,齐景公看见一个乞儿在道路上乞讨,感叹乞儿无家可归。晏婴说,有君主在,哪里会无家可归?于是,齐景公让官府抚养乞儿。

综上所述,晏婴的民本思想不仅深刻精辟,而且已运用于政治实践中,对后世具有重要的借鉴价值。

三　和而不同

在君臣关系上,晏婴提出了一系列的崭新观点。晏婴认为,设立君与臣,都是为了国家社稷,君主不能欺凌百姓,臣子不能做君主的"茵席之臣",而应该做"社稷之臣"。臣子不能盲从君主,应该和而不同,保持自己的独立人格和见解,以己之所长,补君之不足。显然，晏婴的君臣观打破了愚忠观念，具有明显的历史进步性。

（一）君与臣皆为社稷而设

晏婴有一段名言，一直被人称道："君民者，岂以陵民？社稷是主。臣君者，岂为其口实，社稷是养。"（《左传·襄公二十五年》）设立君主，不是为了让某人居于民众之上，而是为了主持社稷；设立百官，不是为了让他们来享受俸禄，而是为了服务社稷。因此，晏婴认为，社稷才是第一位的，设立君、臣都是为了社稷。

显然，晏婴这一论述具有明显的进步意义。

首先，晏婴强调君主不能凌驾于社稷之上。历代的统治者往往将自身凌驾于国家之上，那些昏庸的君主更是将国家视作自己的囊中之物，肆意妄为。君主将国家当作自己的祖业，自命不凡也就罢了，臣子们也奉君主为至尊，不容冒犯。晏婴明确提出了"岂以陵民？社稷是主"的见解，振聋发聩。到了战国时期，孟子提出"民为贵，社稷次之，君为轻"的观点。显然，晏婴的思想对孟子民贵君轻的思想有着重要的影响。

其次，晏婴主张做"社稷之臣"。晏婴对君与臣的定位，决定了君与臣的关系不是臣隶属和服从于君，而是臣辅助和匡正君。晏婴围绕着社稷之臣提出了以下观点：

其一，社稷之臣应该一切为了社稷，不能一味满足国君私欲。这在以下两件事上表现得最为突出：

一次，晏子陪侍齐景公。朝堂上有些冷，齐景公对晏婴说，请你去给我拿些热饭来。晏婴拒绝道，我不是侍奉君上饮食的侍臣，恕我不能从命。过了一会儿，齐景公又说，请你去给我拿件裘皮衣服来。晏婴又拒绝说，我不是为君上铺床叠被的侍臣，恕我不能从命。齐景公问，先生对我来说是什么人呢？

晏婴回答说，我是社稷之臣。

齐景公不解地问，什么是社稷之臣？

晏婴回答说，社稷之臣是处理国家事务的，而不是为君主个人生活服务，讨取君主个人欢心的。

还有一次，齐景公饮酒一直到天黑还不尽兴，想到晏婴家继续喝。前边报信的人敲开晏婴的家门，说国君来了。晏婴身着礼服立于门前，严肃地问齐景公，诸侯没有发生什么变故吧？国家没有出现什么大事吧？您为何在这个时候光临？

齐景公说："酒醴之味，金石之声，愿与夫子乐之。"

晏婴当即拒绝说，自有人照顾国君的饮食起居，臣不敢参与此事。

齐景公被拒绝后，又来到司马穰苴家，同样被司马穰苴拒绝。最后，他来到梁丘据家。梁丘据"左操瑟，右挈竽"，一边走一边唱着歌，高兴地出来迎接。齐景公说："乐哉，今夕吾饮也！微此二子者，何以治吾国？微此一臣者，何以乐吾身？"没有晏婴、司马穰苴二人，我怎么治理国家？没有梁丘据，我怎么取乐？晏婴、司马穰苴是"社稷之臣"，梁丘据之流是"偷乐之臣"。"社稷之臣"以治国为己任，"偷乐之臣"则一心满足君主的酒色私欲。

其二，臣子应择君而仕。君择臣而用，臣也择君而仕。历来人们强调君主选择大臣，即强调选贤、任贤，而臣选择君主往往被认为是不忠。人们更多关注君对臣的赏识和任用，而避而不谈臣对君的拒绝和选择。晏婴则打破了愚忠观念，强调择君而仕，并认为这是君子所必须看重的问题。

《孔子家语·六本》记载，曾子随孔子至齐，与晏婴友善。曾子离开齐国时，晏婴为他送行，认为"君子遗人以财不若善言"，于是赠之以言："夫君子居必择处，游必择方，仕必择君。择君所以求仕，择方所以修道，迁风移俗者，嗜欲移性，可不慎乎！"

晏婴认为，君子要注重选择居住环境和交往对象，以保持自身高洁的品性，其中也包括选择君主。所依非人，势必影响品行，后人有"良禽择木而栖"的话，其思想源头恐怕就是晏婴所说的"君子居必择处，游必择方，仕必择君"。

其三，"不与君行邪"，就是不跟随君主做不符合道义的事情。晏婴反对臣对君唯命是听。晏婴从社稷之臣的角度，对臣的"顺"与"逆"提出了新的评判标准："君正臣从谓之顺，君僻臣从谓之逆。"（《晏子春秋·内篇谏下》）所谓的"正""僻"，显然都是从是否有利于国家社稷的角度来看的,有利于国家社稷为正,不利于国家社稷为僻。君正而从是顺臣,君僻而从是逆臣。因此,晏婴所谓的逆,不仅是君正而臣不从,也包括君不正而臣从。这就从理论上打破了臣对君绝对服从的愚忠观念。

而那些出于私利一味奉迎君主的人,晏婴视之为佞臣。晏婴曾经列举"佞人之事君"的种种表现,其中有一条是"观上之所欲,而微为之偶",即只知道揣摩君上的喜好,暗地里投其所好,从而得到青睐,以获取个人利益。如何对待这种人,是检验明君与愚君的一个重要标准:"明君之所诛,愚君之所信。"(《晏子春秋·内篇问上》)明君能够识别奸佞,所以诛之;愚君受其蒙骗,所以特别信任之。

晏婴认为,那些对君主唯唯诺诺,做事不分是非、不辨曲直的人不是真正的忠臣。他们只会投其所好,争取君主的宠信,以获取更多的个人私利。他们蒙蔽君主,危害国家。特别是在生死存亡的关键时刻,他们往往以个人利益为上,而弃民众、社稷、君主于不顾。他们极尽察言观色之能事,唯君主之命是从,但他们对君主无补,对社稷有害,是真正的逆臣。真正的忠臣应该坚持正义,勇于匡正君主过失,即"士逢有道之君则顺其令,逢无道之君则争其不义"(《晏子春秋·内篇问上》)。争而不听,则退而不仕,不贪恋禄位,即"顺则进,否则退,不与君行邪"(《晏子春秋·内篇问上》)。

忠臣不为禄位而仕,而是为了国家社稷,要保持自身的高洁品性。如果君暴国乱，国君不听劝谏，为臣不能尽忠，君子就不要留恋禄位，辞职而退。当齐庄公不听劝谏执意伐晋时，晏婴就曾毫不犹豫地辞职，居家不出。

其四，为社稷而生死。晏婴认为，社稷之臣为社稷而生死，而不是为了某一君主。据《左传》所载，晏婴曾说："君民者，岂以陵民？社稷是主。臣君者，岂为其口实，社稷是养。故君为社稷死，则死之；为社稷亡，则亡之。若为己死而为己亡，非其私昵，谁敢任之？"设立君主，不是为了欺凌百姓，而是为了主持社稷。设立臣，不是为了混饭吃，而是为了服务于社稷。设立君与臣，都是为了社稷。所以，国君为了社稷而死则死之，不然，不必为之死节。范蠡在泛五湖之前曾对越王说："臣闻之，为人臣者，君忧臣劳，君辱臣死。"（《国语·越语下》）这反映了当时普遍的观念，而晏婴关于社稷之臣的观点完全突破了这一愚忠观念，具有进步意义。

其五，下有直臣是君主之福。"禄仕之臣""偷乐之臣"只会逢迎君主，不敢直言，凡直言敢谏的一般都是以国家利益为重、不计个人得失的人，他们才是真正的国家栋梁。他们的言行虽然有时会让君主觉得有失颜面，但是实际上是从根本上维护了君主的利益。因此，晏婴认为下有直臣是君主之福，经常劝齐景公要虚心纳谏。

有一次，齐景公披散着头发，乘坐着六匹马拉的车，带着妇人出了宫门。受过刖刑的守门人看到后，说这做派不像国君，不让他出宫门，击打驾车的马，使他的车又折返宫中。齐景公因为受到刑余之人的指责，羞惭不朝。晏婴听说后，入宫见齐景公，劝他不要为了这事不高兴。他说，我听说下无直言，上有昏君；百姓说话忌讳多，君主便会行为骄横。古时候明君在上，下多直辞；君上好善，民无讳言。如今君上行为有过失，守门人敢于直言禁止，这是君之福也。所以，我来向君上表示祝贺。

晏婴向齐景公提议："请赏之以明君之好善，礼之以明君之受谏。"即给予守门人奖赏和礼遇，以表明君主欢迎进谏之意。

晏婴认为，凡是以社稷利益为重的明君，都能使臣民畅所欲言，也会鼓励臣民直言不讳。

社稷之臣表面上似乎对君主不敬，实际上他们忠于国家社稷，完全符合君主的根本利益。因此，社稷之臣历来受到开明君主的青睐，也被后人所推崇。

（二）主张和而不同

和、同之辨是一个重要的哲学命题。据《国语·郑语》，第一个对这一命题进行论述的是西周末年的史伯。史伯是周幽王时的太史。当时郑桓公任司徒，他对周幽王宠爱褒姒、任用佞臣深感忧虑，问史伯，周室将要衰败了吗？史伯肯定地回答，周室即将衰败，因为周幽王"去和而取同"，并阐明了"和"与"同"的区别、"和"与"同"的概念，以及"和而不同"的重要性。

史伯首次提出"和实生物,同则不继",指出"和"是将许多不同的事物结合在一起,互相补充融合,相辅相成,从而达到和谐、平衡的状态,并强调只有"和"才能生成万物,持续发展。"同"则是指无差别的事物简单相加,而"声一无听,色一无文,味一无果,物一不讲",即一种声音形不成音乐,一种颜色形不成文采,一种味道形不成美味,一种事物形不成比较。因此,"同"则难以持续。

晏婴继承并进一步发展了史伯的"和而不同"思想。史伯主要从君主的角度,强调兼收并蓄,反对偏信偏从、打压不同意见;而晏婴主要是从臣的角度,强调补君之不足。可以说,在中国历史上,晏婴第一个从君臣关系的角度提出了和而不同的主张。

《左传·昭公二一年》记载,齐景公田猎归来,到了遄台,晏婴陪侍。这时梁丘据驱车赶来,齐景公远远地望着梁丘据驰骋而来,高兴地夸奖说,只有梁丘据与我"和"!

晏婴当即说,他与君上只不过是"同"而已,哪里称得上"和"?

齐景公问,"和'与"同"不一样吗?

晏婴说,"和"是互为补充,就好比做羹汤,用水、火、醋、酱、盐、梅来烹调鱼和肉,用柴火烧煮,厨工加以调和,味道太淡就增加调料,味道太浓就加水冲淡。君子喝汤,内心平静。君臣之间也是这样。国君认为可行的,臣下指出其中的不妥之处;

国君认为不行，臣下指出其中的可行之处。如此，政事平和而不违背礼仪，百姓没有争夺之心。而梁丘据不是这样，国君认为行的，他也认为行；国君认为不行的，他也认为不行。如果用清水去调和清水，谁能吃得下去？如果琴瑟老弹一个音调，谁听得下去？

"和"是互为补充，以长补短，是建立在匡正基础之上的和谐；而"同"是不论是非曲直，与君主保持一致。正如晏婴所说，"所谓和者，君甘则臣酸，君淡则臣咸"，而"同"是"君甘亦甘"。

应该特别说明的是，晏婴和而不同的思想主要表现在君臣关系上，但又不限于君臣关系。除了君臣关系之外，在同僚关系上，在与下属的关系上，他都主张和而不同。

一、在君臣关系上，晏婴坚持"不掩君过"。

晏婴关于社稷之臣的论述，已充分地反映了和而不同的思想。同时，晏婴的仕途经历，也表现出和而不同的观念。晏婴在齐灵公朝时间较短，留下的劝谏事迹不多；在齐庄公朝，齐庄公拒不纳谏，一意孤行，晏婴辞职；而齐景公尽管有生活奢侈、税赋多、刑罚重等诸多不足，但能够听从晏婴的劝谏，及时采纳晏婴的意见，所以能够在几十年之间政局稳定。尽管灵公、庄公、景公的性格、作为各有不同，但晏婴一直坚持和而不同，所以孔子说："灵公污，晏子事之以整齐。庄公壮，晏子事之以宣武。景公奢，晏子事之以恭俭。"（《晏子春秋·外篇重而异者》）

二，在与同僚的关系上，他不随声附和，不随波逐流，坚持自己的主张和见解。

首先，他反对大夫兼并。齐景公十六年，田氏、鲍氏联合逐高氏、栾氏后，瓜分高氏、栾氏的家产，被晏婴劝止。晏婴对田无宇说："必致诸公。"田无宇是当时的田氏宗主。在晏婴的劝说下，田无宇把栾氏、高氏的家产全部交给了齐景公。

其次，晏婴敢于批评谀臣。这主要表现在批评艾孔（裔款）、梁丘据上。艾孔、梁丘据是齐景公的宠臣，他们奉承齐景公，满足齐景公的声色犬马之乐，晏婴批评他们二人是"谄谀之臣"。

晏婴认为谄谀之臣只会误君、误国，所以建议齐景公驱逐艾孔、梁丘据。齐景公在国都西边修建了一个弯曲的水池，在池边建造宫室，高有三仞，横梁上雕刻着龙蛇，立柱上雕刻着鸟兽。齐景公身穿五彩之衣，佩带美玉，头戴冠缨，披散头发，南向而立，傲然而视。晏婴进见，齐景公问，比当年桓公称霸诸侯时如何？晏婴低头不答。齐景公又问，晏婴回答说，只有狄人与龙蛇为伍。雕刻上龙蛇、鸟兽，也只不过是建成一座宫室罢了，哪有资格称霸诸侯呢？夸耀宫室的漂亮，炫耀衣服的华丽，只不过是把自己装在宫室里。拥有万辆兵车的大国君主，心思却用于邪僻之事，魂魄已失，还怎么谋划称霸诸侯呢？

齐景公下堂，走到晏婴跟前说，梁丘据、艾孔把宫室建成的事告诉了我，因此我穿上这身衣服，跟他们一块取乐。请允许我改变宫室，改换衣服，恭敬地听从您的指教，这样行吗？

晏婴说，这两个人以邪僻的东西迷惑您，您哪里还能知道应该如何当君主呢？砍伐树木如果不掘其根，那么过不了多久，树就会重新生长出来。为何不驱逐二人，以免再受蛊惑？

三，在与下属的关系上，晏婴要求下属不能唯唯诺诺，要能够提出不同意见。

和而不同实际上涉及两个方面，用现在的话说，就是批评与接受批评。这两个方面都做到位，才能实现"和"。晏婴的和而不同，不仅表现在批评上，还表现在接受批评上。他不仅自己闻过则喜，还要求下级提出批评意见。

高纠，又作高缭，是晏婴的家臣。齐景公曾提出要见高纠，晏婴不同意，理由是高纠从来没有提出过不同意见。他对齐景公说，高纠从来没有对我提出过批评，所以他只是一个"禄仕之臣"而已，哪里能够补君之不足？"禄仕之臣"就是为了俸禄而仕之人。不提不同意见的人，往往是怕对自己的俸禄、前程不利，只顾自己的得失，不管国家社稷。晏婴认为高纠就是这样的"禄仕之臣"，所以拒绝将他引见给齐景公。

晏婴不仅不向齐景公推荐高纠，还辞退了他。当时，有人劝晏婴说，高纠已经跟随三年之久，一直没有得到爵位，如今直接被辞退，这合适吗？晏婴却说，我水平不高，不过是"仄陋之人"，需要各个方面的帮助、匡正。现今高纠已经跟随我三年，未尝纠正过我的任何过失，这正是我要辞退他的原因。

高纠想不通，他感到很委屈，便去见晏婴，问，我侍奉先生三年，什么也没有得到，还被辞退，这是什么道理？

晏婴回答说，我的"家俗"有三条，而先生一条都没有做到。

高纠问，可以说来听听吗？

于是，晏婴说，按我的"家俗"，闲暇时不讨论大事的人，应疏远；出门在外不互相弘扬美名、回到家来不互相提醒批评的人，不要交往；精通国事而不议论，慢待士人、智者的人，干脆不见。我不是养人吃饭之主，所以要辞退您。

晏婴认为应该广开言路，让人们能够充分地表达意见，这是治理国家的关键。晏婴曾经劝谏齐景公在朝堂上不要过于威严，说，君主在朝堂上如果过于威严，臣下就不敢说话。下无言则上无闻。"下无言则谓之喑，上无闻则谓之聋。"上聋下哑，对治理国家有害。晏婴强调治国要集思广益。他说，将一粒粒的粮食集中起来，才能使仓廪充实；将一缕缕的丝线织在一起，才能织成宽广的帷幕；泰山之高，不是靠一块石头形成的，一块块石头累积起来，才让它高耸入云。所以，晏婴强调，治理天下不能只用一士之言，对于大家的意见，可以受而不用，但绝对不能拒而不受。

到了孔子，进一步将和而不同的思想推广到所有的人际关系中，并将和而不同视作判断品行的标准：'君子和而不同，小人同而不和。"显然，孔子的这一思想是对晏婴思想的继承和发展。

四　举贤官能

晏婴主张尚贤，在选贤、任贤、让贤等方面都提出了自己的观点。尚贤是我国古代的传统思想，特别是在晏婴生活的春秋后期，各个统治集团为了维护自身利益，在残酷的争夺中认识到了尚贤使能的重大意义。比晏婴略早的郑国子产，便"择能而使之"（《左传·襄公三十一年》）。比晏婴略晚的孔子，在弟子冉雍询问为政之道时，也说到"举贤才"（《论语·子路》）。相比之下，晏婴的尚贤思想更为系统、全面。

（一）举贤官能是治国之道

所谓举贤官能，就是任用既品行高尚又有能力的人为官。有一次，齐景公向晏婴请教如何治国，晏婴说："举贤以临国，官能以敕民，则其道也。举贤官能，则民与君矣。"（《晏子春秋·内篇问上》）"临""敕"都是治理的意思。这两句话是说，提拔品德高尚的人来治理国家，任命能力强的人做官来管理百姓，这是治国之道，即治国必须遵守的原则；做到了举贤官能，就能得到民众的支持、拥护。

举贤官能是贤君的重要标志。晏婴认为那些"善为国家者"

和"贤君",治国为政都善于任贤使能。当齐景公问晏婴"贤君治国若何"时,晏婴回答说"其政任贤"(《晏子春秋·内篇问上》)。

晏婴认为,是否举贤官能是国家兴衰的关键。"善为国家者"必定举贤官能,如此必能得到民众的亲近和拥护。相反,如果"尚谗谀而贱贤人",则会伤及国家和民众,结果必定是"离散其民",走向衰亡。晏婴在评价齐桓公时说:"昔吾先君桓公用管仲而霸,譬乎竖刁而灭。"(《晏子春秋·内篇谏下》)齐国对齐桓公称霸一直引以为荣,因此,齐桓公霸业盛衰的经验教训也极有说服力。

晏婴还认为,不尚贤官能是国家的不祥之兆。晏婴提出国家有"三不祥",即"有贤而不知""知而不用""用而不任"(《晏子春秋·内篇谏下》)。有贤而不知、不用、不信任都违背了举贤官能的为政之道,最终必将导致国家衰亡,所以是不祥之兆。

(二)君主是一个国家能否做到举贤官能的关键

如果君主以国家利益为重,为政者则多贤良之人;如果君主以自身利益为重,为政者则贤良者少,阿谀奉承者多。晏婴总结夏、商、周三代兴衰经验说:"昔者三代之兴也,利于国者爱之,害于国者恶之。故明所爱而贤良众,明所恶而邪僻灭,是以天下治平,百姓和集。及其衰也,行安简易,身安逸乐,顺于己者爱之，逆于己者恶之。故明所爱而邪僻繁，明所恶而贤良灭，离散百姓，危覆社稷。"（《晏子春秋·内篇谏上》）这段话的大体意思是说，在三代兴盛之时，先王喜欢那些对于国家有利的人，而讨厌那些对于国家有害的人；所以贤良之人众多，而邪僻之人销声匿迹，从而天下治平。后来衰微，是由于君主贪图享乐，重用那些顺从自己的人，而厌恶那些与自己意见不同的人；只凭自己的好恶用人，所以邪僻之人繁多，而贤良之人受到压制，从而使国家败亡。晏婴主张"法先王"，以先王成功经验寄托自己的治国主张和为政理念。显然，晏婴认为，君主是能否做到举贤官能的关键所在。

君主以国家利害为爱恶，则贤良众多；以顺逆自身为爱恶，则贤良灭。说白了，在上对下的任用制度下，关键是君主以国家利益为中心，还是以个人为中心。君主若以国家利益为中心，自然任贤官能；若以个人利益为中心，自然是阿谀奉承之人受重用，从而使小人得志、奉承盛行。

晏婴强调要保护贤能。首先，晏婴提醒齐景公，不能以用贤之名任用谗谀之人。当齐景公问晏婴"为君何行则危"时，晏婴说："为君厚藉敛而托之为民，进谗谀而托之用贤，远公正而托之不顺，君行此三者则危。"（《晏子春秋·内篇问上》）在现实生活中，没有人承认自己敛财、不用贤、不公正，往往用种种借口掩盖自己搜刮民财、重用谗谀之人、行事不公的事实，从而将邪僻之行说得冠冕堂皇。晏婴指出，君主如果行此三者，就会将国家置于危亡之地。其次，晏婴提出要防止贤能之人被打压。晏婴还提醒齐景公，如果任用谗佞之人，以国家利益为至上的贤能之人因不愿"通融"，势必受到中伤。谗佞之人越多，贤能之人受到的伤害越重。"故虽有至圣大贤，岂能胜若谗哉？是以忠臣之常有灾伤也。"而统治者往往因为乐于受奉承而任用谗佞，从而使贤能之人不得尽其用，甚至遭受无妄之灾。晏婴认为，这正是国力不昌的真正原因。

晏婴强调君主应该"下贤以身"。当齐景公问齐桓公"何以致霸"时，晏婴说："昔吾先君桓公变俗以政，下贤以身。"（《晏子春秋·内篇问下》）晏婴以齐桓公重用管仲、甯戚为例，强调君主应该礼贤下士，不拘一格重用人才，认为这是齐桓公成就霸业的根本原因。管仲曾辅助公子纠与齐桓公争位，并以箭射齐桓公，险些伤及齐桓公性命。但当他从鲁国返回齐国时，齐桓公亲自驾车迎接，任命为齐相，并拜为仲父。甯戚本是卫人，经商至齐。他在车下喂牛，见齐桓公经过，击牛角而歌。齐桓公从歌声中听出他是非凡之人，便载之而归，任命为大田。晏婴认为，齐桓公正是由于能够"下贤以身"，才取得了霸主地位。

（三）取人得贤之道在于"举之以语，考之以事"

如何识贤、得贤？晏婴认为，主要是通过考察实际表现来发现贤能。当齐景公问晏婴"取人得贤之道"时,晏婴说:"举之以语,考之以事,能谕则尚而亲之,近而勿辱,以取人,则得贤之道也。"(《晏子春秋·内篇问上》)"能谕"即能够通晓事理。以言行表现为主要依据,选取那些通晓事理、做事干练的人。

考察言行的重点在于品行。晏婴提出:"通则视其所举,穷则视其所不为,富则视其所不取。夫上士难进而易退也,其次易进易退也,其下易进难退也。"(《晏子春秋·内篇问上》)对于那些仕途通达有一定身份地位的人,主要考察他所推举任用的是些什么样的人;对于那些不得志的人,主要考察他是否坚守品行,不做苟且之事;对于那些富有的人,主要考察他是否为富不仁、强取豪夺。最上等的士人看重自己的德才是否配位,所以难以提拔而易于退位;差一等的士人虽然对自己的德才估计过高,但发现自己的德才不能胜任时,能够不贪恋职位,所以易于提拔也易于退位;而品行不高的士人不顾及个人德才,贪恋仕禄,所以易于提拔而难以让他退位。晏婴所提出的上述考察事项,基本都属于德行方面的内容。

晏婴还指出,不要被佞人的假象所蒙骗。在现实生活中,佞人从来不以真面目示人,也装扮成贤能之士。晏婴列举了佞人的种种表现:"明言行之以饰身,伪言无欲以说(悦)人。严其交以见其爱,观上之所欲而微为之偶,求君逼迩而阴为之与。内重爵禄而外轻之以诬行,下事左右而面示公正以伪廉。"(《晏子春秋·内篇问上》）这段话的大意是说，佞人用满口的仁义道德修饰自己，假称没有私欲来取悦别人，暗中观察君上的喜好以投其所好，巴结君上身边的亲信并暗中结党。他们内心看重爵禄而外表装作一副轻视爵禄的样子，以欺骗他人；低声下气侍奉权贵，表面上却装出一副公正无私的样子。

晏婴揭露了"佞人"外贤内佞、表里不一的做派。而能否识破伪装，是区别明君与愚君的重要标志："明君之所诛，愚君之所信。"

（四）任人之长，不强其短

齐景公请教如何用人时，晏婴说："地不同生，而任之以一种，责其俱生不可得。人不同能，而任之以一事，不可责遍成。责焉无已，智者有不能给；求焉无餍，天地有不能赡也。"一块田地上，只能种一种作物，不能同时种所有庄稼。人不可能同时具有各种能力，只能任用他做所擅长的事情，而不能要求他把所有的事情都做好。如果求全责备的话，最聪明的人也做不到；如果贪得无厌的话，天地也无法满足。晏婴认为，天地有不足，人也不同能，智者也有其不足，不能求全责备，应该扬长避短，即"任人之长，不强其短；任人之工，不强其拙"（《晏子春秋·内篇问上》）。

晏婴还强调人各有所长，用人要以长补短。晏婴以齐桓公善于用人为例,说他当年任用管仲、隰朋、弦宁、甯戚、王子成甫、东郭牙等人,"能以人之长续其短,以人之厚补其薄"(《晏子春秋·内篇问上》)。

(五)睹贤不居其上

晏婴认为,荐贤、让贤是忠臣应有的品质。《晏子春秋·内篇问上》记载,晏婴曾论说忠臣的种种表现,荐贤、让贤是其中的重要内容。晏婴提出,忠臣"选贤进能,不私乎内""睹贤不居其上,受禄不过其量""不掩贤以隐长"。意思是说,忠臣在选拔任用贤能上毫无私心,看见贤能的人就让贤,不超出自己的能力、贡献领取俸禄,不埋没别人的才能和特长。在晏婴看来,忠臣不仅要能选贤、用贤,还要肯于让贤,不能埋没贤能。

晏婴认为,举贤官能不仅是君上治国之道,同时也是为臣之道,是为臣称职的标志。《晏子春秋·内篇问下》记载晏婴论说"为臣之道",共有九条,其中与举贤官能有关的就有四条:"荐善不有其名",是说推荐贤能,要不计个人得失;"称身居位,不为苟进",是说职位要与自身的能力相称;"居贤不肖,不乱其序",是说让贤者居上位,不肖者居下位,不能乱了顺序;"贤质之士,不为私臣",是说发现了贤能之士,要推荐给公室,而不能用作家臣。

从上述记载我们可以看到,晏婴的荐贤、让贤主张主要有两个方面：一是要不苟进，见贤不居其上，甘心让贤；二是要无私荐贤，不埋没人才，量贤而用，使各得其位。

五　廉为政本

晏婴强调廉政的重要性，明确提出："廉者，政之本也。"（《晏子春秋·内篇杂下》）他第一次将廉政提升到为政之本的高度。晏婴的廉政思想与他的民本思想是相联系的。他从民本思想出发，强调了兴由廉、亡由奢的规律。晏婴说："财屈力竭，下无以亲上。骄泰奢侈，上无以亲下。上下交离，君臣无亲。此三代之所以衰也。"（《晏子春秋·内篇谏上》）统治者生活奢靡，势必要搜刮民财，致使统治者与民众对立，社会矛盾尖锐突出，最终导致灭亡。从古到今，无不如此。晏婴认识到了这一社会规律，提出了廉为政本的思想，并且围绕这一思想提出了一系列的廉政主张。

（一）坚决反对"厚藉敛而忘民"，强调"薄身厚民""先民而后身"

显然，晏婴清醒地认识到了廉政的关键，抓住了廉政建设的"牛鼻子",即廉政必须从统治者自身入手,特别是君主,更应该清廉。晏婴认为,统治者不能因为满足自己的饮食口舌之欲而害民之财,不能为了营造华美宫室而劳人之力,不能放纵自己的欲望而劳民,要严于自律。晏婴针对齐景公生活奢侈的现实,对君主提出了比较完整的要求。

在饮食方面,针对齐景公嗜酒无度,晏婴提出饮酒要有所节制:"古之饮酒也,足以通气合好而已矣。故男不群乐以妨事,女不群乐以妨功。"(《晏子春秋·内篇谏上》)饮酒达到"通气合好"就足够了,不能过度,以至于"妨事""妨功"。

在衣着方面,晏婴强调衣冠应以适用为目的:"夫冠足以修敬,不务其饰;衣足以掩形御寒,不务其美。"头上戴的冠足够显示端庄有礼就行了,没有必要追求过多的装饰;身上的衣服能够遮体御寒就行了,没有必要追求华美。他认为"三王不同服而王",成就事业并不在于衣着装扮,而在于"诚于爱民,果于行善"。就是说,国君真正爱民,致力于给人民带来福祉,才能成就事业。(见《晏子春秋·内篇谏下》)

在宫室方面,晏婴提出:"古者之为宫室也,足以便生,不以为奢侈也。"营造宫室应以方便生活为目的,能避风、避湿、避寒暑就可以,无须在装饰上面下功夫。晏婴认为,人们之所以不再筑巢而居,是为了避风;之所以不再居于洞穴,是为了避湿。因此,建筑明堂的原则是下可以避潮湿,上可以避寒暑,"土事不文,木事不镂",不做过多的装饰、镂刻以向民众展示统治者

有节制。(见《晏子春秋·内篇谏下》)

并且,晏婴认为,上行下效,君主"薄身厚民",则"聚敛之人不得行";君主"厚身养,薄视民",则"聚敛之人行"。君主是最高层,是推行廉政的关键,只有君主从自身做起,真正做到"薄身厚民",才能防止各统治阶层骄奢淫逸;不然,自上而下只能是聚敛横行、奢靡成风。

因此,晏婴认为,君主是否廉洁直接影响到整个社会风气,要重视上对下的引导和约束。在晏婴看来,君主的衣食住行都不是个人的小事。他看见齐景公头戴"巨冠",身穿"长衣",便说,这种衣着奢华却不可以"导众民",行动不便不利于养生。他认为"圣人之服"应该追求简易不华,便于动作,有利于养生,从而引导众民,使"下皆法其服,而民争学其容"。

(二)主张"刻上而饶下"

晏婴认为,贤君治国,"其政刻上而饶下""节上而羡下"。"刻""节"都是严格限制的意思,而"饶"与"羡"都是富余的意思。晏婴的为政三张,即是对上层要严,对下层要宽;对百官要严,对民众要宽。因为廉政是对从政者的要求,通过落实这一要求使民众受益,所以,晏婴特别强调"刻上""节上"。君主除"其自养俭"外,还要严格限制近臣、百官,使"聚敛之人不得行"。

晏婴在谈论齐桓公成就霸业的原因时，曾经提到，当年齐桓公"举事不私，听狱不阿。内妾无羡食，外臣无羡禄，鳏寡无饥色。不以饮食之辟害民之财，不以宫室之侈劳人之力。节取于民而普施之，府无藏，仓无粟"（《晏子春秋·内篇问上》）。所谓"羡食""羡禄"，是多余的食物、多余的俸禄。齐桓公审理案件不偏袒权贵，内妾没有多余的食物，外臣没有过多的俸禄，不为自身享乐害民之财、劳民之力，这是"刻上""节上"；向民众收取税赋有节制，并施惠于民众，以至于"府无藏，仓无粟"，这是"饶下""羡下"。

细加分析，"刻上""节上"的内容主要包括以下三个方面：

其一，限制上层的生活待遇。统治阶层往往享受特权，特别是君主所宠爱的人，更容易获取财富。晏婴特别关注对这些人的约束，主张"内妾无羡食，外臣无羡禄"。晏婴还强调君主不能仅凭自己的好恶进行赏罚："不因喜以加赏，不因怒以加罚。"《晏子春秋·内篇谏上》记载了这样一个故事：翟王子羨能够驾驭用十六匹马拉的车，这在当时可能属于杂耍之类的娱乐节目。齐景公对此并不怎么喜欢，但他的嬖妾婴子喜欢观看，齐景公便让翟王子羨入宫表演。婴子看后，非常高兴，请齐景公重赏翟王子羨。于是，齐景公"欲禄之以万钟"。"钟"是当时齐国最大的容量单位。仅仅是为了娱乐，齐景公就要赏赐如此的厚禄，晏婴听说后，极力劝谏。最终，齐景公不仅取消了赏赐，还将翟王子羨逐出宫廷，同时疏远了婴子。

其二，疏远身边的娱乐之人，不让他们助长奢靡之风。晏婴要求君主"其自养俭"，并主动疏远那些声色享乐的近侍。《晏子春秋·内篇谏上》记载了这样一个故事：大雨接连下了十七天，涝灾严重，但齐景公饮酒作乐不止。晏婴再三请求赈灾，齐景公不听，晏婴便辞职而去。齐景公不得已，只得听从。晏婴赈灾，并要求齐景公逐娱乐之人。齐景公只好斥退了身边的弄臣和歌舞娱乐之人，包括表演歌舞者三千人，他所宠爱的三个近侍、四个近臣也被逐出。

其三，举事不私，听狱不阿。晏婴一方面主张治狱不阿权贵，另一方面主张对民众轻刑，即"弛刑罚，若死者刑，若罚者免"。前者是"刻上"，后者是"饶下"。这里应该指出的是，晏婴主张轻刑，并不是不重视刑罚，而是有着深刻的社会背景。当时，公室对民众的搜刮非常严苛，民众的收入三分之二都交了赋税，自己的衣食所用仅占三分之一。在沉重的负担之下，公室与民众的矛盾尖锐突出。公室为了维护统治，加重刑罚，受刑的人数众多，一时间竟然屦贱踊贵。田氏又用大量器贷粮、用小量器收粮，笼络民心。在这一背景下，晏婴强调轻刑，强调"刻上""饶下"，显然有着极为重要的政治意义。

《晏子春秋》《说苑》等均记载了晏婴治阿的故事，说晏婴治阿时"决狱不避贵强"，即在断案时对有权与势的人不讲情面；对国君左右近臣的索求，合乎规定的同意，不合乎规定的坚决拒绝；对有权势的人不阿谀奉承，不超出礼制所规定的范围。晏婴治阿,也体现了"举事不私,听狱不阿"的为政理念。

(三)主张以德幅利

齐国大夫在驱逐庆封后,分其家产,分给晏婴邶殿,晏婴却不接受。子尾对此不理解,问晏婴:"富,人之所欲也,何独弗欲?"晏婴回答说,庆氏的城邑满足了欲望,所以逃亡了。我的城邑如果多到足以满足欲望,离逃亡就不远了。如果逃亡在外,连一座城邑都得不到。我不接受邶殿,不是讨厌富有,而是害怕失去富有。就像布帛有布幅宽度的限制一样,富有也应有所限制。人总是追求生活丰足,因此必须要用道德加以限制,这就是以德为幅,限制私利。在晏婴的影响下,子尾与子雅也将分到的封地交给了公室,二人因此受到了齐景公的宠信。

晏婴认为,足欲则亡,为人不能贪得无厌。富如同布帛,有其边幅,不能越幅。富的边幅是德,要正德以为富之幅,即用德来控制富。

(四)主张义为利之本

晏婴明确提出:"义者,利之本也。"晏婴强调礼义,主张获取利益必须符合道义。在田氏、鲍氏驱逐栾氏、高氏后,田无宇本来要瓜分栾氏、高氏的家产,在晏婴的劝说下,全部交给了公室。晏婴在劝说田无宇时说道："凡有血气，皆有争心，故利不可强，思义为愈。义，利之本也．蕴利生孽。"(《左传·昭公十年》)晏婴认为，凡是有血气的人都有争强好胜之心，因此利益不可强求，要见利思义。道义是利益的根本，应该以义限制利，而不能见利忘义。不然，追求不义之财，必然带来灾祸，在积累财富的同时也在滋生罪孽，最终难以逃脱败亡的下场。

晏婴以德幅利、义为利之本的思想，是针对当时大夫兼并日趋严重的社会现实提出来的。如果贪得无厌、不顾道义，必将走向败亡，这既是对现实的总结，也是对权贵的警告。晏婴的这一思想至今仍具有现实意义，如果追求财富而罔顾道德，不管为官还是为商，必然走向败亡。

六　内安其政，外归其义

在处理内政外交、争强于诸侯的大政方针上，晏婴提出"内安其政，外归其义"(《晏子春秋·内篇问下》)的主张。这既是实现国家安定的根本举措，也是处理与其他诸侯关系的外交要求，还是争强于诸侯的基本方略。

（一）内安其政

内安其政的核心是以礼、德治国。

首先，晏婴反对崇尚勇力而不顾礼义。在齐景公之前，齐顷公、齐灵公、齐庄公三代国君都试图依靠武力与盟主晋国争夺高下，都失败了。齐、晋鞍之战，齐国大败，齐顷公转而修内政，休养生息，使齐国重现安定局面。齐灵公时，齐、晋平阴之战，齐国败得更惨，致使晋军兵围都城临淄。齐庄公即位后，没有认识到单纯依靠武力争强于诸侯会给国家带来灾难，反而变本加厉地崇尚勇力，设立"勇爵"，企图通过武力来报复晋国。他不听劝阻，一意孤行，不修内政，坚持伐晋，结果招来被弑之祸。

晏婴清醒地认识到了以武力争强于诸侯的恶果，坚决反对崇尚勇力，而根据当时的局势，极力主张内修国政，外与诸侯和平相处，以道义争取诸侯。晏婴提出，真正的勇力之士应该是"行礼义"者，如果不顾礼义，只靠勇力立于世，那么，"诸侯行之以国危，匹夫行之以家残"。所以，他力谏齐庄公不要崇尚勇力却不被采纳时，就果决地"辞不为臣，退而穷处"，由此可见晏婴反对不修内政、崇尚勇力、以武力争强于诸侯的坚定态度。

晏婴主张用礼来规范人们的行为，他曾经说，君子无礼就是庶人，庶人无礼就是禽兽。如果失去了礼的制约，勇多则弑杀君上，力多则杀害官长。勇力之人之所以不敢犯上作乱，正因为有礼的制约。"礼者，所以御民也；辔者，所以御马也。无礼而能治国家者，晏未之闻也。"

齐景公也曾想崇尚勇力，但晏婴一如既往地坚决反对。在这一方面，二桃杀三士的故事最为有名。

齐景公有三位勇士公孙接、田开疆、古冶子，都以力能搏虎而闻名，但不知礼义。晏婴对齐景公说，这三人上无君臣之义，下不知服从官长，对内不能用来禁暴，对外不能用来威敌。这是危害国家之人，不如把他们除掉。齐景公说，这三人皆勇力超凡，搏之恐不得，刺之恐不中，恐怕难以如愿。晏婴说，他们无长幼之礼，可赐给三个人两个桃子，让他们按照功劳大小分吃。

公孙接说，我曾经捕杀过一次野猪，捕杀过两次老虎，有这样的功劳，可以独自吃一枚桃子，不必与人同享了。说完，他拿了一枚桃子。田开疆说，我曾经手执兵器，两次击退敌人军队，有这样的功劳，也可以独自吃一枚桃子了。说完，他也取桃一枚。公冶子说，我曾经跟随君主渡黄河，有一只大鼋叼住马潜入急流。当时我年少不会游泳，却潜入急流之中，逆流而上百余步，顺流而下九里，终于找到大鼋并杀死了它。我左手握着马的尾巴，右手提着鼋头，从水中一跃而出。全渡口的人都说大鼋是河神，在我看来，鼋头而已。我有这样的功劳，可以独自吃桃了，二位为什么还不把桃子交回来！说完，抽剑而起。

公孙接、田开疆说，我们的勇力与功劳皆不如你，取桃不让是贪功，然而受辱不死是无勇。说完，二人还回桃子，自刎而死。公冶子见二人自刎，说，二人皆死，而我独生，是不仁；羞辱他人，夸耀自己,是不义;悔恨所行,不死无勇。虽然如此,他们二人就应该同享一桃,我才应该独享一桃。说完,他也自刎而死。

其次,晏婴认为争强于诸侯的关键在于修内政。齐国是东方大国,齐桓公时又曾称霸诸侯,因此,建立霸业一直都是齐国君主的梦想和追求。齐景公也曾多次向晏婴提出建立霸业,而晏婴都是以内政不修为由予以拒绝。晏婴认为,齐桓公能够成就霸业,是由于他能够任贤修政。如果要重建当年霸业,则必须修政,如果内政不修,恐怕国家不保,谈不上建立霸业。

齐景公很想在晏婴辅佐下,再次开创霸业,再现齐桓公当年的辉煌。有一次,他对晏婴说,过去桓公任用管仲,成就武功,建立文德,率领兄弟之国,稳定天下,使吴越听从命令,强楚畏惧,诸侯宾服,受到天子嘉奖。桓公功德显赫,实际上是管仲的功劳。现在我也想把国政交给您,由您来辅佐寡人,我们共同开创大业。

晏婴听后却说,当年桓公能够用贤,社会组织健全,最基层也有什、伍这样的组织。地位高的不欺凌地位低的,富人不鄙视穷人。赏罚平等,办事无私,不阿权贵。官内的妻妾没有过多的粮食,官外的宠臣没有过多的俸禄,鳏寡之人面无饥色。不因为自身饮食而耗损财力,也不追求宫室奢华而让百姓辛劳。有节制地取之于民,又能普遍地施惠于百姓。府库不储藏珠宝,仓库不积蓄过多粮食,而藏富于民。君主不骄横,臣下不谄媚。所以管子能够使齐国称霸诸侯,让桓公与天子并立。现在,您想要继承管子时的霸业，就不要用邪僻之行来伤害百姓，不要为满足自己的嗜好而结怨诸侯。如果是这样，臣下谁敢不尽心尽力，以实现君王的愿望呢？现如今，您疏远贤人，任用谗臣，没完没了地役使百姓、收取赋税；向百姓索取多而施惠少，向诸侯谋求多而轻礼。府库储藏的东西都腐烂了，而不去礼遇诸侯；深藏搜刮来的粮食，而结怨于百姓。君臣关系紧张，政策、刑律变化无常。在这种形势下，我担心国家将有危险，您难以坐稳君主之位，又谈什么开创霸业呢？

晏婴的话充分反映了争霸必须先内安其政的思想。内安其政涉及方方面面，既有政治治理方面，如任用贤能，刑罚不阿权贵等；也有社会道德方面，如贵不凌贱，富不傲贫等；也有统治者清廉自律方面，如不追求奢华，不积蓄珠宝、粮食，对于民众薄取而厚施，不让民众面有饥色等；也有官场风气方面，如君不横行，臣不谄谀等。

有时候，齐景公并不完全信服晏婴所说，既想追求霸业，又不想收敛自身的邪僻之行，因此找些借口为自己开脱。有一次，他对晏婴说，桓公嗜酒，好美味，还好色，有如此邪僻之行，为什么能够成就霸业，率诸侯以朝天子？

晏子回答说，桓公以政教改变社会陋习，尊重贤能。管仲本来是桓公的仇敌，但当知道他的才能足以安定齐国、成就霸业后，桓公亲自到郊外迎接他，亲自为他御车，在太庙中举行隆重的拜相之礼。有一天，桓公路过康庄，听见卫国商人甯戚扣牛角而歌，停车而听，感到歌者是贤能之人，便任用他为大司田。桓公任贤使能，所以内政得到了民众的拥护，对外征伐则使诸侯畏惧。您只听说桓公的某些过错，却不了解他的大节。桓公为什么能够称霸，难道您还不明白吗？

通过晏婴与齐景公的对话，我们可以清楚地看到，"内安其政"是晏婴的一贯主张，他坚持不懈地匡正齐景公。而齐景公与齐庄公不同，他能够在很大程度上接受晏婴的劝谏，在晏婴的辅佐下以礼治国，这是齐国中兴的重要原因。

晏婴认为，修内政是争强于诸侯的唯一途径。《晏子春秋·内篇问上》记载，齐庄公问晏婴怎样才能"威当世而服天下"，晏婴说："能爱邦内之民者，能服境外之不善。重士民之死力者，能禁暴国之邪逆。听赁贤者，能威诸侯。安仁义而乐利世者，能服天下。"爱民、重民、任贤，行仁义，这才是"威当世而服天下"之道。

晏婴强调不能"好兵而忘民"，即穷兵黩武，不顾人民死活。《晏子春秋·内篇问上》记载，齐景公问晏婴，过去那些"离散其民"以至于亡国的君主，主要有那些表现？晏婴认为，"好兵而忘民"是亡国的主要原因之一。

（二）外归其义

在与其他诸侯国的关系上，晏婴反对单纯使用武力使对方屈服，主张不欺凌小国，用利、义结交诸侯，使诸侯归心。

首先，不恃强凌弱。《晏子春秋·内篇问上》记载，齐景公对外傲视诸侯，对内轻视百姓，喜欢炫耀武力，崇尚享乐，放纵嗜欲，引起了诸侯与百姓的不满。当齐景公问晏婴请教"古之圣王"如何治理国家时，晏婴说，古代圣王不侵占大国的土地，不耗费小国的民力，所以诸侯都愿意以他为尊；不以武力劫掠别人，不以人多势众威胁别人，所以天下人都希望他能更加强大；对诸侯施加德义教训，对百姓慈爱，给百姓带来利益，所以海内民众像流水一样前来归附。这段话比较突出地反映了晏婴"外归其义"的主张。晏婴认为，争强于诸侯的最佳方式不是侵人之地，也不是武力威胁，而是对于诸侯的"德行教训"和对于民众的"慈爱利泽"，这样才能得到诸侯拥护，使天下归心，成为真正的尊者、强者。

当齐景公问具体应该如何做时，晏婴指出："请卑辞重币以说于诸侯，轻罪省功以谢于百姓。"意思是说，用谦卑的言辞、厚重的礼物取悦于诸侯，以减轻刑罚、减少劳役谢罪于百姓。这一具体措施体现了"为安其政，外归其义"的主张。显然，"轻罪省功以谢于百姓"是"内安其政"，"卑辞重币以说于诸侯"是"外归其义"。实际上，这是一种通过尊重和施惠来换取支持和拥护的做法，体现了仁爱精神，是统治者赢得支持和拥护的"正途"。

正是基于上述认识，晏婴主张"地博不兼小，兵强不劫弱"，并认为这是保持国家安定的重要原则之一。晏婴在出使吴国时，吴王问他"长保威强勿失之道"，他提到"不以威强退人之君，不以众强兼人之地"，即是说，不以武力逞强，才能长保威强。

其次，用兵必须合乎"仁义之理"。外归其义不是不对外用兵，而是用兵必须合乎礼义。晏婴说："汤、武用兵而不为逆，并国而不为贪，仁义之理也。"（《晏子春秋·内篇谏上》）商汤与周武王是人们公认的古代圣王。汤、武革命推翻了夏桀、殷纣的统治，却不被人看作叛逆，吞并其他国家却不被看作贪婪，这都是因为符合仁义。晏婴以商汤与周武王用兵之事来说明自己的主张，即用兵要合乎仁义之理。晏婴的这一主张，主要包括两个方面的内容，一是不攻伐礼义之国，二是举兵而征暴。

其一，不攻伐礼义之国。《晏子春秋·内篇问上》记载，齐景公欲伐鲁，被晏婴谏止。当时晏婴说，鲁国君主爱好道义，人民拥戴他。爱好道义，国家就安宁；君主被拥戴，社会就和谐。当年伯禽治鲁时形成的社会安定局面依然存在，所以不可攻打。攻打讲道义的国家不祥，必定会陷入困境。晏婴还建议，不如修内政而等待鲁国发生内乱。到那时候，鲁国的人民与君主离心离德，我们就会占据更多的道义，使民众获得更多利益。在对方国家安定、上下和谐团结的情况下，不能用兵，否则将失去道义上的支持，而成为众矢之的，即所谓"攻义者不祥，危安者必困"。

不攻伐礼义之国不仅是晏婴对外用兵的基本思想，也是春秋时期最为基本的军事思想。在当时，各诸侯国同是周王室所封，一般都是周王室的亲戚或功臣。周王室尽管已经衰微，但名义上的天下宗主地位依然十分牢固。因此，这一时期诸侯国之间的争夺，不像战国后期那样是为了统一天下，而主要是争霸，即争夺诸侯盟主之位。在这一社会背景之下，诸侯之间还罩有一层兄弟之国、甥舅之国的温情脉脉的面纱，因而在处理诸侯之间的关系上，特别看重道义。

其二，举兵而征暴。晏婴认为，对外用兵要具备两个条件，一是自身正，二是对方不正。也就是说，自身正，然后再去正人，即内政修，然后可以举兵征暴。即晏婴所说："伐人者德足以安其国，政足以和其民，国安民和，然后可以举兵而征暴。"

"征暴"，才能占据道义上的制高点，得到诸侯、民众的支持和拥护。晏婴说："其用法为时禁暴，故世不逆其志；其用兵为众屏患，故民不疾其劳。"意思是说，以法制裁是为了禁止暴行，所以能够得到世人的响应、支持；使用武力征伐是为了替民众消除祸患，这样人民就不会因劳苦而厌烦。在晏婴看来，"为时禁暴"与"为众屏患"是用兵的根本目的。"为时禁暴"是针对为害当时的势力用兵，这符合各国诸侯的利益，所以能够得到各国诸侯的响应，显然对争取霸主地位有利。"为众屏患"是为民众消除祸患，所以能够得到民众的支持。正所谓得道多助，"举兵而征暴"能够得到诸侯的响应和民众的支持，所以能够所向披靡。

第五章

齐文化精粹撷珍·晏婴

晏婴的品行与才干

晏婴作为我国古代的贤相,不仅是著名的思想家,还是杰出的政治家。他直言敢谏,勇于匡正君主偏失,不畏权贵,节俭力行,礼贤下士,具有突出的才干和崇高的品行,赢得了后人的普遍尊敬。

一　刚直敢谏

在我国历史上，晏婴以直言敢谏著称。晏婴不仅提出了和而不同、做社稷之臣的思想主张，而且模范地履行了他的思想主张。《史记·管晏列传》说他"国有道即顺命，无道即衡命，以此三世显名于诸侯"。"衡命"，即衡量利弊得失，提出不同意见。"三世"是指晏婴一生历仕灵公、庄公、景公三朝。在这三朝，晏婴都是以直言敢谏而闻名。他一直坚持独立品格，从不隐瞒自己的主张，主动进谏，不计个人得失，尽心竭力地匡正君主的偏失，补救君主的不足，正如孔子所说："灵公污，晏子事之以整齐。庄公壮，晏子事之以宣武。景公奢，晏子事之以恭俭。"他"行补三君"，表现出了刚直不阿、一心为了国家社稷的高尚品格。

（一）齐灵公、齐庄公时期

如前所述，晏婴在齐灵公时从政的时间比较短，从政事迹的记载比较少。比较突出的只有在齐、晋平阴之战时，齐灵公不战而逃，晏婴试图阻止，批评说"君亦无勇"。到了齐庄公朝，由于齐庄公执意伐晋，个人生活又失于检点，君臣矛盾尖锐突出，晏婴直言敢谏的品行突显出来。这主要表现在三件事上：

一是谏说齐庄公不要一味崇尚勇力，不行礼义。齐庄公即位之后，重视、鼓励勇力，而不顾礼义。因此，勇力之士肆行无忌，无视国法，国家出现混乱局面。为此晏婴提醒齐庄公要重视礼义，不能不顾礼义而一味提倡勇力。他认为真正的勇力是建立在礼义之上的："轻死以行礼谓之勇，诛暴不避强谓之力。故勇力之立也，以行其礼义也。"（《晏子春秋·内篇谏上》）推行礼义不怕牺牲才是勇，敢于与强大的恶势力做斗争才是力，勇与力都是为了推行礼义。"诛暴不避强，替罪不避众，勇力之行也。"即是说，诛杀凶暴不惧对方强大，铲除罪恶不怕对方势众，这是真正的勇力行为。晏婴试图用自己的观点纠正齐庄公的偏失。

二是谏说齐庄公不要收留晋国大夫栾盈。栾盈本是晋国的六卿之一，被正卿范宣子所陷害，出奔楚国。晋国作为盟主，明确要求各国不得收留栾盈。而齐庄公阳奉阴违，一边参加晋国会盟，一边暗中收留栾盈。齐庄公三年，栾盈从楚国至齐，齐庄公视为上宾，给予优厚的待遇。晏婴意识到齐国潜在的危险，所以进谏更为急切。晏婴明确反对收留栾盈，劝谏齐景公不要失信于诸侯，但齐庄公不听。沙随之盟后，齐庄公不顾晋国的反对，继续收留栾盈。晏婴由此判断齐庄公将要借助栾盈之力伐晋，齐国将要出现祸乱。《左传》记载,晏婴当时提醒人们说:"祸将作矣。齐将伐晋,不可以不惧。"

三是极力阻止齐庄公伐晋。齐庄公四年,栾盈被秘密送回晋国,发动武装叛乱。齐庄公与他里应外合,举兵伐晋。晏婴劝谏齐庄公说:"君恃勇力以伐盟主,若不济,国之福也。不德而有功,忧必及君。"(《左传·襄公二十三年》)当时,由于齐庄公崇尚勇力,不重视礼义,国家治理混乱。且齐庄公与崔杼妻东郭姜私通,以致崔杼心怀不满。在齐庄公不听劝阻执意伐晋时,崔杼就说:"以为盟主,而利其难。群臣若急,于君何有?"语句间充满了怨恨情绪,已经明显有了"犯上"之意。晏婴敏锐地意识到,齐庄公伐晋,如果受挫失败,或许反而对齐庄公有利;如果伐晋得逞,势必引起晋国的军事报复,引火烧身。可惜的是,齐国有直臣,却无明君,齐庄公不理睬晏婴的劝阻。晏婴坚持"不与君行邪",果断地辞职而去,"退而穷处,堂下生蓼藿,门外生荆棘"。而齐庄公最终被崔杼所弑,死于非命。

(二)齐景公时期

晏婴在齐景公朝从政时间长达四十八年,其中为相二十二年。《晏子春秋》中,谏说齐景公的记载最多,涉及的范围极为广泛,几乎无所不谏。如:

谏饮酒无度。齐景公醉酒,三日方醒。晏婴谏道,一日饮酒而接连睡了三天,"国治怨乎外,左右乱乎内",失君主治国之道,愿君节制。

谏夜听新乐而不朝。梁丘据进献歌人虞,齐景公夜听新乐,天明不朝。晏婴让人拘捕了歌人虞。齐景公知道了很不高兴,质问晏婴,为什么拘捕歌人虞?晏婴回答说,因为他用新乐惑乱君王。

齐景公听了大怒,说,诸侯之事,百官之政,寡人愿意请教先生。至于酒醴之味,金石之声,愿先生不要干预。

晏婴却毫不畏惧,力争不让,"乐亡而礼从之,礼亡而政从之,政亡而国从之",我担心君王的行为不利于政。过去殷纣王曾作舞曲《北里》,周幽王、周厉王曾作淫靡的乐曲,他们都是因为沉溺于此,导致了国家的灭亡,君王不能小看沉溺于新乐的危害。

晏婴经过苦口婆心地劝谏,最终说服了齐景公。

谏服巨冠长衣。齐景公头戴巨冠,身着长衣,摆出一副威严的模样,天晚了也不罢朝。

晏婴进谏说,圣人之穿着,轻便无碍,可以引导众人;表情自然和顺,符合常态,可以养生。所以,民众都效法圣人的衣着,学习圣人的表情。如今君上的衣着不可以导众,表情不可以养生,现在天色已晚,请脱下这衣服去就餐吧。

齐景公听了,便脱去巨冠长衣,从此不再穿戴。

谏衣狐白裘不知天寒。大雪纷飞,三日不晴。齐景公身穿白色的狐皮大衣,坐在厅堂中,对晏婴说,真奇怪啊!连续下了三天大雪，然而天气不冷。晏婴劝谏说，天气真的不冷吗？我听说，古代贤明的君主自己吃饱了却知道别人饥饿，自己穿暖却知道别人寒冷，自己安逸却知道别人劳苦。君王您却不知道。

于是，齐景公下令出裘发粟与饥寒之民。

谏以人的礼仪埋葬爱犬。齐景公的爱犬死了，下令以人的礼仪准备棺椁，进行祭祀。晏婴听说后，劝谏齐景公。齐景公却不以为然，说，这不过小事一桩，与左右取乐罢了。

晏婴严肃地进谏说，君上错了！向百姓横征暴敛，而财物不用到百姓身上，浪费钱财以博得左右一笑；轻视民众的疾苦，而看重近侍的玩乐。这样，国家也就没有什么希望了。何况孤苦的老人受冻挨饿，而一条死狗却享受祭祀；鳏寡无靠的人得不到救济，而一条死狗还占用棺材。行为荒唐到了这种地步，百姓如果知道了，一定会怨恨自己的国君；诸侯如果知道了，一定会轻视我们的国家。您竟然认为这是区区小事！请您再慎重考虑此事！

齐景公接受了晏婴的劝谏，下令让厨师杀狗烹肉，拿来和群臣会餐。

谏临朝威严。齐景公临朝，态度威严，臣下不敢说话。晏婴对齐景公说，君王在朝廷之上，是不是太威严了？

齐景公问道，这对治理国家有什么妨碍吗？

晏婴回答说，如果在朝廷之上过于威严，那么臣下就不敢说话了。臣下不敢说话，那么君王就什么也听不到了。在下位的不说话，就是哑巴；在上位的什么都听不到，就是聋子。上聋下哑，怎能不妨害治理国家？况且，微小的豆、米积累起来，才能装满粮仓；细细的线合织在一起，才能变成宽广的帷幕；高大的泰山，不是靠一块石头堆成的，那些微小的土石积累起来，才能成就泰山的高大。治理天下也是如此，不能只采用少数人的主张，而要广泛听取意见。听了未必要采用，但绝对不能拒而不听。

谏赏无功而罪有司。齐景公下令赏无功之人，有三个人得到万钟粮食的赏赐，有五个人得到千钟粮食的赏赐。但几次下达命令，掌管此事的"职计"却不执行。齐景公大怒，下令罢免"职计"。可命令下达了多次，掌管此事的"士师"却不听从。

齐景公非常不高兴，对晏婴说，作为君主，喜欢谁就能赏赐谁，讨厌谁就能罢免谁。但现在我对喜欢的人不能赏赐，对讨厌的人不能罢免，我已失去了作为君主的权力。

晏婴劝谏道，我听说，国君的命令正确，臣子服从，这叫作"顺"；国君的命令不正确，臣子也服从，这叫作"逆"。现在国君赏赐谄媚的人，却命令官吏必须听从，已失为君之道。古代的帝王进行赏赐是为了勉励人们从善，进行惩罚是为了禁止强暴。过去夏、商、周三代之所以兴盛，其原因就是凡有利于国家的就奖赏，所以贤良的人越来越多；凡有害于国家的就惩罚，所以奸邪的人就越来越少。到了衰败之时，君主奖赏顺从自己的人，惩罚违背自己的人，所以，邪僻之人越来越多，而贤良之人越来越少，致使百姓离散，国家危亡。如今国君上不思考圣王之所以兴盛，下不观察"惰君"之所以衰亡，长此以往，我担心国君会违背治国之道，使官吏不敢进谏，以至于国家覆亡，危及宗庙。

齐景公恍然大悟，说，是寡人糊涂了。

谏滥杀无辜。齐景公有一棵心爱的槐树，命令官吏小心守护，并在树旁立了一根木桩，悬挂牌子，上面写着"犯槐者刑，伤槐者死"。有人喝醉了酒，不小心误撞了槐树，齐景公使官府拘捕他，将要治罪。那人的女儿为了救父亲，来到晏婴家，托人传话说愿意做他的侍妾。

晏婴听了，心中暗笑道，我是好色的人吗？其中必有缘故。于是让人将女子领来。

女子一进门，晏婴抬眼一看，看出她心藏深忧，便问道，你为何事而忧？

女子将父亲误撞槐树被拘一事告诉了晏婴，希望晏婴能够体恤民情，公正地处理此事。晏婴听后，当即表态明日将面见君主。然后让人将女子送回家中。

明日早朝，晏婴对齐景公说，我听说，耗尽百姓的财力来满足自己的私欲，叫作"暴"；崇尚自己喜好的玩物，让它们具有和君王一样的威严，叫作"逆"；处罚、杀死没有罪过的人，叫作"贼"。这三种行为，是治理国家的大患。现在，君王耗尽百姓的财力，用来美饰饮食之用具，天天享受钟鼓之乐，极尽宫室之华丽，这是最大的"暴"；崇尚玩好，下令保护一棵自己喜欢的槐树，使它的威严和国君相似，这是明显的"逆"；碰到槐树的要受刑，伤害槐树的要被处死，处罚不该被处罚的人，杀死不该被杀死的人，这是最为严酷的"贼"。君王治理国家，好的德行没有显现于众，这三种恶行却彰显于国，我担心这样下去，难以长治久安。

齐景公说，如果没有您的教诲，寡人几乎铸成大错，危害社稷。大夫的教诲，是社稷之福。寡人受命。

齐景公下令，立即撤走看守槐树的官吏，拔掉木桩，释放了因为撞到槐树而被拘捕的人。

谏劳役民众。严冬季节，天寒地冻。晏婴出使鲁国归来，在路上看见民众为修建大台忍饥受冻，不由得心生怜悯。齐景公为晏婴接风，晏婴在宴席之上唱道，冰冻的冷水浇淋我，奈何！上天无情蹂躏我，奈何！唱罢，他喟然长叹而流涕。

齐景公说，您何以至此？难道是为了大台之役？

于是齐景公下令，停止大台之役。

齐景公建造起长庲之台后，又使人装修，工程日久，民众不堪其苦。风雨大作，齐景公与晏婴入座饮酒，音乐悠扬。晏婴唱道，谷穗熟兮难收割，秋风来兮尽零落。风雨毁我庄稼兮，上天折磨苍生。

晏婴歌罢，流涕不已。齐景公见晏婴为民众如此伤怀，于是废酒罢役。

一日三谏。齐景公与晏婴游于公阜。在一日之内，晏婴进谏了三次。

齐景公立于公阜,北望国都,感叹道,要是能生而不死就好了!晏婴进谏说,上天认为死是好事,仁者可以得到休息,不仁者也停止了作恶。假如古而无死,齐国将由先君丁公、太公当国君,桓公、襄公等做相国,您只能戴笠衣褐,手执农具,劳作在田野,哪有工夫忧虑死亡呢?齐景公听罢,愤然作色,很不高兴。

这时,有人驾着六匹马拉的车,飞驰而来。齐景公问来者是谁,晏婴说是梁丘据。齐景公问何以知之,晏婴说,暑天疾驰,马非死即伤,只有梁丘据能做这样的事。齐景公却说,只有梁丘据与我和。晏婴说,那不是和。所谓和者,君甘则臣酸,君淡则臣咸。梁丘据是君甘亦甘,君淡亦淡。这是同,哪里是和?齐景公听罢,再次愤然作色。

天色渐晚,齐景公西望,看见天上有彗星滑过,以为是不祥之兆,就要召见柏常骞,让他举行祝禳仪式。晏婴进谏说,出现彗星是上天的警示。如果君上讲究礼义,接受劝谏,尊崇圣贤,不用祝禳,彗星就会自然消失。不然,只怕还会出现茀星。彗星即民间所说的扫帚星,古人迷信,认为出现彗星不祥。茀星是彗星的一种,带来的灾难更为严重。齐景公听罢,又愤然作色,更加不快。

忠言逆于耳。晏婴一日三谏,虽然惹得齐景公一时不快,但一片忠心,十分难得。晏婴去世后,齐景公曾感叹:"呜呼,昔者从夫子而游公阜,夫子一日而三责我,今孰责寡人哉!"

晏婴一心为了国家社稷，从不计较个人得失，正如刘向《晏子叙录》所说："尽忠极谏道齐，国君得以正行，百姓得以亲附。不用则退耕于野，用则必不诎义，不可胁以邪。"这在劝阻齐庄公伐晋一事上表现得最为突出。在齐景公朝，因齐景公能够接受批评意见，在关键时刻能够幡然悔悟，所以矛盾相对缓和。

不过，晏婴虽然直言敢谏，敢于"犯君之颜"，但他并不是不讲究方式方法。他虽刚正不阿，但讲究进谏技巧，循循善诱，显示出外柔内刚的智者形象。

一次，齐景公从鸟窝中掏出一只雏鸟，又放了回去。晏婴称赞他有圣王之道，见齐景公不明所以，说道，将弱小的雏鸟放回鸟窝，这是关爱弱小。君主能够对禽兽有如此仁爱之心，何况对人呢？此即圣王之道。

晏婴因齐景公对雏鸟有不忍之心，称赞他有圣王之道，进而劝谏齐景公对民众要有仁爱之心。可见，晏婴无时无刻不在匡正君主，除了在重大问题上绝不让步之外，在生活细节上也时时引导，并且注重方式方法，使齐景公容易接受。

再如，齐景公游于寿宫，看见一个老年人背着柴，面有饥色。齐景公觉得他可怜，便下令让官府赡养他。

晏婴称赞说，我听说，喜好贤良而怜悯不幸，这是执掌国家的根本。如今君王怜惜老者，恩泽无所不到，已掌握了治理国家的根本。

齐景公听了，面带喜色。

晏婴乘机说，圣王遇到贤良就奖赏，遇到不幸就怜悯。我请求您将没有人养活的老弱、鳏寡之人，交由官府统一奉养。

齐景公愉快地答应了晏婴的请求，"于是老弱有养，鳏寡有室"。

晏婴不仅能在君主有过失时及时地劝谏，能在君主有善行时及时地给予称赞，还能在君主高兴之时及时地提出建议，从而更容易让君主接受。

晏婴从维护国家利益出发，坚持原则，刚直敢言，赢得了很高的声望。但是，他并不是为了个人的清誉，相反，他非常注意维护齐景公的形象。

晏婴出使鲁国返回齐国时，齐景公正使国人建设大台。寒冬季节，人们又冷又饿，都盼望晏婴能够阻止继续施工。

晏婴见到齐景公，极力劝谏齐景公罢役，以至于流涕。齐景公同意停工，晏婴再拜而出。

晏婴出宫后，什么也不说，直接来到工地，手持木棍抽打不努力干活的人，说道，地位卑微的人都修建住房，以避燥湿。现在国君要修筑大台，你们却不能赶快建成！

国人见状，都说："晏子助天为虐。"

晏婴离开工地，尚未到家，齐景公就出令罢役。

孔子听说此事后，感叹道："古之善为人臣者，声名归之君，祸灾归之身。入则切磋其君之不善，出则高誉其君之德义。是以虽事惰君，能使垂衣裳，朝诸侯，不敢伐其功。当此道者，其晏子是耶！"

晏婴一方面为民请命，以至于痛哭流涕，极力劝谏齐景公停工，另一方面又亲自到工地督促施工，以至于让人骂为"助天为虐"。这样做实际上是在为齐景公分谤，将停工的好名声归于齐景公，以避免国人感恩自己而怨恨君主。

二　仁义之勇

晏婴个头矮小，其貌不扬。单从外貌上看，他不是人们心目中的勇力之士，但他真正做到了"轻死以行礼""诛暴不避强"，具有真正的仁义之勇。

晏婴从政之初正是齐国大夫开始专权之时。从齐庄公朝直到齐景公十六年，齐国大夫之间争夺不休。先是崔杼杀高厚，弑齐庄公，崔杼、庆封专权；然后庆封灭崔氏，独揽齐政；然后栾氏、高氏、田氏、鲍氏等联合逐庆氏，栾氏、高氏又放逐高止，当政于齐；齐景公十六年，田氏、鲍氏联合攻打栾氏、高氏，栾施、高彊出逃。前后历时二十余年。在这期间，晏婴坚定地捍卫公室，不畏权贵，显示出了大义凛然的勇者气概，正如苏辙《晏子传论》所说："晏子之为人勇于义，笃于礼。"

晏婴的仁义之勇，在三件事上表现得最为突出。

（一）哭吊齐庄公

崔杼弑齐庄公后，为掌控局势，立即开始诛杀异己。崔杼当时所杀，见于《左传》记载的就不下十人。他大开杀戒，齐国一片腥风血雨。崔杼对于己不利之人，毫不留情，痛下杀手。当时，负责记录国家大事的齐太史如实记载："崔杼弑其君。"崔杼不愿在历史上留下恶名，便杀了齐太史。齐太史的弟弟接着如实记录，又被杀。另一个弟弟又秉笔直书，崔杼见太史不怕死，才不得不作罢。

当时，晏婴因为坚决不同意齐庄公伐晋，已弃职闲居一年多。但当齐庄公被弑之后，他仍然冒着触怒崔杼而被杀的危险，毅然赶到崔杼家中哭吊齐庄公。他走进崔杼家的大门，伏在齐庄公尸体上大声号哭。尽管齐庄公拒听谏言，一意孤行，行为又失于检点，自招其祸，但他毕竟是一国之君，如今死于非命，故晏婴仍然不顾自己的安危，抚尸痛哭，尽君臣之礼。

有人对崔杼说："必杀之！"崔杼考虑到晏婴深孚众望，杀他对自己不利，便说："民之望也，舍之得民。"

司马迁在《史记·管晏列传》中说："方晏子伏庄公尸哭之，成礼然后去，岂所谓见义不为无勇者邪？"孔子说："见义不为，无勇。"在道义面前毫不畏惧地挺身而出，这才是真正的勇者。晏婴就是这样的勇者。

（二）不与崔杼、庆封盟

崔杼弑齐庄公后，立齐景公。齐景公名杵臼，是齐灵公之子、齐庄公的异母弟。立齐景公后，崔杼为右相，庆封为左相，二人专权。当时，齐庄公的近臣或已被杀，或已出逃。但是，二人还是怕国人不服，胁迫国人盟于太庙。晏婴不畏强权，不屈从崔杼、庆封，坚持忠于君、忠于国家社稷。

崔杼、庆封采取高压手段，逼迫国人屈服。对当时的盟誓场景，《左传》《史记》《晏子春秋》《韩诗外传》《新序》等皆有记述，而《晏子春秋》记述最为详细。

当时，崔杼、庆封将人们劫持到太庙，逼迫每个人都要盟誓。太庙四周布满了刀枪剑戟，人们进入太庙都要解下佩剑，如果不按要求盟誓，则"戟拘其颈，剑承其心"。

古人盟誓要歃血，即歃血为盟。所谓歃血，是在盟誓时微饮牲血，或含于口中，或涂于唇上，表示信守誓言。

崔杼、庆封如果发现有人发誓不干脆，或手指未沾到牲血，则杀之。轮到晏婴盟誓时，前边已经杀了七个人。晏婴却毫不畏惧，他手捧杯血，仰天而叹："崔子为无道，而弑其君，不与公室而与崔、庆者，受此不祥。"

由于晏婴深得民众爱戴，崔杼想拉拢他，试图威逼利诱，让他改变誓言。但晏婴坚决不变，说："劫吾以刃而失其志，非勇也；回吾以利而倍（背）其君，非义也。"晏婴坚守勇与义，显示了宁死不屈的大丈夫气概。

崔杼要杀晏婴 有人劝道,如果杀了有道之臣,只怕难以服众。崔杼为了自身利益,放了晏婴。当时,为晏婴赶车的仆从心中害怕,想急驰而去。晏婴轻抚其手,让他慢行。最终,晏婴从容不迫,徐徐而去。

晏婴坚守仁义 富贵不能淫,威武不能屈,视死如归,是真正的勇士。

(三)入宫保卫公室

驱逐庆氏、放逐高止之后,子雅、子尾在齐国专权。子雅生子栾施,子尾生子高彊。子雅、子尾相继去世后,栾施、高彊专权。二人嗜酒,树敌颇多,与田氏、鲍氏尤为不睦。

齐景公十六年夏,有人报告田无宇说栾施、高彊将要攻打田氏、鲍氏。同时,也将这一消息报告了鲍氏宗主鲍国。田无宇急忙给家丁分发武器,做好迎战准备,然后出门去见鲍国,在路上看见高彊正喝醉了酒驱车驰骋。田无宇到了鲍氏家,见鲍氏也已分发了武器。派人去打探栾施、高彊消息,发现二人正在饮酒,并无攻打之意。田无宇与鲍国商议,消息虽然是假的,但我们信以为真了。他们如果知道了我们已经分发武器,一定会来攻打。不如趁他们正在饮酒,先下手为强。商量已定,田氏、鲍氏联合攻打栾氏、高氏。见田氏、鲍氏来攻,紧急之下,高彊建议先控制国君。于是，栾氏、高氏攻打内城的虎门。

此时，晏婴身穿朝服，立于虎门之外。田、鲍与栾、高两方都邀请他加入自己的阵营，但他一概拒绝。双方打得热火朝天，他既不帮助田、鲍，也不帮助栾、高。齐景公使人来召，他便入宫，保卫公室。

栾、高失败，出逃鲁国。田无宇一开始想要瓜分栾氏、高氏的家产，在晏婴的劝说下，全部交给了国君，自己退老于莒。

晏婴此举，不仅阻止了大夫之间的兼并，维护了公室利益，并且对于平息齐国多年以来的大夫专权，还政于国君，也有重要的意义。齐国正是从此时起，开始走向中兴。

通过以上三件事，我们可以清晰地看到，当大夫互相争夺时，晏婴洁身自好，不参与他们之间的争斗；但当涉及公室利益时，晏婴便当仁不让，挺身而出，毫不犹豫地维护公室利益，即使危及生命也在所不辞，具有宁折不弯的仁者之勇。

三　节俭力行

晏婴以节俭著称。《史记·管晏列传》说他"以节俭力行重于齐。既相齐，食不重肉，妾不衣帛"。

晏婴的节俭力行，体现在生活的各个方面。

一是衣着朴素。古代典籍中有许多关于他衣着朴素甚至寒酸的记载,如《礼记·檀弓下》说他"一狐裘三十年",《说苑·臣术》说他"衣缁布之衣,麋鹿之裘",《礼记·礼器》说他"浣衣濯冠以朝"。晏婴一件狐皮衣服穿了三十年,日常穿黑色的粗布衣服,常常穿戴着洗过的旧衣帽去朝见君主。

二是饮食简单。晏婴粗茶淡饭,每顿饭仅有粗米饭、三块烤肉、五个鸡蛋和蔬菜而已。齐景公听说后,亲自来到他的家里,看到饭菜如此简单,惊叹道,夫子如此清贫,寡人不知,寡人之罪也!晏婴却淡然说道,粗米饭是士人的一顿饭,三块烤肉也是士人的一顿饭,五个鸡蛋又是士人的一顿饭。我没有超乎常人的品行,却享有三个士人的食物,我的待遇已经非常优厚了,我一点也不清贫。

晏婴每顿饭的量也不多。有一日,晏婴正在用餐,齐景公的使者来到。二人共同进餐,都没有吃饱。使者回去后,告诉了齐景公。齐景公自责道:"晏子之家,若是其贫也。寡人不知,是寡人之过也。"于是,赐给晏婴千金与市租,晏婴坚决拒绝。他说,我家不贫,"夫一总之布,一豆之食,足于中免矣"。"十总之布"即"十緵布",是一种质地较粗的布。"豆"是一种盛食物的器皿。晏婴对衣食的要求很低,有粗布衣裳可穿,能吃饱饭就足够了。

三是乘坐"弊车驽马"。"弊车"是破旧的车,"驽马"是劣等的马。晏婴上朝,乘坐弊车驽马。齐景公知道后,便赐给他诸侯才能享用的"辂车乘马"。晏婴坚辞不受,说:"臣得暖衣饱食、弊车驽马以奉其身,于臣足矣!"

四是住所"湫隘嚣尘"。晏婴宅第狭窄、潮湿,位置靠近集市,又脏又乱。齐景公想要给他另建新宅,他婉言谢绝。后来,在晏婴出使晋国时,齐景公为他扩建了新宅。他返回齐国后,请求将迁走的邻居全部再搬回来,恢复原来旧宅之地。齐景公不同意。晏婴请田无宇帮忙说情,齐景公才同意。

五是简其礼仪,自降规格。在当时的等级制度下,人们重视礼仪规格,强调礼仪规格要符合自己的身份。《礼记·礼器》说:"是故先王之制礼也,不可多也,不可寡也,唯其称也。"不可多,也不可少,要与身份相称。但晏婴出于节俭,常常简约其礼,降格而行。

如祭祀时祭品不够丰厚。《论衡·谴告篇》:"晏子祭庙,豚不掩俎。""豚"是小猪,"俎"是古代的一种礼器,祭祀时用来盛放祭品。《礼记·礼器》:"晏平仲祀其先人,豚肩不掩豆。""豚肩"即猪腿,"豆"也是一种器皿。当时,祭祀是非常重要的事情,《左传·成公十三年》说"国之大事,在祀与戎",将祭祀与战争相提并论。但是晏婴在这一方面并不讲究,用的祭品太小,连盛祭品的"俎""豆"都遮盖不过来,与他的身份极不相称。

晏婴还常常自降规格。按照当时的礼仪规定,国君举行葬礼用七辆车,装载七个祭品包;大夫用五辆车,装载五个祭品包。

晏婴为他的父亲举行葬礼,却只用了一辆车。

晏婴简其礼仪的行为曾受到儒家的批评,如孔子曾说:"晏平仲祀其先人,豚肩不掩豆,贤大夫也,而难为下也。君子上不僭上,下不逼下。"(《礼记·杂记下》)晏婴身为齐相都"豚肩不掩豆",那么,身份低的人如何使用祭品才与身份相称?所以孔子强调君子"下不逼下"。这从一个侧面说明晏婴的节俭是极为突出的。

晏婴的节俭是建立在其廉政思想之上的。他对自己的思想主张力行不辍,一生清正廉洁。除了生活方面,晏婴的节俭还表现在以下几个方面。

一,老而辞邑。晏婴不仅不接受齐景公的种种赏赐,还在年老之后,主动要求将封邑退还给公室。当时,齐景公坚决不同意,说,从丁公至今,任用的贤人多了去了,齐国的大夫还没有因年老而辞去封邑的。唯有夫子要退还封邑,这是破坏齐国的制度,不行!

晏婴却坚持退还封邑,说,听说古代的人侍奉君王,根据自己的贡献大小接受俸禄,即"称身而食"。德厚而受禄,德薄则辞禄。德厚受禄,才能够彰显君王的英明;德薄辞禄,才能够保证臣下的廉洁。如今,我年老德薄,不能再为国效力了,如果仍然享受厚禄,这是掩蔽君王的英明,玷污自己的品行,不可。

齐景公还是不答应,说,桓公因为管仲为齐国操劳有功,便赏给他"三归",恩泽延及子孙。现今夫子辅佐寡人,寡人也要赏给夫子"三归",恩泽延及子孙,岂不可哉?

晏婴说,从前管仲相桓公,桓公义高于诸侯,恩德惠及百姓。如今我相国君,国家仅与诸侯平齐,怨愤积于百姓,我的罪过太多了。而国君还想赏赐我,我怎能让不肖之父为不肖之子接受厚赏,从而伤害国家大义呢?况且,德薄而禄厚,智昏而家富,这是违背教化的,不可。

齐景公还是不同意。但是,晏婴不顾齐景公反对,坚持退还封邑,最后只剩下了一乘之地。《管子·乘马》说:"方六里,一乘之地也;方一里,九夫之田也。"古代以六里见方为一乘之地。

晏婴认为,臣子应该"称身而食",即封邑要与自身的贡献相匹配,而不能一经封赏,便据为私有财产。因此,他反对为子孙积累财富,当齐景公有意赏赐晏婴并泽及其子孙时,他坚决不同意。

晏婴主张"称身而食",即按贡献大小取得封邑,年老后退还封邑,不搞终身制,不为子孙积累财富,显示了一心为公的高尚品德,至今仍具有教育意义。

二、一心为公,以国强民富为己禄。齐景公曾将平阴、槀邑赏赐晏婴,晏婴拒绝了。景公不理解,问晏婴:"君子独不欲富与贵乎?"

晏婴回答说,我听说,为人臣者要先国君而后自身,先国而后家,而不是不想富贵。

齐景公说,那么我用什么来奖赏你呢?

晏婴回答说,君王放宽对渔盐的征税,在关口、集市只盘查而不征税;对农民只收取十分之一的租税;减轻刑罚,对犯死罪的人判刑,对该判刑的罚款,对该罚款的免罪。君王实施这三条,就是对我最好的赏赐。

晏婴认为君子须先君而后身,先国而后家。因此,他推辞封邑,而愿意用对民众减赋税、免刑罚作为自己的俸禄,即将国家社稷的安定、百姓的福祉作为对自己最好的奖赏。

三,晏婴为了匡正时弊,厉行节俭,力图扭转奢靡之风。有一次,晏婴乘坐弊车驽马去上朝。齐景公看见了,便送给晏婴诸侯乘坐的"辂车乘马"。晏婴却不接受。齐景公为此很不高兴,让人召来晏婴,赌气地说道,你若再不接受辂车乘马,寡人也不乘坐了。

晏婴说道,国君让我担任相国管理百官,我节制衣食供养,率先节俭。即便这样,我仍然担心百官生活奢侈、不顾德行。现在如果我接受了辂车乘马,再有人在衣服饮食上奢侈无度,不顾德行,我怎么去阻止?

齐国贵族奢靡成风。晏婴节俭,是以身作则,君子垂范。曾子曾评价晏婴说:"国无道,君子耻盈礼焉。国奢,则示之以俭;国俭,则示之以礼。"(《礼记·檀弓下》)这话的大体意思是说,国家无道,君子耻于完全按照礼制等级享用待遇。如果国人奢侈,就用节俭来引导他们;国人节俭,就用礼制来引导他们。这正是说晏婴节俭有纠正时弊的用意。

晏婴不仅生活俭朴，在其他方面也非常自律，其中最受人称道的是不停妻再娶。晏婴极为自律，尊重妇女，坚决反对停妻再娶。

一次，齐景公在晏婴家饮酒，酒酣之际，看见晏婴的妻子又老又丑，便提出将爱女嫁给他。晏婴说："乃此则老且恶，婴与之居故矣，故及其少且姣也。且人固以壮托乎老、姣托乎恶，彼尝托而婴受之矣。君虽有赐，可以使婴倍其托乎？"意思是说，尽管现在妻子又老又丑，但老妻也曾经有过年轻漂亮的时候。她年轻漂亮时托身于自己，自己既然接受了，又岂能弃之于又老又丑之时？

有一次，田无宇到晏子家，见一老妇身着粗布衣，正是晏婴之妻。田无宇讥讽道，你位为中卿，食田七十万，为何有如此之妻？晏婴正色道："弃老取少，谓之瞀；贵而忘贱，谓之乱；见色而说，谓之逆。吾岂以逆乱瞀之道哉！"

在中国古代社会，从帝王算起，一般是地位越显赫，妻妾数量就越多。而晏婴与众不同，坚决反对弃老娶少、贵而忘贱、见色而悦，这是难能可贵的。

晏婴厉行节俭，常常不被人们所理解，除了后来被儒家批评外，还被当时的人怀疑为藏富。

一天，田无宇正陪着齐景公饮酒，晏婴布衣栈车来朝。看到晏婴如此寒酸，田无宇对齐景公说，请罚晏子酒。

齐景公问，为什么罚他？

田无宇说，晏子穿着粗布衣服、麋鹿皮裘，坐着一般士人才乘坐的栈车，并驾着劣马来上朝，明显是假装贫困，隐藏君主的赏赐。

晏婴刚坐下，负责酌酒的侍从便递上酒觞，说，国君有命，罚您饮酒。

晏婴问，为何要罚？

田无宇说，君主赐予卿位，使您身份尊贵；君主封赏丰厚，让您家业富足。群臣的爵位没有比您更尊贵的，俸禄没有比您更优厚的。现在您穿着粗布衣服、麋鹿皮裘，乘坐着一般士人才坐的栈车，驾着劣马来上朝，这是隐藏君主的赏赐，所以要罚酒。

晏婴听了，起身离席问齐景公，请问是先饮酒再解释，还是先解释再饮酒？

齐景公说，先解释再饮酒。

于是，晏婴说道，君上赐给我卿位，使我地位尊显，但我不敢追求显贵，而是为了奉行君令；君上赐给我百万钱，使我家中富足，可我不敢追求财富，而是为了让君上的恩赐惠及更多的人。我听说，古时的贤君如果知道臣子受了厚赐后，只顾自己享受而不顾亲族，就会责备他；知道臣子不能胜任职位，也会责备他。如果君上的内亲、我的父兄散失在荒野，这是我的过错；君上的外亲、我的相识若流离四方，这是我的过错；兵甲不坚，战车不固，这也是我的过错。但是，乘驾栈车劣马来上朝，我认为这并不是过错。更何况，我将君上的厚赐分享给众人，我的父族亲人中没有不乘车的；我的母族亲人中没有衣食不足的；我的妻族亲人中也没有挨饿受冻的；国内的贫士，等待臣接济过活的也有数百家之多。请问，我这样做，是彰显君上的恩赐，还是隐藏君上的恩赐呢？

齐景公听了，说，好！为我罚田无宇酒。

栈车是古代用竹木制成的车，不饰皮革，按照当时的等级制度，是一般士人乘坐的车。晏婴身为卿相，却穿粗布之衣、麋鹿之裘，乘坐栈车，驾驽马，如此寒酸，与他的身份地位相去甚远。所以，田无宇讥他"隐君之赐"。

实际上，晏婴虽然节俭，却并不积累财富。他的俸禄除了养活晏氏家族外，还资助其母、其妻的家族，还养士数百家。晏婴自己节衣缩食，却用俸禄周济他人，正如刘向《晏子叙录》所说："（晏子）尽以禄给亲戚朋友，齐人以此重之。"

四　礼贤下士

晏婴礼贤下士，仁厚谦和，以下三件事最为引人注目。

其一，见泯子午。燕国才士泯子午"言有文章，术有条理"，写有治国文章三百篇，远道至齐，谒见晏婴。泯子午初见晏婴，一时紧张，竟然口不能言。晏婴和颜悦色，过了许久泯子午才能开口说话。送走泯子午后，晏婴呆坐思忖了许久。他自责说，燕国是万乘之国，从燕国来到齐国，有千里之远。泯子午不辞千里之途，远道来到齐国见我，自是在千万人之上的人物。但他见了我，仍然不能坦然尽其所言。泯子午尚且如此，何况那些一般的国人？心中装着好的建议、主张，却没有陈说的机会，这样怀善而死的人不知有多少呢！这样来看，我错过的才士岂不是太多了！贤能之士都错失掉，我还能做什么？

晏婴由泯子午见到自己紧张得说不出话，联想到不知有多少国人不能尽言，以致"怀善而死"，因而心中充满了自责。由此可见他对士人的尊重。

其二，赎越石父。越石父，又称越石甫，齐国人，流落在晋国中牟沦为奴隶三年之久。晏婴出使晋国，途经中牟，看见越石父戴着一顶破帽子，反穿一件破皮衣，背负草料，在路边歇息。晏婴觉得他有君子之相，便解下左骖，将他赎回，同车而归。

回到家中，晏婴没有与越石父告别，直接入府。越石父觉得自己不被尊重，请与晏婴绝交。按理说，晏婴将越石父赎回，已经有恩，现在越石父不但不感激，反而要绝交。晏婴很惊讶，整理好衣冠，出来对越石父说，我虽然称不上仁德，但把您从困厄中解救出来，您为什么这么快就要与我断绝关系？

越石父说，我听说，君子在不了解自己的人那里受屈，而在了解自己的人那里受到尊重。他们将我拘禁为奴，那是因为不了解我。夫子既然把我赎回来,应该是了解我的。了解我还对我无礼,我还不如被拘禁为奴。

晏婴听了,不以为忤,反而把越石父延为上客。

其三,推荐仆御为大夫。晏婴的仆御因为给国相驾车,自命不凡,趾高气扬,颇为自得。仆御之妻从门缝中窥见丈夫的自得之貌,非常失望,提出离去。仆御想不通,问为什么,他的妻子说:"晏子长不满六尺,相齐国,名显诸侯。今者妾观其出,志念深矣,常有以自下者。今子长八尺,乃为人仆御,然子之意,自以为足。妾是以求去也。"晏子身为相国,却毫无傲人之色,相反常有自谦之意;相比之下,仆御者却志得意满。所以,仆御之妻要离他而去。最终仆御听从了其妻的意见,常"自抑损"。晏婴知道后,推荐他当了齐国大夫。

司马迁在《史记·管晏列传》中总共记载了晏婴的两则逸事,就是赎越石父和推荐仆御为大夫这两件事,可见他礼贤下士的品行很受称道。

除了上述三件事外,古籍中还有许多关于晏婴尊贤重士的记载。这类记载主要体现了以下内容:

其一,晏婴养士众多。越石父被晏婴赎回并延为"上客",他就是晏婴所养的士人之一。越石父一事除见于《史记》之外,还见于《晏子春秋》《吕氏春秋》《新序》等书,流传广泛,应当所言不虚。《说苑·尊贤》还说:"晏子所与同衣食者百人。"看来,晏婴的确供养了许多士人。

其二，乐于资助士人。晏婴极为节俭，甘于清苦，却毫不吝惜地供养寒士。晏婴说："国之闲士待臣而后举火者数百家。"其俸禄不仅用来供养晏氏族人与其母、其妻的族人，还用来养士。

晏婴接济寒士，也受到了寒士的尊重和拥戴。北郭骚家贫，"结罘罔，捆蒲苇，织履，以养其母，犹不足"，便求助于晏婴。晏婴送给他粟与金，北郭骚辞金而受粟。后来，晏婴见疑于齐景公，被迫出奔。北郭骚让人告诉齐景公："晏子，天下之贤者也。今去齐国，齐必侵矣。方见国之必侵，不若死。请以头托白晏子也。"退而自刎。这个故事除见于《晏子春秋》外，还见于《吕氏春秋》《说苑》等。

其三，勉力为士人排难解纷。齐景公修建了路寝之台，而逢于何父亲的墓正在路寝之台的墙下。逢于何的母亲去世后，与其父不能合葬。逢于何请求晏婴帮忙，让齐景公准许其父母合葬。晏婴知道此事比较难办，但还是答应了。

齐景公听了很不高兴，反问道，从古至今，你听说过人死了，要求埋到君主宫中的吗？

晏婴据理力争道，古代的君主修建宫室、台榭时有节制，不占用百姓的房屋，不推平百姓的墓地。但是，您修建宫室、台榭时贪大求多，占用百姓房屋，推平死者坟墓，使生者不能安居，死者不能合葬。生者不能安居是'蓄忧'，死者不能合葬是'蓄哀'。"蓄忧者怨，蓄哀者危，君不如许之。"

晏婴费尽口舌，终于说服了齐景公，使逢于何得以让父母合葬。正如当时梁丘据所说："自昔及今，未尝闻求葬公宫者也。"逢于何向晏婴提出了一个闻所未闻的请求，而晏婴明知其难，却不推辞，最终说服了齐景公。

五　机智善辩

晏婴作为我国历史上的著名贤相，有着突出的政治才干，除了眼光敏锐、见识过人、一心维护齐国社稷并力行不辍等，还以机智善辩著称。晏婴出使楚国，楚王称他为"齐之习辞者"，而楚王左右称他为"天下之辩士"；晏婴出使吴国，吴王称他是"北方辩于辞、习于礼者"。

善于辞令是政治家的必备素质，历来受到重视。如《左传·襄公三十一年》载，郑国子产跟随国君出使晋国，晋国的国君因忙于鲁襄公的丧事，迟迟不予接见。子产便派人把馆舍的围墙拆毁，使车马进入。晋人责备子产，但子产经一番争辩，使晋人理屈词穷，不得不道歉。晋国叔向由此感叹辞令的重要性，道："辞之不可以已也如是夫！子产有辞，诸侯赖之，若之何其释辞也？"

与晏婴同时的政治家，如郑国的子产、晋国的叔向都能言善辩，而晏婴更是其中佼佼者。

晏婴博闻强记。刘向《晏子叙录》云："晏子博闻强记，通于古今。"晏婴的机智善辩建立在博闻强记的基础之上，博闻强记是其里，机智善辩是其表，二者相彰。

晏婴有着超出常人的远见卓识，齐景公颇以"垂衣裳，朝诸侯"。他出使至其他诸侯国，常常被请教治国、做人之道。

晏婴出使吴国，吴王说，寡人久闻夫子大名，今日得以相见，请允许我将想请教的问题都问完。

晏婴出使鲁国，鲁昭公说，寡人听到很多天下人谈论夫子的言论，今日得见，超出昔日所闻。

晏婴出使晋国，晋平公说，多次听说夫子大名，今日得以相见，希望听您多谈谈。

晏婴出使晋国时，曾与晋国大夫叔向一起讨论为臣之道。叔向是晋国著名的贤臣，也是我国春秋后期著名的政治家、思想家、外交家，当时与子产、晏婴齐名。《晏子春秋》中有"叔向问"十一章。

晏婴出使鲁国时，孔子使弟子去观看晏婴行礼。子贡回来告诉孔子，按照礼仪规定，登阶之时应依阶而行，不可越级而上；朝堂之上，不可以急趋而行；接受圭璋时，不需要下跪。今天晏子所为完全与此相反，谁说晏子熟知礼仪？

晏婴办完公事后，来见孔子。孔子问道，古礼规定，"登阶不历，堂上不趋，授玉不跪"，而夫子所为皆与此相反，如此符合礼吗?

晏婴回答道,我听说,在两楹之间,国君与臣子各有固定的位置,君行一步,臣行两步。因为鲁君走得太快,我唯恐落在后边不恭敬,才越级登阶,并在堂上急趋。国君过谦,授玉时姿势过低,我只好跪下来接受。况且,我曾经听说过,为人做事要谨守大节,小节略有出入也不是不可以。

晏婴告辞,孔子以宾客之礼相送。回来后,孔子对弟子们说,礼,贵在因时制宜,像这样不合常法的礼仪,只有晏子才能行之有节。

正因为晏婴博闻强记,学识渊博,具有远见卓识,又善于变通,所以其辩说往往凝练精辟,生动深刻,具有说服力。晏婴的辩说之辞主要有以下特点:

其一,多警句。晏婴善于总结历史经验,并高度概括,形成了许多警句,发人深思。

> 天道不谄,不贰其命。
> 义,谋之法也;民,事之本也。
> 意莫高于爱民,行莫厚于乐民。
> 举贤以临国,官能以敕民,则其道也。举贤官能,则民与若矣。
> 廉者,政之本也。让者,德之主也。
> 君正臣从谓之顺,君僻臣从谓之逆。

正德以幅之，使无黜慢，谓之幅利，利过则为败。

上帝以人之殁为善，仁者息焉，不仁者伏焉。

晏婴的警句反映了对事物的认识深度，凝聚了生活智慧，十分精辟，富有哲理。

其二，说理深刻生动。

首先，言简意丰，一语中的。齐景公最心爱的一匹马突然死去，他心痛不已，一怒之下，让人肢解养马者。左右执刀而进，晏婴急忙制止，问齐景公："尧、舜支解人，从何躯始？"齐景公顿时惊悟，曰："从寡人始。"遂不肢解。

尧、舜为古代贤君，贤君从不草菅人命，只有桀、纣这样的暴君才滥杀无辜。而桀、纣这样的暴君只会引发汤武革命，落得江山易主、性命不保。晏婴一句问话尽管极为简单，但包含的内容极为丰富，简约而有力。同时，他使用诘问方式，语气上更有力度，使齐景公自知理屈。

其次，借彼言他，突出利害。齐景公虽然不再肢解养马者，但还要治以死罪。晏婴说，养马者不知道自己所犯何罪，请让我数说他的罪名，让他知罪。然后，晏婴对养马者说，你的罪名有三条：国君让你养马，你却把马养死了，这是第一条死罪。你养死的马又是国君最喜爱的马，这是第二条死罪。你的过失致使国君因为一匹马而杀人，百姓听说后必定对国君不满，诸侯听说后必定轻视我们国家，以致出现怨积于百姓、兵弱于邻国的严重后果,这是你的第三条死罪。景公听后,急忙说道:"夫子释之,夫子释之,勿伤吾仁也!"

晏婴表面上在数说养马者之罪,实则在指责齐景公杀养马者的残暴,并指出将会带来的严重后果。所以,齐景公最终释放了养马者。

再次,借古而讽,突出本质。齐景公嗜酒,曾七日七夜饮酒不止。大夫弦章劝说齐景公戒酒,不然将为之而死。齐景公对晏婴说,如果听从弦章的劝谏而戒酒,是受制于臣;如果不听从,又不愿失去弦章,不知如何是好。晏婴说,弦章真是太幸运了!幸亏弦章遇到的是您!假使遇到的是昏君桀、纣,弦章早就死了!于是,齐景公不再嗜酒。

表面上是说弦章幸运,实则是以桀、纣讽谏齐景公,如不采纳弦章的谏言,其行同于桀、纣。

最后,善用比喻,巧妙精辟。齐景公田猎,流连忘返。晏婴纵马急驰而来,衣冠不整。齐景公忙问,夫子为何如此急促?难道国家有什么变故?晏婴说,君主在外日久,应该返国了。齐景公说,诸位大夫各司其职,对寡人来说,犹如心之有四肢。心有四肢,故得以安逸。晏婴说:"若乃心之有四支,而心得佚焉,可。得令四支无心,十有八日,不亦久乎。"齐景公于是归国。

有一次,齐景公问治国何患,晏婴说最患社鼠猛狗。社鼠,是指寄身在社庙里的老鼠。社庙是用木头抹上泥巴建成的,老鼠躲在里边做窝,用火熏则担心烧了社庙的木头,用水灌则担心毁坏了涂墙的泥巴,这是老鼠不能得而杀之的原因。国家也有社鼠,君王亲近的佞人就是。他们在内对君王隐瞒善恶,在外向百姓炫耀权力。不杀他们,国家就会混乱;杀他们,又有国君庇护。有人卖酒,器具洁净,酒幌醒目,但酒都酸了还卖不出去。乡里人说,您养的狗太凶猛了!有人拿着酒器来买您的酒,狗就迎面咬他,因而您的酒卖不出去。国家也有猛狗,那些掌权的贪官恶吏就是。有能力的士人想求见国君,为国家干一番事业,但贪官恶吏百般阻拦。如果君王所亲近的人是社鼠,国家掌权的人是猛狗,君主怎能不被蒙蔽?国家怎能没有祸患?

晏婴用社鼠、猛狗比喻佞臣、恶吏,深刻而又形象。

晏婴曾出使晋、鲁、楚、吴等国,机智善辩,不辱使命,是我国古代著名的外交家。其中,晏婴出使吴、楚的故事一直被人们所津津乐道。

晏婴出使吴国,吴王听说晏婴熟悉礼仪、长于辞令,便安排负责迎接宾客的官员见晏婴时说"天子请见",看他有什么反应。第二天,晏婴去见吴王,迎宾官员说"天子请见",晏子蹴然无语。又说"天子请见",晏子仍旧蹴然不应。第三次说"天子请见",晏子蹴然不安地问道:"臣受命弊邑之君,将使于吴王之所,以不敏而迷惑,入于天子之朝。敢问吴王恶乎存?"

吴王为诸侯,却僭称"天子"。晏婴作为使者,随机应变,故作糊涂,从而突出了吴王自称为天子之荒唐。这是以不辩为辩。吴王见状,忙以诸侯之礼接见晏婴。

一次,晏婴出使楚国。楚人羞辱他个子矮,故意不让他走宫殿大门,而在大门之侧另开小门,引导他走小门。晏婴停下脚步,对迎宾官员道:"使狗国者,从狗门入。今臣使楚,不当从此门入。"

迎宾官员只得改变道路,引导晏婴从大门进入。

在宫殿之上,楚王继续羞辱晏婴,问道:"齐无人耶?"

晏婴回答道:"临淄三百闾,张袂成阴,挥汗成雨,比肩继踵而在,何为无人!"

楚王道,既然如此,为何派你为使者?

晏婴回答道,齐国派遣使臣,各有所主。贤者出使贤王,不肖者出使不肖王。我晏婴是齐国最不肖之人,只好奉命出使楚国。

楚王本想羞辱晏婴,结果却被晏婴所辱。

还有一次,晏婴将要出使楚国。楚王听到消息后,便问身边的侍臣,晏婴是齐国善于辞令的人,我想羞辱他,用什么办法呢?

侍臣出主意说,晏婴来时,我们捆绑着一个人从大王面前走过。这时大王故意问这是什么人,我们回答是齐人。大王再问犯了什么罪,我们回答犯了偷盗罪,从而使晏婴难堪。

晏婴到了楚国,楚王赐宴。酒酣之时,有二吏捆绑着一个人来见楚王,说是齐人,犯偷盗罪。于是,楚王问晏婴:"齐人固善盗乎?"

晏婴说:"橘生淮南则为橘,生于淮北则为枳。叶徒相似,其实味不同。所以然者何?水土异也。今民生长于齐不盗,入楚则盗,得无楚之水土使民善盗耶?"

楚王笑道,不可取笑圣人,不然只会自讨没趣。

晏婴将小门比作狗门,出使狗国才走狗门,言外之意,如果走小门,楚国即是狗国。所以迎宾官员立即改变了路线,走大门入宫。当楚王讥笑他时,晏婴自认不肖,这是退;然后说"不肖者使使不肖王",是说楚王不肖,所以自己才出使楚国,这是进。晏婴以退为进,在不露声色之中,词锋锐利,使楚王难以招架。楚王欲以"齐人善盗"羞辱晏婴,晏婴不去分辩,而是说齐人在齐不盗,至楚方盗,水土使然。其语貌似绵软,其实十分尖刻,使楚王辱人不成,反而自辱。

晏婴的机智善辩对战国辩士影响巨大,可以说开战国论辩风气之先。到战国时期,百家争鸣,诸子之间相互辩难。同时,各国诸侯为富国强兵,竞相招揽人才。在这一局势下,士人在完善学说的同时,也注重提高论辩技巧,论辩之风盛行。

在《晏子春秋》中,晏婴已经具有了一些战国辩士的风采。这除了因为晏婴本人善于辩说之外,也因为《晏子春秋》成书于战国时期,晏婴事迹在流传、整理过程中,难免掺入一些战国辩士的润色和加工,使之具有了战国时期的时代印迹。这一点古人早有认识,如刘向《晏子叙录》说《晏子春秋》第八篇"似非晏子言,疑后世辩士所为者"。

战国时期,有的辩士以晏婴为楷模,如淳于髡即仰慕晏婴。

《史记·孟子荀卿列传》说淳于髡"博闻强记,学无所主。其谏说,慕晏婴之为人也,然而承意观色为务"。显然,淳于髡深受晏婴辩说的影响。

晏婴虽然开战国论辩风气之先,但他与战国辩士有着本质的不同。晏婴具有明确的治国理念和高尚的情操,他的辩说始终围绕着匡正君主、维护国家社稷这个中心,不存私念,言辞与操守一致。而战国辩士则不同。他们游说诸侯,承意观色而已,特别是苏秦、张仪之流,挟诈尚谋,不讲操守,察颜观色,摇唇鼓舌。他们四处游说,往往是为了一己之利,其操守品行与晏婴相比,有天壤之别,不可同日而语。

一言以蔽之,晏婴是长于辞令的贤相,而战国辩士多是承意观色的说客。

第六章

齐文化精粹撷珍·晏婴

官德典范,光耀千秋

在春秋时期,作为一名政治家,晏婴的事功不及管仲,但在品行操守方面,无人能及。他节俭力行,直言敢谏,用则尽心竭力,不用则退,决不随波逐流、同流合污。他不畏强权,具有仁者之勇;又谦和礼让,礼贤下士。他品行高尚,以完美的人格著称于世,他的身上集中了几乎所有的传统官德。

一　孔子对晏婴的敬重

　　孔子略晚于晏婴。孔子生于公元前 551 年，比晏婴小约三十岁。齐、鲁为近邻，交往较多。晏婴与孔子相识，有多次会面，有明确记载的有以下三次：

　　第一次，齐景公二十六年（前522），晏婴随齐景公出猎至鲁郊，到鲁国问礼。《史记》中的《齐太公世家》与《孔子世家》对此事均有记载。在鲁期间，晏婴与孔子有过接触。《孔子家语·贤君》载："齐景公来适鲁，舍于公馆，使晏婴迎孔子。孔子至，景公问政焉。"齐景公派晏婴把孔子迎接到馆舍，向孔子问政。

　　第二次，齐景公三十一年（前517），在鲁昭公出奔齐国之后，孔子也到了齐国，做了高张的家臣，通过高张见到了齐景公。这次孔子在齐国的时间比较长，有近两年的时间。在此期间，晏婴与孔子肯定有多次接触。齐景公向孔子问政，对孔子极为赏识，想以尼溪田封孔子，被晏婴谏止。之后，齐景公虽然对孔子依旧尊敬，但不再向他问礼。齐景公对孔子说："奉子以季氏，吾不能。"季氏，即季孙氏，鲁国"三桓"之一，当时在鲁国执政。齐景公虽然不用孔子执政，但仍承诺给予很高的待遇："以季、孟之间待之。""孟"，即孟孙氏，也是鲁国"三桓"之一。

后来，齐国的大夫中有人想害孔子，孔子听到了这个消息，去见齐景公。齐景公对孔子说，我老了，不能用你了。于是，孔子返回鲁国。

第三次，齐景公四十八年（前500），齐、鲁夹谷之会。《史记·孔子世家》载，齐、鲁两国君主会于夹谷，齐景公让人奏莱乐。当时，孔子摄相事，提出两国君主友好会盟，怎么能奏夷狄之乐？面对孔子的抗议，"左右视晏子与景公"。

但是，晏婴实际上并没有参加夹谷之会，《史记·孔子世家》的记载有误。《左传》《孔子家语》等对夹谷之会均有记载，当时随齐景公与会的是梁丘据与犁弥。夹谷之会发生在齐景公四十八年，当时晏婴已经八十岁左右，并于该年去世。夹谷，《史记集解》《史记索隐》都说在祝其县，即今江苏省赣榆县。而据钱穆《史记地名考》，夹谷应在山东莱芜南的夹谷峡。举行夹谷之会为该年夏天，此时晏婴虽然尚未去世，但从临淄到莱芜，相距二百余里，并且需要翻山越岭。山路崎岖，晏婴作为老迈之人，不亲自参加夹谷之会在情理之中。《公羊传》何休注："齐侯自颊谷归，谓晏子曰：'寡人获过于鲁侯，如之何？'晏子曰：'君子谢过以质，小人谢过以文。齐尝侵鲁四邑，请皆还之。'"据何休注，齐景公从夹谷返回临淄后，晏婴提议返还鲁国侵地。这也说明晏婴未参加夹谷之会。

另外，晏婴除了曾经随齐景公到鲁国问礼外，还可能不止一次地出使鲁国，其间可能与孔子有接触，如《韩诗外传》《晏子春秋》《论衡》等都记载了晏婴出使鲁国，孔子让弟子前去观礼，子贡见晏婴"上堂则趋，授玉则跪"，质疑晏婴是否知礼之事。

《晏子春秋》中还有一则记载：孔子柜鲁，齐景公担心鲁国会由此强大起来，而对齐国不利，便问晏婴应该怎么办。晏婴为齐景公出谋划策说，鲁君是弱主，孔子是圣相。您不如暗中结交孔子，许诺让他担任齐相。孔子强谏，而鲁君不听，他必然离开鲁国到我们齐国来。到时候您不收留他，那么孔子自绝于鲁，又不能留于齐，将走投无路。齐景公按晏婴计策行事。一年后，孔子至齐，齐景公不用，孔子只得周游列国，困于陈蔡之间。

这一记载不可信，据《史记·孔子世家》，孔子任大司寇在鲁定公十年，即齐景公四十八年（前500），晏婴于该年去世。孔子"由大司寇行摄相事"在鲁定公十四年，此时晏婴已去世四年。

孔子十分敬重晏婴，这在秦汉典籍中多有记载。

孔子视晏婴为老师。《史记·仲尼弟子列传》说："孔子之所严事：于周则老子；于卫，蘧伯玉；于齐，晏平仲；于楚，老莱子；于郑，子产；于鲁，孟公绰。""严事"，即师事。在孔子所师事的数人之中，晏婴赫然在列，可见孔子对他的敬重程度。

《孔子家语·辨政》记载，子贡曾经问孔子，夫子尊敬郑国的子产、齐国的晏婴，到了无以复加的程度。敢问二位大夫做了什么，使得夫子对他们如此尊重？孔子回答说："夫子产于民为惠主，于学为博物；晏子于君为忠臣，而行为恭敬。故吾皆以兄视之，而加爱敬。"

孔子敬重晏婴，主要是因为晏婴的品行：他是忠臣，对国事恭敬小心，勤勤恳恳，尽心竭力。所以，孔子把他视为兄长，甚是敬重。《论语》载，孔子曾称赞晏婴善于与人交往，其品行让人敬重："晏平仲善与人交，久而敬之。"

孔子敬重晏婴，主要是敬佩他的官德与为人，这在《晏子春秋》中有多则记载。

一

大雪接连三天不停，齐景公身穿狐白之裘，奇怪大雪天竟不觉寒冷。晏婴劝谏齐景公要"饱而知人之饥，温而知人之寒"。于是齐景公下令，向饥寒者发放粮食和衣服。孔子对此评论说："晏子能明其所欲，景公能行其所善也。"

二

齐景公的嬖妾婴子死了，齐景公非常痛心，日夜守着，连饭都不吃，已经三天还不让入殓。晏婴以有良医可起死回生为由，骗齐景公离开，然后将婴子入殓。孔子对此事评论说："星之昭昭，不若月之曀曀。小事之成，不若大事之废。君子之非，贤于小人之是也。其晏子之谓欤？"意思是说，星光再亮，也亮不过阴暗时的月亮；小事做得再成功，其价值也不如不够完美的大事；君子即使有错，也比小人做正确的事时更加贤明。晏婴用欺骗的手段入殓婴子，看似欺君，不合乎礼，但孔子仍然认为晏婴做得对，是从本质上维护礼。

三

晏婴使鲁，不符合"堂上不趋，授玉不跪"的礼仪规定，子贡怀疑晏婴不知礼。孔子问晏婴，晏婴说："夫上堂之礼，君行一，臣行二。今君行疾，臣敢不趋乎！今君之授币也卑，臣敢不跪乎！"孔子称赞道："善。礼中又有礼。赐，寡使也，何足以识礼也！《诗》曰：'礼仪卒度，笑语卒获。'晏子之谓也。""赐"是子贡的名。孔子这话的大体意思是说，晏婴深知礼的精髓，所以能够灵活运用，即能行礼中之礼。子贡当使者的次数太少，还没有真正地掌握礼仪。《诗经》中说，只要礼仪的精髓都揣摩透了，一言一笑都会符合礼法，这说的正是晏子。

晏婴出使鲁国，没有完全遵守礼仪规定，但他不拘于礼仪，是为了更符合礼。孔子认为晏婴是礼中有礼，充分肯定了他的行为。

四

齐景公问晏婴"为政何患"，晏子回答说"患善恶之不分"，并提出要"审择左右。左右善，则百僚各得其所宜，而善恶分"。

孔子称赞晏婴见解精辟："此言也信矣。善进，则不善无由入矣；不善进，则善无由入矣。"

晏婴认为，君主用人的关键在于慎重选择身边的近臣。君主任命百官时，最容易受到近臣的影响，如果身边都是贤能的人，那么恶人就没有渠道得到任用；如果相反，那么贤能之士也就没有进身之阶了。孔子称赞晏婴这话说得太对了。

五

梁丘据问晏婴，您侍奉三位君主都很顺利，而三君不同心，您是不是以多心事君？梁丘据其实是问晏婴，能够得到三位君主的信任，是不是因为善于投其所好？晏婴回答说："一心可以事百君，三心不可以事一君。"孔子对晏婴的观点极为赞同，并要求学生以晏婴为榜样："小子识之，晏子以一心事百君者也。"

晏婴坚守自己的思想主张，坚持自己的理想信念，而不因君主的改变而变化，不去迎合君主的喜好。这种特立独行的政治品格正与孔子的主张相一致，所以，孔子以此教育自己的学生。

六

晋国想要伐齐，先使范昭到齐国，暗中了解齐国的形势。齐景公设宴招待范昭。范昭借着酒劲，用齐景公的酒杯饮酒。在当时，这是一种越礼行为。晏婴当即让人更换了齐景公的酒杯。范昭又佯醉起舞，让齐太师为他演奏成周之乐。成周之乐是天子之乐，奏天子之乐是僭越行为，又被齐太师拒绝。范昭生气而去。

齐景公为此很担心，恐怕得罪晋国。晏婴却说范昭不是不知礼之人，他之所以这样做，只不过是试探我们君臣而已。事情果然如晏婴所言，范昭回国后对晋平公说，现在还不是攻打齐国的最佳时机。齐国有晏婴、齐太师这样的贤臣，现在伐齐没有必胜的把握。晋国因而打消了伐齐的打算。

孔子对晏婴的政治才干极为称赞："善哉！不出尊俎之间，而折冲于千里之外，晏子之谓也，而太师其与焉。"

"尊"是盛酒器，"俎"是盛肉器，后来常用"尊俎"代称宴席。"折冲"，指抵御敌人。孔子称赞晏婴在杯酒言谈之间，就能御敌致胜于千里之外。成语"折冲樽俎"即源于此，指不用武力而在酒宴谈判中制敌取胜。

七

齐景公修建大台，在冬天也继续施工，国人不堪其苦。当时晏婴出使鲁国，国人盼望他能早日归国，劝谏齐景公停工。晏婴归国后，先说服齐景公同意停工，然后来到大台工地，故意鞭打不努力干活的人，把人们的怨恨引到自己身上，把停止工程归功于齐景公，以维护齐景公的威望。

孔子听说此事后，感叹说："古之善为人臣者，声名归之君，祸灾归之身。入则切磋其君之不善，出则高誉其君之德义。是以虽事惰君，能使垂衣裳，朝诸侯，不敢伐其功。当此道者，其晏子是耶？"

晏婴甘愿归功于君主，自己替君主承受非议，上朝时指出国君的过失，退朝后极力称赞国君的道德仁义。因此，尽管齐景公是怠惰之君，但在晏婴的辅佐下，仍然能以礼义昭示天下，让诸侯前来朝拜，而晏婴从不夸耀自己的功劳。

八

晏婴为他的父亲晏弱治丧，简其礼，其家老说："非大夫丧父之礼也。"而晏婴认为"唯卿为大夫"。"家老"即家臣中的年长者。由于晏婴葬父礼仪过简，不符合大夫身份，所以家老提出了异议。而晏婴不作辩解，只说卿才用大夫之礼，他的父亲晏弱不是卿，不必用大夫之礼。

孔子称赞晏婴道："晏子可谓能远害矣。不以己之是，驳人之非。逊辞以避咎，义也夫。"

孔子称赞晏婴能够远离祸害。他不因为自己做得对，就去驳斥别人的错误，而言语谦逊，不触怒他人，不轻易引来祸端。孔子称赞晏婴的做法完全符合义的要求。

《孔子家语·弟子行》记载，孔子在评论前辈贤人时，曾经称赞晏婴说："其言曰：'君虽不量于其身，臣不可以不忠于其君，是故君择臣而任之，臣亦择君而事之。有道顺命，无道衡命。'盖晏平仲之行也。"晏婴曾经说过，君主不能完全了解臣下，但臣下却不能不效忠君主。所以君主选择臣下，臣下也要选择君主。君主圣明就顺从，君主昏庸就进谏。孔子认为，晏婴是这样说的，也是这样做的。

实际上，"择君而事之。有道顺命，无道衡命"也是孔子入仕的基本原则。他周游列国，不是为了高官厚禄，而是为了推行自己的政治主张。

孔子对晏婴也有批评。据《礼记·杂记下》，孔子曾说："晏平仲祀其先人，豚肩不掩豆，贤大夫也，而难为下也。君子上不僭上，下不逼下。"晏婴在祭祀先人的时候，用的猪腿太小，连盛猪腿的器皿——"豆"都覆盖不过来。晏婴身为大夫尚且如此节俭，那一般人又该怎么做呢？孔子认为，作为君子，应该既不僭上，也不逼下。所以，孔子在肯定晏婴是贤大夫的同时，也批评他所用祭品与自己的身份不符，过于节俭，不是君子所为。这一批评比较温和，说的是美中不足。

此外，据《晏子春秋·外篇重而异者》，孔子评论晏婴说："灵公污，晏子事之以整齐。庄公壮，晏子事之以宣武。景公奢，晏子事之以恭俭。晏子，君子也。相三君而善不通下，晏子，细人也。""细人"，与"君子"相反，指格调不高、目光短浅的人，即小人。孔子既称赞晏婴善于补君之不足，是君子；又说晏婴未能广泛推行善政，是小人。晏婴听说后，对孔子说："如婴者，岂能以道食人者哉？婴之宗族，待婴而祀其先人者数百家，与齐国之闲士待婴而举火者数百家，臣为此仕者也。如臣者，岂能以道食人者哉？"晏婴不去争辩自己如何有善政，而是再三强调自己本就不是"以道食人者"，即不是通过推行思想主张而补益社会的人。孔子听后，称赞晏婴说："救民之姓而不夸，行补三君而不有，晏子果君子也。"意思是说，晏婴拯救百姓但并不自夸，他的行为弥补了三位君主的不足,也不认为是自己的功劳,晏子果然是君子!此处批评实际上是先抑后扬,借以突出晏婴的君子品行。

孔子的高度评价彰显了晏婴的高尚品行,提高了晏婴的影响力。

二 中国贤相的代表

晏婴作为我国古代的著名贤相,一直与管仲齐名,并称为"管晏"。《史记·孟子荀卿列传》记载,当有人向梁惠王推荐淳于髡时,梁惠王说:"子之称淳于先生,管、晏不及。"可见,最晚在战国前期,晏婴就已经与管仲并称,成了中国贤相的代表人物。

《孟子·公孙丑上》载,孟子与他的学生公孙丑一起讨论政治理想。公孙丑问孟子,假如您在齐国当权,可以再度建立管仲、晏婴那样的功业吗?

孟子不以为然,说,你真是个齐人,只知道管仲、晏婴而已。孟子表示自己有更为远大的志向,羞于与管晏相比。

公孙丑不解地问,"管仲以其君霸,晏子以其君显",难道管仲、晏婴还不值得学习吗?

孟子却说，如果自己有管仲、晏婴那样的从政条件，辅佐君主成王、统一天下易如反掌。

公孙丑把管仲、晏婴视为功业显著的政治家，如能从政，建立犹如管仲、晏婴那样的功业是他的理想。可见，管、晏是当时人们公认的卓有建树的贤相。

到了汉代，司马迁作《史记·管晏列传》，进一步确立了管晏作为中国古代贤相代表的历史地位。

刘向曾说："董仲舒有王佐之材，虽伊、吕亡以加，管、晏之属，伯者之佐，殆不及也。"（《汉书·董仲舒传》）刘向认为董仲舒有"王佐之材"，商代的伊尹、周代的吕尚虽然是王者之佐，但不比他强多少；春秋时期的管仲、晏婴虽然是霸者之佐，也比不上他。可见，在当时人们的心目中，伊尹、吕尚是夏、商、周三代"王佐之材"的代表，管仲、晏婴是春秋战国时期"伯者之佐"的代表。

《史记·管晏列传》说："夷吾成霸，平仲称贤。"管、晏虽然同为贤相，但不同之处甚为明显。首先，管仲重改革创新，在政治、经济、军事等各个方面进行了一系列的改革，实现了富国强兵，成就了齐国霸业。而晏婴重在修德，极力劝谏齐景公爱民、减刑罚、薄赋敛，"无得罪于民"，从而维护了齐国政局的稳定。因而，管仲因事功受瞩目，晏婴以德政被称颂。其次，管仲不拘小节，即"不羞小节而耻功名不显于天下"。与管仲相比，晏婴眼中无小节，事情无论大小巨细，皆一板一眼，极为严谨，是严于律己的典范。

此外，二人最明显的不同是管奢晏俭。《史记·管晏列传》说："管仲富拟于公室，有三归、反坫，齐人不以为侈。""三归"，解释不一，一般认为是指三处采邑；"反坫"是诸侯宴会嘉宾时放置空酒杯的设施。这话的意思是说，管仲富贵得可以跟国君相比拟，拥有大量的财富，使用国君才用的宴饮设备，齐国人却不认为他奢侈僭越。而晏婴以节俭著称，"以节俭力行重于齐"。二人一奢一俭，但均是卓有建树的"伯者之佐"。这一点早就为人津津乐道，如司马迁说："晏子俭矣，夷吾则奢；齐桓以霸，景公以治。"汉代丞相公孙弘也曾对汉武帝说："且臣闻管仲相齐，有三归，侈拟于君，桓公以霸，亦上僭于君。晏婴相景公，食不重肉，妾不衣丝，齐国亦治，亦下比于民。"（《汉书·公孙弘卜式儿宽传》）管仲生活奢侈，"上僭于君"，晏婴力行节俭，"下比于民"，但皆功绩斐然。

相比之下，管仲的不拘小节与生活奢侈受到较多的非议。后世比较管、晏，多肯定管仲的功业，而称颂晏婴的品行。

总之，与管仲因辅君成霸、事功卓著而闻名不同，晏婴作为贤相，主要以高尚的官德和完美的品行赢得后人的敬重。司马迁说："假令晏子而在，余虽为之执鞭，所忻慕焉。""执鞭"，有人解释为司马迁愿意为晏婴赶车，此为望文生义。"执鞭"是说愿意充当执鞭开道的仆隶。古时候，天子或诸侯出行时，有仆隶执鞭开道让行人避让的制度，《周礼·秋官司寇》："条狼氏掌执鞭以趋辟。王出入则八人夹道，公则六人，侯伯则四人，子男则二人。"按身份不同，执鞭开道的人有二至八个不等。司马迁所说的"为之执鞭"，就是为晏婴执鞭开道的意思。《史记索隐》："太史公之羡慕仰企平仲之行，假令晏生在世，己虽与之为仆隶，为之执鞭，亦所忻慕。"由此可见司马迁对晏婴的敬重程度。

综合以上所述，简而言之，管仲以功业见长，而自律似有不足；晏婴道德修养完美，但功业远不及管仲。所以，做事往往以管仲为榜样，而做人往往以晏婴为楷模。

晏婴作为春秋后期的著名贤相，对后世具有广泛而又深远的影响。

晏婴对比他略晚的孔子就有明显的影响。晏婴与孔子的交往，反映了齐、鲁文化的交流。应该说，晏婴与孔子互有影响。如在齐景公二十六年，晏婴随齐景公入鲁，问鲁礼，当时齐景公曾向孔子问政。可见晏婴当受到孔子的直接影响。但是，由于晏婴年长孔子三十岁左右，晏婴受孔子的影响比较小，而孔子受晏婴的影响比较大，现有的文字记载也表明了这一点。

孔子受晏婴的影响是显而易见的。晏婴提出和而不同，孔子也说"君子和而不同，小人同而不和"。再如晏婴主张并践行仁义之勇，孔子则说："义之为上，君子好勇而无义则乱，小人好勇而无义则盗。"（《史记·仲尼弟子列传》）勇必须在义的统领之下，这与晏婴的认识是一致的。晏婴个子矮小，从外表看不是孔武有力之人，但有生死不惧的仁义之勇，孔子说的"仁者必有勇"（《论语·宪问》），可以看作对晏婴仁义之勇的总结。

在《列子·天瑞》中，孔子与子贡讨论生与死，孔子说："晏子曰：'善哉，古之有死也！仁者息焉，不仁者伏焉。'"晏婴对死的看法极为豁达，认为生而有死是一大好事。死对仁者来说，是得以休息；对不仁者来说，是停止作恶。晏婴对死的看法对后来颇有影响。但是，《列子》本以寓言为主，常用历史人物编排寓言故事，不可信以为真。尽管如此，从中也透露出一个信息，即人们在很大程度上认可晏婴影响了孔子。

孔子与他的学生讨论晏婴，又将晏婴的影响扩大到他的弟子，从而进一步扩大了晏婴的影响。

晏婴对早期儒家的其他人物也有直接影响。曾子曾跟随孔子到齐国，因此与晏婴相识，并多有来往，关系比较亲近。曾子在齐期间，曾经当面向晏婴请教，问古代有没有"上不谏上，下不顾民，退处山谷，以成行义者"。晏婴说这是不可能的。

当曾子离开齐国时，晏婴为他送行，并赠之以言，提醒他要注意环境对人的影响，强调居必择处，游必择士，仕必择君。

晏婴的这一赠言很受古人的重视，《荀子》《晏子春秋》《说苑》《孔子家语》等均有记载。也就是说，其赠言所阐述的道理不仅直接影响了曾子，而且被更多的人所接受。

《礼记·檀弓下》记载，曾子曾称赞晏婴"知礼"。当时有个人叫有若,则与曾子的观点相反,他指责晏婴过于节俭,一件狐皮衣穿了三十年,给父亲送葬只用一乘车装祭品,不符合大夫用五乘车的礼仪,因而怀疑晏婴不知礼。于是,曾子为晏婴辩解说:"国无道,君子耻盈礼焉。国奢,则示之以俭;国俭,则示之以礼。"国君无道,君子便以享受礼制的顶格待遇为耻。国人奢侈,就用节俭来引导他们;国人节俭,就用礼来引导他们。曾子对于晏婴节俭的评价,不是停留在是否合乎礼的层面上,而是与扭转社会奢侈之风联系起来,因而评价更为深入,也更为客观公正。

晏婴对稷下先生有重要影响。稷下学宫是最早的官办高等学府,也是学术研究机构和政府智库,始建于田齐桓公时期,齐威王、宣王时期达到鼎盛。齐宣王时,稷下先生享受上大夫待遇,弟子达到"数百千人"。稷下先生们"不治而议论",晏婴作为春秋时期的齐国贤相,必然受到他们的关注。

受晏婴影响最大的稷下先生是淳于髡。淳于髡是早期稷下学宫中的代表人物,思想活跃,曾经与孟子辩难,还多次奉命出使他国。他为人多智,长于辩说,被当时的人称作"炙輠过髡"。"輠过"即"輠辊",是车轮上盛放润滑油膏的器皿,用以形容他辩说流畅无碍。司马迁说他"博闻强记,学无所主。其谏说,慕晏婴之为人",可见他是晏婴的崇拜者,深受晏婴的影响。淳于髡的弟子众多,他去世后,据说为他送葬的弟子有三千人。作为稷下先生,他势必会将晏婴的影响扩大到他的弟子。

晏婴对孟子也有明显的影响。虽然孟子出于对王道的追求，对晏婴的功业不满意，但又不得不认可晏婴是君王的贤佐。如《孟子·梁惠王下》记载，齐宣王在雪宫接见孟子，向他请教贤人的快乐。孟子强调，贤人与天下人同乐同忧，这样做定能"王天下"。孟子举晏婴为例：当年，齐景公问晏子，我准备到转附、朝儛两处去游览，再顺着海滨南行，直到琅邪。我该如何做，才能跟古代圣君的巡游相比呢？晏子回答说，问题提得好啊！天子到诸侯国视察叫作巡狩。所谓巡狩，就是巡视诸侯守卫的疆土。诸侯去朝拜天子叫作述职。所谓述职，就是报告他所承担的职责。春季巡察农耕并补助贫困的农户，秋季巡察收获并帮助歉收的缺粮户。夏朝有谚语说，我王不来游历，我怎能得到休息？我王不来巡视，我怎能得到赏赐？齐景公听了很高兴，于是打开仓廪，赈济贫困。

孟子举晏婴为例，可见他也充分认可晏婴的贤相地位。

晏婴对荀子的影响也显而易见。如晏婴提出"天道不谄，不贰其命"，而《荀子·天论篇》说："天行有常，不为尧存，不为桀亡。"显然，荀子关于天道自然，以及"明于天人之分"的思想，是对于晏婴天道自然观的进一步阐述和发挥。

再如，《荀子·劝学篇》说："故君子居必择乡，游必就士，所以防邪辟而近中正也。"这显然是吸收了晏婴在送别曾子时的赠言内容，即注重环境对人成长、修养的影响。

另外，晏婴对墨家的影响也比较明显，这在尚俭上体现得最为突出。晏婴以节俭著称，墨家也尚俭。并且，墨家借晏婴来反对儒家的厚葬、繁礼，并批评孔子，如《墨子·非儒》中即借晏婴之口攻击孔子。柳宗元《辩〈晏子春秋〉》说："墨好俭，晏子以俭名于世，故墨子之徒尊著其事以增高为己术者。"他甚至说《晏子春秋》是墨家的著作。这都表明墨家深受晏婴的影响，也说明晏婴在当时具有比较大的影响力。

晏婴的影响是十分广泛而深远的。在《儒林外史》中，杜少卿潇洒倜傥，季萧苇醉后劝他纳妾，他便说："苇兄，岂不闻晏子云：'今虽老而丑，我固见其姣且好也。'况且娶妾的事，小弟觉得最伤天理。"杜少卿是书中少有的几个被作者肯定的人物之一，在他身上有作者自身的影子。他引用晏婴的话反对纳妾，可见晏婴影响之深远。

三　当代价值与启迪

如前所述，在中国历史上，晏婴的主要建树不在于事功，而在于品行。正如《史记·管晏列传》所说"夷吾成霸，平仲称贤"，晏婴主要以高尚的品行受到后人的称颂。《晏子春秋》一书集中记载了晏婴的言行。记载一人言行而成书，这在先秦时期是绝无仅有的，由此可见人们对晏婴言行事迹的高度重视。此书通过对晏婴言行事迹的记载,塑造了一个品行高尚、几近完美的齐相形象。可以说,晏婴身上集中了当时人们心目中的为官之德,寄托了古人对为官品德的理想与追求。因此,晏婴身上体现了我国传统的官德思想,反映了我国优秀的官德文化。显然,晏婴的思想与品行对现今也有教育、启发意义,值得继承与发扬。

晏婴对现今的启发意义,在以下几个方面最为突出。

(一)将以民为本作为施政的根本宗旨

现今,以民为本早已成为人们的共识,甚至似乎已经成为老生常谈,无须进行强调。但是,在现实社会中,以民为本虽然在理论上已经被人普遍接受,但在实践上,毋庸讳言,还有许多不尽如人意的地方。甚至有人将以民为本当作口号,在实际工作中自觉不自觉地另行一套。晏婴以民为本的思想告诉我们,必须把以民为本作为标尺,做任何事情都必须把人民利益放在第一位,凡是符合人民利益的就去做,凡是不符合人民利益的坚决不做,扎扎实实地为人民谋福利。这才是真正的以民为本。

在晏婴以民为本的思想中,以下两点最具有启发意义:

其一,将人民利益最大化作为一切工作的最高目标。晏婴说:"意莫高于爱民,行莫厚于乐民。""意"是意愿,也就是工作的追求与愿望。从施政者的角度来说,工作的追求和愿望再也没有比爱民更高的了,即爱民是施政的最高要求。"行"是行动、措施。一切工作措施,再也没有比为人民谋福祉更为仁厚的了,即为能否造福于民是工作措施是否得当的标尺。"意"是主观动机,"行"是工作措施。这句话从主观、客观两个方面,强调了"爱民""乐民",即在主观上时刻关心人民利益,在客观上事事为人民谋幸福,这是施政者的最高境界。

其二,在实际工作中,前进的道路永远是曲折的、不平坦的,不可能一帆风顺,需要进行不懈的探索,正所谓摸着石头过河;但是,道路可以不断探索,宗旨却片刻不能忘记。只要坚持以民为本,不管地位如何卑微,路途如何曲折,最终必将赢得社会的尊重。晏婴说:"卑而不失尊,曲而不失正者,以民为本也。"以民为本不仅是宗旨,也是保证卑不失尊、曲不失正的法宝。晏婴还说:"苟持民矣,安有遗道?苟遗民矣,安有正行焉?"如果始终奉行以民为本,就不会偏离正确道路;相反,如果丢弃了为人民谋利益的宗旨,就一定会走上歧途。

晏婴作为一名出色的政治家,对以民为本的精辟论述,既是一种思想观点,也是一种工作方法。他告诉我们,只要牢牢地把握住以民为本,就能把握住努力的方向,不会偏离工作的目标,行进在正确的道路上。

(二)积极营造和而不同的人际关系

晏婴主张和而不同,并一生不懈地实践着和而不同的思想主张。虽然过去了两千多年,晏婴的这一主张仍然值得我们继承、发扬。

首先,要做到和而不同,必须坚持做社稷之臣。晏婴坚持做社稷之臣,一切以国家社稷为重,而不去巴结、迎合君主,坚持"君正臣从谓之顺,君僻臣从谓之逆"的是非标准,"不与君行邪"。所以,晏婴能够一身正气,敢于发表不同意见。晏婴的事迹告诉我们,坚持和而不同的关键是摆正自己的身份,坚持正确的立场。如果站在国家的立场上,一切以国家利益为重,就能做到和而不同;相反,处处考虑个人得失,就不会有提出不同意见的勇气,就不可能真正做到和而不同。

其次,和而不同的关键是领导干部要有接受批评的胸怀。晏婴不仅有敢于批评的勇气,还有主动接受批评的胸怀,甚至将提出批评意见作为交友、用人的必要条件。《说苑·臣术》记载,晏婴在辞退家宰高纠时说:"婴仄陋之人也,四维之然后能直。今此子事吾三年,未尝弼吾过,是以逐之也。"晏婴十分自谦,说自己的能力、见识都不高,要干成事情需要有人匡正、扶持。而高纠在自己身边三年,从来没有提出过批评意见,所以要辞退他。在有些人的眼里,高纠是一位顺从听话的好下级,但在晏婴眼里却是混饭吃的"仕禄之臣"。晏婴深知兼听则明的道理,非常重视听取不同意见,重视建立畅所欲言、互相批评的人际关系。他的"家俗"有三条,其中第二条是:"出不相扬美,入不相削行,则不与。""相削行"就是互相批评,纠正错误。领导干部是单位的主导，如果能够具有晏婴这样的胸怀，提倡和鼓励下属提出不同意见，定能形成和而不同的人际关系。

（三）节俭是自身修养水平的体现

晏婴十分节俭，甚至到了寒酸的程度，一件狐皮衣穿了三十年。但他不觉得清苦，甘愿过节俭的生活。追求生活富足是人的普遍愿望，为什么晏婴能够如此节俭？

晏婴之所以安于节俭，是因为他具有崇高的思想境界。这主要体现在以下几个方面：

其一，认为义为利本。田无宇联合鲍氏驱逐栾施、高彊后，想要瓜分栾氏、高氏家产。晏婴劝说田无宇一定要将栾氏、高氏家产交给公室，说："让，德之主也。""义，利之本也。"晏婴认为，让利不争是美德。人人都有争利之心，但要受到道义的约束。如果不顾道义，一味追求财富，那么财富的积累过程也就是滋生罪孽的过程，也就是走向败亡的过程。所以，晏婴能够主动谦让，不去追求个人利益。

其二，主张以德幅利。他认为，富也如布帛，有宽幅的限制，这个限制就是德。必须将财富限制在符合德义的范围之内，不然，足欲则亡，利过则败。如果贪得无厌，只会加速灭亡。

其三，以贫为师。晏婴说："所以贫而不恨者，以若为师也。"(《晏子春秋·内篇杂下》)他之所以能够安于俭朴，是自觉地以贫为师的结果。首先，他认为积累个人财富是不忠、不仁、不智之举。在晏婴看来，厚取然后厚施，是与君争民，不是忠臣应有的作为；厚取而藏，是为自己积累财富，不是仁人应有的作为；厚取而用不完，死后将成为他人之物，不是智者应有的作为。其次，他认为"节受""俭居"是"君子之事"。在晏婴看来，节俭是取得君主信任、赢得名誉的途径："节受于上者宠长于君，俭居处者名广于外，夫长宠广名，君子之事也。"(《晏子春秋·内篇杂下》)有节制地接受君王的赏赐，得到君王的宠信就能更加长久；生活节俭，美名就能远扬于外。而长期受到宠信、美名远扬，这正是君子所追求的事情。

其四，自觉地使个人利益服从于国家利益。晏婴试图通过自己的努力形成清廉政治。齐景公见晏婴上朝时乘坐弊车驽马，便让梁丘据送去车马，但往返三次，晏婴都不接受。齐景公为此很不高兴，即刻召见晏婴。晏婴说："君使臣临百官之吏，臣节其衣服饮食之养，以先国之民，然犹恐其侈靡而不顾其行也。今辂车乘马，君乘之上，而臣亦乘之下，民之无义、侈其衣服饮食而不顾其行者，臣无以禁之。"(《晏子春秋·内篇杂下》)晏婴厉行节俭，是因为他作为相国要带个好头，以便于禁止百官、民众"侈其衣服饮食"。他有着明确的政治追求，甘愿率先节俭。

而且，晏婴将国强民富视为最大的奖赏。齐景公要将平阴、稟邑赏赐给晏婴，晏婴谢绝。齐景公问他："君子独不欲富与贵乎？"晏婴回答说，为人臣者，并非不想富贵，但要先君而后身，先国而后家。齐景公问，那么我用什么来奖赏你呢？晏婴回答说："君商渔盐，关市讥而不征，耕者十取一焉。弛刑罚，若死者刑，若罚者免。若此三言者，婴之禄、君之利也。"晏婴将国家安定、人民福祉视作自己的俸禄、奖赏，因为具有这种政治追求，所以自然安于节俭。

（四）吸引人才要"下贤以身"

晏婴重视人才，在如何选拔、任用贤能等方面提出了一系列的精辟见解，形成了比较系统的人才思想。其中"下贤以身"的见解最为引人注目。

当齐景公问齐桓公"何以致霸"时，晏婴说："昔吾先君桓公变俗以政，下贤以身。"管仲曾辅助公子纠与齐桓公争位，并以箭射齐桓公，中衣带钩，险些伤及齐桓公性命。但当他从鲁国返回齐国时，齐桓公亲自驾车迎接，拜为仲父。甯戚本是卫人，经商至齐。他在车下喂牛，击牛角而歌。齐桓公从歌声中听出他是非凡之人，便任命为大田。晏婴认为，正是由于齐桓公能够"下贤以身"，才取得了霸主地位。

晏婴通过齐桓公不拘一格地重用管仲、甯戚，说明吸引、任用贤能，不能只是喊喊口号，用高薪招聘过来装装门面，而必须放下身架，真正做到"下贤以身"，给人才提供施展才能的舞台。

　　晏婴的思想和品行作为我国古代优秀的传统文化遗产，其价值和意义是多方面的，难以尽述，并且，"横看成岭侧成峰"，从不同的角度会得出不同的认识。我们相信，晏婴的思想、品行将日益被人们所重视，并不断得到继承和发展，助力现代文明建设。

山东省社科理论重点研究基地
齐文化研究基地重点项目

齐兵学

齐文化精粹撷珍

王志民 主编
巩曰国 张灿贤 副主编

阎盛国 著

山东文艺出版社

图书在版编目（CIP）数据

齐兵学 / 王志民主编 ； 巩曰国，张灿贤副主编 ； 阎盛国著. -- 济南 ： 山东文艺出版社，2025.5.
(齐文化精粹撷珍). -- ISBN 978-7-5329-7354-5

Ⅰ. E892.2

中国国家版本馆CIP数据核字第20255ZA102号

《齐文化精粹撷珍》编委会

主　编　王志民
副主编　巩曰国　张灿贤
成　员（按姓氏笔画排序）
　　　　白　奚　邱文山　战化军　贺志红
　　　　耿芳朝　耿振东　阎盛国

《齐文化精粹撷珍》序

在源远流长、辉煌灿烂的中华优秀传统文化中,齐文化有着独特的价值内涵和历史贡献。为深入贯彻中共中央办公厅、国务院办公厅《关于实施中华优秀传统文化传承发展工程的意见》等文件精神,立足齐文化,做好对优秀传统文化的创造性转化、创新性发展,近几年来,山东理工大学齐文化研究院在上级有关部门和学校鼎力支持下,开展了齐文化系列研究项目,《稷下学宫与柏拉图学园比较研究论集》《齐文化大辞典》《诸子百家普及丛书》《文化淄博丛书》以及大型文献著作集成《齐书》等相继完成并出版发行,旨在通过系列项目,对齐文化的丰富内涵和当代价值进行深入挖掘和系统阐释,充分理解、把握齐文化精髓,更好地传承、弘扬中华优秀传统文化。《齐文化精粹撷珍》作为系列项目之一,集学术性与通俗性于一体,目2020年论证设计,

2021年正式启动，历时三年，几易其稿，即将与读者见面。

齐文化内容丰富，一套丛书难以包罗万象，《齐文化精粹撷珍》精选了能集中反映齐文化核心内容，又适宜于普及传播的五个重点选题，分别是姜太公、管仲、晏婴、齐兵学、稷下学宫，每题一册，每册十万字左右，以学术价值高、可读性强、让广大群众"喜闻乐读"为目标。姜太公为齐国开国君主，也是齐文化的奠基人，是中国历史上一位被神化的、家喻户晓的人物，集政治家、军事家、思想家于一身。《史记·齐太公世家》："太公至国，修政，因其俗，简其礼，通商工之业，便鱼盐之利。而人民多归齐，齐为大国。"齐国后来的强大离不开姜太公的开国立策之功。被梁启超誉为"中国之最大政治家"的齐国名相管仲，辅佐春秋首霸齐桓公"九合诸侯，一匡天下"。孔子说："微管仲，吾其被发左衽矣。"国强民富，尊王攘夷，管仲之功也。齐国另一位著名政治家晏婴也是中国历史上贤相的代表，与管仲齐名，世称"管晏"。晏婴提出"和而不同""以民为本"的思想，且具备直言极谏、勤俭节约、关心民生疾苦等官德善行，成为后世的榜样，司马迁在《史记·管晏列传》中说："假令晏子而在，余虽为之执鞭，所忻慕焉。"兵学理论家、实践家汇集，兵学著作闻名天下的齐兵学，是齐文化宝库中的重要部分。姜太公、司马穰苴、孙武、孙膑等兵学大家，演绎出齐人非凡的军事智慧；《六韬》《司马法》《孙子兵法》《孙膑兵法》等兵学著作，对后世军事、经济、文化等都产生了深远的影响，《孙子兵法》至今

仍是享誉世界的军事哲学名著。稷下学宫作为存在时间最长、规模最大的战国诸子百家争鸣的学术中心，既是当时师生众多、大师云集的高等学府，也是齐国议政的高级咨询机构，兼有学术性、政治性，对后世产生了深远的影响。郭沫若认为，稷下学宫的设置在中国文化史上具有划时代的意义。

本套丛书由齐文化研究院名誉院长、教育部重大攻关招标项目"稷下学派文献整理与数据库建设研究"首席专家王志民教授担任主编，负责整体规划、组织编写及统稿、定稿等工作；巩曰国、张灿贤两位副主编自始至终参与组织了丛书的各项工作。《稷下学宫》由首都师范大学资深教授白奚先生执笔完成，《齐兵学》由山东师范大学齐鲁文化研究院阎盛国教授完成，《晏婴》由山东理工大学战化军教授完成，《管仲》由《管子学刊》主编耿振东教授完成，《姜太公》由山东理工大学齐文化研究院耿芳朝副教授、邱文山教授完成。丛书统一编写体例和撰写要求，召开专题研讨会十余次，全体编委会人员通力合作，对编写提纲、书稿等进行了深入详尽的讨论修改。山东文艺出版社对丛书的编写、统稿、定稿、出版给予了积极支持与帮助，使丛书得以顺利出版。我们衷心希望丛书能发挥其价值，对传播中华优秀传统文化起到应有的作用。

编者

2024 年 12 月

目 录

齐文化精粹撷珍·齐兵学

《齐文化精粹撷珍》序　　001

导言　　001

第一章　先秦兵学视域下的齐兵学　　005
　　一　先秦兵学概说　　007
　　二　齐兵学兴盛的原因　　014
　　三　齐兵家战例　　022

第二章　《孙子兵法》的兵学智慧　　043
　　一　宏观与微观的统一　　045
　　二　主观与客观的统一　　050
　　三　变与不变的统一　　053
　　四　《孙子兵法》独特的思想体系　　060

第三章　《六韬》《司马法》《孙膑兵法》的兵学智慧　065
　　一　《六韬》的兵学智慧　067
　　二　《司马法》的兵学智慧　076
　　三　《孙膑兵法》的兵学智慧　087

第四章　《管子》与《荀子》的兵学智慧　097
　　一　《管子》的兵学智慧　099
　　二　《荀子》的兵学智慧　111

第五章　齐兵学的地位、影响与价值　127
　　一　齐兵学的历史地位　129
　　二　齐兵学对后世的影响　132
　　三　齐兵学的当代价值　154

导　言——齐兵学智慧与中华文明

齐文化精粹撷珍·齐兵学

中华文明源远流长，兵学智慧独具一格。早期的兵器发明与战争实践，无不折射出华夏大地先人的聪明才智。远古时代，伏羲用树木制作兵器，神农用石头制作兵器，蚩尤用金属制作兵器，黄帝用玉石制作兵器。兵器固然重要，但人的智慧更重要。蚩尤虽然发明了先进的兵器，但是依然没有战胜具有高超智慧的黄帝。兵学智慧来源于战争实践，是赢得战争胜利的重要保证。中华兵学文化源远流长，先人们不断实践，不断发展，不断总结，不断创造出新的兵学理论。

东夷人很早使用弓箭从事打猎活动，频繁的战争是兵学产生和发展的动力。在渤海、黄海之滨的东夷故地，人们不断吸收和消化丰富的战争经验，从而促成了齐兵学的产生。齐兵学是指经过战争洗礼之后，由活动在齐地的著名理论家提炼、总结形成的兵学理论。齐兵学是中华兵学文化中最闪亮的部分，既有杰出的兵学理论家，也有数一数二的兵学经典。全方位了解齐兵学的生成、发展与影响，具有重要意义。齐兵学是齐文化的一个重要组成部分，了解齐兵学有助于更好地认识齐文化的总体风貌。齐兵学是中国古代兵学的核心内容，了解齐兵学发展脉络有助于充分认识中国古典兵学理论发展、演变的历程。齐兵学是兵家智慧的结晶，了解齐兵学的思想精髓，有助于学以致用，服务于社会治理。

若要研究齐兵学，需要全方面发掘相关资料。一要依据重要的传世古籍资料，比如《左传》《国语》《史记》《汉书》中与齐兵学相关的资料。二要依据兵学文献资料，比如《孙子兵法》《司马法》《六韬》等核心资料，以及《三略》《吴子兵法》《尉缭子》《唐太宗李卫公问对》等辅助资料。三要依据出土资料，比如出土的简牍资料，如银雀山汉简《孙膑兵法》等。此外，诗歌、小说、域外汉籍等资料也可为研究齐兵学在中外传播提供实证材料。

齐兵学的兴盛是由多种因素促成的：齐地尚武之风浓郁；齐地战争连绵不断；齐人尚智之性加持；齐国杰出的政治精英引领。齐兵学代表人物举世瞩目，既有足智多谋的姜太公，也有辅佐齐桓公争霸天下的管仲；既有文能附众、武能威敌的司马穰苴，也有"百代谈兵之祖"孙武；既有争雄天下的齐威王，也有人生落难重新翻盘的孙膑；既有率弱小之师胜强敌的田单，还有因论兵而名闻天下的荀子。齐国兵学典籍不仅丰富,而且质量一流。"羁商"战略的高明设计充分彰显了姜太公兵学思想的独特之处。司马穰苴率齐军战胜了晋、燕之师,以实战检验了他的兵学思想。吴、楚两国的柏举之战与孙子的战略战术思想息息相关。马陵之战的战争进程充分展现了孙膑高超的指挥艺术。齐兵学经典蕴含了丰富的兵学思想,战争指导理论异彩纷呈。以齐兵学四大经典而言,《孙子兵法》是不朽的军事哲学著作;《司马法》是儒学主导下的兵学典范之作;《六韬》擅长战略谋划,经济战略、文化战略和特种战法独具特色;《孙膑兵法》对形胜之道的阐释最具魅力。此外,管仲"作内政而寄军令"的制度设计,很好地隐蔽了齐国的战略意图;荀子三次论兵,体现出仁义之兵制胜天下的重要理念。

齐国兵学智慧不断启迪战争实践,成为兵家制胜的法宝。齐兵学对后世著述、用兵谋略、战争决策有深刻的影响。《孙子兵法》是兵家至宝,影响之大,无与伦比。司马迁《史记》是齐兵学融入史学的典型范例。中国四大古典名著《三国演义》《水浒传》《红楼梦》《西游记》在不同程度上受到《孙子兵法》的影响。《孙子兵法》《司马法》《六韬》的影响已超越了国度,走向了世界。以《孙子兵法》为代表的齐兵学,是中华文明星座中格外耀眼的星辰,是中华兵学中的巍巍高峰。

第一章

先秦兵学视域下的齐兵学

先秦时期的兵书《军志》《军政》《军势》《军谶》在流传过程中,由于种种原因散失了。我们只能从后世的兵学典籍中管中窥豹,看到这些兵书的只言片语。它们大体反映了上古时期的兵学思想,因为被后世学者所吸纳,得以保存下来。散佚的先秦兵书也有自己的思想体系,它们不是简单地记录战争行动,而是注意从战争行动中进行归纳、概括和提炼军事理念。这些军事理念已相当成熟。

一　先秦兵学概说

（一）散佚的先秦兵书

《军志》是先秦兵学著作，作者不明。它总结了军事斗争经验，用以指导用兵。从文体看，它语言精美，富于哲理，是军事格言。《左传》保留了《军志》的部分逸文。例如《左传·僖公二十八年》，楚王爱引《军志》之言曰"允当则归"，是说适可而止；又曰"知难而退"，是说相机行事，遇到不利的情况应及时撤退；又曰"有德不可敌"，是说有仁德的人不可战胜。另如《左传·昭公二十一年》，厨人濮曰："《军志》有之：'先人有夺人之心，后人有待其衰。'"这句话是说，先发制人可摧毁敌人的意志，后发制人要等待敌人士气衰竭。

《军政》成书于先秦时期，作者不详。此书已散佚，所幸《孙子兵法》保留了一条逸文："言不相闻，故为之金鼓；视不相见，故为之旌旗。"大意是说：因为距离远言语听不到，所以设锣鼓进行指挥；因为距离远眼睛看不见，所以设旌旗进行指挥。

《军势》成书于先秦，作者不可考。黄石公《三略》保留了此书的许多逸文。比如："出军行师，将在自专；进退内御，则功难成。"大意是说，行军打仗，统帅要能独断行事。如果军队进退部署受君主牵制，那么很难建立功业。这种军事理念意在强调统帅对军队的独立指挥权。又如："使智，使勇，使贪，使愚：智者乐立其功，勇者好行其志，贪者邀趋其利，愚者不顾其死；因其至情而用之，此军之微权也。"大意是说，使用智者、勇者、贪者、愚者的方法各不相同。智者喜欢建功立业，勇者喜欢实现自己志向，贪者追求功名利禄，愚者不爱惜自己的生命。根据各自的性情使用他们，这是用兵微妙的权术。这种治军理念是在强调统帅要善于把握将士的不同个性，充分发挥他们的才干。

《军谶》也是先秦时期的兵书，作者不详。黄石公《三略》保留了部分逸文。比如："兴师之国，务先隆恩。攻取之国，务先养民。"大意是说，兴兵打仗的国家，一定要尊崇将士；发动战争的国家，一定要抚养百姓。这种军事理念强调，发动战争，既要赢得将士们的支持，也要注意爱护民众，才能保证战争的顺利进行。又如："能柔能刚，其国弥光；能弱能强，其国弥彰。纯柔纯弱，其国必削；纯刚纯强，其国必亡。"大意是说，既能柔弱，又能刚强，则国运光明；既能弱小，又能强大，则国运昌盛。一味柔弱，则国力必然削弱；一味刚强，国家必定灭亡。即是说，纯文纯武都是有害的，必须把二者很好地结合起来。

《大度之书》也是先秦时期的一部兵书,作者也不可考。《管子·兵法》:"《大度之书》曰:举兵之日而境内不贫,战而必胜,胜而不死,得地而国不败。为此四者,若何?举兵之日而境内不贫者,计数得也。战而必胜者,法度审也。胜而不死者,教器备利而敌不敢校也。得地而国不败者,因其民也。"大意是,发动战争时国内不贫穷,打仗有必胜的把握,打了胜仗而没有死亡,得了土地而国家不伤元气,如何做到这四点呢?发动战争时国内不贫穷,是因运筹得当。打仗有必胜把握,是因注意法度。打了胜仗而没有死亡,是因军队教导和武器装备都很好,敌人不敢抵抗。得到土地而不伤国家元气,是因顺应了被征服之国民众的愿望。这种兵学理念意在强调取得胜利必须对国家、民众和自己有利。

先秦兵书《军元》《军政》《军谶》《军势》《大度之书》虽说已经亡佚,却为中国古典兵学奠定了坚实的基础。这些涓涓细流,逐渐汇聚成兵学思想的长河,为后来齐国兵学思想的发展奠定了重要基石。有的兵学思想已被继承下来,融入其他兵书中——比如《孙子兵法》《管子》中就蕴含了这些失传兵书的思想精髓——从而培育并发展了齐兵学,成为齐兵学重要的思想来源。

(二)齐兵书概况

中国古代留下的兵学文献十分丰富,诚如高体乾将军为《中国兵书通览》作序时所说:"中国兵书是一座伟大宝库。"许保林编纂的《中国兵书知见录》著录兵书3380部、235003卷,其中存世兵书2308部、18567卷。刘申宁主编的《中国兵书总目》一共收录中国历代兵书4221种。中国古代兵学宝库举世罕见,实非世界其他国家可以相比。

齐兵学诞生于渤海、黄海之滨与东夷故地,它吸收和消化了丰富的战争实践经验,形成了系统的兵学理论。

频繁进行的战争是齐兵学发展的重要驱动力。齐国八百多年间连续不断的军事斗争造就了一大批军事人才,产生了流传千古的兵学经典。先秦时期兵学著作绝大部分诞生在齐国大地上,而齐兵学理论是中华兵学文化中最为闪亮的组成部分。齐国作为首霸之国,为齐兵学的发展与兴盛提供了土壤。齐兵学经典数量多,质量高,经得起历史的长期检验。

在先秦兵学著作中,齐兵学著作数量丰富,内容博大精深,影响深远。田旭东先生在《古代兵学文化探论》一书中将齐兵学的主体分成三部分:一是齐国兵家经典之作,此类兵学著作与齐国著名兵学家有着密切的关系,如司马穰苴《司马法》、姜太公《六韬》、孙武《孙子兵法》、孙膑《孙膑兵法》、子晚的《子晚子》(已失传);二是其他诸子的兵学著作,比如齐法家管仲、儒家荀子的论兵之作;三是一些不见于记载的兵学著作,比如银雀山汉墓出土的数量众多的兵学著作。

从齐兵学发展脉络来看,现存最古老的兵书为《孙子兵法》,

是兵家孙武所作。《孙子兵法》成书于春秋后期,又名《孙子》《孙武子》《吴孙子》《兵法》《孙子十三篇》等。《孙子兵法》十三篇,分别是《计篇》《作战篇》《谋攻篇》《形篇》《势篇》《虚实篇》《军争篇》《九变篇》《行军篇》《地形篇》《九地篇》《火攻篇》《用间篇》,系统阐述了孙武用兵制胜的战略战术。

其次是《司马法》。《司马法》又称《司马兵法》《司马穰苴兵法》,是我国古代一部兵学经典。《史记·太史公自序》:"自古王者而有《司马法》。"这说明上古帝王就有《司马法》。《史记·司马穰苴列传》记载:"齐威王使大夫追论古者司马兵法,而附穰苴于其中,因号曰《司马穰苴兵法》。"它的整理成书要归功于齐威王,他让大夫追论上古司马兵法,而附穰苴兵法在其中,因而号称《司马穰苴兵法》。这部兵书显然包括两个部分:一部分是司马穰苴的兵法,另一部分是上古司马兵法。今本《司马法》是成书于齐威王之时的《司马法》的残本。现存篇目只有《仁本》《天子之义》《定爵》《严位》《用众》五篇,另有《司马法》的逸文,唐人魏徵将其收入《群书治要》中。

再次是《六韬》,原题为姜太公所撰,一般认为成书于战国时期。此书是以姜太公与周文王、周武王对话的形式写定。《六韬》分六卷,分别为《文韬》《武韬》《龙韬》《虎韬》《豹韬》《犬韬》。其中,《文韬》又分《文师》《盈虚》《国务》《大礼》《明傅》《六守》《守土》《守国》《上贤》《举贤》《赏罚》《兵道》十二篇;《武韬》又分《发启》《文启》《文伐》《顺启》《三疑》五篇;《龙韬》分《王翼》《论将》《选将》《主将》《将威》《励军》《阴符》《阴书》《军势》《奇兵》《五音》《兵征》《农器》十三篇;《虎韬》分《军用》《三阵》《疾战》《必出》《军略》《临境》《动静》《金鼓》《绝道》《略地》《火战》《垒虚》十二篇;《豹韬》分《林战》《突战》《帮强》《敌武》《山兵》《泽兵》《少众》《分险》八篇;《犬韬》分《分合》《武锋》《练士》《教战》《均兵》《武车士》《武骑士》《战骑》《战车》《战步》十篇。这些篇目阐述了姜太公治国、治军和灭商的重要理论思想。

又次是《管子》一书,一般认为成书于战国时期,体现的是齐法家管仲的兵学思想。《管子》一书有《七法》《兵法》《地图》《参患》《制分》《小问》《九变》《禁藏》《轻重甲》《势》《小匡》《霸言》《玄官》等篇目探讨了兵学问题,因而被视为齐兵学著作是合理的。管仲兵学思想虽不属于齐兵学的主体与精华,但一度发挥了重要作用,使齐桓公争霸于天下。

次之是《孙膑兵法》,兵家孙膑所作。班固《汉书·刑法志》:"吴有孙武,齐有孙膑,魏有吴起,秦有商鞅,皆擒敌立胜,垂著篇籍。"这一说法证明孙膑曾创作过兵书。《汉书·艺文志》称孙膑兵书为《齐孙子》,有"八十九篇,图四卷"。1972年,临沂银雀山汉墓竹简出土,其中就包括这部书。1975年,文物出版社出版《孙膑兵法》,分为上、下两编,各十五篇。1985年,文物出版社出版《银雀山汉墓竹简》(壹),收入的《孙膑兵法》有十六篇,分别为《擒庞涓》《见威王》《威王问》《陈忌问垒》《篡卒》《月战》《八阵》《地葆》《势备》《兵情》《行篡》《杀士》《延气》《官一》《五教法》《强兵》。2021年，文物出版社出版《银雀山汉墓简牍集成》（贰），收录的《孙膑兵法》有十六篇，包括《禽庞涓》《见威王》《威王问》《陈忌问垒》《篡卒》《月战》《八阵》《地葆》《执备》《兵情》《行篡》《杀士》《延气》《官一》《五教法》和《强兵》。总之，竹简本《孙膑兵法》是残本，我们所见到的《孙膑兵法》篇数，远远少于《汉书·艺文志》著录的篇数。

再次是《子晚子》，齐国兵家子晚子所作，《汉书·艺文志》："《子晚子》三十五篇。齐人，好议兵。与《司马法》相似。"其书后来佚失。根据《汉书·艺术志》的记载推断，《子晚子》这一兵书成书于战国时期。战国时期的齐兵学受儒家尤其是荀子兵学思想的影响较大。荀子兵学思想集中体现在《荀子·议兵篇》，他反对诡谲用兵，倡导仁义用兵。

最后，还有一些不见于记载的齐兵学著作。出土文献佐证了齐兵学的异常发达，这集中体现在银雀山汉墓竹简系列兵书之中。

齐兵学著作对后世兵学发展影响深远。北宋编纂《武经七书》这部武学教科书，集中了中国古代兵法的精华，被后世奉为兵学经典，对中国军事思想的发展产生了重要影响。收入《武经七书》的五种先秦兵书《孙子兵法》《吴子兵法》《六韬》《司马法》《尉缭子》中，属于齐地兵学有三种：《孙子兵法》《司马法》

和《六韬》。有明一代，兵书数量最多，种类最齐全，其中《孙子兵法》研究最有特色。《孙子兵法》研究著述在兵书中占有重要地位。

二　齐兵学兴盛的原因

齐兵学最早产生于东夷故地。齐地具有特殊的地理环境，东部和北部依靠大海，又有黄河和济水流经；南部有巍巍耸立的泰山。从整体来看，齐地负山面海，盛产鱼盐，是其地理优势。

促成齐兵学兴盛的，主要有四大因素。

（一）齐地尚武之风浓郁

东夷人是齐地的土著居民，他们普遍使用弓箭打猎，捕捉猎物。而兵器的发明与生产生活密不可分。远古时代，伏羲使用树木制作兵器，神农使用石头制作兵器，黄帝使用玉石制作兵器，蚩尤使用金属制作兵器。东夷人的首领蚩尤最早发明了先进的兵器。山东济宁市嘉祥县武梁祠汉画像石"黄帝蚩尤战图"中，蚩尤头顶张开的弓，左手持剑，右手握戈，左脚蹬弩，右脚挟矛。正是由于蚩尤在兵器上的重大发明，后世尊奉他为"兵主"，往往在发兵之前祭祀他。

东夷人认为,只有战胜对手,才能生存。东夷人的尚武之风,可从"夷"字中窥探出信息。东夷人好战,《说文解字》对"夷"字的解释就是很好的证明:"从大从弓,东方之人也。"齐地的尚武之风不仅体现在蚩尤的身上,也体现在后羿的身上。后羿是著名的神射手,后世流传着关于他的著名神话——"后羿射日"。

周公在平定东夷之乱时,灭掉了一个古国,叫蒲姑。蒲姑后来被封给了姜太公,这就是后来的齐国。据说,蒲姑国所产之箭很神奇,在当时很有名。《左传·庄公十一年》记载,在乘丘战役中,鲁庄公使用金仆姑射中了南宫长万。宋人辛弃疾之词《鹧鸪天》有言:"燕兵夜娖银胡觮,汉箭朝飞金仆姑。"其中的"仆姑"即"蒲姑",'金仆姑'是古箭之名,此典故即源于蒲姑国所产之神箭。

姜太公治齐国,不改当地的风俗,东夷人的尚武之风得到了延续。从春秋到战国中期,齐国出现了许多尚武的国君。齐桓公将拳击之士、彪悍之士、豪杰之士视为国家的有用人才。齐景公手下有三位勇士,名叫公孙接、田开疆、古冶子,以武力闻名于天下,能赤手空拳跟老虎搏斗。齐湣王也喜好勇士,令武士在大庭广众之下进行搏杀,最终选用胜出者。

《诗经·齐风》也透露出齐地浓郁的尚武之风。比如《齐风·猗嗟》:"猗嗟娈兮,清扬婉兮。舞则选兮,射则贯兮。四矢反兮,以御乱兮。"诗句生动描写了齐地的青年射手,长得端正,眉清目秀,射技精湛。又如《齐风·还》:"子之昌兮,遭我乎峱之阳兮。并驱从两狼兮,揖我谓我臧兮。"齐地的两位猎手不期而遇,并进行了友好合作,齐心协力追逐两只公狼,表现出不同寻常的英武之气。

(二)齐地战争连绵不断

战争是国家的大事,关系到军民的生死和国家的存亡。齐兵学因战争所需而产生,又因战争不断而丰富、发展。《左传》记载,从公元前722年至公元前244年,由齐国发动的军事行动多达173次,齐国曾进攻过30多个国家。

战国时期,齐国对外战争频繁。值得一提的是,匡章在齐国对外战争中取得了耀眼的战绩。匡章是齐国名将,人称章子。他一生战功赫赫,南破强楚,西服虎狼之国秦国,北败燕国,威震天下。公元前323年,秦国联合楚国一起出兵,从韩、魏两国借道,进攻齐国。秦军行军桑丘,与匡章的主力相遇,两军对垒。秦军严明军纪,拉拢人心,下令:在柳下惠坟墓五十步之内打柴者,处以死罪。为激励士气,还下令悬赏:得到齐王首级者,封万户侯,赏金二万两。秦军孤军深入,又顾及后方,唯恐韩、魏两国图谋不轨,只是虚张声势威胁齐军,实际上犹豫不定。匡章利用秦军进退两难的形势,在开战前夕,利用双方使者多次来往的机会，趁机让齐军士兵混杂到秦军之中等待时机，里应外合。不久之后，匡章大获成功，混进秦国军营的齐军和主力内外夹攻，秦军溃败。经此桑丘一战，匡章扬名天下。

齐宣王时，燕国内乱，相国和太子争夺王位。公元前314年，齐国进攻燕国，匡章率齐军攻城略地。燕国百姓因痛恨相国，支持齐军。匡章仅用了一个多月，就从齐国边境一口气攻入燕国国都，燕国几乎灭国。后来，由于齐国军队烧杀抢掠，激起燕国军民的激烈反抗，齐军被迫撤退。对此，孟子这样评价：以万乘之国攻打万乘之国，而燕国百姓对此欢欣鼓舞，箪食壶浆以迎齐军，不过是因齐军的到来可以让他们脱离水深火热的境况罢了。可是，齐军却把燕国弄得更加水深火热，那样和之前的内乱有什么区别呢？

公元前301年，齐、韩、魏三国联合攻打楚国。匡章率三国联军，夹泚水与楚军相对峙。由于不熟悉河水的情况，匡章不敢贸然进军。许多士兵前去探测水情，皆因楚军强力反击而受阻。战争一度陷入僵局。匡章后来从一个樵夫口中得知，楚军重兵驻守之地就是水浅之处。匡章于是秘密派精兵乘夜从水浅之处渡河，在垂沙一带对楚军发动突然袭击，一举消灭楚军两万多人。楚军大将唐昧也死在这一战役当中。齐军还攻下了楚国的宛城和叶城以北的大片土地。垂沙之战，楚国损失惨重，齐国也未能取得多少实质性利益，而隔岸观火的秦国却渔翁得利。

公元前298年，匡章迎来了他一生中的"巅峰之战"。孟尝君从秦国回到齐国后，成为齐相，为了报复秦王对自己的侮辱，便联合韩国和魏国一起攻打秦国，匡章是统帅。秦国在三国联军的夹击之下，节节败退。而函谷关易守难攻，又有秦军精锐守护。昔日的诸侯国联军每当打到函谷关时，总是铩羽而归。匡章深知进攻函谷关不易。因此，他在函谷关下，并未马上发动进攻，而是安营扎寨，与秦军打起了持久战。匡章坚持了三年多时间，不断派间谍刺探秦军情况，时刻准备发动进攻。由于双方长期对峙，秦军警惕的神经渐渐麻痹，放松了戒备，并抽调一部分军力，准备南下夺取楚国的疆土。匡章得知这一信息之后，果断发起对函谷关的进攻。秦军懈怠，毫无防备，函谷关于是陷落。匡章继续率军向秦国的内地进攻。此时，秦军主力还在南方与楚国作战，根本来不及回援。面对岌岌可危的形势，秦昭襄王被迫求和。匡章准备一鼓作气消灭秦国，永绝后患。孟尝君却听从了苏代的劝说，允许秦国割地求和。匡章攻秦之战画上了句号。

从齐国战争史来看，齐国对外战争频繁，这是促使齐兵学兴盛的重要因素。从总体来看，齐国的对外战争，胜利远远多于失败。齐、鲁虽为兄弟之国，也曾发生战争。长勺之战中，曹刿指挥鲁国的军队，成功击退了强大的齐军。总之，齐国八百多年不间断地与外敌发生军事斗争，既培育了许多优秀的兵家，也产生了流传千古的兵学经典，形成了独具特色的齐兵学思想。

（三）齐人尚智之性加持

司马迁《史记》和班固《汉书》对齐人的尚智之性皆有书写。例如《史记·货殖列传》描写齐人的性格：齐国位于泰山之北，山海环绕，沃土千里，适宜种植桑麻，民众多生产布帛和鱼盐。当地人宽容敦厚，通情达理，而又"足智，好议论"。又如《汉书·地理志》描写道，姜太公治理齐国，修明治国之术，尊崇圣贤智慧之人，奖赏有功之士。至今其地有许多喜好经术之士，他们看重功名，"舒缓阔达而足智"。

齐桓公招致大量游士，创建了稷下学宫。稷门是齐国都城临淄的一个城门，谈说之士定期会聚在稷门之下，稷下学宫由此而得名。稷下学宫存续了一百五十多年，论辩之风盛行。孟子、荀子、驺子、慎子、申子等名家在此讲学，儒家、墨家、道家、法家、名家、兵家、阴阳家、纵横家在此大显身手，从而形成了"百家争鸣"的文化现象，前来讲学的、访学的、求学的络绎不绝。齐国由此形成了开放、包容、民主的社会氛围，出现了尚智喜议的社会风气，这对于齐兵学理论体系的形成和发展，是一个重要的推动因素。

齐地涌现出众多杰出的智慧之士，如姜太公、晏婴、孙武、孙膑、东方朔等人。姜太公、孙武、孙膑是一流的兵学家，自不待言。晏婴，字仲，史称"晏子"，夷维人。他机智有谋，能言善辩。齐国有三个勇士公孙接、田开疆、古冶子，居功自傲，蛮横无礼，不把齐王放在眼里。晏婴建议齐景公赏赐他们三人两个桃子，让他们论功行赏，结果三人因争吃桃子相继自杀身亡。东方朔，字曼倩，平原郡人。他言辞敏捷，滑稽多智，经常在汉武帝面前谈笑取乐，善于察言观色。他反对汉武帝建造上林苑，又曾上书言国家治乱得失，"陈农战强国之计"。司马迁《史记》称他为"滑稽之雄"。

实际上，齐人尚智之性也使齐兵学理论表现出崇尚智谋的特色。

（四）杰出的政治精英引领

在齐兵学发展史上，有三位政治精英格外引人注目，他们在引领齐兵学的发展过程中起到了至关重要的作用。

齐兵学的产生是由姜太公奠定重要基础。姜太公作为齐国的开国之君，不仅有大量军事实践活动，而且形成了独特的军事理论。他曾参与周武王灭商的战争，独立指挥过作战行动，并应用智谋成功击退了莱国人，在营丘建立了自己的封国。姜太公是齐兵学的奠基人，其核心兵学理论见《六韬》。

司马迁认为，姜太公能够对上古时期的司马法发扬光大，促成了齐兵学理论体系的创建。《唐太宗李卫公问对》一书对姜太公在军制创建上的贡献多有阐述：姜太公完善了上古时期司马法的军事思想，并创立了军制，以"六步七步"和"六伐七伐"来教导军队作战。牧野之战，太公最终以四万五千人战胜商纣王的七十万人。此书认为，《司马法》出自姜太公之手。

后来，齐桓公建立霸业，推动了齐兵学的发展。齐桓公任用管仲，采用了姜太公的军制，称之为"节制之师"，天下诸侯由此臣服于齐。管仲"作内政而寄军令"，使齐国军政格局焕然一新。管仲的兵学理论正是在姜太公兵学思想的基础上发展而来。

齐兵学的兴盛是在齐威王时期。齐威王不仅治国有方，而且热衷兵学问题研究。《孙膑兵法·强兵》记载，齐威王曾与齐国之士研讨如何增强齐国的军事力量。齐国之士的强兵之术各不相同，有的主张以政教方法来强兵，有的主张以分散粮食来强兵，有的主张以安静不扰动来强兵。齐威王对他们的主张都不满意，直到遇到孙膑。二人一起探讨兵学，齐威王才分外满意。

齐威王重视兵学理论，让人整理了齐国的兵学著作，整理规模之大，成果之丰硕，可以说是先秦兵学发展史上的奇迹，为齐兵学的传播提供了强大的助推之力。齐威王时整理的兵学典籍《司马穰苴兵法》，最初只是零散的言论。今天见到的《司马法》，是成书于齐威王时的《司马穰苴兵法》的残本，原本包括两部分：一部分是司马穰苴本人创造的兵法，另一部分是上古时期的司马兵法。此外，《汉书·艺文志》著录的《子晚子》一书，作者子晚也是战国时期齐国人，喜好议兵。《子晚子》的问世也与齐威王时代重视兵学有密切的关系。

此次齐兵学理论的整理工作，可以说与齐威王执政相始终，有的工作一直延续到齐宣王时才结束，前后近百年。整理的规模极其可观。在齐威王、齐宣王主政时，齐国人才济济，这为齐兵学的发展创造了良好条件。由于不断的战争实践和齐国遗留下的丰富兵学文献，许多齐国之士精通兵学，君臣时常一起研讨兵学，促进了齐兵学的兴盛。

"上有所好，下必甚焉。"齐国君臣不断地引领和推动齐兵学的发展，这成为促进齐兵学走向兴盛的重要因素。

三　齐兵家战例

（一）牧野之战

公元前1129年，周武王向天下诸侯宣告"殷有重罪，不可以不毕伐"，率三路大军渡过黄河；主力部队过孟津之后，与诸侯之兵会师。二月四日的黎明，周武王的联军到达商郊牧野，举行了誓师仪式。周武王控诉商纣王昏庸无道，宣告要替天行道，并申明军纪，命令将士们以勇猛果敢的精神去进攻敌人。商纣王听说周武王前来征伐，便发兵七十万人，在牧野与联军交战。姜太公率百个勇士出击敌人的前列,周武王以兵车三百乘向商纣王的主力发起了进攻。商纣王的军队虽然数量众多,但无斗志,纷纷倒戈。商纣王战败自杀。

牧野之战的胜利体现出姜太公"翦商"战略的高明。"翦商"战略主要包括四个方面:一是韬光养晦。周文王采纳姜太公的建议,在都城"建玉门,筑灵台,列侍女",装出腐化享乐、不思进取的样子,并恭顺侍奉商纣王,以此来消除商纣王的警惕之心。二是发展经济。周国利用渭水有利条件,大力发展农业经济和商业经济。三是对商纣王集团实施离间分化战略。《孙子·用间篇》有这样的说法:"周之兴也,吕牙在殷。""吕牙"就是姜太公。王志民先生指出,孙子把姜太公看作"上等智慧而从事间谍的人",这样姜太公"屠牛""卖饮"之类的用常情难以解释的事情就解释得通了。也就是说,姜太公屠牛卖酒,可能并非因为穷困潦倒,很可能是一种伪装,便于自己开展间谍活动。姜太公在商王朝布设内间,极力进行分化工作,以至于商纣王的表兄微子启抱着祭器前来投奔周武王。四是适时武力征伐。周武三趁商王朝内部四分五裂之机,以武力消灭其他诸侯,又在所到之处分封功臣宗室来加强统治,并大量移民,从而实现对占领地的完全控制。"翦商"战略的有效实施,为推翻商纣王的统治打下了坚实的基础。

总之,姜太公在"翦商"大业中屡屡实施"兵权与奇计",可以说是功勋卓著。《诗经·大雅·大明》赞扬姜太公指挥有方、英勇善战，道："牧野洋洋，檀车煌煌，驷𫘴彭彭。维师尚父，时维鹰扬。凉彼武王，肆伐大商，会朝清明。"大意是说：牧野大地广阔无垠，檀木战车光彩鲜明，驾车驷马威武雄壮。太师姜太公犹如展翅高飞的雄鹰一样。他辅佐周武王，讨伐商纣王。黎明之后，天下就太平了。

（二）管仲辅佐齐桓公争霸

管仲也是一位兵学家，有参战的经历。从历史记载来看，管仲至少参加过两次作战：一次，管仲在作战时逃跑，有人批评管仲贪生怕死，鲍叔牙为他辩护，说他家中有老娘需要侍奉。另一次，管仲射中了齐桓公的带钩，差点射死齐桓公。

《管子·霸言》谈论了霸王之业：霸王功业是取象于天，取法于地。教化万民，改换朝代。为天下创制礼仪法度，给诸侯排列等级次序。令四海臣服，把握时机匡正天下。使大国势力变小，使风习不正的国家走上正道。使强国变弱，削弱它的权威。兼并混乱之国，消灭暴君。讨伐罪恶之国，降低它的地位。齐桓公首建霸业，离不开管仲的战略指导。齐桓公争霸是在"尊王攘夷"总体战略的指导下进行的，这一战略的创立者是管仲。整个争霸战略，由三个步骤组成。

第一步，与鲁国结盟。齐桓公即位之后，对外的主要活动是与鲁国争夺东方的主导权。长勺之战中，鲁军在曹刿的指挥下大败齐军。齐桓公并不甘心,又借助鲁国与宋国之间的矛盾,联合宋国与鲁国交战,结果也没有取得理想的战果。齐国在应用武力无法奏效的情况下,适时调整了战略,开始以结盟的方式笼络诸侯国。齐国对外用兵变得格外慎重,希望收到胜一服百的效果。齐桓公开始谋求与鲁国交好,最终使其由战略对手变成战略伙伴。

第二步,击退外族的入侵。山戎入侵燕国,燕庄公向齐国请援。齐桓公于是讨伐山戎,灭了孤竹国。狄人入侵卫国,卫国大败。狄人又入侵邢国。齐桓公调集齐军击退狄人,解救了邢国。齐桓公又联合宋、曹,一起出兵救援邢国,最终驱逐了狄人,把邢国之都迁到了夷仪,并帮助卫人在楚丘建立新的都城。邢国和卫国之人格外感激齐桓公,《左传》有言:"邢迁如归,卫国忘亡。"

第三步,驱除楚国势力。齐桓公在击退戎狄之后,对南方大国楚国发动了挑战。当时楚国强大,不断向外扩张,与周王室及华夏诸国时常发生冲突。当楚国起兵征伐郑国时,齐桓公邀请中原诸侯国一起救援郑国,出兵击败了蔡国,再顺势征伐楚国。楚王面对势力强大的联军,只好派使者进行谈判。齐桓公陈兵召陵,楚国表示甘拜下风。不久之后,齐桓公举行葵丘会盟,周襄王派宰孔前来祝贺,齐国与鲁、宋、卫、郑、许、曹等国结盟修好。齐国霸业达到了巅峰。

齐桓公在管仲的指导下,取得了辉煌的战绩。《尉缭子·制谈》有言:"有提十万之众而天下莫当者谁?曰桓公也。"《国语·齐语》说,齐国的东南方多有荒淫腐败的诸侯王,如莱、莒、徐夷、吴、越等国国君,而齐桓公"一战帅服三十一国"。

(三)司马穰苴治军与用兵

司马穰苴原名田穰苴,最初只是军队中的普通士卒。齐景公时,晋国出兵攻打齐国东阿与甄城,燕国也出兵入侵河上之地。齐国被迫反击,却打了大败仗。晋、燕威逼齐国,齐国安全压力巨大,齐景公很担忧。在危局之中,晏婴向齐景公推荐了田穰苴,说他"文能附众,武能威敌",建议起用为将军。齐景公很慎重,专门考察了田穰苴的才能。他亲自召见田穰苴,当面与他探讨军事问题。结果齐景公对田穰苴的军事素养很满意,任命他为将军,命令他统领齐军出击晋、燕之师。

田穰苴出身低微,向齐景公请求以重臣任监军。齐景公命宠臣庄贾为监军。田穰苴与庄贾约定:明天正午营门会合。第二天,田穰苴提前到达军营,等候庄贾到来。庄贾的亲友听说他要出征,纷纷前来送行。庄贾没有把田穰苴放在眼里,就与亲友饮酒,迟迟没有动身。到了正午,仍不见庄贾,田穰苴就到军营中操练军队,宣布军令。等到晚上,庄贾才来到军营。田穰苴问庄贾为何现在才到,庄贾说,亲友相送,留下饮酒。田穰苴怒斥庄贾道,将帅在接受命令之时,就应忘掉自己的家室;在宣布军纪之时，就应忘掉自己的亲人；在击鼓之时，就应忘掉自己的安危。现今敌军深入我国境内，国家危在旦夕，百姓生灵涂炭，国君寝食难安。百姓之命悬于你手，你还顾得上与亲友告别？他随即问军中执法官，按照军法，迟到该如何处置？执法官回答，应当斩首。

庄贾害怕了，急忙派人骑马向齐景公求助。报信的人还没有回来，田穰苴已下令斩杀了庄贾，并宣告三军。三军将士瑟瑟发抖。过了一会儿，齐景公的使者驾车驰入军营，拿着符节前来赦免庄贾。田穰苴说，将帅在外，可以不接受君王的命令。又问军中执法官，在军营奔驰，该如何处置？执法官回答，应当斩首。使者吓坏了。田穰苴说，君王的使者不可处死。于是斩杀使者的随从，杀死了左边驾车的马，并通告三军。

有学者怀疑田穰苴斩杀庄贾的真实性，比如《史记探源》中认为，田穰苴斩杀齐王宠臣与孙武斩杀吴王爱姬，这是春秋时期从来未有过的。实际上，带兵作战，军纪严明至关重要。田穰苴、孙武斩杀国君的宠臣和爱姬，最终达到了严肃军纪的目的。田穰苴以此提高了自身威望，使齐军受到了极大的震慑。

军队出发之后，安营扎寨、饮水吃饭、医药安排等，田穰苴均亲自过问。他把将军专用物资拿出来与士兵分享，自己和士兵一样饮食，并照顾体弱多病者。三天后，军队准备出战。即使病弱士兵也争先恐后，奋勇赴敌作战。

田穰苴治军有方，体现了"杀贵大，赏贵小"的原则。

齐军士气高涨，准备与敌人决一死战。晋军听说齐军的情况后，竟然决定撤兵。燕军听说后，也向北渡过黄河。晋、燕之师主动选择撤退，显然是怯战的表现。田穰苴认为，这是进攻敌人的绝佳时机，于是他果断决定出击敌人。齐军迅猛追击敌人，很快收复了齐国沦陷的国土，一直追到齐国的疆土边界。田穰苴也不恋战，下令收兵。

田穰苴大胜晋、燕之师，扭转了齐国岌岌可危的局面，展现了卓越的治军才能和用兵艺术。

（四）孙武练女兵与柏举之战

孙武出生在齐国，后来逃亡到吴国。伍子胥发现了年轻有为的孙武，极力向吴王阖闾推荐，并把孙武写的兵书给吴王看。吴王看了后，召见孙武，说，你的十三篇兵书我都看了。

但吴王是一位政治家，有自己的考量，兵书写得好，未必真有带兵打仗的本事。吴王抱有疑虑，想检验孙武的带兵本事。那是个群雄征战的时代，吴国小，军队又少，吴王不敢冒险让孙武带军打仗。吴王思来想去，终于想到了一个自认为比较稳妥的检验方式。吴王看到身边的宫女，就问孙武能不能把宫女训练成女兵。当时孙武有点不愿意，但吴王执意让他训练，在这种情况下，他只好答应。

孙武面临一个挑战，训练对象是娇生惯养的宫女，有的还是吴王爱妃，更是目中无人。吴王交给孙武一百八十个宫女，让孙武训练。孙武先把宫女分成两队，又挑选了两个吴王的爱妃做队长。吴王爱妃地位高，能令宫女们有敬畏之心，用她们管理其他宫女非常适合。然后，孙武向宫女们强调了军纪。一百八十个人的群体，要行动一致，离不开纪律。最后，孙武讲解战术动作，开始操练。

尽管孙武准备工作做得扎实，但是训练效果不佳。宫女们拿起兵器，觉得好玩，把训练当成了一场游戏。训练场面非常混乱，有的宫女笑弯了腰，有的花容失色。这种情况，孙武无法向吴王交代。

孙武下令停止训练，希望宫女们严格执行军纪，保证训练有序进行。可是，第二次训练依然没有多大改观，宫女们不把孙武放在眼里。孙武必须改变做法，仅仅是强调纪律解决不了问题。触犯军纪有好多人，怎么处理？只能抓典型。孙武认为，两个队长一点责任也没有担负起来。所以，他要杀掉吴王的两个爱妃。吴王正在高高的楼台之上观看训练，急忙派人阻止。

孙武没有妥协，经深思熟虑，他认为杀了吴王爱妃也没有关系。孙武了解吴王，吴王有远大的志向，想争霸天下。孙武的智慧也表现在他对吴王心思的审视上，准确预判了杀人的后果。所以，他拒绝执行吴王的命令，把两个爱妃杀了。做大事只有智慧不行，只有勇敢也不行，必须两者兼具。孙武可以说是智勇兼备。

孙武重新挑选队长，继续训练。宫女被孙武震慑住了。她们规规矩矩，大气不敢出，有板有眼，严格按照孙武的教导认真训练。没用多长时间，孙武便把弱不禁风的宫女训练成了英姿飒爽的战士。这也是历史上第一次训练女兵。孙武向吴王交差，请他观看女兵训练。吴王虽内心无比悲痛，但他毕竟是一个有远大追求的政治家。他认为孙武是难得的人才，任命他为将军。

吴、楚两国的柏举之战，是春秋末期的一次大规模战争。吴国为了达到击败强楚的目的，从公元前511年开始执行长达六年的"疲楚误楚"策略：吴军分兵，轮番袭扰楚军。每当吴军入侵楚国，楚国便派大军出击。但楚军一出兵，吴国就撤军。楚军返回，吴军又从其他地方进攻楚国。这样不断袭扰之下，楚军疲于奔命，国力耗费严重。

孙武并非"纸上谈兵"之人。柏举之战，孙武参与决策、指挥。公元前506年，吴国以解救蔡国为借口，进军楚国，柏举之战拉开了序幕。楚军得知吴军准备大举进攻，沿长江部署重兵。吴军擅长水战，但孙武决定改从陆上行军，并由原定的西进改为向南进军，如此不仅可快速抵达，而且出奇制胜，给防守松懈楚军以突然袭击，也打乱了楚军的防御部署。吴军的作战行动体现了《孙子兵法》提出的"兵者，诡道也"的军事思想。

吴国在柏举之战中最终取得了辉煌的战绩，以三万兵力击败二十万楚军，创造了中国战争史上以少胜多的重要战例。吴军破郢是一次长途奔袭之战。阖闾是统帅,孙武是将军,经过精心谋划,认真部署,出奇制胜。从兵学考察,柏举之战的指导思想与孙子兵学思想相契合,采取了"以迂为直"的行军路线,和"攻其无备,出其不意"的战术,使楚军疲于应战。在时机有利之时出击,彻底击溃楚军。吴王阖闾重用孙武为将军,为他实践应用自己的兵学思想创造了客观条件。《尉缭子》称赞孙武的兵学才能:"有提三万之众,而天下莫当者谁?曰武子也。""武子"即孙武子,是对孙武的尊称。《史记·孙子吴起列传》对孙武的战绩也有客观评价,认为他不仅击破强楚,而且威慑齐、晋两个大国,"显名诸侯"。

(五)齐威王争霸天下

齐国在齐威王的治理之下,国力达到战国时代的巅峰,齐国兵学文化进入了一个大繁荣时代。齐威王治理国家有独到之处。他继位后,不理朝政,把全部政事交给卿大夫处理,结果诸侯纷纷进攻齐国,民不聊生。齐威王召见即墨大夫说,自从你为官治理即墨以来,每天都有人说你的坏话。我派人巡视即墨,发现百姓衣食充足,官府事务处理得井井有条,国家东部因此而安定。说完,齐威王赏赐万户食邑给即墨大夫。齐威王又召来阿城大夫说,自从你为官治理阿城以来,赞誉之言不绝于耳。我派人前去巡察阿城,发现百姓生活贫苦。赵国进攻甄城,你不去救援;卫国夺取薛城，也充耳不闻，只会用金钱贿赂我身边之人。说完，齐威王烹杀了阿城大夫。齐国官员大为震惊，再也不敢文过饰非，齐国于是大治。诸侯国知晓此事之后，二十多年不敢出兵侵犯齐国。

齐威王时代，人才辈出。他在位之时，稷下学宫招徕各国人才，探讨学术。稷下兵家学者数量多，水平高。他们演讲辩论，著书立说，向齐威王献计献策，阐述各自主张；也相互竞争，相互影响，逐渐形成了齐兵学流派。齐威王时，除了有著名兵学理论家淳于髡和孙膑，还有许多优秀将帅。齐威王曾向梁惠王夸耀，檀子守南城，楚人不敢前来为寇，泗上的十二诸侯都来朝拜；盼子守高唐，赵国人不敢在黄河之东捕鱼；黔夫守徐州，燕国人祭北门，赵国人祭西门，前来归附者七千余家；种首防备盗贼，道不拾遗。此外，还有大败秦军的匡章等。何兹全在《中国古代社会》一书中高度评价了齐威王，称他十分注意选拔人才，把人才看作国家的宝。他所起用的淳于髡，就是一个曾受过髡刑的奴隶。正是因为招揽了如此之多的兵学人才，齐国才变得日益强大。

齐威王全力推动争霸战争。他即位时，"诸侯并伐"，危机四伏，齐国处于生死存亡的关头。齐威王时，齐国军队与秦、楚、赵、魏、韩、鲁、燕、卫等国发生过大小战争数十次，取得许多重大战果。马陵战役中，孙膑与田忌二人默契配合，施展谋略，指挥齐军击败了由太子申和庞涓率领的魏国军队，使齐国威震天下。齐威王三十六年,齐国与燕、赵、楚会盟,各国无不前往。《史记·孟子列传》分析其中原因道:"齐威王、宣王用孙子、田忌之徒,而诸侯东面朝齐。"其中的"孙子",是指孙膑。齐威王不仅多次亲率大军出征,且熟读兵法,具有很高的军事理论水平。他曾与孙膑一起探讨用兵作战问题,孙膑认为他是一位知晓用兵的君王。齐威三注重兵学理论研究,使齐国军力大为提升,这是他称雄天下的一个重要因素。

(六)孙膑马陵之战运筹帷幄

公元前341年,魏国攻打韩国,韩国向齐国求救。齐国派田忌为将,孙膑为军师,率兵救援韩国。魏惠王派太子申、庞涓为将,率十万大军迎战。

对于马陵之战采用的战术思想,施芝华从《孙子兵法》的视角切入。在他看来,马陵之战中,孙膑运用了《孙子兵法》的战略思想,成功验证了《孙子兵法》的价值。施芝华认为,"马陵之战对《孙子兵法》的运用可谓十部曲":一是庙算伐谋,制定战略——"合于利而动,不合于利而止"'非利不动"。二是运筹伐交,按兵不动——"军有所不击""非危不战"。三是伺机伐兵,救韩于危——"知可以战与不可以战者胜"。四是直趋大梁,威逼魏都——"击其惰归""夺其所爱"。五是避魏之实,以迂为直——"实而备之,强而避之""避其锐气""锐卒勿攻""因而利之,导而舍之"。六是示形减灶,诱魏入套——"能而示之不能""卑而骄之"。七是示弱误魏,诱魏穷追——"利而诱之""委军而争利"。八是埋伏马陵,待魏进瓮——"以近待远,以佚待劳""以虞待不虞者胜"。九是树上写字,令魏中穴——"怒而扰之""必死,可杀"。十是万箭齐发,大败魏军——"其疾如风""侵掠如火""动如雷震"。

不得不说,施先生这番分析包含了深刻的见解。《史记》记载,孙膑在马陵之战时曾说"因其势而利导之""兵法,百里而趣利者蹶上将,五十里而趣利者军半至"。这两句话均源自《孙子兵法》。然而,将马陵之战的胜利完全归结为《孙子兵法》兵学思想的运用,显然有些绝对化了。孙膑不仅继承了孙武的兵学思想,而且有创新、发展。

司马迁对马陵之战的描写,展现了孙膑独特的兵学思想。马陵之战中,孙膑的"形胜"思想应用大放异彩。孙膑通过两次成功"塑形",夺取了战争的主动权:一是"减灶法"。孙膑充分利用魏军强悍而轻视齐人的心理,特意通过土灶数量的减少来迷惑敌人。第一天以"十万土灶"示形于敌,第二天以"五万土灶"示形于敌,第三天以"两万土灶"示形于敌,使敌人产生了错觉和误判。庞涓误认为齐军胆怯,大量逃亡,于是丢掉了步兵和重装备,仅带着轻锐的骑兵兼程追赶。二是"斫树法"。孙膑精心计算魏军的行军速度,预计魏军夜间将到达马陵。马陵之地道路狭隘,林木繁密,道路两旁多阻隘,可埋伏军兵,于是命人"斫大树白而书之曰'庞涓死于此树之下'"。这一做法本质也是"塑形"。在林木中专门找一棵大树除去外皮,裸露出白皮,吸引敌人的注意。果然,庞涓夜间至此大树下,"见白书,乃钻火烛之"。孙膑通过两次特意"塑形",成功吸引了庞涓的注意,诱导其判断失误,最终做出了错误决策,使魏全军覆没。

马陵之战后,魏国转向衰落,齐国一时之间威震天下,成为东方强国,天下诸侯前来朝齐。马陵之战是齐魏争霸之决战,也是孙膑示形取胜的典范战例。马陵之战的整个过程,体现出孙膑高超的指挥艺术。不论是孙膑应用《孙子兵法》兵学思想,还是创造性运用自己的兵学思想,都属齐兵学应用的范畴。

(七)田单与火牛阵

田单本是管理临淄市场的官员,但通晓兵法。《战国策》记载,田单曾与赵奢争论用兵之术,他认为赵奢使用兵力过多,指出:"帝王之兵,所用者不过三万。"使用过多的兵力会影响农业生产的发展,造成粮食供给困难,是"自破之道"。赵奢却说:"以三万之众而应强国之兵,是薄柱击石之类也。"他举例反驳道,从前,齐国用二十万兵力进攻楚国,经过五年的时间才结束战争;赵国用二十万兵力进攻中山国,也经过五年才获得胜利。现在齐、韩两国势均力敌,相互进攻,谁敢只用三万兵力去救援?千丈之城,万家之邑,如果用三万兵力,只能围城一角,更遑论野战了。田单听了赵奢关于兵力应用的这番入情入理的分析，很是折服，认为自己的用兵之术不如赵奢。

《战国策》的这一记载中，田单在辩论上输给了赵奢，赵奢批评田单道："君非徒不达于兵也，又不明其时势。"但并不能因此而判定田单不知兵法。

实际上，田单在用兵作战方面极其引人注目，尤其是破燕之战，以弱军胜强敌，很值得称道。当时，燕军久攻莒不下，于是引兵围攻即墨。即墨大夫出兵与燕军交战，结果战败而死。城中之人一起推举田单，认为他懂得兵法。因此，田单被立为将军，率领军民一同防守即墨，抵御燕军。在生死存亡之际，田单坚守即墨，最终用火牛阵大破燕军，一举收复齐国失地。田单凭此一战，成为著名的军事家。以往探讨田单的用兵之术，过分强调火牛阵的威力。其实，田单破燕之战的胜利，离不开高超的兵学谋略。

第一是使用反间计。田单是一位用间的高手，成功离间了燕惠王与乐毅之间的关系，使燕军更换统帅。史载，燕军统帅乐毅聪颖，精通兵法，取得了"下齐七十余城"的辉煌战绩。田单深知难以取胜，因此首先想到去除乐毅这个强大的对手。他没有采用刺杀的手段，而是决定采用反间计达到目的。《孙子兵法·用间篇》论述了五种离间方法：因间、内间、反间、死间、生间。指出主事者必须知晓如何使用反间，反间的杀伤力极大。所谓反间，是指收买或利用敌方的间谍为我方效力。

燕昭王去世后,燕惠王开始执政。可是,燕惠王与乐毅之间有矛盾。田单听闻此事后,认为机不可失,时不再来,于是"纵反间于燕",四处传播谣言:齐王已死,齐国只有两座城池没有被攻下。乐毅因害怕被诛杀而不敢回去,表面在攻打齐国,实际是要联合即墨与莒的守军在齐地称王。燕惠王听信谣言,认为合情合理,于是下令使骑劫代乐毅。燕惠王这一做法极不明智,直接导致了严重的后果。乐毅不得不逃亡到赵国。骑劫的带兵才能显然无法与乐毅相提并论。因此,不仅燕国人不满,燕军士兵也很愤怒,士气低落。这为田单击破燕军创造了重要的外在条件。

田单实施反间计,显然并非易事。首先,田单要做到"立于不败之地",借助即墨有利的地形条件,加强防备,不给敌人战胜自己的机会。其次,田单必须寻觅和等待合适的时机实施反间计。燕昭王在世时,绝无这种可能。最后,间谍传播的信息必须有一定的可信度,才能真正迷惑燕惠王。比如"齐王已死,城之不拔者二耳""乐毅畏诛杀不敢归"等都是客观事实,而乐毅"实欲连兵南面而王齐"等消息则是无中生有,但很难验证。总之,这些真真假假的信息混合在一起,最终导致燕惠王不能放下个人的恩怨,中了田单的反间计。

第二是假托神怪。田单"托神怪而破燕",表明他熟谙《孙子兵法·计篇》所说的"兵者,诡道也"。"诡道"思想的精髓是"兵无常形,以诡诈为道"。身处战场之上的将军们,总是想方设法通过形形色色的伪装来迷惑他人,使他人不知不觉中被自己操控。而受到操控者有时是敌人,有时是自己人。田单正是利用齐人普遍信奉神怪的心理而大做文章。

田单是一个非常有心计的人,他命令即墨城中的百姓在吃饭时,必须在庭院中祭祀祖先。飞鸟一看到食物,就在城中到处飞翔,纷纷下来啄食。燕人对这一现象感到十分奇怪,田单借此而宣称:这是神人前来教导我。于是他向城中人宣布:会有神人来做我的老师。有个士兵对田单说,我可以做你的老师吗?然后掉头就跑。田单起身把这个士兵拉了回来,以对待老师的礼节对待他。这个士兵说,俺是欺骗您的,确实没有那个本事。田单告诫他不要对别人说。于是,田单每次发布命令,一定宣称是神仙老师的旨意。"神仙"说,我只怕燕军把齐国投降的士兵割掉鼻子,并把他们置于燕军前面来与齐军作战,这样即墨就守不住了。燕军将领听说之后,果然按照"神仙"之言去做。即墨城中的军民一看投降燕军的齐国人被割掉了鼻子,十分愤怒,坚守城池,唯恐被燕人俘获。

田单再一次使用"反间",传播如下消息:齐国人最怕的是燕军掘开城外的坟墓,侮辱他们祖先的尸骨。燕军便掘开即墨城外所有的坟墓,焚烧死尸。即墨人从城上远远望见,痛哭流涕,纷纷请战,发誓要与燕军决一死战。

田单"托神怪"主要表现在三个方面:一是借助飞鸟创造神异的氛围;二是拜士兵为"神师";三是以师父礼仪侍奉所谓的"神师"。田单"托神怪"之举,进一步巩固了军心,使持久作战成为现实。否则，田单所率的虚弱之军是很难守住即墨城的。此外，田单不辞劳苦，与将士们一起修筑防御设施，甚至把自己的妻妾编入队伍中，分享饮食给将士们，从而使即墨守军与民众团结如一人。

值得注意的是，"托神怪而破燕"这一说法，出自《唐太宗李卫公问对》一书。书中，唐太宗与李靖论兵，唐太宗问李靖："田单托神怪而破燕，太公焚蓍龟而灭纣，二事相反，何也？"

原来，姜太公辅佐周武王伐纣，到达牧野之时，恰好遇上了雷雨天气，军旗和战鼓都被毁坏了。散宜生想要占卜，如果得吉兆再出兵。这是因"旗鼓毁折"让官兵产生了疑惧之心，必须假借占卜问神以安军心。姜太公认为，腐草枯骨不足问，况且臣下讨伐君主，难道可以进行第二次吗？散宜生提议占卜，姜太公否决占卜，虽然二人的行为相反，但他们的用意是相同的，都是为了稳定军心。

李靖认为，"田单托神怪"和"太公焚蓍龟"，二者只是手段不同，巩固军心的动机是一致的，因此都取得了成功。

第三是使用诈降计，这也是击破燕军的一个重要环节。田单命令精锐的士卒隐藏起来，让年老体弱者以及妇女守城，然后致书燕将，请求约定日期投降。同时，田单让即墨城中的富豪收集城内民众的黄金，然后进献燕将，表示他们即将前来投降，希望燕军不要掳掠他们的家室。"即墨即降，原无虏掠吾族家妻妾，令安堵。"燕将得到书信和贿赂之后，大喜过望，马上答应。燕军上下警戒松弛，军心懈怠。孙子云："不可胜在己，可胜在敌。"燕军在心理上完全懈怠，疏于防范，成为田单成功大破燕军的关键。

诈降活动往往出现于斗争的双方处于激烈紧张对峙状态时，常常是由处于劣势的一方来实施，实施诈降的根本目的是迅速扭转对自己不利的局势。田单诈降后，燕军懈怠，忽视了军事戒备，为田单使用火牛阵大破燕军一举完成复国大业，创造了极其宝贵的外在条件。如果燕军严阵以待，恐怕田单永远没有取胜的机会。

第四是实施火攻。《孙子兵法·火攻篇》阐明了使用火攻战术去战胜敌人的作战理念，并提出了五种火攻战术："一曰火人，二曰火积，三曰火辎，四曰火库，五曰火队。"田单使用火牛阵，就是一种火攻战术，但这种火攻战术是田单独创的。

田单如何实施火攻战术？田单在城中征集了一千多头牛。笔者认为，这个数字有虚夸的成分，在那个艰难时期，很难想象能够找到如此之多的牛；数百头牛是没有问题的。然后对牛进行一番装饰，"为绛缯衣，画以五彩龙文"，使之看起来像神奇的怪兽。而且，田单命人在每头牛的牛角上捆绑上两把锋利尖刀，牛的尾巴上系上一束苇草，浸透油脂。然后，田单命人在城墙上开凿了几十个洞穴，便于这些全副武装的牛从洞穴中轻而易举地冲出去。夜间，田单下令放牛出去，五千勇士紧随其后，点燃牛尾所系的苇草。牛尾很快燃烧起来，牛儿疼得发怒，发疯地朝着燕军冲了过去。燕军惊慌失措。"牛尾炬火光明炫耀,燕军视之,皆龙文,所触尽死伤。"夜幕之下,燕军看到牛尾如同火炬一样闪耀明亮,牛身如同火龙一般。燕军凡是被触碰上,不是死,就是伤。最后,五千名勇士"衔枚击之",无声无息地出击燕军。而城中之人击鼓呐喊,紧随其后。一时间,震天动地,燕军十分惊骇,战败逃跑。燕军统帅骑劫也被齐国人杀死了。

田单使用火牛阵破敌,做到了出奇制胜。燕军土崩瓦解,兵败如山倒。这次作战收到了良好的效果。正如史书记载,燕军相互扰乱,四处奔逃,齐国人纷纷起来响应田单,驱逐燕军。所过之处,民众都背叛燕国而复归齐国。田单兵力日益壮大,乘胜追击。最终,被燕人所占领的齐国七十多座城池被收复。

田单使火牛而破燕军,是中国战争史上以少胜多、以弱胜强的著名战例。田单因此青史留名,成为齐国历史上著名的军事家。宋朝人王安石《田单》一诗,描述了田单击破燕军的一系列行动:"湣王万乘齐,走死区区燕。田单一即墨,扫敌如风旋。舞鸟怪不测,腾牛怒无前。飘摇乐毅去,磊砢功名传。掘葬与劓降,论乃愧儒先。深成可奋士,王蠋岂非贤。"可惜的是,田单一战成名,却遭到齐襄王的猜忌,不得不离开齐国,出走赵国。

田单以弱小的残军击败强大的燕军,一举复国,创造了战争史的奇迹。后世之人对田单破燕的用兵之术,给予了高度评价。唐人司马贞评说道:"军法以正,实尚奇兵。断轴自免,反间先行。群鸟或众,五牛扬旌。卒破骑劫,皆复齐城。襄王嗣位,乃封安平。"黄道周《广名将传》评价了田单的抗燕行动与伟大功绩:"齐将田单,田之疏属。隐于市掾,谁知其蓄。燕兵破齐,车先断轴。轴以铁笼,人笑鹢突。及变争门,笑者始服。即墨存齐,共推单毅。单知新王,与毅不睦。巧纵间言,骑劫完局。约降懈之,掘冢自触。突纵火牛,如龙惊目。七十余城,一旦以复。迎立襄王,功堪尸祝。"

值得注意的是,西汉人司马迁和北宋人张预皆以《孙子兵法》评价、解读田单的用兵之术。司马迁《史记·田单列传》点评田单的用兵风格曰:"兵以正合,以奇胜。善之者,出奇无穷。奇正还相生,如环之无端。夫始如处女,适人开户;后如脱兔,适不及距:其田单之谓邪。"张预《十七史百将传》则说:"孙子曰:'能愚士卒之耳目。'单托神教而使众。又曰:'杀敌者怒也。'单令燕军劓齐降卒。又曰:'始如处女,敌人开户;后如脱兔,敌不及拒。'单卑辞约降,而奇兵奔击是也。"二者的点评各有特色,有相同之处,也有不同之处。相同之处在于二者都援引《孙子兵法》,不同之处在于援引的章句并不完全相同。在笔者看来,田单破燕的用兵之术,完全符合《孙子兵法》"动而胜人""举而不穷"的战术追求,组合应用了多种谋略,既有伐谋,又有伐交,还有伐兵,还有攻城,最终破燕而复齐。由此可见,田单是实战应用的高手,是齐兵学杰出的实践者。

第二章

齐文化精粹撷珍·齐兵学

《孙子兵法》的兵学智慧

孙子,名武,出生于齐国的军事世家,祖上两代为将。后来,齐国内乱,孙武逃亡到吴国,长期隐居在茂林修竹的穹庐山。他一边耕种,一边著书,从战史中撷取经验,并借鉴上古兵学智慧,写成了《孙子兵法》。

中国民主革命的先行者孙中山曾明确指出《孙子兵法》的军事哲学属性:"就中国历史来考究,二千多年前的兵书有十三篇,那十三篇兵书便是解释当时的战理。由于那十三篇兵书,便成立中国的军事哲学。"日本学者北村佳逸赞扬孙子是"兵学家,哲学家,且是东方第一流大文豪"。

《孙子兵法》进入中国哲学殿堂虽说比较晚,却凭借着自身非凡的影响力赢得了中外人士的广泛认同。任继愈呼吁学术界"在中国哲学史中应当给《孙子兵法》以一定的地位"。冯友兰肯定了《孙子兵法》哲学思想的重要成就，强调它"是一部出色的哲学著作"。关锋认为，《孙子兵法》"包含了丰富的哲学思想"。南怀瑾认为孙子的哲学思想源于道家，"所著《兵法》十三篇，处处表现了道家的哲学"，并赞扬道："十三篇中的军事哲学思想，可以说超越了时空。"李零在《"我们的经典"总序：重归古典》中以反问的口气强调《孙子兵法》包含了哲学思想："比如《孙子》，怎么没思想，怎么没哲学？"

域外以日、美两国学者为代表，尤为注重《孙子兵法》哲学思想价值的阐释。日本学者村山孚编著有《孙子语录——取胜的哲学》一书，他认为《孙子兵法》"不单单是战争的艺术"，而且"成为胜负的哲学"。美国学者布鲁克指出："孙子的哲学被广泛地应用于军事以外的领域。"

总之，中外学界对于《孙子兵法》哲学思想的探讨可谓仁者见仁，智者见智。但这些研究成果普遍没有立足于中国古代特有的思维模式去解读，故而不能彰显《孙子兵法》哲学思想的自身特色。笔者主要是从"统一论"的视角出发，具体剖析《孙子兵法》哲学思想的三个维度及其价值所在，以阐释《孙子兵法》哲学思想体系的"圆融贯通，纵横无碍"的鲜明特征。

一　宏观与微观的统一

（一）孙子的胜败预测法

《孙子兵法》哲学思想的第一个维度是"宏观与微观的统一"，学界对此一直缺乏足够的认识，有必要对之进行深入探讨。《孙子兵法》宏观与微观的统一，重点体现在孙子的战争胜败预测法上，书中称之为"庙算"。

孙子战争胜败预测法的核心内容体现在两方面：一是"宏

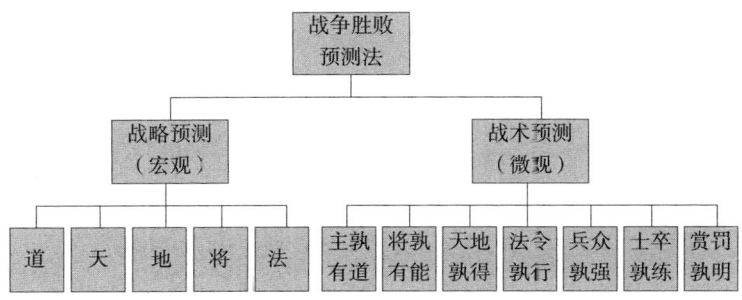

《孙子兵法》战争胜败预测法

观"把握，即"战略预测"，具体是从五个方面入手："一曰道，二曰天，三曰地，四曰将，五曰法。"（《孙子兵法·计篇》）也就是说，战争决策者要着眼于战争问题的宏观方面，要从"道义""天时""地利""统帅""法令制度"五个方面来考察敌我双方的情况，考察敌我双方哪一方"得算多也"。最终要研判敌我哪一方占据优势，而占据优势的一方胜利的把握就大；反之，胜利的把握就小。这就是所谓的"战略预测"。二是"微观"把握，即"战术预测"，是从七个方面入手："主孰有道？将孰有能？天地孰得？法令孰行？兵众孰强？士卒孰练？赏罚孰明？"（《孙子兵法·计篇》）也就是说，战争决策者要比较敌我双方哪一方的君主更讲求道义，哪一方军队的统帅更有才能，哪一方军队更占据天时和地利，哪一方军队的法令制度贯彻执行得更好，哪一方军队的武器装备更强、人员数量更多，哪一方军队的士卒训练有素，哪一方军队的奖赏和惩罚更加严明。哪一方占据优势，胜利把握性就大，反之则否。这就是"战术预测"。

值得注意的是，"战略预测"与"战术预测"考察的都是敌我双方的实际情况。因而，二者在本质上是一致的。"战术预测"虽然是从七个方面进行敌我双方情况的比较，但实际上并没有超越"战略预测"的五个方面——道、天、地、将、法。具体而言，"主孰有道"与"道"有关联，"将孰有能"与"将"有关联，"天地孰得"与"天"和"地"有关联，"法令孰行"与"法"有关联,而"兵众孰强""士卒孰练""赏罚孰明"都与"将"有关联。需要强调的是,"战术预测"虽是从七个方面比较敌我双方情况,但实际上所涵盖的内容更具多样性。比如,"兵众孰强"需要聚焦敌我双方的武器装备和人员数量,"赏罚孰明"需要聚焦敌我双方的奖赏和惩罚情况。由此可见,"战术预测"着眼于"微观",所考察的内容更为具体、细致。

(二)孙子预测法的科学性

为什么孙子一定要从"宏观"与"微观"两方面来预测战争胜败?这是因为只依靠一个方面来预测,很容易出问题。战争决策者如果只注意"宏观",而不注意"微观",自然会忽略诸多的细节问题,有时无形之中演化成一种错误的认知。正如《孟子·尽心上》所说的:"孔子登东山而小鲁,登泰山而小天下。"说孔子登上东山,感觉鲁国变小了,其实鲁国还是那么大。孔子登上泰山,感觉天下变小了,其实天下还是那么大。之所以会产生这样的错觉,是因为孔子的视野不一样。这一现象表明,单纯依靠所谓的"宏观",是会产生问题的。换言之,只注重"战略预测",而不注重"战术预测",就会出现认识判断上的失误。如果战争决策者只注意"微观",而不注意"宏观",同样也会出现问题。正如"盲人摸象"一样,就会犯"以偏概全"的错误,只了解事物的局部,看不到事物的整体。换言之,只注重"战术预测",而不注重"战略预测",往往会"一叶障目,不见泰山"。《孙子兵法》的战争胜败预测法从"宏观"与"微观"两方面进行实践操作,避免了两者的局限性,无疑是科学的。

而且,这种预测方法要求二者必须达成一致的认识。比如,"战略预测"与"战术预测"的最终结果,我方要么是二者都占据优势,要么是二者都处于劣势。如果二者之间出现了不一致的现象,则要么是"战术预测"出现了误判,要么是二者都出现了误判。这就需要战争决策者重新审视,分析误判的根本原因在于何处。假如只有一方面的预测,那么就会丧失这一纠错的可能性。因此,从"宏观"和"微观"两方面来预测战争的胜败,极具科学性。一言以蔽之,孙子的预测战争胜败法本身就具有一种纠正失误的机制。这在很大程度上,可以纠正战争决策者的偏差,避免产生误判。

《孙子兵法》既有"战略预测",也有"战术预测"。一方面,表明孙子既重"宏观",也重"微观"。另一方面,昭示出两种不同性质的预测可以互补缺失,前者立足于整体视野,犹如望远镜一样,对事物的全局与整体看得远、看得全面;后者则是立足于局部视野,犹如显微镜一样,对事物的局部和个体看得清楚、看得真实,但往往会产生"只见树木,不见森林"的偏差。有鉴于此,孙子把二者结合起来考察,使"战略预测"与"战术预测"不再孤立地分开进行,而是有机地结合在一起。这就是我们所说的"宏观与微观的统一",二者的预测结果必须达成一致,否则就不能准确地预测战争胜败。学界往往简单地用"五事七计"来概括《孙子兵法》的战争胜败预测法,没有从"宏观"与"微观"两种视角对之分析考察,故而看不清二者之间存在着相辅相成的关系,认识不到二者之间相互补充的作用。

值得一提的是,《孙子兵法》的战争胜败预测法与其他的战争胜败预测法截然不同。其他胜败预测法往往是单一性的预测法,比如"占卜测胜"和"道德制胜",这些已被实践证明是不科学的,经不起检验。而《孙子兵法》的战争胜败预测法则具有"双重性"和"统一性"。"双重性"意味着"战略预测"与"战术预测"二者缺一不可。如果只从"战略预测""战术预测"的任何一个方面去实施,必然会出问题,而且没有挽救错误的余地。"统一性"意味着"战略预测"和"战术预测"二者要结合起来,才能产生正确的判断。由此说来,不管是"宏观"上的"战略预测",还是"微观"上的"战术预测",二者在预测战争胜败的过程中同样重要,而且必须将二者结合起来,达成一致的认识,最终才能做出科学的判断。由此可知,孙子哲学思想中的"宏观与微观的统一"这一维度,确立了《孙子兵法》中兵家预测理论的科学性,有助于战争决策者全面认识战争格局和准确研判战争的胜负。

二　主观与客观的统一

（一）积极创造条件

　　《孙子兵法》哲学思想的第二个维度是"主观与客观的统一"。对于孙子哲学思想中的"主观与客观的统一"，学界已有所关注。关锋对之认识颇深，并认为孙子的主观能动性与客观规律性统一的初步思想"最为光辉"。也有学者对于孙子哲学思想中的"主观与客观的统一"存在误读，比如有学者认为"形和势从哲学上讲就是主客观的统一"，想当然地理解"形"为"客观"，"势"是"主观"。实际上，无论是"形"，还是"势"，二者都是"主观"的。为何如此讲？这是因为"形"分为两种：一种是真实的"形"，一种是伪装的"形"。《孙子兵法·势篇》中有"示形之术"："形之，敌必从之。"动物世界有变色龙，为了保护自己，随环境的变化而改变自身的颜色。吴承恩的神话小说《西游记》中的白骨精，三次变形，分别变作少妇、老妇人、老翁。由此可见，"形"可以变，是主观的，不是客观的。"势"也是"主观"的，这就更不必说了。造出的"势"，可大可小，有的势如排山倒海一般，有的势如秋风扫落叶一般，有的势极其微弱："势不能穿鲁缟也。"

我们探讨的《孙子兵法》哲学思想中的"主观与客观的统一",具体体现在两个方面。一是孙子强调胜可为:"胜可为也,敌虽众,可使无斗。"(《孙子兵法·虚实篇》)意思是说,胜利是可以创造条件的。即使敌人数量众多,也可以使其不能进入战斗状态。《孙子兵法·虚实篇》还十分形象地描述了使敌"无斗"的情形:"左不能救右,右不能救左。前不能救后,后不能救前。"这意味着敌人彻底陷于瘫痪的状态,指挥系统完全失灵。二是孙子强调胜不可为:"胜可知,而不可为。"(《孙子兵法·形篇》)意思是说,胜利这种事情是可以认识的,但不能人为强行使之发生。孙子认为,胜利的取得不是单纯依靠自己的主观努力,还需敌人一方的"密切配合"。换言之,虽然自己做得很好,但如果敌人不去犯错误,我们就没有机会赢得胜利。故此,《孙子兵法·形篇》如此讲:"不可胜在己,可胜在敌。"孙子特意指出,不被敌人战胜,关键在于自己做得好;可以战胜敌人,关键在于敌人犯了错误。

(二)不违背战争规律

由上可知,《孙子兵法》哲学思想中的"主观"是指为胜利创造条件,"客观"是指为胜利创造条件,但不可违背战争的规律。如何更好地理解所谓的"主观与客观的统一",可以借助古代的寓言"揠苗助长"。这一寓言出自《孟子·公孙丑上》:一个宋国人忧心禾苗不能快速成长，急于求成，就把全部的禾苗拔高，助其生长，结果是禾苗全部枯萎了。这一寓言告诉我们，做事者如果违背了事物发展的规律，"非徒无益，而又害之"。但在现实生活中，我们可以为禾苗更快、更好地生长创造一些条件，比如锄草、施肥、浇水、灭虫，但绝对不可以采用人为拔高的办法，这样做就明显违背了禾苗成长的规律，最终只能适得其反。胜利也是如此，我们可以做《孙子兵法·形篇》所讲的"修道"和"保法"的事情，可以做《孙子兵法·行军篇》所说的"料敌"工作，这些都可为将来的胜利创造实实在在的条件，但我们绝不可以去"以卵击石"，以弱小的兵力出击强大的敌人，结果只能是失败。

由此可知，《孙子兵法》哲学思想的第二个维度，是在强调主观上要为胜利创造条件，客观上不能违背战争的规律。战争决策者要在尊重战争规律的前提下，充分发挥自己的主观能动性。值得注意的是，"主观"与"客观"二者不可偏废，要把两者统一起来。因此，《孙子兵法》中"主观与客观的统一"的价值不可低估。一方面，孙子强调战争决策者的主观能动性是受战争规律约束的，不可随心所欲地蛮干。另一方面，孙子强调不能因为害怕违背战争的规律就束手束脚。战争决策者不是要采取消极等待的态度，而是应当积极努力地创造条件赢得战争的胜利。

三 变与不变的统一

（一）变是灵魂

《孙子兵法》哲学思想的第三个维度是"变与不变的统一"。作为兵家之说，《孙子兵法》尤其强调灵活变化。可以说，灵活变化是兵家在战争中演绎出精彩华章的主旋律。由于战局和形势总是千变万化，为了自身生存和制胜敌人，善于变化成为战争决策者必不可少的基本素养："将通于九变之地利者，知用兵矣。"孙子注意到兵学这一特性，特地撰写了《九变篇》。对于《九变篇》篇题"九变"的理解，曹操认为是实指，而吴如嵩先生指出"九变"是虚指，而且"涵盖了作战中所应临要决断的一切变通之法"。吴说的确抓住了问题的本质。"九变"不是讲九种变化，而是强调千变万化。孙子强调变化的基点是欺骗，变化的依据是利益，变化的方式是人员的分散和集合。正如《孙子兵法·军争篇》所说："兵以诈立，以利动，以分合为变者。"

孙子强调军队的行动一定要灵活变化，不可保持固定的节奏："其疾如风，其徐如林，侵掠如火。"（《孙子兵法·军争篇》）有的时候，军队行动特别迅猛，犹如狂风一般。有的时候，军队行动又特别缓慢，犹如林木一样有序。当侵犯与掠夺敌人时，军队的行动犹如烈火一般,势不可挡。这些对军队行动的种种描述,皆体现了孙子灵活变化的战术思维。孙子还采用了形象的比喻修辞手法来形容作战者的灵活变化:"善用兵者,譬如率然。率然者,常山之蛇也,击其首则尾至,击其尾则首至,击其中则首尾俱至。"(《孙子兵法·九地篇》)孙子用"常山之蛇"来形容善战者在面对外敌攻击时的灵活变化,且认为这是完全可以实现的:"敢问:兵可使如率然乎?曰:可。"

孙子认为,战争决策者须根据地理环境和敌我双方等多种情况来灵活变化。第一,根据地理环境的变化而变化:"圮地无舍,衢地合交,绝地无留,围地则谋,死地则战。"(《孙子兵法·九变篇》)第二,根据敌我双方的实际情况而变化,比如行军路线有时要做出调整改变:"途有所不由。"(《孙子兵法·九变篇》)第三,根据战局发展变化而变化,原本设定的攻击目标要做出调整:"军有所不击,城有所不攻,地有所不争。"(《孙子兵法·九变篇》)第四,统帅须在特殊情况下做出特殊的决策:"君命有所不受。"(《孙子兵法·九变篇》)依照常规而言,国君的命令必须接受,"将受命于君",可是有时候国君并不了解战场上的实际情况及发生的变化,如果统帅依然按照常规去接受国君的命令,那么军队就会面临失败或毁灭的命运。也就是说,统帅必须有担当精神,临机决断。

（二）变有难易

《孙子兵法》探讨的种种灵活变化，其实是有难易之分的。《九变篇》中所述的前三种变化，相对而言，都不算艰难。第四种变化"君命有所不受"，却非比寻常。这一变化真正实施起来并不容易，具有相当大的艰难险阻。这是因为统帅不接受国君命令的行为，在某种意义上是在挑战国君的权威和底线，要冒杀头的风险。因而，并不是任何统帅都能做到这一点，即使是优秀的统帅也不例外。比如岳飞曾想"君命有所不受"，但他面对宋高宗的十二道"金字牌"接连不断地传来时，最终还是选择了撤退。明人李东阳《金字牌》一词云："金字牌，从天来。将军恸哭班师回，士气郁怒声如雷。"其中"金字牌，从天来"之句，形象地描述了国君命令所造成的巨大压力。但是，"君命有所不受"还不是最艰难的事情。历史上依然有人可以做到，比如司马穰苴拒绝执行齐王的命令，斩杀了监军庄贾；孙子在"吴宫教战"中拒绝执行吴王的命令，斩杀了吴王的两个爱妃。

最艰难的变化是《孙子兵法·九变篇》阐述的第五种变化，即性格的改变。有句俗语说："江山易改，本性难移。"江山容易改变，但人的性格却难以改变。性格的转变，才是最艰难的。孙子指出"覆军杀将，必以五危"，又有"将有五危"之说。"五危"是指统帅五种性格所造成的危险。其实，"五危"之"五"

是虚指，不是实指，实际是说多种多样的性格。其中，既有好的性格，也有不好的性格。性格无论好坏，都会被他人利用。因此，统帅在关键时刻要学会适时地改变自己的性格。换言之，之所以要转变自己的性格，是为了防止别人利用自己的性格。

人们常说："性格决定命运。"如果此说可以成立的话，那么改变性格，就意味着改变命运。例如，汉高祖刘邦早年的性格是"好酒及色"，喜欢美酒，喜欢女人。他在年轻的时候，性格上有这两大缺点。后来，刘邦改变了自己的性格。他要赢得天下，就必须改变性格，树立正面的形象。刘邦一度变得不好色了，他率军队打到咸阳城时，把秦王的皇宫给占领了，但未抢一个美女据为己有。这时候的刘邦志向已明确，他知晓好色会影响到自己的形象，于是便不好色了。值得注意的是，这只是刘邦性格的暂时改变，不是永久性的改变。刘邦在打下天下之后，因吕后年老色衰，便喜欢上了年轻貌美的戚夫人。《史记·外戚世家》记载，吕后"色衰爱弛，而戚夫人有宠"。当然，刘邦这种行为使吕后极为不满。刘邦死后，吕后将戚夫人斩掉手脚，熏聋双耳，挖去双眼，又用哑药将其毒哑，抛入茅厕之中，称之为"人彘"。

刘邦还好酒，经常赊欠人家的酒账，以至于有的店铺一看刘邦来了，赶快把门关上。可时，鸿门宴上，假如刘邦依然好酒，这人敬一杯，那人碰一杯，很快就会喝得醉如烂泥，扶也扶不起来，怎么能够从容不迫地逃出去？所以，在鸿门宴上，刘邦饮酒是非常克制的，虽然史书没有明写，但事实已经证明，刘邦最后头脑非常清醒地逃走了。刘邦在关键时刻和关键场合能改变自己的性格，不然大汉的基业就不会在他的手中建立。其实，刘邦"好酒"的个性也是暂时性改变。刘邦击败英布之后，路过自己的家乡沛，"置酒沛宫"，邀请父老乡亲开怀畅饮。《史记·高祖本纪》记载："酒酣，高祖击筑，自为歌诗曰：'大风起兮云飞扬，威加海内兮归故乡，安得猛士兮守四方！'"

刘邦的成功，离不开他对自身性格的控制：由好色变得不好色，由好酒变得不好酒。由此可见，刘邦性格的转变有其自身的特点，即每逢重大的、关键的场合，有可能会影响自己的发展前途和人生命运时，他就会适时地改变自己的性格，不使自己的性格成为人生道路上的障碍。刘邦性格善变，这种适时变化却为其"华丽转身"和"转危为安"提供了得天独厚的条件。由此看来，孙子所强调的性格转变，不是要求世人因为一些鸡毛蒜皮的小事情而去改变自己的性格，而是要求在影响人生命运的关键时刻，须适时转变自己的性格，以更好地适应环境的变化。

孙子告诫军队的统帅，不能太执着，不知晓灵活变化自己的性格，就要吃大亏。这是因为作战一方总是想方设法利用对方统帅的性格，让对方付出"覆军杀将"的惨重代价。只有改变自身固有的性格，方能破解敌人为自己设置的"死局"，才能让敌人的阴谋无法得逞。战国时期，魏国名将乐羊率兵进攻中山国。他的儿子恰好在中山国，中山国人便悬吊其子逼迫其退兵。但是乐羊不为所动，进攻更加猛烈。中山国国君便将其子乐舒杀死，并煮成肉羹，送给乐羊。《战国策·中山》记载："其子时在中山，中山君烹之，作羹致于乐羊。乐羊食之。"中山国之所以这样做，是想让乐羊子见到其子做成的肉羹时，因悲痛愤怒做出愚蠢的决策。他们万万没有料到的是，乐羊头脑极其冷静，根本就不上敌人的当。后人评价道："乐羊食子以自信。"其实乐羊不可能心中不悲痛，只是他十分清醒，不使敌人阴谋得逞。

（三）宗旨不可变

虽然《孙子兵法》强调灵活变化，但是也没有忽略"不变"的另一面。

一是军队的战术宗旨不变。无论战术变化多么复杂多样，"善出奇者，无穷如天地，不竭如江河"，但军队用兵的战术宗旨始终不变："战势不过奇正。"

二是军队军事行动的宗旨始终不变："合于利而动，不合于利而止。"其中"利"字，是指"全局利益""长远利益""国家利益"，而不是指"局部利益""眼前利益""个人利益"。孙子强调，军队的统帅在见到利益时要正确对待，不能轻举妄动，而是要权衡轻重、利害、得失。因此，《军争篇》提出了"不动如山"之说，必要时要岿然不动，不被利益所引诱。

三是实力至上的军队治理宗旨始终不变。《孙子兵法·九变篇》虽主要在谈"变化",但在末尾特意强调了实力至上的军队治理宗旨始终不变:"故用兵之法,无恃其不来,恃吾有以待也;无恃其不攻,恃吾有所不可攻也。"孙子指出,尽管作战需要千变万化,但绝对不能怀有侥幸的心理,必须要有足够强大的实力可以对付敌人。

此外,孙子还强调以不变应万变。正如《孙子兵法·九地篇》所说:"始如处女,敌人开户;后如脱兔,敌不及拒。""处女"代表了"静","脱兔"代表了"动"。换言之,"处女"展示给外界的是"不变",而"脱兔"代表的则是"变",而且是一种非同寻常的"变"。这种"变"极其迅速,出人意料,以至于敌人来不及抗拒。孙子强调,开战之初,要如处女一般,不露声色,密切关注敌人的一举一动,从中寻找和发现敌人的破绽。这时,要静静等待机会的出现。一旦敌人显露破绽,迅速行动,抓住时机,不给敌人任何反击的机会。

由上可见,《孙子兵法》一方面强调"变化",另一方面也强调"不变"。而且,二者必须统一起来,只强调其中的任何一个方面,都是有失偏颇的,并且是有害的。因此,《孙子兵法》哲学思想第三个维度,有助于战争决策者在错综复杂的局面下灵活应对,同时保持自身的定力。

四 《孙子兵法》独特的思想体系

明代思想家李贽曾说:"孙子之为至圣至神,天下万古无以复加者也。"《孙子兵法》是世界上最早形成战略理论的兵学著作,至今仍有重要的军事理论价值与实际运用价值。美国国防大学战略研究所所长约翰·柯林斯就曾指出:"孙子是古代第一个形成战略思想的伟大人物。他的大部分观点在我们的当前环境中仍然具有和当时同样重大的意义。"《孙子兵法》的思想体系具有独特性,这种独特性可通过中国古代"象形"思维的方式去认识和理解。

(一)显象和隐象

《孙子兵法》哲学思想的三个维度,由于自身统一性的存在,实质上构成了三个半显半隐的"圆"(参见右图)。每个"圆"都是一半明显("实"),一半隐晦("虚")。这很容易导致《孙子兵法》的学习者只知其一,不知其二。而"虚实"恰好又是《孙子兵法》极为重要的兵学概念,《虚实篇》对之进行了深入阐述。故此,《孙子兵法》哲学思想的三个维度半实半虚,完全契合了孙子的理念。

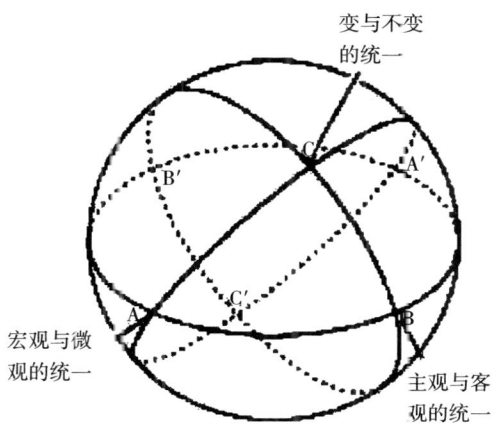

《孙子兵法》军事哲学思想的三个维度

分而论之,《孙子兵法》哲学思想的第一个维度"宏观与微观的统一"所构成的圆,其中曲线 A 部分为"实",代表"宏观";曲线 A′ 部分为"虚",代表"微观"。《孙子兵法》哲学思想的第二个维度"主观与客观的统一"所构成的圆,曲线 B 部分为"实",代表"客观";曲线 B′ 部分为"虚",代表"主观"。《孙子兵法》哲学思想的第三个维度"变与不变的统一"所构成的圆,曲线 C 部分为"实",代表"不变";曲线 C′ 部分为"虚",代表"变"。由于三个圆皆有实有虚,所以,最终它们呈现出三种"隐象"和三种"显象"。

何谓"隐象"?唐人韦应物《赠卢嵩》有言:"云物不隐象,三山共分明。""隐象"与"显象"相对,"显象"是大家都可以看清楚的,而"隐象"是大家看不清楚的。而"隐象"又是《易经》中的一种取象方法,《孙子兵法》深受《易经》的影响,最为明显的是《易经》之中"简易""变易""不易"法则的影响。故此,笔者认为《孙子兵法》移用《易经》中的"隐象"之说,并不是无中生有。

(二)球状思维

如上图所示,《孙子兵法》哲学思想的三个维度形成了三个相互交叉并存的圆。由此不难想见,在实际的运转过程中,最终合成了一个球状的思想体系结构,从中折射出兵家智慧的独特魅力。"圆"和"球"这两种事物所形成的象形图景,都可以在《孙子兵法》中找到实证。如《孙子兵法·势篇》中的"终而复始,日月是也",以"日"和"月"来呈现"圆"的图景;"如循环之无端",又以"环"来呈现"圆"的图景;"善战人之势,如转圆石于千仞之山者",又以"圆石"呈现"球"的图景。由此可见,孙子的头脑中的确存在着"圆"和"球状"的象形思维。

"他山之石,可以攻玉。"我们可以借助佛教哲学中的用语"圆通"一词,诠释《孙子兵法》哲学思想体系的这一特征。"圆"是"不偏倚","通"是"无障碍"。宋人范成大《晚集南楼》诗有云:"懒拙已成三昧解,此生还证一圆通。"综而观之,《孙子兵法》哲学思想体系彰显出的特征,可以用"圆融贯通,纵横无碍"八个字来概括。

《孙子兵法》哲学思想的三个维度交叉并存，不仅合成了一个近乎完美的哲学思想体系，而且呈现出"圆融贯通，纵横无碍"的鲜明特征。李零先生认为，《孙子兵法》作为兵书虽讲求实用，但也有哲学："哲学是爱智之学，兵法最讲智慧，里面当然有哲学，而且是最聪明最机灵的哲学。"

值得注意的是，孙子的哲学思想体系有其自身的特殊性，它是兵家在观察"战争世界"（而非"整个世界"）的过程中诞生的，不可一味以通行的理论方法进行拆分解读。确切地说，《孙子兵法》哲学思想体系的形成，源于古代中国特有的"统一论"的思维方法。

有学者认为，《孙子兵法》不仅奠定了兵家思想理论的基石，而且是中国哲学经典《道德经》的思想源头："《孙子》之所以是世界级兵书，影响各个领域，久而不衰，一个重要原因是富于辩证法，是一本'哲学书'。李泽厚认为老子受孙子影响，这是洞见。"这一说法固然有其合理性，但也并非完全契合孙子学说的实际情况。"统一论"的思维方法虽然在《孙子兵法》中大放异彩，但未得到应有的关注和阐释。

最后，需要强调的一点是，准确认识和理解《孙子兵法》哲学思想的三个维度，是我们把握《孙子兵法》真义的一把钥匙。

第三章

齐文化精粹撷珍·齐兵学

《六韬》《司马法》《孙膑兵法》的兵学智慧

《六韬》是先秦时著名的兵书,姜太公撰。今本《六韬》分为六部分,以《文韬》《武韬》《龙韬》《虎韬》《豹韬》《犬韬》为题,共六十篇。《文韬》主要谈论治国强兵之道,《武韬》阐述进攻强敌之术,《龙韬》讲述军队治理方法,《虎韬》叙述武器装备,《豹韬》总结各类战场战法,《犬韬》论述各种兵种如何协同作战。全书以姜太公与周文王、周武王对话的形式写成。在长期的流传过程中,曾有增删润色。学界一般认为,《六韬》最晚在战国后期就已成书。

一　《六韬》的兵学智慧

1972年4月，山东临沂银雀山西汉墓中出土了许多竹简，其中有一部分简牍内容与今本《六韬》基本一致。1985年，《银雀山汉墓竹简》(壹)由文物出版社出版，共收入《六韬》竹简136枚，涉及十四篇，内容主要有三类：第一类是见于今本《六韬》的文字，其中见于《文韬》的有四篇，见于《武韬》的有三篇。第二类是《群书治要》《通典》《太平御览》等书籍曾援引而今本所无的逸文。第三类是一些零散的残简，其简式、字体与第一、第二类相似，简文中提及周文王和太公望，整理者据此将这些残简归于汉简本《六韬》。1973年，河北定县八角廊40号西汉墓中出土了一些竹简，经过整理，初步命名为《太公书》。根据简式、内容和字体等，定州汉简中被确认为《六韬》的竹简共有144枚，计1400余字。定州竹简的发现，不仅纠正了过去的《六韬》伪书说，也为我们进一步研究姜太公的思想提供了珍贵的第一手材料。《六韬》兵学思想博大精深，影响深远。与其他兵书不同的是,《六韬》更擅长战略谋划,在经济战略、文化战略和特种战法方面更是独具特色。

(一)经济战略

《六韬》提出了一种独特的经济战略,可称之为"三宝"战略。何谓"三宝"战略?《六韬·文韬·六守》:"大农、大工、大商谓之三宝。""三宝"战略可理解为推行农业的规模化种植、手工业的规模化生产、商业的规模化经营。以往的研究者往往忽视"大农"之"大"、"大工"之"大"、"大商"之"大",因而对之解读不到位,认识不到这种经济战略的重要性。周部落正是通过这种规模化的种植、生产、经营,使自己在经济上迅速地发展起来,在财富积累上快速地超越了其他的部落,从而具备了强大的经济实力,为推翻商王朝奠定了坚实的经济基础,为自己军力的发展和对外交往提供了资源保障。

《六韬》具体阐明了如何推行这一经济发展战略。一是将农民集中聚居在一个地方,进行农业的规模化种植,粮食供给自然就会充足:"农一其乡,则谷足。"二是把技术工匠集中聚居在一个地方,有利于相互之间交流经验,改进工艺,提高技术水平,进行手工业的规模化生产,生产的器物自然就会充足:"工一其乡,则器足。"三是让商贾集中聚居在一起,他们可以相互切磋经商的技艺,同时进行商业的规模化经营并互通有无,财货自然就会变得充足起来："商一其乡，则货足。"

《六韬》特别强调了"三宝"战略对于安定社会民众和维护国家安全的重要意义所在。这一经济发展战略推行得当，民众就会安定下来，宗族的秩序不会混乱，大臣拥有的财富也不会超过国君，城邑的规格不会超过国都的规格："三宝各安其处，民乃不虑。无乱其乡，无乱其族，臣无富于君，都无大于国。"如此，国家就会长治久安："三宝完，则国安。"而且，《六韬》指出，不推行"三宝"战略和坚定推行"三宝"战略的结果天差地别。国君若是不推行"三宝"战略，将会失去自己的权威，很难有效地维护国家的统治："人君无以三宝借人，借人则君失其威。"总而言之，姜太公推行"三宝"战略，在当时的小农经济时代，绝对是一个石破天惊的创造性战略设计。

（二）文化战略

《六韬》提出了一种独特的文化战略，称之为"文伐"，也就是文化战。"文伐"的特点是"以文事伐人，不用交兵接刃而伐之也"。显然，这是一种非军事战略模式，即通过政治和外交的手段来削弱和瓦解敌人。

至于这种文化战略的实施，姜太公提出了十二种具体措施："凡文伐有十二节。"具体而言，一是依照敌国国君的喜好，来顺从他的愿望，以滋长他的骄傲心理，使其做一些有违正道的事情。二是亲近拉拢敌国国君所宠爱之人，削弱敌国国君的权威。敌国的宠臣怀有二心，忠诚度就会降低。敌国如果没有忠臣，国家就一定会陷于危亡之境。三是暗地里贿赂敌国国君身边的大臣，同他们建立深厚的交情。这些大臣身居国内，而心向国外，敌国必将发生祸患。四是助长敌国国君的放纵享乐的欲望，赠送珠宝、美女讨其欢心，言辞卑下，曲意听从，迎合其心意。敌国国君就会松懈斗志，肆意妄为了。五是尊敬敌国的忠臣，赠送其礼物却要少。当他派出使者前来交涉事务时，故意拖延时日，留住使者，让其不能完成自己的使命，迫使敌国改派使者，然后诚心诚意解决所交涉的事务。亲近而且信任改派的使者，使敌国国君再次派遣他来加强两国之间的友好关系，从而可以为我服务。以不同的态度对待敌国的忠臣和奸佞，就能离间敌国君臣之间的关系，从而谋取敌国。六是收买敌国的大臣，离间敌国国君与朝外的大臣，使敌国有才干的大臣暗中相助，使敌国内部混乱不堪。七是赠送大量礼物给敌国国君，同时收买他身边亲近之人，暗中给他们好处，使其君臣忽视物质生产，造成物质匮乏、国库空虚。八是用贵重宝物贿赂敌国国君，进而与其图谋他国，所图谋的事情又对敌国国君有利。在得到利益之后，敌国国君必然与我方建立信任关系。关系密切到一定程度，敌国国君就必然为我所用。敌国国君被他国所用，最终必致惨败。九是用显赫的名号尊崇敌国国君，给他以权倾天下的美好感觉，顺从他的意志，博取他的信任，使他自以为居于至高无上的地位。夸耀他的功绩，把他比作圣人，敌国国君必然狂妄自大，荒废政事。十是对敌国国君要假意顺从，顺从他的意图做事，必然会获得他的信任，如同兄弟一般亲密。获得敌国国君的信任之后，就可以暗地里加以控制和利用。一旦时机成熟，就如同上天相助，轻而易举将其灭亡。十一是用各种方法闭塞敌国国君的耳目。凡是大臣，无不爱好富贵，厌恶死亡与灾祸，暗中许诺他们高官厚禄，秘密赠送贵重财宝，进行收买。暗中笼络敌国的智谋之士，使他们出谋划策。此外，秘密结交敌国勇士。总之，给予这些人优厚的待遇，并使这个群体不断发展壮大。敌国的能臣、智士、勇士为我所用，就能闭塞敌国国君的耳目。敌国国君虽然拥有国家，可是耳目已经被闭塞，怎么能治理好国家呢？十二是培养敌国奸邪之臣，以此迷乱敌国国君的心智。向敌国国君进献美女和靡靡之音，消磨敌国国君的意志。向敌国国君进献猎犬和骏马，使其沉溺于声色犬马之中。然后利用有利的时机，与天下人一起谋夺他的国家。

总之，这种文化战略标针对的是敌国的国君、大臣、智士、勇士，以精神俘虏、物质引诱等手段，以敌国国君为中心攻击目标，最终目的是使敌国君主斗志瓦解、耳目闭塞、骄傲自大、荒淫享乐，再不关心国家的治理，以致众叛亲离、混乱不堪。敌国的大臣、智士、勇士纷纷为我所用，为灭亡敌国创造外在的条件。正所谓："十二节备，乃成武事。"这十二种方法正确合理运用之后，就可以采取军事行动了。由此可知，文化战是军事战的前奏，能够削弱敌国、瓦解敌国，为军事上击败敌国创造有利条件。

（三）特种战法

《六韬》还针对特殊环境下的作战，提出了指导意见。我们姑且称之为"特种战法"，涉及"火战""林战""水战"和"山战"四种。

一是"火战"，即火攻作战。"火战"分为两种情况：一种情况是遇到茂密的草丛树木环绕我军，军队已经行军数百里，疲惫不堪，需要安营扎寨休息。敌人借助干燥天气和刮大风的有利条件，在上风放火，又命令战车、骑兵、精锐之士埋伏在我军的后面，使我军恐怖，散乱逃跑。此时，应当采用何种战法？姜太公指出，遇到此种情况，就应竖起云梯、飞楼，登上高处，往四处瞭望，仔细观察周围的情况。发现敌人放火，立即在营寨前面的开阔地带放火，并且扩大焚烧的地带，同时在后面地带放火。若是敌人前来交战，就把军队撤退到草木烧光的黑地上坚守。前来进攻的敌人若是在我军后面，看到火起，必定后退。我军在黑地上布阵坚守，以勇士和强弩掩护左右两翼，并放火焚烧前后的草木。即使敌人火攻，也不能加害于我。另一种情况是，敌人在我军前后左右一齐放火，浓烟笼罩我军，而且敌人大军抢先占据黑地发起进攻，此时应当采用何种战法？姜太公指出，遇上此种情况，我军应当组成"四武冲阵"，以强弩掩护军队的左右两翼。这种战法虽然无法取胜敌人，但也不会招致失败。

二是"林战"，即森林作战。倘若率军深入敌国境内，遇到森林，与敌人各自占据森林的一部分对峙，此时要在防御上做到坚不可摧，在进攻上做到克敌制胜，应当采用何种战法？姜太公指出，遇到这种情况，应将军队分别组成"四武冲阵"，便于作战部署，在外层布设弓弩，在里层布设戟盾，斩除草木，开通道路，便于作战行动。并且，要高悬旗帜，严格约束全军，不使敌人了解我军的内情。将使用矛与戟的士兵，混合组成战斗小队。若是林木稀疏，就以骑兵辅助作战，战车配置在前，发现有利时机就战斗，没有发现有利时机就放弃作战。在森林中遇到险要的地形，一定要部署成"四武冲阵"，以此防备敌人前后夹击我军。只要全军迅猛作战，即使敌人数量众多，也会被击败溃逃。军队要轮番作战和休息，各部按照编制统一行动。这就是"林战"的基本原则。

三是"山战"，即山地作战。若是深入敌匿境内，遇到高山巨石，没有草木可以隐蔽，四面受敌，以致全军恐惧，此时应当采用何种战法？姜太公指出，凡是把军队部署在山顶，就容易被敌人隔绝；凡是把军队部署在山麓，就容易被敌人囚禁。既然在山地环境中作战，就必须布设"鸟云之阵"，在山南和山北都要戒备。军队或是驻守在山的北面，或是驻守在山的南面。驻守在山的南面，就要戒备山的北面；驻守在山的北面，就要戒备山的南面；驻守在山的左面，就要戒备山的右面；驻守在山的右面，就要戒备山的左面。山上凡是敌人能攀登之处，都要派兵加以防守；对于交通要道和通行的谷地，要用战车加以阻绝。高悬旗帜，严格约束三军，不使敌人察知我军的内情。军队行列排定，士卒已经列阵，法令已经颁布，奇正运用已经确定，各部编成"四武冲阵"，部署在山地的高处，然后把战车和骑兵布设为"鸟云之阵"。我军疾速迅猛作战，敌军数量即使众多，亦可擒其将领。

  四是"水战"，即水上作战。"水战"分三种情况：第一种情况是领兵深入敌国境内，与敌军隔着河水对峙。敌人物资充足，兵力众多；我军物资缺乏，兵力很少。想要渡河进攻敌人，却无法前进；想要拖延时日，却又缺乏粮食。军队驻扎在盐碱地，四周既无城邑，又无草木，无处获取物资，无处放牧牛马。此时应当采用何种战法？姜太公指出，军队没有防备，牛马没有草料，士兵没有粮食，在这种情况下，应当寻找机会，欺骗敌人，迅速转移到其他地方，并在后面预先埋伏军队。第二种情况是敌人不受欺骗，我军士兵疑惑，敌军在我军前后出没，而我军溃败逃跑，应当采用何种战法？姜太公指出，此时要使用金银财宝贿赂敌方使者。此事必须做得精密细致，不为敌人所察觉。第三种情况是敌人已经知晓我方设有伏兵，大军不肯渡河，另派小部队渡河进攻，此时应当采用何种战法？姜太公指出，在这种情况下，我军应布设为"四武冲阵"，部署在便于作战之地，等待敌军全部渡河之后，出动埋伏之兵，猛烈攻击敌人后面。强弩从两旁射击敌人，同时将战车和骑兵布设成"鸟云之阵"，戒备前方和后方。敌人看到我军与渡河小部队交战，大军必定渡河前来。这时出动伏兵，猛烈攻击敌军后面，并用战车和骑兵冲击敌军的两翼。敌军纵然人数众多，将领也必然逃跑。用兵的关键，是与敌人正面作战时必须把军队布设成"四武冲阵"，部署军队在便于作战之地；然后把战车和骑兵布设成"鸟云之阵"，这是出奇制胜之法。所谓"鸟云之阵"，就是像鸟儿与乌云一样聚散不定、变化无穷。

值得注意的是，《孙子兵法》也提到"火攻"与"水攻"，但两者明显不同。《六韬》中提及的火攻作战、水上作战主要是以防御为主，而《孙子兵法》却是以进攻为主。此外，《孙子兵法》也讲山地作战，但没有《六韬》讲解得细致。

《六韬》的文献版本很多，出土文献资料尤其多样，敦煌藏经洞就曾出土唐代写本《六韬》的残卷，现存法国巴黎国立图书馆，是敦煌出土的唯一一种较为完整的兵书。清代学者对《六韬》做了大量的辑佚工作，但从古籍中抄录出不成系统的只言片语，很难看出《六韬》古本的概貌。山东银雀山和河北定县出土的西汉《六韬》竹简，使古本《六韬》的面貌变得日益清晰起来。而1909年发现的西夏文译本《六韬》，所依据的汉文底本应当是《武经七书》之前的某一个古本，它的内容超出了今本很多。这一译本的最终解读将为《六韬》传播史研究补充一份重要资料。总之，这些文献的出土为进一步梳理和研究《六韬》文献版本提供了极其重要的资料。

二 《司马法》的兵学智慧

《司马法》又称《司马穰苴兵法》，是先秦时期著名的兵书。关于《司马法》的作者向来有争议，《汉书·艺文志》没有记载作者，但从《隋书·经籍志》开始，历代的目录书多认为是司马穰苴所撰。司马穰苴是齐国贵族田完的后代，经晏婴举荐，担任将军，出兵抵御燕、晋之军，后被封司马之官。齐威王命大夫整理编撰姜太公遗留的治军之法，并将司马穰苴的兵法附在其中，命名为《司马穰苴兵法》。它在西汉时期的地位一度比《孙子兵法》高，汉武帝时期，朝廷武官的选拔曾以《司马法》为标准。《司马法》流传两千多年，现存五篇，分别是《仁本》《天子之义》《定爵》《严位》《用众》。此书是夏、商、周三代兵学遗留下的"珍珠美玉"，既提倡仁义，主张节制用兵，也谈论权诈之兵，是向战国兵学转型的重要兵学理论著作。《司马法》继承了周礼精神，深受儒家思想影响，可谓儒学主导兵学的典范之作。因此，很有必要立足于儒学的视角，审视《司马法》的兵学智慧。

（一）以礼治国

对于如何治理诸侯国,《司马法》有独到的认知。此处的"礼",是指当时治理天下的一系列制度,而这些制度体现了儒家的伦理法则。考察《司马法》,其中对天子治理诸侯有明确的制度约束机制。

第一,天子巡幸四方,并考核天下诸侯的违法行为。《司马法·仁本》:"巡狩省方,会诸侯,考不同。""巡狩",起源于古代的出猎活动。夏、商、周时期,贵族和武士时常进行大规模的出猎活动,并将出猎活动和监管地方有机结合起来。因而,"巡狩"成为一种控制诸侯国的政治手段。关于天子巡幸四方,有相应的规定:如果不是宣扬天子的德义,天子就不出去巡幸。《左传·庄公二十七年》:"天子非展义不巡守。"天子巡幸四方因而被儒家经典指认为一种礼治和仁治的政治仪式。《诗经·周颂·时迈》描写了周武王巡幸各邦,祭祀苍天和山川百神的场景。"宣威"和"布德"是这首诗歌的主旨。东汉班固《东都赋》阐发了帝王巡幸天下的目的:"省方巡狩,穷览万国之有无,考声教之所被,散皇明以烛幽。"

第二,天子按照四时之序教化臣民。《司马法·仁本》:"以时合教。"《司马法》言简意赅,没有详细阐明,可参考《管子·四时》。夏、商、周时代,"务时而寄政",天子发布政令,须合乎时令,即"令有时"。《管子·四时》按照一年四季的顺序,详细规定了政令的颁布规则。春季的第一项政令是照顾孤幼，赦免罪人；第二项政令是赐予官爵，授予禄位；第三项政令是在解冻时修治沟渠，修葺坟墓；第四项政令是平整险阻难行的道路，修整田地的界限；第五项政令是不准捕杀幼鹿，不准折花断木。夏季的第一项政令是调查有功和为国出力之人，把他们提拔起来；第二项政令是打开仓库、地窖，把粮食借贷给民众；第三项政令是禁止敞门不关，不准举袿免冠，清除地沟与田舍；第四项政令是访求曾经布德施惠于民者，对他们进行奖赏；第五项政令是下令禁止设网捕捉禽兽，不准杀害飞鸟。秋季的第一项政令是禁止赌博，防止小事之争，禁止私恨和私斗；第二项政令是禁止使用兵器；第三项政令是重视安排旅居在野的农民，督促秋收；第四项政令是修补仓房的缺漏之处；第五项政令是修理墙垣，还要使门户严密。冬季的第一项政令是关照孤寡，抚恤老人；第二项政令是小心适应阴气，做好祭神之事，颁赐爵禄，授予官职；第三项政令是考核会计收支，不要开发山川宝藏；第四项政令是拘捕逃犯，得盗贼者有赏；第五项政令是禁止迁移，防止流民，限制分居。

第三，天子可征发天下的军队，征讨不讲仁义之道的诸侯。《司马法·仁本》："兴甲兵以讨不义。"对于违背命令、破坏纲常人伦、违背仁德、不顺应天时、危及有功德之人的诸侯，天子可遍告天下的诸侯，指出其罪恶，并祭告神灵，然后冢宰从各诸侯国征召军队，发布命令道，某国丧失道义，应出兵征讨。各诸侯国的军队须在某年某月某日到某国会师,会同天子,端正刑法。等除掉有罪之人之后,天子和诸侯整顿好这个国家,然后推举贤良,册封明主。这一制度完全符合儒家的伦理规范:"礼乐征伐自天子出。"《论语·季氏篇》有言:"天下有道,则礼乐征伐自天子出;天下无道,则礼乐征伐自诸侯出。"天下有道之时,制礼作乐与出兵打仗是由天子来决定的;天下无道之时,制礼作乐与出兵打仗是由诸侯来决定的。

第四,天子有严明的赏罚制度,及时行赏,绝不拖延,处罚也要当场执行。《司马法·天子之义》:"赏不逾时,欲民速得为善之利也。罚不迁列,欲民速规为不善之害也。"《司马法》认为,虞舜不用赏罚,民众就能听从派遣,这是由于有高尚的道德;夏朝赏而不罚,这是因为有良好的教育;商朝罚而不赏,这是因为有强大的权威;周朝赏罚并用,是由于道德已经衰微了。奖赏及时,民众可以迅速看到行善的好处;行罚当场执行,让民众可以迅速看到为非作歹的害处。诸葛亮对《司马法》的思想既有吸纳,也有发展。《将苑·将材》:"赏不逾时,刑不择贵。"主张奖赏要及时,处罚要不分尊卑贵贱。奖励是一门很重要的学问。奖励有重要的引领作用,要奖出正能量,要奖出军队的士气来。但在现实中,有的奖赏不痛不痒,搞平均主义,让人丧气泄劲,让人埋怨指责。赏罚必须公正无私,罚不避亲,刑不畏贵,这样才有权威性。惩罚要不打折扣,就地施行,绝不姑息。如春秋时期祁瞒擅自违令出战,使晋军陷入险境。晋文公命司马赵衰将祁瞒斩首，以此警示三军，从此晋军军纪更加严明。

《司马法·定爵》倡导"居国惠以信"，即治理国家要做到仁惠和诚信。《司马法》"以礼治国"的美好愿景是圣王治理天下，遵从上天之道，合乎地利之宜；使有德之人理政，各司其职；分封国家，设官分职；设立爵位，区分俸禄。诉讼消除，没有战事；诸侯心中欢悦，远方的国家前来臣服。

（二）以礼治军

《司马法》的"以礼治军"，主要包括以下内容：

其一，军事训练采用狩猎的形式，在春秋两季进行。《司马法·仁本》："春蒐秋狝，诸侯春振旅，秋治兵。""春蒐"是指春季狩猎，搜寻那些不产卵、未怀孕的禽兽。"秋狝"是指秋季狩猎，顺应秋天的肃杀之气进行捕猎活动。诸侯国在春秋两季练兵，以此来表示不忘战备。值得注意的是，《国语·齐语》有这样的话："春以蒐振旅，秋以狝治兵。"显然，齐国完全遵从了《司马法》这一治军传统。鲁国也沿袭了这一传统，但有所改变。《左传》记载，鲁隐公打算到棠地观看捕鱼，臧僖伯进谏说，凡是不能用于祭祀和军事，或者不能用来制作礼器和兵器的东西，国君不要接触。国君是民众的表率，做大事要以法度为准则，这叫作"轨"。制作的器物要能显示出文采，叫作"物"。行事不合乎轨、物，就是乱政。屡屡乱政，就会败亡。所以，春、夏、秋、冬狩猎,都是在农闲时节进行,借此机会来训练军队。每三年操演一次,回国时都要休整军队,在宗庙进行祭祀,举行宴饮进行庆贺,并清点武器和猎物。春蒐、夏苗、秋狝、冬狩是四时以狩猎为名义进行的习武活动。《司马法·仁本》强调:"国虽大,好战必亡;天下虽安,忘战必危。"

其二,对军人礼仪和武备活动有明确的要求。《司马法·天子之义》:"介者不拜,兵车不式,城上不趋,危事不齿。""介者不拜"是说身披铠甲之人行不拜之礼。《孔丛子·问军礼》说"介胄在身,执锐在列,虽君父不拜",也是此意。《史记·绛侯周勃世家》记载,汉文帝亲自去细柳营慰劳军队,将军周亚夫手持兵器说:"介胄之士不拜,请以军礼见。"即是说,穿盔甲的将士不便于跪拜,请汉文帝允许自己行军礼。"兵车不式"是说乘坐兵车者不用抚轼。抚轼表示礼敬,是谦卑之礼。也就是说,兵车出行,即使有人致敬,也无须还礼。《周礼·春官宗伯》提到五种军车:一是戎路,二是广车,三是阙车,四是苹车,五是轻车。用途各有不同。"城上不趋"是说军人守城时不必小步快跑行礼。"趋"是小步快跑,是表示恭敬的动作。"危事不齿"是说遇到紧急危险的事情不讲尊卑顺序。如果一味按照尊卑秩序来,就会耽误紧急的事情。这体现了军礼的灵活性。

其三,实行固定的兵役制度。《司马法·天子之义》"古者戍军,三年不兴。"这意味着征调一次戍守边疆的将士便取得胜利,兵戎之事在很长的时间里没有发生,多年不再征调。这是互相体恤、上下团结的表现，也体现了天子爱民的观念。《尚书·周书》："王来自商，至于丰，乃偃武修文，归马于华山之阳，放牛于桃林之野，示天下弗服。"周武王在灭商之后，把兵器收缴入库，在华山脚下放马，在桃林中放牛，以示天下太平，不再用兵。

其四，奖赏要遵从一定的规则。《司马法·天子之义》说"大捷不赏""大败不诛"，取得大胜，不奖赏胜利者；遭遇大败，不诛杀失败者。又进一步解释其中缘故说，大胜之后不奖赏，上下就不会夸耀自己的功勋，就不会骄傲，彼此谦让。大败之后不进行惩罚，上上下下就会认为错误在于自己，必定会下决心改正错误，不再犯错。《司马法》指出，夏朝有赏无罚，是"至教之世"；殷朝罚而不赏，是"至威之世"；周朝有赏有罚，是"德衰之世"；上古时代的有虞氏部落不赏不罚，是"至德之世"。大捷不赏，意在使将士不自夸功勋；大败不罚，意在使将士勇于承担责任。鲁僖公三十三年，秦穆公不顾老臣们的劝说，派遣孟明视、西乞术、白乙丙率领军队，远道偷袭郑国。他们返回之时，在崤山中了晋军的埋伏，全军覆没，三军统帅被俘。秦穆公后悔自己当初的决定，没有诛杀败军之将，而是悔过自省。孟明视、西乞术、白乙丙也悔过自省。不久之后，秦军大败晋军，一雪前耻。

《司马法·定爵》言："在军广以武。"就是说，治军既要宽厚，又要威严。而且，《司马法》主张"在朝"和"在军"的礼仪应当区分开来，不可混为一谈，就是"国容不入军，军容不入国"(《司马法·天子之义》)。朝廷的礼仪法度不可用在军队之中，军队的礼仪法度不可用在朝廷之内。如果把军队的礼仪法度用在朝廷之内，民众的崇礼风气就会废弛；把朝廷的礼仪法度用在军队之中，军队的尚武精神就会被削弱。在朝廷上，要说话温文尔雅，态度恭敬谦逊；严以律己，宽以待人；国君不召不来，不问不说；朝见时礼节隆重，辞退时礼节简单。而在军队中，要昂首直立，勇猛果敢，"介者不拜，兵车不式，城上不趋，危事不齿"。礼与法相互为用，文与武不可偏废。正如《尉缭子·兵令上》所言："兵者，以武为植，以文为种。武为表，文为里。"

（三）以礼用兵

《司马法》主张，在作战之时要遵守相应的礼仪规范，不能违背礼仪要求，这就是所谓的"以礼用兵"。

第一，《司马法》主张，作战时追击溃逃的敌人不超过一百步，追踪主动退却的敌人不超过九十里。《司马法·仁本》："逐奔不过百步，纵绥不过三舍。"这体现了儒家的礼让精神。值得注意的是，这种作战方式也有趋利避害的一面：追击溃逃的敌人不可太远，这样就不易被诱骗；追踪主动退却的敌人不可追近，这样就不易陷入敌人的圈套。正如《司马法·天子之义》所言："逐奔不远，纵绥不及。不远则难诱，不及则难陷。"《司马法》主张，不残杀丧失战斗能力的敌人，哀怜敌人的伤病人员。《司马法·仁本》："不穷不能而哀怜伤病。"这也体现了儒家的仁爱精神。《司马法》还主张，等敌人布阵完毕再发起进攻。《司马法·仁本》："成列而鼓。"这体现了儒家的诚信精神。

第二，《司马法》主张要爱护军民，不违背农时，不在疾疫流行时兴兵作战。《司马法·仁本》："不违时，不历民病。"农忙时不打仗，怕耽误生产；疾病流行时不打仗，是怕士兵患病。这体现了儒家的爱民思想。

第三，《司马法》主张，不乘敌人国丧时去进攻，也不趁敌国灾荒时去进攻。《司马法·仁本》："不加丧，不因凶。""不加丧"就是"礼不伐丧"，不乘敌人国丧时去进攻。古代的国丧是指君王、君王后、君王父、君王母的丧事。古人以"伐丧"为非礼，例如《左传》记载："楚人将伐陈，闻丧乃止。"但春秋时"伐丧"的例子也是有的，比如《左传·襄公二年》记载，诸侯之师会于戚，"遂城虎牢"。《公羊传》认为，取虎牢不言"取"而言"城"，是"为中国讳"，就是"讳伐丧"。此外，吴王阖闾与越王勾践二人也是反面例子，他们均趁敌国国君新丧而举兵进攻。"不因凶"，即不趁敌国灾荒时进攻，是为了善待敌国的民众，体现的是儒家的仁爱思想。《吴子兵法》把战争的起因归结为五种："一曰争名，二曰争利，三曰积恶，四曰内乱，五曰因饥。"一是争夺名位，二是争夺利益，三是仇恨积累，四是内乱，五是饥荒。饥荒是引发战争的重要原因之一。因此，"不因凶"的原则，实际并未得到遵守。公元前612年，楚国粮食绝收，陷入饥荒。这时趁机攻打楚国的有三支军事力量：第一支是远在楚国西北的戎人，率先攻打楚国西南，一直打到楚国的阜山邑。第二支是地处楚国西北的庸国，以及南部的少数民族部落——群蛮，庸国带头率领群蛮背叛了楚国。第三支是从厥貉之会逃走的麇国国君，以及百濮部落。

第四，《司马法》主张，不在冬夏两季兴师。《司马法·仁本》："冬夏不兴师。"天气太冷或太热都不利于打仗，容易引发疾病。夏季高温、降雨，冬季低温、降雪，对士兵和军事行动皆不利。春天忙于耕种，夏天炎热多雨，南方瘴疫肆虐，也不利于用兵。最适宜作战的是秋季，气温适宜，粮草充足，灾害性天气较少。因此，将军不仅要懂得自然规律，更要善于利用自然规律，趋利避害。虽然如此，战事危急时也不能完全遵守。如《诗经·小雅·六月》歌颂尹吉甫北伐玁狁之功："六月栖栖，戎车既饬。四牡骙骙，载是常服。玁狁孔炽，我是用急。王于出征，以匡王国。"朱熹《诗集传》有言："《司马法》，冬夏不兴师，今乃六月而出师者，以玁狁孔炽，其事危急，故不得已而王命于是出征，以正王国也。"实际上，"冬夏不兴师"包含了一定的科学因素。《华杉讲透孙子兵法》一书指出，赤壁之战中，曹操没有遵守"冬夏不兴师"的法则，在严寒时节出兵，以致马无草料可食，士兵水土不服，军营大疫流行，最终落败而归。

第五，《司马法》主张，向三军下达命令，落实时间不能超过三日；对一个百人团队下达命令，半天就要落实；对一个人下达命令，应要求对方立刻执行。《司马法·严位》："三军之戒，无过三日；一卒之警，无过分日；一人之禁，无过瞬息。"不过，学者钟尉认为，这样解释这句话不够妥帖，应理解为，作战的过程中，主将对全军下达戒备令，全军保持戒备状态一般不要超过三天；主将对负责警戒的部队下达警戒令，执行任务的时间不要超过半天；主将因为特殊情况或特殊任务对个别人下达禁令，特殊情况消失或特殊任务完成时，禁令就应停止。如此解释的话，这些原则体现的都是儒家的仁爱精神。

总之，"以礼为固，以仁为胜"是《司马法》兵学思想的核心和精髓。《司马法》虽然主张以仁义用兵，但同时也强调，合兵攻战时一定要决绝果断，不可丧失作战的有利时机。《司马法·定爵》："刃上果以敏。"郑友贤《孙子遗说》专门比较了《司马法》与《孙子兵法》兵学思想的特色："《司马法》以仁为本，孙武以诈立；《司马法》以义治之，孙武以利动；《司马法》以正，不获意则权，孙武以分合为变。"礼与仁是《司马法》用兵制胜的核心原则。但需注意的是，《司马法》所倡导的"仁"是一种"大仁"，是对多数人的"仁爱"之心，而不是对少数人的仁爱之心，即"小仁"。何以见得？《司马法·仁本》："杀人安人，杀之可也；攻其国，爱其民，攻之可也；以战止战，虽战可也。"杀掉一个坏人，而使得众人都得到安宁，那么这样做是可以的；进攻一个国家，而爱护其人民，进攻是可以的；用战争来制止战争，也是可以的。

不容忽视的是，《司马法》对后世兵家和兵学的发展影响很大。《史记·太史公自序》载:"《司马法》所从来尚矣,(姜)太公、孙(武)、吴(起)、王子(成父)能绍而明之。"在司马迁看来,姜太公、孙武、吴起、王子成父继承并发扬光大了《司马法》的兵学智慧。太史公曰:"余读《司马兵法》,闳廓深远,虽三代征伐,未能竟其义,如其文也,亦少褒矣。若夫穰苴,区区为小国行师,何暇及《司马兵法》之揖让乎?世既多《司马兵法》,以故不论,著穰苴之列传焉。"在司马迁生活的时代,社会上普遍盛赞《司马兵法》,所以他不予以重点评论。

明清以来,受辨伪之风的影响,《司马法》的争议很大。姚际恒、龚自珍等学者怀疑《司马法》是伪书;也有学者认定《司马兵法》《司马穰苴兵法》《司马法》《军礼司马法》分别是不同的兵书;还有学者指出,今本《司马法》前两篇为上古《司马法》,后三篇为《司马穰苴兵法》。而现今学界一般认为,今本《司马法》不是伪书,《司马兵法》《司马穰苴兵法》《军礼司马法》荟萃于《司马法》一书之中。尽管此书大半亡佚,但仍具有重要的兵学价值。

三 《孙膑兵法》的兵学智慧

1972年,山东临沂银雀山汉墓出土了《孙子兵法》《孙膑兵法》《六韬》《尉缭子》《晏子》《守法守令等十三篇》等先秦典籍，而失传两千多年的《孙膑兵法》重见天日，立即引起了中外学术界的高度重视。《孙膑兵法》与世人见面，使"千年之讼"尘埃落定，廓清了"孙武"与"孙膑"之争，解开了长期以来有关孙膑的疑问，为齐兵学的研究提供了新资料。学术界公认，《孙膑兵法》应由孙膑弟子辑录而成，其中也有孙膑本人的著述，反映了孙膑的军事思想。

孙膑是孙武的后裔，战国时人。他曾与庞涓一起学习兵法，但庞涓的才学根本无法与孙膑比肩。后来庞涓得到了魏惠王的重用，成为魏国将军。他嫉妒孙膑的本事，设计陷害，挖去了孙膑的膝盖骨。在齐国使者的帮助下，孙膑逃到了齐国，受到齐威王的礼遇，并成为将军田忌手下的谋士，后来在马陵之战中创设奇计，大败魏军，除掉了庞涓。

《史记》最早记载孙膑著有兵书。此后，《汉书·艺文志》著录《齐孙子》八十九篇、图四卷。后来，此兵书散佚了。北大教授李零认为，20世纪70年代发现的银雀山汉墓竹简和马王堆汉墓帛书具有里程碑意义。《孙膑兵法》是对孙子兵学思想的继承和发展。孙膑本人系统研究了战争史和战争理论，不断总结战争经验，创造了自己的兵学理论。他的兵学思想与孙子相比，又有了创新和发展。其兵学思想精髓集中体现在三个方面。

（一）以喻论道

《孙膑兵法·兵情》曾以比喻的方式来解说用兵之道："若欲知兵之请（情），弩矢其法也。矢，卒也。弩，将也。发者，主也。"想要搞明白用兵之道，就要搞清楚弩机发射的基本原理。孙膑把箭比作士兵，把弩机比作将帅，把发射弩机的人比作君王。

首先，孙膑以箭为喻，指出士兵之所以出现问题是因管理方法不当。从一支箭的结构来看，金属箭头在前，羽毛制作的箭尾在后，因而射出的箭非常威猛，飞行也迅速，而且射得很远。孙膑批评有的将帅排兵布阵，往往是后面兵力强大而前面兵力弱小，用来进攻敌人则不可行。其中最根本的问题是将帅没有效法箭支的基本原理，即"治卒不法矢"。

其次，孙膑以弩机为喻，指出将帅本身如果有问题，就无法实现用兵的目标，如同弩机本身有问题也射不中目标。弩机张开，而弩机的柄不端正，那么左右两边产生的力道就不一致。这时，即使箭本身没有任何问题，箭头和箭尾轻重合适，也依然没法射中目标。这个道理也适用于用兵打仗，将帅如果不团结，即使士兵没有问题，也依然不能战胜敌人。

最后，孙子以发射弩箭之人为喻，指出士兵没有问题，将帅也没有问题，可是国君如果出现问题，依然无法实现用兵的目标。如果箭头和箭尾轻重适宜，弩机张开的柄也很端正，发射箭支的力道也一致，但发射弩机之人却不能很好地掌握弩机使用的要领，不能适时准确地发射，依然不能射中目标。

总而言之，在孙膑看来，用兵之道好比弩机射中目标一样，需要四个方面的协调配合："弩之中彀，合于四。"这四个方面，第一个是士兵（以箭为喻），第二个是将帅（以弩机为喻），第三个是国君（以发射弩机者为喻），第四个是用兵目标（以靶心为喻）。因此说，用兵有功应归功于国君、将帅、士兵、用兵目标的默契配合，这就是用兵之道。用兵之道由四个方面组成，需要国君在任用统帅方面不犯错误，统帅与国君同心同德，统帅知晓治理士兵的方法，清楚用兵的目标。孙膑最后强调说，只有掌握了用兵之道，才能在用兵作战上取得真正的成功，国君才能扬名于天下；否则，绝不可能实现自己的用兵目标。

（二）制胜之术

孙膑认为，凡是长有锐利牙齿、锋利长角、尖锐爪子、强有力钳子的动物，总是喜悦时聚集成群，愤怒时相互争斗，这是大自然固有的规律，也是无法阻止的自然现象："天之道也，不可止也。"由彼及人，孙膑指出，人类虽然自身不具备与动物一样的用来攻击和防御的"武器"，可是，圣人发明了武器配备给人类。

《孙膑兵法·势备》重点阐明了四种胜敌之术。第一种胜敌之术是军阵。孙膑用黄帝发明剑的事情进行类比:"黄帝作剑,以陈(阵)象之。"黄帝发明了利剑,好似军阵一样。孙膑进一步解释二者的关联性。人将利剑早晚佩戴在身上,未必一定要使用;军队保持阵形,不一定非要作战。利剑如果没有剑柄,即使灵巧之人也不能用手进呈;军阵如果没有后卫也是不行的。剑不锋利,即使勇士孟贲也不能用之去杀敌;如果一个军阵的前面没有精锐将士,人人得而攻之。因此,军阵既要有前锋,又要有后卫,二者要相互信任,才能打败敌人。

第二种胜敌之术是造势。孙膑用后羿发明弓弩的事情进行类比。后羿发明的弓弩,好似造势一样:"笄(羿)作弓弩,以执(势)象之。"孙膑进一步解释了二者的关联性。从一个人的肩与胸之间发射出去,杀人于百步之外,令人不知箭支从何而来,这就是弓弩爆发的力量。《孙子兵法·势篇》也有类似的类比:"势为弘弩,节如发机。"孙子没有用弓来类比势,这是因为弩机是一种机械装置,弓却要借助人力。弩机爆发出的势,显然要比弓大得多。

第三种胜敌之术是机动变化。孙膑用大禹发明船与车的事情进行类比。大禹发明船与车,好似变化一样:"禹作舟车,以变象之。"由于简牍残损严重,孙膑对于二者关联性的解释已不可知。但是我们可以结合大禹治水的历史,推知一二。大禹治水,所经历的地理环境不一样,有的是陆地,有的是河流,为了提高工作效率,就要借助不同的运输工具。陆地行进,乘车最为便捷。

渡河渡江，乘船最为方便。大禹根据不同的地理环境，灵活机动，发明并运用不同的乘载工具，由此提高了治理洪水的工作效率。

第四种胜敌之术是权谋。孙膑用商汤、周武王制作长兵器的事情进行类比："汤、武作长兵，以权象之。"商汤、周武王发明了长兵器，好似权谋一样。孙膑对于二者关联性的解释，现今由于简牍残损严重，也无从得知。众所周知，古代的长兵器如戈、矛，与短兵器相比，优点在于以近击远。简牍残损虽然严重，但也保留下部分解释内容："权者，昼多旗，夜多鼓，所以送战也。"这一记录也很宝贵，可以佐证"权"为"权谋"的内涵。这是因为孙膑点明了权谋使用的两个重要范例，一是白天多多使用旌旗，二是夜间多多使用战鼓，有意识地进行伪装，用来辅助作战。

总之，孙膑总结阐发了四种胜敌之术，分别为军阵、造势、机变和权谋："曰陈，曰势，曰变，曰权。"这四种胜敌之术来自对上古时期五位重要历史人物的聪明才智的领悟、总结：一与黄帝有关，二与后羿有关，三与大禹有关，四与商汤、周武王有关。孙膑指出，这四种胜敌之术可有效发挥士兵的作用。而且，他认真研究了这四种胜敌之术，认为可以用来击破强大的敌人，俘获敌人勇猛的将帅："察此四者，所以破强敌，取猛将也。"

（三）形胜之说

孙膑对形胜之道的论述极为全面，不仅提出了"形胜"这一重要概念，而且对形胜之道有全方位的阐释："刑（形）胜之变，与天地相敝而不穷。刑（形）胜，以楚、越之竹书之而不足。"这一思想主要体现在《孙膑兵法·奇正》的论述之中。

首先，孙膑指出"形势"的重要性。他指出，天下的事物有条件具备的，甚至有余的，也有条件不具备的，形势变化也是如此："有所有余，有所不足，形势是也。"在孙膑的眼中，天地之间万事万物的变化规律是物极必反，盛极则衰，如同白天和黑夜一样，一时兴盛，一时衰落；又如同四季交替一样；也如同金、木、水、火、土相生相克一样，有新生，也有死亡。

其次，孙膑指出"形胜"的可行性。众所周知，事物皆有形，形是事物的外在表现形式。凡是有形体的事物，没有不可以命名的。凡是可以命名的事物，也没有不可以战胜的。圣人应用万物的长处来制胜万物，所以能不断取得胜利。用兵作战是依靠形的变化来取胜。凡是显露的军形，没有不可以战胜的。战胜者的军形则变化多端，永无穷尽。即使用尽楚、越两国的竹子，也写不完这些变化的情形。由此可见，形的变化无穷无尽，战法变化也是无穷无尽的。

再次，孙膑指出，"形胜"一定要注意一些重要的问题。形胜是以军形变化来战胜对手。第一个重要问题是，形胜之法不可一成不变。使用一种固定的军形，去制胜不断变化军形的敌人，这是根本不可能的。从总体来看，制胜的军形有共同的特点，那就是善于变化。形胜的方法不是一成不变的，善战者看到敌人的长处,就知晓敌人的短处;看到敌人的劣势,就知晓敌人的优势;预见胜利如同预见太阳和月亮升起落下那样准确无误。善战者的取胜举措,如同用水灭火一样顺其自然。

第二个重要的问题是形胜的微妙之处在于分化组合:"奇正无穷,分也。"用已经显露的军形应对敌人已经显露的军形,叫作"正";用隐蔽的军形,应对敌人显露的军形,叫作"奇"。"奇"和"正"的变化,无穷无尽。如何来分化组合?一是参照出奇制胜的原理,二是运用五行相生相克的规律,三是用指挥号令来实施。"分之以奇数,制之以五行,斗之以□□。"其中"斗之以□□"的空缺内容,疑为"形名"。孙子《势篇》有"斗众如斗寡,形名是也",可以佐证。

第三个重要的问题是形胜的关键在于"以异为奇"。分化组合确定之后就会产生明确的军形。阵形一旦确定下来,就有了一定的名称。采用与敌军相同的阵形是不能取胜的,要以不同的阵形来呈现用兵的奇特之处。因此,以静制动是出奇,以逸待劳是出奇,以吃饱应对饥饿是出奇,以治理应对混乱是出奇,以多数应对少数是出奇;暴露的行动是正,隐蔽的行动是奇。出其不意而不被敌军反击,就能获得胜利。

第四个重要的问题是形与势二者紧密相连。孙膑打比方,指出形与势紧密相连,犹如一个人关节疼痛,其他的关节便不能正常发挥作用,这是因为所有的关节都属于同一形体:"一节痛,百节不用,同体也。"比如前面的军队失败了,后面的军队也就不能发挥作用，这是因为属于同一阵形。军队交战，以势取胜，大的军阵不可以断开，小的军阵也不可以松懈。后面的小军阵不可以超越前面的小军阵，前面的小军阵不能落到后面。军阵前进时要有路径可以进入，军阵后退时也要有路径可以离开。

第五个重要的问题是引导形势变化贵在掌握军民的性情。孙膑清醒地认识到，作战形势的变化离不开指挥号令。军民听从号令的关键，在于将帅的命令可以执行。使军民处在不利的形势下，却要求他们拼死作战而毫不退缩，即使是孟贲一样的勇士也是难以做到的。此外，孙膑强调指挥号令的执行是建立在军民本性的基础之上的。军队取胜之后，一定要给予好处；军队打了败仗，将帅一定要被替换；军队疲劳之时，一定要让他们休息；军队饥饿之时，一定要让他们吃饱饭。这样的军队即使遇上了强敌也不怕死，踩上锋刃也不后退。知晓水流的规律，可以使石头漂移、船只毁损；使用兵民一定要首先了解其性情，军令才会畅通无阻："行水得其理，漂石折舟；用民得其性，则令行。"

综上所述，孙膑涉及的兵学议题非常广泛，既继承了前贤的长处，又有自己的创新，形成了独具特色的兵学理论体系。其中，对形胜之道的阐释是《孙膑兵法》最具特色的兵学思想。有研究者认为，由于出土竹简缺损严重，难以看出此书的全貌及其思想体系；其中是否混杂失传的其他兵书，目前也难以确定。但从现已整理的内容来看，《孙膑兵法》不仅继承和发展了《孙子兵法》等早期兵学思想，而且吸收和总结了春秋以来丰富的战争实践经验。总之，虽然银雀山汉简不能完整呈现孙膑的兵学思想体系，但我们依然可以从中总结、提炼一些重要而又独到的兵学理念。

总之，在齐兵学的核心典籍中，除了名扬中外的《孙子兵法》之外，尚有《六韬》《司马法》《孙膑兵法》。它们产生于不同的历史时代，是许多战争实践经验的系统总结，具有独特的兵学智慧。

第四章

齐文化精粹撷珍·齐兵学

《管子》与《荀子》的兵学智慧

诸子兵学思想在齐兵学中也占有一席之地。无论法家管仲,还是儒家荀子,都关注兵学问题。《管子》一书,内容庞杂,汇集了法、道、儒、兵、名、农、阴阳等各家之学。此外,《国语》也反映了管仲的兵学思想。荀子虽以儒家后学自居,但对兵学问题也很感兴趣,对此有比较深入的研究。

一 《管子》的兵学智慧

《管子》虽被视为法家著作,但不可否认的是,其中还包含了一定的兵学思想,见于《地图》《兵法》等篇。对于管仲的兵学思想,前人时贤都有阐述和探讨。本书与其他著述不同的是,在利用资料方面,除《管子》之外,另从《国语》《史记》中归纳和提炼管仲兵学思想的精髓。

(一)隐蔽性的政治战

政治战是一个国家或政治集团通过自己特有的政治制度来战胜对手的作战方式。齐桓公时,齐国推行"军政合一"的制度,这一制度的设计者是管仲。《国语·齐语》记载,齐桓公想要对外用兵,管仲认为不可以,主要原因是国家不安定。齐桓公于是咨询安国之术。管仲建议:一是整饬原有的法令制度,好的法令制度要推行;二是滋养民众,赈济穷困之人,敬重贵族大姓。齐桓公听从了管仲的建议，国家安定的目标实现了。

齐桓公又要对外用兵，管仲依然认为不可。管仲的理由是倘若齐国"正卒伍""修甲兵"，加强军备，那么其他大国也会如此；本国有攻战的武器，小的诸侯国也有防守。因此，不论是对大国用兵，还是对小国用兵，都难以迅速实现自己的志向。管仲提出，还有良策可以实施，即将加强军备隐藏在国家的治理之中。用管仲之语来讲，就是"作内政而寄军令"。换言之，就是"军政合一"。不是单纯地加强军备，而是将加强军备与国家治理巧妙地融为一体。齐桓公认为，管仲这一制度设计非常高明，很好地隐蔽了齐国的战略意图。以今观之，这是一种典型的政治战。

"军政合一"制度的推行主要体现在四个方面：一是"成民之事"。《国语·齐语》记载，管仲所谓"成民之事"，就是士、农、工、商之人不可混杂在一起。他主张，安置士人在清静之地，安置手工业者在官府，安置商人在集市，安置农人在田野。士人聚在一起居住，闲暇之时就会相互切磋仁义之道，"父与父言义，子与子言孝"，长幼有礼；他们少时学习，心志安定，不会见异思迁，无须费力就能掌握士人的知识。士人的后代一直是士人。

手工业者聚在一起，可以及时了解不同季节的需要，一起辨别材质的优劣，思考工艺的作用，选用合适的材质。他们从早到晚工作，满足天下人的需要，并教诲自己的子弟。其子弟从小受到熏陶，心志安定，不会见异思迁，无须费力就能掌握手工技艺。手工业者的后代一直是手工业者。

商人聚在一起居住,可以了解四时的需要,熟悉本地的资源,掌握市场的行情。他们将货物运往天下,以自己所有换取自己所无,低价买进,高价卖出。他们教诲自己的后代,谈论生财之道,互相交流经验,学习经营手段。其子弟少时学习,心志安定,不会见异思迁,无须费力就能掌握经商的技艺。商人的后代一直是商人。

农人聚在一起居住,可以了解不同时节的农事,根据不同的农事准备不同的农具。他们冬天除去枯草,等待春耕;耕种季节深翻土壤,抓紧耙土,等待春雨;春雨来时,带着农具早晚在田间劳作。他们脱去上衣,头戴草帽,身穿蓑衣,沾满泥土,曝晒皮肤,使出全身的力气干活。其子弟少时学习,心志安定,不会见异思迁,无须费力就能掌握农人的技艺。农人的后代一直是农人。

总之,这样的制度设计使士、农、工、商阶层相对稳定,也有利于各阶层在各自的事业上精益求精。

二是"定民之居"。管仲主张编定行政区划并设立管理者。《国语·齐语》记载,管仲把全国划分为二十一乡:手工业者和商人之乡共有六个,士人和农人之乡共有十五个;国君掌管五乡,国子掌管五乡,高子掌管五乡。国事划分为三种,设立"三宰"主管群臣,设立"三族"主管工匠,设立"三乡"主管商人,设立"三虞"主管湖泽,设立"三衡"主管大山。此外,管仲主张建立郊野政区使民众安定下来。三十家为一邑,由有司来管理;

十邑为一卒，由卒帅来管理；十卒为一乡，由乡帅来管理；三乡为一县，由县帅来管理；十县为一属，由大夫来管理。郊野分为五属，共设五大夫，各自管理一属的政事；另外，设立正长，监察一属的政事。所以正长职责是监察大夫的治理，大夫的职责是监察县帅的治理，县帅的职责是监察乡帅的治理。各自治理所管辖的地方，不会有人怠慢。这样的制度设计使所有的民众居有定所，不会成为流民，也容易管理，同时也使管理者与被管理者职责分明。

三是"寓兵于民"。《国语·齐语》记载：五家为一轨，每轨设轨长；十轨为一里，每里设有司；四里为一连，每连设连长；十连为一乡，每乡设良人。这当中寄寓的军政之令是：五家一轨，所以五人编成一伍，由轨长率领；十轨编为一里，所以五十人编成一小戎，由有司率领；四里编成一连，所以二百人编成一卒，由连长率领；十连编成一乡，所以两千人编成一旅，由良人率领；五乡编成一师，所以正好是一万人编成一军，由五乡之帅率领。

全国编为三军，有国君作为统帅的中军旗鼓，有国子旗鼓，有高子旗鼓。春季以打猎的名义训练军队，秋季以打猎的名义检阅军队。卒、伍一级在里就已经整合在一起，军、旅一级在郊野组建在一起。因而，内政中已包含军事训练，民众不能随意迁徙。同伍之人一同祭祀，死丧之时相互救助，有了灾难共同承担。人与人相伴，家与家相邻，世世代代居住在一地，从小在一起游戏。所以，夜间作战能识别彼此的声音，不会误判；白天作战相互都认识。他们同生共死，居住在一起时人人欢乐，行军时一片和谐，战死时一同哀伤。所以，防守时坚不可摧，作战时英勇顽强。管仲强调，如果能够拥有这样的三万人，就可以横行天下，讨伐无道的君主，护卫周天子，没有大国可与之相抗衡。宋人叶适将管仲这种军政合一的制度概括为："寓兵于农，寓将于卿。"但这种概括似乎不是很确切，应该是"寓兵于民，寓将于帅"，这个"帅"是五乡之帅，这样似乎更妥帖一些。

四是"赎罪以器"。管仲主张，犯罪者可以交纳一定数量的兵器或金属来减轻或免除自己的罪责。《国语·齐语》记载，齐桓公忧心齐国缺少铠甲和兵器，管仲提出了这个主张。判重刑的犯人可以交纳犀牛皮甲和戟来赎罪，罪责轻的犯人可以交纳鞼盾和戟来赎罪，犯小罪过之人可交纳金属。要求打官司者先关禁闭三天，不可随意变更诉词，一旦决定诉讼，需上缴一束箭作为审理的资费。优质金属用来铸造剑戟，用狗和马来试验是否锋利；劣质金属用来铸造农具，用土壤来试验是否适用。齐桓公采纳了管仲的建议之后，齐国的武器装备和农具日渐充足。

总之，"成民之事"使齐国各阶层安居乐业，"定民之居"使齐国管理秩序井然，"寓兵于民"使齐国民众训练有素，"赎罪以器"使齐国武器装备精良。除此之外，管仲还劝谏齐桓公与邻国亲善，为争霸天下创造良好的外在条件。管仲认为，建立霸业，首先要与邻国亲善。具体做法是审定本国疆界，归还从邻国侵占的土地；承认邻国疆界的合法性，不占有邻国的资源；多赠予邻国财物，派遣使者到邻国访问。如此，周边邻国就会亲近齐国。此外，选派游说之士八十人，乘车马，穿皮衣，多带钱物，周游四方，招纳天下贤能之士；观察各诸侯国朝野上下的爱好，选择荒淫奢侈者进行征伐。

管仲的政治战，为齐桓公称霸天下创造了内在条件。

（二）纵横捭阖的外交战

外交战是指一个国家或集团通过外交手段来操控他国或其他集团。春秋时期，诸侯国众多。齐国如何在众多的诸侯国中脱颖而出，是一个很值得注意的现象。综而观之，齐国不仅注重自身的发展，而且擅长外交战，操控其他的诸侯国。齐国在外交战中实施的具体操控手段，可以归纳为三种。

一是"拘之以利"，就是以利益来笼络其他诸侯国。这主要表现在六个方面：一，安定鲁国的政局。《国语·齐语》记载，齐桓公很关心天下诸侯的情况。鲁国发生哀姜和庆父淫乱祸国之事，两个国君相继被杀，君位无人继承。齐桓公听说之后，派高子前去鲁国册立僖公为君，使鲁国政局安定下来。二，保护邢国的民众利益。狄人进攻邢国，齐桓公在夷仪筑城赐封邢人，让流离失所的邢国人迁移到此，使邢国民众没有遭受狄人的掳掠，生产照常进行。三，保护卫国人民的利益。狄人进攻卫国，卫国民众被迫出逃曹邑，躲避战乱。齐桓公在楚丘筑城赐封卫人。他们的牲畜散失了，无法繁殖，齐桓公赐予他们三百匹良马。天下人都称赞齐桓公的仁德，知道齐桓公的所作所为并不是为了自己，因此，诸侯国纷纷归附。四，齐桓公以重礼回馈前来朝见的诸侯国使者。诸侯国使者带着微薄的礼物前来朝见，齐桓公则以重礼回馈他们。五，将被灭诸侯国的土地分给其他诸侯国。齐桓公派遣军队灭掉了不服从齐国的谭和遂两个小国，又把这两个诸侯国的土地分给其他诸侯国，因此天下人称颂齐桓公宽宏大度。六，齐国让利于其他诸侯国。齐桓公开放齐国东莱一带的鱼盐运输，命令关口对过往的鱼盐运输只征收很少的税收，使其他诸侯国获得好处。这些诸侯国因此称颂齐桓公广施恩惠。七，筑城防卫外族入侵。齐桓公下令修筑葵兹、晏、负夏、领、釜丘等地的城池，用以防备戎人和狄人的暴行；还下令修筑五鹿、中牟、盖与、牡丘等城市，用以捍卫华夏之地，也向中原各国显示自身权威。

二是"结之以信"，就是以诚信与诸侯国交往。《史记·齐太公世家》记载了三件事，反映了齐桓公讲信义，赢得了其他诸侯国的拥护。一是齐国归还了侵占的鲁国疆土。齐桓公五年（前681），齐国讨伐鲁国，鲁国战败。鲁庄公请求献出遂邑讲和，齐桓公答应了，与鲁庄公在柯地会盟。当鲁庄公将要和齐桓公订立盟约时，曹沫手持匕首在祭坛上挟持了齐桓公，威胁他归还侵占的鲁国土地。齐桓公被迫答应了。曹沫放下匕首，退回到原来的位置。齐桓公反悔了，想不归还鲁国土地并且杀死曹沫。管仲劝说齐桓公，被劫持时已经答应，现又背弃信义杀人，贪求一时的痛快，而失信于天下诸侯，不可取。于是，齐桓公把鲁国多次战败后丢失的疆土归还了。诸侯听说此事后，赞颂齐国言而有信，都想归附。二是齐国赐予燕王土地。齐桓公二十三年（前663），山戎进攻燕国，燕国请求齐国救援。齐桓公出兵击败山戎。燕庄公将齐桓公送到齐国境内。齐桓公对燕庄公说，除了天子之外，诸侯王送行，不可走出自己的国境，因而自己不能失礼于燕国。于是挖沟为地界，将燕国国君所到之地划给了燕国，让燕国国君重修召公仁德之政，向周王室进贡。诸侯国听说此事后，纷纷追随齐国。三是齐桓公对周天子行跪拜之礼。齐桓公三十五年（前651）夏，齐桓公在葵丘与其他诸侯会盟。周襄王派宰孔赐给齐桓公祭祀周文王和周武王的祭肉、朱色弓箭、大车，命令齐桓公不必行跪拜之礼。齐桓公本来想要答应，管仲对他说，不可以这样做。齐桓公于是便下拜接受周天子的赏赐。不难看出，齐桓公这些"结之以信"的行为是管仲教导和引领的结果。

三是"示之以武"。齐国还借助武力威慑不肯臣服的诸侯国。在齐桓公即位后的最初几年里，齐国东南一些国家多是荒淫之主，比如莱、莒、徐夷、吴和越等国，齐国一次出兵就使三十一个国家臣服。齐国军队又向南征讨楚国，迫使楚国向周王室进贡，然后才撤退。荆州一带的诸侯小国没有哪个敢不服从齐国。齐国又向北进攻山戎，打败令支，击溃孤竹国，然后撤军南返。东海一带的诸侯小国没有哪个敢不服从齐国。齐国与这些诸侯国缔结盟约，向天地神灵发誓，愿意同心协力。齐国又向西进攻，占领了白狄的土地，到达了西河附近，制作了船只和木筏，渡过了黄河，直抵晋国的石枕。为了通过高山深谷，齐军悬吊战车，勒紧马缰，翻越了太行山和辟耳山谷，征服了流沙和西吴。齐国动员多国的力量修缮周王城，并且讨伐晋国之乱，帮助晋惠公恢复了君位。北岳恒山大河之滨的诸侯，没有哪一个不服从齐国。

（三）利诱与封锁相结合的经济战

"经济战"是指敌对双方为了夺取战略优势，在经济领域进行的斗争与较量，手段包括经济破坏和经济封锁。管仲可以说是中国古代最早的"经济战"理论的创立者和实践者，并且取得了卓越的成就。《管子·轻重》记述了齐国发动的一系列经济战。

一是齐国对鲁国和梁国发动经济战。鲁国、梁国与齐国虽然唇齿相依，但是冲突不断，齐桓公将这两个国家视为自己的眼中钉。齐桓公向管仲问计，想要攻占鲁、梁两国。管仲指出，鲁、梁两国多数民众以织绨为生。绨是一种丝织品。倘若齐桓公穿上绨做的衣服，并命令身边之人都穿，民众就会跟着穿；再下令国内不准织绨，所需之绨就将依赖鲁、梁二国进口，鲁、梁二国必将放弃农业生产而去织绨了。齐桓公于是在泰山之南制作绨服，穿在了身上。管仲告诉鲁、梁二国的商人：贩来一千匹绨，赐三百斤金；贩来一万匹绨，赐三千斤金。如此，鲁、梁二国不向民众征税，财富也会很充足。二国国君听到此消息后，下令让民众织绨。过了一年多,管仲派人到鲁、梁探听情况,只见两国集市道路上尘土飞扬,十步之内看不清楚,民众都在忙于绨的买卖。管仲认为,可以令鲁、梁二国臣服了。管仲让齐桓公改穿帛衣,同时命令民众不再穿绨。而且,齐国封闭关口,断绝与鲁、梁两国之间的往来。十个月之后,管仲又派人打探情况,看到鲁、梁民众已陷于饥饿的状态,赋税也交不起。鲁、梁国君命令民众停止织绨,而去从事农业生产,粮食却不是三个月内就能生产出来的。鲁、梁之民买粮食每石要千钱,齐国每石才十钱。两年之后,鲁、梁两国民众有十分之六前来投奔齐国。三年之后,鲁、梁国君也臣服齐国了。

二是齐国对楚国发动经济战。齐桓公认为,楚国是强国,民众尚武,如果出兵攻打,恐怕难以取胜。管仲建议,以猎物之法来引诱取胜,用高昂的价格收购楚国的鹿。齐桓公于是营建了一座方圆百里的鹿苑,派人前往楚国购买鹿,一头鹿的价格是八万钱。管仲又让齐桓公通过民间行为,去购买楚国十分之六的粮食;另派左司马伯公率壮丁到庄山铸造钱币,派中大夫王邑带上两千万钱到楚国收购鹿。楚王得知此事后,告诉其国相,金钱人人重视,明主用金钱来赏赐有功之人。现今齐国高价收购我国的野兽,真是楚国的福分。楚国告知民众尽快猎鹿,换取齐国的金钱。楚国民众于是放弃农业生产而专心猎鹿。

管仲对楚国商人说,贩来二十头鹿,赐黄金百斤;贩来两百头鹿,赐黄金千斤。重赏之下,必有勇夫。在管仲的精心运作之下，猎鹿成了楚国全民的行动，男人为鹿住在野外，妇女为鹿奔走在路上。隰朋命令齐国的民众储藏粮食，粮食储量增加了五倍，而楚国因卖鹿储藏的金钱也增加了五倍。管仲认为，此时可以拿下楚国了。于是齐国命人封闭关口，不再与楚国往来。楚王自鸣得意，开始发展农业生产。可是，稻谷不是三个月内就能生产出来的，楚国粮食价格高涨到四百钱。齐国派人运输粮食到芊地之南进行售卖，楚国人有十分之四投降了齐国。三年之后，楚国就臣服了。

三是齐国对代国发动经济战。齐桓公询问管仲代国出产何物。管仲回答说，代国出产白狐之皮，可以高价收购。而且，白狐这种动物适应阴阳变化之气，六个月才出现一次。若是以高价收购白狐，代国人将忘记这种动物很难得到，一定会一起去捕猎。齐国还没有出钱，代国的民众就会放弃农业生产而去深山捕猎白狐。离枝国一听到这个消息，一定会入侵代国的北部。而离枝一旦入侵代国的北部，代国必定归降齐国。于是，齐国派中大夫王师北携带着大量金钱到代国，收购白狐之皮。代王听说之后，对国相说，代国之所以弱于离枝国，是因为国家无财富。现在齐国出高价收购白狐皮，这是代国的福气。赶快下令，让民众获取白狐皮，换取齐国的金钱，我国将用这些金钱招纳离枝的百姓。代国人因此放弃了农业生产，在山林之中捕获白狐，两年也不得其一。离枝国听到了这一消息之后，入侵代国北部。代王知道后，十分恐慌。离枝国侵占了代国的北部疆土，代王只好率领军民归服了齐国。齐国没有花费一文钱，代国就降服了。

四是齐国对衡山国发动经济战。齐、鲁之间有一个小国叫衡山国。衡山国虽然小，却拥有当时先进的生产技术，能制造各种优良的兵器，可谓是"衡山利剑，天下无双"。齐桓公想要制服衡山国，但不知采用何种方法。管仲提议，派人高价收购衡山国的兵器转卖。如此一来，燕国和代国一定会跟随去购买，秦国和赵国也一定会争着购买。衡山国的兵器必定涨价一倍。若是造成天下抢购的局面，衡山国的兵器必将涨价十倍。齐桓公于是派人到衡山国大量收购兵器，也不讨价还价。齐国购买衡山国兵器十个月之后，燕、代两国听说了，果然也派人前去购买。燕、代两国购买衡山国兵器三个月之后，秦国也听说了此消息，果然也派人前去购买。衡山国国君告诉相国说，天下各国都抢购我国的兵器，可将价格再提高十倍。衡山国民众于是放弃了农业生产而去学习制造兵器的技艺。而齐国则派隰朋到赵国去购买粮食，赵国粮价十五钱，隰朋则以五十钱的价格收购。天下各国商人知道之后，纷纷运输粮食到齐国售卖，齐国以十七个月的时间收购了衡山国的兵器，以五个月的时间收购了天下各国的粮食，然后封闭关口，断绝与衡山国的来往。燕、代、秦、赵也从衡山国召回了本国的使者。衡山国的兵器卖光了，鲁国侵占了它的南部，齐国侵占了它的北部。衡山国没有武器去抵御这两个国家，最终臣服于齐国。

纵观齐国发动的这四次经济战，自始至终贯穿着管仲的"经济战"理论的精髓——善于运用货币流通变化的规律，也就是利用价格的涨跌来操控特殊商品的生产布局，同时掌控粮食储备量，保证在关键时刻能够独立生存。具体而言，这种经济战，先是通过贸易方式操控敌国的特殊商品，使敌国形成单一化的生产布局，失去了危机应对的能力；继而是封锁，最终影响这个国家的政治安全、国家命运，真正做到了"不战而胜"。

在管仲的指导下，齐国通过政治战、外交战、经济战，为自己称霸天下创造了有利条件，为军事战开辟了一条胜利的道路。当时，周王室衰微，比较强大的诸侯国有齐国、楚国、秦国、晋国。而晋国的政局一片混乱；秦国处于偏远之地，不参加中原的会盟；楚王以"蛮夷"之国自居。比较而言，只有齐国有能力主持中原各国的会盟。齐桓公在位之时，召开了九次大规模盟会。齐桓公隐去自身的武备，大力推行文治。他率领中原诸侯尊王攘夷，建立了霸业。他的身后有许多人才的大力支持，比如甯戚、隰朋、宾须无、鲍叔牙等人；其中管仲独特的兵学智慧更是提供了强大的助力，这一点不可小视。

二 《荀子》的兵学智慧

《荀子·议兵篇》集中反映了荀子的兵学思想，而且以对话的方式呈现。《议兵篇》为我们考察儒家兵学思想的流变提供了一个重要窗口。

（一）儒家与兵家论兵

荀子第一次论兵，是与赵孝成王和临武君二人展开对话，涉及四个重要议题。

1. 用兵之要

对话中，赵孝成王最关心的是用兵之要，即用兵的关键。临武君认为，上得天时，下得地利，观察敌人的变化与行动，即使晚于敌人出发，也要先于敌人到达，这是用兵的关键。荀子并不认同临武君的看法，他认为用兵的关键在于使民众团结一致。他说，如果弓矢不协调，即使神射手后羿也不能射中目标；如果驾车的六匹马儿不协调，即使高超的御者造父也不能到达远方；如果士兵民众不亲附，即使圣明之君商汤和周武王也没有取胜的把握。因而，在荀子看来，善于使民众亲附者，就是善于用兵者。由此可知，荀子的观点是用兵关键在于使民众亲附。

临武君不认同荀子的观点，他反驳说，用兵贵在造势和争夺利益，行动要灵活变化、诡秘隐蔽。他强调说，善于用兵者，往往能出人意料，使人难以预测，也无法知晓下一步的行动。在临武君眼中，孙子和吴起就是用兵的典范，天下没有人能与之抗衡。所以，用兵和民众是否归附关系不大。

荀子针锋相对，妙语连珠，阐明自己不认同临武君之说的理由。首先，他指出，仁义用兵是帝王的追求。临武君推崇的是权谋、造势与争利。荀子认为仁义之兵不可欺诈，只有松懈者、疲弱者、君臣上下离心离德者才可以欺诈。如果桀欺诈尧，就好比鸡蛋碰石头，好比把手指伸入开水锅，好比投身于水火之中，是自取灭亡。

其次，仁义之人统领军队，将帅一心，士兵尽力。袭击这样的军队，无疑会遭遇惨败。荀子指出，仁义之人治理方圆十里之地，方圆百里的人都会听从他；仁义之人治理方圆百里之地，方圆千里的人都会听从他；仁义之人治理方圆千里之地，天下人都会听从他。仁义之人治军有方，聚则成伍，散则成行，如同莫邪之剑，碰上就断。

最后，荀子指出，残暴之君没有人支持他去打仗。这是因为为国君打仗的一定是民众。民众亲近国君如同亲近父母一样，喜爱国君如同喜爱椒兰芬芳一样，就会全力支持国君。如果看到自己的君主，如同脸上火烧刺字一样疼痛，如同见到仇人一样分外眼红，就会极力反对他。即使是夏桀、盗跖，也不会心甘情愿为自己厌恶的人残害自己喜欢的人。因而，荀子断言，仁人治国，国家就会昌盛。而先归顺的诸侯会获得平安，后归顺的诸侯会陷于险境，与他为敌的诸侯会被削弱，背叛他的诸侯必定会灭亡。

值得注意的是，临武君之言实质上代表了兵家的思想主张。

"造势"和"争利"是《孙子兵法》中极为重要的两个概念。临武君与荀子的对话实际上代表了兵家与儒家的论争。

2. 王者用兵

赵孝成王和临武君提出了王者如何用兵的问题:"请问王者之兵设何道、何行而可?"

首先,荀子指出,君主贤明则国家安定,君主没有才能则国家混乱。一个国家的强弱有种种表现。具体表现是,崇尚礼义、重视正义,国家就安定。怠慢礼义、轻视正义,国家就会混乱。国家安定就会强大,国家混乱就会衰落。君主被臣下和民众所敬仰,臣下和民众愿意为君主做事,国家就会强盛;臣下和民众不愿为君主做事,国家就会衰弱。

荀子认为,崇尚礼义、论功行赏,这种做法高明;注重禄位、崇尚气节,这是中等的做法;崇尚战功、轻视气节,这是下等的做法。在荀子看来,导致一个国家的强盛或衰落是有多种原因的。重视士人,国家强盛;不重视士人,国家弱小。爱护民众,国家强盛;不爱护民众,国家衰弱。政令贯彻,国家强盛;政令不通,国家衰弱。民众团结,国家强盛;民众不团结,则国家衰弱。奖赏丰厚,国家强盛;奖赏微薄,国家衰弱。刑罚严厉,国家强盛;刑罚轻慢,国家衰弱。兵器坚固适用,国家强盛;兵器粗劣,国家衰弱。用兵慎重,国家强盛;用兵轻率,国家衰弱。权力集中,国家强盛;权力分散,国家衰弱。

其次，荀子高度赞扬了商汤、周武王的仁义之兵。他将齐国的首级制、魏国的武卒制、秦国的精锐之兵、齐桓公和晋文公的纪律严明之兵，以及商汤、周武王的仁义之兵进行了对比。在荀子看来，齐国推崇搏击之术，凡能斩获一人的首级者，赏金八两。若是对付弱小的敌人，勉强可以；如遇到强大的敌人，就会涣散奔逃。这是亡国的军队，也是最弱的军队。这与雇用商人作战几乎是一样的。而魏国的武卒制，是以一定标准选拔士兵，身穿三层铠甲，手拿十二石之弓，背五十支箭，戴头盔，执戈，腰悬剑，带三天的干粮，半天步行百里。考核合格，就免除本户的徭役，给予田宅。多年之后，人已衰老，依然享受优厚的待遇。因而，魏国疆土虽然广大，征收的赋税却很少。在荀子眼中，这也是有害的做法。

荀子还分析了秦军强大的主客观原因。他指出，秦国人所生活的土地狭小而且贫瘠。君主役使民众十分严酷，以权势胁迫民众，用穷困来限制民众，以奖赏来鼓励民众，以刑罚来督促民众，使民众只能靠打仗来获得好处，不打仗就没有希望。秦国使民众没有出路，再用他们打仗。有了功绩就奖赏他们，立功和奖赏互相促进。秦国规定，斩杀敌人五个首级，免除本乡五家的徭役。因此，秦军最为强悍。在荀子眼中，秦国的四代强盛不是侥幸得来的，而是有其缘由的。

不同的军队制度，带来的是不同的作战效果。齐国善于搏击的士兵不能抵挡魏国的勇武士兵，魏国的勇武士兵不能抵挡秦国的精锐之兵,秦国的精锐之兵不能抵挡齐桓公、晋文公的纪律严明之兵,齐桓公、晋文公的守纪律之兵不能抵挡商汤和周武王的仁义之师。如果遇到商汤和周武王的仁义之师,就如同焦脆之物被投掷到石头上一样,必然支离破碎。在荀子看来,齐国、魏国、秦国的军队都是贪图利益之兵,受人雇用,出卖力气,不懂得尊敬君主、遵守制度,也不讲究礼仪。

最后,荀子坚决反对强盗之兵,即行事诡诈、使用权谋之兵。荀子指出,齐桓公、晋文公、楚庄王、吴王阖闾、越王勾践的军队团结一致,可以说是进入礼义教化之门了。但他们并没有抓住礼义之本,因而只能够称霸一方,却不能统治天下。如果用雇用方式招募军队,崇尚造势和诡诈,崇尚功利,这就是强盗之兵了。用欺诈对付欺诈,有巧妙和拙劣之分;而用欺诈对付团结一致的军队,好比是妄想用锥子毁掉泰山一样,不是愚蠢之人绝不会去尝试。

在荀子的眼中,帝王之兵根本不用检验。商汤和周武王诛杀桀、纣之时,指挥从容不迫,民众没有不听从的,诛杀桀、纣如同诛杀众叛亲离之人一样。所以,全军团结,遵守纪律,可夺取天下;军队比较团结,比较遵守纪律,可击败邻近的敌国;而用雇用方式招募军队,崇尚造势和诡诈,打胜仗是没有把握的。齐国的田单、楚国的庄蹻、秦国的商鞅、燕国的缪虮是世人推崇的善于用兵者,但他们的用兵之术是不能用来辅佐正人君子的。因他们没有使军队达到团结一致的状态,不过是使用权谋打败敌军而已，仍不免是强盗之兵。

3. 为将之道

赵孝成王和临武君询问荀子："请问为将？"即如何才能成为优秀的将帅。

首先，荀子指出优秀将帅要有"六术"。具体而言，第一是制度和命令执行要有威慑力，第二是奖赏和刑罚要明确执行，第三是军营管理要完备而周密，第四是军队进退要安全慎重，第五是窥视敌人和观察变化要秘密深入，第六是遇到敌人交战要根据自己了解的情况去行动。这就是"六术"。荀子强调，将帅排除疑虑是最大的智慧，没有过错是最好的行为。将帅做事不一定要成功，不至于后悔就可以了。

其次，荀子指出将帅要有"五权"。具体而言，一是不要只想保住职位而顾虑犹疑，二是不要急于求成而忘记失败，三是不要重视内部威严而轻视外部的敌人，四是不要只看到事情有利的一面而不顾及有害的一面，五是凡考虑事情要深思熟虑，使用财物要丰厚而不要吝啬。这就是"五权"。

再次，荀子指出将帅要有"三至"。具体而言，一是将帅宁可被杀也不驻扎在守备不完善之地，二是将帅宁可被杀也不使军队打无胜算之仗，三是将帅宁可被杀也不能欺骗民众。这是"三至"。

最后，荀子指出，将帅要谋事不怠慢，做事不懈怠，对下属不忽视,对民众不轻视,对敌人不疏忽。这叫"五无圹"。接受君主的命令统领三军,安排妥当,使各种事情进入正轨,君主行赏不能让他大喜,敌人的计谋不能使他愤怒,这才是好的将帅。事情发生之前,一定要考虑周密,慎之又慎,始终如一,这才吉利。在荀子看来,所有事情的成功必然缘于恭敬小心,失败必然是由于懈怠。欲望低于目标就顺利,欲望高于目标就凶险。作战要如同防守一样谨慎小心,行军要如同作战一样毫不松懈,有了功劳如同侥幸获得一样不骄傲自满。

总之,在荀子看来,一个优秀的将帅应有"六术""五权""三至""五无圹"。这样的将帅用兵如神,天下无敌。

4. 王者军制

临武君询问荀子:"请问王者之军制?"即帝王之兵的表现。

首先,荀子认为王者之兵必须听从号令。一旦发出进攻的命令,将帅宁可战死,也不后退;驾驭战车之人宁可战死,也不会丢下缰绳。听到击鼓就进攻,听到鸣金就撤退。服从命令是第一位的,立战功还在其次。不许进攻而进攻,如同不许撤退而撤退,罪责相等。不杀死年老病弱之人,不糟蹋庄稼,不囚禁归附的敌人,不放过抗拒的敌人,不追击逃跑的敌人。不诛杀敌对国家的民众,只诛杀扰乱民众之人。民众如果保护敌人,那就可以视为敌人了。因此,敌人归附,可以生存;敌人抵抗,坚决消灭。

其次,荀子认为王者之兵,天下人无不归服。荀子以周武王为例,指出归顺周朝的商朝民众获得的待遇和周朝人一样。所以近处之人歌颂欢迎,远处之人不怕辛苦前来投奔。无论多么远的国家,都前来归附效劳,并以此为乐。如此,四海之内如一家。凡是交通能到达的地方,没有不归顺的,这就叫榜样。正如《诗经》所言:"自西自东,自南自北,无思不服。"

最后,荀子认为王者之兵虽有诛杀之事,但无攻战。敌军坚守城池时,不去进攻;敌军士兵反抗时,不去攻击。不屠城,不偷袭,不留过多的兵力驻扎在占领之地,用兵的时间不超过预期。所以,混乱之国的民众向往王者的政策,不安于本国的统治,期望王者之兵早日到达。

(二)儒家内部论兵

荀子第二次论兵是与陈嚣。陈嚣向荀子求教:"先生议兵,常以仁义为本。仁者爱人,义者循理,然则又何以兵为?凡所为有兵者,为争夺也。'显然,荀子与陈嚣这次论兵的议题是:为何用兵?陈嚣指出,荀子谈论用兵,总是把仁义作为根本,但为何还要用兵呢?显然,陈嚣对此不理解。在他看来,凡是用兵,都是为了争夺利益。从陈嚣的口吻来看,他应是荀子的学生。因而,此次对话代表了儒家内部对兵家思想认知的分歧。

荀子回答了弟子提出的这一疑问,指出用兵是为了禁暴除害,而不是为了争夺利益。荀子教导陈嚣说,仁者爱人,所以憎恨邪恶之人害人；义者循理，所以厌恶邪恶之人不遵守法理。在荀子看来，用兵目的很明确，是为了禁止残暴行为，消除祸害之人，而不是为了争夺利益。

而且，他进一步描述了仁义之兵的美好。仁义之兵很神奇，所经之地受到同化，如同天降甘霖，无人不欢喜。因而，尧伐驩兜，舜伐有苗，禹伐共工，汤伐夏桀，文王伐崇，武王伐纣，这"四帝两王"以仁义之兵，威行于天下。因而近处之人喜欢其善良，远处之人仰慕其仁德。他们不必用兵，远近之人就会前来归顺。德行如此之高，影响遍及遥远之地。

（三）儒家与法家论兵

荀子第三次论兵是与李斯，而这次论兵的议题是兵强是否须依靠仁义。李斯请教荀子道："秦四世有胜，兵强海内，威行诸侯，非以仁义为之也，以便从事而已。"李斯认为，秦国四代之君都能取得胜利，秦国军队最为强大，威慑各个诸侯国，依靠的并非仁义，讲求仁义只不过是为了方便做事而已。在李斯看来，仁义不能使军队强大，只是一个有利于军事行动的工具而已。

值得注意的，李斯是荀子的弟子。《史记·李斯列传》有明确记载："从荀卿学帝王之术。"也就是说，李斯曾在荀子门下学习治国之术。李斯被后世公认为法家的重要代表人物。他根本不相信儒家的仁义之道，认为仁义只是一种工具而已。由此可见,荀子与李斯此次论兵,实际代表的是儒家与法家关于兵学思想的对话。

第一,荀子指出,仁义是最好的治国工具。推行仁义是为了治理好政事,政事治理好了,民众就会亲近和喜欢君主,甘愿为之出生入死。所以说,成败决定于君主,用兵之事无足轻重。秦国虽然四世强盛,却经常害怕诸侯国联合起来对付自己,这就是末世之兵,没有掌握真正的用兵之道。商汤驱逐夏桀,并不是在鸣条一战;周武王诛杀商纣王,并不是因甲子这一天武王克纣。二者的成功离不开平时施行仁义和教化,这就是仁义之师。荀子批评李斯说,不探求根本而是追求末节,这就是社会之所以混乱的原因。

第二,荀子指出礼制是国家强盛的根本,是威行天下的途径,是创建功名的纲领。天子诸侯遵循礼制才能得到天下,反之则会失去天下。所以,武力强大并不能胜券在握,防守坚固也未必牢不可破,政令严苛、刑罚严酷也不一定能威震天下。不遵循礼制的话,一切无从谈起。

第三,荀子认为仁义之道是最坚固的防卫工具。他举例说,楚国人以鳄鱼皮、犀牛皮制成铠甲,坚如金石;用宛地出产的铁制成矛,锋利如蜂虿之毒;士兵行动敏捷,来去如同旋风一般。然而垂沙之战,楚军惨败,唐蔑战死,庄蹻造反,楚国四分五裂。这并非因楚国没有锐利的武器,而是君主治理国家不当而造成的。楚国以汝水、颍水作为屏障,以长江、汉水作为护城河,以邓邑的森林作为界限，环绕方城而修筑长城。然而，当秦军入侵之时，楚国的鄢、郢先后被占领，如同枯树之叶被轻轻震落一样。这不是因为楚国没有险要的地形，而是楚国国君不用礼制治国造成的。商纣王剖比干之心，囚禁箕子，制造炮烙之刑，随意地杀戮，使臣子们提心吊胆，不知道能否保全自己的生命。当周武王的军队到来之时，商纣王的命令便无法执行，不能调动民众，这不是因为政令不严、刑律不繁，而是君主不用礼制治国造成的。在荀子眼中，先进兵器与坚固的防卫，都比不上追求仁义之道，这才是最好的防卫工具。

第四，荀子认为仁义之国可以实现不战而胜。不待使用戈矛弓矢等兵器，敌国就屈服了；城郭不修建，护城河不深挖，要塞不设立，阴谋权术不施展，然而国家太平安定，也不恐惧外来敌人。这没有其他的原因，只不过是因为知晓真正的治国之道。分配公平公正，使用民力得其时，真心爱护民众。如此这样，臣子民众自然与君主如影随形。有不听从命令者，再依照刑律给予惩罚。惩罚一人，天下都会服从。有罪过之人也不埋怨君主，知道罪责在己。刑法虽然简明，但威严之名流传天下，皆是因为遵循礼制治国。尧帝治理天下，只杀了一人，惩罚了两人，而天下大治。古书有言："威厉而不试，刑错而不用。"说的就是这个道理。

荀子从人性的角度进行了分析，人的行动往往是为了得到赏奖，如果危害自己的利益便会停止行动。所以，奖赏、刑罚、权势、欺诈并不能使人用尽所有的力量,更不能让人甘愿牺牲自己的生命。而作为君主,应用礼义与忠信对待自己的民众,怎么可以用奖赏、刑罚、权势、欺诈来威逼他们?如果用那样的手段来对待民众。大敌一旦来到,让他们防守城池,他们一定会叛变;遇敌作战,必定会被打败;遇到劳累辛苦、繁杂屈辱之事,一定会逃跑。奖赏、刑罚、权势、欺诈这些工具,只是雇用买卖的方法,不能使民众团结一致,不能使国家变得美好。古人以之为耻,因而羞于谈论这些方法。

所以,治理国家,应重视用道德来影响民众,明确礼制,引导民众,并爱护民众,推崇贤能。根据一个人的品德和能力来安排不同的职位,用晋升和奖赏来鼓励有功者,不时调整他们的职位。爱护他们,如同爱护婴儿一样。明确政令,整饬风俗,有背离社会风俗、不顺从君主者,民众必然厌恶痛恨,如此,刑罚随之而生。大刑加身,没有比这更大的耻辱。然后,民众知晓遵从君主的政令,乐于顺从君主的意志。如果有人能弃恶从善,修养身心,端正品行,多行礼义,民众就会敬重赞美他们,奖赏就产生了。高官厚禄加于身,没有比这更荣耀的事情了,人人都希望如此。教化所至,民众归顺君主,如同流水一样。正如《诗经》所言:"王犹允塞,徐方既来。"

第五,荀子指出,以仁义之道兼并他国,效果最佳。在荀子看来,兼并他国有三种方式:一是用仁义之道兼并他国,二是用武力兼并他国,三是用财富兼并他国。第一种方式,敌国民众看重我国的名声，赞美我国的德行，想成为我国的民众，所以打开大门，清扫道路，欢迎我们的到来。我们沿用他们的习俗，不改变他们的居住之地，民众都能安定生活；我们创设法律制度，民众没有不顺从的。因而，我们得到了土地，权势变得更大；兼并了他国的人口，兵力变得更强大。这就是用仁义之道兼并他国。

第二种方式，敌国民众不看重我国的名声，不赞美我国的德行，被我国的权势所胁迫，所以敌国的民众与我们离心离德，但因畏惧我国不敢有背叛的意图。为了威慑他们，必须有庞大的军队，花费很大。所以得到他国的土地，权势反而变得更小了；兼并了他国人口，兵力反而变得更弱了。这就是用武力兼并他国。

第三种方式，敌国民众不看重我国的名声，不赞美我国的德行，因为贫穷而追求富有，因为饥饿而追求饱食，只好张着嘴巴来求食。我们必然打开仓库，发放给他们粮食，给予他们财富，派出官员接待他们。这需要多年的时间，才能赢得他国民众的信任。因而，得到他国的土地，权势反而变得更小；兼并了他国人口，兵力反而变得更弱。这就是用财富兼并他国。

所以说，用仁义之道兼并他国，可以称王天下；用武力兼并他国，会变得越来越弱；用财富兼并他国，会变得越来越贫穷。荀子甚至断言，从古至今，皆是如此。

荀子特别强调，兼并他国容易做到，但是同化他国就艰难了。他举例说，齐国虽然兼并了宋国，但不能同化之，所以宋国最终被魏国夺去了；燕国能兼并齐国，却不能做到同化，因而齐国被田单收复了；韩国的上党之地方圆百里，城池完整而且富足，归降赵国之后，赵国不能同化之，最后被秦国夺去了。能兼并而不能同化，必定会被他国夺去；不能兼并也不能同化，就必定会被他国灭亡。能同化他国，就一定能兼并他国。得到他国，先同化之，再去兼并别的国家，就不会有强国不能兼并。商汤凭借亳地，周武王凭借镐地，二地都不过方圆百里，但他们都能统一天下，使诸侯称臣。其中没有其他缘故，只因他们能够做到同化他国。如何同化他国？荀子指出，用礼义同化士人，用政事同化民众。礼义周到，士人归顺。政治清明，民众安居乐业。这就是最大的同化。用来守卫疆土，防守就坚固。用来征讨，则强大无敌。有令必行，有禁必止。如此，统治天下的事业就完成了。

综上所述，《议兵篇》记录了荀子的三次论兵。第一次是荀子与赵孝成王、临武君论兵，反映的是儒家与兵家之间的认知分歧，涉及四个议题：一是用兵之要，二是王者用兵，三是为将之道，四是王者军制。第二次是荀子与弟子陈嚣论兵，议题是用兵是否为了争夺利益，反映的是儒家内部对于兵学认知的分歧。第三次是荀子与弟子李斯论兵，议题是兵强是否须依靠仁义，反映的是儒家与法家对于兵学认知的分歧。在三次论兵中，荀子从多个方面阐发了自己独到的兵学思想。这些思想主张最终确立了儒家独有的兵学思想体系。

综而观之，荀子兵学思想的一个重要来源是《司马法》，比如他主张不杀死年老病弱之人，不糟踏庄稼，不囚禁归附的敌人，不放过抗拒的敌人，不追击逃跑的敌人。荀子坚决反对强盗之兵，主张以礼治国，从而实现政治清明，无敌于天下。

值得注意的是，三次论兵，荀子都占据了上风，但这并不意味着荀子的主张都是兵学箴言。何况《议兵篇》出自荀子及其弟子之手，必然是站在儒家的立场之上，呈现出傲视兵家与法家的姿态。比如，荀子说用兵目的不是争利，而是为了禁暴止乱。显然，这一主张并不完全正确，是站不住脚的。

此外，荀子过分恪守道义，完全不顾及现实战争的复杂性和残酷性，理所当然地认为仁义之道可以制胜于天下。实际上，仁义之道并不能保证国家强大。历史上，有的是因为一味追求仁义之道而亡国者。《吴子兵法·图国》有言："昔承桑氏之君修德废武，以灭其国。"承桑氏只讲仁德，不注重武备，最终使自己的国家灭亡。又如《淮南子·齐俗训》所说："义者宜也，礼者体也。昔有扈氏为义而亡，知义而不知宜也。"也就是说，道义一定要用得合适，如果用得不合适，就会招来灾祸。有扈氏因一味讲求道义而灭亡。所以，只有文武并用，才能保证国家强大。

第五章

齐文化精粹撷珍 · 齐兵学

齐兵学的地位、影响与价值

齐兵学在传统兵学文化中的地位无疑是不可忽视的。如何看待它的地位,需要将其置于兵学发展的历史中考察,也必须关照其在域外的传播与应用。值得注意的是,齐兵学在当今依然发挥着重要的引领作用。

一　齐兵学的历史地位

（一）先秦兵学文化类型

先秦时期，兵学文化具有鲜明的地域特征。李零《齐国兵学甲天下——兵法源流概说》一文将先秦兵学文化划分为三大类型：一是齐兵学文化，二是三晋兵学文化，三是楚、吴、越代表的南方兵学文化。

在此基础上，按照地域，先秦兵学文化还可以进一步精细划分。第一类是齐鲁兵学文化，以齐国、鲁国为中心。齐鲁文化培育了绚丽多彩的兵学文化。现存的齐鲁兵学文献以《六韬》《孙子兵法》《孙膑兵法》《司马法》《管子》《曹沫之陈》为代表。《六韬》《孙子兵法》《孙膑兵法》《司马法》《管子》产生于齐国，属齐国兵学系统；《曹沫之陈》产生于鲁国，属鲁国兵学系统。《孙子兵法》《孙膑兵法》《六韬》属兵权谋，《曹沫之陈》属兵技巧。

第二类是秦晋兵学文化，以秦、韩、赵、魏四国为中心。现存的秦晋兵学文献以《商君书》《吴子兵法》《尉缭子》为代表。《商君书》产生于秦国,属秦国兵学系统。商鞅的兵学思想经常被世人忽视。商鞅认为,要取得对外战争的胜利,首先要搞好国内政治,即"战法必本于政胜"。《商君书》中的《农战》《立本》《战法》《兵守》等篇涉及军事问题。三晋乃四战之地,兵学思想也很发达。《吴子兵法》《尉缭子》产生于魏国,属魏国兵学系统。《尉缭子》在治军之术上独具一格,清代朱墉《武经七书汇解》说:"七子谈兵,人人挟有识见。而引古谈今,学问博洽,首推尉缭。"

第三类是南方兵学文化,以楚国、吴国、越国为中心。现存的南方兵学文献以《伍子胥兵法》《范蠡兵法》《令典》《大夫种》《鹖冠子》《文子》《经法》《十大经》《称》《道原》为代表。其中,《伍子胥兵法》总结了吴国先进的水战理论。《伍子胥兵法》《范蠡兵法》《令典》《大夫种》《文子》属吴越兵学范畴,而《鹖冠子》《经法》《十大经》《称》《道原》则属楚国兵学系统。

第四类是胡族兵学文化,以匈奴、楼烦为中心。当时北方少数民族的用兵之术也表现突出,应有自己的兵学文献,可惜不存于世。

(二)齐兵学的历史地位

《司马法》《六韬》《孙子兵法》《孙膑兵法》是齐兵学中的

核心兵书，但它们的地位和影响力迥异。《司马法》有始创之功，正如《唐太宗李卫公问对》所说："今世所传兵家者流，又分权谋、形势、阴阳、技巧四种，皆出《司马法》也。"黄朴民先生认为，《司马法》在中国兵学发展史上具有特殊的地位，它是中国兵学文化的源头，在先秦兵学思想发展史上是第一座巍峨丰碑。《六韬》"规模阔大，本末兼该"，有外国学者称它为"军事百科全书"。《孙子兵法》有"百代谈兵之祖"的美誉。北宋神宗年间，《孙子兵法》被确立为武经之首，成为兵学教科书，对中外影响极为深远。《孙膑兵法》是继《孙子兵法》之后的又一兵学力作。由于它过早失传，因而对后世影响相对有限。

李零高度评价齐兵学道："以齐兵书为最多，晋、秦兵书次之，楚、吴、越兵书为最少。""一方面是自然淘汰的结果，另一方面也是人为选择的结果。""内容最精，涉及最广，是先秦兵书的上乘。讲军法，没有书能与《司马法》相比；讲兵略，没有书能与《孙子》十三篇相比；讲阴谋，也以《太公》影响最大。特别是《孙子》十三篇……更代表了古代兵法的最高成果。""中国古代兵学的最高成就就是属于齐兵学，特别是齐兵学中最富智慧的《孙子》十三篇。"齐兵学确实蔚为大观，一枝独秀。可以说，《战争论》饮誉西方世界，《孙子兵法》则驰名中外。以色列战略学者克里费德（Martin van Creveld）评价二书说："所有战争研究著作中，《孙子》最佳，而克劳塞维茨的《战争论》则只能屈居第二。"

众所周知，智慧也有"上智""中智""下智"之别。在笔者看来，在流传下来及出土的兵书当中，齐兵学中的《孙子兵法》是"兵家至宝，高端智慧"。总之，以《孙子兵法》为代表的齐兵学是无比耀眼的绝世珍宝，值得世人珍爱。

二　齐兵学对后世的影响

颜炳罡先生指出，儒学代表了鲁韵，兵学代表了齐风。孔子代表"文"、教养、美德，兵圣孙武代表勇武、智慧与谋略。孔子与孙子，一文一武，构成了齐鲁文化的"双曜"。以《孙子兵法》《司马法》《六韬》为代表的齐兵学，对后世产生了深远影响。宋神宗时编定的《武经七书》，精选了宋代以前的七部著名兵书。值得注意的是，七部兵书是根据其影响力，而不是根据产生时间先后进行排序的。其中收录了齐兵学中的《孙子兵法》《六韬》《司马法》三部作为兵学教科书，对兵学发展产生了重要影响。

（一）对兵学发展的影响

第一，对兵学著述的影响。《孙子兵法》问世之后，对兵学影响极大。司马迁说："世俗所称师旅，皆道《孙子》十三篇。"

而且,《孙子兵法》对后世兵书著述影响深远。王阳明评注《武经七书》时,对《孙子兵法》的每一篇都做了评注,其他六种兵书却没有享受这种待遇。王阳明认为,李靖的兵学借鉴了《孙子兵法》,但并未真正学到家,只能做《孙子兵法》《吴子兵法》的注脚:"李靖一书,总之祖孙、吴而未尽其妙,然以当孙、吴注脚亦可。"毛泽东的《中国革命战争的战略问题》也引用了《孙子兵法》:"孙子说的'避其锐气,击其惰归',就是指的使敌人疲劳沮丧,以求减杀其优势。"毛泽东的名篇《矛盾论》也引用了《孙子兵法》:"孙子论军事说:'知己知彼,百战不殆。'他说的是作战的双方。"毛泽东的另一名篇《论持久战》同样引用了《孙子兵法》:"战争不是神物,仍是世间的一种必然运动,因此,孙子的规律,'知彼知己,百战不殆',仍是科学的真理。"可见,司马迁、王阳明、毛泽东等杰出人物都受到《孙子兵法》的影响。

第二,对战争决策的影响。孙子的"庙算"思想,是指在庙堂上对战事进行谋划。这一思想出自《孙子兵法·计篇》:"夫未战而庙算胜者,得算多也;未战而庙算不胜者,得算少也。"于泽民先生高度评价了孙子的庙算思想:"春秋战国初期,是我国古代战争和军事理论大发展时期,战略理论也比较系统地形成了。其重要标志是《孙子》这部具有划时代意义的'战略论'的问世和第一个战略概念'庙算'的提出。"任力先生指出,孙子的庙算思想对后世战争决策影响深远。《孙膑兵法·客主人分》

专门论述了战前庙算综合考虑的客观因素和主观指导的问题,这有助于后人更好地认识孙子的庙算思想。

《孙膑兵法·客主人分》强调了庙算的重要性:"众者胜乎?则投算而战耳。富者胜乎?则量粟而战耳。兵利甲坚者胜乎?则胜易知矣。故富未居安也,贫未居危也;众未居胜也,少未居败也。以决胜败安危者,道也。敌人众,能使之分离而不相救也,受敌者不得相知也。故沟深垒高不得以为固,甲坚兵利不得以为强,士有勇力不得以卫其将,则胜有道矣。故明主、知道之将,必先谋可有功于未战之前,故不失可有功于已战之后。"由此可见,兵力、财富和武器都不能决定胜败。决定胜败的是用兵之道,而最终决定用兵之道的是庙算。

第三,对用兵谋略的影响。孙子主张应用谋略手段战胜敌人。《孙子·谋攻篇》:"上兵伐谋,其次伐交,其次伐兵,其下攻城。""伐谋"制胜的最大好处是花费代价较小。孙子的"伐谋"制胜思想对于后世用兵谋略影响极其深远。明太祖朱元璋强调计谋的重要性,曾对刘基说:"兵者,谋也。"

1363年,朱元璋在鸡笼山检阅军队后,召集军队指挥华云龙等人,教导他们军事作战的指挥艺术,强调了孙子"伐谋"制胜的观点:"善用兵者,以少为众,以弱为强,逸己而劳人,伐谋而制胜。运乎阴阳,行乎鬼神,虽有勇者莫能施其力,智者莫能用其谋,斯为妙矣。"

刘伯承对《孙子兵法》深有研究,他在《〈孙子〉笔记》中说:"'上兵伐谋,其次伐交,其次伐兵,其下攻城。'全军干部一定要注意谋略训练。"可见他深受《孙子兵法》的影响。当代军界学者孙兢、李炳彦指出,孙子在《九地篇》中所说"是故不知诸侯之谋者,不能预交",说明"伐谋"与"伐交"存在内在关联。这也可见《孙子兵法》对现代研究者的宝贵启示。

(二)对史学创作的影响

司马迁认识到兵家的重要性,创作《史记》时,特意为兵家创作了人物传记。而且,一些知名的兵书,诸如《司马穰苴兵法》《孙子兵法》《太公兵法》《吴子兵法》,皆为《史记》所提及。郭海燕指出,在诸多的兵书中,最受司马迁推崇的是《孙子兵法》。赵国华指出,最早为孙武立传的人是司马迁。有的学人认为《史记》所述孙子的史实不可信,赵国华指出此说没有依据,强调《孙子吴起列传》并非司马迁凭空杜撰。

郭海燕依据司马迁的记述,断定《孙子兵法》的成书时间不会晚于阖闾三年,即在进见阖闾之前,孙武已写成此书,这是因为有阖闾之言可以佐证;而且可以推断《孙子兵法》的最早文本,就是传世的十三篇。赵国华还指出,从考古资料来看,在司马迁生活的年代,东起东海郡(今山东临沂),西到金城郡(今青海大通),都有人研读《孙子兵法》。这可以证明《史记》所说"世俗所称师旅,皆道《孙子》十三篇"不是虚言,完全合乎当时的实际情况。

《孙子兵法》对司马迁创作《史记》的影响，主要体现在三个方面：一，《史记》多次论及《孙子兵法》及其作者。司马迁不但创作了《孙子吴起列传》，而且在《律书》《留侯世家》《太史公自序》中提及《孙子兵法》。他赞扬孙武"申明军约，赏罚必信"，认为《孙子兵法》"切近世，极人变""与道同符，内可以治身，外可以应变"，将其升华到了"道"的层面。

二，司马迁多次借助《孙子兵法》评价历史人物。如司马迁指出秦国将军白起的用兵特点为"料敌合变，出奇无穷"，评论田单率齐军残余抗击燕军反败为胜之功曰"兵以正合，以奇胜。善之者，出奇无穷。奇正还相生，如环之无端。夫始如处女，敌人开户；后如脱兔，敌不及距"，均系借鉴《孙子兵法》的内容，如《孙子兵法·势篇》之"以正合，以奇胜""奇正相生，如循环之无端"，以及《九地篇》之"始如处女，敌人开户；后如脱兔，敌不及拒"。

三，司马迁曾借助《孙子兵法》评论著名战事。韩信击败赵军后，解释背水阵的用兵原理时说："此在兵法，顾诸君不察耳。兵法不曰'陷之死地而后生，置之亡地而后存'？且信非得素拊循士大夫也，此所谓驱市人而战之，其势非置之死地，使人人自为战。今予之生地，皆走，宁尚可得而用之乎？"其中，"陷之死地而后生，置之亡地而后存"这句话，即出自《孙子兵法·九地篇》："投之亡地而后存，置死地而后生。"

（三）对文学艺术的影响

一是对诗歌创作方面的影响。唐代是中国古代最为开放与包容的时代，也是一个诗歌文化大繁荣的时代。《全唐诗》中有二十余首诗歌涉及孙武和《孙子兵法》。诗歌为我们了解孙子兵学的影响力提供了一个重要窗口。

《孙子兵法》是兵家制胜韬略，唐代诗人频频吟咏其不朽的兵学价值，反映出此书在唐人心目中的重要地位。白居易的《和微之春日投简阳明洞天五十韵》云："庙谟藏稷契，兵略贮孙吴。令下三军整，风高匝海趋。"诗中的"孙吴"指的是《孙子兵法》和《吴子兵法》两部兵书，《韩非子·五蠹》中有"境内皆言兵，藏孙吴之书者家有之"之语，可以为证。唐代依然常把《孙子兵法》与《吴子兵法》相提并论。白居易在诗中赞叹古代的用兵韬略蕴藏在《孙子兵法》《吴子兵法》两部兵书当中。在他看来，运用孙武、吴起的方法治军，天下就会太平无虞。

刘希夷，上元二年进士，少有才华，诗风柔婉。他的《相和歌辞·从军行》言："秋来风瑟瑟，群马胡行疾。严城昼不开，伏兵暗相失。天子庙堂拜，将军玉门出。纷纷伊洛间，戎马数千匹。军门压黄河，兵气冲白日。平生怀伏剑，慷慨既投笔。南登汉月孤，北走燕云密。近取韩彭计，早知孙吴术。丈夫清万里，谁能扫一室？"诗中的书生投笔从戎，他上知《孙子兵法》《吴子兵法》，下知韩信、彭越的计谋，怀着报效国家的壮志与豪情奔赴战场。

崔日知,景云年间曾任洛州司马,他在《冬日述怀奉呈韦祭酒张左丞兰台名贤》诗中回忆了早年拜师、负笈求学的人生经历:"弱龄好经籍,披卷即怡然。覃精四十载,驰骋数千言。孔壁采遗篆,周韦考绝编。袁公论剑术,孙子叙兵篇。鲁史君臣道,姬书日月悬。从师改炎燠,负笈遍山川。"诗中点明,袁公的剑术、《孙子兵法》曾经是诗人用心学习的内容。

《全宋诗》中有三十多首诗歌显现了孙武与《孙子兵法》的影响。宋代诗人从多种视角探寻了《孙子兵法》的魅力。

林光朝从商业角度展现《孙子兵法》的魅力。林光朝,孝宗隆兴元年进士。宋室南渡后,倡伊、洛之学于东南。《全宋诗》有林光朝的《挽李制干子诚》,诗云:"千金治产似孙吴,珠箔银甂只自如。问我长风当夕起,数他极浦落帆初。自知汗简今千轴,更说生犀有几株。赤壁当年遇黄盖,周郎何惜借吹嘘。"诗人盛赞李子诚的经商之道,仿佛孙武、吴起用兵一样,财富源源不断而来。诗中感慨道,古代典籍虽说不计其数,但记载经商之道的却极为罕见。林光朝对商业经营之道的关注,可见当时商业文化之繁荣。值得注意的是,早在战国时代,《孙子兵法》便已被应用于商业经营领域。《史记·货殖列传》记载,商人白圭介绍经商之道时说:"吾治生产,犹伊尹、吕尚之谋,孙吴用兵,商鞅行法是也。"

徐铉从弈棋角度展现《孙子兵法》的魅力。徐铉早年与韩熙载齐名,江东谓之"韩徐"。太平兴国初,直学士院。《全宋诗》有徐铉的《奉和御制棋二首》,其一云:"常嫌群艺用心粗,不及棋枰出万途。妙似孙吴论上策,深如夔益赞吁谟。"诗人赞扬弈棋之术千变万化,好似孙武、吴起的论兵之策一样奇妙,犹如夔、益的计谋一样高深莫测。博弈者的聪明才智尽现于棋,先手一招,便胜券在握。

方岳从建筑艺术角度展现《孙子兵法》的魅力。方岳,理宗绍定五年进士。《全宋诗》有方岳的《苻坚之苻从竹者载赓呈似》,诗云:"天与西头扫泽苻,飞英亦暗合孙吴。冰肌起粟愁云母,水骨浮槎立雪姑。竹丈夫哉能崛强,梅兄弟者亦清癯。一蓑谁傍篷笼宿,画出寒江独钓图。"诗中指出,飞英塔的建筑设计原理暗暗合乎《孙子兵法》《吴子兵法》用兵计谋的奇妙之处。

二是对四大名著创作的影响。

一,《孙子兵法》对《三国演义》的影响。罗贯中,名本,字贯中,号湖海散人,生活在元末明初。罗贯中早年参加义军,曾在张士诚帐下充任幕僚,经历了一些重大的军事斗争,这对他后来创作《三国演义》有极大的影响。有学者指出:"《三国演义》是中国军事智慧在文学创作中的主要体现,它的战争描写在各个方面潜移默化地受《孙子兵法》的影响,二者之间有深厚的结缘关系。"

《孙子兵法》对《三国演义》的影响主要表现在三个方面。第一,《三国演义》多次提及孙武。《三国演义》第二回在介绍东吴奠基人孙坚时，说："吴郡富春人也，姓孙，名坚，字文台，乃孙武子之后。"第九十六回，孔明挥泪斩马谡时，讲道："昔孙武所以能制胜于天下者，用法明也。"

第二，《三国演义》展现了曹操对《孙子兵法》的研究。第六十回，张松讥笑曹操"文不明孔孟之道，武不达孙吴之机"时，杨修命人取出曹操所撰《孟德新书》，张松"从头至尾，看了一遍，共一十三篇，皆用兵之要法"。杨修告诉他："此是丞相酌古准今，仿《孙子》十三篇而作。"

第三，《三国演义》大量征引《孙子兵法》。例如，第九十四回，孔明推算孟达必死于司马懿之手，说"兵法云'攻其不备，出其不意'"，正出于《孙子兵法·计篇》。第九十九回，刘晔批评司马睿泄露伐蜀事宜，道："臣昨日劝陛下伐蜀，乃国之大事，岂可妄泄于人？夫兵者，诡道也，事未发，切宜秘之。"引用了孙子的名言："兵者，诡道也。"第一百一十二回，钟会反对坑杀吴国降军，说："古之用兵者，全国为上，戮其元恶而已。若尽坑之，是不仁也。不如放归江南，以显中国之宽大。"其观点正是出自《孙子兵法·谋攻篇》："全国为上，破国次之。"

二，《孙子兵法》对《水浒传》的影响。《水浒传》有意识地吸收了《孙子兵法》的战术思想精髓。第五十七回提到宋江曾用"孙吴兵法"之计大败呼延灼。那么，宋江使用的究竟是《孙子兵法》，还是《吴子兵法》？根据宋江所言"孙吴兵法却利于山林沮泽"可知，宋江用的是《孙子兵法》中的战术，因《孙子兵法·九地篇》有"行山林、险阻、沮泽，凡难行之道者，为圮地"之语。

《水浒传》第七十九回中，济州老吏王瑾给太尉高俅出了一条奸诈的毒计，妄图算计宋江、卢俊义。当时，高俅邀请参谋闻焕章一同计议此事的得失。书中称赞闻焕章道："深通韬略，善晓兵机，有孙吴之才调，诸葛之智谋。"说他有孙武、吴起一样的才干。闻焕章劝谏高俅道："堂堂天使，只可以正理相待，不可行诡诈于人。倘或宋江以下，有智谋之人识破，翻变起来，深为未便。"闻焕章认为实施该策略有些不妥，一是天子使者要言而有信，不可欺骗；二是担心宋江部下识破计谋。高俅却认为此言毫无道理："自古兵书有云：'兵行诡道。'岂可用得正大？"值得注意的是，高俅所言的"兵书"，正是《孙子兵法》。"兵行诡道"，源自《孙子兵法·计篇》："兵者，诡道也。"《孙子兵法》既讲"正道"以治国，又讲"诡道"以胜敌。"诡道"之术是《孙子兵法》最为精妙独到的战术思想，《孙子兵法》有著名的"诡道十二法"，以达到伪装欺敌、机动应敌、突袭扰敌的效果，原理是"攻其无备，出其不意"。值得注意的是，《水浒传》让高俅援引《孙子兵法》，与他作为宋廷最高军事长官的身份是相合的。

《水浒传》第六一七回说单廷圭善于水攻，魏定国擅长火攻："单廷圭那厮，善能用水浸兵之法，人皆称为圣水将军；魏定国这厮,熟精火攻兵法,上阵专能用火器取人,因此呼为神火将军。"《孙子兵法·火攻篇》不仅讲"火攻"战术,也注重"水攻"战术:"以火佐攻者明,以水佐攻者强。"可以说,《水浒传》的书写方式是与《孙子兵法》两种战法并重的主张完全一致的。

《水浒传》中有很多运用谋略制胜的故事,从中可见作者对《孙子兵法》的深刻理解与精妙把握。值得赞叹的是,《水浒传》还呈现出两类不同人物对《孙子兵法》的应用。一类是正面人物如宋江,他在应用《孙子兵法》战术思想上有非凡的表现。另一类是反面人物如高俅,他应用《孙子兵法》的诡道战术思想,妄图算计宋江、卢俊义,却被识破。《水浒传》特意采用这种比较的写作手法,让世人感受到《孙子兵法》在传播过程中,既给正人君子提供了智慧的源泉,也为奸佞小人带来了害人的伎俩。《水浒传》以一种独特的方式提醒世人:《孙子兵法》作为兵学理论,是一种实用性很强的理论工具,其服务的对象没有限制,关键在于学习者对它的体悟程度。同时,《水浒传》的故事也告诫世人,《孙子兵法》虽为至宝,但其应用却有两面性。

三,《孙子兵法》对《红楼梦》的影响。《孙子兵法》在一定程度上影响了《红楼梦》的创作。在以往的《红楼梦》研究中,虽然有学者注意到了《红楼梦》本身所具有的谋略特色,却未从《孙子兵法》的角度加以认识。

有何证据能证明《孙子兵法》影响了《红楼梦》？请看《红楼梦》第七十三回的以下情节：

> 谁知探春早使个眼色与侍书出去了。这里正说话，忽见平儿进来。宝琴拍手笑说道："三姐姐敢是有驱神召将的符术？"黛玉笑道："这倒不是道家玄术，倒是用兵最精的所谓'守如处女，出如脱兔'，出其不备之妙策也。"二人取笑。宝钗便使眼色与二人，令其不可，遂以别话岔开。

林黛玉所说的"守如处女，出如脱兔"这句话，正是出自《孙子兵法·九地篇》："始如处女，敌人开户；后如脱兔，敌不及拒。"《孙子兵法》善于应用比喻的修辞手法。《军争篇》还有这样生动的比喻："其疾如风，其徐如林，侵掠如火，不动如山。"而"始如处女""后如脱兔"这两个比喻也很精彩：作战开始时要像"处女"一样以静待动，藏形而不露；一旦作战时机到来，要像"脱兔"一样行动迅速，使敌人措手不及。这是一种战术思想，背后还隐藏着诡谲的权谋之术。而《红楼梦》借用《孙子兵法》"如处女""如脱兔"两个比喻，形容探春的处事风格，真是恰到好处。

《红楼梦》是一部百科全书式的集大成之作，诗书琴画自不必多说，《孙子兵法》的谋略思想也在书中熠熠生辉。可见曹雪芹熟知《孙子兵法》。曹雪芹不仅学识渊博，而且内心蕴藏着经国济世的情怀。同时,也反映出《孙子兵法》在当时贵族社会中广为传播的现实。

四,《孙子兵法》对《西游记》的影响。虽然《西游记》中未直接引用《孙子兵法》,但二者间依然有着千丝万缕的联系。

一是《孙子兵法·九变篇》所言的"九变"是指千变万化,而变化在《西游记》中被演绎得淋漓尽致。如孙悟空师从菩提老祖学得七十二般变化,可以变化成飞禽、走兽、花木、器皿、昆虫和人物六大种类。《西游记》全书中,孙悟空曾变成松树、仙桃、赤脚大仙、麻雀儿、大鹚老、鱼、水蛇、花鸨、土地庙、二郎神、蜜蜂、金池长老、仙丹、高小姐、花脚蚊虫、红蜻蜓、宝象国公主、蟭蟟虫、啄木鸟等六十多种。而且,他还能变大变小,变长变短,大到法天象地的巨人,小到小人儿"立地货",甚至变无。他能用身上的猴毛变成毛笔、身外身、牛耳尖刀、麻绳、葫芦、小妖精、烧饼、钢锉、幌金绳、金漆匣、木鱼、直裰、黄犬、鹰、虎、丝线、瞌睡虫、金钢钻、竹片、棉绳、紫金铃等。

孙悟空的七十二变并非完美无缺,有时也显露出缺陷:若是变飞禽、走兽、花木、器皿、昆虫之类,可以连身子一起变化;但如果变个人物,常常只是头和脸变了,身子变不过来,还有一身黄毛、两块红股、一条尾巴。孙悟空的变化术可以归结为三种类型:一种是他变术,可以变动植物、妖魔鬼怪的形象。第二种是分身术,可以抓一把毫毛,变出猴儿千万个。第三种是自变术,例如孙悟空使出法天象地的神通,"长的高万丈,头如泰山,腰如峻岭，眼如闪电，口似血盆，牙如剑戟"。

二是《孙子兵法》注重了解敌人的虚实，有《虚实篇》，而《西游记》中孙悟空战胜妖魔鬼怪时也特别注意了解对手的虚实。唐太宗李世民与李靖论兵时说："朕观诸兵书，无出孙武。孙武十三篇，无出虚实。夫用兵识虚实之势，则无不胜焉。"由此可知，了解敌人的虚实是何等重要。孙悟空虽然有降妖伏魔的广大神通，但从不大意。总能够在异常复杂的情况下，敏锐地发现事情的疑点，揭穿妖魔的伪装。他总是通过各种各样的方式来了解敌人的虚实，如寻找当地的土地、山神调查妖魔的来历，或用火眼金睛观察敌人的一举一动，或变成小飞虫钻到敌人的洞穴之中亲自去打探虚实。

值得注意的是，《西游记》中也有《六韬》《三略》影响的痕迹。例如《西游记》第三十三回道："好行者，理开棒，在马前丢几个解数，上三下四，左五右六，尽按那六韬三略，使起神通。"李晓鸿评点《西游记》第三十三回时，解说其深意道："机谋巧算，勾心斗角，六韬三略，本质都是在灵魂高处动刀兵。"

总之，中国古典四大名著在不同程度上渗透了《孙子兵法》的影响。其中，《孙子兵法》对《三国演义》的影响最直接，也最明显。当然，齐兵学在文学领域的影响绝不限于小说方面，也不限于《孙子兵法》。齐兵学对其他的文学体裁比如杂剧，也有一定的影响。罗贯中的杂剧《宋太祖龙虎风云会》有言："用《六韬》《三略》定边疆，把元戎印掌。"由此可略见一斑。

（四）对域外社会的影响

《孙子兵法》不仅在军事领域，而且在政治、经济、外交、体育等多个领域得到广泛应用。研究《孙子兵法》的知名学者洪兵指出，据有关资料统计，企业家们的阅读书目中，《孙子兵法》排在了首位；在美国畅销书排行榜中，《孙子兵法》曾一度列在第二位。由此可见《孙子兵法》影响领域之多、地域之广。

从传播角度而言，古今中外，推崇《孙子兵法》者不计其数，从不同视角阐发和演绎《孙子兵法》的作品也层出不穷。这主要是因为《孙子兵法》具有独特的魅力，这种魅力自然是仁者见仁，智者见智。

战略家最具历史眼光，最具敏锐捕捉信息的能力，故此选择两位中外杰出的战略家为例，审视《孙子兵法》的魅力。

周恩来在共和国史上具有举足轻重的地位，是公认的战略家。但他对《孙子兵法》的应用，很少有人留意。1941年6月8日，周恩来发表了《论敌寇的两面政策》，开篇就引用了《孙子兵法》："孙子说：'知彼知己，百战不殆。'我们对于敌寇知之者固然很多，但欲求真能不带感情不偏主观，具有真知灼见的人也不易。大概在敌人的国际环境较好而又能集中力量进攻我们的时候，我们便常易发生悲观的论调或情绪；在敌人的国际环境较坏而又在其休整兵力的时候，我们便常易过分乐观，且常喜夸大敌人的困难，好像敌人已时时的处在崩溃之中。"周恩来借此批评有些同志不了解敌人和自己,总是怀有过分悲观和盲目乐观的情绪,这对长期抗战极其不利。

1948年9月30日,周恩来《对解放战争形势发展的三点估计》援引了《孙子兵法》:"即使美国政府强迫美国人民打仗,出兵中国,对这种可能我们也估计到了。中国有句老话:'多算多胜,少算少胜。'这是中国两千年前的一位军事家孙子说的。我们对形势的估计就是'多算',包括美国出兵的可能。"周恩来正是根据当时的国际形势,评估未来局势的走向,进行了全面的考虑。由此看出,伟大的战略家周恩来也是熟知《孙子兵法》的。

美国的尼克松也是深受《孙子兵法》影响的著名战略家。他的著作《1999:不战而胜》深受孙子"不战而屈人之兵"思想的影响。此外,尼克松还在《真正的战争》一书中多次引用《孙子兵法》:"二千五百年前,中国古代战略家孙子写道:'夫兵久而国利者,未之有也。……故兵贵胜,不贵久。'"尼克松指出,在旷日持久的越南战争中,胜利正是美国人民没有得到的东西。尼克松在说明战略道义问题时,引用《孙子兵法》:"中国的战略家孙子在公元前五世纪写道:'上兵伐谋,其次伐交,其次伐兵,其下攻城。攻城之法,为不得已。'"在谈到美国对苏联的斗争方法时,他说:"两千多年以前,中国古代战略家孙子提出了这样一个原则:'以正合,以奇胜。'"

处于"汉字文化圈"的朝鲜、日本、越南也深受《孙子兵法》

的影响。学界对于《孙子兵法》传入朝鲜、日本的时间，一直存有争议。究竟是先传入朝鲜，还是先传入日本，没有定论。之前，中外学界普遍认为《孙子兵法》先传入日本。目前来看，这一流行的观点却难以成立。这是因为学者在朝鲜现存最古老的史书《三国史记》中新发现多个证据，可推翻彼说。

值得一提的是，《三国史记》为我们提供了三则重要史料，合成了完整的"历史证据链"，足以证明《孙子兵法》传入朝鲜半岛的时间更早。

史料一：

> 汉玄菟郡太守耿临，发大兵欲攻我，王问群臣战守孰便。众议曰："汉兵恃众轻我，若不出战，彼以我为怯，数来，且我国山险而路隘，此所谓一夫当关，万夫莫当者也。汉兵虽众，无如我何。请出师御之。"答夫曰："不然，汉国大民众，今以强兵远斗，其锋不可挡也。而又兵众者宜战，兵少者宜守，兵家之常也。今汉人千里转粮，不能持久，若我深沟高垒，清野以待之，彼必不过旬月，饥困而归。我以劲卒迫之，可以得志。"王然之，婴城固守。（《三国史记·明临答夫传》）

史料二：

春二月，王闻倭人于对马岛置营，贮以兵革资粮，以谋袭我。我欲先其未发，拣精兵击破兵储。舒弗邯未斯品曰："臣闻：'兵凶器，战危事。'况涉巨浸以伐人，万一失利，则悔不可追。不若依险设关，来则御之，使不得侵猾，便则出而禽之。此所谓致人而不致于人，策之上也。"王从之。（《三国史记·新罗本纪》）

史料三：

夏四月，倭兵围金城十日，粮尽乃归。王欲出兵追之，左右曰："兵家之说曰：'穷寇勿追。'王其舍之。"不听，率数千余骑，追及于独山之东，合战，为贼所败，将士死者过半。王苍黄弃马上山，贼围之数重。忽昏雾，不辨咫尺，倭谓有阴助，收兵退归。（《三国史记·新罗本纪》）

其中，第一则史料属间接史料，可作"旁证"使用。第二则、第三则史料属直接史料，可起"实证"作用。第二则史料征引了《孙子兵法·虚实篇》"致人而不致于人"，具体事件发生在408年。第三则史料征引了《孙子兵法·军争篇》"穷寇勿追"，具体事件发生在444年。第二则史料使《孙子兵法》传入朝鲜的时间可追溯到实圣王七年（408）。也就是说，早在中国东晋时期，《孙子兵法》就已传入朝鲜，并被实践运用。

这三则史料自然不属于"孤证",而是很好地合成了一个比较完美的"历史证据链"。这一"历史证据链"充分证实,《孙子兵法》传入朝鲜的时间较早。这要比美国学者格里菲思提出的《孙子兵法》传入日本的最早时间(525年)早一个多世纪。

《孙子兵法》在国外流传相当广泛,据《孙子兵法研究史》所述,根据不完全统计,日本有不同版本的《孙子兵法》两百种左右,有些研究著作具有很高的文献价值,如吉田松阴《孙子评注》、佐藤坚司《孙子思想史之研究》等。另外,日本还藏有一些珍贵的中文《孙子兵法》版本,如宋刊《武经七书》本、樱田本等。1772年,《孙子兵法》被旅居北京的神父约瑟夫·阿米奥译成法文,传入欧洲。1905年,由在日本学习的卡尔思罗普译成英文。后又出版了多种英译本,其中以塞缪尔·B.格里菲斯的译本影响最大。俄罗斯也有《孙子兵法》译本,如斯莱兹奈夫斯基于1860年翻译的《中国将军孙子对其属下将领的教诲》等。除此之外,《孙子兵法》还有朝鲜文、越南文、泰国文、缅甸文、马来西亚文、希伯来文、阿拉伯文、法文、德文、意大利文、捷克文、罗马尼亚文、荷兰文、希腊文等二十多种不同语种的译本。由此看出,《孙子兵法》的传播之旅是世界性的。

1972年4月,山东临沂银雀山一号汉墓里出土了大批西汉竹简,其中有《孙子兵法》《孙膑兵法》。据专家考证,竹简年代大约是汉武帝初年。这些汉简的发现意义十分重大。孙武和孙膑是春秋战国时期著名的军事家。《汉书·艺文志》著录有《吴孙子》和《齐孙子》两部书,《隋书·经籍志》则没著录《齐孙子》,后世因此而怀疑《孙膑兵法》并不存在,甚至对孙武、孙膑是否存在,是两人还是一人,都有很大争议。吴九龙指出,银雀山汉简的出土,证明了《史记·孙武吴起列传》的可靠性。银雀山汉简本是目前发现的《孙子兵法》最古老的版本。

在齐兵学中,《六韬》的影响仅次于《孙子兵法》。王震认为,今存《六韬》版本接近两百种。宋人刘过《龙洲集》有歌云:"不随举子纸上学六韬,不学腐儒穿凿注五经。"其中"纸上学六韬"之言,是对那些武举子只会纸上谈兵而脱离军事实践的批评。

1972年出土的银雀山汉简中有《六韬》残简。据考古工作者考证,该墓墓葬年代不会晚于汉武帝元狩五年(前118)。竹简中的文字并不避讳汉初的几位皇帝,因此可断定竹简年代应在西汉以前。仝晞纲先生指出,1973年河北定县也出土了《太公》竹简,其中许多内容与今本《六韬》相同或相近,其墓葬年代约在西汉五凤三年(前55)。这足以说明《六韬》一书在汉代以前就已广泛流传,汉、魏晋伪撰说也就不攻自破。此外,《六韬》还有西夏文译本。

《六韬》是中国古代一部重要的兵学理论著作,在朝鲜王朝得到了广泛传播和运用。周江吾通过认真研究指出,在壬辰战争初期,朝鲜不敌日军进攻而节节败退,战争形势严峻,一些爱国人士曾根据《六韬》理论在治国、选将、粮饷、军备等方面积极建言献策。此外,朝鲜王朝还出现了以善于运用《六韬》

而闻名的将士。这充分证明,中国古代优秀兵学思想对朝鲜王朝产生了深刻影响。事实上,《六韬》在整个东亚都有相当大的影响。

《司马法》对后世也有一定的影响。《申鉴·时事》记载,汉武帝时,"置尚武之官,以《司马兵法》选,位秩比博士"。这一记载表明,汉武帝时期选拔"尚武之官",考察标准是《司马兵法》,"尚武之官"的地位和秩禄相当于汉代的博士官。

《司马法》的影响力虽远远不及《孙子兵法》《吴子兵法》,但依然不可忽视,其地位可从唐代的诗歌中管窥。宋璟《奉和圣制送张说巡边》:"帝道薄存兵,王师尚有征。是关司马法,爰命总戎行。画阃崇威信,分麾盛宠荣。聚观方结辙,出祖遂倾城。"李商隐《骄儿诗》:"儿慎勿学爷,读书求甲乙。穰苴司马法,张良黄石术。便为帝王师,不假更纤悉。况今西与北,羌戎正狂悖。"陆龟蒙《江南秋怀寄华阳山人》:"许国轻妻子,防边重战耕。俄分上尊酒,骤厌五侯鲭。静默供三语,从容等一枰。弘深司马法,雄杰贰师兵。"

此外,唐人皮日休《读〈司马法〉》是一篇古兵法的读后感,篇幅极短。作者有感则发,不拘章法。皮日休从儒家民本思想出发,否定兵法,反对战争:"唐、虞尚仁,天下之民,从而帝之。不曰取天下以民心者乎?汉、魏尚权,驱赤子于利刃之下,争寸土于百战之内。由士为诸侯,由诸侯为天子,非兵不能威,非战不能服。……术愈精而杀人愈多,法益切而害物益甚。"皮氏生活在唐末混乱之际,有无能为力之叹。

南宋末年文坛领袖刘克庄《满江红》云:"满腹诗书,余事到、穰苴兵法。新受了、乌公书币,著鞭垂发。黄纸红旗喧道路,黑风青草空巢穴。向幼安、宣子顶头行,方奇特。　溪峒事,听侬说。龚遂外,无长策。便献俘非勇,纳降非怯。帐下健儿休尽锐,草间赤子俱求活。到崆峒、快寄凯歌来,宽离别。"在这首词中,刘克庄提到自己饱读诗书,并且曾研习《司马法》。

《唐太宗李卫公问对》中谈到司马穰苴和《司马法》的写定:"齐景公时,穰苴善用兵,败燕、晋之师,公尊为司马之官。由是子孙号司马氏。至齐威王追论古《司马法》,又法穰苴所学,遂有《司马穰苴》数十篇。今世所传兵家者流,又分权谋、形势、阴阳、技巧四种,皆出《司马法》也。"书中认为,《司马法》与姜太公有特殊的渊源:"周之始兴,则太公实繕其法:始于岐都,以建井亩;戎车三百辆,虎贲三百人,以立军制;六步七步,六伐七伐,以教战法。陈师牧野,太公以百夫制师,以成武功,以四万五千人胜纣七十万众。周《司马法》,本太公者也。太公既没,齐人得其遗法。至桓公霸天下,任管仲,复修太公法,谓之节制之师。诸侯毕服。"

值得留意的一点是,《司马法》反映了齐国的文化基因和时代思潮。王震指出,从文化基因上看,《司马法》深受姜齐文化传统影响,人本主义倾向与功利实用主义特质十分鲜明;从时代思潮角度看，该书体现了黄老"稷下主旋律"在兵学领域的渗透和延伸。

三　齐兵学的当代价值

齐兵学博大精深，具有极其宝贵的价值。李际均将军在第五届《孙子兵法》国际研讨会上说："2500多年前，中国春秋末期伟大的军事家、思想家孙武所著的《孙子兵法》既是一部军事经典，又是一部哲学著作。这部不朽名著，把战争艺术与战争理性、武力运用与武德要求完美地结合为一体，其影响不仅超越国界、超越时代，而且超越军事领域，为外交、商业、体育等各界所重视。它所蕴含的深刻思想，对现代军事学、管理学、经济学和行为学等诸多学科都有指导和借鉴价值。"齐兵学的当代价值集中体现在四个方面。

（一）用兵制胜价值

我们可以从以《孙子兵法》为代表的齐兵学典籍中汲取智慧，学习战争艺术和战争本领，打赢战争。考察古今中外的历史，毋庸讳言，在政治和军事领域，无论是政治集团，还是国家，敌人的存在是一种常态。甚至没有敌人，也要制造敌人，于是乎，便有了"假想敌"这一特定的政治术语。故此，在集团与集团的斗争中，在国家与国家的冲突中，努力寻求制胜敌人的方略，也就成为理所当然的事情。无论是中国的兵学经典，还是他国的军事著述，都不同程度地注重研究敌人，并积极探索制敌的方略和智慧。《孙子兵法》作为"世界第一兵书"，无疑是这一方面的典范之作。

《孙子兵法》是高端智慧，制胜法宝。孙子既重视研究敌人，也注重把握战机。《孙子兵法》制敌主要有九大方略：一是攻敌无备，二是因粮于敌，三是因敌制胜，四是料敌制胜，五是夺敌所爱，六是威加于敌，七是顺详敌意，八是并敌一向，九是践墨随敌。此外，孙子的制敌智慧主要体现在三种创新型思维：一是以迂为直，二是以患为利，三是同舟而济。由此观之，孙子的制胜之术和制胜思维独具一格。

总之，人类总是把最先进的科学技术应用于军事，也把最高阶的智慧应用于战争制胜追求之上。刘泽华为陈学凯《制胜韬略》一书作序时，提出，"《孙子兵法》《老子》《论语》并驾齐驱、媲美相辉"，可视之为中国古代智慧之鼎的"三足"。孙子灵活多样的制敌方略固然是制敌取胜不可或缺的手段，但拥有创新型的思维方式，却是实施战争行为者从根本上扭转危局的关键。智慧为何如此重要？爱新觉罗·毓鋆曾经说："用智慧便可以助己助人、活己活人。"智慧可以改变困境，诚如冯梦龙所言，事物的变化能使智者暂时处于困境，但智者的智慧又使他不被变化所困。创新型思维方式是智慧的高级表现形式，《孙子兵法》可谓创新型思维方式的结晶，凝聚了高度的智慧。

（二）战略指导价值

《孙子兵法》中蕴含战略指导思维，值得我们学习，尤其重要的是学习孙子善于转化的思维。孙子曰："军争之难者，以迂为直，以患为利。"两军争利最困难之处，在于思维转化，把曲线视为直线，把不利视为有利。齐兵学中的"不战而胜"思想，代表着一种最优胜出的战略指导思想。孙子"不战而屈人之兵"思想产生于春秋时期。《六韬·龙韬·军势》有类似表述："善战者，不待张军；善除患者，理于未生；善胜敌者，胜于无形；上战无与战。"《六韬·武韬·发启》也提出"全胜不斗，大兵无创"的主张。

这里所说的"无与战"和"不斗"，就是"不战"的方式。《孙子兵法·谋攻篇》认为："善用兵者，屈人之兵而非战也，拔人之城而非攻也，毁人之国而非久也。"换言之，武力并非是实现胜利目标的唯一途径，最好的方法是以非武力的方式达成胜利目的，通过应用伐谋、伐交手段，达到不战而胜。这是《孙子兵法》用兵之道的最高追求。孙子"不战而屈人之兵"思想曾对美日战略思想的塑造产生了重要影响。美国斯坦福研究所中心主任福斯特和日本京都产业大学教授三好修,受《孙子兵法》"不战而屈人之兵"的启示,提出了著名的"孙子核战略",最终使"相互确保摧毁"的战略目标转变为"相互确保生存"的战略目标。

韩胜宝先生说,《孙子兵法》不仅是世界军事瑰宝,而且成为人类思想瑰宝,能启迪人们的心智,培养智慧。古老的《孙子兵法》体现的思维是活的,要跳出兵法学思维,活学活用,触类旁通。

(三)领导管理价值

齐兵学具有领导管理价值,我们可从《司马法》《六韬》《孙子兵法》等著作中学习管理智慧与管理艺术,有效地服务于社会管理工作。

一,《司马法》中的管理艺术。《司马法·定爵》:"凡战,智也。斗,勇也。陈,巧也。用其所欲,行其所能,废其不欲不能。于敌反是。"指出战争是智慧、勇气、技术的较量,想要取得胜利,缺一不可。

二,《六韬》中的管理艺术。《六韬·将威》指出,赏罚艺术的关键在于诛杀大人物,奖赏小人物:"将以诛大为威,以赏小为明,以罚审为禁止而令行。故杀一人而三军震者杀之,赏一人而万人说者赏之。"提出了"杀贵大,赏贵小"的管理理念。《六韬·大礼》云:"勿妄而许,勿逆而拒。许之则失守,拒之则闭塞。高仰止，不可极也；深渊度之，不可测也。神明之德，正静其极。"即是说，一个管理者不要轻率接受意见，也不要轻易拒绝不同的意见。如果轻率接受意见，容易丧失主见；马上拒绝意见，就容易闭塞言路。要像高山一样，使人仰慕；像深渊一样，使人莫知其深。段俊平认为，《六韬》教导管理者一定要善于听取不同的意见，一定要做到公正无私。

三，《孙子兵法》中的群体管理艺术。《孙子兵法》作为中华民族优秀传统文化的精髓，对其研究早已超出了传统的军事学，在商业竞争、企业管理、体育竞赛、外交谈判等领域均受到广泛关注。笔者不愿拾人牙慧，主要从群体管理艺术的视角，剖析《孙子兵法》特有的领导艺术。《孙子兵法》既是一部闻名中外的兵学经典，也是一部举世公认的领导学宝典。波兰学者石施道指出："孙武在中国古代思想领域里，独树一帜。"《孙子兵法》有独特的思想理念，例如"择人而任势""将能而君不御者胜"；也有别具一格的群体领导艺术追求，这种领导艺术追求可分为三个梯次：一是静态环境领导艺术，二是动态环境领导艺术，三是险恶环境领导艺术。从中可检验群体领导艺术的高下，对于考评群体领导艺术有重要的价值。笔者旨在探讨《孙子兵法》群体领导艺术梯级划分，及其所追求的终极目标，借此进一步促进孙子群体领导艺术的探讨。

一是静态环境下的群体领导艺术。在相对平静的环境中，对于一个群体来说，领导者想要实现有效管理也并不是件很容易的事情。《孙子兵法·势篇》:"凡治众如治寡,分数是也。""治众如治寡"阐明了孙子的静态领导艺术,代表了《孙子兵法》群体领导艺术的初级梯次水平。孙子所说的"分数",犹如我们现今所说的"编制"。孙子指出,治理多数人如同治理少数人一样,关键在于编制。为什么说"治众如治寡"是静态的领导艺术?"治众"说明这个群体处于相对平静的环境中,这时的群体领导者,首先担当的是一个良好的管理者角色。孙子认为,达到静态领导艺术关键在于领导者对这个群体的编制要做到科学、合理,这是因为编制不仅仅是一种管理手段,而且是管理能力的体现。因而,领导者若具有初级领导艺术,治理万人,则如同治理百人一样轻松自如。

科学、合理的编制要根据实际的情况来确定,从来就没有永恒不变的编制。这种现象可从古时的军队编制得到证明,《周礼·夏官·司马》:"凡制军,万有二千五百人为军。"宋人张预引用汉代军制注解《孙子兵法》:"治兵之法:……五人为列,二列为火,五火为队,二队为官,二官为曲,二曲为部,二部为校,二校为裨,二裨为军。"对比两则材料,可以发现周代的一军是一万二千五百人,而汉代的一军却是三千二百人。即使是同一时代、同一支军队的编制,有时也会发生变化。对于军队来说,就有了平时编制和战时编制之分。平时编制是战时编制的基础,没有科学、合理的平时编制,战争来临时,很难做到向战时编制的合理转化。这些事实说明,编制必须随时随地根据实际情况进行灵活变化,不可能只有一种固定的模式。只有适合时代和形势发展需要的编制,方才是科学、合理的编制。一个庞大群体的编制若是做得不科学、不合理,就会造成管理层级的混乱,出现尾大不掉、政出多门等问题。

孙子静态领导艺术的终极目标是实现庞大群体的有序管理。孙子的理论首先是治军的理论,要实现三军的有序管理。这种有序管理表现在三个方面:一是管理层次要分明,二是每一个管理层次所管理的人员数量要合适,三是管理者与被管理者的比例要适当。对一个特定的群体做出科学、合理的编制,应从上面所说的三个方面进行斟酌考量。孙子的静态领导艺术虽是评价群体领导艺术的最低梯次,却是迈向群体领导艺术中级梯次的坚实基础。

二是动态环境下的群体领导艺术。一个群体并不会永远处于相对平静的环境中,对于一支将要进入或者已经进入战斗状态的军队而言,更需要强有力的领导。《孙子兵法·势篇》:"斗众如斗寡,形名是也。"这句话中的"斗众如斗寡",即阐明了孙子的动态领导艺术,代表了《孙子兵法》群体领导艺术的中级梯次水平。孙子所说的"形名",犹如我们现今所说的"指令"。孙子指出,指挥多数人作战如同指挥少数人作战一样,关键在于指令。为什么说这是一种动态环境领导艺术?"斗众"说明这个群体正处于动态的环境中,在战争当中,面临着艰难困苦、危险恐惧。在这种状态中,群体领导者要从管理者的角色向指挥者角色转变，他所面临的困难有时超乎想象。处于动态环境中的领导者显然要比静态环境中的领导者要艰难得多。在动态环境中，没有比指挥者的指令更重要的事情了。指挥者的指令，不仅仅代表一种领导方法，更是中级领导艺术的集中体现。有些群体负责人虽然可以达到静态领导艺术境界，能够胜任一个庞大群体的管理者，但未必能达到动态领导艺术境界，成为一名优秀的指挥者。

动态领导艺术的关键在于指令，对处于作战当中的军队而言，模糊不清，甚至完全错误的指令，会让他们付出难以想象的代价；清晰而又恰当的指令对军队夺取胜利是不可或缺的。而发出清晰得当的指令，显然不是一件轻而易举的事情，需要指挥者对整个形势了如指掌，而且他的部下也能充分地了解这一指令的具体含义。因此，一个优秀的指挥员能够做到在合适的时机，下达清晰而又准确的指令。指令是一个群体统一行动的信号。指挥者下达命令的时机也非常重要，早也不行，晚也不行，早了会欲速则不达，晚了会错失良机。指挥者若能够从容不迫地指挥庞大的军队作战或行动，则已达到孙子的动态领导艺术境界了。

《孙子兵法·势篇》描绘出动态领导艺术境界所呈现的最终效果："纷纷纭纭，斗乱而不可乱；浑浑沌沌，形圆而不可败。"反之，如果指挥者不具备动态领导艺术，指令发出后，处于动态环境中的群体就会陷入混乱不堪的状态，诚如《孙子兵法·九地篇》所言："众寡不相恃，贵贱不相救，上下不相收，卒离而不集，兵合而不齐。"指挥者只有具备良好的动态环境领导艺术，才能使群体在由静态环境向动态环境转变过程中保持一种自由转换的能力。正如孙子所言："乱生于治，怯生于勇，弱生于强。"所以，孙子的动态环境领导艺术所追求的终极目标就是实现一个群体从有序到无序之间的自由转化。对于军队而言，有时做到"无序"，可以迷惑敌人，引诱敌人上当。但值得注意的是，这种"无序"是一种可以自由控制的"无序"状态。

三是险恶环境中的群体领导艺术。一个群体有时并非处于静态环境，也不是处于一般的动态环境，而是处于一种非常特殊、非常险恶的环境，可以说是一种生死未卜、吉凶难测的环境。《孙子兵法·九地篇》："其兵不修而戒，不求而得，不约而亲，不令而信。"这句话反映了孙子的险恶环境领导艺术，代表了《孙子兵法》群体领导艺术的高级梯次水平。孙子指出：士卒不必整饬，就能加强戒备；不必强求，就能完成任务；不必约束，就能亲附拥护；不必申令，就能遵守纪律。值得注意的是，孙子所谓"不修""不求""不约""不令"，正是孙子最高境界的群体领导艺术的具体体现。

这种环境虽然十分险恶，但对于素质优秀的人来说，这也是一种可以创造奇迹的环境，是一种"危"而有"机"的环境。这种极为罕见的特殊环境一旦出现，指挥者则应向布局者角色转变。布局者要在险恶环境中想方设法重新布局，改变现有的局面。布局者要能体现出一种"以患为利"的创新思维。不然的话，厄运随时就会降临到群体的每一个成员身上。科学合理的组织编制、清晰准确的指令在目前险恶的环境中，已经无济于事了，根本无法解决燃眉之急。在这种异常险恶的环境中，整个群体的心态已发生了剧烈变化。布局者要面对空前的压力和难以预测的命运。这时，布局者必须采用一种特殊的领导方法，那就是"无为"。

巨鹿之战的前夕，项羽所率的楚军面临的作战环境非常不利，而且楚军面对如狼似虎的章邯军队，充满了恐惧心理。韩信与赵军交战前所处的环境也是如此。韩信率孤军远道而来，面对的是占据地利优势、数量众多的赵军，灭亡的命运似乎已笼罩在每一个人身上。而项羽和韩信能够在如此险恶的环境中最终胜出，原因是他们都成为出众的布局者，而不是单纯的指挥者。项羽通过"破釜沉舟"来改变现有的局面，韩信创造性地使用"背水阵"来重新布局，最终达到了孙子"无为"的领导艺术境界。

要想达到孙子"无为"的领导艺术境界，关键在于综合考虑各方面的有利与不利因素，注意研究"九地之变，屈伸之利，人情之理"。也就是说，布局者要对险恶的环境状况、前进后退的影响、群体的心态有充分的了解、把握。孙子的"无为"领导艺术，表面上是一种无所作为——"不修""不求""不约""不令"——实际上奉行的是"有所为而有所不为"的原则。说到底，无为领导艺术所秉持的态度不是消极无为，而是积极有为。布局者要充分开动自己的脑筋，设计出一种特殊的环境，就是《孙子兵法·九地篇》所讲的"聚三军之众,投之于险",迫使群体的每个成员能够实现"自治",发挥出个人最大的潜力。正如孙子所说:"死焉不得,士人尽力。"最后,每个成员爆发的正能量达到极限,从而使整个群体实现了绝处逢生的命运转折。这个险恶环境是布局者有意识创造的,也就是孙子所说的"投之亡地"和"陷之死地"。

值得注意的一点是,如果群体领导者本身不具备良好的静态环境领导艺术和动态环境领导艺术,而且这个群体没有经过很好的训练,却要盲目地追求"无为"的领导艺术境界,试图实现布局者角色的转变,结果只能是水中月,镜中花,可望而不可即。弄巧成拙,反而会失败得更加彻底。前秦苻坚就是一个典型的例子,他在淝水之战的败北则是动态环境领导艺术向险恶环境领导艺术转化效果不佳的反映。失败的主要原因是苻坚没有迅速完成从一个指挥者向布局者角色的转变。而东晋的谢安却成功地完成了这一角色转变。孙子的"无为"领导艺术境界,就是要彻底打破静态环境领导艺术所追求的"有序",以及动态环境领导艺术所追求的从"有序"到"无序"之间双向灵活转化,要从根本上创造一种"天、地、人"三者合而为一的最佳组合状态,所追求的终极目标是让群体中的每个成员的正能量达到极限的发挥。作为一个群体的领导者,如果还没有达到孙子的静态环境领导艺术,就无法跨越到孙子的动态环境领导艺术;如果还没有达到孙子的动态环境领导艺术,自然也无法跨越到孙子的"无为"领导艺术境界。这是因为没有前者的历练，就不会有后者的成功，前者是后者实现的前提和保证。

在历史上，能成功跨越孙子群体领导艺术三境界的大师级人物可谓凤毛麟角。其中，汉军统帅韩信是当之无愧的群体领导艺术的杰出代表。他熟读《孙子兵法》并能娴熟运用。韩信曾说自己带兵是"多多而益善"，显然，他轻而易举地达到了孙子的静态环境领导艺术境界。刘邦夸奖韩信道"连百万之军，战必胜，攻必取"，则表明韩信业已达到孙子的动态环境领导艺术境界。汉军北上灭赵，韩信通过"投之亡地然后存，陷之死地然后生"的"背水阵"布局，一举战胜赵军，则证明韩信已经跨越了孙子的"无为"领导艺术境界，这是群体领导艺术当中的最高境界。可以说，韩信是孙子群体领导艺术的集大成者。

综上所述，《孙子兵法》所追求的静态环境领导艺术、动态环境领导艺术、险恶环境领导艺术，呈金字塔式的结构模式，三者之间不是孤立的，而是一个相辅相成的有机整体。从整体观察，这个"金字塔"具有三个方面的特点：一是所领导的群体环境有明显的变化，越往顶端，群体领导者的环境越是艰难。二是群体领导者所面临的挑战有显著的变化，越往顶端，要求群体领导者的能力越强。由初级的管理艺术，到中级的灵活调度能力，再到高级的创新思维，越来越具有挑战性。三是三种境界呈阶梯状上升的趋势。前者是后者的基础，后者是在前者已有水平的基础上再次跨越和提升。这种提升标志着领导方式的根本转变，预示着难度系数提高到一个新的层级。

群体领导难度系数的提高，根本原因是这个群体所处的环境状况有了新的变化，从而使群体心理产生了微妙的变化。静态环境领导艺术是在一种相对平静的环境下进行的，群体的心理波动很小，对治理影响不大。动态环境领导艺术是在一种不稳定的环境下进行的，群体的心理会有很大的波动，因此会对群体领导造成一定的影响。而"无为"领导艺术则是在一种极度险恶的环境下进行的，群体的心理波动十分剧烈，有效利用这种心理变化是取得成功的关键。环境状况的改变，所引发的群体心理波动幅度也不一样，这就要求群体领导者不仅要改变自己的领导方式，而且要在角色上有相应的转变。群体领导者要实现管理者、指挥者、布局者的角色适时适地转变，就需要在平时不断历练和打磨，尤其要从心理上进行严格地锤炼，在各种环境下扮演好自己的角色。孙子群体领导艺术所追求的三个境界的终极目标各不相同，静态环境领导艺术追求的终极目标是实现群体的有序管理，动态环境领导艺术所追求的终极目标是实现群体从有序到无序的灵活自由转换，险恶环境领导艺术所追求的终极目标是实现群体中的每个成员的正能量达到最大限度的发挥。由此而言，《孙子兵法》群体领导艺术的三个终极目标，为群体领导艺术的考评提供了独特的参考标准。这一标准的意义不可低估，对于考核将帅的能力水平提供了重要参照。

《孙子兵法》是一部伟大的战略管理著作,字里行间渗透着管理智慧。作战没有固定不变的模式,如同水流没有固定的形态一样。依据敌情的变化而变化,才能用兵如神。孙雪梅认为,用兵贵能权变,而不是一成不变、墨守成规。管理也是如此,要有弹性,力求在动态中追求平衡。《孙子兵法·虚实篇》:"兵无常势,水无常形,能因敌变化而取胜者,谓之神。"其中暗含重要的管理智慧,可归纳为"四贵",即管理贵有目标,管理贵在严正,管理贵能权变,管理贵用人才。从中汲取管理智慧,是现今应用《孙子兵法》的应有之义。

四,《孙膑兵法》的管理艺术。《孙膑兵法·月战》:"间于天地之间,莫贵于人。……天时、地利、人和,三者不得,虽胜有殃。"孙膑从人为贵的思想出发,强调天时、地利、人和在战争中的重要作用。用兵作战,想要取胜,必须知晓"天之道""地之利""人之事"。"天时""地利""人和"三者如果不能全部得到,即使取得胜利,也会有灾殃。

姜国柱先生指出,中国兵学的天、地、人贯通一体的思维,和在战争的动态中寻求胜利的用兵之道、取胜之略,对于管理从静态管理到动态管理,从个体管理到系统管理,从分析个体到综合整体,在综合中求创新、发展,以及从战略理念到管理实践的升华等现代管理思想,都提供了丰富的思想营养和历史经验。而中国兵学的主体是齐兵学,由此而言,齐兵学在领导管理学方面具有重要的价值。

（四）先进文化引领价值

范文澜先生说过："鲁学主合古，齐学主合时。"此说本来是指整个齐鲁文化而言。但用来说明齐兵学顺应历史潮流、不断发展的精神，也是很恰当的。齐兵学中蕴含"尊贤尚功，努力创新"的先进文化思想。其中的"尊贤尚功"思想，来自姜太公。《吕氏春秋·长见》："吕太公望封于齐，周公旦封于鲁，二君者甚相善也。相谓曰：'何以治国？'太公望曰：'尊贤上功。'周公旦曰：'亲亲上恩。'太公望曰：'鲁自此削矣。'"

姜太公"尊贤尚功"的用人思想，具有很强的操作性，具体体现在《六韬》提出的"六守""八征""六不用"的人才选拔与考察理论。所谓"六守"，是指选拔人才时，从仁、义、忠、信、勇、谋六个角度进行考察。所谓"八征"，是考察人才的八种方式，通过交谈、辩论、钱财引诱、女色诱惑、处理危难之事、饮宴醉酒了解此人的品德和能力。所谓"六不用"，是指六种人不能任用：奸佞之徒、诈取名誉之人、假公济私者、互相拆台者、结党营私者、嫉贤妒能者。

"尊贤尚功"也体现在《孙子兵法》"以人为宝"这一重要思想观念中，《孙子兵法·地形篇》"战道必胜，主曰无战，必战可也；战道不胜，主曰必战，无战可也。故进不求名，退不避罪，唯民是保，而利合于主，国之宝也。"孙子所谓的"国之宝"，显然不是指物，而是指人，具体而言，指的是优秀的统帅。

孙子一方面强调:"战道必胜,主曰无战,必战可也;战道不胜,主曰必战,无战可也。"只要合乎战争的规律,有必胜的把握,即使国君命令不要开战,也要坚决开战;不合乎战争的规律,没有必胜的把握,即使国君命令开战,也要坚决不开战。孙子认为,优秀的统帅应该具有独立指挥军队的能力。另一方面,孙子还强调:"进不求名,退不避罪,唯民是保,而利合于主。"进军不是追求个人的名声,撤退不是逃避个人的罪责,只是为了保全军民,合乎国家利益。也就是说,优秀的统帅还应具备担当精神,他们不是因为个人的荣辱而进军,也不是因为个人的安危而撤退。这样的统帅是国家的军事精英人物,可谓"国之宝也"。

以物为宝,不如以人为宝。这是被历史和社会实践证明的道理。昔日晋献公采用荀息的计谋,以"屈产之乘"和"垂棘之璧"进献虞国国君,借道灭虢。虞君贪图晋国的宝物,使唇齿相依的虢国被晋国灭亡。当晋军凯旋时,顺便又一举灭掉了虞国。由此看出,晋献公暂时舍弃了自己的"宝物"——"屈产之乘"和"垂棘之璧",最后却一举灭掉了两个国家,晋国国土大大增加,"屈产之乘"和"垂棘之璧"又重新回到了自己手中。这告诉后人一个道理:以人为宝者,人宝皆得;以宝为宝者,宝终必失。

《孙子兵法》是以优秀的统帅作为"国之宝",可以使国家"人宝皆得"。这一思想的提出,告诫国家的最高统治者和广大民众,要珍惜和爱护优秀的统帅,不可"自坏长城",使亲者痛、仇者快。由此看出,齐兵学中的"尊贤尚功"思想,有助于聚集更多的优秀人才。人才聚集,就会形成努力创业和创新的局面,有利于推动国家不断向前发展,变得更加强大。

颜炳罡先生认为:"齐鲁文化作为轴心文明的时代产物是中华文化发展永世不竭的源头活水,有着超越时空、跨越族界与国度的普遍意义与永恒价值。"而齐兵学是齐鲁文化的一个重要组成部分。由此而言,齐兵学不仅具有超越时空、跨越族界与国度的永恒价值,而且具有自身独特的魅力,这是任何其他地域文化难以超越的地方。

山东省社科理论重点研究基地
齐文化研究基地重点项目

齐文化精粹撷珍

王志民 主编
巩曰国 张灿贤 副主编

稷下学宫

白奚 著

山东文艺出版社

图书在版编目（CIP）数据

稷下学宫 / 王志民主编；巩曰国，张灿贤副主编；白奚著. -- 济南：山东文艺出版社，2025.5. --（齐文化精粹撷珍）. -- ISBN 978-7-5329-7354-5

Ⅰ. B229.95

中国国家版本馆CIP数据核字第20255ZU348号

《齐文化精粹撷珍》编委会

主　编　王志民
副主编　巩曰国　张灿贤
成　员（按姓氏笔画排序）
　　　　白　奚　邱文山　战化军　贺志红
　　　　耿芳朝　耿振东　阎盛国

《齐文化精粹撷珍》序

齐文化精粹撷珍·稷下学宫

在源远流长、辉煌灿烂的中华优秀传统文化中，齐文化有着独特的价值内涵和历史贡献。为深入贯彻中共中央办公厅、国务院办公厅《关于实施中华优秀传统文化传承发展工程的意见》等文件精神，立足齐文化，做好对优秀传统文化的创造性转化、创新性发展，近几年来，山东理工大学齐文化研究院在上级有关部门和学校鼎力支持下，开展了齐文化系列研究项目，《稷下学宫与柏拉图学园比较研究论集》《齐文化大辞典》《诸子百家普及丛书》《文化淄博丛书》以及大型文献著作集成《齐书》等相继完成并出版发行，旨在通过系列项目，对齐文化的丰富内涵和当代价值进行深入挖掘和系统阐释，充分理解、把握齐文化精髓，更好地传承、弘扬中华优秀传统文化。《齐文化精粹撷珍》作为系列项目之一，集学术性与通俗性于一体，自2020年论证设计，

2021年正式启动，历时三年，几易其稿，即将与读者见面。

齐文化内容丰富，一套丛书难以包罗万象，《齐文化精粹撷珍》精选了能集中反映齐文化核心内容，又适宜于普及传播的五个重点选题，分别是姜太公、管仲、晏婴、齐兵学、稷下学宫，每题一册，每册十万字左右，以学术价值高、可读性强、让广大群众"喜闻乐读"为目标。姜太公为齐国开国君主，也是齐文化的奠基人，是中国历史上一位被神化的、家喻户晓的人物，集政治家、军事家、思想家于一身。《史记·齐太公世家》："太公至国，修政，因其俗，简其礼，通商工之业，便鱼盐之利。而人民多归齐，齐为大国。"齐国后来的强大离不开姜太公的开国立策之功。被梁启超誉为"中国之最大政治家"的齐国名相管仲，辅佐春秋首霸齐桓公"九合诸侯，一匡天下"。孔子说："微管仲，吾其被发左衽矣。"国强民富，尊王攘夷，管仲之功也。齐国另一位著名政治家晏婴也是中国历史上贤相的代表，与管仲齐名，世称"管晏"。晏婴提出"和而不同""以民为本"的思想，且具备直言极谏、勤俭节约、关心民生疾苦等官德善行，成为后世的榜样，司马迁在《史记·管晏列传》中说："假令晏子而在，余虽为之执鞭，所忻慕焉。"兵学理论家、实践家汇集，兵学著作闻名天下的齐兵学，是齐文化宝库中的重要部分。姜太公、司马穰苴、孙武、孙膑等兵学大家，演绎出齐人非凡的军事智慧；《六韬》《司马法》《孙子兵法》《孙膑兵法》等兵学著作，对后世军事、经济、文化等都产生了深远的影响，《孙子兵法》至今仍是享誉世界的军事哲学名著。稷下学宫作为存在时间最长、规模最大的战国诸子百家争鸣的学术中心，既是当时师生众多、大师云集的高等学府，也是齐国议政的高级咨询机构，兼有学术性、政治性，对后世产生了深远的影响。郭沫若认为，稷下学宫的设置在中国文化史上具有划时代的意义。

本套丛书由齐文化研究院名誉院长、教育部重大攻关招标项目"稷下学派文献整理与数据库建设研究"首席专家王志民教授担任主编，负责整体规划、组织编写及统稿、定稿等工作；巩曰国、张灿贤两位副主编自始至终参与组织了丛书的各项工作。《稷下学宫》由首都师范大学资深教授白奚先生执笔完成，《齐兵学》由山东师范大学齐鲁文化研究院阎盛国教授完成，《晏婴》由山东理工大学战化军教授完成，《管仲》由《管子学刊》主编耿振东教授完成，《姜太公》由山东理工大学齐文化研究院耿芳朝副教授、邱文山教授完成。丛书统一编写体例和撰写要求，召开专题研讨会十余次，全体编委会人员通力合作，对编写提纲、书稿等进行了深入详尽的讨论修改。山东文艺出版社对丛书的编写、统稿、定稿、出版给予了积极支持与帮助，使丛书得以顺利出版。我们衷心希望丛书能发挥其价值，对传播中华优秀传统文化起到应有的作用。

编者
2024 年 12 月

目 录

《齐文化精粹撷珍》序	001
导言	001
第一章　稷下学宫的历史	005
一　齐国优越的地理和文化条件	007
二　崇尚贤能的传统和开明的政治风气	009
三　陈完奔齐与田氏代齐	015
四　稷下学宫的创立和早期发展	016
五　鼎盛时期的稷下学宫	018
六　稷下学宫的衰落、中兴和消亡	021
第二章　稷下学宫的性质和活动	023
一　列国唯一的文化中心	025

	二	荟萃百家的学术平台	026
	三	中国最早的官办大学	028
	四	国家智库和咨政中心	030
	五	稷下学宫的学术活动	034

第三章　稷下学宫早期的领军人物：淳于髡　039
　　一　出身微贱的稷下元老　041
　　二　一身正气的讽谏艺术家　043
　　三　幽默足智的论辩高手　045

第四章　稷下学宫鼎盛时期的核心人物：孟子　049
　　一　孟子在列国的游历生涯　051
　　二　齐宣王时期：孟子一生中最重要的阶段　056
　　三　仁政主张和民本思想　062
　　四　性善论和道德修养论　066

第五章　稷下学宫的本土学派：管仲学派　071
　　一　《管子》的成书和作者　073
　　二　礼法并用、政教合一的政治主张　075
　　三　爱民、富民、教民的民本思想　079
　　四　"务本饬末"的经济理论　086
　　五　《管子》的哲学思想　092

第六章　后期稷下学宫的学术领袖：荀子　103
　一　荀子的生平：典型的学者生涯　105
　二　天人相分的哲学思想　108
　三　"化性起伪"的人性理论　111
　四　"隆礼重法"的政治主张　116

第七章　阴阳五行家与驺衍　121
　一　阴阳五行思想的渊源和历史发展　123
　二　阴阳家的创始人驺衍　127
　三　四时教令和阴阳灾异　130
　四　五行相生和五行相胜　134
　五　五德终始的历史观　139
　六　大九州说的地理观　141
　七　阴阳五行与中国传统文化　143

第八章　灿若群星的稷下诸子　149
　一　慎到、田骈　151
　二　宋钘、尹文　158
　三　接子、季真　164
　四　兒说、田巴　168

结　语　177

导　言

齐文化精粹撷珍·稷下学宫

对于今天的中国人来说，先秦时期的百家争鸣无疑拥有极高的知名度，可谓家喻户晓，但是提起稷下学宫，知道的人恐怕就不多了。其实，稷下学宫就是百家争鸣的主要舞台。古代的思想家们在这里争鸣辩驳，尽情挥洒，创造了各种辉耀千秋的学说，把古代中国灿烂的思想文化推向了高峰，为此后两千多年中华文化的存续和发展确立了基本的格局，奠定了雄厚的基础。所以，我们应该多多地研究稷下学宫，探讨那些发生在这里的历史事件，研究那些活跃在这里的伟大的思想家和他们的思想。

这本小册子聚焦于活跃在稷下学宫的主要学派及其代表人物，主要有如下两个方面的特色：第一，关于学派的研究，在阐述各学派在稷下学宫中存在与发展的一般状况的同时，特别考察了这些学派在学宫中各自发展的纵向线索和与其他学派相互之间的交叉影响、争鸣互动的横向线索，以期使稷下学研究更加丰满、更加精确、更加细化，在整体上对稷下学的研究有所推进。第二，关于人物的研究，旨在透过他们的思想学说，呈现他们在稷下百家争鸣的学术环境中所提出的时代课题和各自的解决方案，追索各种学术思想之间交叉互动的关系，由此总结稷下学术所取得的主要思想成就。

全书内容分为八章。第一章主要是追寻稷下学宫产生的历史背景和时代文化条件，介绍稷下学宫百年发展的历史过程。第二章讨论稷下学宫的性质——集政治设计、文化教育、学术研究、资政议政等多项功能于一身的官办机构，此外还介绍了稷下学宫中开展的主要学术活动。从第三章到第八章是本书的主体部分，展现的是活跃在稷下学宫的思想家们的生平活动和他们的主要学术思想。其中对淳于髡、孟子和荀子这三位思想家进行了专章的重点讨论，他们分别是稷下学宫初创时期、鼎盛时期和后期的学术领袖，对稷下学术的发展起到了关键性的作用。特别是孟子的思想通过同稷下学宫中各种学术思想的争鸣辩驳而得到了拓展、深化和提高，成为极受后世推崇的思想学说。而身为稷下殿军的荀子则集稷下百家之大成，代表了先秦学术思想发展的最高成就。第五章"稷下学宫的本土学派：管仲学派"对齐文化的代表著作《管子》设立专章，阐述其主要思想。《管子》一书虽不是管仲亲撰，却是稷下学宫中齐地学者群体托名管仲的作品集结，代表了齐文化的最高思想成就。第七章"阴阳五行家与驺衍"介绍了稷下学宫晚期轰动一时的阴阳家代表人物驺衍及其思想。第八章"灿若群星的稷下诸子"选介了慎到、田骈、宋钘、尹文等八位稷下学者,他们的学术思想虽然没有孟子和荀子影响那么大,但他们都是稷下学宫中举足轻重的人物,分别代表了稷下学宫中的道家、法家、墨家和名家。正是他们的存在,才使得稷下学术呈现出多学派、多元化的样貌,真正成为"百家"。

本书的定位是文化普及类著作,虽非严格意义的学术研究著作,但仍遵循学术研究的基本规范,力求有足够的学术含量。因而,本书的读者群体既可以是对中国传统文化有兴趣的大众读者,也可以作为相关专业的本科生和研究生进入学术领域的初阶读本,对于专业的研究者亦有一定的参考价值。

第一章

齐文化精粹撷珍·稷下学宫

稷下学宫的历史

稷下学宫是战国七雄之一的齐国创办的。齐国君主在国都临淄的稷门之外开辟了一块文化园区，盖起了高门大屋，提供优厚的待遇，招揽天下的学者们来此著书立说、教学授徒；经过几代人的努力，终于把这里建设成为当时唯一的文化中心，史称稷下学宫。

稷下学宫这样的文化中心为什么出现在齐国？这不是偶然的，因为齐国具有成为列国文化中心的各种条件。这需要我们从齐国的历史和文化等方面的独特优势讲起。

一　齐国优越的地理和文化条件

齐国是西周初期几个最重要的诸侯国之一,开国之君是太公姜尚。齐国位于中华文化圈的东端,依山带海,四周都有天然屏障,堪称"四塞之国"。这为齐国经济和文化的长远发展提供了优越的地理条件。

齐国的自然环境得天独厚,地大物博,"膏壤千里",宜于发展农业,稳定国基。齐国矿产丰富,有鱼盐桑麻之利,具有发展多元经济的优越条件。齐自建国始就重视发展工商业,"通商工之业,便鱼盐之利",积累了大量的财富。齐国的繁荣富庶在列国中首屈一指,"号为冠带衣履天下",几百年间"财畜货殖,世为强国",齐国出产的物品特别是各种奢侈品畅销列国。

经济的多样性有利于齐国同列国之间的思想文化交流,逐渐形成了齐文化多元性、开放性的特点。多元和开放是成为一个文化大国的重要条件,单一和封闭则不利于文化的繁荣发展。齐文化还具有海洋文化的特点,思想活跃,不拘一格,富于想象力和革新精神,有利于产生新思想。史书上描述齐地的民俗民风,称

"其俗宽缓阔达而足智，好议论"，齐人胸怀宽阔，崇尚聪明才智，喜欢高谈阔论天下大事。与民风相匹配的是齐国统治者的执政理念："不慕古，不留今，与时变，与俗化。""不慕古"就是不把古代的圣王当成顶礼膜拜的对象，尊敬他们，学习他们，但不把他们看作最好的、不可超越的，不套用照搬他们的治国经验。"不留今"就是不满足于眼下取得的成就，不把当下的国家治理看成最好的，而是不断地找差距，寻求更完善的国家治理，追求更高的政治目标。"与时变"就是根据时代的发展和形势的变化及时调整自己的政策和目标，防止教条和僵化，从而在同列国的竞争中始终保持自己的优势地位。"与俗化"就是政治目标和政策制定不脱离民众的需要，"俗"就是民俗、民情、民意，这是一个政权施政的基础；"与俗化"不是根据执政者自己的目标和意志来变化民俗民情，而是根据民俗民情的实际情况来调整自己的施政，始终把政权的合法性建立在民情民意之上。齐国的执政理念，概而言之，就是实事求是而又灵活求新。司马迁在《史记·齐太公世家》中盛赞齐国的大国风范："洋洋哉，固大国之风也！"齐文化的这些优点为齐国在战国时期成为列国的文化中心提供了十分有利的条件。

齐国虽号称"世为强国"，但也不是一开始就如此的，"洋洋"的"大国之风"更不是一蹴而就的，而是付出了数代人的艰苦奋斗和聪明才智才创下的基业。姜太公始封于齐地时，面对的其实是一穷二白的蛮荒之地。这个地方虽然地域广大，但多是靠近海边的盐碱地，"少五谷而人民寡"，并不适合农耕。在西周那个时代，农业是立国之基，农业不发达就意味着贫穷落后。所以，齐国在开国之初，抓到的可以说是一手烂牌，与西周的另一开国功臣周公始封的鲁国根本无法相比。鲁国地处平原，土地肥沃，农业比较发达。周公是周王室的嫡系，可见西周的统治者在分封齐、鲁两个东方大国时是有私心的。姜太公从实际情况出发，制定了齐国的发展大计。齐国并不强行发展农业，而是因地制宜地"劝以女工之业，通鱼盐之利"，优先发展工商业，搞活经济，逐渐吸引和扩充人口。在此基础上，齐国又慢慢改良土壤，经过数代人的努力，逐渐把"负海潟卤"的盐碱地变为适宜耕种的农田，最终形成了"膏壤千里"的局面，奠定了大国的根基。到了齐桓公时期，齐国又迎来一次跨越式的发展。名相管仲立"轻重"之法，改良了齐国的货币政策，并设立了多个分工明确的部门（"九府"）来掌管政府的财政。在"轻重九府"的高效运作下，齐国迅速富强起来，终于成就了齐桓公"九合诸侯，一匡天下"的霸业。

二 崇尚贤能的传统和开明的政治风气

齐国的政治较之其他诸侯国也具有明显的优势，这要从齐国的开国君主姜太公说起。

西周初年大封诸侯,周公封在了鲁,太公封在了齐。周公和太公都是开国大功臣,两人关系也很好,太公问周公:"何以治鲁?"周公答曰"尊尊亲亲"。周公问太公打算用何种方式治理齐国,太公答曰"举贤而上功"。这是两种完全不同的治国思路,从一开始就决定了其后几百年齐、鲁两国的前途和命运。周公的"尊尊亲亲"是照搬周礼的思路,这从伯禽治鲁的做法可以看出。周公封在鲁地,却没有亲自前往,而是留在中央政府辅政,让长子伯禽前去做了鲁国的第一任国君。伯禽按照周公"尊尊亲亲"的指示来治理鲁国,三年之后才向周公"报政"述职。周公问他为何来得这么迟缓,伯禽回答说,鲁地的民风习俗很落后,与我们宗周很不一样,需要下大力气改变。我用了三年时间"变其俗,革其礼",终于将我们的周礼推行下去,使人民接受了"尊尊亲亲"的社会等级秩序和用人标准,所以这么久才来述职。可见伯禽是照搬周礼的制度,重建了鲁地的社会政治和组织形式,改变了当地民众的生活习俗和思想观念。自此以后,鲁国很好地保持了周礼的精神和社会制度,以至春秋时期周王朝衰落,人们有"周礼尽在鲁矣"的感叹。而太公治齐则采取了与周公完全不同的思路和策略,他不是"变其俗,革其礼",而是"因其俗,简其礼",根据齐地的具体情况,尽量尊重和保持原有的民俗和思想观念,简化以君臣之礼为代表的社会等级关系,避免社会动荡。所以,太公很快便稳定了初创的齐国,只用了五个月的时间就去向周公汇报工作了。在用人政策方面，伯禽照搬了周礼"尊尊亲亲"的原则，依据宗法血缘上的尊卑远近关系任用人才，以此来保证权力垄断在自家人手里。而太公则采取了"举贤而上功"的原则，打破了血缘身份的限制，不论出身如何，完全根据才能的大小和功劳的多少来选用人才。这样不拘一格的用人思路在当时无疑是超前的，非常有利于齐国的发展。据说周公听取了伯禽的述职后深有感慨，认为终有一天鲁国会向齐国北面称臣。后来的历史发展验证了周公的预见，株守周礼的鲁国日渐衰落。到了列国争相称王的战国时期，连中山国都称王了，鲁国却始终没有称王的底气，最终被楚国所灭。齐国则始终是数一数二的大国。

　　姜太公不拘一格地选拔人才，开创了齐国政治崇尚贤能的务实传统。齐国始终坚持这种政治传统，春秋战国时期对齐国产生重要影响的人物如管仲、晏婴、司马穰苴、淳于髡等人，大多出身微贱却能力突出。这样的用人政策，在春秋五霸之首齐桓公那里表现得最为突出，传世典籍中可以找到许多很有典型意义的事例。齐桓公求贤若渴，采取了主动出击招募人才的方法，派数十人带着厚礼周游四方，以号召天下贤士为齐国效力，这在中国历史上可能是首创。

　　三国时期刘备三顾茅庐的故事可谓人人皆知，但前此八百多年齐桓公五顾布衣之士小臣稷的事迹，却鲜为人知：齐桓公听说小臣稷是个贤士，就率人前去拜访，不料"一日三至不得见"。

随从们劝他说,您是万乘之主,见一个布衣之士,一天之内来了三次而不得见,可以就此打住了。桓公却不以为然,他说,贤能的士人轻慢他们的君主,是因为他们傲视爵禄;君主如果傲视霸王之业,也会轻慢贤能之士。贤士们可以傲视爵禄,寡人我岂敢傲视霸王之业?他继续拜访小臣稷,终于在第五次得以见到。这件事很快便传开了,对他聚集人才起到了很好的宣传作用,贤士们纷纷前来投奔。

齐桓公能够成就彪炳千古的事业,同他尊重人才、善于用人的优点是分不开的。有一位"东鄙野人",以"九九之术"求见齐桓公。"九九之术"就是乘法口诀,如今俗称"小九九"。"东鄙野人"以"太山不辞壤石,东海不逆小流,所以成大也"的道理游说齐桓公,并说:"九九小术,而君纳之,况大于九九者乎?"齐桓公接纳了他。这件小事果然产生了极好的宣传示范效应,很快就有隰朋这样的重要人才远道而来,帮助齐国成就了霸业。

齐桓公还打破了一项重要的礼制,设"庭燎之百"优礼贤士。"庭燎"是古代邦国在朝觐、祭祀和商议军国大事时在庭中燃起的大烛。根据周礼的规定,使用庭燎的数目,天子为一百,公爵五十,其他爵位均为三十。齐桓公不惜僭用天子之礼,设"庭燎之百"接待士人,这样的礼遇是何等隆重!难怪"四方之士相携而并至"。

齐桓公还很善于发现人才,一旦发现了重要人才就会尽快地委以重任。有一次，他意外遇见了"饭牛于车下"的甯戚，发现他是个难得的人才，便"授之以为卿"。打猎时，他路遇"麦丘邑人"，发现他是个贤士，就把他扶到车上，亲自驾车载回，封他于麦丘并委以重任。如此求贤若渴，在古代君王中很可能要排在第一位了。齐桓公之所以能够称霸天下，和他得到了众多贤能之士的支持有很大的关系。齐桓公最为倚重的管仲和他曾经有过一箭之仇，且出身"鄙之贾人"，鲍叔牙也出身微贱。齐桓公很好地继承和发扬了姜太公开创的"举贤而上功"的传统，成就了千秋霸业，也为后世齐国君主树立了效法的榜样。在齐桓公之后，齐景公任用晏婴、司马穰苴，齐威王任用邹忌、淳于髡，齐宣王大办稷下学宫，都是不问出身，只看才能。

相比于其他诸侯国，齐国的政治风气也比较开明，臣民敢于指陈和纠正国君的错误，国君也能够听取臣民的意见，及时修正。这种政治风气得益于齐国崇尚贤能的传统，正是这种传统的长期延续才使得开明政治得以形成，而开明的政治风气也为贤能之士充分发挥作用提供了保障。齐国的很多君主都是以开明著称的，齐桓公和管仲，齐景公和晏婴，齐威王和邹忌、淳于髡，都是明君和贤臣成功合作的典型代表。

在齐国众多的开明君主中，齐桓公最为典型。他参考古代圣王的有益经验，设立了"啧室之议"，其作用包括"下听于人""备讯""观人诽"等，就是广泛征集不同意见，以备自己在决策国家大事时参考，有利于做出最佳的决策。"啧室之议"

的"啧",意为大呼、争言、喧哗。人们在"啧室"争先发言、大声喧哗、畅所欲言,毫无顾忌地表达自己的意见,这样热闹的场面是多么生动!"啧室之议"不单是鼓励臣民参与国政、献计献策,更重要的作用是鼓励臣民"非上之所过",即提出反对意见,指出君主的错误并进行批评。齐桓公和管仲设立"啧室之议",目的不是让臣民在这里鼓掌欢呼唱赞歌,而是通过充分收集不同意见特别是反对意见,尽量减少决策中的偏差和考虑不周,避免和纠正施政过程中的失误,确保决策的正确和最佳的执行效果。管仲把能够"非上之所过"的人称为"正士",让他们参加"啧室之议"。"议"的含义与现代汉语中的"商议""讨论"不同,在古汉语中主要是指非议。"啧室之议"的非议时政是在君主的要求和鼓励下进行的,是受到政策和制度保护的,批评错了也不会获罪,所以士人们在这里说话才没有任何顾忌,才可以畅所欲言。为了保证"啧室之议"发挥作用,管仲还向齐桓公推荐了"能以正事争于君前"的东郭牙主管此事。这样的政治风气,为后来稷下学宫百家争鸣的学术风气提供了适宜的文化温床。

齐桓公和管仲创设"啧室之议",对培育齐国的开明政治风气起到了极好的作用,其后的历代君主多能效法,比较典型的是齐威王。齐威王的虚心纳谏、勇于改过是很有名的,邹忌讽齐王纳谏的故事说的就是齐威王。为鼓励臣民提出尖锐的批评,他下令:无论是大小群臣还是小吏百姓,凡是能当面批评君主错误者,受上等赏赐;能够上书劝谏者,受中等赏赐;能够批评朝政并传到君主之耳者，受下等赏赐。一时间臣民争相进谏，十分踊跃。像这样真诚纳谏的统治者，在古今历史上恐怕也是绝无仅有的。

三　陈完奔齐与田氏代齐

先秦时期的齐国经历过一次政权易手。开国君主姜太公建立的齐国，史称姜齐；战国时期发生了田氏代齐的事件，此后的齐国史称田齐，稷下学宫就是田齐政权创立的。田氏代齐和三家分晋一样，都是先秦时期影响重大的历史事件。

公元前672年，陈国发生内乱，公子陈完避难奔齐。齐桓公收留了他，让他出任"工正"，负责宫廷器物的制造。从此，陈氏家族开始在齐国发展，后改姓田氏。经过十几代人的苦心经营，田氏势力不断壮大，陆续超越了齐国原有的几大家族，逐渐掌握了齐国的政权，最终取代了姜姓，实现了田氏代齐。公元前386年，田和列为诸侯，田氏齐国得到了周天子和列国诸侯的正式承认。

田氏在齐国的发展采取的是收买民心和私家养士的策略，十几代人持之以恒，用心堪称良苦。他们从山上运来的木材和从海边运来的鱼盐，都是原价转让给民众；他们借贷给民众粮食，采取大斗出借小斗回收的方法，做的是赔本的生意。田氏家族这些持之以恒收取民心的做法效果极好，他们深得民众拥戴，齐国人"爱之如父母，而归之如流水"。田氏很快就壮大起来了。到了齐景公的时候，田氏的发展已经威胁到齐国的政权，引起了贤臣晏婴的高度警惕和深深忧虑。他多次劝谏齐景公采取措施遏制田氏的势力，可齐景公就是听不进去。晏婴束手无策，在一次出使晋国时，私下里对晋国大臣叔向说，齐国的政权迟早会落到田氏手里。后来的事情果然不出晏婴所料，不到一百年的时间，田氏就把持了齐国的政权，齐国的君主成了摆设，最终被废掉。

田氏的壮大和养士密切相关。士是社会上有知识有才能的一部分人，得到士人的支持是一个家族发展壮大的关键。田氏家族不仅坚持私家养士，而且每次杀牛和分布帛都只留下一小部分，其余都分给士人，以争取士人的支持。田氏稳步发展，不断壮大，用了近三百年，"齐国之政卒归于田氏矣"。可以说，得到士人的支持是田氏最终取得齐国政权的关键，同时也为他们日后创建稷下学宫积累了经验。

四 稷下学宫的创立和早期发展

田氏在取得了齐国的政权之后，通过大量的政治和外交手段，逐步得到了周王室和列国诸侯的承认，稳固了政权，遂开始实行雄心勃勃的大国计划。田齐的第三代君主桓公田午执政期间，沿用了祖上的养士传统，变家族养士为国家养士，依托齐国强大的经济实力，创建了稷下学宫。齐匡用优厚的待遇吸引列国的成名学者来稷下学宫讲学和著书立说，尊称他们为"稷下先生"。他们在都城临淄的稷门之外开辟了新的园区，在四通八达的大道旁建起了"高门大屋"，专门为稷下先生们"设大夫之号"，并"尊崇之"，给予他们很高的政治地位和经济待遇。桓公田午执政时期，稷下学宫的建制已经初步具备。

桓公田午的继任者齐威王是一位有作为的君主，他"威行三十六年"，齐国日渐兴盛，乃至"最强于诸侯"。齐威王时期齐国的强盛，靠的是大量人才的支持。齐威王之重视人才，在列国君主中是十分突出的。在他眼中，人才是光照千里的无价之宝，是他的骄傲，远非一般的珍宝可比。史书记载，齐威王曾与魏王会面并一同田猎，魏王问他有什么珍奇的宝贝，他回答说没有。魏王十分诧异地说，寡人的魏国虽是个小国，但仍然拥有十枚直径足有一寸的宝珠，这些宝珠都能放出耀眼的光芒，足以照亮十二辆车子之远。你们齐国是万乘的大国，怎么可能什么宝贝都没有呢？齐威王回答说，寡人的宝贝和您的宝贝不一样，寡人的宝贝是各种各样的人才。有这些人才镇守边疆，足以使敌国不敢来犯，保证人民安居乐业；治理境内，足以使国泰民安，路不拾遗。寡人的宝贝光芒足以照耀千里之远，岂止是照亮十二辆车？魏王听了十分尴尬，满面羞惭而去。

齐威王所倚仗的人才，有很多是从列国吸引来的，也不乏在稷下学宫中成长起来的。齐威王立志变法图强，不拘一格任用邹忌为相，引起了稷下先生淳于髡等七十二人的质疑，他们曾一同前来与邹忌辩论，可见那时的稷下学宫已有相当规模。根据史料记载，"稷下先生"的称号就出现在齐威王时期。淳于髡是稷下先生中的元老，也是早期稷下学宫的领袖。《史记》中提到稷下先生，淳于髡通常都被列在首位。他为稷下学宫的发展和齐国的强盛做出了重要的贡献。

五　鼎盛时期的稷下学宫

稷下学宫在齐威王的继任者齐宣王执政期间发展到了最为繁荣的状态，齐国的国力也达到了鼎盛。雄才大略的齐宣王对学术文化有着强烈的爱好，投入了大量的资金支持稷下学宫的发展。在他执政期间，稷下学宫汇聚了以孟子为首的来自列国的很多著名学者，百家争鸣在这里达到了高潮。稷下学宫成为天下学子趋之若鹜的文化圣地。

史书上对鼎盛时期的稷下学宫有很多记载，我们来看看稷下先生们享受的是什么样的待遇。

首先是住房，齐国在四通八达的大道两旁建造了"高门大屋",淳于髡、田骈、接予、慎到、环渊、邹衍等稷下先生们"皆赐列第为上大夫",给他们分配了高档住房以示尊崇。这些"高门大屋"不仅是稷下先生们的安居之所,同时也是他们讲学授徒、著书立说的地方。

其次是俸禄,稷下先生们"受上大夫之禄",由国家发放"上大夫"级别的俸禄,这已经是很高的物质待遇了。我们虽然不知道"上大夫之禄"具体是多少,但有一个关于田骈的小故事透露出大概的情况。《战国策》记载,有一个齐国人对田骈说:听说先生您有很多高论,而且声称自己终生不当官,我非常佩服。我邻居家的女儿声称自己终生不嫁人,却生了七个孩子,虽然没有嫁人,比嫁人的生得还多。先生您声称终生不当官,但"资养千钟,徒百人",比当官的还要富裕。田骈被讽刺得哑口无言,赶紧告辞了。"资养千钟",大概就是"上大夫之禄"了。按照古时的计量单位,一斛为十斗,六斛四斗为一钟,一钟为六十四斗,"千钟"总计为六万四千斗粮食,可见稷下先生的待遇之高。这么高的待遇足以让他们衣食无忧,安心著书立说、讲学授徒了。齐宣王不肯接受孟子的治国理念,孟子执意要离开。为了挽留这位特别重要的学术领袖,齐宣王甚至开出了"养弟子以万钟"的极优厚条件,这些钱足以让孟子过上极为优裕的生活。但是孟子不为所动,为了实现自己"平治天下"的抱负,还是离开了齐国。

还有政治地位。我们中国人从来都是很重视政治地位的,稷下先生们当然也是如此,仅给他们优厚的物质待遇是不够的。稷下先生们的政治待遇是"皆命曰列大夫",这相当于很高级别的政府官员,尽管不是实职。这么高的政治地位,加上优厚的物质待遇,稷下先生们可谓名利双收,所以很多人来到稷下就不走了。

稷下先生们在各方面都享受如此高的待遇,那他们的具体工作又是什么呢?他们用什么来回报齐国君主的优礼相待呢?前面我们说过了,主要就是讲学授徒,著书立说。当然,齐国设立稷下学宫,主要是出于政治上的考量,是服务于齐国长远发展的战略目标。因此,稷下先生们讲学授徒和著书立说,都是围绕着如何富国强兵进行的,他们提出的各种各样的思想学说都是服务于最终一统天下的国家战略。为了让稷下先生们更好地发挥学术思想的优势,提出最好的国家发展战略构想,齐国君主从一开始就为稷下学宫确定了特别的制度,那就是"不治而议论"。"不治而议论"也叫作"不任职而论国事",就是不担任具体的行政职务,专门思考和讨论国家大事。"上大夫""列大夫"仅标示政治地位和物质待遇,并没有赋予与此相应的实际权力。这样的举措对于稷下先生们反而是一种特殊的优待,他们虽然位列上大夫,但并不是正式在编的政府官员,享受的只是荣誉称号。这样的身份可以使稷下先生们免去具体的政务烦劳,不忧心督查考核,也不必承担政治风险,有利于他们专心研究学术和咨政议政,以自己擅长的方式参与国家的政治事务。"不治而议论"是稷下学宫长期执行的一项重要制度，也是稷下先生们能在学术思想方面取得巨大成就的重要保障。我们不难想象，如果没有这样的制度保障，稷下先生们难免要转行为行政官员，就不能坐而论道、著书立说、教学授徒了。这反而是大材小用了，中国古代的思想文化就会是另外一种面貌了。

根据史书的记载，稷下先生的数量在齐宣王时期达到了"数百千人"，从列国来稷下学宫求学的学子更是多到难以计数。稷下元老淳于髡去世时，前来送葬的弟子就有三千人之多，可见稷下学宫规模之大。齐宣王时期，稷下学宫盛况空前，史书上多有描述，没有强大国力的支撑是难以办到的。百家争鸣也在这一时期达到了高潮。

六　稷下学宫的衰落、中兴和消亡

齐威王、齐宣王都是很有作为的开明君主，在他们执政的五十多年中，齐国的国力达到了鼎盛，成为列国中的一等强国。齐宣王的继任者齐湣王是一个骄狂的君主，威、宣二世给他留下了极好的基业，他却穷兵黩武，四面树敌，"矜功不休，百姓不堪"，引起列国的恐慌和反制。最后齐国被五国联军讨伐，齐湣王死于乱军中，齐国险些亡国，只剩下海边的即墨和莒两座城池没被攻占。齐湣王执政期间,丝毫听不进稷下先生们的劝谏,反而嫌他们碍手碍脚。稷下学宫不再受重视,稷下先生们的待遇也一落千丈。田骈描述当时他在稷下的悲惨生活,道"粝粢之饭,藜藿之羹,冬日则寒冻,夏日则暑伤",已经到了吃糠咽菜、饥寒交迫的程度。在这样的情况下,稷下先生们无法在学宫中坚持,陆续奔走离散,稷下学宫迅速衰落了,学术活动也被迫中断。到了都城临淄被攻破时,稷下学宫早已是人去房空、名存实亡了。

湣王之乱后,田单利用火牛阵反攻燕军,齐国终于复国,太子法章即位,是为齐襄王。齐襄王收拾旧山河,采取各种措施,终于稳住了局面。此时的齐国虽然今非昔比,但毕竟重新站稳了脚跟。齐襄王欲再现稷下学宫昔日的辉煌,借助稷下学宫振兴齐国,采取了"尚修列大夫之缺"等措施,稷下学宫的日常活动得以恢复,呈现出中兴的局面。这时候,老一代稷下先生已经凋谢,荀子成为这一时期稷下学宫中的领袖。在他的主持下,稷下学宫再度出现了繁荣的局面。

齐国最后一位君主齐王建在位四十四年,这期间齐国已是苟延残喘,稷下学宫人才流失,到后来也就名存实亡了。稷下学宫自田齐桓公午始建,至秦统一六国而消亡,一共存在了一百五十余年之久。稷下学宫在中国文化史上,留下了浓墨重彩的一笔。发生在稷下学宫的百家争鸣,至今仍被人们津津乐道。

第二章

齐文化精粹撷珍·稷下学宫

稷下学宫的性质和活动

稷下学宫存在的一百五十余年中,正值战国中期和晚期,列国之间的政治、军事竞争都进入白热化阶段,战争规模越来越大,越来越残酷。但是,正是这个残酷的时代,出现了百家争鸣这个中国古代史上空前绝后的文化现象。古代的思想文化在稷下学宫中发展到了高峰,其荣耀和辉煌令后人仰望。那么,稷下学宫是一个什么性质的机构呢?学者们在稷下学宫中都进行了哪些具体的活动呢?

一　列国唯一的文化中心

田齐政权创建了稷下学宫，提供了优厚的待遇。来自列国的著名学者们迅速汇聚于此，稷下学宫遂成为列国中唯一的文化中心。我们知道，西周以来，天下的文化中心本在周天子所在的洛阳，这里是礼乐文明的发祥地。但是到了春秋时期，王权衰落，周天子失去了领导力和控制力，周王室的存在变得越来越无关紧要，事实上已没有文化中心了。稷下学宫创建之后，补上了这一缺口，迅速成为列国的文化中心。

我们说稷下学宫是列国的文化中心，主要是由于这里汇聚了来自四面八方的学者，他们带来了不同地域的文化。我们说稷下学宫是列国间唯一的文化中心，是因为在长达一百五十多年的时间里，没有别的地方可以作为文化中心而与稷下学宫并称。虽然在战国初年，魏文侯周围曾经聚集了子夏、段干木、田子方、李悝等学者和西门豹、吴起等实干型人才，为魏国的崛起做出了重要的贡献，战国后期的燕昭王也曾优礼学者、招纳人才，但是这些都是某一代国君的短期行为，招纳的多是些实用型的人才，规模也不大，更没有形成制度，就更谈不上文化成就了，所以都不能与稷下学宫相提并论。

稷下学宫的创立和发展不是齐国某一任国君的短期行为，也不是出于某位国君的个人爱好，而是齐国历代国君坚持的国策，服务于齐国的长期战略目标，所以虽然先后几经起落，但仍存在了一百五十多年。更为重要的是，稷下学宫招纳的都是学者而不是实用型的人才。他们在这里贡献的是自己的思想成果，提供的是各种各样的国家发展战略，是真正的思想文化。正因为如此，我们才可以说稷下学宫是列国唯一的文化中心。稷下学宫创造了百家争鸣的辉煌，直到战国末期齐国日薄西山，西方的秦国统一天下在即，稷下学宫的学者们纷纷流失到吕不韦周围才告终。所以，稷下学宫作为战国中后期列国唯一的文化中心，是名副其实的，也是无可争议的。

二　荟萃百家的学术平台

稷下学宫创建之后，由于其优越政策带来的强大吸引力，来自列国的著名学者先后汇聚于此。据《史记》记载，在稷下学宫最为兴盛的齐宣王时期，以淳于髡、孟子、田骈、接予、慎到、环渊等人为代表的著名稷下先生有七十六人之多。这些稷下先生都是各个不同学派的代表人物,有儒家、道家、法家、墨家、名家和阴阳家等,也有像淳于髡这样的"学无所主"的学者。有的学者的学术思想中兼有不同学派的思想倾向,以至于后人常常把他们归入不同的学派。有些常年活动于稷下的学者,在多元的学术环境中思想发生了变化,创立了独立的学派。例如驺衍,他原本学习的是儒学的学说,后来转而研究阴阳和五行,终于创立了阴阳家这一从战国到秦汉都有重大影响力的独立学派。

在这些稷下先生中,淳于髡、孟子和荀子最为重要,他们分别是稷下学宫前期、鼎盛期和后期的学术领袖,对稷下学宫的繁荣和发展做出的贡献最大。在稷下学宫存在的一个多世纪中,各个学派的主要代表人物和重要的思想家大多集中在稷下学宫,或曾在稷下学宫活动过,有些人更是在稷下学宫中度过了自己的学术生涯。他们的思想构成了百家争鸣时期诸子学说的主体。

稷下学宫创建之前,学者们天各一方,学术活动呈分散进行的状态,通常都是彼此互不相识、互不了解。由于山川阻隔,信息传播缓慢,一种思想提出后往往要经过很长时间才能被远方的人们知晓,学者们的交流极为不便,这样就大大限制了学术思想的传播和发展。稷下学宫的建立,为学术思想的交流提供了极好的平台,来自列国的不同学派的学者们得以汇聚在一起,朝夕相见,随时可以进行交流切磋和争鸣辩驳。这极大地方便了各种思想的交流,有力地促进了学术思想的繁荣和发展。在稷下学宫,思想创新层出不穷,各家学说都获得了长足的发展,达到了本学派的高峰。百家争鸣就这样在稷下学宫中自然而然地发生了。

三　中国最早的官办大学

稷下学宫可以说是中国最早的官办大学。

稷下学宫最初就是由齐国君主依托雄厚的国家财力创建起来的，日常的运转和各种费用都是由政府出资。培养人才是稷下学宫最重要的职能，教学活动是稷下学宫最主要的日常工作。在稷下学宫中，担任老师的都是著名学者，称"稷下先生"，他们的主要工作就是著书立说、讲学授徒，用自己丰富的学养和独到的思想培养人才。学宫中众多的学子被称为"稷下学士"，他们从列国来到这里游学，拜在先生们的门下学习。史书上对这些学子亦称为"徒"，如田骈有"徒百人"，宋钘在稷下"聚人徒，立师学"。根据《管子·弟子职》的记载，稷下学宫就像一个很大的校园，学子们集体住宿、集体生活、集体学习，每天的学习与生活都根据安排有条不紊地进行，紧张而有序。稷下学宫为学子们提供了良好的生活和学习条件，也提供了未来的发展机会，因而成为天下学子们向往的游学场所，来自列国的青年学子往往数以千计。著名稷下先生淳于髡去世时，为其服丧的"诸弟子"就有三千人，这三千人应该不全是淳于髡的弟子，但就算是当时在稷下学宫学习的全部学子，其数量也颇为可观。这样的办学规模，称其为古代的大学并不为过。

在稷下学宫中，学子们可以拜在自己敬仰的老师门下，也有机会接触到其他学派的著名学者，聆听到各家各派的思想主张。在这样多元的学术环境下，他们的思想都比较活跃，不容易形成学术上的壁垒和门户之见，有利于产生新的思考、新的思想。稷下学宫学风自由，提倡独立思考，大家热衷于标新立异，自成一家之言。在这样的学术环境中，学子们的思想主张往往同自己的老师有很大的差异，师生之间或者同门之间往往分属于不同的学派，例如著名儒家学者荀子的学生中就产生了李斯和韩非这样的著名法家人物。

稷下学宫不断有学子学成之后走出去，也不断有新的学子前来学习，有出有进，就像流水一样，和如今的大学很相似。一百五十多年间，培养的人才难以计数，为那个时代的文化普及做出了极大的贡献。学子们在学成之后，可以充实到齐国的各级政府部门，也可以自由择业，到其他国家去应聘——那时列国对人才的需求十分旺盛。稷下学宫培养出来的人才应该以实用型的为主。当然，学术型的人才也不少，他们最终自成一家之言，成为著名的学者。比如荀子在十五岁时就来到稷下游学，最终成为稷下学宫的学术领袖和儒家学派的领军人物。

四 国家智库和咨政中心

稷下学宫并不是一个纯粹的学术和教育机构，它的创建主要是为齐国的政治需要服务的，具有很强的政治功能。在稷下学宫，学者们虽然不承担各种具体的行政事务，但并非不参与政治，而是以自己擅长的方式参与政治，学术和教育活动都是围绕着政治需要进行的。

战国时期，列国君主面对激烈的竞争，最关心的是如何尽快地让自己的国家发展壮大，因而，寻求富国强兵之道是他们最急迫的政治需求。为适应这样的政治需求，各家各派的思想家们提供给列国君主的，正是各式各样的富国强兵之道。稷下先生都是饱学之士，齐国君主给他们提供优厚的政治地位和经济待遇，为他们提供了施展才能的舞台。他们的回报就是发挥自己的才智，提出自己的富国强兵之道。他们都希望齐国君主把自己的主张作为首选的治国之道。

稷下先生们所著之书、所立之说，内容主要是探讨富国强兵之道和治国理政之术。《史记》说得很明白："齐之稷下先生……各著书言治乱之事。"所谓"言治乱之事"，就是探讨国家陷入混乱状态的缘由，以及提出如何使国家由乱到治的方法。《风俗通义》也说齐稷下先生"咸作书刺世"，"刺世"就是针砭时弊，分析社会存在的弊端,探讨解决之道。可见稷下先生们是发挥自己的专长,以提出学术思想的方式深度参与国家政治的,他们思考的主要是关于国家发展的重大的、方向性的理论问题。如此看来,借用今天的话语,稷下学宫相当于齐国的"国家智库"。

稷下学宫还相当于齐国的"参议院"和"咨政中心"。稷下先生没有政务的烦劳,可以"不治而议论",专心地思考和议论国家大事。汉代刘向在《新序》中说"齐有稷下先生喜议政事",可见稷下先生们对议论政事相当热衷。这里的"议"和"议论"主要是"非议",即批评。我们知道,比起称赞和颂扬,批评性的意见对于一个国家的政治生活不仅是必不可少的,而且是更为重要的,对于那些开明的、有远大政治抱负的君主就更是这样。因为称赞和颂扬不仅无助于君主做出正确的决策,反而容易使君主不能及时纠正错误,在错误的道路上越走越远。

稷下先生们的"议论",主要就是各种各样的非议。这些非议可以分为两种情况,一种是对国家政治中出现的各种不良现象随时提出批评,这样可以保障国家的政治运作大体上正常和健康,不至于小错酿成大错。例如《史记》记载,齐威王初即位时"好为淫乐长夜之饮",整日里饮酒作乐,把管理国家的事都交给下面人去做,自己长期不理朝政,致使"百官荒乱,诸侯并侵,国且危亡,在于旦暮"。左右的人都不敢劝谏,稷下先生淳于髡巧妙地利用了齐威王"喜隐"即喜欢隐语、隐喻的特点,对齐威王说:我们国中出现了一只大鸟,落在了大王之庭,已经三年了,既不飞也不鸣，大王您知道这是什么鸟吗？聪明的齐威王立刻明白了淳于髡要说的是什么，就回答说："此鸟不飞则已，一飞冲天；不鸣则已，一鸣惊人。"于是他振作起来，勤勉治国，齐国很快就强盛起来，各国诸侯都震惊不已，纷纷退还了侵占齐国的土地。齐威王就这样开启了他"威行三十六年"的宏大事业。可以说，威王、宣王时期"齐最强于诸侯"，淳于髡是立了大功的。

稷下先生非议朝政的另一种方式，是对国君即将做出的重要决策提出批评意见和修正意见，进行不可行性论证，这样可以在一定程度上限制国君的主观任性和个人野心，减少和防止国家在重大决策时出现失误。例如《战国策》记载，齐国欲征伐魏国，稷下先生淳于髡出面劝止齐王，说，楚国是齐国的仇敌，魏国则是齐国的盟国，现在您要讨伐盟国，不但会使自己的名誉受损，还会有利于楚国，使齐国陷于危险之中，希望大王三思而行。齐王接受了淳于髡的不可行性论证，放弃了伐魏，避免了一场灾祸。

无论是随时指出君主的错误，还是对错误的决策进行不可行性论证，这两种形式的非议都是古代政治生活中的纠错机制。这种纠错机制的形成需要国君的开明、包容和鼓励，也需要稷下先生们的勇气、智慧和责任感，如此才能在齐国上下形成良好的政治风气。在这样的开明政治风气下，稷下先生们可以对天下大势和齐国的政治经济军事活动自由发表意见，出谋献策。齐王——尤其是齐威王和齐宣王——经常在决定某项大事前广泛征询他们的意见，特别是听取有充足理由的反对意见，避免决策失误，也乐于接受稷下先生们对自己的错误言行的批评。据《盐铁论》记载，好大喜功的齐湣王上台后，对内横征暴敛，百姓不堪其苦，对外攻伐无度，引起列国诸侯恐慌。面对这种局面，稷下先生们反复劝谏，齐湣王就是不听。无奈之下，他们"各分散，慎到、接子亡去，田骈如薛，而孙卿适楚"。齐国最终被五国联军征伐，险些亡国。可见，稷下先生提出非议，进行不可行性论证固然重要，君主能够接受批评，改正错误更为重要。就这一政治功能而言，稷下学宫相当于齐国的"参议院"和"咨政中心"。

稷下学宫的政治功能是多样化的，除了上面讲的"国家智库"和"咨政中心"外，还包括向齐国君主推荐人才和接受临时委任出使别国等。稷下先生淳于髡和驺衍都曾接受临时委任出任使节，他们凭借学识和智慧，往往能不辱使命，出色完成任务。稷下学宫是齐国的人才培养中心，源源不断地输出实用型人才充实齐国的政府部门，使得齐国在人才储备和选任方面在列国中拥有较大的优势。此外，稷下先生们还会随时向齐国国君推荐人才，根据《战国策》的记载，淳于髡曾经在一天内向齐宣王推荐了七位人才，可见当时的稷下学宫真的是人才济济，为齐国的持续强盛做出了重要的贡献。

特别值得一提的是，稷下学宫在其存在的一百五十多年中培养了难以数计的人才。这些人才除了优先满足齐国的需要外，还大量向列国输送，齐国政府允许他们自由流动，从来没有设置障碍。这些人才中的杰出人物有的登上了列国政治舞台的中心，对推动历史进程发挥了重要的作用,如李斯和韩非。他们都是荀子培养出来的学生,李斯做了秦始皇的丞相,在统一六国和稳定秦国基业方面立下不世之功;韩非的著作曾受到秦始皇的高度赞赏,他的思想对秦始皇制定政治与文化政策产生了深刻的影响。

五 稷下学宫的学术活动

稷下学宫对中华文化最重要的贡献,就是百家争鸣及其思想成果。一百五十多年间,诸子百家在这里著书立说,讲学授徒,开展学术争鸣,共同创造了百家争鸣的辉煌。

稷下学宫汇聚了当时来自列国的各个学派的代表人物。他们中有些人到来时已经是成名的学者了,在稷下良好的学术环境中,他们的思想又得到了进一步的丰富和发展。《史记》等典籍中提到的淳于髡、孟轲、田骈、慎到、环渊、接子等人就是这样,他们占稷下先生中的多数,都是不同学派的代表人物,有的来自其他诸侯国,有的是齐国本地人。在稷下,各种学说的充分交流促使一些新学派出现,如阴阳家和名家。虽然阴阳和五行的思想以及关于逻辑和概念分析的思想在社会上早有流传,但作为严格意义上的学派,阴阳家和名家却是在稷下学宫出现的。在稷下学宫,一些学派通过充分的交流与争鸣发生了分化,出现了新的流派,如以《管子》为代表的齐法家就是法家的一个重要流派,它是法家学派和儒家学派在稷下学宫中充分交流的产物。这个新流派出现以后,对当时的思想界影响很大。名家在稷下也分化为名法派和名辩派,前者沿着逻辑学和政治需要相结合的方向发展,后者则专注逻辑学本身而致力于辩论艺术,他们在稷下学宫中都非常活跃。在稷下学宫涌现的新学派中,最值得重视是黄老道家,这是道家的一个新流派,对各家学派的思想和理念进行了优化整合,形成了声势浩大的新思潮,引领了战国中后期学术思想发展的大方向。可以说,只有在稷下百家争鸣的学术环境下,才能出现黄老道家这样集百家之长的新学派。

在稷下学宫中,各学派的思想学说都有了丰富和发展,达到了本学派的新高峰,其标志之一就是出现了一些大师级的人物。儒学有孟子、荀子,道家有慎到、田骈、接子、环渊,墨家有宋钘,名家有尹文、兒说、田巴,阴阳家有驺衍、驺奭,还有"学无所主"的淳于髡。法家在稷下学宫中虽然没有大师级的人物,但《管子》的作者群体却代表了齐法家的最高成就。

各家学派在稷下发展到本学派高峰的另一个标志,就是涌现出大量的学术著作,这是学派学术思想的主要载体。稷下学宫的优厚待遇和自由风气,为学者们著书立说提供了理想的条件,他们"各著书言治乱之事,以干世主",许多对后世有着深远影响的著作就是在这里写成的。除了尽人皆知的《孟子》《荀子》《管子》外,仅据《汉书·艺文志》的记载,就有《慎子》四十二篇、

《田子》二十五篇、《捷子》二篇、《蜎子》十三篇、《尹文子》一篇、《宋子》十八篇、《邹子》四十九篇、《邹子终始》五十六篇、《邹奭子》十二篇、《鲁仲连子》十四篇等。这些著作如今大多已经亡佚或残缺了，对于中国的思想文化是无法弥补的巨大损失。这里需要说明的是《孟子》，此书虽然是孟子离开齐国之后和弟子们一起写成的，但其中的主要思想是他在稷下期间形成的。书中有很多他和其他稷下诸子展开论辩的记载，孟子的思想就是在回应各家学说对儒学的挑战中发展并成熟的。

稷下先生们"聚人徒，立师说"，讲学授徒是他们最为日常的学术活动。在稷下学官中，稳定的教材保证了教学活动的有序性和持续性，如荀子的教学就以传授儒家的六经为主，这些儒家的经典著作通过持续的、规模化的教学活动得以流传。稷下学官的教学活动更多是稷下先生们自主进行的，他们以讲述和传授自己的学术主张为主要的教学方式。在稷下学官中，教与学双方都有较大的自由度，先生们可以自由讲学授业，"学士"们也有较大的选择余地，可以到其他先生的学堂上听讲。这种自由灵活的学习制度有助于打破门户壁垒，防止思想僵化，对学术思想的交流发展和人才培养十分有利。

思想交锋、争鸣辩驳是稷下学官最具标志性的学术活动。稷下学官是思想交流和学术争鸣的绝佳场所，这里的学术风气十分活跃，各种各样的讨论切磋、争鸣辩驳每天都在进行。这些讨论和争鸣不拘一格、形式多样，既有在先生们之间进行的，也有在学子们之间进行的,还有在师生之间进行的。通过频繁的争鸣辩驳,学者们都练就了出色的口才和论辩的技巧,很多人以善辩著称,例如驺衍有"谈天衍"的美名,驺奭有"雕龙奭"的雅号,田骈人称"天口骈",淳于髡则以"炙毂过髡"在学宫中受人尊敬。稷下学宫还经常举办辩论会,由德高望重的学者主持,每次选择一个辩题,类似武林的打擂台。辩论双方激烈交锋,展示自己的论辩技巧,挑战者轮番上场,直至决出最后的优胜者。稷下辩论会的辩题往往妙趣横生,很有吸引力,例如"白马非马"就曾作为辩题,吸引了成千的人前来参加。辩论的优胜者往往可以一战成名,宋人兒说提出了"白马非马"的著名观点,"服齐稷下之辩者",一时名声大噪。齐人田巴提出"离坚白""合同异"的著名理论,他在辩论会上口若悬河,滔滔不绝,曾经"一日而服千人",引起轰动效应。

  稷下学宫是一个相当正规的文化和教育中心,在长期的发展过程中,逐步摸索和积累了一些有益的经验,学术活动由原来的零散无序状态逐步实现了制度化。稷下学宫在发展的不同时期,都有德高望重的著名学者担任学术领袖,如早期的淳于髡、中期的孟子、后期的荀子,引领着学宫的学术活动。齐宣王在位前后的几十年是稷下学宫发展的中期,百家争鸣达到了鼎盛。这个时期群星灿烂,有很多著名学者,其中孟子声誉最隆,影响最大。他虽然不主持学宫的事务,却是事实上的核心人物。稷下学宫的制度化,最显著的就是创立了"祭酒"和"期会"的制度。祭酒是首席、主管,相当于如今的"会长",负责领导和组织学官中的各种学术活动,著名学者荀子就曾在齐襄王时期"三为祭酒",长期主持学官的活动。稷下学官还创立了"期会"制度,据汉代刘向《别录》记载,"齐有稷门,城门也,谈说之士期会于稷下"。"期会"就是按约定的时间和地点定期举行集会,由祭酒召集和主持。期会的内容不外乎演讲和辩论两种,每次都有主题发言,然后进行开放性的辩论。齐人田巴曾在这里"一日而服千人",足见期会的规模之大。

由于前来求学的学子源源不断、为数众多,学官为了有效地管理,还制定了统一的学生守则,这就是收入《管子》中的《弟子职》一篇,其中对学生们的品德修养、待人接物、学习纪律、饮食起居乃至衣着仪表等方面都有具体的要求。学官领袖荀子还特意撰写了一篇著名的文章《劝学篇》,鼓励学生们努力学习,并对如何学习提出了指导方法。这篇文章是《荀子》三十二篇中的首篇。

第三章

齐文化精粹撷珍·稷下学宫

稷下学宫早期的领军人物:淳于髡

淳于髡是稷下学宫的元老。《史记》提到齐之稷下先生,淳于髡通常都被列在首位。他是早期稷下学宫的领军人物,为稷下学宫的发展做出了不可替代的贡献。

一　出身微贱的稷下元老

淳于髡是齐人，曾为"赘婿"，出身微贱。赘婿俗称倒插门，是指男方到女方家落户，为女方家传宗接代，生了孩子要随女方姓氏，在古时社会地位是非常低的。淳于髡"长不满七尺"，身材矮小，相貌丑陋，常常被人讥笑轻视，但也总能以自己的机智和才学折服对方，赢得尊敬。

淳于髡"博闻强记，学无所主"，是一位学贯百家、思想上不拘一格的学者，通常被后世的学者看作杂家。《汉书·艺文志》中没有他曾有著作的记录，但也有记载说他很可能参与了《王度记》的撰写。《王度记》早已失传，从残存的材料看，其内容主要是关于礼节制度规范方面的，和《礼记·王制》相似，这表明淳于髡熟悉儒家礼制。《孟子》记载了他和孟子的两次辩论，主要围绕着仁、礼、名实关系等儒家话题，可见他的思想应该是更接近儒家。

淳于髡活跃于齐威王和齐宣王在位时期，可能是最早的一批稷下先生之一。他曾用"一鸣惊人"的隐喻讽谏齐威王,说明他在齐威王初期就已经居于稷下。他是早期稷下学宫的领军人物。《说苑》记载,齐威王任用邹忌为相,"稷下先生淳于髡之属七十二人皆轻忌",于是淳于髡带领这些人去见邹忌,足见淳于髡是早期稷下先生的首领。淳于髡曾批评过齐宣王"不好士",还在一天之内向他推荐了七位人才。齐威王在位三十六年,如此算来,齐宣王时淳于髡年事已高,他应该是在齐宣王时期死于稷下学宫的。

淳于髡在稷下学宫中有一个雅号"炙毂过髡",形容他不仅口才极好,而且为人热情,有极强的感染力,身边的人就像是从一个发烫的车轴旁经过,能强烈地感受到他的能量。《史记》说"淳于髡久与处,时有得善言",和他相处日久都会受到教益。淳于髡去世时,"诸弟子三千人为缞绖",这么多人执弟子之礼为他服丧,足见他在稷下学宫中德高望重,有很大的影响力。

淳于髡不仅在稷下学宫中有很高的威望,而且深受齐王的尊重,他的话能在很大程度上影响齐王,甚至能左右齐王的好恶。有一次,著名的说客苏代想见齐王,齐王不愿意见他,因为他的哥哥苏秦曾经欺骗过齐王。苏代找到淳于髡,给他讲了一个故事,说有一个人卖骏马,在市场上站了三天也没有一个人来问价;他就找到了伯乐,希望伯乐到市场上多看看他的马,看完走开后再回来仔细看,并答应把卖马的钱和伯乐分享。伯乐答应了他的请求,按他说的做了,果然当天马就卖出了十倍的价钱。这就是后世广为流传的"伯乐一顾"的故事。苏代问淳于髡，您愿意做我的伯乐吗？我愿意送给您白璧一双、黄金二百两供您喂马之用。淳于髡同意了，进去对齐王说了些什么，齐王果然接见了苏代，而且对他很友善。从这件事可以看出齐王对淳于髡有多么信任。

二　一身正气的讽谏艺术家

　　淳于髡虽然又矮又丑，但一身正气，凛然不可侵犯。有一次，他出使到楚国，楚王见他身材短小，很看不起他，就对他说，你们齐国无人可用吗？怎么派你这样的人来了？你有什么长处呀？淳于髡回答说，我没有什么长处，不过我腰间挂有七尺之剑，专斩那些狂妄无礼的君王！楚王连忙缓和气氛说，我只是和您开个玩笑罢了。淳于髡用自己的凛然正气，不仅维护了自己的尊严，更是不辱使命，维护了齐国的国格，《史记》称赞他"数使诸侯，未尝屈辱"。

　　淳于髡"滑稽多辩"，幽默风趣，足智多谋，能言善辩，很容易让我们联想到春秋时期齐国的著名贤臣晏婴。晏婴也身材矮小，却做出了一番了不起的事业。后人常把管仲和晏婴相提并论，称为"管晏"。《史记》说淳于髡"慕晏婴之为人"，他和晏婴确实有很多相似之处。晏婴辅佐了齐国三代君主,敢于劝谏,更善于劝谏,通常都是采用委婉、隐喻的方式进行,对于匡正君主的行为效果很好。淳于髡仿效晏婴,讲求进谏的技巧和效果。他善于察言观色,根据具体的情况见机行事,通常不采取直截了当的强谏,他要考虑到君主的颜面和接受程度,用君主易于接受的方式达到劝谏的效果。他擅长运用讽谏、隐喻,通过讲故事、讲笑话等幽默的方式,在谈笑风生中循循善诱,开导君主,成功率往往很高。淳于髡以滑稽幽默的方式匡正君主,把讽谏发展成一门艺术,堪称古今讽谏第一高手,所以《史记》把他列为《滑稽列传》中的第一位。

淳于髡以善于讽谏著称,很多古籍都记载了他的一些有趣的故事。据《战国策》记载,有一次齐国欲攻伐魏国,淳于髡是不赞成的,但直言劝阻并不是他的风格。这次,他先给齐王讲了一个狗追兔子的寓言故事,说:有一只名叫韩子卢的犬,因为跑得快而天下闻名;一只名叫东郭逡的兔子,因为狡诈而名扬海内。一次,韩子卢遇上了东郭逡,紧追不舍。它们绕着山跑了三圈,又五次冲到山上再冲下来,都耗尽了气力,最后双双累死了,被一个种田的农夫不费吹灰之力捡到手。讲完了这个故事,淳于髡才切入主题,说齐国若攻伐魏国,魏国必定全力抵抗,相持日久,双方都会筋疲力竭,耗尽国力。这时强大的秦国和楚国就可以像那个农夫一样轻而易举地拿下齐、魏两国。齐王听了越想越怕,就打消了攻伐魏国的念头。这是一次巧妙、成功的劝谏。那个著名的鹬蚌相争、渔翁得利的寓言故事也出自《战国策》，讲的是苏代劝阻赵国讨伐燕国的事情。这两个故事简直是如出一辙。从年代上看，淳于髡这个故事在先。这种隐晦的讽谏，淳于髡用起来可谓得心应手，屡试不爽。

三 幽默足智的论辩高手

还有一些小故事也足以证明淳于髡足智多谋、见识过人。有一次，齐王派淳于髡献给楚王一只鹄，没想到半道上鹄飞了。淳于髡只好提着空笼子去见楚王，说，齐王派我给大王献鹄，路过河边时，我不忍心看到这只鹄口渴，就放它出来饮水，不小心让它给飞了。我想到了自杀，又怕别人议论大王为了一只鸟而逼死人命。我也想到另外再买一只来替代，又觉得这是不诚信，是欺骗大王。我还想到逃亡到别的国家，又害怕齐、楚两国会产生误会。现在我只好提着空笼子来见大王，请大王治罪。楚王听了，十分感慨地说，真难得呀，没想到齐国竟然有您这样的忠信之士！不但没有治淳于髡的罪，反而赏赐了他。从这件事可以看出，淳于髡确有超人的智慧和极强的应变能力。还有一次，淳于髡看到邻居家灶台的烟囱是直的，旁边还堆着柴草，就说这样容易引起火灾，建议邻居把烟囱改成弯曲的，并移走那些柴草。邻居听了不以为意,后来果然发生了火灾,火点燃了堆积的柴草,柴草又把房子给烧了。街坊们看到失火了,都赶来救火。事后,邻居准备了羊肉和好酒答谢救火的街坊,却不肯招呼淳于髡过来吃饭。后人道"曲突徙薪无恩泽,焦头烂额为上客",讽刺这个不听善意劝告、不知本末轻重的邻居。良医治病注重预防,聪明的政治家要善于消除隐患,防患于未然。"曲突徙薪"的故事讲的是同样的道理。

有一次,楚国发兵进犯齐国,齐威王委派淳于髡去赵国请救兵,让他带上黄金十斤和一些车马作为礼物。淳于髡什么也不说,只是仰天大笑,把帽子上的系绳都挣断了。齐威王问他为何发笑,他回答说,我今天在路上见到一个人在田边祷告,祈求鱼蟹满塘,粪肥满车,五谷丰登,收获多多,子孙后代享用不尽。可他拿来祭田的却只有一盒饭、一杯酒、一条小鱼。拿这么少的东西却想求得那么多的回报,实在让人忍不住发笑!齐威王明白了他的意思,意识到自己送给赵王的礼物太微薄了,不足以换来赵国派兵相救,于是把礼物的数目增加了十倍。赵王见到这么多礼物,十分高兴,派了十万精兵来援救齐国。楚国一看情况不妙,连夜撤兵了。

淳于髡和孟子都是稷下学宫中的领袖人物,他们之间也有很多交往,经常有思想上的交锋,《孟子》中就记载了两次他们之间面对面的辩论。有一次,淳于髡给孟子出难题,问孟子说,男女授受不亲,这是不是礼制的规定?——"男女授受不亲"是指男女之间不能亲手递交物品，要放在桌子上，然后对方再拿起。孟子回答，这是礼制的规定。淳于髡继续问，如果嫂子溺水了，要不要伸出手去救援？这个问题是非常刁钻的，如果不伸手去救援，嫂子就会溺水而亡；可如果亲手去拉，又不合礼制的规定。这个两难的问题，却被孟子轻松化解了。他回答，当然要伸手救援了！嫂子溺水不施救，那就是豺狼；对嫂子施以援手，那是权变，是灵活的变通。淳于髡又问，现在天下人都溺水了，您为什么不伸手施救呢？孟子回答，天下人遭受苦难，要用道义来援救，嫂子溺水了则要援之以手，难道您用手就能援救天下人吗？这个辩论可谓相当精彩，淳于髡的问题提得刁钻，孟子的回答则充满了智慧，同时彰显了崇尚道义的儒家特色。

第四章

齐文化精粹撷珍·稷下学宫

稷下学宫鼎盛时期的核心人物：孟子

孟子，名轲，字子舆，邹国（在今山东邹城境内）人。孟子是中国古代最著名的思想家之一，被后世尊为"亚圣"。两千多年来，孟子的思想和孔子的思想并称为"孔孟之道"，对中国的历史文化贡献极大。

孟子一生的主要政治活动和学术活动，都和稷下学宫密切相关。他的思想主张，也主要是在稷下百家争鸣的学术环境中发展成熟的。

一　孟子在列国的游历生涯

孟子三岁丧父，由母亲抚养长大。母亲知书达理，深明大义，她对孟子幼年时期的良好教育影响了孟子一生。孟母三迁的故事可谓家喻户晓，为了让孟子有一个适宜的邻里环境，避免受到不良影响，她不惜三次搬家。有一次，孟子不好好读书，母亲发现了，既不打也不骂，而是把他叫到身边，用刀割断了正在织的布，告诫他如果不好好读书，将来就会像割断的布一样成为废品。孟子从此发愤勤学，终于事业有成。孟母既是慈母又是严师，被后世奉为天下母教第一人。从孟母教子的事迹，我们可以得到很多有益的启示。首先，良好的启蒙教育极为重要，可以使人初步获得正确的人生观。其次，家庭教育是教育的起点，母亲的作用是不可忽视的，甚至可以决定一个人的成败。第三，孟母对少年孟子的教育，主要内容是确立正确的人生观和培养道德品质，其中道德问题是重点和关键。孟子后来成为儒学大师，他的主要贡献在于继承和发展了孔子创立的伦理道德学说，这和他从小受到的道德教育有很大关系。

孟子学业有成后，开始了游历生涯，曾经游历过魏、齐、宋、滕、鲁等国，在游历中发展成熟了自己的学术思想。到了晚年，孟子回到家乡，和学生们一道总结提炼自己的思想，写成了《孟子》一书。

孟子曾不止一次游历齐国，第一次来到齐国是在齐威王年间，正值齐威王任用邹忌、孙膑、田忌等人变法图强。大概是因为孟子主张的仁政和道德教化等儒家思想同齐威王急于富国强兵的想法不合拍，所以孟子没有被重用。孟子凭借声望、才学和能力，所到之处都受到列国君主的优礼相待，想找个安身之处享受优裕体面的生活是轻而易举的事情。可是孟子是个有雄心大志的人，他曾说过："如欲平治天下，当今之世，舍我其谁也！"孟子的目标是干出一番伟大的事业，他坚信自己的思想主张一定能够平治天下，也只有自己的思想主张才能更好地平治天下。而要实现平治天下的目标，就必须让君主接受自己的治国理念。既然齐威王一时不能接受，孟子也就萌生了去意，他说"久于齐，非我志也"，毅然决定离开齐国。齐威王也有些遗憾，但他能理解孟子，也不强留，还要送给孟子"兼金一百"（兼金，上等金；一百，一百镒，一镒为二十两）。孟子认为自己没有理由接受这些馈赠，辞而不受，离开了齐国。这是他第一次游历齐国，虽然最终离开，但齐国的大国之风和良好的发展前景还是给他留下了深刻的印象。

离开齐国之后，孟子游历了好几个国家。他先是来到了宋国，因为宋王偃声称要实行仁义和王政，这正好符合孟子的理念。孟子认为这是实现自己平治天下理想的机会，这也是他坚持离开齐国的一个原因。孟子在宋国的事情，我们所知不多。《孟子》中记载有他和宋国的大臣戴盈之的对话。戴盈之说：实行十分之一的税率，免除关卡和商品的赋税，今年还办不到。我想先减轻一些，明年再完全落实，您看怎么样？减免赋税的方案应该是孟子的建议，因为他的仁政主张的一项重要内容就是"薄税敛"。大概是宋王偃同意孟子的建议，让戴盈之去落实。孟子对戴盈之的态度很不满意，认为他没有诚意，就打了个比方讥讽他说：有一个人每天都要偷邻人家一只鸡，有人向他指出这不是君子的行为，他就说，那我就减少一些吧，先每月偷一只鸡，等到明年就不偷了。您既然知道这么做是不正确的，就应该立刻改正，为什么要等到明年呢？可见，孟子在宋国也难以实现仁政主张，只好离开了。宋王偃虽有实行王政的想法，但并没有认真对待，而且穷兵黩武，导致宋国内乱，诸侯讨伐，最终身死国亡。

离开宋国后，孟子回到了邹国。不久，邹国和鲁国发生冲突。邹穆公问孟子，我的官员在这次冲突中死了三十三人，老百姓却没有一个为他们的长官赴死的。我要是杀了他们，该杀的人就太多了；要是不杀，他们眼看着自己的长官被杀却不去营救，实在是可恨！您说怎么办好呢？孟子回答说，您的官吏们不关心老百姓，还残害他们。他们怎么对待百姓，百姓就会怎么对待他们。

您不要责备老百姓了。您要是实行仁政，老百姓自然会爱护他们的长官，就会为长官拼命了。孟子是在批评邹穆公不实行仁政，对老百姓不好。大概是孟子说话太直率，使邹穆公很没面子，对他自然是很不待见。孟子后来又从家乡来到了鲁国。

鲁国是保存周礼最多的诸侯国，又是孔子的故乡，在实行仁政方面比别的诸侯国都好。可惜有人在鲁侯面前说孟子的坏话，使孟子没有机会见到鲁侯。他十分遗憾，说这是天意，可见孟子本来对鲁国是抱着很大期望的。这时，滕文公即位，他在当太子时就认识孟子，孟子对他印象很好。在滕文公的礼聘之下，孟子就来到了滕国。

滕文公十分尊敬孟子，让他住在最好的馆舍，经常向他请教，讨论治国的问题，《孟子》中对这些讨论都有记载。孟子阐述了自己关于王道、仁政、井田制等方面的思想主张，滕文公都很感兴趣。滕文公问孟子，滕国是个小国，夹在齐、楚两个大国之间，该如何做为好？孟子回答说，只要修筑好城池，和民众一起坚守，就可以保住国家。而要民众和自己一条心保卫国家，就必须实行仁政。只要坚持实行仁政，后世子孙一定会出现王者。但是滕国毕竟太小了，方圆不足五十里，孟子的理想在这里很难实现。最后他还是离开了，到了魏国。

魏国基础比较雄厚，也曾强盛一时，惠王时迁都大梁（今开封），所以也称梁国。魏惠王也就是《孟子》中多次提到的梁惠王。梁惠王在位共五十二年，其间秦国、齐国、楚国等大国纷纷崛起，梁国屡屡吃败仗。孟子来到梁国时，梁惠王已经很老了，但仍对振兴梁国怀有信心，对孟子这位名士也是热情接待，多次深谈。孟子见到梁惠王时已是老年，所以梁惠王称他为"叟"——老先生。梁惠王见到孟子就开门见山地问道：老先生远道而来，能给我国带来什么利益呢？孟子直截了当地回答：大王何必开口就谈利益呢？只要讲仁义就行了嘛。您只关心梁国的利益，大臣们只关心自家的利益，老百姓只关心个人的利益，这样全国上下都只追逐利益，国家就危险了！杀掉君主的，不都是有实力的大家族吗？如果全国上下都讲仁义，就不会出现这样的事情了。所以您只讲仁义就行了，不必讲利益。这就是孟子和梁惠王的第一次对话，主题是国家的前途命运和基本价值导向的关系。孟子亮出了自己的主张，强调了仁义道德的价值。

还有一次，梁惠王对孟子说，寡人对自己的国家已经很尽心了，那些邻国的君主没人比寡人更尽心。可是他们的人民并没有减少，而寡人的人民也没有增多，这是什么原因呢？孟子回答说，大王您好战，那我就用打仗的事做个比喻吧。战场上的逃兵，有的逃了一百步，有的逃了五十步。如果逃了五十步的耻笑逃了一百步的，您怎么评介呢？梁惠王说，不合适呀，逃了五十步也是逃兵嘛。孟子说，大王既然这么看，就不要指望自己的人民比邻国多了。孟子的意思是，这些国君们对百姓都不算好，但梁惠王也不例外，这个比喻其实是在批评梁惠王不能善待百姓、实行仁政。梁惠王有所触动，说愿听先生指教。孟子继续问道，用木棒打死人和用刀子杀死人有什么不同吗？用刀杀人和用政治害死人有什么不同吗？现在大王您的厨房里有肥肉，马棚里有肥马，可老百姓却面带饥色，这样的政治等于率领野兽来吃人，这样的君主怎么配得上为民父母呢？接下来，孟子讲了很多实行仁政的具体做法，比如省刑罚、薄税敛、劝导人民努力耕种、讲求孝悌忠信等。孟子说，这样的人民，就是拿着木棒也可以抗击秦、楚的精锐军队了，因为仁者是无敌的。大王您就不要再迟疑了，赶快实行仁政吧！可惜梁惠王年事已高，第二年就去世了，孟子的仁政理想在梁国也没有获得实践的机会。梁惠王的儿子梁襄王即位之后，孟子见到了他，出来之后对别人说："望之不似人君。"——没有一个国君的样子。孟子觉得这样的人做了国君，实行仁政就没有希望了，于是就离开了梁国。

二　齐宣王时期：
孟子一生中最重要的阶段

这时，齐宣王即位，孟子第二次来到了齐国。齐宣王"喜文学游说之士"，并"褒儒尊学"，对学术文化特别重视，对学者优礼有加，很快就吸引了大批一流学者来到稷下学宫。这时的孟子早已是著名的儒者，德高望重，齐宣王对他格外重视和尊敬。

齐国是泱泱大国，经济军事实力雄厚，文化基础良好，政治比较开明，齐宣王对学者又如此尊敬。孟子觉得此时的齐国是推行自己王道主张的理想之地，多次和齐宣王深入交谈，向他详细阐述了自己关于仁政的设想。

孟子首先要让齐宣王坚定实行仁政王道的信心。齐宣王问他，像我这样的人，可以实行王道吗？孟子说，当然可以啦。齐宣王问他，您怎么知道我可以呢？孟子回答说，听说有一次您坐在堂上，有人牵着一头牛经过，要去宰杀了祭钟，您不忍看见牛惊恐的样子，就让人放了这头牛而用一只羊来替代。有这么一回事吗？齐宣王说，有啊。孟子说，您凭着这样的好心就可以实现王道统一天下了！老百姓都说您舍不得牛才用羊来替代，而我知道您是出于不忍之心，老百姓哪里知道这里面的深意呢？齐宣王说，我确实不是因为吝啬才用羊来替代，但也说不出是什么道理。孟子说，您的这种不忍之心正是仁慈之心！君子对于飞禽走兽，看见它们活着的样子，就不忍心看到它们死去；听到它们的悲鸣哀叫，就不忍心吃它们的肉。君子把厨房安排在远离自己的地方，就是这个道理呀！齐宣王听了很高兴地说，我只是这么做了，却说不出所以然来。听您这么一说，才明白了其中的道理。那么，我的这种仁慈之心和实现王道有什么关系呢？孟子说，如果有人说自己能举起三千斤的重物，却拿不起一根羽毛；能看清秋天里动物身上的细毛，却看不见一车柴火，您相信这种话吗？齐宣王说，当然不相信了。孟子立刻说，这个人不是做不到，而是不肯做罢了。现在您的仁慈之心足以使动物得到好处,却没能使百姓得到好处,这是因为您不肯施恩于百姓呀!齐宣王问,不肯做和做不到,区别何在呢?孟子说,用胳膊夹起泰山再飞跃北海,说做不到,这是真的做不到。替老年人折根树枝,声称做不到,就不是真的做不到了,而是不肯做罢了。大王您到现在还没有实行仁政,和不肯为老年人折树枝属于一类啊!您的仁慈之心足以泽及禽兽,为什么不能让百姓得到实惠呢?孟子接着说,我知道您有雄心大志,但是照您现在的做法,就好像爬到树上去捉鱼一样!您如果能实行仁政,那么天下的人才都会争先来齐国效力,农民都会想到齐国来种地,商人们都会想到齐国做生意,对自己国君不满的人都会来投奔。如此,您的雄心大志何愁实现不了呢?

  孟子认为此次游齐是实现仁政王道理想的好机会,对齐宣王抱有很大的希望。但齐宣王虽然很尊重孟子,愿意聆听他的仁政理论,却迟迟没有付诸行动。孟子心里很是着急,利用各种机会催促他。比如,齐宣王喜欢音乐,孟子对他说,这对齐国来说是好事情呀,不过大王您不能独自一个人快乐,应该和别人一起快乐,最好是能和更多的人一起快乐。如果大王您能做到和百姓同乐,那天下之人就会归服您了。显然,只有实行仁政,才会做到与民同乐,孟子这是在鼓励齐宣王实行仁政。齐宣王问,听说周文王有一处狩猎场方圆七十里,百姓还觉得太小,而寡人的狩猎场只有方圆四十里,百姓却觉得太大,这是为什么呢?孟子回答说，文王的狩猎场方圆七十里，砍柴的人也能去，打猎的人也能去，和百姓共享，百姓嫌小不是正常的吗？而您的狩猎场虽然只有方圆四十里，却由您独自享用，百姓进入打猎是犯法的。您的狩猎场相当于在国内为百姓设置的陷阱，百姓怎能不嫌它太大呢？还有一次，齐宣王在自己的别墅雪宫里接见孟子，他感觉生活很快乐。孟子趁机给他讲道理说，您虽然很快乐，可是百姓得不到这种快乐，就会对您有怨言。如果您能以百姓之乐为乐，以百姓之忧为忧，再进一步以天下之乐为乐，以天下之忧为忧，这就是王道了，天下之人就都会归服您了。

齐宣王迟迟不肯推行仁政，孟子越来越焦虑，也越来越不客气，甚至直截了当地进行批评。有一次，齐宣王问孟子，别人都建议我拆毁明堂，您说我是拆呢，还是不拆呢？孟子回答说，明堂是有道德而能统一天下的王者的殿堂，您如果要实行王政，就不必拆毁它。齐宣王说，请您给我讲一讲王政吧。孟子说，当年周文王治理境内，农民的赋税是九分抽一，做官的人世代承袭俸禄，关口和市场上只稽查不征税，河湖不禁止打鱼，犯罪的人只惩罚他本人而不牵连家人，鳏寡孤独穷苦无靠的人得到优先照顾。这就是周文王的仁政。齐宣王很高兴地说，您讲得真好！孟子马上问他，您如果认为这样很好的话，为什么不去实行呢？齐宣王面有难色，推托说，寡人有毛病，寡人喜欢钱财。孟子说，您喜欢钱财没什么不好，如果能与百姓同之，对于您实行王政不是挺好的吗？齐宣王继续推托说，寡人有毛病，寡人好色。孟子说，好色也没关系呀，从前太王也好色，但在他治理的境内，既没有嫁不出去的女人，也没有娶不上老婆的单身汉。大王您好色，百姓也都一样啊，如果能做到太王那样，并不妨碍您实行王政。您说的这些都是借口呀。有一次，孟子直接向齐宣王提问，有人把妻子儿女托付给朋友照顾，等他回来时，却发现妻儿在挨饿受冻。对于这样的朋友，您觉得应该怎么办呢？齐宣王回答得很干脆：和他绝交。孟子继续问道，官员管理不好自己的下属，该怎么办呢？齐宣王回答，不称职的人，就该撤换掉。孟子进一步追问，一个国家的政治搞不好，又是谁的责任呢？齐宣王无言以对，很尴尬，只好"顾左右而言他"，扯些别的话题了。这一次，孟子可谓咄咄逼人。好在齐宣王很理解孟子推行仁政的急切心情，并没有怪罪他，在那个时代，已经是难能可贵了。

齐宣王是个少有的开明君主，对待士人十分尊重，甚至可以放下君王的架子。据《战国策》记载，有一次，齐宣王接见贤士颜斶，颜斶不肯上前来见，坚持要齐宣王走下来见。左右的人指责颜斶，说这不合君臣之礼。颜斶解释说，我上前去就是"趋势"，大王走下来见我则是"趋士"，是尊重人才。齐宣王不高兴了，问他：是王者尊贵呢，还是士人尊贵？颜斶回答：当然是士人更尊贵，王者并不尊贵。说完，又列举了古时圣王的事例来阐述其中的道理。齐宣王听后叹曰，是寡人自讨没趣了。今天得见先生，才知道什么是真正的君子。寡人愿意做先生的弟子，随时接受教诲。从这件事可以看出，齐宣王在尊贤好士方面堪称典范，这样开明的君主恐怕很难找出第二个来。他不肯实行孟子主张的仁政，并不是不赞同仁政的理念，而是觉得这样的政治见效太慢；虽然符合国家的长远利益，却难以满足自己和列国竞争的眼前需要。其实，这也是孟子周游列国却总是没有机会实现自己平治天下理想的根本原因。

　　齐宣王虽然迟迟没有接受孟子的仁政主张，却给了孟子很高的待遇，包括政治待遇和经济待遇。这也使孟子以为，齐宣王最终会接受自己的主张实行仁政，所以在齐国居住了很长时间。齐宣王让孟子位列"三卿"，"卿"的地位相当于"相"，古时通常并称"卿相"。其他稷下先生只是"命曰列大夫"，最高的也不过是"上大夫"，地位都低于卿。有多条史料都可以证明孟子在齐为卿的事实。孟子的弟子们十分兴奋，认为孟子"当路于齐"，齐国不仅有望再现管仲、晏婴时期的盛世，而且离实现王道的理想也不远了。可惜孟子可能只是个客卿，一个荣誉称号而已，并没有掌握实权，齐宣王也没有接受他的仁政主张。时间久了，孟子感到在齐国实践仁政和王道的希望越来越渺茫，加上自己年事已高，就决定离开齐国。齐宣王极力挽留孟子，提出在国都临淄的核心地段为他建造房屋，给他万钟之禄。我们知道，著名的稷下先生田骈的待遇是"资养千钟"，孟子的待遇将十倍于他。齐宣王开出的条件不可谓不高，诚意不可谓不真切，但是孟子并不是冲着地位和待遇来的。对他来说，不能实现仁政和王道的理想，再高的待遇都是浮云。孟子走到齐国边境的一个小城，特意停留了三天，似乎在等待什么。弟子们明白老师心中对齐国还是颇为不舍的，他是在等待齐宣王回心转意召他回去主持仁政的宏伟事业。最后，孟子没能等来齐宣王的回心转意，只好依依不舍地出关而去，结束了游历的生涯。他回到家乡，和弟子万章等人"序诗书，述仲尼之意"，最终完成了《孟子》七篇，为后人留下了一部不朽的经典。

三　仁政主张和民本思想

在齐国期间，孟子虽然最终没能得到实践仁政主张的机会，但他一直没有停止思考和思想创造，没有放松学术活动。他的很多对后世影响极大的思想主张，都是在这一时期形成和成熟的。孟子在齐期间，正值稷下学宫的鼎盛时期，百家争鸣达到了高潮。当时在齐宣王周围聚集的众多思想家中，孟子名气最盛，影响力最大，是稷下学宫鼎盛时期当之无愧的学术领袖，他的学说是百家争鸣高潮时期最重要的思想成果。孟子居齐期间，和其他稷下先生多有交往，经常就各种问题进行讨论和辩论，《孟子》中多有记载，孟子的很多思想都是通过这些辩论来阐述的。

孟子的思想主张虽多，但都是为了实现王道的理想。王道也就是"王天下"，是一种有道德的政治，用符合道德的方式取得全天下的统治权，或曰统一的政权用符合道德的方式治理全天下。王道和霸道相对，霸道的特点是"以力服人"，靠的是实力；王道的特点则是"以德服人"，靠道德的力量让人心悦诚服。"以德服人"的手段就是行仁政，行仁政就可以得民心，得民心就可以得天下。孟子认为，不行仁政是可以得到一个诸侯国的统治权的，但是不可能得天下。过去夏、商、周三代就是靠仁政得天下的，后来他们之所以失去天下，就是因为失去了民心。孟子认为，实行仁政并不难，因为它是符合人心人性的。孟子指出，每个人在面对他人的痛苦和危难时都会产生一种天然的同情心，叫作"恻隐之心"，也叫"不忍人之心"，尧、舜、禹这些先王就是从这种不忍人之心出发而实行不忍人之政。孟子进一步指出："以不忍人之心，行不忍人之政，治天下可运之掌上。"在他看来，顺应民心，实行仁政，治理好天下就是一件轻而易举的事。孟子用这样的道理游说列国的君主，鼓励他们实行仁政。在他看来，爱民、实行仁政本是天经地义、理所当然、再好不过的事情，既符合百姓的利益，也符合君主们的利益。可为什么这些君主都不肯去做呢？其实，齐宣王早已把话说破了。有一次，他对孟子提起自己的"大欲"。孟子问他"大欲"是什么，他笑而不答。孟子直率地指出，我知道您的"大欲"就是开疆拓土，让秦、楚那样的大国都来朝拜进贡，号令天下，安抚四周的落后外族，说穿了就是称霸天下。他们不但无视民众的利益，还要靠榨取民众的血汗、牺牲民众的利益来实现自己的"大欲"。

仁政的关键是关心民众的疾苦。孟子着眼于民众疾苦，提出了仁政的具体内容。首先是"制民之产"，让人民有自己的产业，比如"五亩之宅""百亩之田"等，让他们解决温饱问题。然后是减轻民众的负担，轻徭役，薄赋税，对鳏、寡、孤、独等社会群体提供救济，使他们免受饥寒之苦。在做到这些的基础上，还要为民众提供基本的教育，让他们培养起孝悌忠信等道德观念。这些内容，看起来要求并不高，可是在中国几千年的历史上，真正能达到这个标准的时期并不多。可见孟子为民请命，头脑是很清醒的，想法也是很现实的。孟子的仁政思想深入人心，在历史上影响极大，是中国古代的主流政治思想。

儒家学派强调民众的重要性，认为政治的目标应该是让民众过上好的生活，主张执政要以民为本。其中，孟子的民本思想最为著名。民本和民主仅一字之差，但有本质的区别，不可混同视之。民主是现代社会的政治概念，是人民当家做主，人民对国家事务有决定权。民本是古代社会君主制度下的政治概念，要求君主执政时要多考虑民众的利益，因为毕竟君主的统治是以拥有民众为前提的。早在西周的周公时期，就出现了"敬德保民"的思想，保民就是保有民众、取得民众拥护的意思。要想保民就要善待民众，这是西周王朝的政治经验，也是儒家民本思想的源头。孟子的民本思想比起"敬德保民"来，则要丰富、深刻得多。

孟子认为，民心的向背决定了政权的得失，并进而把这解释成天意、天命。民心是天意的体现,民心就等于天意,所以孟子高度赞扬汤武革命。有一次,齐宣王问他,成汤放逐桀,武王讨伐纣,成汤和武王作为臣子,这样做应该被允许吗?孟子回答说,桀、纣残害了仁义和民众,他们都是"一夫"——独夫,汤、武是为民除害。在孟子看来,桀、纣失去了道义和民心,他们的政权就没有了合法性,推翻这样的政权就是正义的行动,应该得到颂扬。后来,孟子"诛一夫"的说法得到了很多人的阐扬,这意味着当一个政权腐败透顶、彻底失去民心时,人民就有了革命的权力。这种主张对那些残害百姓的君主有很好的警告作用。

孟子有个非常重要而且大胆的主张——"民贵君轻",在历史上影响很大。他说:"民为贵,社稷次之,君为轻。"这里的"贵",意为重要,这并不是说老百姓比君主还尊贵,而是说民众的事情对于一个国家来说是最为重要的。"社"为土地之神,"稷"为五谷之神,是以农业为本的古代中国的主要祭祀对象,"社稷"合在一起也用来指代国家政权。孟子认为,在民、社稷和君三者之中,民众是最重要的,因为民众是一个国家永恒不变的基础。有了民众,才有国家和国家政权,才有掌管国家政权的君主;失去了民众,就什么都没有了。孟子认为,君主在三者中最不重要,君主干得不好可以撤换,像桀和纣那样残害民众的君主甚至可以直接杀掉。社稷所象征的国家政权也没有民众重要,也是可以更换的:当一个政权彻底失去民心时,就可以像汤、武那样通过革命的方式来实现政权更迭,建立民众拥护的新政权。

所以,一个政权的合法性,说到底要看它是否能得民心,取得民众的拥护。一个君主应该把民众的事情当作头等大事,君主个人的事情反而是最不重要的,这就是以民为本。在先秦时期,孟子这个主张是相当大胆的,只有开明的君主才有可能接受,但它讲出了问题的本质和要害,有着十分珍贵的思想价值,在历史上影响很大。其实,"民贵君轻"思想中蕴含的道理,对于古今中外所有政权来说都是适用的。

四　性善论和道德修养论

孟子居留齐国期间,同稷下先生们多有交往和论辩。受到活跃于稷下学宫中的各家学说的影响,他对自己传承于孔子的儒家学说进行了深化,使儒学发展到新的阶段。孟子对儒家学说的最大贡献,是提出了著名的性善论和"人皆可以为尧舜"的道德修养理论。

当时,学者们普遍认为人的本性都是自私自利、好利恶害的,唯独孟子与众不同,旗帜鲜明地提出人的本性是善的。孟子认为,人人都有天赋的善性,具体来说,就是都有天生的"恻隐之心""羞恶之心""辞让之心""是非之心",它们分别是仁、义、礼、智这四种基本道德的萌芽,即"四端"。所以,道德属性不是后天通过学习等外部方式获得的,而是人们心中固有的,孟子称其为"良心"。这些萌芽如果得到很好的保护和充分的发展,就能形成完备的善,达到道德修养的最高境界。

孟子关于"四端"的思想极为重要,对于儒家学说的理论建设贡献极大。"四端"的重要意义首先在于它使得道德修养成为可能,如果没有这"四端",道德修养就没有了可能性,人在道德上就是没有前途的。"四端"还使得道德修养成为必要,因为人生来所具有的仅仅是道德的萌芽,还不是完备的善,所以必须让心中的善性得到充分发展,不断提高道德修养水平。孟子认为,善端虽然人人都有,但并不牢固,在外界不良环境的影响下,还可能丧失,即"失其本心""放其良心",简称"放心"。也就是说,人人都有可能在道德问题上犯错误。孟子认为,"放心"并不可悲,可悲的是"有放心而不知求",要像把走失的鸡犬找回来一样,犯了错误就要改正,使心中恢复本有的善性,即"求放心"。"求放心"是对道德失误的补救措施。可是,如果一个人在道德上犯了错误再改正,再犯错误再去改正,如此往复,在道德修养上也不会有长进。所以,与其犯了错误再改,不如当初不犯错误或少犯错误。为此,孟子提出了"存心""养心"的方法,尽量存留住心中的善性使之"勿丧"。他说,君子高于普通人的地方就在于能够做到"存心"。如何才能做到"存心"呢?孟子认为,既然善性的丧失是由于受到外物的诱惑,那么减少物质欲望就可以有效抵制外物的诱惑,所以提出"养心莫善于寡欲"。

孟子进一步提出，做一个能够"存心""养心"的君子、贤者，还不是道德修养的最终目标，还必须在此基础上，通过"尽心"的功夫培养心中的善性，让其充分成长，最终养成"浩然之气"，成为"富贵不能淫，贫贱不能移，威武不能屈"的大丈夫。

以上就是孟子的道德修养学说，可以说是非常系统和详尽，在此后两千年历史上深入人心，成为中国古代道德观念的主流。这个学说的精华之处，还在于其中蕴含着道德面前人人平等的思想。根据孟子的说法，人人都有先天的道德属性——"四端"，即使是尧、舜那样的圣人，也和我们普通人没有区别。尧、舜之所以是圣人，全在于后天的努力。因此，普通人经过坚持不懈的道德修养，最终都可以成为尧、舜那样的圣人，这就是孟子的名言："人皆可以为尧舜。"孟子认为，人和禽兽的区别只有一点，那就是人有道德属性，禽兽则没有。道德属性是"天爵"，是谁都无法剥夺的；而那些公卿大夫之类则是"人爵"，是别人赐予的，也是随时可能被剥夺的。"天爵"也叫"良贵"，是人人都有的真正的、不可剥夺的尊贵，是每个人都应具有的道德自信的源头。源头之处的道德虽然只是一点点萌芽，但终究能培养成浩然之气，就像是"火之始燃，泉之始达"，终能星火燎原、汇成江海；就像是种子，终能结出硕果。孟子关于道德修养的理论是儒家学说的标志性思想之一，也成为中华文化的重要思想传统，两千多年来为人们的道德生活提供了强大的动力，培养、塑造了中国人的道德情操，丰富、提升了中国人的精神世界。特别是孟子"养浩然之气"的思想,在中国历史上产生了极大的影响,对于培养中华民族的浩然正气,培植知识分子的道德情操,培育不屈不挠的民族精神,都起到了巨大的作用。两千多年来,"浩然之气"早已被历代志士仁人演绎、升华为"正气""气节",作为民族精神的一种象征,汇入优秀民族文化的长河之中,成为中国人民宝贵的精神财富。因此,对于孟子的道德修养学说,我们无论给出多么高的评价都不会过分。

第五章

齐文化精粹撷珍·稷下学宫

稷下学宫的本土学派：管仲学派

管仲学派是稷下学宫的本土学派，代表了齐国学者的思想。该学派的思想集中表现在《管子》一书中。《管子》是齐文化的代表作，反映了齐文化的精髓和特色。

一 《管子》的成书和作者

《管子》一书托名管仲,其实是稷下学宫中齐国本土学者群体的著作集结和精选。管仲是春秋时期齐桓公的宰相,他辅佐齐桓公"九合诸侯,一匡天下",使齐国成为春秋五霸之首,对齐国的强盛可谓居功至伟。管仲的时代还没有私人著书的风气和条件,他日理万机,也没有时间来写书,《管子》一书不会是他撰写的。但书中确实记载了很多管仲和齐桓公的对话,保留了一些管仲本人的思想和治国理念,所以此书与管仲本人也有很高的相关度。宋人叶适曾说,此书"非一人之笔,亦非一时之书",现在大家也都认可这一说法。那么,《管子》究竟成书于何时?是何人所作?是在什么样的时代背景下成书的?

《管子》一书的成书年代和作者,都和稷下学宫密切相关。稷下学宫创办后,来自列国的学者们汇聚于此,十分活跃,带来了不同地域的思想和文化,使齐国迅速成为文化中心。我们不难想象这一时期稷下学宫的热闹情景:不同地域的学者们操着南腔北调的方言，穿着本国特色的衣服，使用着本国的文字，整日里高谈阔论，俨然成了这里的主角，大有喧宾夺主的气势。我们也不难想象，这种情况势必会冲击齐国人的文化心理，导致齐国本土文化和外来文化的冲突。齐国本土的学者们不甘心外来文化在稷下学宫中喧宾夺主，他们要争夺话语权，要弘扬齐国的本土文化，自然就会想到最能代表齐国文化传统的大政治家管仲。于是，他们打着管仲的旗号，收集了民间广泛流传的有关管仲的遗说逸事，集结了最能代表齐国文化传统和齐人思想创造的各种论著，托名管仲编成《管子》一书，以此彰显齐国本土文化在稷下学宫中的主体地位。《管子》一书的集结，标志着管仲学派的出现，这个学派是一个有相近思想倾向的学者群体。在当时的稷下学宫中，管仲学派是一个人数上占明显优势的学派。田骈、尹文、驺衍等稷下先生虽为齐人，但都有自己的独立著作，没有收入《管子》。因此可以推知，《管子》一书的作者群体应该是一些佚名的推崇管仲的齐国本土学者。《管子》结构上很松散，并没有一个确定的文本，可能有不同的版本，所以应该是这一类文献的总称。

我们今天看到的《管子》一书，是汉代的刘向整理编定的。他收集到各种版本的《管子》总计五百六十余篇，去掉重复的，最后编定为八十六篇，后来又亡佚了十篇。今存《管子》七十六篇。《大匡》《中匡》《小匡》等篇记载了齐桓公任用管仲前后的故事和对话，是齐国流传的管仲逸事。《牧民》《权修》《形势》等篇是管仲思想的记录，保存了管仲的遗说。其余大部分篇章是稷下学宫时期推崇管仲的齐国本土学者们的作品，这些作品中体现的思想，既是对齐国传统思想文化的传承，也是在新的历史文化条件下的创新和发展，是管仲学派的主体思想。在这些篇章中，有一些在后来的学术研究中十分瞩目，例如号称"《管子》四篇"的《内业》《白心》《心术上》和《心术下》，其中的精气理论十分独特而深刻，代表了齐地哲学的最高水平；再如《四时》《五行》《幼官》《轻重己》等篇的阴阳五行思想，反映了战国时期阴阳学说和五行学说在稷下学宫中交汇并最终实现合流的过程，具有典型的齐文化特色。

《管子》一书虽然庞杂，但并非杂凑。从全书的主体思想内容和学派倾向上看，其中占主导地位的是法家思想，书中讲法治的篇章占了多数。这一派法家被称为齐法家，他们的思想具有鲜明的齐地文化特色，和三晋地区的法家有明显的区别。

二　礼法并用、政教合一的政治主张

政治理论是管仲学派的核心内容，以主张礼法并用、政教合一为主要特色，正是这一特色构成了齐法家的标志性思想，使其与三晋法家区分开来。

齐国本来就有重视法治的传统，可以追溯到开国的姜太公。齐国文化深受近邻鲁国文化的影响，向来比较注重礼乐道德教化对治理国家的积极作用。管仲学派把这两个传统很好地结合了起来，提出了礼法并用、政教合一的治国理念，主张在强调"以法治国"的同时，辅之以儒家推重的礼乐道德教化。不难看出，这种治国理念的深层结构，是儒家思想和法家思想的结合与互补。

先秦时期的法家学派，其主流以《商君书》和《韩非子》为代表，由于流行于韩、赵、魏一带的晋国故地，所以也被称为三晋法家。这一派法家以严酷著称，崇尚严刑峻法，主张轻罪重罚、以刑去刑，否定儒家主张的仁爱、亲情、道德教化的社会政治功用并加以排斥，所以《史记》说法家的特点是"严而少恩"。和三晋法家比起来，以《管子》为代表的齐法家较为温和，这主要是因为齐法家在坚持以法治为主要治国手段的同时，也认可儒家的治国理念，在一定程度上接受了儒家关于道德教化的主张，用来与法治相配合，作为治国的辅助手段。这样的治国政策既适应了变法图强、富国强兵的时代潮流，又符合西周以来的礼乐文明的文化传统，并且为此后的历代王朝提供了重要的政治经验。

"以法治国"这个口号，首见于《管子》。《管子》的法治思想比较注重理论上的论证，为自己的法治主张寻找各方面的理论根据。比如对于立法的问题，它不是像《商君书》那样直接、简单地规定法规条文，而是从天道观、人性论等方面寻找理论依据，强调立法必须顺应天道，依循天地间阴阳消长的规律，还要符合人的自然本性("因人情")等。《管子》认为,法是"天下之程式也,万事之仪表也",是唯一的标准、最高的权威,所以要"君臣上下贵贱皆从法"。《管子》为了维护法的公正性和权威性,对君主与法的关系予以特别的关注和论述。在古代,对法治的干扰和破坏主要来自掌握权力的人,尤其是君主本人,所以《管子》提出君主必须带头守法,认为明君立法首先是用来"自治""自正"的,不可使自己的意志凌驾于法律之上。《管子》主张执法必严、信赏必罚,否则法律就失去了公信力。关于法治的合理性、必要性和可能性,立法的原则和依据,法的公正性和权威性,执法的原则等问题,《管子》都有很多论述,这些理论为齐国的变法图强、富国强兵提供了理论上的指导。

《管子》受到近邻鲁国文化的影响,比较认可儒家强调的礼义、亲情、道德教化等思想内容。儒家的影响在《管子》中清晰可见,其中最典型的就是"四维"说。礼、义、廉、耻是儒家伦理道德学说的重要内容,《管子》称之为"国之四维",即维系国家这座大厦的四条绳索,其中一根断了就会倾斜,两根断了就有危险,三根断了就要倾覆,四根都断了就会灭亡。礼、义、廉、耻的达成,要从教育人民"修小礼、行小义、饰小廉、谨小耻、禁微邪"做起,日熏月染,逐步移风易俗,这是"治之本也"。"四维"中首要的是"礼",其余三者都可以视为对礼的配合。礼的实质是一套等级制度,《管子》提出"八礼",即"上下有义,贵贱有分,长幼有等,贫富有度"。"八礼"表现的行为规范和等级秩序，需要用血缘亲情和道德观念来维护。其实，礼和法都是以维护等级制度为目的的，主要区别在于礼是非强制性的，而法则是强制性的。法和礼有冲突，法要建立起一套纯粹按政治权力的从属关系组织起来的等级制度，这样的等级制度和礼所依赖的血缘亲情是互相排斥的。不过，既然礼和法都是以维护等级制度为目标的，所以两者之间就存在着合作的可能。此前的儒家和法家都没有考虑和尝试礼、法合作的可能性，因而两家大体处于互相排斥的状态。《管子》产生于思想文化自由而多元的百家争鸣时代，齐国的思想家们首先看到了礼和法合作的可能性，并进行了初步的理论尝试，探索出了礼法并用、政教合一的新型治国方案。

礼法并用是《管子》治国理论的基本思路，具体的操作手段则是政教合一。"政"是指政府的法令等行政手段，"教"则是指教化。《管子》认为，"政教相似而殊方"，两者的相似之处是都以维护社会秩序为目的，区别在于方式不同。"政"以"威刑"为特征，运用强制和惩罚的手段，迫使人们服从。"教"则是通过潜移默化、春风化雨的方式来"动人心""动人意"，晓之以理，动之以情，使人心悦诚服、自觉自愿地服从，主动地配合政府。什么是"化"呢？《管子》说："渐也，顺也，靡也，久也，服也，习也，谓之化。"就是在道德教育的长久熏陶下，人们在不知不觉、潜移默化中接受道德观念，最终形成自觉意识。可见《管子》认识到道德教化的功能和作用是强制性的政令所无法替代的，如果教化已成，人人都能向善，都能自觉自愿地遵守法律、配合政府，刑罚等强制性手段就派不上用场了。正是由于看到了礼和法、政和教各有不能替代的功能，所以《管子》主张礼法并用、政教合一，使两者相辅相成，形成优势互补的关系。《管子》对这种治国模式有如下的表述："厚爱利足以亲之，明智礼足以教之……然后申之以宪令，劝之以庆赏，振之以刑罚。故百姓皆说为善，则暴乱之行无由至矣。"这样的治国方案集中了儒法两家的精义，在当时诸子百家中是很有特色的。梁启超曾这样评价："以秋肃之貌，而行其春温之心，斯则管子之志也。"可谓恰如其分。《管子》的这一治国理念，是在长期的治国实践和学术争鸣中逐渐摸索出来的宝贵经验，在今天仍不失其参考价值。

三　爱民、富民、教民的民本思想

以民为本的思想在齐国可谓历史悠久，历代明君贤相对此都有清醒的认识。汉代《说苑》记载，周武王曾问于姜太公："治国之道若何？"姜太公回答说："治国之道，爱民而已。"《管子》的《霸形》篇记载了齐桓公与管仲的对话。管仲说，您要想实现霸王之业，就一定要把"本"的事情做好。齐桓公问："敢问何谓其本?"管仲回答说:"齐国百姓,公之本也。"接着他对以民为本进行了阐释,核心就是善待百姓。齐桓公很慎重,举行了隆重的祭告太庙的仪式,颁布了一系列利民、富民的法令,几年之后,"民归之如流水"。"以民为本"的命题,最早是齐国名相晏婴提出来的,记载于《晏子春秋》。晏婴认为,以民为本的关键在于"持民",即拥有民众,其中的核心就是"爱民"和"乐民"。《管子》继承了齐国文化中这一优良的传统,并进行了大量的论述和阐发,其内容之多、考虑之细、措施之具体,均为先秦典籍之最。

《管子》认为,处理好执政者与民众的关系是治理国家的根本问题,其关键在于"得民心",所以书中对民心的问题进行了大量的论述。"政之所兴,在顺民心,政之所废,在逆民心。"民心的顺逆决定了国家是兴旺还是衰败,以民为本就要推行那些能够得民心的政策,这样才能得到民众的拥护。当时列国的诸侯都把"广土众民"作为强盛的标志,而《管子》却认为得民心比"得众"更重要,因为"得众而不得其心,则与独行者同实"——如果不能得到民众的真心拥护,即使拥有了众多的民众,也仍然和一个独夫没什么两样。争取民心才能得到民众的真心拥护,《管子》把政治经验概括为"予之为取",认为君主的政策越是合于民心,越是能满足民众的要求,越是能从民众那里得到自己所需要的东西。比如,民众厌恶贫贱,就要让他们富贵,他们就会与君主共度艰辛,如此等等。"予之为取"的道理,《管子》

还表述为"上之所以爱民者,为用之爱之也",可见爱民并不是目的,用民才是目的,是为了"用之"而"爱之",现在给予他们,其实就是为了日后向他们索取回报。换句话说,为了获得更多的回报,现在必须给予他们,这就像是为了秋天的收获,春夏必须有所付出一样。显然,《管子》是用君主的眼光,从君主的利益出发来看待这种辩证关系的。

《管子》的爱民主张,是建立在对人心人性的准确判断和深刻理解的基础之上的。《管子》认为,就像制陶必须了解黏土的特性,冶金必须了解金属的特性一样,治理国家、管理人民必须了解人的本性,根据人的本性来制定各种政策。人的本性究竟如何?如何对待人的本性?《管子》的作者群体看法一致:人的本性是好利恶害、趋利避害的,执政者必须承认其合理性,顺应它而不是违背它,给予充分的满足,才能有效地利用,从而实现自己的政治目的。关于人性的内容,《管子》有很多精彩的论述,比如"民之从利也,如水之走下,于四方无择也",如同水皆往低处流一样,人无不追逐利益。"民之情,莫不欲生而恶死,莫不欲利而恶害。""凡人之情,见利莫能勿就,见害莫能勿避。""人之情"也就是人之性,由于好利而趋利,由于恶害而避害,这是人的本性使然,无论贫富贵贱都概莫能外,所以,"凡人之情,得所欲则乐,逢所恶则忧,此贵贱之所同有也"。人们的所有行为都是在这一自然本性的驱动下进行的,商人经商,不远千里不辞劳苦。日夜倍道兼行,是因为"利在前也";渔民入海,不顾海深万仞,日夜出没于波涛之中,是因为"利在水也"。在利的驱动下,再高的山也敢上,再深的渊也敢下,所以说"百姓无宝,以利为首,一上一下,唯利所处"。

既然人的本性趋利,那就要顺应这一本性,满足民众对利的追求,用各种"利民"的措施把"爱民"落在实处。《管子》中的利民措施丰富多样,其中首要的是富民,要让百姓富起来。富民的首要手段是"务本",即鼓励农耕,因为农产品是古代社会最基本的财富来源。《管子》除了鼓励人们在原有土地上勤勉耕种之外,还鼓励人们开辟荒地以增加耕种面积,由此可以推论,齐国当时已经实行了土地私有制度,否则人们不会有"开田"的积极性。农耕只能解决吃饭的问题,要使人们富起来,还需要开发多种经营。《管子》说:"务五谷,则食足;养桑麻,育六畜,则民富。"可见《管子》说的农业不是单一的种植业,而是指广义的农业,即大农业,包括粮食、桑麻、六畜、果蔬、水产、林木等。在当时的列国中,发展这样多元的大农业,齐国具备的条件是最好的。

然而,如果官府太贪婪,百姓创造再多的财富也无法摆脱贫穷。对这一点,《管子》是有清醒认识的,所以反复强调"薄税敛""轻赋敛""量民力""取于民有度"。具体的措施,则有"弛关市之征,五十而取一""府库之征粟十一""关市讥而不征""征于关者,勿征于市;征于市者,勿征于关"等,以及"岁饥不税"等保护性措施。值得注意的是,《管子》还提出了"案田而税""相地而衰征"等方案来保护人们的生产积极性,这大概是中国古代最早的级差地租理论。

当然,我们应该清醒地认识到,富民并不是执政者的目的,根据"予之为取"的逻辑,他们的真正目的是富国,富民只是实现富国的手段。不过,《管子》把富民和富国看作相互联系的统一整体,因为"王者藏于民……民富君无与贫,民贫君无与富",民富才能国富,国富才能民安,他们是在对国家财政进行整体上的考量。况且藏富于民,由民富实现国富,也是民众乐于接受的。《管子》的富民主张,还有国家治理方面的考量,《治国》篇说:"凡治国之道,必先富民。民富则易治也,民贫则难治也。"人民若富裕就会安土重迁,安土重迁就会敬畏长官远离犯罪,这样就容易治理;人民若贫穷就会把自己的命和家看得很轻,也会轻视政府的禁令,这样就难以治理。所以"治国常富,而乱国常贫",治理得好的国家通常富足,治理混乱的国家通常贫穷。《管子》还主张对农业各个门类中的优秀人才实行奖励,比如擅长种庄稼的、养六畜的、种树的、种蔬菜瓜果的、养蚕的,这些行家里手是难得的专业人才,都要进行奖励,让他们先富起来;再让他们传授技艺,成为大家共同致富的带头人。特别值得一提的是,农民中有些善于"知时"的人,他们精通阴阳、时节的变化规律,熟知各种农作物的生长特性,能够准确地预测丰年和歉年,预知今年适合种什么不适合种什么。《管子》认为,对这样的能人,不仅要给予物质上的奖励,还要把他们请到官府中来，认真听取他们的意见，以备政府决策之用，并对他们进行特别保护，如不让他们去当兵打仗，不给他们摊派徭役等。考虑得可谓周全细密，用心良苦。

与富民的常规政策相配合的，还有各种惠民举措，比如遇到不好的年景适当减免税收，鼓励富足的人增加消费以增加就业，遇到灾荒为民众提供临时的劳务以帮助他们渡过难关——相当于如今的以工代赈。再比如抚恤鳏寡孤独之人，救济老弱病残之人，扶助遭遇灾祸之人，抚慰失去亲人之人，这一类措施为"匡其急"；为寒冻者送衣物，为饥渴者送饮食，为房屋破败者送修缮，为生活难以为继者送资助，这一类措施为"振其穷"。这些都不是民间百姓的互相救助，而是政府行为，由政府专设的部门进行常规的社会救济。

在爱民、富民的同时，《管子》十分强调"教民"，即通过对全民的社会教化实现良好的社会风尚和道德面貌。通过那句"仓廪实而知礼节，衣食足而知荣辱"的名言，可知在《管子》中，爱民、富民和教民是递进的关系，满足民众的基本生活需求是教化民众的前提条件。否则，"民贫则奸智生，奸智生则巧邪作"，贫穷容易使人形成投机取巧的心理，一旦投机取巧形成风习，要想实现良好的社会治理就会难上加难。

教民的内容和目标是使民众"知礼节""知荣辱"，"礼节"和"荣辱"恰恰对应着作为"国之四维"的礼、义、廉、耻，或者说是以"四维"为代表的社会普遍认可的道德观念和行为规范。这些观念和规范要靠长期的、适宜的教育才能形成,《管子》的作者们对此有清醒的认识,书中有一段流传千古的名言:"一年之计,莫如树谷;十年之计,莫如树木;终身之计,莫如树人。一树一获者,谷也;一树十获者,木也;一树百获者,人也。""树人"就是靠教化的力量,让民众在不知不觉中接受正确的思想观念,春风化雨般地塑造人们的道德风貌。这虽然不能像种庄稼那样当年就有收益,甚至也不能像种树那样在几年内见到效果,但一旦实现了"教训成俗"的目标,形成了良好的社会风尚,就可以一劳永逸地享受教化带来的诸多好处了。首先,教化关系到一个政权的存亡治乱,《管子》指出,同样的国家,同样的人民,桀纣治理下就乱亡,汤武治理下就昌盛,就是因为汤武能够"章道以教"。其次,教化可以改变社会的不良风气,造就良好的风俗,这能使全社会都长期受益。第三,"教训成俗而刑罚省",良好的社会风俗一旦养成,就会形成有效的乡村自治,大家可以和睦相处,即使出现纠纷也大都可以自行消解,这样无疑可以减少社会治理对政府强制力量的依赖。最后,良好的社会风俗中包含有良好的价值观,可以抑制不良风气,并促进社会稳定和经济发展。

当然,我们应该清醒地认识到,在古代的君主制度下,《管子》的爱民、富民和教民,这些以民为本的措施最终目的是"使民""治民",实现君主的政治目标。《管子》的教民思想,以"教训成俗"四字最为扼要,其中体现的是统治者的政治期待。

如"教之所期",就是通过教化,使老百姓和君主一条心,招之即来,遣之即往,奋不顾身地为君主效力;"训之所期",就是万民都能行动一致,紧紧跟随君主的步伐;"俗之所期",则是不等君主下令民众就会行动起来,不等君主派遣民众就会主动前往,无须君主劝勉民众就能自发地尽心竭力。由接受"教"和"训",到最终形成自觉、自愿、自然、自发的"俗",这就是教化的力量之所在。这样的效果,显然是用"政"和"刑"的强制手段无法实现的。

四 "务本饬末"的经济理论

前面我们说过,农业虽然重要,但并不是齐国经济的特色,工商业发达才是齐国的特色和优势。齐国自姜太公开国始就格外重视工商业,齐国的富强,工商业的贡献很大。齐文化的这个传统一直延续了下来,在《管子》中也有突出的表现。

齐国的经济政策与其他诸侯国不同,其他诸侯国大都偏重农业,为了保障农业而采取崇本抑末、重农抑商的国策。从《管子》中的材料看,齐国的经济政策可以概括为农工商并重,"务本饬末"。"务本"就是重视农业,《管子》对农业之于国家的重要性有足够的认识,诸如"一农不耕,民有为之饥者;一女不织,民有为之寒者""五谷食米，民之司命也"，"粟者，王之本事也，人主之大务""粟多则国富，国富则兵强"之类的论述不胜枚举。"末"就是指工商业，"饬末"是对工商业加强管理的意思，而不是抑制、打击或限制工商业发展。齐国统治者清楚工商业对于积累财富的重要性，很重视发挥齐国工商业发达这一优势，以工商业反哺农业。

　　《管子》记载了士、农、工、商四民分业之举措，可以看出，手工业在齐国早已是一个独立的行业。《管子》主张"令夫工群萃而州处"，就是让手工业者集中居住，不与其他行业的人相杂，便于本行业的人交流经验、切磋技术，这有利于提高产品质量和提高劳动效率，在交流和竞争中提高技艺。《管子》还主张"工之子常为工"，使他们父子相传，世代从事相同的职业，在这样的环境之中，耳濡目染，能较早掌握必要的劳动经验和工艺技巧，劳动效率也会高很多，对他们本人、家庭和国家都更有利。"四民分业"是齐国工商业比较发达的一个重要原因。发展手工业，须"求天下之精材，论百工之锐器"，追求精湛的工艺。齐国还提供优厚的待遇来吸引列国的能工巧匠。政府有专职的工师主管手工业。铁矿虽为国有，冶铁业却交给民间经营，盈利分成，"民得其七，君得其三"，类似如今的国有垄断行业私人承包制。

　　对于手工业中相当于如今的奢侈品的"末作"和"奇巧"，《管子》则是主张禁止的。因为其产品不是必需品，还起到很坏的示范效应:这些工匠"一日作而五日食",而"农夫终岁之作不足以自食也",这么大的反差,谁还甘心当农夫呢?所以,为了保护农业,就必须打击"末作"和"奇巧"。《管子》认为追逐奢侈品会导致贫穷:"工事竞于刻镂,女事繁于文章,国之贫也。"当百姓还在忍饥挨饿的时候,工匠们却以"雕文刻镂"相夸耀;当人们衣服不足还在受冻的时候,妇女们却以"美衣锦绣"相攀比,这些都是"逆"的表现,必须加以管理和限制,"使刻镂文采毋敢造于乡",确保基本民生。

"饬末"不仅针对手工业,也针对商业。《管子》主张在政治上对商人进行监管,防止他们取得政治权力,形成官商勾结。在经济上采取各种措施防止他们强取豪夺获取暴利,比如官方控制"山林菹泽草莱"等物产资源,防止商人把持物资操纵市场;比如在每年农业生产的重要时刻以及青黄不接的时候,政府投入足够的粮食和物资借贷给农民,"春以奉耕,夏以奉耘,耒耜械器,种饟粮食,毕取赡于君",防止商人趁机强取豪夺。由诸如此类的措施,可以看出,《管子》的"饬末"乃是对工商业加强监管,目的还是保障农业和民生,并不能笼统地理解为打击工商业。

《管子》视民富和国富为一体之两面,主张"富上而足下"。民富是国富的基础,民富则国家财政充盈。民富是指民众普遍富足,必须解决贫富悬殊、两极分化的问题。这个问题的解决,除了鼓励民众勤劳致富之外,政府也要出手,起到必要的调节和干预的作用，以达到"贫富有度"，防止"贫富失度"。农民是人口中的绝大多数，也是最容易陷于贫困的人群，他们的劳动贡献是国家财政最基本的来源。而豪强巨贾则是最容易致富的人，虽然人数极少，但往往掌握着巨大的财富。《管子》指出，这些豪强巨贾是政府的竞争者，不足以依恃，对他们必须加以限制，防止他们给国家带来危害。豪强巨贾出于贪婪的本性，往往不择手段地利用各种机会图谋民财。例如遇到年景不好时，他们往往采取囤积居奇的手段，乘人之危，谋取暴利。再如遇到政府急着征税的时候，民众就会被迫抛售自己的产品和财物，或被迫忍受高利贷的盘剥，这时就会有至少一半落入黑心商人手中，导致贫者愈贫，富者愈富，两极分化加剧。为了防止这些情况发生，政府就要出手干预。"一国之人不可以皆贵"，但在承认贫富差别的前提下，政府须拿出防止这种差别无限扩大的办法，来防止贫富悬殊、两极分化。比如运用国家权力和行政手段来让富豪们"散积聚"，强迫他们平价出售囤积的粮食，"夺余满，补不足，以通政事，以赡民常"，达到"富能夺，贫能予"的效果。比如由政府贷给农民生产资料和口粮，防止商人盘剥掠夺。比如可以在必要时提高米粮的收购价格，来保护农民，避免他们陷于贫困。还有划定贫困线，对特定人群予以必要的保护和周济，保障他们的基本生活。事实上，诸如此类的办法，今天依然在使用。

　　《管子》的经济理论，有一条很重要的主张就是"官山海"，对林、铁、盐等关系到国家经济命脉的重要资源实行国有化，由政府专卖,控制市场,防止豪强巨贾搜刮财富。"官"亦有管理之义,即这类重要产业虽可部分交由民间经营,但必须从国家的层面加强监管和限制,而不能任由豪强巨贾用操纵市场、投机倒把等方式聚敛财富,对国家安全构成威胁。对林、铁、盐业等实行国有和专卖,其价格中加入适度的税收,可以给国家带来巨额的、稳定的财政收入用于富国强兵,也可以用来调节社会经济生活,比如用这些巨大的商业收益来代替或减免农民的部分租税,减轻农民负担。"官山海"还包括国家垄断铸币权,"君有山,山有金,以立币",说的就是国家独占采矿权和铸币权,不让商贾染指,从而有效地从宏观上控制各种物资之间的比价关系。"人君铸钱立币,民庶之通施也。""人君操谷币金衡,而天下可定矣。"政府既可以从中获得巨额财政收入,也可以有效控制国家的经济命脉,保障民众基本生活,进而保障国家和社会的稳定。

《管子》还主张利用本国在商贸方面的优势,把大力发展对外贸易作为获取财富的重要渠道,增强齐国的国力。《管子》认为,国内商贸可以搞活经济,调节供需,却不能增加国家的财富总量,而国与国之间的商业贸易不仅可以互通有无,还可以"来天下之财"。《管子》中记载了很多对外贸易方面的策略,总体的指导思想是"因天下以制天下",即根据具体情况采取灵活的策略,达到"制天下"的目的。

开展对外贸易,吸引外商很重要。《管子》提出了很多优惠外商的政策,首先就是在关税上优待减免,如凡来齐国的外商,免征一次税,"使关市几而不征,壐而不税,以为诸侯之利","弛关市之征,五十而取一",让外商有钱可赚。此外还为外商提供很多具体的便利,比如为外商建造免费的招待客栈,提供各种优质服务。还根据外商的规模提供不同档次的服务:拥有一车货物的外商免费吃饭,有三车货物的额外供应牲口草料,有五车货物的还配备五名服务人员。这样的优质服务在列国中堪称独一无二,难怪"天下之商贾归齐若流水"。

《管子》主张,正常情况下的对外贸易,本国商品的价格要随着行情的变化而变化,保持和其他诸侯国商品的价格大体一致,即所谓"天下高则高,天下下则下",保证对外贸易正常进行;如果"天下高我独下",就会导致财富外流,反之则会无钱可赚。对于本国缺乏且又特别需要的物资,采取"天下下我高,天下轻我重"的高价政策,以鼓励进口,与列国争夺资源。对于本国盛产且有剩余的商品,采取"天下高我下"的政策,即低价出口的倾销策略,争夺市场。对于本国有垄断优势的商品,则力争实现利益的最大化。比如齐国是当时最大的产盐国,周边很多诸侯国都依赖齐国产的盐,每年的农闲季节,政府鼓励百姓煮海制盐,政府收购后收藏起来,禁止食盐出口,待盐价大幅上涨之后再出售;还对别国的低价盐进行转口贸易,东莱也产盐,齐国政府对东莱的盐不征收关税大量进口,再加价转销到有需求的别国赚取差价,获取丰厚的利润。从这些情况来看,齐国在当时的列国中不愧是商战高手,这些策略使得齐国可以长久地保持强大的国力和国际竞争力。

当然,《管子》毕竟是一部理论著作,里面的内容大多是思想家们的主张,并不都是齐国正在实行的政策,但是《管子》的经济思想在一定程度上反映和影响了齐国的国策。齐国"世为强国""冠带衣履天下",在列国中最为富有,也有赖于"务本饬末"的经济策略。

五 《管子》的哲学思想

《管子》凝聚了齐文化的思想精华,在哲学理论上也有很多独到的贡献,丰富了中国古代的哲学思想宝库。

商周时期,中国人的思想文化笼罩在浓厚的天命论之下,对天的崇拜是最高的信仰,支配着人们的思想和行为。那时的"天",是有意志的主宰之天,是最高的神,可以赏善罚恶,决定人们的命运和王朝的兴衰。到了春秋战国时期,人文主义逐渐兴起,天命论受到了冲击,对人们思想的支配力量开始减弱,出现了天道自然观,并逐渐占据了思想界的主导地位。《管子》的天道自然观就是这一时期的杰出代表,在恢复自然之天方面做出了杰出的贡献。《管子》中出现了大量把天与地对举的文句,使天恢复了本来面貌,即覆盖在地之上的,包括日月星辰、风雨寒暑等自然元素的自然之天，去除了附加的神秘意义和道德属性。天既然是自然之天，就有着不以人的意志为转移，同时又可以被人认识和把握的运行规律，故曰："天不变其常，地不易其则，春夏秋冬不更其节，古今一也。"天地万物变动不居，又有一定的"常""则"和"节"，这是《管子》提出的在当时具有代表性的重要认识。

更为有价值的是，《管子》进一步追索天地万物运动变化的规律和动因，提出了天道阴阳的思想。《管子》曰："春秋冬夏，阴阳之推移也；时之短长，阴阳之利用也；日夜之易，阴阳之化也。"春夏秋冬的季节变化，日夜寒暑的交替更迭，都是"阴阳之推移"的表现。阴和阳这两种对立相反而又交相为用的基本力量，推动着天地万物的生灭变化，故曰"阴阳者，天地之大理"。天道的观念在中国古代可谓由来已久，深入人心。在中国古人心目中，天道是最高的准则和最核心的价值。古人思考天道的问题，其目的是为人的行为提供最高层面的指导，所以天道和人道通常被看成同一个问题的两个方面。人道必须服从天道、顺应天道、效法天道，这是古人的共识。不过，先民心中的天道起初只是一个抽象的存在，是一种供人学习和模拟的理想状态。效法天道只是一个总的原则。《管子》把天道具体为"阴阳之推移"，即肉眼可见的日夜、寒暑、四时变化。这样一来，天道就成了可以观察和把握的具体存在，顺天道就具有了可操作性，可以落在实处了。这是《管子》对中国古代哲学思想的一个重要的贡献，对后世产生了极为深远的影响。

效法天道虽然对人的行为具有普遍的指导意义，但《管子》所关心的重点是君主应如何施政。《管子》认为，君主施政必须遵循天道之阴阳，具体的政令必须与阴阳四时的自然节律相协调，这个总的原则叫作"阳为德，阴为刑"。在这一原则下，《管子》提出了很多具体的指导意见。比如，春天到夏天，阳气居于主导地位，是万物生长的季节，君主应该发布仁慈的、温和的、有利于万物生长的政令，多行赏赐，避免杀伐，禁止砍伐树木、打猎、掏鸟卵等行为，这就是德政；秋天和冬天，阴气占主导地位，万物逐渐停止生长，进入收藏的状态，这两个时节应该发布严厉的政令，不再赏赐爵禄，惩罚犯人和讨伐敌国都可在此时进行，这就是刑政。诸如此类的措施，是为了"人与天调"，也就是人道符合和顺应天道。《管子》总结说："刑德合于时则生福，诡则生祸。"如果君主对德政和刑政的实施符合四时阴阳的自然节律，就会风调雨顺，国家安宁；相反，如果违背了自然节律，就会发生风雨不时、水旱灾害频发、草木反季节生长、五谷不收等祸患，为国家和民众带来灾难性后果，甚至会导致军事行动的失败。在传世典籍中，《管子》的天道阴阳和阴阳刑德思想是最早的，也是最全面的。

万物的本原是什么？万物是由什么构成的？这是哲学的基本问题之一，是东西方文明在发展的早期都曾思考的问题。《管子》在这个问题上有独特的贡献，提出了水是万物本原的思想。《管子》中有一篇重要的论文——《水地》篇,提出"水者何也?万物之本原也",明确指出水是万物的本原。水本是五行之一,中国古人最早是用五行来解释构成万物的基本物质,西周末年的史伯就曾说:"先王以土与金木水火杂,以成百物。"从哲学思辨的抽象程度上看,《管子》的水本原说显然居于更高的层次。在西方哲学史上,古希腊哲学家泰勒斯曾提出"水是万物的始基"的观点,认为水是构成万物的基本物质,万物产生于水又复归于水。但《管子》"水本原说"的内容要比泰勒斯的"水始基说"丰富得多,因为它不仅涵盖了泰勒斯"水始基说"所要解决的世界的统一性问题,还用水来解释万物的多样性、万物运动的规律、生命的本质、人的道德属性、人的精神活动,甚至不同地域的人的性情差异等复杂的问题。通过这种比较,我们可以看出,中国哲学和西方哲学在起始阶段就走上了不同的发展道路,表现出鲜明的差异。

《管子》对中国古代哲学最重要的贡献,是提出了精气论的思想。精气论的提出,也是为了解释宇宙万物的本原、构成和变化规律等哲学问题。与其他哲学理论不同的是,精气论思考的重点是用精气来解释人的生命现象和精神活动的机制,以及人的智慧与道德的来源。《管子》的精气论,集中在《内业》《白心》《心术上》《心术下》这四篇中。

早在西周时期,古人就提出了气的思想,把气看成构成天地万物的最基础的物质,自然界的阴阳、晦明、风雨都被看作气的运动变化的表现。比起金、木、水、火、土五行来,气的抽象程度更高,用气来解释世界显然更为合理。但是气毕竟也是可以感知到的,甚至是肉眼可见的——如云气、雾气、烟气等具体的存在——难以很好地解释更多、更根本的哲学问题。《管子》提出了精气的概念,大大提升了气论的抽象程度和理论水平,特别是用来解释人的生命活动和精神现象,可谓独树一帜,对中国古代哲学有特别的贡献。

《管子》曰:"精也者,气之精者也。"把精气定义为一种精微的物质,这可以说是在古代气论的理论框架下所能做出的最高的哲学抽象了。《周易》中也有精气这一概念:"精气为物,游魂为变,是故知鬼神之情状。"这是用精气的变化来解释鬼神,没有脱离神秘主义思想的影响。而《管子》的精气论则彻底摆脱了有神论,用朴素的物质论解释世界的理论方向。《管子》的精气论也使用了鬼神这一概念,比如"凡物之精,比则为生,下生五谷,上为列星,流于天地之间,谓之鬼神",这是把鬼神解释为流通于天地之间的精气,消解了鬼神的神秘含义。再如"思之而不通,鬼神将通之,非鬼神之力也,精气之极也",这是用物质性的精气解释人的精神现象,是对具有超自然力量的鬼神的否定。比较之下可见,《周易》是用精气来解释鬼神,《管子》则是用精气来消解和否定鬼神,它们解释世界的理论方向大不相同。

《管子》的精气理论是齐地固有的东方气论传统与南方的道

家哲学相结合的理论结晶。齐文化属于海洋文化，诡谲多变的大海、奇幻莫测的海市蜃楼及关于海外神山、不死之药的传说，刺激着齐人的想象，使得齐地的文化传统中有着关于长生不死的幻想，流行着寻求长生的各种方术。在这些方术中，以吐纳、导引等行气之法为主要内容的养生术最具可操作性。在现存的出土文物中，有一件玉制的剑铋，是已知唯一的与气论直接相关的器物。据考古学家的论定，这是战国初期的齐国器物，其铭文讲的是"行气"之法及其与生命、智慧、精神的关系，体现的正是齐地传统的行气养生的哲学思想。战国时期，老子开创的关于"道"的哲学理论传入齐国，与齐地固有的气论相结合，催生了具有浓郁齐学特色的精气论。

《管子》的精气论同老子的道论关系十分密切，可以说就是用精气论的语言来表达的道论。《内业》《心术上》《心术下》等篇在阐述精气论时，大量运用了老子道论的语言和思想，比如"虚无无形之谓道，化育万物谓之德""道在天地之间也，其大无外，其小无内""无为之谓道""名进而身退，天之道也""不见其形，不闻其声，而序其成，谓之道"，这些表述同《道德经》中对"道"的描述可谓如出一辙。精气论用老子的道论指导气论的开展，用精气的理论丰富、充实和论证了老子的道论，对道论和气论的发展都有重要的贡献。

精气论相比于其他哲学理论，其优势在于有利于解释人的生命现象和精神活动。精气虽然"下生五谷，上为列星"，但重点在于后面的话:"流于天地之间,谓之鬼神;藏于胸中,谓之圣人。"在中国古人的观念中,圣人和普通人的区别在于其超越常人的智慧和道德。《管子》认为,圣人之所以成为圣人,正是因为有精气"藏于胸中"。这是以圣人为例来说明人的智慧和道德等精神现象来自精气这种特殊物质。《管子》又说:"凡人之生也,天出其精,地出其形,合此以为人。"可见无论是"圣人"还是"凡人",作为人的本质特征的精神现象和思维能力都来自"精气"。"天出其精,地出其形"一句,则区分了人的肉体和精神及其不同来源;其中,"地出其形",人与万物无异,"天出其精"则是人的殊异之处。

那么,精气又是如何使人产生精神现象的呢?《管子》提出的"心为精舍"的理论回答了这个问题。《管子》认为:"定心在中,耳目聪明,四肢坚固,可以为精舍。精也者,气之精者也。气,道乃生,生乃思,思乃知。"这段论述包含着几层意思,首先,心为"精舍","心"是精气驻留之所。但精气驻留"心"中是有条件的,"心"并不是在任何情况下都可以成为"精舍",心必须"定"(也表达为"正""静""虚"等),即让"心"处于一种不受外界干扰的本然状态之下,流行于天地之间的精气就会进驻心中;精气在人体内流通运行,人就有了生命,有了思考的能力,进而有了智慧。所以,有了形体不等于有了生命,"地出其形"的同时还必须"天出其精",形和神相合,才有生命。要保证精气在人体内常驻并通畅地运行,"心"就需要保持宁、敬、虚、静的状态，这是人保持健康长寿的关键。这样的思想对中国古代的养生理论产生了深远的影响。

心为"精舍"，精气进驻心中是一切生命活动和认识修养活动的前提，这里的关键条件是使"心"达到特定的状态。《管子》在这个问题上有很多论述，其中的核心是"敬除其舍"，也叫"洁其宫"。《管子》把精气比作"贵人"，这位"贵人"不是随随便便就可以入住馆舍的，"馆不辟除，则贵人不舍焉"，必须把"心"这个馆舍打扫干净，才能迎来这位"贵人"。那么需要"辟除"的是什么呢？从《管子》的论述来看，一切"不洁"之物都在"辟除"之列，包括私心、贪欲等人性中先天就有的不好的东西，好恶、成见等后天形成的主观偏见和错误认知，还有喜、怒、哀、悲、愤、忧、怨、躁等不良心态和情绪。将所有这些都"辟除"了之后，"心"达到正、定、宣、静、虚的本然状态，精气自然就会前来安家，所以说"敬除其舍，精将自来"。

在中国古人的学说中，认识问题和修养问题常常是一回事，不必区分。精气论是在讲述获得正确认识的方法，同时也在探讨提高个人修养的途径。在认识上和修养上达到最高境界，《管子》称之为"得道"。"得道"绝不是轻而易举的事情，吸引精气进入"心"这个馆舍仅仅是第一步，不等于能把精气留住，如果不继续下功夫，精气还会流失。保住精气的方法和吸引精气的方法虽有不同，但又密切相关，那就是努力排除自身和外界的干扰，使"心"始终保持安、宁、虚、静的本然状态，这样精气就不会得而复失。但是，保有精气还不是精气论的最终目的，而只是一种"修心""治心"的功夫，精气论的最高目标是"得道"。如何才能"得道"呢？那就要在保有精气的基础上，使精气不断积聚和扩充，"日新其德"，最终获得最高的智慧和修养，达到圣人的境界。"得道"的境界是什么样的呢？从"穷天地，被四海""万物毕得""遍知天下，穷于四极"这些表述来看，可以说是人类的语言所能描述的尽善尽美的境界了。

最后，和中国古代的其他哲学理论一样，《管子》的哲学也有其政治关切，也将自己对"心"的思考所得应用于政治生活，称之为"心术"或"君术"。《管子》认为："心之在体，君之位也；九窍之有职，官之分也。"在人体中，耳、目等感官好比政府的各个职能部门，心则好比君主，负责统辖管控这些职能部门。心不能也不必参与耳、目的视、听之事。要让耳、目充分发挥各自的功能，就必须做到"无为"。"毋代马走，使尽其力；毋代鸟飞，使弊其羽翼。"事实上，就像是人跑不过马、飞不过鸟一样，心也无法代替耳、目的功能，如果勉强参与"视听之事"，只会把事情办糟。所以，心越是"无为"，就越是有利于耳、目充分发挥职能。《管子》又提出了君无为而臣有为的理论：君的作用是制定规则和指派任务，让百官根据规则去执行任务；君主不要干预百官的工作，否则就会出现君主意志和既定规则的冲突，往往会破坏规则。所以，君主越是清闲，百官的效率就越高。《管子》还为君主指出了"无为"的具体方法，比如君主要保持"静"

的状态，须"毋先物动"，不要动辄提出和改变自己的想法，要防止自己产生控制和干预的冲动。君主还要做到"虚"，尽量排除自己的成见（"故"）和预期（"设"），防止自以为是和主观专断，多听取下面的意见。君主处理事务，要遵循"因"的原则，"因"就是因循、顺应具体的情况，排除主观专断。"因"可以说是《管子》哲学的方法论，《管子》对"因"的理论内涵进行了一些特别的阐述。比如"因也者，无益无损也"，即尊重客观的实际情况，既不增加（"益"），也不减少（"损"）；"因也者，舍己而以物为法者也"，就是排除主观意志，一切都要视客观实际（"物"）而定；"因也者，非吾所取，故无颇也"，排除了主观的选择，完全依据客观的情况，这样的行为就不会有偏颇和失误。从这些论述来看，《管子》的"因"是对老子的自然无为思想的继承，并做了很好的发挥。《管子》关于"心术"和"因"的思想，在战国百家争鸣时期产生了十分广泛的影响。

第六章

齐文化精粹撷珍·稷下学宫

后期稷下学宫的学术领袖：荀子

荀子，名况，字卿，又称荀卿、孙卿，赵国人。荀子是战国时期最后一位儒学大师，是后期稷下学宫的学术领袖。荀子的思想集百家之大成，是先秦时期学术思想发展的最高峰，这是学术界早已取得的共识。荀子之所以取得这么高的学术成就，同他长期主持稷下学宫的日常活动，对各个学派的思想学说十分熟悉是分不开的。荀子在稷下学宫中"三为祭酒"，"祭酒"相当于现在的会长或首席专家。那时正值稷下学宫和百家争鸣的后期，各家各派的学说在稷下都发展到了成熟的阶段。荀子对各家学说的利弊得失有清醒的认识，他通过对各家学说的批判和吸收，构建了自己博大精深的思想体系。

一　荀子的生平：典型的学者生涯

荀子的生平活动大体上是十分清晰的，争议在于他第一次来到齐国是十五岁还是五十岁。《史记》上说荀子"年五十始来游学于齐"，汉代刘向的《叙录》也是这么说的。而汉代应劭的《风俗通义》却说："齐威宣之时，孙卿有秀才，年十五始来游学。至襄王时，孙卿最为老师。"比较这两种说法，我比较倾向于后一种，即荀子是在十五岁时首次来齐国求学。主要有如下几点考虑：齐宣王时，孟子和淳于髡都活跃于稷下学宫，而传世史料和《荀子》中都没有提到荀子和他们有交集，看来那时荀子即使已经来到稷下学宫，也只是个年轻的学子。荀子去世的年代比较确定，大约在公元前 235 年。《史记》记载："春申君死而荀卿废，因家兰陵。"春申君死于公元前 238 年，荀子大概因为年事已高，遂住在兰陵，直到去世。而齐襄王复国是在公元前 283 年，就算他即位当年就恢复了稷下学宫并启用荀子为"祭酒"，就算那年荀子刚刚五十岁，到了去世时也有九十八岁了，这是不大可能的。一般认为，荀子活了八十五岁，往前推七十年（到他十五岁那年），正是齐宣王执政的中期，那时孟子大概已经离开齐国，他很可能没有机会见到孟子。再说，根据《史记》记载，孟子是"道既通，游事齐宣王"的，荀子始来齐国却是来"游学"的，"游学"的只能是年轻的学子。在当时，五十岁已经是老人了，学问也早已定型了，此时才来游学，是不是太晚了？他的学问又是从哪里学来的呢？

荀子年十五来游学，正值齐宣王执政，齐国和稷下学宫处于鼎盛时期，百家争鸣的良好学术环境使他获得了极好的成长条件。可惜没过多久，齐宣王就去世了，继位的齐湣王是个好大喜功、自以为是的君主，连年发动战争，"矜功不休"，对内大量消耗民财民力，对外也得罪了列国诸侯，成为众矢之的。齐国进入了危机四伏的时期。包括稷下先生们在内的"诸儒"进行了苦谏，齐湣王就是听不进去，反而看他们不顺眼，稷下先生们的生活待遇也一落千丈。以稷下先生田骈为例，他曾经"资养千钟，徒百人"，生活优裕，可是此时在稷下待不下去了，跑到了薛城。他曾经描述在稷下学宫最后阶段的生活，吃的是粗恶的饭食，喝的是野菜汤，冬天受冻，夏天暑伤。在这种情况下，稷下先生们纷纷出走，荀子也离开齐国，去了楚国。后来，五国联军伐齐，齐湣王在乱军中丧生，齐国几乎覆灭。

田单复国后，齐襄王即位，他决心要振兴齐国，遂着手重建稷下学宫。根据《史记》的记载，这时以田骈为代表的一批稷下先生已经去世，荀子回到稷下学宫，已经是"最为老师"了。他是稷下学宫培养出来的学者，对学宫有着特别的感情，这时大约是在四五十岁，思想成熟，学识渊博，有较高的声望，所以被委任为学宫的"祭酒"，主持学宫的日常活动。"祭酒"相当于如今的学会会长，应该是有任期的，荀子"三为祭酒"，很可能是连续三次出任祭酒，在很长的一个时期内一直主持稷下学宫的工作。在这段时间内，荀子完成了《荀子》的主体部分。《荀子》一书共三十二篇，分别写成于不同的时期，其中《劝学》篇列于全书的首篇。这篇著名文章的主要内容是劝导年轻人努力学习，论述后天努力的重要性、学习的内在规律和主要方法等。从内容看，显然是写给年轻读者看的，这个读者群体一定是相对稳定且具有相当的规模，不会是写给个别读者的心血来潮之作；这个读者群体一定是流动性的，不断有新的年轻人加入。《劝学》篇很像是现代大学里历届新生都使用的通用教材或通识读物，这也能从一个侧面说明荀子在稷下学宫经历了一个较长、较稳定的时期。后来有人向齐国统治者进谗言，荀子才被迫离开了齐国，再次来到楚国。根据《史记》，楚国的春申君黄歇"相楚八年，为楚北伐灭鲁，以荀卿为兰陵令"。如果荀子是在这一年离齐适楚并出任兰陵令，那么他在稷下学宫应该待了二十多年，这也是他的学术生涯中最重要的阶段。

兰陵是春申君的封地，今属山东临沂。荀子出任兰陵令十七年，再加上他在兰陵的最后时光，他在兰陵居住了大约有二十年，死后葬在兰陵。在仕楚为兰陵令期间，荀子出访过他的故国赵国，在赵孝成王面前和临武君讨论过军事问题；还曾出访秦国，与秦昭王和主政的应侯范雎讨论过军事和政治等问题，所以对秦国的情况比较了解。后来他的学生李斯出仕秦国辅佐秦王嬴政，荀子曾"为之不食"，大概是认为李斯帮助暴秦征服天下是不义之举的缘故。《荀子》一书，应该是他在兰陵期间集结成书的。这部不朽的著作是荀子学术生涯的理论结晶，也是战国百家争鸣的巅峰之作。

二　天人相分的哲学思想

天人关系大体上相当于如今的自然与人的关系，是古代哲学的一个十分重要的基本问题。春秋时期以前，天命论居于主导地位，"天"是有意志的人格神，是可以赏善罚恶的主宰。在天人关系上，荀子之前的孔子和孟子都主张天人合一，把"天"视为道德、正义等美好事物的价值源头。在《老子》《庄子》和《管子》那里，"天"的神秘意义被剥离，"天"被还原为与"地"相对的自然之天。荀子吸取了前人的思想成果，提出了天人相分的思想。

什么是"天"，荀子明确指出："列星随旋，日月递照，四时代御，阴阳大化，风雨博施……夫是之谓天。""天"被彻底地还原为物质世界、大自然。在荀子之前，虽然也有人把"天"还原为自然之天，但都没有荀子这般明快和彻底。在此基础上，荀子提出了"明于天人之分"的著名思想，把天与人、自然与社会明确区分开来，强调天与人各有其功能、作用和职分，不能互相替代。他说："天地合而万物生，阴阳接而变化起……天能生物，不能辨物也；地能载人，不能治人也。"生万物、起变化是天的职分，"辨物""治人"则是人的职分，两者不能混淆和替代。荀子提出"明于天人之分"的观点，主要是为了纠正社会上长期以来普遍流行的人间的兴衰治乱祸福由"天"决定的这一错误观念。荀子明确地指出："天行有常，不为尧存，不为桀亡。"天有自己的运行规律（"常"），这些客观规律和人的意志以及社会状况互不相干。"天"既不能干预人间之事，人的意志和社会状况也不能影响天。"天"不会因为人们怕冷而停止寒冬，也不会因为人们怕热而停止酷暑，"天"的运行规律不会由于人类社会是由尧这样的明君统治还是桀这样的暴君统治而发生任何改变。所以，国家的安危、王朝的兴衰和社会的治乱完全是由人决定的，和"天"没有关系。如此一来，长期以来披在"天"身上的神秘外衣就被彻底剥离了，"天"完全被还原为自然之天。把"天"还原为自然之天的努力，自春秋时期就已经开始了，到了荀子才在理论上彻底完成，这是中国古人的自然认识史上的重大进展。

在"明于天人之分"的基础上，荀子进一步提出了"制天命而用之"的命题，这可以说是中国古代天人关系论中最具有震撼力的命题了。在天人关系问题上，道家学派率先冲破了天命论的思想藩篱，恢复了"天"的自然属性，主张顺应自然和自然无为，这无疑是一种正确的态度。不过，道家学派过多地强调了人对自然的服从和顺应，却忽视了人的主观能动作用，人在"天"面前成为消极被动的一方。荀子不满意道家哲学的这种消极的态度，他批评老子的哲学是"有见于诎，无见于信"，批评庄子的哲学是"蔽于天而不知人"，批评慎到的哲学是"有见于后，无见于先"。荀子认为人在自然之天面前，不应只是被动地服从，而是应该采取积极主动的姿态，探索和掌握自然的奥秘和规律，在服从自然规律的前提下，充分利用自然的资源来满足人的需要。基于这样的认识，荀子提出了很多精彩的思想。他首先肯定了人有掌握和利用他物的能力，称之为"君子役物"，即利用万物为人类造福。但这不是由于君子有什么天赋的异禀，而是"善假于物"，即善于利用他物，比如善于利用车和马而日行千里，善于利用船和桨而渡过江河。最后，荀子得出结论："大天而思之，孰与物畜而制之！从天而颂之，孰与制天命而用之！"这里的"天"早已不是主宰人类的命运之"天"，而是自然万物之"天"。面对这样的"天"，与其缩手缩脚，不如把它还原为普通之"物"而"制"之，使之像牛马一样为人类所用。"天"既然已经被还原为自然万物，就没必要一味地顺从它，赞颂它的伟大，而应该大胆地探索和掌握它的规律，然后为我所用。这显然是非常了不起的思想。

荀子"制天命而用之"的思想，通常被看作一种人定胜天的思想，笔者却不这样看。人定胜天是相信人一定能战胜、征服"天"（自然）。其实"天"（自然）在总体上是不可战胜、不可征服的，即使人能够在短时间内和一定程度上改变自然的面貌，也并不能看作战胜了自然、征服了自然。有的人登上一座山峰、蹚过一条河沟，就声称是征服了山峰河流，其实充其量不过是经受住了大自然的一次考验而已。人只能适应自然，利用自然而生存，无视自然规律而试图战胜自然、征服自然，只能暴露无知和狂妄，最终必将受到大自然的报复。荀子并没有要战胜和征服"天"（自然），并没有试图挑战自然规律，"制天命"不应该被解释成无视和改变自然规律，而应该理解为探索和把握自然规律，使万物为人所用。"制天命而用之"是一种对待物质世界的清醒认识和应有态度，是对天人关系的正确定位，是荀子对古代哲学的卓越贡献。

三　"化性起伪"的人性理论

关于人性问题的讨论是战国百家争鸣的重要内容，各学派都参与了这场大讨论。人性问题之所以在战国时期成为思想界讨论的热点，是由于当时列国之间的政治军事竞争日趋白热化，各国诸侯无不急于富国强兵，急需治国方略上的理论指导，而诸子百家提供的治国之道都是从他们对人性的认识和判断为出发点的。

战国时期的人性理论是围绕着人性究竟是善还是恶展开的，诸子百家提出了自己的看法。孟子的人性论可谓独树一帜，他鲜明地主张人性本善。这种主张虽然奠定了其后两千多年间儒家文化关于人性问题的基本论调，但孟子在当时却是孤军奋战的。当时，有人主张人性中有善也有恶；有人主张人性无所谓善恶，全看如何引导；还有人认为有的人性善，有的人则性恶；而更多的人持法家那样的观点，认为自私自利、趋利避害是人的本性。荀子以儒家的人性论为基本立场，批判地吸取了诸子百家的不同观点，提出自己独特的人性理论——性恶论。

荀子认为，人与生俱来的只有好利恶害、好利欲得的天性。他说"生之所以然者，谓之性"，这实际上是"生之谓性"的传统主张。"生之谓性"其实是人们根据日常的观察和生活体验得出的结论，成为那个时期最普遍的人性论主张。这种主张所说的"性"就是人的自然天性，也是人和动物的相同之处，那就是自私自利、趋利避害。孟子对"生之谓性"的主张持明确的否定态度，他认为人的"性"不应该是人之同于禽兽者，而应该是人之异于禽兽者，那就是道德属性，所以他大力阐扬人具有先天的善性。荀子不认同孟子的观点。他所谓的"生之所以然者"，就是

"饥而欲食,寒而欲暖,劳而欲息,好利而恶害",就是"目好色,耳好声,口好味,心好利,骨体肤理好愉佚"。这些与生俱来的生理需求是"无待而然者",也是"禹、桀之所同",没有人能够例外。这就是荀子所说的"性恶"。可见他又回归"生之谓性""食色性也"的传统认识上去了。荀子把这些"性恶"的内容概括为"好利而恶害""好利而欲得",作为自己人性理论的出发点。

但是荀子毕竟是一位儒家大师,强调道德教化使人向善是儒家的基本主张。同样是从自然人性论出发,法家等学派认为自私自利、趋利避害的天性是合理的,而且可以被统治者用作赏罚的根据,来实现君主的政治目的,所以人性是不必改变的。荀子则不同,他认为虽然人性"恶",没有天生的道德属性,但是人又是可以接受道德教化的,也是应该接受道德教化的;通过道德教化,最终都可以成为有道德的人。这就是荀子著名的"化性起伪"的思想。

荀子认为:"人之性恶,其善者伪也。""化性"就是变化人性。前面提到的各种人性理论有一个共同点,那就是都认为人性是不可改变的,唯独荀子认为人性是可以变化的,而且是应该变化的,即由与生俱来的"恶"改变为"合于善"。"伪"是人为的意思,"化性起伪"即通过后天的人为干预来达到变化人性的效果。"化性起伪"的主体是圣人,圣人通过礼义的作用来变化人性。荀子举例说,工匠把木料加工成器物,器物生于工匠之"伪";制陶的人把黏土加工成陶器,陶器生于"陶人之伪"。没有工匠的劳动,黏土和木料就不能成为"器"。同样道理,圣人通过礼义改变人之性,使人化恶为善,这个过程就是"伪"。离开了圣人的礼义教化,人性就只能停留在"恶"的状态,所以说"人之性恶,其善者伪也"。荀子认为,"化性起伪"对于人类社会是极为重要的,因为人的本性是"恶"的,如果放任自流而不加以节制,就必然会发生争夺和暴力,导致动乱。所以必须用礼义来教化民众,改变他们"恶"的本性,使之"合于善",这样社会就会和谐安宁。荀子认为,"化性起伪"是一定可以实现的,现实中这样的例子数也数不清。比如"饥而欲饱"是人的本性,一个饥饿的人本应不顾一切填饱自己的肚子,但他却可以把食物让给长辈先吃;"劳而欲休"是人的本性,可是一个劳累的人却可以为父亲代劳。这些人能够做出辞让、孝亲的行为,表明其性已经"合于善",这是礼义道德的教化作用产生的功效。

荀子坚信道德教化可以改变人性,并且坚信所有人都有接受道德教化的可能,所以他得出了"涂之人可以为禹"的结论,认为每一个普通人都可以成为大禹那样的圣人。他认为在礼义道德的教化作用下,如果能够"积善而不息",每个人都有成为圣人的可能,而之所以没能成为圣人,只是因为努力不够。"涂之人可以为禹",让我们想起了孟子说的"人皆可以为尧舜",可见荀子主张人性恶,孟子主张人性善,虽然理论出发点相反,最后却是殊途同归。

荀子的"化性起伪",是一种比较合理的人性论。好利恶害、趋利避害出自人的生物本能,是人的天性中本有的内容,传统的"生之谓性"的认知就是基于这个事实而生,因而被当时的理论界普遍接受。荀子的"化性起伪"立足于这种朴素的认知,其性恶论可以说是一种事实认定。而孟子的性善论则是一种理论认定,他认定人性中有道德萌芽并大力阐扬之,但并没有解释"恶"从何来,没有正面回答人性中是否含有"恶"的内容。所以荀子等思想家所阐述的"性恶"问题,孟子只不过是避而不谈而已。荀子批评孟子的性善论是"无辨合符验,坐而言之,起而不可设,张而不可施行",说他仅是"坐而言之",即只是一种理论认定而已,没有事实验证,缺少可操作性,难以具体施行。荀子指认的人性之恶,则可以用无数的事实来验证,他说的"化性"也可以用大量例证来证明其可行性。荀子承认人性本恶,反而更突出了礼义教化的必要性。"化性起伪"具有很强的可操作性,既适用于对社会群体的教化活动,也适用于个人的道德修养,可以达到培养圣贤人格的儒家目标。所以,荀子的性恶论和孟子的性善论只是思路和出发点不同而已。解释恶的来源和如何化解人性之恶,成为孟子之后儒学理论发展的重要课题,荀子的性恶论则为此提供了启示和思想资源。汉代以后的儒学不得不直接面对人性之恶的问题,都在一定程度上承认了恶也是人性中本有的。对于如何化解人性之恶,历代儒家提出了很多理论方案,但都是围绕着如何"化性"这一核心内容展开的。由此可见,荀子"化性起伪"的人性理论在儒家思想发展史上有着重要的地位和贡献。

四 "隆礼重法"的政治主张

先秦时期百家争鸣,核心问题之一是国家治理方式之争。国家治理方式虽然多种多样,但大体上可以归为两类,一类是儒家式的治国理念,主张德礼之治,重视道德教化;另一类是法家式的治国理念,主张以法治国,依赖强制性的政令和刑罚。儒家的创始人孔子坚信德礼之治优于刑法之治,他比较了"导之以政,齐之以刑"和"导之以德,齐之以礼"两种治国方式的实际效果,认为前者虽然能够使人服从,但只是出于畏惧而免于刑罚而已,政府和民众之间离心离德;后者则能使民众形成正确的观念,从而自觉自愿地配合政府。儒家虽然不完全排斥法治,但认为德礼之治的教化作用可以提高人们的道德水平,从而使得强制性的法治成为不得已而偶一用之的手段。法家则完全依赖强制性的法治,否认道德教化的社会功用。在他们眼里,百姓都是刁民,他们依赖的法治也只是被称为"二柄"的赏和罚。

其实,儒家和法家都是以维护等级制的国家秩序为目标的,礼和法都表现为一系列的规范,都是以规范治国。礼是一套非强制性的规范,法则是一套强制性的规范。礼治和法治不过是两家为医治共同的社会病症而开出的不同药方,一个强调以礼劝善,"禁于将然之前";一个强调以法禁恶,"禁于已然之后"。二者各有不可替代的政治功用,本来是可以联手并用、互相补充的,但是起初人们认识不到这一点,儒家和法家的治国主张大体上形成对立的状态。在稷下学宫百家争鸣的良好思想环境下,经过充分的思想交锋,各家学说的优缺点都充分显露出来,各种思想主张互相影响。大家取长补短,在某些重大理论问题上逐渐形成了共识,儒家的礼治主张和法家的法治主张也开始改变原来的对立状态,出现了调和的迹象。稷下先生慎到、田骈、尹文等人以及《管子》的作者们最早开始了调和儒、法的理论尝试,他们在政治上都主张法治,但认同儒家的礼乐仁政,主张吸收儒家的礼义教化,作为以法治国的辅助和补充,以达到更好的国家治理效果。这种调和儒、法的学术取向在稷下学宫十分流行,也取得了一定的理论成果。荀子三为祭酒,长期主持稷下学宫的日常活动,十分熟悉各家学说的长短得失,批判地吸收了各家学说的理论成果,用来充实、改造和完善儒家的学说。荀子沿着慎到等稷下先生开辟的理论方向,继续调和儒、法。与慎到等人不同的是,他是以儒家思想为本位,在坚持以礼治国的前提下,吸取了法家学说中的合理内容,使之成为礼治主张的辅助和补充。荀子提出的"隆礼重法"、礼主刑辅的政治主张,为儒家的政治理论开辟了崭新的局面。

作为儒家大师，荀子十分强调礼的重要性，称礼是"人道之极"，"王公由之所以得天下，不由所以陨社稷也"。在他看来，是否实行礼治关乎国家社稷的存亡。荀子认为，实行有效的礼治可以收到"赏不用而民劝，罚不用而民服"的效果，但是他看到了传统儒家单纯依赖礼治的严重缺陷，认为礼治必须有法治这种强制性的力量来支撑和维护，才能保证其有效性。他指出，法家的方式是"不教而诛"，会导致刑罚繁多却无法杜绝邪恶；儒家的方式是"教而不诛"，奸民得不到惩治，当然也无法杜绝邪恶。所以他主张把只讲预防、不讲惩治变为以防为主、防治结合，"以善至者待之以礼，以不善至者待之以刑"，用刑罚来惩治那些不肯服从教化的违礼者，以保障礼治的推行。这样，礼治和法治就成为荀子政治理论中的两大组成部分，可以说是把儒、法两家的主张熔于一炉了，所以我们在《荀子》一书中可以看到很多把礼和法并举和联称的情况。当然，在荀子那里，礼治是有优先性的，是主要的、首要的治国手段，法治是礼治的辅助和支撑，这从荀子的论述中总是先礼后法就可以确认。《荀子》中多次出现"隆礼尊贤而王，重法爱民而霸"之句，王，即王道，是以德服人；霸，即霸道，是以力服人。在儒家那里，王道是高于霸道的，荀子也更推崇霸道。他认为，重法可以实现霸道，隆礼却可以实现更高的王道理想。

荀子的"隆礼重法"是对传统儒家政治理论的改进和升级。传统儒家相信依靠道德教化就足以使人向善而不违礼，更不会违法,从而使得强制性的刑法制裁失去必要性。但实际上,儒家的礼只有劝善的功能,不能惩恶,对于那些违礼的人和事只能是口诛笔伐而无可奈何,失之软弱,这也是儒家的礼治被法家诟病的原因。随着时代的变化,儒家的礼治越来越难以适应列国激烈竞争的现实需要,不得不进行改进,荀子的"隆礼重法"、礼主刑辅政治理论的出现,就适时地弥补了儒家的不足和缺陷,实现了儒学的与时俱进。

  荀子的礼法结合、礼主刑辅的政治理论,十分适合大一统君主政体的需要,因而成为中国古代社会长期采用的基本国策和指导思想。汉代以后的历代王朝,虽然表面上独尊儒术,实际上奉行的却都是儒法结合、阳儒阴法。这样的政治模式理论正是成熟于荀子的,荀子对两千年大一统君主专制政治的理论贡献是首屈一指的。

第七章

阴阳五行家与邹衍

阴阳五行家简称阴阳家,顾名思义,是倡导阴阳理论和五行理论的学派。阴阳家是先秦时期最后出现的学派,就诞生于稷下学宫,创始人邹衍就是齐国人,是稷下学宫晚期著名的稷下先生。阴阳家出现在齐国,同齐文化中特有的海洋文化的思想元素有密切关系,可以说就是齐文化的特产。阴阳家虽然到战国晚期才成为独立的学派,但它一出现就轰动一时,而且对中国古代历史文化和社会生活产生了深远的影响。

一　阴阳五行思想的渊源和历史发展

阴阳家是中国古代一个十分重要的学派。司马迁的父亲司马谈在《论六家要旨》中，第一次把学术流派分成六家，其中阴阳家列在首位，位于儒家、道家、墨家等学派之前，可见其地位。

阴阳观念和五行观念，产生并且流传于不同的地域，二者原本互不相干。在战国百家争鸣的历史文化条件下，阴阳思想和五行思想实现了合流，就像两条发源于不同地方、在不同地域流淌的河流，汇成了一条更大的河流。

阴阳观念和五行观念早在西周时期就出现了。一般认为，阴阳的观念产生于南方并主要在南方流传，五行的观念产生于北方并主要在北方流传。在长期的流传过程中，各自都有丰富和发展，到了战国百家争鸣时期实现了合流。

《汉书·艺文志》在介绍阴阳家时说："阴阳家者流，盖出于羲和之官。"羲和是上古神话中的太阳女神，也是掌管历法的女神，羲和之官是古代掌管天文历法的官员。这表明，阴阳家和古代天文历法文化有特殊的关系。

阴和阳的本义是指日光的向和背,也就是向阳和背阴。我们知道,太阳出来的时候会先照到山的南坡和河的北岸,所以山之南和水之北称"阳",山之北和水之南称"阴"。古代的地名通常都遵循这样的规则命名,比方说洛阳是在洛水之北,江阴是在长江的南岸,蒙阴是在蒙山之北,衡阳在衡山之南。

在春秋之前,阴阳观念主要被用来解释一些罕见的、异常的,或者灾害性的自然现象。比如西周末年的周幽王时期,史官伯阳父就用阴阳失序来解释地震发生的原因。他认为"天地之气,不失其序",天地之间的阴气和阳气的存在状态是有一定秩序的,现在"阳伏而不能出,阳迫而不能蒸,于是有地震",也就是说,阴气和阳气不在正常的位置上,阴阳失序,导致了地震。这是中国古代最早的关于阴阳的论说。后来阴阳观念逐渐发展,内涵日益丰富,形成了一种哲学理论,比如老子讲"万物负阴而抱阳,冲气以为和",意即阴和阳的并存和对立是万物的基本属性和普遍的存在形式。《周易》里面讲"一阴一阳之谓道",认为阴和阳的相互作用是宇宙间最根本的原理。此后人们逐渐习惯于用阴阳来表示宇宙万物中普遍存在的两种最基本的矛盾对立的力量或者性质。阴阳理论是中国古代哲学中的重要组成部分,对中国传统文化的发展产生了深远的影响。

五行的观念在西周时期也已经出现了。众所周知,五行就是金、木、水、火、土。中国古人把它们看作构成万物的最基本的物质，用来解释宇宙万物是多样性的统一。

《国语·郑语》记载："史伯曰：故先王以土与金、木、水、火杂，以成百物。"这里的"百物"应该是指人们日常生活中离不开的各种器物。"先王"用土和金、木、水、火相混杂，就创造了"百物"。

"五行"这个词最早出现在《尚书》中："五行，一曰水，二曰火，三曰木，四曰金，五曰土。水曰润下，火曰炎上，木曰曲直，金曰从革，土爰稼穑。润下作咸，炎上作苦，曲直作酸，从革作辛，稼穑作甘。""水曰润下"，是说水的特性是"润下"，水往下流，可以滋润万物。"火曰炎上"，是说火的特性是发热，热量是往上走的。"木曰曲直"是说木是能曲能直的。"金曰从革"是说金（金属）可以任意改变形状，人们可以用金制成各种各样的器物。"土爰稼穑"是说土是可以种庄稼的。"润下作咸"，是说水常常会有咸味。"炎上作苦"，是说火燃烧以后形成的炭是有苦味的。"曲直作酸"是说木头往往都带有酸味。"从革作辛"，是说金属这类东西往往有辛辣的味道。"稼穑作甘"，就是说农作物味道是甜的。从这段材料，我们可以看到，那时候的人们对五行的基本属性已经有了一定程度的认识，并开始和五味搭配了。在五行中，水、木、火、土都是现成的自然物，金就不一样了，是冶炼出来的金属。人们冶炼的金属最早是青铜，用青铜做成器物并大量使用，则是商周时期。所以，我们可以大体上认定，五行说的出现不会早于殷商。

中国古人很早就认识到，土在五行中具有特殊的地位。土最为重要，土就是土地，就是土壤，就是大地，万物只能在土地上存在和生长。这种强调土的特殊重要性的认识，后来发展成尚土说——崇尚土，认为土在五行中居于中央的、核心的位置，称其为"中央土"，起到统领、协调的作用。确认土的突出地位，这个认识是非常重要的，离开了这一点，五行说的理论体系就构建不起来。

五行之间的关系，最初是任意的，或者说是杂乱的。后来人们发现五行之间存在着两种特殊的关系，这使得它们构成了非常密切的联系。这两种关系，一种叫五行相生，一种叫五行相胜。五行相生，即木生火，火生土，土生金，金生水，水生木，木再生火，构成无限的循环。五行相生揭示了五行之间的相辅相成，存在着前者衍生后者和推动后者的特殊关系。五行相胜也叫五行相克，即五行之间存在着一种互相克制的关系，木克土，土克水，水克火，火克金，金克木，木再克土，形成无限的循环。五行相胜，容易使我们联想起小时候经常玩的锤头、包袱和剪刀的游戏，就是这种一物降一物的关系。还有一种鸡、虫、老虎、棒子的游戏，也是如此。其实这类游戏应该都是脱胎于五行相克的古老认识。

五行相生和相胜的理论对中国传统文化产生了重要的影响，被广泛地用于政治、经济、军事、科学以及人们日常生活的方方面面，直到现在仍然在民间文化中有很大的影响力。

阴阳五行学说是古代先民试图了解自己生活于其中的物质世

界的奥秘，对其本质和规律进行探索的抽象思考，由此总结和发展出来的一套哲学理论。这些古老的哲学思想中包含着一定的朴素的唯物论思想，也包含着一定的科学因素。对此我们不应该轻易地全盘否定，不应该笼统地看作封建迷信。

二　阴阳家的创始人驺衍

　　阴阳和五行的观念尽管很早就出现了，但是真正形成思想体系，成为一家之言，并且与其他学派并列，却是战国晚期的事情了。阴阳家学派的创始人和代表人物是齐国人驺衍（也作"邹衍"），他也是著名的稷下先生。《史记》中多次谈到稷下学宫的盛况，每次都提到驺衍。稷下学宫历时约一百五十年，驺衍是最后一位大思想家，也是战国时期有重大影响力的大师级学者。驺衍口才非常好，特别善于谈天说地，在稷下学宫中，他有个绰号叫"谈天衍"。

　　驺衍有很多著作，《汉书·艺文志》记载有《邹子》四十九篇，还有《邹子终始》五十六篇，可惜汉代以后都失传了。我们今天能看到的驺衍的资料，只有《史记》等典籍里的一些零散的记载。不过通过这些材料，我们大体上可以了解驺衍其人及其思想学说的概貌。

邹衍早年学习的是儒家学说，当时的诸子百家很多都是学习儒家学说出身的。但是他凭借儒家思想游说于诸侯之间，效果很不理想。于是他改变思路，搜集并整合了那些零散的不成系统的关于阴阳和五行的理论，构建了一个庞大的、有系统的而且非常有特色的思想体系，创立了阴阳五行家。邹衍以阴阳五行家的面目出现以后，他的事业发生了非常大的转变，在社会上产生了极大的影响。

邹衍的学说以阴阳为核心，根据《史记》的记载，邹衍的学说是"深观阴阳消息"。"消"和"息"指的是阴和阳的消退和生长。天地之间，阳盛则阴衰，阴盛则阳衰，此消彼长，交替为用。这被认为是自然界运行的最普遍的方式，是万物运动变化的根本原因。邹衍对天地间这种阴阳消长的规律有长期的观察和深入的思考。

《史记》说邹衍"其语闳大不经"，是说他的学说体系非常庞大，上至天文，下至地理，无所不讲，无所不包；讲宇宙的最初状态（"天地未生"），讲万物的生成，都是些非常玄妙的理论。邹衍学说的另一个特色，是充满了"怪迂之变"，讲的常常是一些非常怪异的理论和别人闻所未闻的新鲜事。正是这样一种极富特色的思想，使邹衍"显名于诸侯"，在列国中引起了轰动效应。王公大人们初次听到邹衍的学说，都被震慑住了，争先恐后地邀请和优待邹衍。根据《史记》的记载，邹衍的阴阳五行学说先是在齐国流行，邹衍受到了齐王的推重；后来他游走于列国之间，先去了魏国，魏惠王亲自到郊外去迎接并执宾主之礼，接待规格可以说是非常高的；后又来到赵国，赵国的首相平原君"侧行撇席"，不敢正面从驺衍面前走过，而是侧着身子走过去，还亲自为驺衍擦去席上的灰尘，极其恭敬；来到燕国时，燕昭王亲自迎接，手拿扫帚给驺衍清扫道路，走在驺衍前面为他引路，还为驺衍建了一座碣石宫，并"身亲往师之"。纵观战国史，驺衍作为一位思想家受到列国君主如此高规格的礼遇，其荣耀应该说是无以复加了。

阴阳家的学说中本来就有神秘的色彩，后来还出现了一些关于驺衍的神奇故事和传说。汉代刘向的《别录》里记载了这样一件事："邹衍在燕，燕有谷，地美而寒，不生五谷。邹子居之，吹律而温气至而谷生。今名黍谷。"燕国有一山谷，风景非常漂亮，但比较寒冷，不长庄稼。驺衍来到这里后，吹奏一种乐器，引来了温气，改变了这里的气候，从此就可以生长庄稼了。这个故事中，驺衍具有协调阴阳的能力，能改变天地之间阴气和阳气的存在状况，这可能是由驺衍的阴阳五行大师身份演绎出来的一个故事。还有一个广为流传的故事："邹衍尽忠于燕惠王，惠王信谮而系之。邹子仰天而哭，正夏而天为之降霜。"驺衍对燕惠王很忠心，但是燕惠王听信了谗言，把他抓了起来。驺衍受了冤枉，委屈得仰天大哭。他这一哭不要紧，当时正是大夏天，老天为他下起了霜雪。这很可能又是一个演绎出来的传奇故事。后来，关汉卿的名剧《窦娥冤》中，窦娥被杀的时候是阴历六月，正是大夏天，天降大雪以昭示窦娥的冤情。这个情节，或者是受到了驺衍这个故事的启发。

驺衍学说的传承人驺奭也是齐国人，《史记》里常常把二人并列。驺奭的著作也没有流传下来。《史记》说"邹奭亦颇采邹衍之术以纪文"，是说驺奭精于文辞，他传承驺衍的学说，并加以发挥，将其精致化，所以人们送他一个雅号"雕龙奭"。但是，驺奭的学说虽然巧妙精致，却缺少实际的内容，对驺衍的学说并没有什么实质性的推进和发展，所以"文具难施"，难以施行。

那么，这样一个学派为什么出现在齐国呢？这和齐国文化的特点有很大的关系。阴阳五行家学说可以说是齐国的特产，具有浓郁的齐文化特色，它产生于齐国不是偶然的。齐国濒临大海，气象万千、变化多端的大海启发了齐国人的想象力。在列国的文化中，齐文化最为具有海洋文化的特色，最富有想象力和创造力。驺衍创立的阴阳五行学说就有非常鲜明的海洋文化色彩，这样的学说只能是滨海文化的产物，不大可能产生于赵国、鲁国、秦国这样的内陆国。

三　四时教令和阴阳灾异

四时教令和阴阳灾异的理论是阴阳家学派的主体思想。

先看"四时教令"。阴阳家认为,天地间充满着阴气和阳气,这两种性质相反的气在不停地运动,此消彼长,这种运动的结果和表现就是四季的变化。阴阳家强调人的社会行为特别是政治行为一定要和天地之间阴阳运行的节律相协调、相符合,采取的行动要符合那个时节阴气、阳气的性质和状态,否则就会造成阴阳失调,就会造成各种麻烦。前面我们提到过,阴阳观念在春秋时期主要是用来解释自然现象的,特别是一些异常的灾害性的自然现象,如地震、星陨、洪灾、旱灾等。到了战国时期,阴阳观念被引入人类社会的领域,用来指导人们的社会生活。首先是用于指导农业生产,叫作"敬授民时",由政府发布一些指导性的措施来规范人们在各个季节的农业活动。古代的先民在长期的生活劳动实践中,通过观察,渐渐体悟到,季节的变化其实是阴阳两种气此消彼长的变化过程,这种阴阳变化的节律在自然界的表现,就是万物的春生、夏长、秋收、冬藏。阴阳家认为,人间的统治者要根据自然界的阴阳变化来安排各种活动特别是政治活动,不能与之相违背,否则就会招致灾祸。所以,阴阳学说先是被用来指导和保障农业生产,接着又被用于指导人们的社会生活特别是政治生活。

在人类的各种社会活动中,阴阳家最为重视阴阳理论对政治活动的指导。他们根据阴阳运行的规律,对君主的政治活动做出了很多具体的规定。他们认为,从春天到夏天是阳气上升、阴气下降的过程,阳气占主导地位,万物都呈现生长发育的状态,在这两个季节就应该施行一种温和的、仁德的政治，即"德政"。具体来说，要多做一些保障、爱护、促进、奖励之类的事情，以利于万物的生长、人们德行的养成，使人的行为和阴阳的运行协调一致。从秋天到冬天则是阴气上升、阳气下降的过程，阴气占主导地位，在这两个季节就应该施行相对严厉、带有惩罚性的政治措施，即"刑政"，伐木、打猎、处决犯人、征伐等都要在秋冬季节进行。阴阳家把这样的原则总结出来，称之为"人与天调""务时而寄政"，也叫"阴阳刑德"。指导政治的"阴阳刑德"和指导农业生产的"敬授民时"合起来，就是所谓的四时教令。有了四时教令，人间的各种活动特别是政治活动就有了天道观方面的理论指导。

再看"阴阳灾异"。阴阳家认为，人类的社会活动特别是政治活动如果能和天地之间阴阳运行的节律变化相吻合，就会诸事顺遂、风调雨顺，人与人之间也会和谐，社会就会安宁稳定，做事情就容易成功。如果人的行为特别是君主的行为和阴阳运行的节律不符合甚至相反，就会导致阴阳失序失调，就会出现各种异常的、对国家不利的，甚至灾害性的自然现象。比方说，春天和夏天本来应该是万物生长、欣欣向荣的季节，但是有时会出现草木凋零的现象；秋天和冬天本来应该是万物停止生长的季节，有时却会出现草木返青的不正常现象。阴阳家认为，这些不正常的情况都是人的行为没有依循阴阳之序，没有和阴阳节律相配合所导致的。还有冬天打雷，夏天出现霜雪，以及旱灾、水灾、虫灾、瘟疫等不正常的、灾害性的天气和现象,阴阳家统统称之为阴阳灾异。可见,在阴阳家看来,阴阳灾异出现的原因是阴阳失序失调,而阴阳失序失调又是人类的社会行为特别是政治行为上的失误导致的。所以他们认为,每当灾异出现的时候,统治者首先要在自己身上找原因,反思、检讨,看看自己哪些地方做得不妥,并及时采取措施改正错误,来补救不利的局面。

阴阳家关于四时灾异的理论里显然有很多神秘主义的内容,但是我们也应该看到,他们强调人的行为特别是政治行为一定要和阴阳之序相符合、相配合,这又是符合科学认识的。人的行为要以尊重自然规律为前提,这是有合理因素的。此外,我们还可以看到,阴阳家认为人和自然之间的关系是双向的,人在自然面前不是完全被动的一方,人的行为也可以在一定程度上和自然互动。也就是说,人的行为可以反过来影响自然的阴阳运行。所以在阴阳家看来,阴阳灾异与其说是天灾,不如说是人祸。这样的思想在历史上是能够起到一定积极作用的,对统治者的行为有一定的制约作用,能够让统治者在发号施令的时候有所忌惮,迫使他们不断去反思自己,纠正自己的错误。

阴阳家的四时教令思想到了后来发展到非常烦琐、非常复杂的地步,内容已经无所不包了。以君主的活动为例,君主在不同的季节甚至是不同的月份的一举一动都有具体的规定,住什么样的房子,走哪个城门,用什么颜色的马驾车,吃什么味道的饭菜,穿什么颜色的衣服,听什么调子的音乐,甚至用什么颜色的木头来生火，都要符合阴阳和五行的规则。阴阳家认为这些规则必须遵守，"顺之者昌，逆之者不死则亡"，顺应了就会繁荣昌盛，违反了就会"不死则亡"。《史记》评价说，阴阳家说的这一套是"未必然也"，并认为"阴阳之术，大祥而众忌讳，使人拘而多所畏"，指出这些说法过于神秘，忌讳太多，容易使人做起事来缩手缩脚。《汉书·艺文志》进一步指出，如果拘泥于阴阳家这一套说法，就会"牵于禁忌，泥于小数，舍人事而任鬼神"。不过，《史记》也指出，阴阳家的这些认识里包含着合理的内容，符合"四时之大顺"和"天道之大经"。《汉书·艺文志》也指出，阴阳家"敬顺昊天，历象日月星辰，敬授民时，此其所长也"，这些合理的内容正是阴阳家的思想价值之所在。

四　五行相生和五行相胜

　　从中国古代最早的典籍中关于五行的记载来看，五行之间起初是没有什么联系的，排列比较杂乱、随意。到了后来，人们才发现五行相生和五行相胜这两种规律性的现象，此后五行的排列顺序就固定化了：木、火、土、金、水。五行相生和相胜的现象，是古代先民通过对物质世界的长期观察得到的经验性认识；五行相生相胜的理论，是古人探索自然事物之间普遍联系和运动规律的思想成果。在中国古人的眼中，五行代表着自然万物，代表着物质世界。古人通过五行之间的复杂关系，认识到万物之间存在着普遍的联系和相互作用，这就是古人心目中的世界。应当承认，这些古老的认识中包含着一定的朴素的唯物论思想和辩证法思想，也包含着一定的科学道理。

到了汉代，人们对五行相生相胜的关系更加熟悉，认识也更加深刻，把这两种关系整合在一起，概括为"比相生而间相胜"。"比"就是一个挨着一个，木、火、土、金、水，前者生成后者，推动后者。"间"就是间隔，木、火、土、金、水，每隔一个就是相克的关系。汉代人创制了表示"比相生而间相胜"关系的"五行图"，此后一直在民间流行。

五行学说出现之后，"五"这个数字就具有了特殊的意义。人们把观察到的事物，用五这个数字来进行归类和整理，并和金、木、水、火、土五行一一对应。比如，酸、苦、甘、辛、咸为"五味"，东、南、中、西、北为"五方"，青、赤、黄、白、黑为"五色"；酸、东、青对应五行中的木；苦、南、赤对应五行中的火……其中，五方最为重要。五行的各种搭配，根据的往往是人们生活中的常识，比如青、赤、黄、白、黑五色，青色配的是木，因为树木通常是青色的；赤色配的是火，因为火的颜色是红的；黄色配的是土，土色尚黄，这应该是古代中国黄土文化的产物；白色配的是金，因为白是金的颜色；黑色配的是水，因为水色尚黑。

继最早出现的是五方、五色、五味、五声等之后，人们把更多事物塞进"五"这个框架之中，并与五行一一对应。这样一来，中国古人眼中的世界就成了一个五行的世界。

五行：木、火、土、金、水。
五方：东、南、中、西、北。
五色：青、赤、黄、白、黑。
五季：春、夏、季夏、秋、冬。
五味：酸、苦、甘、辛、咸。
五臭：膻、焦、香、腥、朽。
五音：角、徵、宫、商、羽。
五化：生、长、化、收、藏。
五数：八、七、五、九、六。
五星：岁星、荧惑、镇星、太白、辰星。
五日：甲乙、丙丁、戊己、庚辛、壬癸。

五宫：青龙、朱雀、黄龙、白虎、玄武。

五帝：太皞、炎帝、黄帝、少皞、颛顼。

五神：句芒、祝融、后土、蓐收、玄冥。

五钟：青钟、赤钟、黄钟、景钟、黑钟。

五纪：星、日、岁、辰、月。

五官：目、舌、口、鼻、耳。

五脏：肝、心、脾、肺、肾。

五体：筋、脉、肉、皮、骨。

五液：泪、汗、涎、涕、唾。

五气：风、暑、湿、燥、寒。

五志：怒、喜、思、悲、恐。

五虫：鳞、羽、倮、毛、介。

五牲：羊、鸡、牛、犬、豕。

五谷：麻、黍、稷、麦、菽。

五兵：矛、戟、剑、戈、盾。

五器：规、衡、绳、矩、权。

五金：铅、铜、金、银、铁。

五果：李、杏、枣、桃、栗。

五菜：韭、薤、葵、葱、藿。

五事：视、言、思、听、貌。

五德：明、从、睿、聪、恭。

五政：宽、明、恭、力、静。

五常：仁、礼、信、义、智。

"五季"中的"季夏"，是阴阳家杜撰出来的。为什么要杜撰这么一个概念呢？因为春、夏、秋、冬四季无法与五行一一对应，于是他们在夏季和秋季之间插入季夏，这样就可以完美地与五行相配了。但是，其他季节是实的，四季各有九十天，而季夏是虚的，一天也没有。阴阳家说季夏非常重要，它居于中间，对四季起到协调、调配、统领的作用。所以，季夏这个概念是阴阳家为了凑足五季而杜撰的，以构建起五行学说的体系。再看"五数"。中国古代没有零这个数字，那也应该有九数。为了和五行对应搭配，阴阳家们只好从里面选了八、七、五、九、六五个数字，用八配木，七配火，五配土，九配金，六配水，其他的数字就舍弃了。还有"五日"，甲乙、丙丁、戊己、庚辛、壬癸，实际上就是将十个天干分为五组，分别对应五行。但是，在中国古代的干支纪年法中，除了十天干，还有子、丑、寅、卯等十二地支，阴阳家们只好绕开不提了。还有"五帝"，太皞、炎帝、黄帝、少皞、颛顼，远古时期的"五帝"本来就有不同说法，此外还有帝喾、尧、舜等，并非只有这五个人，但是为了满足体系的需要，别的只好舍弃了。类似的还有"五纪"，不同的典籍里也有不同的说法。此外，"五牲""五谷""五兵""五志""五虫""五器""五金""五果""五菜"等，都没有确定的说法。阴阳家们从众多选项中只选取五个，与五行一一搭配，结果就难免生硬、勉强。

这些情况说明，中国古人对五这个数字有一种特殊的情感，在五行观念的支配下对万事万物进行归类并一一与五行搭配，这是一种中国式的智慧。先民试图用这样一种理论来看待世界，解释世界的本质和规律。五行说对世界进行哲学思考，探索事物的普遍联系和相互作用，把自然、社会、人类自身、政治生活、伦理生活甚至是人的思想，都看成一个统一的、有内在联系的、相互作用的整体，这是有合理性的。但是，五行说这种理论是朴素的、直观的，并不是建立在严谨的实验科学的基础之上的，问题多多，有很多牵强附会、生搬硬套、东拼西凑，甚至是削足适履、画蛇添足的内容。但是，五行说是中国传统文化中的重要内容，由来已久且影响深远，长期支配着中国人的思维和行为，在我们今天的日常生活中，仍然可以看到它的影响。

五　五德终始的历史观

五德终始也称五德转移，是邹衍的社会历史观。他用五行运转的理论模式来看待社会历史，解释历史上朝代更替的原因和规律。五德终始说是邹衍独创的理论，他在列国诸侯中走红，靠的主要就是这个学说。五德就是五行之德，就是土德、木德、金德、火德、水德。驺衍认为,历史上每一个朝代都对应着一种五行之德,这决定了这个朝代的历史命运。五行之德依照五行相胜的规律,始终处在运动转移之中,所以朝代也在不停地更迭,一个朝代的"终"就意味着另一个朝代的"始",所以叫"五德终始"。

驺衍认为,任何一个朝代都不能永远存在,一定会有消亡的那一天,也一定会有一个新的王朝代替它。当一个新的盛大的王朝即将出现的时候,会出现一些罕见的、有吉祥意义的事件,叫作符应,或者叫符瑞,表示上天对这个新王朝的认可和支持。驺衍说,黄帝是土德,其后依次出现的夏、商、周分别是木德、金德和火德;现在周王朝气数已尽,不久就会出现一个盛大的、大一统的新王朝来代替它,周王朝是火德,根据五行相胜的规律,取代周王朝的新王朝一定是水德。这也就意味着,谁要是拥有了水德,就能够一统天下。我们知道,中国古代最初号称"天下万国",春秋时期还有几十个诸侯国,到战国后期,只剩下所谓"七雄"了。"七雄"的实力是不均衡的,东方的齐国、南方的楚国、西方的秦国属于一流强国,是最有可能统一天下的——虽然那个时候号称列国争雄,但是政治、经济、军事优势已经逐渐集中到个别主要诸侯国了,结束分裂、实现统一的趋势越来越明朗了。列国君主们心里都明白,由"七雄"中的某一国来实现统一,这是迟早的事情。驺衍的五德终始学说正好出现在实现统一的前夜,这个时候,列国君主们最关心的事情就是如何保住自己,完成统一天下的大业。驺衍的学说迎合了列国君主的心理。

而相对弱小的国家也需要这样的学说给自己壮胆打气,像燕国就特别尊崇邹衍。所以邹衍的学说一下子就红遍了神州大地,列国君主都把他奉为上宾,争相优待他。所以邹衍在列国中"一炮走红",靠的主要是五德终始的学说。甚至可以说,这个学说就是为这个时期的列国君主们量身打造的。

六　大九州说的地理观

邹衍在稷下学宫有个雅号,叫"谈天衍",谈天就一定要说地,大九州说就是邹衍的地理观,也是他独创的理论。邹衍的著作早已失传,《史记》里记载了大九州说的概貌。中国,顾名思义,就是位于中央的国家。古人认为,我们中国是中央之国,是天下之中央;中国之外是四夷,文明程度不高,是我们安抚照顾的对象;中国和周边的四夷合起来就是广义的中国。所以在古人的观念中,中国就是天下,天下就是中国。邹衍的大九州说颠覆了这种认识,打破了这种传统的观念。

大九州说极大地拓展了人们的眼界,其内容大体上是这样的:中国也叫赤县神州,中国之外还有八个州,每一个州外面都有裨海包围着。由于有海洋阻隔,州与州之间"人民、禽兽莫能相通"。另外八个州也有自己的人民、禽兽,只是彼此隔绝互不知晓而已。这八个州和赤县神州合在一起,是一个大的州,赤县神州只是其中的九分之一而已。像这么大的州,天下一共有九个,合起来就是大九州。大九州的外面还有大瀛海包围着,大瀛海的边际叫作八极,那才是天地的尽头。所以,按照驺衍的说法,我们这个叫作赤县神州的中国,其实只不过是天下的八十一分之一。《史记》里是这么表述的:"儒者所谓中国者,于天下乃八十一分居其一分耳。"大九州说有不同寻常的理论意义,打破了中国就是天下、天下只有中国这样一种传统的观念,指出中国不等于天下,天下要远远地大于中国。这颠覆了人们原有的认识,大大拓展了人们的眼界。

从地理学的意义来看,大九州说首次提出了中国并非天下之中央的观念。大九州说是一种天才的猜测,它对"天下"的构想,让人联想到我们今天熟知的七大洲、四大洋。这种学说虽然不是通过实证提出的,但它第一次提出中国并不是人类文明的中心,中华文明之外还有其他人类文明存在。

九在中国文化里是一个很特殊的数字,是数字中最大者,它表示的并不一定是具体的数字,而是最多、最大的意思。比如"九天"不一定是第九重天,而是中国人能想象到的最高的天。所以,大九州说其实是用朴素的方式表达了一种宇宙无限论,它描述的,可以说是一个无限广大的宇宙,穷尽了当时人类想象力的边界。

大九州说的出现,也表明那个时候的航海事业已经有了长足的发展。齐国是一个滨海国家,齐国人不断地从海上带回海外奇闻,人们对这些奇闻再进行演绎,猜测到我们居住的世界之外还有更大的世界。这样的学说,不大可能出现在赵国、鲁国、秦国这样的内陆国,他们连海洋都没见过,不大可能产生这样的猜想。所以我们认为,大九州说乃至阴阳家学说是齐文化的特产。

大九州说的提出,在当时引起了轰动效应,《史记》记载:"此言诡异,闻者京骇。"这个学说是如此诡异,听到的人无不感到惊骇。

七 阴阳五行与中国传统文化

阴阳家的产生同古代的天文历法和农业生产有密切的关系。阴阳五行学说是我们的先民探索世界,对其起源、本质、规律等进行思考和哲学解释的思想成果,其中包含着朴素的世界观,也有一定的科学因素。阴阳家强调遵循天地间阴阳运行的自然规律,主张要"序四时之大顺",要"敬顺昊天,历象日月星辰",要"敬授民时",这些思想可以说都有合理性。当然,阴阳家的学说中有很多牵强附会的、神秘主义的内容,他们认为天和人之间存在着一种相互感应的神秘关系,天能决定人,人也能感应天。《史记》说阴阳家是"大祥而众忌讳,使人拘而多所畏"，就是说阴阳家过分地强调吉凶、祸福、檌祥、预兆这些内容，讲究太多，忌讳也太多，如此一来，人的行为就会变得拘谨，就会畏首畏尾、缩手缩脚。《汉书·艺文志》也说阴阳家"牵于禁忌，泥于小数，舍人事而任鬼神"，这些禁忌都是对人类行为的约束、限制，使人们觉得一切都决定于鬼神，行动之前要猜测鬼神之意。

秦汉以后，阴阳家作为一个独立的学派已经不复存在了，但是它的思想渗透到了以儒、道两家为主体的中国传统文化的深层结构里面，特别是深入到民间生活，成为和人们的日常生活密切相关的民间文化的重要组成部分，也成了民间文化中神秘主义和迷信内容的渊薮，使得中国传统文化具有了浓厚的阴阳五行的色彩。阴阳五行学说本来是一种哲学思想，但是后来逐渐走了样，和民间的迷信相结合，演变成了讲鬼神、讲长生不死、讲得道成仙的方术，后来驺衍的传人中就出现了很多方士。在战国晚期到秦汉之际，这些方术特别流行，迎合了帝王们长生不死的幻想。特别是秦始皇和汉武帝，都是长生不死的追求者，他们到处求仙，寻求不死之药，但都是白忙一场。既然弄不到现成的不死药，那就自己炼，这样就出现了炼丹术。他们服食丹药，相信借助丹药的神奇力量可以实现长生不死。汉代盛行天人感应的神秘思想，董仲舒的学说里边就大讲天人感应，阴阳五行学说和天人感应思想结合，刺激了谶纬神学的发展和泛滥。整个汉代，神仙方术、谶纬迷信盛行，应该说和阴阳五行学说的作用是分不开的。阴阳五行学说得到了秦始皇的欣赏,尤其是其中的五德终始学说,很快就被采用了。五德终始学说宣称周王朝是火德,那么取代周王朝的新王朝一定是水德,于是秦始皇就宣称自己的王朝是水德,崇尚黑色和六这个数字。他想通过这种方式证明自己取代周王朝统一天下是有合法性的,是顺应了天命。秦汉及以后的很长时期,新王朝开始,甚至是新皇帝登基,往往要根据五德终始学说来改正朔、易服色、封泰山、禅梁父,来宣示自己掌握政权是奉天承运,是受命于天,是有合法性的。所以,阴阳家的五德终始学说在这个时期就沦为一种论证新王朝政权合法性的理论工具。

阴阳五行是中国人的"思想律",成为中国人特有的一种思维方式。阴阳五行的思想在漫长的历史发展过程中,逐渐渗透到中国文化的方方面面和它的深层结构中,成为中国人特有的一种思维习惯。中国古代的哲学、宗教、伦理、审美、科学技术、天文历法、军事理论、医药学、建筑理论、文学艺术,特别是民间的丧葬习俗、养生保健等和人们日常生活息息相关的内容中,可以说方方面面都渗透着阴阳五行思想的影响。民间习俗中存在着大量阴阳五行的内容,一直到今天,阴阳五行仍然有着顽固的、广泛的影响。现在,民间仍然有笃信占卜、算命、算卦、看相、看风水者,其中就存留了大量的阴阳五行的内容。所以梁启超说,阴阳五行是"二千年来迷信之大本营"。中国传统文化带有阴阳五行的色彩和烙印,阴阳五行成为人们的思维习惯、行为习惯。著名学者顾颉刚先生说，阴阳五行是"中国人的思想律"。可以说，自阴阳五行的思想渗透到民间以后，这样的情况就一直存在。前面我们说，阴阳五行思想是一种学术思想，和先秦时期的儒家、道家、法家、墨家、名家一样，都是哲学理论，只是有一些神秘色彩而已。但是驺衍之后，正如《史记》所说，"燕、齐海上之方士，传其术不能通"，把驺衍的学说给传走样了，开始和各种迷信方术结合；阴阳五行大量吸收迷信方术，迷信方术则披上了阴阳五行的外衣，流传得更快了。秦汉时期，阴阳五行的思想对社会上层的影响比较大，后来逐渐向民间发展，社会底层受其影响更多。

阴阳五行的思想对中国文化的方方面面都产生了深刻的影响，限于篇幅，这里仅以中医为例。阴阳五行学说中的那些核心理论，比如天人合一、整体思维、普遍联系、对立转化、运动变化、阴阳平衡、和谐统一等，都是哲学思想，这些哲学思想一直是中医理论的核心内容，是中医的理论基础和指导思想。可以说，中医的理论体系就是基于阴阳五行的理论构建起来的。中医里的具体内容，比如气血运行、精神津液、生理病理、脏腑经络、辨证施治等，这些关于生命的理论和实践，都是在阴阳五行的理论基础之上建立起来的。中医用药，讲药理药性，讲方剂、针灸、处方，这些医疗实践也是在阴阳五行学说的指导下进行的。在阴阳五行的理论框架和思维方式之下，中医形成了独一无二的理论体系和实践体系。中医之解释生命活动的机制和规律，说明疾病发生的原因，临床诊断、辨证施治甚至日常的养生保健等，都渗透着阴阳五行的理念。中国的医学是中华文化的宝藏，造福于世世代代的华夏子孙。可以说，如果没有阴阳五行的思想，就没有中医的理论和实践。所以，阴阳五行的理论是不可轻易否定、轻易抛弃的。

  现在社会上对中医存在着一些非议，说中医不科学，这种看法其实是以西医为标准，把西医当作唯一科学的医学体系，这本身就不能说是一种科学的态度。诚然，中医的理论体系和医疗实践不是建立在现代医学的科学理论之上的，它的理论基础是阴阳五行思想，当然不可能完全符合现代西方的科学理念。但它以自己的方式，探知了生命的奥秘，指导了数千年的医疗实践，维持了世界最大民族的长期延续和发展。中医和西医应该是并存、互鉴、互补的关系，中医里有很多独到的、符合现代科学且行之有效的内容，我们应该珍视这一宝贵文化遗产。

第八章

齐文化精粹撷珍·稷下学宫

灿若群星的稷下诸子

稷下学宫是百家争鸣的主要场所。在学宫最为繁盛的齐宣三时期，著名的稷下先生就有七十六人之多。学宫延续了一百五十多年，在这里活动过的学者不计其数。标新立异是稷下学术的一个突出特色。这里找不到两个思想完全相同的思想家，即使是同学关系甚至是师生关系也是这样，这也是稷下学术的价值和魅力之所在。稷下学者们努力展示自己独创的思想，而且都宣称自己的学说不仅是独一无二的，而且是最好的，以期得到列国君主的信任和赏识。就像林子里百鸟争鸣，即使是最小的、最不起眼的鸟儿都不会怯场，都在不遗余力地亮出最美妙的歌喉，展示自己的与众不同。稷下时期是一个思想极自由、学术大创新的时代，稷下诸子灿若群星，他们的思想犹如漫天星光，令人目不暇接。可惜的是，今天我们所知道的稷下诸子已经为数不多了，他们的思想创造大都被淹没在时代的烟云之中了，这是我们中国文化无法弥补的重大损失。尽管如此，浩如烟海的传世文献中还是保留了一些稷下诸子思想的零散资料，我们能够从中了解他们思想的大体面貌。除了前面的淳于髡、孟子、《管子》作者群体、荀子、驺衍这些思想家之外，我们还挑选了几位较为重要、较有特色、传世资料较多的稷下学者加以介绍，以助于大家了解稷下时期学术思想的盛况和整体面貌。

一　慎到、田骈

慎到，赵国人，为稷下学宫中十分重要的思想家。《史记》中多次提到稷下学宫的盛况，列举的稷下先生中都有慎到，足见他的重要地位。慎到主要活动在齐宣王执政前后，正值稷下学宫最为繁盛的时期，他的思想在百家争鸣中很有代表性。

慎到著有《慎子》四十二篇，今仅存残缺七篇和一些后人从古书中辑出的佚文。根据这些残存的材料，仍可大体了解慎到的主要思想。慎到是稷下学宫中道家学派的主要代表人物，不过稷下的道家不同于老子和庄子那样的传统道家。老子是个纯粹的哲学家，对治理国家的具体操作不感兴趣；庄子是道家中的隐逸派，终生"不事王侯"，不和统治者合作；慎到等稷下道家则热衷于探讨治国理政之道。当时各诸侯国都在变法图强，以法治国是时代潮流，慎到等人把道家哲理同法家的政治主张结合起来，用道家哲理论证法家主张，从而解决了传统法家学说缺乏理论深度的问题，使法治实践有了哲学理论的指导；同时也改变了传统道家不关心如何治国理政和富国强兵的思想倾向，为道家开辟了广阔的用武之地。这些新的开拓，对于道家学说和法家学说都是重要的推进。慎到等稷下道家在主张法治的同时，也吸取了儒家、名家等学派的思想，他们的思想理论其实是对当时各主要学派基本理念的整合，集中了各学派的思想精华。慎到是稷下道家的杰出代表，这一派往往打着中华人文始祖黄帝的旗号，假黄帝之名来改造和发挥老子的思想，所以也被称为黄老道家，是战国时期道家学派的主流，在百家争鸣中十分活跃。

慎到是稷下道家中最重要的理论家，很多重要理论都是他提出来的。残存的《慎子》七篇中没有保留慎到的哲学思想，但《庄子·天下》中有记载，大意是尽量减少主观意志，凡事不要有自己的主见和是非判断，也不要运用自己的智慧和思虑，要像一个"无知之物"一样，推一推动一动，像一片羽毛一样随风飘落，像一个磨盘一样顺着轴心旋转，像一块石头一样"块不失道"，这样才可以"未尝有罪"，避免与法律相冲突。总之，核心的主张是因任自然。因任自然是道家学派的哲学方法论，是道家哲学的精髓，慎到却把它讲过了头，所以《庄子·天下》篇嘲笑慎到讲的不是活人的道理，而是"死人之理"。慎到把因任自然的道家哲理用来作为推行法治的哲学依据，他之所以主张排除独立自主的是非判断，就是要以既定的"法"为唯一的是非判断标准，以"法"为一切行为的客观规范。慎到的理论实现了"道"和"法"的结合，所以后来的《四库全书总目提要》说他的思想是"道法之转关'。

慎到的法治理论相当深刻，这得益于他对人的本性的揭示和透彻分析。慎到认为人性是自私自利的，他称之为"自为"，即为自己打算。他说："人莫不自为也，化而使之为我，则莫可得而用矣。"人都是为自己打算的，这一天性是不可改变的，但是如果人人都为君主着想，那就没有人可以为君主所用了。这是说，君主之所以能够驱使臣民，恰恰是利用了人自私自利的本性。慎到认为，人由于自私的本性，无不趋利避害，所以人与人之间本质上是一种利害关系。他举例说，做棺材的匠人希望人死，不是因为心眼坏，而是因为"利之所在，忘其丑也"，如果不死人，他的棺材卖给谁呢？再如，有钱的人家，远房的亲戚都会很亲近；没钱的人家，就连兄弟都会躲得远远的。这不是因为不相爱，而是"利不足相容也"。他认为，既然人的自然本性是自私自利、趋利避害，那就应该承认其合理性，顺应并利用，这叫作"因人之情"。"因人之情"显然是说给君主听的。稷下道家将"因人情"作为法治的理论依据，具体来讲，就是利用人皆趋利的本性，用"赏"来调动臣民的积极性；利用人皆避害的本性，用"罚"来迫使臣民服从。赏和罚在法家理论中被称为"二柄"，是法治的主要手段，这在慎到那里得到了透彻明白的阐述。

慎到认为，天地万物各有所能，也各有所不能；人也是这样，大家的长项各不相同，但对治理国家都是有用的。因此，君主要想有一番作为，在选拔人才时就应该像大道包容万物那样，充分利用每个人的长处，发挥他们各自的优势，这样就可以最大限度地调动全社会的力量来实现远大目标。根据这样的理论，慎到认为社会上流行的很多观念都是错误的。比如"尚贤"是中国古代社会政治生活中的共识，主张推崇、选拔和任用贤能之士，慎到却"笑天下之尚贤"。他认为贤人是可遇而不可求的，把国家兴盛的希望寄托在不可多得的贤人身上是很不靠谱的。慎到甚至认为，尚贤是危险的，因为尚贤就会导致"贤与君争"，带来的祸患将比没有君主还严重。所以他提出"不慕贤智"，只要充分发挥众人的力量，那么人人都是贤者，效果比尚贤要好多了。再如"忠"作为臣下的职业道德受到推崇，慎到却提出了"非忠"的观点。他指出，比干、伍子胥都是著名的忠臣，但殷纣王和吴王夫差仍不免亡国，国家兴旺靠的是众人之力，一座大厦靠一根柱子是支撑不起来的，纯白色的狐皮大衣也不是取于一狐之皮，只要君主贤明、群臣尽职，则满朝都是忠臣。他还说"忠臣不生圣君之下"，圣明的君主不需要表彰忠臣，表彰忠臣反而会催生一些只知道顺从君主的假忠臣，所以说"忠盈天下，害及其国"。慎到这些见解可谓独具慧识、振聋发聩。

"君无为而臣有为"的理论，是慎到对道家政治理论的一个很重要的贡献。慎到指出，君主的智慧和能力未必都在群臣之上，如果君主凡事都要亲自去做，结果必然是操劳过度、身心俱疲、顾此失彼，臣下反而没事可做了；而且，大家都不敢争着做事,害怕显得自己比君主还高明;出了问题,君主还要承担全部责任。慎到认为这是"逆乱之道"。正确的做法是"臣事事而君无事,君逸乐而臣任劳"。君主应该放手让臣下做事,自己不干预,坐享其成,这样才可以收到"事无不治"的效果,才是正确的治国之道。可见,越是清闲享乐的君主越是好君主,这就是"君无为而臣有为",也叫作"君逸臣劳"。慎到这一思想是对老子的"无为而治"和"无为而无不为"思想的创造性的发挥运用,是对道家哲学在现实的政治操作领域的新拓展。这一思想一出现就十分流行,成为稷下百家之学的热门理论,甚至还成为后世历朝历代重要的政治经验。

田骈,齐国人,是和慎到齐名的稷下先生。他活动于齐国的威王、宣王、湣王时期,经历了稷下学宫的兴盛和中衰。田骈在稷下学宫十分风光,不仅位列上大夫,住的是高门大屋,还"资养千钟,徒百人",令人艳羡。有趣的是,田骈等稷下先生虽然享有高官厚禄之实,却大多以"不仕"相标榜,声称自己是在野的"处士",以显示自己的清高。田骈就很有代表性。有个齐国人当面挖苦田骈,说他虽然"设为不宦",但实际上比那些出仕为官的得到的好处还多,并且以邻人之女"设为不嫁"却生了七个孩子的事来讽刺田骈。田骈的好日子没能长久,齐湣王上台后,稷下先生们受到冷落,待遇急剧下降,田骈也沦落到了吃糠咽菜的悲惨境地,不得不离开稷下去了薛城。后来齐襄王重振稷下学宫时,田骈已不在人世了。

田骈著有《田子》二十五篇，可惜全部亡佚，我们只能从其他传世文献的零散记载中了解田骈学说的大体面貌。田骈的思想和慎到比较接近，属于稷下道家学派。虽然两人时常被相提并论，但田骈似乎更专注于道家的理论层面，不像慎到那样有浓厚的法治思想，也可能他的法治思想没能流传下来。

田骈思想最引人注目的是"齐万物以为首"，这是对其主要思想倾向的概括。田骈认为，天能覆盖万物却不能承载万物，地能承载万物却不能覆盖万物，连天和地都有各自的功能，不能互相替代，可知万物也各有各的作用和标准；只有最高的大道能够包容万物而无所遗漏，对万物"不选""不辨"，不加区别，一视同仁。这就是"齐万物"。"齐万物"其实是一种对待万物的态度，万物既然称"万物"，就是不齐的，"齐万物"就是以不齐为齐，用主观上的齐看待客观的不齐。对待社会上的是非争论，田骈采取"莫之是，莫之非"的态度，不置可否，排除主观倾向性，不用智虑判断，一切以外物的状况为转移。总之就是因任自然的道家立场，这同慎到的哲学思想是基本一致的。"齐万物"是田骈标志性的思想，是对道家理论的丰富和发展。"齐万物"很容易使人联想到庄子的著名文章《齐物论》，二者的思想理论也确有相通之处。所以有学者认为，齐物的理论可能是田骈首创的，庄子受其影响。

田骈口才极好，在稷下学宫有个绰号叫"天口骈"，大概他的理论以高妙玄远为特色。他善于谈论"道术"，即关于"道"

的哲学理论。有一次,他给齐王大讲"道术",齐王听得不耐烦,就说,寡人所有的是齐国,你还是给我讲讲如何治理我的国家吧!田骈回答说,我虽然没有直接谈治国,但我的道术却可以用来治国,就好比拥有一片森林,何愁没有木材?大王应该仔细倾听我说的话,从中领悟出治国的道理。我的道术岂止可以治理齐国,其中有无所不包、无所不能的大道理。您知道彭祖为什么能活到八百岁吗?夏商周三代为什么繁荣昌盛吗?三皇五帝为什么能有如此功业吗?神农氏为什么有如此宏大的气象吗?都是由于掌握了我讲的道术呀!"道"是宇宙间最高的原理,"术"是"道"在各领域的具体运用。田骈认为掌握了"道术"就掌握了解决所有问题的普遍方法,就可以无往而不胜。可见田骈没有提出任何治国的具体措施,只是讲了些空泛玄虚的大道理,难怪人们称他为"天口骈"。

田骈大讲高深玄远的"道术",也关注大家讨论的热点问题。当时人们都关注人性论,田骈也提出了自己的见解。他和慎到一样,也认为人的本性就是"自为"。他说'人皆自为,而不能为人",并举例说,天下的学者士人都不肯待在家里陪老婆孩子,都游走于列国诸侯之朝寻求一官半职,是为了获得更多的利益,但他们都不过是"志为卿大夫"而已,没人觊觎诸侯的王位,这是由于受到了名分的限制。对于"人皆自为"的本性,他和慎到一样主张"因性任物",即一切政策都要符合和顺应人的自然本性,这样就可以"莫不宜当"了。田骈也和慎到一样,主张"用众"。他说只要善于用众,大家同心合力,就相当于拥有孟贲那样的勇士,就不愁边防不备。田骈和慎到都是稷下道家的中坚人物,他们的思想是如此接近,难怪很多典籍中都把他们二人相提并论。

二 宋钘、尹文

宋钘,宋国人,又称宋荣子,是稷下学宫中唯一的墨家人物。著有《宋子》十八篇,已佚。宋钘是"老资格"的稷下先生。有一次,孟子出行,在路上遇到了宋钘,恭敬地称他为"先生",并谦逊地自称为"轲",由此可见宋钘是稷下学宫的元老级人物。

宋钘继承了墨家的基本主张和行事风格。墨子主张"非攻",反对侵略战争,当年曾步行十日十夜从齐国赶到楚国劝止楚王进攻宋国。宋钘也热心救世,主张"禁攻寝兵,救世之战",他也曾长途跋涉奔走于秦楚两国之间,劝止他们发动战争。在战国诸子百家中,唯有宋钘采取和墨子一样的行动,是墨子精神的践行者。

宋钘具有平民意识,提倡墨家的平等精神,他制作了一顶"华山之冠"戴在头上。华山以险峻著称,主峰上下均平,垂直耸立。宋钘头戴"华山之冠",表示自己秉持墨家"兼爱"、平等的主张。宋钘提倡尽可能地节俭,维持最低标准的生活需求,并身体力行之。他带着弟子们游历,所到之处都是"五升之饭足矣",他自己常常吃不饱,弟子们更是经常饿肚子,但仍然"不忘天下",四处奔走拯救天下。宋钘还为这样的行为寻找到人性论方面的根据,那就是"情欲固寡"。当时各家各派的学者们都主张"节欲""寡欲",主张限制人的物质欲望,可宋钘认为他们都搞错了,因为人的情欲本来就是"寡浅"的,并没有他们说的那样贪婪,根本用不着节制。我们知道"节用"是墨子的主张,宋钘的"情欲固寡"可以说是为墨家的"节用"找到了理论根据。根据"情欲固寡"的理论,"节用"不是在限制人的物质欲望,而是顺应人的自然本性去做而已。

宋钘还提出了一个很特别的理论,叫"见侮不辱",被人欺侮了不要觉得是耻辱,为的是不与他人发生争斗。他认为,人与人之间的争斗往往是为了顾全脸面,被欺负了就会产生耻辱感,所以需要回击。他认为这种观念是错误的,只要转变观念,不自以为耻辱,就不会为了尊严报复对方,也就不会发生争斗了。我们知道墨子主张"君子无斗",希望国与国之间不征战,人与人之间不争斗。宋钘继承了这一主张,提出"设不斗争,取不随仇",不挑起争斗也不还击,吃了亏也不报复,要做到这样是很难的。要做到"不随仇",就要给自己找到"不随仇"的理由,于是他提出了"见侮不辱"的主张。他认为是否耻辱是自己的主观感受，全由自己决定，和他人无关，只要自己不觉得耻辱就可以了。把握住这一点，别人把自己怎样都可以，即使身陷大牢也无所谓，这叫"不羞囹圄"，在别人看来天大的事就这么被轻松化解了。可见宋钘不仅传承了墨家的精神，还发展了墨家的思想，为"君子无斗"找到了心理学上的根据。

宋钘还有一个与众不同之处，别人都只是游走于王侯将相之间推广自己的主张，唯独宋钘不仅"上说"，而且"下教"，经常在街巷之间向下层民众宣传自己的主张，内容也都浅显易懂。虽然人们都不接受他的主张，甚至觉得厌烦，但他毫不气馁，仍然"强聒而不舍"。因此，《汉书·艺文志》把《宋子》十八篇归入小说家一派，这个"小说家"指的是"小家珍说"，其内容都是些"街谈巷议""道听途说"之类，虽为一家之言却又不入流，登不得大雅之堂。其实，这正好说明了宋钘学说贴近民众的特点。《庄子》中评价宋钘是"其为人太多，其自为太少"，赞誉他是"救世之士"，正是对宋钘的高度评价。

尹文，齐人，齐宣王时期著名稷下先生。他"与宋钘俱游稷下"，大概两人关系较为密切，思想也有相通之处，但宋钘年长，所以有人说他是宋钘的学生，也常把他和宋钘并列。尹文著有《尹文子》一篇，今存《尹文子》分为"大道上"和"大道下"两部分，很可能是先秦已有的古籍。

尹文的学派归属说法不一。有人把他归入道家，因为他的著作就以"大道"为题，书中第一句话就是"大道无形，称器有名",而且书中也多次称引《老子》,讲述和运用道家的理论。也有人把他归入名家,因为他的书中的主要内容是讲"名"的,围绕"名"展开的理论是古代的逻辑学,他本人也是以擅长逻辑分析推论而著称的。汉代学者不仅把他归入名家,而且多次提到他先于公孙龙,公孙龙曾经称引他的思想。公孙龙是名家学派的著名代表,这说明尹文的学说和名家的关系十分密切,把他归入名家更能突出他的思想特色。

尹文思想的理论取向,在于他把名家的逻辑学理论同当时变法图强、治国理政的实际需要结合起来。他在政治上主张法治,他的专长就是以名论法,这样的学说,在先秦两汉时期称为"形名法术"派,也叫"名法"派。尹文提出了较为系统的名法理论,对古代逻辑学的丰富和发展做出了贡献。

"名"本指事物的概念、名称,其实质意义指的是人们为某事物确定的它应该有的状况。与"名"相对的"实"或"形"是指现实存在的实际情况。"名"和"实"相应、相当、相符,才是正常的,这是名实理论的核心、关键和基本原则。一旦出现了不相应、不相符的情况,就必须用各种方法手段使两者重新相应、相符,否则社会一定会出现混乱,这就是"正名"。比如君臣之间、父子之间,都应该有他们应有的关系和状态,如果出现了严重的混乱甚至颠倒,那就是"礼崩乐坏""天下无道",倘使不能重归正常,社会秩序迟早会崩塌。所以孔子才主张"必也正名乎",才会把"正名"看成"为政"的第一要务。尹文也强调,"名"与"实"(或"形")两者必须相应、相符,但是现实中常常不是这样,所以他说:"有形者必有名,有名者未必有形。"意指先王留下的礼乐制度等规范正在失去约束人们的功效,必须采取措施来实现名实相符。尹文用讲故事的方式举出社会上名实不符的现象,比如齐宣王喜欢射箭,所用之弓不过三石,但身边奉承他的人都说这弓不下九石,宣王很受用,终生都以为自己能拉开九石之弓。尹文把这类情况称为"悦其名而丧其实"。再比如,有一位叫作黄公的人很谦虚,对外总说自己女儿相貌丑陋,致使没人愿意娶她,后来有一个死了老婆的人贸然把她娶回家,才发现原来是个绝色美女。尹文把这类情况称为"违其名而得其实"。同样是名实不相符,却有各种复杂的情况,不可不慎重对待。

尹文对形名理论的主要贡献,在于他提出了名实互定、形名互检的思想,使原来名与实的单向关系变成了双向。首先,尹文考察了名实关系最初的由来,提出了"形以定名"的观点。"名"是事物的名称,那一定是先有某事物,然后才有为其"定名"的必要和可能,因而"形"是第一位的,"名"是派生的、第二位的。某事物有形而无名,并不妨碍其存在的事实和状态,但是"名"却不能离开其与之相对应的"形"而孤立存在,比如说方圆、黑白的概念就不能离开方圆、黑白的事物而独立存在。其次,尹文提出"名以定事"的观点,就是用既定的"名"来要求、规范现实中的人和事,这个既定的"名"必须是"正"的,即有充分合理性的，否则就不能用来"定事"。比如，"王尊于上，臣卑于下"，这是君臣之间应有的名分和规范，所以必须以此为标准来要求现实中的君臣关系。尹文指出，人的本性是自私好利的，皆有争夺之心，但社会并没有因此陷于混乱，这是由于"名分"对人的私欲起到了限制作用，所以说"名定则物不竞，分明则私不行"。他举例说，一只兔子在野地里跑，谁看见了都要去追逐，这是因为"分未定也"；而集市上满是鸡和兔子，却没有人去捉，这是因为这些鸡兔的名分已经确定了，人们知道这不属于自己，可见"正名"和"定分"对社会的稳定有序是多么重要。再次，尹文提出"名以检形"，就是检验名实是否相符，对不相符的现象予以纠正，这是形名理论最核心的内容。最后，尹文还提出了"事以检名"的理论，就是用实际情况和变化了的现实来检验名实是否相符。在这种情况下，如果名实不符，需要改变的就是名而不是实，就要对"名"进行调整，使之与被证明合理的"形"相符。"事以检名"是对形名理论的一个很重要的发展，它使得名实之间的关系不再是单向的、一成不变的，而是双向的、动态的，包含着理论必须适应变化了的新现实的思想。

尹文提出的"名以检形"，要求用正确的"名"来检验现实，并对不符合"名"的现象予以纠正。那么，用什么来纠正呢？尹文的回答是用"法"，离开了法的强力支持、维护和保障，正名定分的主张只能流于苍白软弱的空谈。所以，尹文经常把名和法结合起来加以论述，他说"以名稽虚实，以法定治乱"，"稽虚实"

就是查验名实是否相符，相符则为实，不符则为虚，这是第一步。第二步是"以法定治乱"，即用强制性的法令来维护或恢复"名"所要求的社会秩序。"名"和"法"在尹文的学说里紧密结合，名行于前，法随于后，名为法开路，法为名护航，他称之为"以名、法治国"。尹文的学说强调概念的准确性、逻辑的严密性和推理的合理性，他用自己擅长的逻辑理论为法治张目，在当时主张法治的思想家里是独一无二的。

三 接子、季真

战国时期，中国古代社会在各方面都有了长足的发展，人们的思维水平也有很大的提高。关于宇宙万物的生成、本原和统一性，关于自然万物的本质、运动变化规律及其动因等抽象的、高深的哲学问题，越来越引起人们的兴趣、关注和思考。稷下学宫作为当时列国文化的汇聚之地和百家争鸣的主要场所，这些高深的哲学问题自然也是思想家们所热衷讨论的话题。接子的"或使"说和季真的"莫为"说针锋相对，代表了稷下学术对这些哲学问题的思想成果。

接子，亦称捷子，齐国人，著名稷下先生。《史记》在谈到稷下学宫的盛况时，几次都提到了接子，他是齐宣王、齐湣王时期稷下道家学派的代表人物之一。齐湣王后期，齐国深陷各种危机中，稷下先生们纷纷出走，接子也离开了稷下学宫，去向不明。齐襄王恢复稷下学宫，接子也没有回来，可能已不在人世了。接子的著作《接子》二篇被列在道家类，汉代以后就亡佚了。我们今天所能知道的，就只有其他文献里零星提到的"或使"说，这也是最能代表接子学术成就的理论。

季真，齐国人，史籍中没有记载，也没有记录他的著作，先秦诸子书中偶有提到季真，但也仅限于他关于"莫为"的理论。唐代的成玄英曾说"季真、接子并齐之贤人，俱游稷下"，不知他的依据是什么，也没有其他证据支持。但从季真是接子的论辩对手，从"或使"说和"莫为"说引起关注和讨论的情况看，他们二人的争论最有可能发生在稷下学宫。

天为什么不坠落？地为什么不塌陷？万物由何而来？万物的存在状态和运动变化的原因是什么？这背后是否存在某种支配和决定的力量？这些都是当时思想家们经常思考和讨论的问题，"或使"说和"莫为"说就是对此类问题的两种代表性的回答，因观点相反而针锋相对。季真主张"莫为"，他否认自然现象背后有某种决定的力量或主宰，认为万物都是自然而然地自己生出来的，它们如此这般的存在状态、运动变化也都是自发的、自然的，不是什么支配力量起作用的结果。这种观点强调万物变化发展的自发性，符合道家自然无为的一贯主张，也有否定"天命"主宰的意义。接子的观点则与此针锋相对，主张"或使"。关于

"或使"的思想内容,可以借助其他典籍的相关记载来了解。《管子·白心》中这样说:"天或维之,地或载之。"认为有一个什么东西在维系着天,如果没有这种维系作用,天就会坠落;地也一样,有一个什么东西在承载着地,否则地就会沉陷。可见,"天不坠,地不沉,夫或维之而载之也夫"。作者自己提问:"夫或者何?"这几个字用今天的话来表述,就是:"那么,这个'或'是什么呢?"作者接着回答说,这个"或"的特点是"视则不见,听则不闻,洒乎天地满,不见其塞",这同《老子》中对"道"的描述"视之不见,听之不闻,搏之不得"十分相似。"或"和"道"一样,都是一种高度抽象的存在,是哲学上的最高本体,"或"就相当于"道",等同于"道",维系着天,承载着地。《吕氏春秋》也说,"春气"到来时草木就会萌发生长,"秋气"到来时草木就会凋落,草木的生长和凋落是"或使之,非自然也"。作者也认为存在着一种力量,称之为"或",是"或"使得草木生长或凋落,而不是草木自己如此的。这个"或"是什么呢,作者没有回答,只是说有一个"使之者",这个"使之者"到来时"物无不为",未到时"物无可为",什么事情都不会发生。作者的高明之处在于,他看到了草木的荣衰只是现象,现象的背后存在着更为本质的、起决定作用的力量,它决定着万物的由来和运动变化;这个决定的力量就是"或",它"使"万物运动变化。接子的"或使"说,内容大抵如此。和季真的"莫为"说相比较,接子的"或使"说思想内容更丰富、更深刻,思辨程度也更高,有更高的理论价值。

自古以来就有人认为接子的"或使"说是一种主宰论、命定论,其实"或使"说并没有承认某种有意志的主宰者的存在,而是对万物之所由来及其动因的一种哲学式的追问,寻求一种终极性的解答。它所要表达的核心思想是:有那么一种最高的存在,它决定了宇宙万物的生成与变化;至于它是一种什么样的存在,如何称谓它,这些都没那么重要,确认它的存在和作用才是更重要的。接子的"或使"说代表了那个时期达到的哲学思辨水平,是一种非常哲学化的理论,超出了大多数思想家的理论高度。

为什么接子把万物背后的决定力量称为"或"呢?"或使"说作为一种哲学理论有什么深意呢?这就要从"或"的字义说起。"或"字在古文字中常用来表示某种不确定性,但不确定中又有确定性,当我们不确知是何人何事何种情况,但又知道确有某人某事某种情况的时候,通常都用"或"来表达,如"或曰""或谓"等。需要注意的是,这里的不确定性只是不必确知、无法确知而已,但有某人某事某种情况则是确定的。可见"或"的字义中包含着确定性和不确定性的统一。接子的"或使"说,用的就是"或"字这一特有的意义,说的是有一种东西或力量,我们不知道也不需要知道它是什么,但我们知道它确实存在,正是它决定了万物的运动和存在状态,它就是世界的本原,是宇宙间的最高存在和终极原因。

有人把接子的"或"解释为"道",其实"或"不必解释为

"道",接子自己并没有把"或"解释为"道"。他不用当时大家都熟悉的"道"而用"或",可能是有自己的考虑,认为用"或"比用"道"更好,更利于表达自己的思想。我们知道,先秦哲人在解释宇宙本原、万物生成及运动变化等终极性的哲学问题时,通常都用"道"作为自己思想体系的核心概念。不过,"道"是具有确定意义的概念,老子的哲学体系就是以"道"为核心概念建立起来的。而当时的思想家们都崇尚标新立异,都要建立自己的思想体系,所以他们往往刻意避开"道",而使用"太一""太极"等概念。和"道""太一""太极"等概念比起来,"或"具有更大的灵活性和包容度,它不仅可以兼容"道"论等其他理论体系的思想内容,对"道""太一""太极"等终极概念的描述和阐释都适用于"或",而且拥有更大、更灵活的开放性的解释空间,有利于思想家们自由发挥,提出更多的、更多样化的理论和答案,这对古代思想文化的丰富和发展显然是更有利的。这就是接子"或使"说的理论价值。

四 兒说、田巴

在百家争鸣的时代,说服别人接受自己的主张或者在辩论中战胜别人,对于每一位思想家来说都是至关重要的,所以当时的思想家都很雄辩，常被称为"辩士""舌辩之士"。要想说服别人或战胜论敌，就必须有良好的口才，就必须讲求和提升论辩的技巧。正是这样的现实需求，催生了名辩之学的出现。稷下学宫作为百家之学的集中地和百家争鸣的主要场所，自然就成了名辩之学的大本营，成了训练口才的基地。这里聚集了大批的"辩者"，他们热衷于钻研论辩术，总是围绕着一些稀奇古怪的命题展开辩论。这些辩题通常都是些不顾事实的文字游戏，与常识相反，与常理相悖，其中不乏我们今天称之为诡辩的命题，比如"卵有毛""鸡三足""火不热""轮不碾地""龟长于蛇""犬可以为羊""狗非犬""白狗黑""矩不方，规不可以为圆"之类。辩者们不在乎论题是否正确，只在乎在论辩中驳倒对方。他们一个个巧舌如簧、怪招频出，能让对手哑口无言者就成为胜者，往往是一战成名，赢得众人的追捧。辩论落败的一方，只能怪自己嘴笨说不过人家，心里肯定是不服气的。所以《庄子》说辩者是"能胜人之口，不能服人之心"，道出了辩者的局限。不过辩者们苦心追求的不正是这样的效果吗？稷下学宫是辩者的大本营，一些著名的辩论动辄吸引上千人围观和参与，兒说和田巴就是其中最著名的辩者。

　　兒说，宋国人，稷下名辩学派的著名代表，以"善辩"和"巧"著称。据传，他善于"解闭结"，"于闭结无不解"。"闭结"就是用绳子打的结。其实并不是所有的绳结他都能打开，因为有的绳结是活结，有的是死结。活结当然是可解的，有的活结难度小，有的难度大。兒说确实比别人更巧，他能解开一些别人解不开的活结，这种事传开去就被说成"于闭结无不解"。可是再巧的人也不可能解开死结。面对不可解的死结，兒说的做法是"不解不可解也"，他不是尝试动手去解死结，而是能分辨出哪些是死结，并指出死结是不可解的这一事实，这就是"以弗解解之"。当然，兒说以"善辩"著称，他面对自己解不开的死结一定有一套说辞来为自己辩护，比如所有的绳结都是人在绳子上打出来的，既然如此，沿着相反的方向一步步往回退就一定能解开，所以"闭结"在理论上是"可解"的，其"可解"和"能解"不是一回事，"可解"不等于"能解"。指出这一点，应该就是兒说的"以弗解解之"了。他避开了动手解闭结的尴尬，直面闭结不可解的现实，只是从概念上和逻辑上来空谈闭结可解，这是在玩弄文字游戏，也是诡辩家的惯常手法。《吕氏春秋》就记载了这样的一个"以弗解解之"的实例：一个鲁国人送给宋元王两个"闭结"，宋元王解不开，就号令国中的手巧者都来试试，结果没有一个人能解得开。兒说的弟子听说了这事，也来要求试一试，他解开了其中的一个。他说并不是这个结可解而我没有能力解开，而是这本身就是一个死结。宋元王问鲁国人，鲁国人回答说这确实是个死结，我亲手打的我当然是知道的，不过这个人不用动手就知道这是个死结，他比我还巧呀。《淮南子》评论这件事说："夫兒说之巧，于闭结无不解，非能闭结而尽解之也，不解不可解也。"可见，"不解不可解"也就是"以弗解解之"，辨别出不可解的死结，也不失为一种"解"。

儿说最著名的论辩就是"白马非马"了。提起"白马非马"，大家都会想到公孙龙，他写了一篇著名的文章《白马论》，对"白马非马"进行了详尽的逻辑论证。其实"白马非马"的论题并不是公孙龙的首创，在他之前的儿说就是以"白马非马"的论辩出名的，这个命题就是儿说首先提出来的。"白马非马"的辩题被公孙龙接受并加以充分论证发挥，成为他的名辩学说的重要组成部分，从而流传千年而家喻户晓。《韩非子》里记载，儿说"持白马非马也，服齐稷下之辩者"。儿说提出了"白马非马"的命题，在稷下的"期会"（定期举行的集会）上发表演说，引起了"辩者"们的极大兴趣，并就白马到底是不是马展开了辩论。儿说为一方，其他"辩者"为另一方。大家轮流上台同儿说辩论，结果没人能说得过他。儿说大获全胜，自此名声大噪，"白马非马"也迅速成了稷下辩论场上最热门的辩题。儿说的"白马非马"究竟是如何论证的，他的理由是什么，现在我们已经无从知晓，他的论证在公孙龙的《白马论》里应该有所体现。但是无论儿说如何口若悬河，白马终究是马，大家虽然说不过儿说，但事实终归不会改变。儿说一举成名，意满志得。他骑着白马过关时，不肯为马交税，施展三寸不烂之舌，对税务官大讲白马非马的道理，说自己骑的不是马。税务官可不听他的饶舌，只认事实，最终儿说只好乖乖地为白马交了税才出得关去。

田巴，齐人，稷下学宫中的著名辩士，活跃于齐宣王、齐湣王时期。有一次，齐王召见田巴，向他"问政"，他回答说："政在正身，正身之本在于群臣。"他认为君主治国的关键是"正身"，即摆正自己的位置，而摆正自己位置的关键在于自己身边的群臣。这样的说法是很奇特的，以前从来没有见到过。田巴以善辩著称，他果然有一套独到的说辞。他对齐王说，大王要召见我，我特意装扮了一番，让自己的妾评价，妾由于爱我，就奉承我说很漂亮。出门前问随从，随从怕我，也说很漂亮。我来时经过淄河，自己在河边照了照，才发现自己这身装扮其实很丑陋。现在大王身边的群臣多是些阿谀奉承之徒，大王无法发现自己哪里做得不好，如果能像照镜子那样找出自己的错误然后加以改正，齐国就可以治理好了。所以大王身边缺少的是能使大王"正身"的群臣，这就是"正身之本在于群臣"的道理。田巴讲得很有道理，想法也很独特，我们很容易从这件事联想到邹忌讽齐威王纳谏的故事，看来齐国果真是盛产善于讽谏之士。

田巴在稷下之所以大出风头，是由于他"毁五帝，罪三王，訾五伯"的事迹。五帝是指远古时期的帝王黄帝、颛顼、帝喾、尧、舜，三王指大禹、商汤和周文王，五伯（五霸）指的是齐桓公、晋文公等春秋五霸。在中国古老的传统中，五帝、三王和五霸都以卓绝的事功和崇高的德行而被人们世代颂扬，可是在稷下的论坛上，他们却都成了田巴非议抨击的对象，这在当时大概是前无古人的。孟子曾经批评过五霸，说"五霸者，三王之罪人也"，这是出于儒家颂扬"王道"的立场，认为五霸只是"以力服人",而不是推崇礼乐道德教化。可是田巴却对所有这些远古帝王和历史人物统统批评否定,这种爆炸性的观点完全颠覆了当时人们的认知,在稷下的论坛上引起了轰动的效应,自然也吸引了很多人同他辩论,但田巴却以他的悬河之口"一日而服千人"。大概是说,田巴的议论引起了上千人的围观,敢于上台同他辩论的人都败下阵来,田骈也因日服千人而声名远扬。田巴诋毁五帝三王的内容究竟是什么呢?虽然没有明确的记载,但我们可以从先秦时期其他典籍中的零星记载中窥见一些端倪。比如尧把天下禅让给舜,因此被世代传颂,但也有人说尧不把帝位传给自己的儿子,是为"不慈"。舜以孝行著称,但也有人说他娶妻不告知父母,是为不孝。世人皆颂扬汤武革命,但也有一种意见认为成汤放逐了夏桀,周武王诛杀了商纣王,都是"弑君"的篡逆行为。看来凡事都难两全,圣人也能被人挑出毛病。田巴对五帝三王的抨击诋毁,大概也不出诸如此类的与世俗相反的评价。不过,田巴大肆诋毁五帝三王,颠覆了人们长期认同的价值观,反而因此赢得了名声,这种现象也反映出稷下学宫的学术风气是多么自由。

田巴还因为擅长"离坚白""合同异"的论辩而扬名于稷下的讲坛。"坚白"和"同异"是古代逻辑理论中的艰深问题,是战国名辩学派经常辩论的话题。公孙龙主张"离坚白",写了一篇名为《坚白论》的著名文章,强调事物之间的差异;惠施则主张"合同异",强调事物之间的共同性。他们二人分别代表了古代名辩学派的两个不同流派。不过，在他们之前的田巴就已经大讲"离坚白"和"合同异"了，而且田巴能把这两种相反的逻辑关系放在一起讲而又能自圆其说，一定是有着过人的论辩技巧。田巴能将两种相反的逻辑关系熔于一炉而运用自如，使得他在稷下的论辩舞台上如鱼得水。遇到主张"离坚白"的人，他就以"合同异"破之；面对主张"合同异"的人，他则以"离坚白"破之。所以他无往而不胜，"一日而服千人"。后来的惠施以"合同异"闻名，公孙龙则发展了"离坚白"的理论，他们应该都对田巴的思想经验和论辩技巧有所吸取，由此可见田巴对先秦名辩理论有着不可忽视的贡献。

田巴的"离坚白""合同异"，其实是一种从概念到概念的文字游戏，他的辩才虽天下无敌，但毕竟不能用来解决现实中亟待解决的实际问题。这时，齐国出了一位年仅十二岁的天才少年——人称"千里驹"的鲁仲连。他抓住了田巴学说严重脱离现实的致命弱点，批评他"危不能为安，亡不能为存"。田巴无言以对，从此"杜口易业，终身不复谈"，退出了稷下的论辩舞台。

田巴和儿说的名辩理论虽然不能解决现实问题，但也有其独特的思想价值。中国古代的各种学说理论都有一个共同点，那就是对现实的社会问题特别是政治问题格外关注，他们的学说都是为解决现实问题而建立的，只有名辩学派是个例外。名辩学派的思想内容是纯粹的语言哲学和逻辑理论，对于民族文化的传承和发展是十分重要的、不可缺少的。中国古代的逻辑理论在兒说、田巴、惠施、公孙龙的时代达到了最高峰,可惜后来没有了传承,没能成为一门独立的学科而长期存在,也没能很好地融入以儒家和道家为主的古代学术体系中,这对于我们民族的传统文化是一个严重的损失。名辩学派的理论也不全是诡辩术,其中包含着很多高深的哲理和智慧,比如"飞鸟之影未尝动也""镞矢之疾,亦有不行不止之时""天与地卑,山与泽平""日方中方睨,物方死方生""万物毕同毕异""连环可解"等,对于活跃人们的思想、提升人们的思维能力都极富启发意义。名辩学派热衷的论题中还有很多富含科学意义的内容,比如"一尺之棰,日取其半,万世不竭""至大无外,谓之大一;至小无内,谓之小一""无厚,不可积也,其大千里"等,都是极为珍贵的科学思想。总之,名辩学派都是些高智商的人,他们的思想中蕴藏着先哲们的智慧和思维精华,不可简单地全都视为诡辩和文字游戏。

结　语

齐文化精粹撷珍·稷下学宫

先秦时期的百家争鸣，是中国历史上一个空前绝后的文化现象，是中国人的荣耀。百家争鸣对于中国人和中国文化太重要了，但是百家争鸣的发生地稷下学宫，却知者寥寥。我们对稷下学宫的文化普及做得太少了。相信读者浏览了这本小册子，一定会同意这样的结论：没有稷下学宫，就没有中国人引以为荣的百家争鸣。

稷下学宫存在的一百五十余年间，是中国古代思想文化最为自由、创造力最强、发展最快、最为繁荣的时期。诸子百家在这里尽情地挥洒着聪明才智，共同创造了百家争鸣的辉煌。稷下学宫为学术思想的繁荣发展提供了理想的条件，各主要学派的学术思想在这里都取得了重要的成就，出现了大师级的学者和不朽的名著，达到了本学派发展的高峰。不同学术思想的争鸣激荡和交互影响启发着人们的思想，新的学派和新的理论不断涌现。这些思想创造在稷下学官集中出现，为此后两千年中国思想文化的持续发展奠定了坚实丰厚的基础。

秦汉以后的中国文化，长期受益于稷下百家争鸣的思想成果。在稷下学官兴起并发展成熟的黄老道家，是汉初的官方哲学，主导了著名的文景之治。主张礼法互补、外儒内法的荀子之学，则成为后世历代王朝治国理政事实上的指导思想。可以说，这两种稷下百家争鸣的思想成果，相继主导了汉代以后两千年的中国古代历史。很多曾活跃于稷下学官的学术思想只属于那个特殊的时代，在后来的历史上不见了踪影。两千年间，历代王朝流传的学术思想不断改变着理论形态，其实都是对先秦学术思想的不同选择、组合、丰富和优化。

稷下学官留下的不仅是百家争鸣的思想成果，稷下学术对平等、独立和思想自由的价值追求更是留给后人的宝贵精神财富。

稷下学官的学术活动始终贯注了一种平等的精神。齐国君主对于百家之学能够平等相待，而不是根据自己的好恶"独尊"或是压制任何一派。在稷下的学术共同体内部，学派无论大小，都拥有平等的地位，不存在学派歧视，小的学派往往声音更响亮。学者无论名声大小，都可以自由表达自己的学术主张，不会受到打压，不存在学术霸凌。师生之间也是平等的，老师鼓励学生独立思考，不会强迫学生接受自己的思想主张，学生可以自由出入于别的讲堂接受不同学说，这有利于理论的创新。特别值得称道的是，君主和学者之间也崇尚平等，君主不但不会以势压人，反而在学者们面前普遍表现得很谦恭，学者们也乐于以王者师友自居，这种情况在后世就不复存在了。

稷下学宫推崇学术独立。学者们虽然大多热衷于探讨富国强兵之道和治国理政之术，但并不是出于君主的要求，而是他们自己的独立选择。他们对什么感兴趣就可以炎什么，从宇宙万物的由来到人的精神活动和养生，从大九州的无限遐想到白马非马和坚白同异，这些都离政治十万八千里，却从未见官方干预限制。即使是"毁五帝 罪三王，訾五伯"这样的在后世看来十分出格的言论，也属于独立的学术观点，不会受到干涉。稷下学宫虽由政府出资，但学宫的学术活动一概由学术共同体自发、自主地进行，主持学宫日常活动的学术领袖也是学者群体中自主产生的，政府不派官员管理。学术独立是思想文化健康发展的重要条件，稷下学宫这样独立自主的学术共同体，后世再也没出现过。

相比于学术的平等和独立，稷下学宫的思想自由有着更重要的价值。稷下学宫的学者们虽然享受着政府提供的各种优厚条件，成为齐国君主的智囊和政治顾问，但他们仍保持着"不仕""不宦"的自由知识分子的身份，而不是完全依附于政治权力。这使得他们得以保持知识分子的尊严、气节和独立思考的能力，不必屈从于君主的意志，敢于提出和坚持自己的正确意见。齐国君主也给予学者们充分的尊重，鼓励他们说真话、直谏、各抒己见、畅所欲言，提出真正有价值的思想和主张。古代知识分子在稷下学宫中度过了最自由、最美好的时光,成为后世历代学者的美好回忆。

学术平等、独立和思想自由,是百家争鸣的真精神,是稷下学宫留给后人的重要精神遗产,永远值得我们珍视和发扬。